Planejamento Estratégico

IDALBERTO
CHIAVENATO

ARÃO
SAPIRO

Planejamento Estratégico

Fundamentos e aplicações

2ª Edição

6ª Tiragem

ELSEVIER

CAMPUS

Copidesque: Ivone Teixeira
Editoração Eletrônica: Estúdio Castellani
Revisão Gráfica: Marco Antônio Corrrêa

Projeto Gráfico
Elsevier Editora Ltda.
Conhecimento sem Fronteiras
Rua Sete de Setembro, 111 – 16º andar
20050-006 – Centro – Rio de Janeiro – RJ – Brasil

Rua Quintana, 753 – 8º andar
04569-011 – Brooklin – São Paulo – SP – Brasil

Serviço de Atendimento ao Cliente
0800-0265340
sac@elsevier.com.br

ISBN 978-85352-2666-9

Nota: Muito zelo e técnica foram empregados na edição desta obra. No entanto, podem ocorrer erros de digitação, impressão ou dúvida conceitual. Em qualquer das hipóteses, solicitamos a comunicação ao nosso Serviço de Atendimento ao Cliente, para que possamos esclarecer ou encaminhar a questão.

Nem a editora nem o autor assumem qualquer responsabilidade por eventuais danos ou perdas a pessoas ou bens, originados do uso desta publicação.

CIP-Brasil. Catalogação-na-fonte.
Sindicato Nacional dos Editores de Livros, RJ

C458p
2.ed.

Chiavenato, Idalberto, 1929-
Planejamento estratégico / Idalberto Chiavenato, Arão Sapiro. – 2ª ed. – Rio de Janeiro : Elsevier, 2009 – 6ª reimpressão.

Inclui bibliografia
ISBN 978-85-352-2666-9

1. Planejamento estratégico. 2. Planejamento empresarial. 3. Desenvolvimento organizacional. I. Sapiro, Arão. II. Título.

09-0681.

CDD: 658.4012
CDU: 65.012.2

À Rita

Minha maravilhosa esposa, musa inspiradora e guia orientadora.
Sempre com muito amor, paixão e admiração.
IDALBERTO CHIAVENATO

À minha doce Martha

Que é luz que ilumina nosso caminho, clareia meus sonhos
e incendeia minha paixão.
ARÃO SAPIRO

Prefácio

Quanto mais forte a tempestade e maior o balanço vigoroso do mar, tanto mais o timoneiro precisa estar atento e seguro aos desafios das águas por onde navega. Da mesma maneira, a turbulência e a incerteza que caracterizam o mundo atual dos negócios impõem enormes e constantes desafios às organizações. À medida que esses desafios aumentam, também aumenta desproporcionalmente a necessidade do planejamento estratégico.

As organizações estão sofrendo fortes pressões competitivas no novo milênio, o que as obriga a um contínuo processo de alerta, adaptação e ajustamento às mutáveis condições ambientais caso queiram manter sua sobrevivência e sustentabilidade. O objetivo principal do planejamento estratégico é proporcionar as bases necessárias para as manobras que permitam que as organizações consigam navegar e se perpetuar mesmo dentro de mutáveis e dinâmicas condições cada vez mais adversas e imprevisíveis em seu contexto de negócios. Nos tempos atuais, as organizações de sucesso são aquelas capazes de se adaptar e ajustar adequadamente ao contínuo processo de mudanças no dinâmico e competitivo mundo dos negócios. Mais ainda, o sucesso é tanto maior na medida em que elas conseguem se antecipar de maneira proativa e competitiva a essas mudanças. Mas, como conseguir tal proeza? A resposta está quase sempre no planejamento estratégico.

Como dizia Charles Darwin: as espécies vivas que sobrevivem não são as mais fortes nem as mais inteligentes; são aquelas que conseguem se adaptar e se ajustar às contínuas demandas e desafios do meio ambiente. No darwinismo organizacional que caracteriza o mundo moderno, as organizações que sobrevivem às mutáveis condições ambientais são aquelas que não somente se ajustam, mas se antecipam proativamente e criam as condições de mudanças que impactam o ambiente e as outras organizações.

Planejar é conhecer e entender o contexto; é saber o que se quer e como atingir objetivos; é saber como se prevenir e evitar as ameaças; é calcular os riscos e buscar minimizá-los evitando a vulnerabilidade; é preparar-se taticamente no sentido de rearranjar-se internamente; é ousar em relação às metas propostas e superar-se de maneira continuada e constante para oferecer resultados cada vez melhores. Planejar não é somente vislumbrar o futuro, mas é acima de tudo uma forma de assegurar a sobrevivência e a continuidade dos negócios na medida em que se formalizam planos, programas e procedimentos capazes de atuarem de modo consciente e consequente diante das eventualidades e contingências que se apresentam no cotidiano das organizações.

O planejamento estratégico é um processo essencial dentro da organização na medida em que traça as diretrizes para a definição dos planos de ação que resultarão em vantagens competitivas e sustentabilidade no longo prazo. O planejamento estratégico identifica recursos potenciais, alinha competências, reconhece forças e fraquezas, e estabelece um conjunto de medidas integradas a serem executadas para assegurar o alcance dos resultados planejados. Mas somente atinge sua eficácia máxima quando aceito, entendido e realizado na prática por todas as pessoas da organização em um mutirão permanente e orquestrado.

Este texto apresenta todas as etapas do processo de planejamento estratégico – desde a intenção estratégica até o resultado final –, constituindo um manual para a elaboração do plano estratégico para organizações com ou sem fins lucrativos, empresas públicas ou privadas, empresas pequenas, médias ou grandes, empresas familiares ou empreendimentos de qualquer porte ou propósito. Com esta abrangência – pioneira no mercado nacional –, o texto é destinado tanto aos estudantes de administração, pois atende à maioria dos programas dos cursos em nível de graduação e pós-graduação, como também é destinado a consultores e profissionais que se envolvem direta ou indiretamente com o processo decisório de planejamento do futuro das organizações.

O texto representa o resultado de um trabalho de pesquisa teórica associado ao resgate de vários anos de experiências práticas dos autores – como consultores para organizações e empresas dos mais diferentes setores – e oferece a mais completa base conceitual no campo da estratégia corporativa, sem a qual a prática passa a ser um arriscado jogo de adivinhações e vitórias casuísticas. Ao mesmo tempo, o texto está alinhado com a cultura competitiva que alinha o foco da construção de valor do campo da ação e operação em direção ao campo do diagnóstico e decisão. Afinal, o valor decorre não apenas da operação mas da exata localização do ponto onde pode ser criado, e a ação vem sempre depois da decisão. A ação eficaz depende da decisão eficaz.

Outra característica marcante do texto é o entendimento de que os mais consagrados valores dos regimes democráticos e das economias fundamentadas na livre iniciativa são o empreendedorismo e a orientação para o risco e a inovação. Mas, ao mesmo tempo, não desconsidera o fato de que, em cada dez novos negócios, cerca de nove encerram suas atividades ainda no primeiro ano de vida e que o período médio de vida das empresas ocidentais é de 45 anos, bem menor do que a média de vida de seus fundadores ou dirigentes. Isso indica que apenas uma pequena porcentagem das empresas supera a transição gerencial em períodos de acirrada competição, como ocorre no atual contexto de negócios. Essa constatação mostra que a liderança estratégica das organizações modernas constitui atividade específica de profissionais bem preparados e qualificados na gestão estratégica.

Esperamos que a leitura, o estudo e a aplicação do conteúdo de todas as etapas do processo de planejamento estratégico apresentados neste livro possam tornar-se uma ferramenta de fácil entendimento e aplicabilidade às diferentes situações do planejamento organizacional.

IDALBERTO CHIAVENATO
ARÃO SAPIRO

Ferramentas para o aprendizado (Diferenciais didáticos do livro)

A segunda edição do livro está complementado com várias e diferentes seções dedicadas ao realce e aprofundamento de aspectos importantes para facilitar ao leitor a tarefa de estudo de pesquisa, tanto com fins acadêmicos quanto profissionais.

OBJETIVOS DE APRENDIZAGEM

Cada capítulo começa com a apresentação dos objetivos de aprendizagem, bem como a apresentação prévia dos principais tópicos abordados, oferecendo ao leitor uma antecipação do conteúdo a ser disponibilizado e foco nos temas tratados.

SITE DO LIVRO

No *site* do livro o leitor encontrará mteriais adicionais que complementarão o conteúdo disponibilizado no texto como o glossário dos principais conceitos estudados, apresentações em PowerPoint de cada capítulo, questões para reflexão, que poderão ser trabalhados em aula ou encontros nas organizações.

JANELA CONCEITUAL

Detalhamento de conceitos-chave, incluindo, às vezes, um roteiro da evolução daquele conceito.

PASSEIO VIRTUAL

Identificação de sites interessantes para consulta dos temas tratados.

CLIPPING COMPETITIVO (NOVAS IDEIAS SOBRE ESTRATÉGIAS)

Em cada capítulo, são reproduzidos trechos de artigos publicados pela mídia especializada, nacional e internacional, com exemplos e relatos de práticas gerenciais ilustrativos dos conceitos apresentados ao longo do texto e que retratam a realidade prática nas organizações.

OLHAR LATINO

Destaque para exemplos e casos entre organizações latinoamericanos.

INFORMAÇÃO PRIVILEGIADA

Detalhamento com informações adicionais sobre tópicos abordados a partir das mais recentes pesquisas.

BANCO DE IDEIAS

Pequenos textos com conselhos, dicas ou sugestões para aplicação efetiva dos conceitos apresentados.

CASOS GENÉRICOS PARA DISCUSSÃO (VOCÊ É O PROFISSIONAL)

No *site* do livro, o leitor encontrará pequenos casos, reais ou hipotéticos referentes a cada capítulo para refletir e se posicionar, envolvendo um amplo entendimento do tema tratado ao longo do capítulo.

REFERÊNCIAS BIBLIOGRÁFICAS

Ao longo de cada capítulo serão apresentadas as referências bibliográficas para que o leitor possa aprofundar sua pesquisa e acessar os textos que embasam o conteúdo do capítulo.

Esperamos que, após percorrer o texto, aproveitando os exemplos, estudos de casos, exercícios, referências bibliográficas, e elaborar o modelo formal de plano estratégico, o leitor tenha uma ampla perspectiva desta disciplina.

Bom trabalho!

Sumário resumido

Sumário detalhado

PARTE I
Fundamentos da Estratégia e da Competição

PARTE IV
Formulação Estratégica

PARTE V
Execução da Estratégia

PARTE VI
Avaliação Estratégica

PARTE I

Fundamentos da Estratégia e da Competição

Compreendendo as Bases Estratégicas da Competição

Esta primeira parte do livro apresenta as principais colocações necessárias ao entendimento da estratégia empresarial e da sua evolução nos últimos tempos. Ela é constituída por dois capítulos de iniciação:

O Capítulo 1 *Evolução do pensamento estratégico* – trata de uma pequena história da estratégia organizacional e das diferentes perspectivas que focalizam a estratégia organizacional e quais suas principais características.

O Capítulo 2 *Processo de planejamento estratégico* – proporciona uma visão abrangente do processo estratégico e a aplicação dos fundamentos da estratégia.

O Capítulo 3 *Organizações de aprendizagem* – compreende a aplicação estratégica do conhecimento: como as organizações aprendem continuamente, se organizam e se auto-organizam no sentido de alcançar condições de crescimento e sustentabilidade em um mundo caracterizado por forte dinamismo, mudanças, incertezas, perplexidades e competitividade.

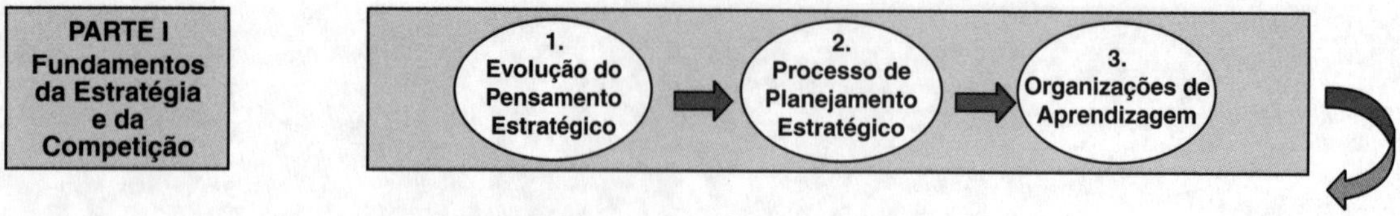

■ **FIGURA I.1** *Estrutura da Parte I.*

CAPÍTULO 1

EVOLUÇÃO DO PENSAMENTO ESTRATÉGICO

As origens da competição e do pensamento estratégico

O que você verá pela frente:

- Os fundamentos da estratégia.
- Estratégia e competição: uma longa história.
- A evolução do pensamento estratégico.
- Conclusão.

Objetivos de aprendizagem:

- Apresentar os fundamentos básicos da estratégia organizacional.
- Definir o significado histórico e atual da competição.
- Mostrar como a competição chegou às organizações.
- Explicar a evolução do pensamento estratégico.
- Mostrar a importância da estratégia no sucesso organizacional.
- Apresentar os fatores que impactam a gestão dos negócios na atualidade.

Todas as organizações competem por recursos, mercados, clientes, pessoas, imagem e prestígio. Todas elas atuam como agentes ativos em um dinâmico contexto de incertezas devido às rápidas mudanças que ocorrem nas sociedades, mercados, tecnologias, no mundo dos negócios e no meio ambiente. Tudo isso exige dos seus gestores, de um lado, uma compreensão abrangente das dinâmicas e tendências em seus respectivos setores de atuação; de outro lado, exige certamente a elaboração de estratégias criativas que inspirem as pessoas e assegurem um desempenho superior capaz de garantir a sustentabilidade da organização em um mundo de negócios cambiante e mutável.

Trata-se de uma corrida intensa e sem fim para que as organizações possam renovar-se e revitalizar-se, o que necessariamente implica mudar. É uma questão de sobrevivência. Se todo o contexto muda – e muda para valer –, a organização precisa, pelo menos, acompanhar as mudanças ao seu redor para se manter atualizada e ajustada para competir. Melhor seria se ela tomasse a iniciativa, fosse proativa e se antecipasse aos desafios que surgem a cada instante. Ou, ainda, se ela criasse a mudança, em vez de adaptar-se reativamente a ela.[1]

CLIPPING COMPETITIVO

O SIGNIFICADO DA COMPETIÇÃO

O que significa competir hoje em dia? Como pode uma organização exercer sua competitividade e permanecer bem-sucedida por longo tempo em um mundo de negócios onde tudo muda constante e profundamente? Qualquer que venha a ser a resposta, não se discute que as organizações são confrontadas por excitantes e dinâmicos desafios competitivos, e com certeza elas não se sentem confortáveis para continuar adotando os velhos modos tradicionais de fazer negócios. Enfrentar problemas novos com soluções velhas não funciona mais. Correr para a frente olhando para trás, só reproduzirá padrões superados.

Não existe uma fórmula ou padrão para criar uma organização bem-sucedida e de alto desempenho. Não há receita para o bolo. O processo de planejamento estratégico é o que vai conduzi-la no desenvolvimento e formulação de estratégias que assegurem sua evolução continuada e sustentável.

O processo de planejamento estratégico – ou simplesmente processo estratégico – representa o resultado cumulativo de um longo e penoso aprendizado organizacional. As organizações utilizaram durante décadas o processo estratégico para alcançar várias finalidades, e ele foi sofrendo alterações e sofisticações gradativas com o passar do tempo, conforme a evolução do pensamento estratégico. A estratégia – fruto do processo estratégico – foi o caminho utilizado para alcançar de maneira bem-sucedida os objetivos previamente definidos pelas organizações.

OS FUNDAMENTOS DA ESTRATÉGIA

A estratégia é basicamente um curso de ação escolhido pela organização a partir da premissa de que uma futura e diferente posição poderá oferecer ganhos e vantagens em relação à situação presente. A estratégia é ao mesmo tempo uma arte e uma ciência, é reflexão e ação, ou simplesmente pensar para agir e não simplesmente pensar antes de agir. Essencialmente, a estratégia é uma escolha que envolve toda a organização e consiste em selecionar, dentre várias hipóteses existentes, qual deve ser escolhida a respeito dos aspectos internos e externos da organização e tomar as decisões com base nessa opção. O cálculo de perdas e ganhos está sempre presente nas considerações do estrategista. Embora utilize os sentimentos e as emoções para encontrar os caminhos mais adequados em ambiente de incerteza e acaso, o estrategista atua sempre com a convicção de que raciocina e decide em um quadro de racionalidade de alguma maneira passível de previsão probabilística a partir da teoria dos jogos.

JANELA CONCEITUAL

O TRABALHO DO ESTRATEGISTA

Como dizia Kuhn:[2] "A diferença entre o trabalho do cientista e o trabalho do estrategista é que o primeiro focaliza problemas orientados para uma disciplina ou ciência específica enquanto os problemas enfrentados pelo estrategista são interdisciplinares, envolvendo uma ampla gama de conhecimentos. O cientista deixa em grande parte de ser um explorador, ou pelo menos de ser um explorador do desconhecido. Em vez disso, ele luta para articular e concretizar o que já é conhecido, buscando para isso apoio nos aparelhos específicos e nas adaptações específicas da teoria." Trazendo o assunto para a estratégia, pode-se dizer que o estrategista também necessita de algum paradigma atual para fazer seu trabalho de modo adequado.

O estrategista precisa ter em mente a visão e a ação estratégica. A visão estratégica envolve ampla noção de espaço e de tempo.

Em termos de espaço, a visão estratégica significa visualizar o todo. Podemos dar o nome de abordagem

sistêmica ou holística, e é importante apreender a totalidade da situação e não apenas partes dela. Ver a floresta toda e não cada uma de suas árvores, embora estas sejam importantes para se ter a noção da floresta. Ver a cidade e não cada uma de suas ruas. Ver a água e não decompô-la em seus elementos componentes, o hidrogênio e o oxigênio. O todo é diferente de suas partes integrantes. Além disso, o estrategista precisa cultivar a visão periférica, ou seja, a capacidade de visualizar onde o todo está inserido. Significa ver o entorno para compreender o papel do sistema e como ele se comporta em seu ambiente. Olhar para fora é fundamental.

Em termos de tempo, o estrategista precisa ver mais longe e estender seu horizonte temporal. Isso significa mirar o longo prazo e não apenas o curto ou o médio prazo. É preciso entender as consequências futuras de nossas decisões atuais. Saber que vivemos em um mundo em constante e progressiva mudança e que o amanhã será diferente de hoje.

Tudo isso representa a visão estratégica. Quanto à ação estratégica, o estrategista precisa cultivar o foco em objetivos a alcançar e em resultados a oferecer. Desempenho é importante, mas representa o caminho para alcançar objetivos e oferecer resultados.

Andrews[3] define estratégia organizacional como "o padrão de decisão que determina e revela os propósitos, objetivos e metas organizacionais e gera o plano estratégico que define o conjunto de negócios com os quais a organização se envolverá, estabelece a organização em termos econômicos, humanos e tecnológicos que ela pretende ser e a natureza das contribuições econômicas e não-econômicas a serem oferecidas aos seus acionistas, empregados, compradores e comunidades de interesse".

Dentro desse panorama, a estratégia é o padrão que integra os objetivos globais de uma organização em um todo coerente e com propósito. Uma estratégia bem formulada permite alocar e integrar todos os recursos e competências organizacionais em uma proposição única e viável para antecipar-se às mudanças ambientais e contingências diante de competidores preparados que disputam os mesmos clientes e fornecedores, interferindo nos objetivos organizacionais desejados. Talvez por essa razão a estratégia, nascida na guerra e prosperando na política e nos esportes, seja tão central para a gestão das organizações e dos negócios.

INFORMAÇÃO PRIVILEGIADA

ESTRATÉGIA NA ANTIGUIDADE

A estratégia é um conceito recente? Nem de longe. Desde quando o homem das cavernas se pôs a caçar, pescar ou lutar para poder sobreviver, a estratégia sempre esteve presente como um plano antecipado do que fazer para competir e ser bem-sucedido. O termo estratégia – do grego *strátegos* – deriva de duas palavras gregas: *stratos* (exército) e *ago* (liderar, guiar, mudar de direção – em grego arcaico).

Na Grécia antiga, estratégia inicialmente referia-se a uma posição (o general no comando de um exército). Mais tarde veio a designar "a arte do general", significando a aplicação das competências do general no exercício de sua função (arte militar) na liderança de diferentes agrupamentos (unidades) em múltiplas frentes, envolvendo várias batalhas ao longo do tempo. O desafio colocado ao general é a orquestração e a visão do conjunto. Os grandes generais pensam sobre o todo. Ao tempo de Péricles (450 a.C.), a estratégia designava as habilidades gerenciais de administração, liderança, oratória e poder. Com Alexandre, o Grande (330 a.C.) já significava o emprego de forças para vencer o inimigo. Nas guerras helênicas, a estratégia constituiu a fonte inesgotável das vitórias militares mesmo com insuficiência de recursos diante do opositor mais forte.

A estratégia também era algo aplicado na época dos faraós. Há milhares de anos, quando um arquiteto egípcio levou ao faraó um papiro mostrando o desenho de uma colossal pirâmide, ele estava oferecendo uma estratégia de construção para ser aprovada. Aquele era o objetivo: a construção da obra. Mas tratava-se também de escolher um local apropriado para erigir o monumento, mapear as fontes de suprimento de pedras brutas, cortá-las em enormes partes iguais e padronizadas, trazê-las através de embarcações no rio Nilo, transportá-las por terra e elevá-las às alturas para dispô-las em camadas sucessivas para construir a pirâmide, suas salas e corredores secretos. Além disso, elaborar os planos e subplanos para reunir e integrar todos os recursos necessários para a fabulosa construção, como supervisores, operários, máquinas, equipamentos, roldanas, elevadores, alavancas, cordas e tudo o que a tecnologia da época poderia fornecer. Até hoje as pirâmides servem de testemunho histórico para essa estratégia bem-sucedida. Uma das maravilhas da Antiguidade.[4]

ESTRATÉGIA E COMPETIÇÃO: UMA LONGA HISTÓRIA

A estratégia é uma abordagem competitiva. E a competição é tão velha quanto a própria vida no nosso planeta. Quando se estuda o fenômeno da competição nas diferentes dimensões onde ele se manifesta, entende-se melhor a íntima e estreita relação que existe entre estratégia e competição. É que a competição pode ser vista sob os ângulos biológico, militar, político, esportivo e empresarial. É o que se verá a seguir.

A competição biológica

A competição começou com o aparecimento da própria vida, e durante milhões de anos não envolveu estratégias. Assim também a cooperação. Devido ao acaso e às leis das probabilidades, os competidores encontravam as combinações de recursos que melhor correspondiam às suas diversas características. Isso não era estratégia, mas sim a seleção natural de Darwin baseada na adaptação e sobrevivência do mais apto. O mesmo modelo se aplica a todos os seres vivos, envolvidos na eterna luta pela vida.[5]

Desde a origem dos primitivos organismos unicelulares, há bilhões de anos, a vida em geral tem sido um misto de muita cooperação e limitada competição dentro das espécies. O impulso para a cooperação é "predominante e biologicamente mais importante" no desenvolvimento social e biológico de todas as criaturas vivas. As espécies sobrevivem pelo contínuo aperfeiçoamento da sua capacidade de cooperação mútua. Daí se pode afirmar que a lei básica da vida é a cooperação.[6]

Os primeiros organismos unicelulares requeriam certos recursos para se manterem vivos. Quando os recursos eram adequados, o número de organismos aumentava de uma geração para outra. Com a gradativa evolução dos seres vivos, esses organismos se tornaram uma fonte de alimentação para formas de vida mais complexas ao longo da cadeia alimentar.

Assim, ao longo de milhões e milhões de anos, desenvolveu-se uma complexa rede de interação e competição. Hoje, milhões de espécies diferentes são catalogadas, cada qual com uma vantagem única na competição pelos recursos de que necessita. A cada momento, milhares de espécies estão se extinguindo e outras milhares emergindo. E o que explica tamanha abundância? A diversidade. Quanto mais rico o ambiente, tanto maior o número de variáveis potencialmente significativas que podem proporcionar a cada espécie uma vantagem única. Mas, também, quanto mais rico o ambiente, tanto maior o número de competidores – e tanto mais acirrada a competição.

JANELA CONCEITUAL

PRINCÍPIO DE GAUSE DA EXCLUSÃO COMPETITIVA

Bruce Henderson[7] conta que o pai da biologia matemática, G. F. Gause, ao redor de 1934, fez experiências nas quais colocava colônias de animais microscópicos (protozoários) do mesmo gênero em um frasco com certa quantidade de nutrientes. Se os animais fossem de espécies diferentes, eles conseguiam sobreviver e continuar vivos em conjunto. Se fossem da mesma espécie, não conseguiam. Essa observação conduziu ao Princípio de Gause da Exclusão Competitiva (processo de competição interespecífica que acontece quando duas espécies diferentes habitam um mesmo ambiente ou nichos muito semelhantes). Segundo esse princípio, duas espécies que conseguem seu sustento de maneira idêntica não podem coexistir, pois duas espécies não podem ocupar um mesmo nicho por muito tempo porque, quando elas competem por um recurso essencial, mais cedo ou mais tarde uma delas desloca a outra e irá prevalecer, pois é mais adaptada àquele habitat. Na ausência de influências compensadoras capazes de manter um equilíbrio estável, dando a cada uma das espécies uma vantagem em seu próprio território, somente uma das duas sobreviverá.

PASSEIO VIRTUAL

LEIA MAIS SOBRE GAUSE:

http://www.ggause.com/Contgau.htm e http://www.ggause.com/gfg06.htm

O princípio de Gause reforça as ideias de Maturana e Verden-Zöller, para quem a luta entre o bem e o mal e o viver em constante agressão com os outros não integram as características da natureza biológica dos seres humanos. O ser humano em sua natureza não é pura bondade ou pura maldade. A questão do bem e do mal não é algo biológico, mas apenas cultural.[8]

A partir da perspectiva da competição biológica, a competição nos negócios segue o mesmo modelo de mudanças evolutivas graduais. Mas com uma diferença: os estrategistas de negócios podem usar a imaginação e a capacidade de raciocínio lógico para acelerar os efeitos da competição e a velocidade das mudanças. Moral da história: imaginação e lógica tornam possível a estratégia. Sem elas, comportamentos e táticas seriam apenas intuitivos ou resultado de reflexos condicionados. Todavia, imaginação e lógica são dois dos inúmeros fatores que determinam deslocamentos no equilíbrio competitivo. A estratégia requer a compreensão da complexa trama da competição natural.

Em um planeta finito, com recursos finitos, os negócios não podem crescer indefinidamente, pois os concorrentes em número crescente acabam por eliminar uns aos outros. Os mais aptos sobrevivem e prosperam até que tenham expulsado seus competidores ou crescido além do que seus recursos permitiam. Pelo Princípio da Exclusão Competitiva de Gause, os competidores que conseguem seu sustento de maneira idêntica não conseguem coexistir – tanto nos negócios como na natureza. Assim, para assegurar uma evolução sustentável, cada um precisa ser diferente o suficiente para possuir uma vantagem única. A competição é uma demonstração de que as vantagens de cada um sobre os demais são mutuamente exclusivas. Podem até se parecer, mas no fundo são de espécies diferentes.[9]

A competição militar

A guerra foi o cenário onde nasceu o conceito de estratégia da maneira como ele é usualmente entendido na atualidade. As constantes lutas e batalhas ao longo dos séculos fizeram com que os militares começassem a pensar seriamente antes de agir. A condução das guerras passou a ser planejada com antecipação. Ao longo dos milênios, o conceito de estratégia foi passando por constantes refinamentos e novas interpretações através de aplicações na área militar.

PASSEIO VIRTUAL

SAIBA MAIS SOBRE ESTRATÉGIAS DE GUERRA:

http://www.au.af.mil/au/awc/awcgate/awc-thry.htm

Há 2.500 anos, Sun Tzu – um general filósofo chinês ainda reverenciado nos dias de hoje – foi o primeiro autor de que se tem notícia sobre assuntos de estratégia militar e escreveu um livro sobre a arte da guerra no qual trata da preparação dos planos, da guerra efetiva, da espada embainhada, das manobras, da variação de táticas, do exército em marcha, do terreno, dos pontos fortes e fracos do inimigo e da organização do exército. Ele dizia que a ordem e a desordem dependem da organização, enquanto a coragem e a covardia dependem da circunstância, e a força ou a fraqueza da disposição.[10]

Esses três pilares – organização, circunstância e disposição – também constituem a base da estratégia organizacional, e a sua adequada conjugação e aplicação depende do trabalho do estrategista. Esse trabalho não se delega e permanece como o núcleo essencial de toda a responsabilidade da cúpula da organização. As lições de Sun Tzu ganharam versões contemporâneas de muitos autores e consultores.[11] Em seu livro foram apresentados e detalhados os 13 princípios da arte da guerra que tratam dos seguintes elementos:

INFORMAÇÃO PRIVILEGIADA

PRINCÍPIOS DE SUN TZU PARA A ARTE DA GUERRA[12]

1. A maior habilidade de um militar é conquistar as tropas inimigas sem luta.
2. Atentar para as regras na guerra: se suas forças estão na proporção de dez para um em relação ao inimigo, faça-o render-se; se forem de cinco para um, ataque-o; se duas vezes mais numerosas, divida seu exército em dois: um para atacar o inimigo pela frente e outro pela retaguarda; se ele responder ao ataque frontal, pode ser esmagado pela retaguarda; se responder ao da retaguarda, pode ser esmagado pela frente.
3. Preparar armadilhas para atrair o inimigo: fingir desorganização e esmagá-lo. Se ele tiver forças superiores, evite-o. Se o adversário é de temperamento irascível, procure irritá-lo. Finja estar fraco e ele se tornará arrogante. Se ele estiver tranquilo, não lhe dê sossego. Se suas forças estão unidas, separe-as. Ataque-o onde ele se mostrar despreparado. Apareça quando não estiver esperando. Se o inimigo estiver descansando, fustigue-o; se acampado, force-o a mover-se; se bem abastecido de provisões, faça-o ficar esfomeado. Apareça em pontos em que o inimigo deva apressar-se a se defender.
4. Quando em terreno difícil, não acampe: em regiões onde se cruzam boas estradas, una-se aos seus aliados. Não se demore em posições perigosamente isoladas. Em situação de cerco, recorra a estratagemas. Numa posição desesperada, deve lutar. Há estradas que não devem ser percorridas e cidades que não devem ser sitiadas. Em terreno dispersivo, não lute. Em terreno fácil, não pare. Em terreno controverso, não ataque. Em terreno aberto, não tente barrar o caminho do inimigo.
5. Não marche, a não ser que veja alguma vantagem; não use suas tropas, a menos que haja algo a ser ganho; não lute, a menos que a posição seja crítica. Nenhum dirigente deve colocar tropas em campo apenas para satisfazer seu humor; nenhum general deve travar uma batalha apenas para se vangloriar. No devido tempo, a ira pode transformar-se em alegria; o aborrecimento pode ser seguido de contentamento. Porém, um reino que tenha sido destruído jamais poderá tornar a existir; nem os mortos podem ser ressuscitados.
6. Se o inimigo está protegido em todos os pontos, esteja preparado para isso. A tarefa de uma operação militar é dissimuladamente concordar com as intenções do inimigo. Chegar ao que ele quer primeiro, para sutilmente antecipá-lo. Manter a disciplina e adaptar-se ao inimigo. Assim, no princípio, você é como uma donzela para quem o inimigo abre a porta; a seguir, você é um coelho solto para que o inimigo não possa impedi-lo de entrar.

A partir da sábia recomendação de Sun Tzu – quebrar a resistência do inimigo sem combater – torna-se possível estabelecer uma dicotomia entre duas abordagens paradigmáticas de intervenção: a estratégia direta e a estratégia indireta.

Estratégia direta ou batalha: Está associada à destruição das forças militares do inimigo em combates que tendem a colocar frente a frente os pontos fortes de ambos. Ganhará o mais forte. A estratégia indireta, em contrapartida, admite a possibilidade de se assegurar a derrota do inimigo através de processos distintos dos que apontam para a simples destruição das suas forças militares no campo de batalha.

Aplicando ao contexto competitivo, pode-se afirmar que a batalha – estratégia direta – simboliza o desejo de obter uma vitória decisiva através de uma colisão cujo resultado será determinado pela força. Especificamente no âmbito da estratégia da empresa, o estilo direto de intervenção envolve:

a. Produtos melhorados, por isso mais competitivos.
b. Conquista de parcelas de mercado de concorrentes em segmentos de mercado.
c. Aproveitamento dos canais de distribuição atuais com maior eficácia.

Estratégia indireta ou manobra: Tem como finalidade criar condições estrategicamente desfavoráveis ao adversário, que se verá forçado a renunciar ao confronto, assumindo a derrota por perceber que não dispõe de quaisquer possibilidades de aspirar à vitória. Ao ser colocado em uma situação da qual não conseguirá se libertar sem custos inaceitáveis, em vez de reagir, o adversário desiste. A estratégia indireta admite a possibilidade de assegurar a derrota do inimigo através de processos distintos dos que apontam para a simples destruição das suas forças militares no campo de batalha. Ganhará o mais astuto, o mais veloz, o que requer maior mobilidade e flexibilidade.

Especificamente no âmbito da estratégia empresarial, o estilo indireto de intervenção envolve a criação de produtos radicalmente inovadores:

a. Em segmentos de mercado desocupados ou inexplorados.
b. Utilização de canais de distribuição inusitados.
c. Desenvolvimento de competências tecnológicas que transfiram o palco da competição para áreas onde a empresa possui uma perícia dificilmente imitável.

Metaforicamente, trata-se da aplicação no contexto de negócios de um dos princípios de Sun Tzu: "Ganhar antes que comece a batalha."[13]

É preciso destacar, porém, que não existem estratégias perfeitas ou milagrosas. O estilo indireto de intervenção não é necessariamente superior ao estilo direto. Quando decidiram penetrar no mercado europeu, os fabricantes japoneses de automóveis adotaram uma abordagem direta – conquistando parcelas de mercado com produtos mais competitivos. No fundo, aceitaram o combate, apostando na qualidade e desempenho. Em contrapartida, Apple, Intel, Dell e muitas outras empresas adotaram um estilo indireto de vencer sem combater e criaram produtos radicalmente inovadores (é o caso da Apple), desenvolveram competências absolutamente distintivas (é o caso da Intel) ou utilizaram um novo canal de distribuição que permitiu flanquear as posições ocupadas pelos adversários (é o caso da Dell).

INFORMAÇÃO PRIVILEGIADA

O *LIVRO DE OURO DOS SAMURAIS*

No século XVII, Miyamoto Musashi (1584–1640), conhecido pelos japoneses como o Santo da Espada, escreveu um livro sobre o Kendo – Caminho da Espada –, arte cultivada pelos samurais sobre o combate corpo a corpo. O *Livro dos cinco anéis* de sua autoria fala do caminho da estratégia em cinco capítulos: terra, água, fogo, tradição (vento) e nada.

Musashi mostra ensinamentos que as artes marciais proporcionam às pessoas, aguçando a sensibilidade e apurando a percepção. Aconselha que se procure enxergar coisas que não podem ser vistas, mas na verdade está dizendo que passamos nossa vida sem perceber o que vai ao nosso redor. Há uma terceira visão, um terceiro olho, uma percepção extra que, se não for treinada para sentir e perceber, se torna embotada. A impressão inicial do Santo da Espada é a de um guerreiro feroz, bárbaro e desumano. Um pouco mais de atenção e sobressai o ideal ético, a grandeza da solidariedade e a força do caráter. Seus conselhos importantes para o estrategista são:

- **Estude as menores coisas e as maiores coisas, as coisas mais superficiais e as coisas mais profundas. Tudo tem o seu valor.**
- **O estrategista transforma coisas pequenas em grandes coisas, como a construção de um grande Buda a partir de um modelo pequenino.**
- **O princípio da estratégia é: tendo-se uma coisa, conhecem-se dez mil coisas. Não é difícil manejar uma espada com uma das mãos; o caminho do aprendizado dessa técnica é treinar com duas es-**

padas longas, uma em cada mão. A princípio tudo parecerá difícil, mas a princípio tudo é difícil.

- Você não deve copiar os outros e sim usar armas que sabe manejar com excelência.
- O caminho da estratégia é:
  1. Não pense com desonestidade.
  2. O caminho está no treinamento.
  3. Trave contato com todas as artes.
  4. Conheça o caminho de todas as profissões.
  5. Aprenda a distinguir ganho de perda nos assuntos materiais.
  6. Desenvolva o julgamento intuitivo e a compreensão de tudo.
  7. Perceba as coisas que não podem ser vistas.
  8. Preste atenção até no que não tem importância.
  9. Não faça nada que de nada sirva.
- Na estratégia é importante ver coisas distantes como se estivessem próximas e ter uma visão distanciada das coisas próximas.
- Encurrale o adversário de encontro a lugares desconfortáveis e faça o possível para mantê-lo de costas para obstáculos incômodos.
- Nem sempre vale ser o primeiro a atacar, mas se o inimigo atacar primeiro você pode inverter a situação. Na estratégia, ganha quem surpreende o inimigo.
- Pense sempre em cruzar o riacho no ponto mais propício. Para chegar a ele é preciso paciência. Afinal, passo a passo se atravessa uma estrada de mil quilômetros. Cruzar o riacho significa atacar o ponto vulnerável do adversário e colocar-se em posição vantajosa.
- Deixe evidente sua calma completa; o inimigo se surpreenderá com ela e relaxará. Quando perceber que o espírito feroz dele também passou, aniquile-o, atacando violentamente com um espírito do Nada.
- Com o espírito tranquilo, acumule experiência dia a dia, hora a hora. Dê polimento à mente e ao coração e aprofunde o olhar de percepção e visão.

PASSEIO VIRTUAL

LEIA MAIS SOBRE MIYAMOTO MUSASHI E O *LIVRO DOS CINCO ANÉIS*:

http://www.musashijapan.com/
http://www.niten.org.br/miyamoto_musashi.htm

Hart salienta que a estratégia é a arte de utilizar as forças militares para atingir os objetivos fixados pela política.[14] Ele dizia que a batalha de Waterloo na qual Napoleão foi vencido não foi ganha pelo reitor da Universidade de Elton, embora Wellington tenha sido seu mais fiel discípulo. Na verdade, não se trata de ensinar estratégia, mas de explicitar a metodologia de pensar estrategicamente. Para Levy,[15] estratégia não é algo que se ensina, mas que se explica e se incorpora ao pensamento. Uma espécie de conhecimento tácito e nem sempre implícito.

Por trás de todas as vitórias de Alexandre, o Grande, percebe-se a presença de Aristóteles, seu preceptor, muito embora seja difícil explicar como Alexandre fez a aplicação concreta dos ensinamentos de Aristóteles na batalha de Arbella,[16] pois estratégia é exatamente isso: uma noção conceitual e complexa sobre como manobrar em um cenário dinâmico de ações e reações, onde os atores pensam, agem e tomam decisões a todo instante, mudam incessantemente seus comportamentos e contribuem para o aumento da incerteza e da imprevisibilidade.

Segundo Beaufre,[17] a idéia de Hart de que a estratégia é uma arte militar poderia ser especificada por seus elementos: a tática e a logística. A tática é a arte de utilizar as armas no combate de forma a obter o melhor rendimento delas. A logística é a ciência dos movimentos e dos reabastecimentos. Ambas se referem à combinação de coisas materiais e apresentam um caráter científico concreto que as torna bastante análogas à arte do engenheiro.[18]

Se a estratégia não é nem a tática nem a logística, então o que é? Para Napoleão, a estratégia é "a parte divina" que se contrapõe à "combinação das coisas materiais".[19] Daí considerar que o estrategista tem a centelha do gênio é só um passo. Na verdade, muitas vezes a genialidade não passa de uma longa paciência e intuição. Divina ou não, a estratégia deve poder ser pensada e embasada racionalmente.

Para Foch,[20] a essência da estratégia é a arte que permite, independentemente de qualquer técnica, dominar os problemas que são colocados em qualquer duelo, para permitir justamente utilizar as técnicas com o máximo de eficácia. É, assim, a arte da dialética das forças ou, melhor, a arte da dialética das vontades que utiliza a força para resolver o conflito entre as partes.[21]

No início do século XIX, Carl von Clausewitz (1780-1831), militar prussiano e diretor da Academia Militar de Berlim, revolucionou a estratégia militar da época salientando que a tática envolve o uso de forças armadas no engajamento, enquanto a estratégia é o uso dos engajamentos com o objetivo de guerra.[22] Para Clausewitz, a base da guerra, assim como de qualquer evento competitivo, é constituída de três pilares: o raciocínio puro, a paixão e o ódio, como elementos motivadores e mobilizadores, e a incerteza e o acaso, próprios das vicissitudes do jogo, com que se defrontam os exércitos em operações ou os grupos competindo.

Paixão, ódio, incerteza e acaso pertencem ao universo dos sentimentos e das emoções – da arte – e não ao universo da racionalidade fria. Como há muito tempo explicou Tucídides,[23] na sua *História da Guerra do Peloponeso*, as três razões que podem originar a guerra são o medo, o interesse e o prestígio ou a reputação. Três motivos dos quais apenas um (o interesse) se coloca no campo da racionalidade em termos de cálculo de lucros e perdas, benefícios e custos, vantagens e desvantagens, uma vez que o medo e a reputação revelam o domínio dos sentimentos mais do que da razão.

INFORMAÇÃO PRIVILEGIADA

EXCERTOS DE *SOBRE A GUERRA* DE CLAUSEWITZ

Clausewitz é muito reverenciado pelos estrategistas que veem na estratégia militar os ensinamentos para a estratégia organizacional. Diz ele:

1. A guerra é a continuação da política por outros meios.
2. A guerra é um ato de violência no qual se pretende obrigar o oponente a obedecer à nossa vontade.
3. O objetivo de qualquer ação na guerra é desarmar o inimigo, e para derrotá-lo deve-se empregar todos os esforços em proporção ao seu poder de resistência.
4. A destruição do inimigo é o fim natural do ato da guerra.
5. Somente batalhas grandes e generalizadas podem produzir grandes resultados.
6. A estratégia determina o lugar onde, o tempo quando e a força numérica com que a batalha deve ser lutada.
7. A melhor estratégia é sempre ser muito forte, primeiro de um modo geral, depois no ponto decisivo. Portanto, para além da energia que cria o exército, trabalho que nem sempre é feito pelo general, não há lei para a estratégia mais imperativa ou simples do que manter as forças concentradas.
8. Desde o condutor dos transportes e o tocador de tambor até o general, a ousadia é a mais nobre das virtudes, o aço verdadeiro que dá à arma o seu gume e brilho.

PASSEIO VIRTUAL

CLAUSEWITZ NA NET

Leia mais sobre Clausewitz e seus princípios aplicados aos estudos estratégicos do mundo contemporâneo:

http://www.esg.br/publicacoes/artigos/a042.html
http://ccw.politics.ox.ac.uk/events/archives/tt05_clausewitz.asp
http://www.clausewitz.com/CWZHOME/CWZBASE.htm

A experiência militar em situações de guerra serviu de base para o desenvolvimento de novas idéias na administração. A adaptação da terminologia estratégica militar para os negócios das organizações começou após a Revolução Industrial, a partir de meados do século XIX, e teve sua época de ouro no decorrer do século XX, quando as empresas começaram a utilizar intensivamente os conceitos militares de estratégia em suas operações comerciais.[24]

BANCO DE IDEIAS

AS ORIENTAÇÕES DO MANUAL DE GUERRA DO EXÉRCITO AMERICANO

Se Sun Tzu definiu apenas 13 princípios em sua *Arte da guerra* e Napoleão[25] listou 115 máximas,[26] na Guerra Civil Americana, o general Nathan Bedford Forrest[27] propôs somente um princípio: "*Get there firstest with the mostest*", o que em português seria aproximadamente: "Seja o primeiro e com toda a força." Os conceitos fundamentais comuns à maioria desses princípios são refletidos no Manual de Campo do Exército dos Estados Unidos (FM3) de Operações Militares (seções 4-32 a 4-39). Lá estão:

1. *Objetivo*: Direcione suas operações em função de um objetivo claramente definido, decisivo e atingível.
2. *Ofensiva:* Dimensione, mantenha e explore a ofensiva.
3. *Unidade de comando:* Para todo objetivo, assegure união dos esforços sob um mesmo comandante.
4. *Massificação:* Concentre o poder de combate no local e tempo decisivo.
5. *Economia da força*: aloque o poder de combate mínimo essencial para os esforços secundários.
6. *Manobra:* Coloque o inimigo numa posição de desvantagem através da aplicação flexível do poder de combate.
7. *Surpresa:* Atinja o inimigo em hora, lugar e maneira para os quais ele esteja despreparado.
8. *Segurança:* Nunca permita que o inimigo obtenha uma vantagem inesperada.
9. *Simplicidade:* Prepare planos claros, concisos e simples para assegurar pleno entendimento.

Na década de 1980 reconheceu-se que o estudo da estratégia militar oferecia vasto conhecimento construído em centenas de anos e que havia sido pouco examinado. Com tal reconhecimento, surgiu grande interesse pelos livros que abordavam a estratégia militar, tornando-os sucessos instantâneos entre os estrategistas das organizações. Além dos livros já referenciados, como *Arte da guerra,* de Sun Tzu, *Sobre a guerra*, de Clausewitz, foi grande sucesso na década O *livro vermelho*, de Mao Tsé-tung. De Sun Tzu aprendeu-se o aspecto tático da estratégia, de Clausewitz aprendeu-se a dinâmica e a imprevisibilidade da estratégia militar, e de Mao Tsé-tung aprenderam-se os princípios da guerra de guerrilha. Philip Kotler defende a abordagem das estratégias de guerra para aplicação nos planos de marketing.

INFORMAÇÃO PRIVILEGIADA

AS ESTRATÉGIAS DE GUERRA APLICADAS AOS NEGÓCIOS

Genericamente existem quatro estratégias de guerra nos negócios:[28]

1. *Estratégias ofensivas:* Idealizadas para obter objetivos sobre o objetivo da concorrência, como, por exemplo, ganho de participação de mercado, conquista de clientes estratégicos ou atuação em segmentos de alta margem.
2. *Estratégias de defesa:* Idealizadas para proteger posições de parcelas de mercado, lucratividade, posicionamento de marca.
3. *Estratégias de flanqueamento:* Idealizadas para evitar o confronto, como, por exemplo, atuação em segmentos sem concorrência, campanhas de comunicação que não encetam o acirramento da concorrência.
4. *Estratégias de guerrilha*: Idealizadas para enfraquecer a concorrência, a partir de pequenas ofensivas em seus pontos ou momentos fracos, como, por exemplo, promoções surpresas ou antecipação de lançamento de produtos.

Afinal, o mundo dos negócios seria uma metáfora da guerra militar? Toda organização enfrenta diversos exércitos (concorrentes) no campo de batalha (mercado), com suas armas (produtos e serviços) e estratégias (planos de negócios). A intensidade da competição tende ao acirramento. Além das rápidas mutações no ambiente, que estressam a capacidade das organizações de tomarem decisões estratégicas, o fato é que a disputa pelo mesmo consumidor, a proliferação de produtos análogos (não diferenciados), o crescente poder de barganha de fornecedores e compradores, a ameaça do aparecimento de novos concorrentes (entrantes) ou de produtos substitutos fazem com que a disputa competitiva seja mais do que uma simples metáfora. A crônica dos embates comerciais entre empresas é rica em exemplos fascinantes de ações ousadas, astúcia, raciocínio estratégico e dedicação.[29]

O antigo conceito militar define estratégia como a aplicação de forças em larga escala contra algum inimigo. Em termos organizacionais, a estratégia é definida como a mobilização de todos os recursos da organização no âmbito global visando atingir objetivos de longo prazo e globais. Tática é um esquema específico de emprego de recursos dentro de uma estratégia geral. No plano militar, uma mobilização de tropa é uma tática dentro de uma estratégia mais ampla. Em termos organizacionais, a tática se refere a um de seus componentes (cada departamento ou unidade, isoladamente) e procura alcançar objetivos departamentais. O plano gerencial, o orçamento anual ou o plano anual de investimentos são planos táticos dentro de uma estratégia global de longo prazo. Uma guerra requer uma ou mais estratégias; cada estratégia requer uma proliferação de medidas táticas ou ações. O planejamento para cinco anos na empresa requer estratégia à qual se ligam os planos táticos de cada ano compreendido nesse período.[30]

Assim, a estratégia:[31]

1. É composta por várias táticas simultâneas e integradas entre si.
2. Para ser implementada ou executada, tornam-se necessárias muitas táticas que se sucedem ordenadamente no tempo.
3. É definida pela alta administração, enquanto a tática é de responsabilidade da gerência de cada departamento ou unidade organizacional.

Porém, negócios não podem ser confundidos com guerra. A ocasional declaração em contrário destinada a destacar o calor da batalha na concorrência empresarial é mais uma declaração de efeito sensacionalista. Negócios e guerra podem ter elementos em comum, mas essencialmente permanecerão distintos para sempre pela natureza diversa e inconciliável das forças que lhes dão origem e de seus resultados. É impossível conceber as atividades das organizações sem a criação de valor para benefício da sociedade, sem a intenção de servir ao cliente ou sem o desejo das pessoas de nela se engajarem produtivamente.

Em um artigo na *Harvard Business Review*, Moore[32] apresentou uma concepção de concorrência como um sistema ecológico, pelo qual as interações nos mercados levam naturalmente a uma estabilidade ecológica de longo prazo. No final dos anos 1990, as estratégias inspiradas na guerra se mostravam menos apropriadas do que as estratégias de não-confrontação.

JANELA CONCEITUAL

COMO É A NOVA GUERRA[33]

Em uma coletânea da HSM Management, Fuller explica que, na guerra à moda antiga, ganhar todas as batalhas significava ganhar a guerra, tanto para as forças armadas como para as empresas. Nas empresas, diz ele, era suficiente seguir um modelo burocrático e compartimentado. Não importava que as peças da empresa e as peças da estratégia estivessem separadas. Nem importava que o pessoal da linha de frente estivesse segregado do *staff*. Também não importava que a pesquisa de mercado nada tivesse que ver com o posicionamento do produto.

Hoje, tudo isso importa. As empresas que decompõem as partes de sua estratégia em projetos separados e os entregam a funcionários distintos em locais diferentes estão fadadas ao fracasso. São pessoas que nunca se viram ou trabalharam juntas, que foram contratadas, promovidas, motivadas e recompensadas de modo a não gostar, não confiar e não ajudar umas às outras. Isso não funciona mais nos dias de hoje.

Na Guerra do Vietnã, os Estados Unidos ganharam todas as batalhas, mas perderam a guerra. Os relatos mostram que a derrota se deveu a não haver uma doutrina estratégica unificada e uma definição clara de vitória.

Também as empresas tiveram o seu Vietnã, anos depois. Nos anos 1980 elas confrontaram a agilidade da concorrência. Lutaram guerrilhas e sofreram perdas. Como o Pentágono, as companhias tradicionais aprenderam a lição da maneira mais difícil.

A competição política

Além da competição militar, a política também tem inspirado os estrategistas. O estudo da competição política traz ensinamentos para os estrategistas de negócios. Muitas vantagens competitivas podem ser alcançadas na aplicação de estratégias políticas apropriadas. O processo de escolha do padrão de transmissão da TV digital no Brasil é um bom exemplo de como as organizações procuram influenciar o processo com base nos conceitos de competição política.[34] Conquistar novos espaços de mercado é, sem dúvida, o resultado de estratégias superiores, o que somente pode ser alcançado por profissionais decididos, comprometidos e bem treinados, tal como na política. O jogo pelo poder implícito na política geralmente esconde uma batalha – frontal ou oculta nos bastidores – que lembra a disputa militar.

INFORMAÇÃO PRIVILEGIADA

O PRÍNCIPE DE MAQUIAVEL, UMA OBRA CLÁSSICA DA ESTRATÉGIA POLÍTICA

Nicolau Maquiavel (1469–1527), um filósofo político italiano, considerado o pai da ciência política, lançou seu livro *O príncipe*, em 1512, como um ideário para César Bórgia, o duque Valentino de Florença. Seu objetivo era inspirar a imagem de um líder político, audacioso, impiedoso, frio e armado de qualidades políticas. Trata-se de um texto que analisa realisticamente a prática do poder político e explica como o poder pode ser ganho e efetivamente praticado. Eis aqui alguns de seus excertos, baseados em sua obra:

1. Não há coisa mais difícil de fazer, mais duvidosa de se alcançar ou mais perigosa de se manejar do que ser o introdutor de uma nova ordem de coisas, porque quem o é tem por inimigos todos aqueles que se beneficiam com a antiga ordem e como tímidos defensores todos aqueles a quem as novas instituições beneficiariam.
2. A natureza dos povos é variável, e, se é fácil persuadi-los de uma coisa, é difícil firmá-los naquela convicção.
3. As crueldades devem ser feitas de uma só vez pela necessidade de garantir-se e depois não se insiste mais em fazer, mas rendem o máximo possível de utilidade para os súditos. As crueldades que, ainda que de início sejam poucas, crescem com o tempo, em vez de se extinguirem, devem ser evitadas.
4. O conquistador deve examinar todas as ofensas que precisa fazer, para perpetrá-las todas de uma só vez e não ter que renová-las todos os dias. Não as repetindo, pode incutir confiança nos homens e ganhar seu apoio através de benefícios.
5. Quem chega ao principado com a ajuda dos grandes, mantém-se com mais dificuldade do que o que se torna príncipe com a ajuda do povo, porque o primeiro se vê cercado de muitos que parecem ser seus iguais, não podendo, por isso, comandá-los nem manejá-los a seu modo. Mas quem chega ao principado com o favor popular encontra-se sozinho e não tem em torno de si poucas pessoas que não estejam prontas a obedecê-lo.
6. Um príncipe sábio deve encontrar um modo pelo qual seus cidadãos sempre tenham necessidade do Estado e dele; assim, eles sempre lhe serão fiéis.
7. Um príncipe não deve jamais afastar o pensamento do exercício da guerra e, durante a paz, deve praticá-lo mais ainda do que durante a guerra.
8. O príncipe deve ser ponderado em seu pensamento e ação e proceder de forma equilibrada, com prudência e humanidade, para que a excessiva confiança não o torne incauto nem a exagerada desconfiança o faça intolerável.

9. É muito mais seguro ser temido do que amado quando se tem de desistir de uma das duas formas.
10. As amizades, que se obtêm mediante pagamento e não com grandeza e nobreza de ânimo, compram-se, mas não se possuem, e, no devido tempo, não podem ser usadas.
11. Um príncipe precisa saber usar a natureza animal; deve escolher a raposa e o leão, pois o leão não tem defesa contra os laços nem a raposa contra os lobos. Precisa, pois, ser raposa para conhecer os laços e leão para aterrorizar os lobos.
12. Não é necessário ter todas as qualidades, mas é indispensável parecer tê-las.
13. Deve parecer clemente, fiel, humano, íntegro, religioso e sê-lo, mas com a condição de estar com o ânimo disposto a tornar-se o contrário.
14. O que conta por fim são os resultados. Os fins justificam os meios. Cuide, pois, o príncipe de vencer e manter o Estado: os meios serão sempre julgados honrosos e louvados por todos, porque o vulgo está sempre voltado para as aparências e para o resultado das coisas, e não há no mundo senão o vulgo; a minoria não tem vez quando a maioria tem onde se apoiar.
15. Deve, portanto, um príncipe prudente escolher homens sábios e somente a esses conceder livre-arbítrio para lhe dizer a verdade, e apenas sobre as coisas que o príncipe lhe perguntar, mais nada. Deve também perguntar muito e, depois, ouvir pacientemente a verdade sobre as coisas indagadas.

O príncipe se mantém tão vivo e chocante, e sua influência na história política moderna e no pensamento estratégico é profunda.

Os estruturalistas[35] sugerem que a estratégia não é produto de um único arquiteto ou de uma equipe de estratégia homogênea, mas o resultado da ação de vários agentes e coalizões de agentes que disputam o poder entre si no sentido de perseguir seus próprios interesses e agendas. Além disso, grupos de subordinados podem entrar nos processos de determinação e distorção de estratégias.

No fundo, a estratégia permite mapear a estrutura de poder existente na organização. Para os estruturalistas, a estratégia é função da política organizacional pelas seguintes razões:[36]

1. As organizações são coalizões de vários indivíduos e grupos de interesses (*stakeholders*).
2. Existem diferenças duradouras entre os membros de coalizões em termos de valores, crenças, informações, interesses e percepções da realidade. Cada membro tem diferentes interesses na organização.
3. A maior parte das decisões importantes envolve alocação e aplicação de recursos escassos – quem vai obter os meios e recursos necessários para poder funcionar é quem vai ter mais poder dentro da organização.
4. Recursos escassos e diferenças duradouras dão ao conflito um papel central na dinâmica organizacional e tornam o poder o recurso mais importante. A estratégia passa a ser um meio de lidar com conflitos internos e externos no sentido de atenuá-los ou convertê-los em ações de proveito mútuo.
5. Metas e decisões emergem de barganhas, negociações e manobras em busca de posições entre os diferentes públicos de interesses (*stakeholders*).

A competição esportiva

A história da humanidade reflete inúmeros momentos em que a competição esportiva representou um conjunto de conceitos, ideias e práticas capazes de aumentar a qualidade de vida do homem e torná-lo mais forte e poderoso. Na época dos primeiros jogos olímpicos, os ginásios acabaram servindo de ponto de encontro onde se discutia o princípio de todas as coisas.

As primeiras experiências que remetem às Olímpiadas na Grécia antiga evoluíram e passaram da consideração religiosa à consideração tecnológica e científica. Em Roma se criou a arte do espetáculo circense e o direito à competição livre: não era mais necessário nascer grego para competir em Olímpia. A Idade Média trouxe uma novidade em matéria esportiva: a introdução do cavalo na competição, e cada vez mais se criavam recursos para evitar os fins trágicos (armas sem ponta nem fio, por exemplo); no período contemporâneo, elementos estranhos acabam incorporando-se ao cenário esportivo, como empresários, políticos, meios de propaganda e intermediários de todas as espécies, contaminando toda a pureza helênica do esporte. Na verdade, o atleta de hoje tem de dividir o pódium com muitos outros.

O jogo se baseia na presença básica de três elementos: os jogadores, as regras e a busca por resultados.

1. *Jogadores*: Os três elementos expressam amplamente a necessidade que o indivíduo tem do outro (viver em sociedade – regras), de explorar/ conhecer (agir no meio) e de vencer (atingir limites). Ultrapassando o fator individual, o jogo oferece a

possibilidade de ampliar as relações interpessoais, pois o jogo se presta como símbolo de igualdade e união entre os integrantes do grupo, proporcionando a vivência de uma dinâmica coletiva.

2. *Regras*: Correspondem à orientação com lógica própria que cria uma ordem absoluta. Do astro ao aprendiz, todos são regidos pelas mesmas regras; essa concepção permite refletir que a vitória depende exclusivamente do desempenho. Ao considerar as normas como elementos inerentes à ordem do jogo, o atleta será impelido a mover esforços para que atinja seu ideal. Nessa altura, não será suficiente o extremo desempenho se ele não souber o que pode e o que não pode fazer. A importância das regras agora adentra o indivíduo e não reflete mais apenas uma ordem externa, mas também uma ordem interna, que o levará aos seus limites, pois agora ele sabe até onde pode ir.
3. *Busca por resultados*: Põe à prova e revela o caráter do combatente. Assim, é um elemento que empresta ao jogo certo conteúdo ético. O atleta, que sempre deve tentar vencer, deve manter-se, todavia, dentro das regras. A impulsividade e o agir sem pensar logo denunciam uma pessoa sem controle diante da tensão do momento.

A competição esportiva retém em si três fundamentos básicos: a estratégia de jogo, o movimento e a agonística.[37]

1. *Estratégia de jogo*: Em seu aspecto essencial, é uma ação livre, executada e sentida como se situada fora da vida cotidiana, mas que compromete o jogador na identificação de resultados esperados e na elaboração de ações definidas em função desses resultados.[38]
2. *Movimento*: É tido como elemento vivo da personalidade; uma ação, intencional ou involuntária, que parte de uma premissa neurológica que reúne força, energia, ritmo, duração, coordenação etc. A sintonia do mental com o corporal define o desempenho do atleta durante uma competição. Enquanto elemento esportivo, o movimento é influenciado por dois aspectos: o controle emocional e a motivação.
3. *Agonística*: Corresponde ao impulso psicológico de lutar, toda a agressividade competitiva inconsciente. Fica bem claro na conceituação de agonística o afã de vitória e de luta emanado de camadas profundas da psique humana e que a luta, mesmo sem vitória, será gratificante, desde que o *élan* de vitória seja o impulso inicial. Os elementos básicos da agonística são: agressividade, tensão, supercompensação e exibicionismo.
   a. *Agressividade*: Dentro desses fatores, é na agressividade que parecem estar concentradas todas as propostas do ímpeto esportista, que busca o desafio. A agressividade, comum aos olhos dos espectadores, não só no sentido de violência, mas também no sentido de garra, de um jogar com o "coração", é retratada pelos profissionais como sendo um "impulso para a realização".
   b. *Tensão*: Representa a atitude combativa do guerreiro diante da batalha. O estado de alerta, aumentado ou diminuído, em que se põe o esportista diante de um desafio preeminente.
   c. *Supercompensação*: Estabelece-se no esporte como um mecanismo de defesa que dá ao indivíduo certo prestígio pessoal, em contraposição a um provável sentimento de inferioridade. Sendo a atividade esportiva também um ato de criação, pode o atleta encontrar, no desempenho de sua missão, o instrumento que lhe permite superar o estado conflitivo, seja pela própria atividade lúdica (o jogo), tão gratificante psicologicamente, seja pela afirmação resultante do reconhecimento de suas qualidades, da excelência de suas aptidões.
   d. *Exibicionismo*: Traz em si a necessidade constante do indivíduo de mostrar-se em público, pelo que ele é e pelo que sabe fazer. O exibicionismo é uma manifestação secundária que desloca o narcisismo para a criatividade motora.

Caracterizar o homem não como *homo sapiens* (homem sábio) nem como *homo faber* (homem fazedor), mas como *homo ludens* (homem jogador) talvez represente mesmo a real condição humana no grande torneio que é a vida real. Muitos competidores fazem do cotidiano social e profissional um desafio ou um obstáculo a ser vencido com luta, suor e perseverança. Nessas condições, cada um se expressa de uma determinada forma ou jeito, tornando o jogo mais do que um conjunto de regras, uma arte do viver; viver através da ação, do movimento e da expressão.

Dentro do prisma esportivo, Henderson mostra que os elementos básicos da competição estratégica são:[39]

1. Capacidade de compreender o comportamento competitivo como um sistema no qual competidores, clientes, dinheiro, pessoas e recursos interagem continuamente.
2. Capacidade de usar essa compreensão para predizer como um dado movimento estratégico de uma parte vai alterar o equilíbrio competitivo.
3. Recursos que possam ser permanentemente investidos em novos usos, mesmo se os benefícios consequentes só aparecerem no longo prazo.
4. Capacidade de prever riscos e lucros com exatidão e certeza suficientes para justificar o investimento correspondente.
5. Disposição de agir.

JANELA CONCEITUAL

COMPETIÇÃO ESTRATÉGICA SEGUNDO A TEORIA DOS JOGOS

A teoria dos jogos é um ramo da matemática aplicada que estuda situações estratégicas quando conjuntos de indivíduos ou organizações interdependentes (jogadores), cujas decisões influenciam-se mutuamente, escolhem diferentes ações na tentativa de melhorar seu retorno.[40]

Na verdade, a teoria dos jogos – uma das principais técnicas de pesquisa operacional que a teoria matemática desenvolveu – procura encontrar estratégias racionais em situações em que o resultado depende não só da estratégia própria de um agente e das condições de mercado, mas também das estratégias escolhidas por outros agentes que possivelmente têm estratégias diferentes ou objetivos comuns, e é aplicada a conflitos (chamados jogos) que envolvem disputa de interesses entre dois ou mais competidores, nos quais cada jogador pode assumir uma variedade de ações possíveis, delimitadas pelas regras do jogo.[41]

Em outras palavras, a teoria dos jogos estuda as escolhas de comportamentos ótimos quando o custo-benefício de cada opção não é fixo, mas depende, sobretudo, da escolha dos outros indivíduos.

Traçar os ideais, perseverar nos pensamentos, resistir à fadiga do cotidiano, aprender com os erros no treinamento da vida, aprender a perder no dia a dia, controlar as próprias tensões, estar pronto para aproveitar as oportunidades da vida e, enfim, conseguir relaxar após um dia de vitória parecem ser aspectos que tornam a metáfora da competição esportiva bastante apropriada para a condução estratégica dos negócios.

A EVOLUÇÃO DO PENSAMENTO ESTRATÉGICO

O pensamento estratégico constitui a parte não-analítica do trabalho do estrategista, aquela esfera sofisticada e complexa do conhecimento que envolve imaginação, discernimento, intuição, iniciativa, força mental e impulso para o empreendimento. Trata-se de algo que não se transfere aos outros e que se pode até explicar, mas que nem sempre se pode ensinar com precisão e detalhamento dada a sua forte característica de abstração, intangibilidade, aleatoriedade, ambiguidade, seja no espaço, seja no tempo. No fundo, o pensamento estratégico pode ser definido, de um lado, como a maneira pela qual se visualiza o mundo exterior, principalmente em situações desafiadoras e incertas, e, de outro lado, como a maneira de aplicar um conjunto de técnicas para definir e resolver problemas. Ele se apresenta de diferentes formas em diferentes situações, e alguns níveis de pensamento estratégico se mostram mais eficazes em diferentes ambientes e culturas corporativas.[42] O pensamento estratégico permite identificar e localizar oportunidades para vantagem competitiva, bem como ameaças e riscos que devem ser evitados.

De Geus[43] destaca que o propósito do pensamento estratégico não é simplesmente elaborar planos, mas mudar os modelos mentais dos tomadores de decisão. Segundo De Geus, a prática do pensamento estratégico é facilitada pelo processo de planejamento estratégico, que tem ainda o atributo de harmonizar a visão de mundo de seus participantes.

Em sua evolução, a cada época, o pensamento estratégico produziu conceitos, práticas e ferramentas apropriados que responderam às mudanças que ocorreram no contexto.

Os primeiros passos do pensamento estratégico

Até o século XIX, a aplicação do pensamento estratégico era bastante limitada. Com a exceção de setores de *commodities*, já há muito atuando em termos de comércio internacional, as empresas não tinham nenhum incentivo para crescer e mantinham o mínimo capital fixo possível. Já em meados do século XVIII Adam Smith[44] havia introduzido sua expressão "mão invisível do mercado", referindo-se a determinada ordem resultante da interação dos indivíduos numa economia de mercado, apesar da inexistência de uma entidade coordenadora do interesse comunal, como se houvesse uma "mão invisível" que os orientasse.

Porém, entre o fim do século XIX e as primeiras décadas do século XX, surge um novo tipo de empresa, verticalmente integrada e composta de muitas divisões (nos Estados Unidos e depois na Europa), que desenvolveu técnicas de coordenação de todas as funções, a partir de uma nova estrutura hierárquica e investindo pesadamente em processos de fabricação e marketing. Com o passar do tempo, o ambiente competitivo onde prevalecia a metáfora da "mão invisível" abriu espaço para o que o historiador Alfred D. Chandler Jr.[45] cunhou como sendo o conceito de "mão visível" dos profissionais.

No final da década de 1940 e começo dos anos 1950, Peter Drucker[46] afirmava que a teoria econômica tratava os mercados como forças impessoais, muito além do controle de qualquer indivíduo ou organização. Ele argumentava que o propósito do estrategista era o de levar sua organização através das mudanças do ambiente econômico, reduzindo as limitações impostas pelas circunstâncias. Essa percepção foi a base do desenvolvimento do pensamento estratégico de que, ao usar conscientemente um planejamento formal, uma organização exerceria algum nível de controle positivo sobre as forças de mercado.

A influência da Segunda Guerra Mundial

No decorrer da Segunda Guerra Mundial, o pensamento estratégico foi exigido para enfrentar ações bélicas tremendamente arriscadas e imprevistas. O problema de alocação de recursos limitados em uma economia de guerra incentivou o desenvolvimento de inovações na ciência da administração. Novas técnicas operacionais – como a programação linear – permitiram a aplicação de metodologias de análise quantitativa nos processos formais de planejamento estratégico. O conceito de "curva de aprendizado" explicitado em meio às atividades de preparação para a guerra mundial transformou-se em uma ferramenta importante de planejamento estratégico.

JANELA CONCEITUAL

CURVA DE APRENDIZADO

A curva de aprendizado foi descoberta no setor de aviação militar na década de 1920, quando se percebeu que os custos diretos de mão de obra tendiam a decrescer a uma porcentagem constante à medida que a quantidade acumulada de aviões produzidos dobrava. O aprendizado melhorava incrivelmente a produtividade.[47]

Outro conceito trazido do setor militar para os negócios foi o de competência distinta. Após a Segunda Guerra Mundial, as três forças militares dos Estados Unidos debatiam qual seria a melhor estrutura organizacional que assegurasse a competitividade entre Marinha, Aeronáutica e Exército ao mesmo tempo que preservava a integração estratégica e tática. O sociólogo Philip Selznick[48] reconheceu que a Marinha era a detentora dos valores institucionais e que por isso se destacava em seus serviços. Seus militares se viam como sendo a força capacitada em termos tecnológicos, enquanto os soldados do Exércitos eram tidos como a mão de obra. A Marinha estava ciente de suas competências distintas, conceito que influenciou as estratégias das organizações em geral.[49]

Os avanços no pensamento estratégico após o final da Segunda Guerra Mundial ficaram estagnados durante algum tempo, pois a destruição ocorrida nos tempos de guerra levou ao excesso da demanda reprimida que foi atendida pelas empresas em um contexto de limitada competição. Além disso, durante a guerra, as grandes multinacionais européias diminuíram ou simplesmente sumiram, deixando o terreno livre para as empresas americanas.

Estratégia como adequação e adaptação

Bain[50] apresentou um paradigma de estrutura-conduta-desempenho, concentrando-se principalmente no impacto da estrutura do contexto de negócios sobre o desempenho das organizações.

Naqueles anos, a estratégia organizacional era associada a princípios de adaptação, o que pressupunha um ajustamento ao ambiente a fim de adquirir uma posição dominante e defendê-la. Na verdade, a abordagem de considerar o ambiente externo como fator primário para indicar as estratégias que as organizações deveriam elaborar no sentido de prosperarem marcou fortemente o pensamento estratégico por mais de 20 anos até o início dos anos 1990. Ficou conhecida como abordagem ou modelo da organização setorial (Quadro 1.1).

CARACTERÍSTICAS DO MODELO DA ORGANIZAÇÃO SETORIAL	AÇÃO
Conhecimento sobre o ambiente	**Pesquisas** Ambiente contextual (macroambiente) Ambiente transacional (microambiente) Concorrência
Identificação de um setor com potencial de oferecer retornos acima da média de mercado	**Pesquisas** Estrutura setorial favorável
Elaboração da estratégia adequada	**Posicionar-se** Para obter ganhos acima da média
Desenvolvimento ou aquisição de ativos e habilidades para implementar a estratégia	**Desenvolver** competências
Aplicação das forças competitivas da organização	**Implementar** Estratégias alinhadas com os ganhos pretendidos

■ **QUADRO 1.1.** *O modelo da organização setorial.*[51]

Modelo da organização setorial

O modelo da organização setorial entende que o setor no qual a empresa atua é o fator mais relevante para determinar seu desempenho. Especificamente: certas características setoriais, como economias de escala, barreiras de entrada e saída, nível tecnológico, grau de concentração e diversificação entre as empresas, diferenciação dos produtos e serviços, entre outras características.[50]

Por volta dos anos 1960, o tema das competências distintas voltou à tona nas escolas de negócios dos Estados Unidos, principalmente na Harvard Business School, discutindo-se como os pontos fortes de uma organização poderiam lidar com as oportunidades de mercado, considerando seus pontos fracos e as ameaças e riscos do ambiente. Esses fatores constituirão uma matriz cujo acrônimo era SWOT: *strengths* – forças; *weaknesses* – fraquezas; *opportunities* – oportunidades; e *threats* (ou *risks*) – ameaças (ou riscos). (Haverá mais referências sobre a matriz SWOT no desenvolvimento dos próximos capítulos). É precisamente nessa análise que se baseia a reflexão sobre as vantagens competitivas que culminaram com os trabalhos bem conhecidos de Michael Porter, que será visto adiante.

JANELA CONCEITUAL

AS ORIGENS DA MATRIZ SWOT

É importante destacar que as referências originais da idealização da Matriz SWOT não são conhecidas, pois foram elaboradas como anotações de aula do Professor Kenneth R. Andrews, por volta dos anos 1950, não existindo artigos acadêmicos relacionados. Ainda no inicio dos anos 1950, dois professores de Harvard, George Albert Smith e C. Roland Christensen questionavam se as estratégias empresarias atendiam os desafios o ambiente de negócios. Os trabalhos de Philip Selznick consideravam o cruzamento dos fatores externos e internos.

De qualquer maneira sabe-se que a maneira de se aplicar a concepção de cruzar fatores internos e externos na análise estratégica acontecia já desde 1949, a partir de trabalhos pioneiros realizados na Du Pont. Em meados dos anos 1960 a prática já acontecia na maioria das grandes empresas americanas cujo propósito era compatibilizar as capacidades organizacionais distintas com as possibilidades externas como critério para priorizar as ações. Tal aplicação foi uma consequência direta do estudo de longo prazo desenvolvido pelo SRI – Stanford Research Institute para investigar por que era tão alto os índice de fracassos dos planos estratégicos elaborados.

Os pesquisadores do SRI, Marion Dosher, Otis Benepe, Albert Humphrey, Robert Stewart e Birger Lie acompanharam as atividades de planejamento de cerca de 5.000 executivos em mais de 1.000 empresas por 9 anos e descobriram que o grau de sucesso entre os que as empresas planejavam fazer e o que realmente conseguiam ficava em torno de 35% e identificaram algumas áreas críticas que determinavam o fraco resultado.

Então, com a ideia de adequar os objetivos organizacionais às condições externas do presente, eles idealizaram uma metodologia que procurava cruzar os pontos favoráveis e desaforáveis das empresas com os pontos favoráveis e desaforáveis do ambiente de negócios que foi chamada de *SOFT* Analysis, com a seguinte explicação para o acrônimo: "What is good in the present is **S**atisfactory, good in the future is an **O**pportunity; bad in the present is a **F**ault and bad in the future

is a *T*hreat." (O que é bom no presente é satisfatório, o que é bom no futuro é oportunidade, o que é mal no presente é falha e o que é mal no futuro é ameaça). Em 1964, Urick e Orr (obs.: citados por Albert Humphrey em: http://www.businessballs.com/swotanalysisfreetemplate.htm, porém não há maiores detalhes sobre esses conferencistas), num seminário sobre Planejamento de Longo Prazo em 1964 em Zurich, mudaram o *F* de *Fault* para *W* de *Weakness*.

Finalmente em 1969, Edmund P. Learned, C. Roland Christiansen, Kenneth Andrews, e William D. Guth apresentaram uma matriz que sistematizava a metodologia dos pesquisadores de Stanford no livro Business Policy, Text and Cases (Irwin, 1969). Mas foi somente em 1982 que H. Weilurich publicou uma matriz de quarto células que é como a Matriz SWOT hoje é conhecida, no livro "The TOWS Matrix – a tool for situational analysis", *Journal of Long Range Planning*, v. 15, n. 2.

Os anos seguintes veriam surgir uma ruptura do pensamento estratégico, colocando em evidência uma estratégia centrada na intenção e na transformação permanente do jogo concorrencial e da própria organização, como será estudado mais à frente neste capítulo.

Outro foco emergente de atenção do pensamento estratégico nos anos 1960 e 1970 era reconhecer quais aspectos organizacionais eram duradouros e persistentes, considerando um longo período de tempo, e quais eram passíveis de adaptações e mudanças conforme a pressão das forças competitivas. Essa distinção era fundamental na medida em que a estratégia tem seus efeitos no longo prazo, e ficava claro que o elemento estável das organizações era sua competência distinta. Assim, se as oportunidades que se apresentavam às organizações extrapolavam a sua capacidade por suas competências distintas, seria então avaliar o desejo de ousar e arriscar para buscar novas e diferentes competências distintas.[52]

Um debate fundamental dos anos 1960 foi travado entre dois dos maiores influenciadores do pensamento estratégico. Em um clássico artigo, "*Marketing myopia*", Theodore Levitt[53] criticava as organizações que focavam suas estratégias no produto, presumivelmente a partir de suas competências distintas, em vez de conscientemente servirem os clientes e os mercados. Levitt argumentava que as empresas falhavam quando seus produtos não se adaptavam às mudanças constantes nos padrões de necessidades e preferências de seus compradores, nas metodologias e práticas de marketing e no desenvolvimento em setores complementares.

Já Igor Ansoff argumentava que Levitt direcionava as organizações para assumirem riscos desnecessários ao investir em novos produtos que poderiam não refletir suas competências distintas. Para Ansoff, uma organização deveria primeiro questionar se o novo produto estava alinhado com os produtos existentes, pois muitas vezes a organização erroneamente tentava alinhar-se às preferências do comprador. Para que a organização mantivesse o foco estratégico, Ansoff recomendava a aplicação de critérios de alinhamento entre o negócio e as estratégias organizacionais. Para Ansoff, a estratégia era um alinhamento entre as atividades de uma organização e os produtos/mercados que definiam a natureza essencial do negócio em que a organização estava e planejava estar no futuro.[54]

Um dos mais valiosos conceitos estratégicos foi a "teoria de portfólio", elaborada nos anos 1970. Essa teoria inspirava-se nos trabalhos de Markowitz[55] e outros financistas que concluíram que uma carteira diversificada de ativos reduzia o risco específico do investimento. Esse achado foi trazido na década de 1970 para o pensamento estratégico, que passou a considerar as divisões operacionais de uma empresa ou unidades de negócios como se fossem ativos distintos de uma carteira de investimentos. Nessa concepção, cada unidade de negócios é tratada como um centro semi-independente de lucro com suas próprias receitas, custos, objetivos e estratégias.

Um modelo consagrado para avaliação das relações entre os ativos de uma carteira estratégica é a matriz BCG, desenvolvida por Bruce Henderson,[56] fundador do Boston Consulting Group.[57] A matriz BCG é baseada na teoria do ciclo de vida do produto e é aplicada para determinar as prioridades de investimentos na carteira de produtos de uma unidade de negócios. Como modo de preservar a criação de valor em longo prazo, a empresa deveria ter um portfólio de produtos equilibrado entre produtos em mercados de grande crescimento, que, dependendo de sua participação de mercado, usam o caixa da empresa, e produtos em mercados de baixo crescimento que, dependendo de sua participação de mercado, geram caixa. Essas duas variáveis – taxa de crescimento do mercado e participação relativa de mercado – embasam a ideia de que quanto maior a participação de mercado de um produto ou quanto maior a taxa de crescimento de mercado onde esse produto está, tanto mais se cria valor para a empresa. A matriz BCG será detalhada e estudada no Capítulo 10.

PASSEIO VIRTUAL

MATRIZ BCG

Leia os artigos originais de Bruce Henderson que primeiro apresentaram a matriz BCG:
http://www.bcg.com/impact_expertise/publications/files/Product_Portfolio_Jan1970.pdf
http://www.bcg.com/publications/files/Experience_Curve_IV_Growth_Share_Matrix_1973.pdf

Pouco depois surgiu a matriz multifatorial GE, desenvolvida pela General Electric, com a consultoria McKinsey.[58] Tanto como a matriz BCG, a matriz multifatorial GE permite a avaliação da atratividade das diferentes unidades de negócio de uma empresa a partir da análise cruzada de dois conjuntos de variáveis: atratividade setorial e condição potencial da empresa. Cada conjunto de variáveis é composto por fatores ponderados. Em cada caso, a empresa define quais fatores e qual ponderação aplicará.

Porém, durante a década de 1970, houve um colapso do sistema monetário internacional, com a crise do petróleo, e o emergente problema com a sustentação do meio ambiente, voltando o fantasma da recessão de antes da Segunda Guerra Mundial. O crescimento não poderia ser mais tomado como dado, e o desemprego cresceu nas economias avançadas. Não obstante, empresas inovadoras continuaram a se expandir, e empresas alemãs e japonesas passaram a representar uma forte concorrência às empresas americanas na medida em que ampliavam suas carteiras de produtos, otimizavam estruturas de custo e direcionavam para o crescimento internacional.

JANELA CONCEITUAL

A ORIENTAÇÃO DE MARKETING

A década de 1970 testemunhou também a emergência da chamada Orientação de Marketing. Voltando um pouco os olhos para o passado como forma de entender essa tendência, é preciso lembrar que nos primeiros tempos do capitalismo moderno assumia-se que o fator determinante de sucesso de qualquer empresa era a sua capacidade de acompanhar o crescimento da demanda com produtos que funcionavam e durassem. Havia a chamada Orientação para a Produção. No início do século passado era muito conhecida a expressão de que se alguém produzisse a melhor ratoeira, não importando onde, o mundo bateria à sua porta. No final dos anos 1950 ficou claro que os produtos já não se vendiam tão facilmente, obrigando as empresas a se orientarem pelas vendas. Essa tendência foi chamada de Orientação de Vendas.

A Orientação de Marketing surgiu sob a lógica de que, em vez de produzir e depois tentar vender a produção, as empresas deveriam começar pelo consumidor, pesquisar o que ele queria e, a partir daí, produzir os produtos demandados. O comprador se tornou a inspiração de toda decisão estratégica. Desde então, a orientação de marketing vem recebendo nomes diferentes, como foco no cliente, orientação para o cliente ou marketing de relacionamento, mas todos indicando a mesma abordagem.

Em 1978, Abell[59] cunhou o conceito de janela estratégica, que explicava a necessidade de aproveitar o tempo adequado de entrar ou sair de um negócio, o que levou ao conceito de estratégia da obsolescência planejada, que é o processo de tornar o produto obsoleto ou não-funcional após certo tempo, conforme idealizado pela empresa fabricante, incentivando a vontade de comprar um novo produto ou modelo por parte do comprador.

No início dos anos 1980 surgiu a teoria do posicionamento, com o lançamento do livro *Positioning: the battle for your mind*, de Al Ries e Jack Trout.[60] Sua premissa básica era de que a estratégia não deveria se basear nas competências distintas de uma organização, mas no modo como os compradores a viam com relação à concorrência, ou seja, implementar uma estratégia significava criar uma posição firme na mente do comprador.

BANCO DE IDEIAS

TÉCNICAS DE IDENTIFICAÇÃO DE POSICIONAMENTO

Muitas técnicas foram desenvolvidas para identificar ou o posicionamento ou os fatores de seus constituintes, como descrito no Quadro 1.2.

À medida que os trabalhos sobre o perfil concorrencial assumiam caráter sistemático, iniciou-se uma busca dos elementos que poderiam ser ao mesmo tempo concretos e duradouros e que são designados hoje por vantagem competitiva. Tratava-se de escolher, dentro do perfil concorrencial, o meio de ser o mais competitivo possível assumindo uma vantagem competitiva sobre a concorrência. Essa época recebeu os trabalhos mais fundamentais de Michael Porter, provavelmente o mais influente acadêmico sobre estratégias do final do século XX, que oferece uma síntese completa do conjunto dessa abordagem. Na continui-

TÉCNICA	DESCRIÇÃO
Mapa perceptual	Técnica gráfica que permite a visualização das posições das percepções dos consumidores sobre a empresa relativamente à concorrência.
Análise discriminante	Técnica estatística para identificar a combinação linear das características que melhor separam duas ou mais classes de objetos ou eventos.
ANOVA	Acrônimo do inglês *analysis of variance* (análise da variância) e análise regressiva, que buscam expressar uma variável dependente em termos de quantidade numérica como uma combinação de outras características ou medidas, enquanto a variável dependente na análise discriminante é uma classificação ou categoria.
Análise conjunta	Técnica estatística usada em pesquisas de mercado para determinar como os participantes da pesquisa valorizam diferentes características de um produto ou serviço e identificar a mais relevante – chamada de dimensão ou fator – sobre as quais as estratégias de posicionamento serão elaboradas.
Análise de *cluster*	Técnica para identificar "grupos naturais" a partir de dados não-trabalhados. Um *cluster* é um grupo de casos ou observações relativamente homogêneos. Os objetos em um *cluster* são similares entre si e dessemelhantes em relação aos objetos de fora do *cluster*.

■ **QUADRO 1.2** *Técnicas de identificação do posicionamento.*

dade da tipologia proposta pela matriz BCG, Porter[61] começa por definir os contornos das forças competitivas num setor de atividades de modo a identificar os seus determinantes de sucesso.

JANELA CONCEITUAL

OS MODELOS E OS CONCEITOS TRAZIDOS POR PORTER

Michael Porter introduziu importantes conceitos, como o modelo das cinco forças competitivas e de como uma organização pode gerenciar essas forças para obter uma vantagem competitiva sustentável, e que são constituídas de:

1. Entrantes potenciais no mercado.
2. Ameaça de produtos e serviços substitutos.
3. Poder de barganha dos compradores (clientes).
4. Poder de barganha dos fornecedores.
5. Grau de rivalidade ou acirramento da concorrência.

Além disso, Porter cunhou vários conceitos, tais como:

1. *Estratégias genéricas*: Elenca as três formas principais de criação de valor — liderança de custo, diferenciação e foco. Muito embora não tenha cunhado esses termos, a verdade é que ele explicou o risco de se escolher uma estratégia que fosse um meio-termo das três estratégias apontadas.
2. *Canal de valor*: Permite compreender como uma organização constrói valor e a sua vantagem competitiva de modo integrado entre as suas diferentes atividades, sendo que toda operação ou atividade de uma organização deveria ser avaliada em termos do valor agregado para o consumidor final. Genericamente, as organizações exercem duas classes de atividades. As atividades primárias incluem logística interna, produção, logística externa, marketing, vendas e manutenção. As atividades de suporte incluem gestão da infra-estrutura administrativa, gestão de pessoas, pesquisa e desenvolvimento, e suprimentos.
3. *Grupo estratégico:* Refere-se ao conjunto de empresas dentro de um setor que segue uma estratégia igual ou semelhante, compartilhando e enfrentando pressões competitivas em um mesmo contexto. A concentração de grupos estratégicos em um mercado depende das barreiras que afetam a mobilidade do setor, da tecnologia disponível, da identificação dos segmentos de compradores e de fatores como distribuição geográfica e história do setor e de suas empresas.
4. *Cluster*: São concentrações geográficas de empresas, fornecedores especializados, prestadores de serviços, empresas de outros setores e instituições associadas, como universidades, agência de regulamentação ou orientação e associações setoriais, todas interconectadas e complementares, competindo mas também cooperando num determinado mercado ou segmento.[62]

A novidade conceitual é que o *cluster*, na perspectiva de Porter, aglutina diferentes atores numa mesma unidade de estudo e análise, pois participa de cadeias de suprimento (*supply chain*) ou cadeias comuns de valor. Mais adiante voltaremos aos modelos de Porter.

Porter modificou o princípio apresentado por Chandler JR. (vide nota 45) segundo o qual a estrutura segue a estratégia, e propôs um segundo nível de estrutura no qual a estrutura organizacional segue a estratégia.

Slywotzky[63] identificou os padrões de migração de valor entre setores, empresas e dentro das empresas, na medida em que mostra como as mudanças no contexto de negócios impactam no lucro das empresas. Identificar um padrão de lucro é o que permite a uma empresa antecipar as oportunidades e aproveitá-las por completo. A empresa que primeiro captou o padrão ganha vantagem competitiva, e seu valor de mercado dispara. Starbucks, Dell e Natura foram empresas que identificaram um novo padrão de lucro e agiram rapidamente. Foi o caso também da General Electric (GE), Microsoft e Embraer, que migraram do conceito de ganhar participação no mercado para alcançar a participação máxima no valor criado.

INFORMAÇÃO PRIVILEGIADA

OS 30 PADRÕES DE LUCRO

Slywotzky propôs sete categorias de padrões de lucro que fundamentam o sucesso das empresas conforme muda o contexto de negócios:[64]

I. *Megapadrões:* Muitos padrões afetam dimensões específicas dos negócios, enquanto outros cruzam essas categorias e as transcendem. Eles recebem esse nome por seu forte impacto e alcance. São eles:
   1. *Lucro zero*: Deixar o negócio ou inventar outra forma de levá-lo adiante.
   2. *Retorno aos lucros*: Buscar as necessidades desconhecidas dos clientes e construir um novo modelo de negócio a fim de satisfazê-las.
   3. *Convergência*: Identificar as novas regras de convergência para descobrir as melhores oportunidades e liderar esse espaço.
   4. *Ficar no meio:* Ser o primeiro a chegar aos extremos.
   5. *Padrão próprio*: Criar um padrão para alinhar-se com o emergente desde o primeiro momento ou trabalhar na criação do próximo.
   6. *A tecnologia move o tabuleiro*: Mudar-se para onde estiver o poder no futuro.

II. *A cadeia de valor*: As cadeias de valor setoriais que eram estáveis já não são mais. Elas foram comprimidas, desintegradas e tornaram a se armar. São elas:
   1. *Desintegração*: Especializar-se e dominar um elo importante da cadeia de valor agora desintegrada.
   2. *Pressão sobre a cadeia de valor*: Melhorar o rendimento antes que os vizinhos o façam. Limitar a força dos vizinhos, estimulando a entrada de novos participantes.
   3. *Força para o elo mais fraco:* Melhorar o elo mais fraco de uma forma única. Vincular o sucesso desse elo ao projeto da organização.
   4. *Reintegração*: Reintegrar as partes mais relevantes da cadeia por sua rentabilidade, informação sobre o cliente ou controle estratégico. Dar preferência aos contratos e às relações de longo prazo.

III. *Os clientes*: São os últimos juízes do valor. São eles que determinam os lucros como resultado de suas decisões.
   1. *A rentabilidade muda*: Investir tempo e esforço na construção de um sistema que permita medir a rentabilidade por cliente. Fazer os ajustes necessários: mudar preço, níveis de serviço.
   2. *Microssegmentação*: Dividir o banco de dados com uma delicadeza cada vez maior. Identificar os clientes mais rentáveis e oferecer opções personalizadas para eles. Construir um muro ao redor deles de tal forma que saia caro para a concorrência conquistá-los.
   3. O poder muda: Reequilibrar a equação de poder. Se não for possível, mudar de cliente.
   4. *Redefinição*: Enxergar além da base atual de clientes. Procurar os clientes mais importantes e rentáveis e projetar o negócio ao seu redor.

IV. *Os canais*: Os canais de distribuição que agregaram valor por meio da especialização ou da escala cresceram e ganharam. Aqueles cujo valor agregado diminuiu definharam até desaparecer.
   1. *Multiplicação*: O fabricante deve usar os canais novos desde o início.
   2. *Concentração*: É preciso liderar o processo e pensar sempre como será o modelo da próxima geração.
   3. *Compressão/desintermediação*: Construir vínculos diretos logo cedo. Caso tratar-se de um canal tradicional, gerar ofertas novas com alto valor agregado ou desinvestir antes que os vizinhos o façam por você.
   4. *Redefinição*: Usar o novo canal precocemente. Se o canal for novo, maximizar o valor agregado e acelerar os investimentos para diminuir as possibilidades de sucesso dos retardatários que chegarem.

V. *Os produtos*: Tradicionalmente, o produto sempre foi a fonte de receitas e de vantagem competitiva. Recentemente, os lucros e o valor migraram para outras dimensões, por meio de diferentes padrões, tais como:
   1. *Movidos pela marca*: Reconhecer que os clientes querem e precisam de marcas valiosas. Construir a marca.
   2. *Movidos pelo "sucesso de bilheteria"*: Trabalhar no sistema para gerá-los. É impossível produzir sucessos sem um sistema cuidadosamente desenvolvido e alimentado.
   3. *Movidos pelo multiplicador de lucros*: Desafiar a organização e identificar todos os veículos possíveis por meio dos quais produto, marca ou capacidade diferencial da empresa possam ser vendidos.
   4. *Movidos pela pirâmide*: Construir a proteção na base e a fonte de maiores receitas no topo.
   5. *Movidos pela solução*: Estudar as operações e necessidades dos clientes. Criar soluções para eles.

VI. *O conhecimento*: O conhecimento é uma forma de energia tranquila, limpa e efetiva. Na nova cadeia de valor, o conhecimento é a matéria-prima que coloca o esquema em funcionamento.
   1. *Produto movido pelo conhecimento do cliente*: Escutar a mensagem das transações com o cliente. Aplicá-la para gerar novas ofertas, desenvolver novos sistemas, melhorar a economia do cliente e a própria imagem da empresa.
   2. *Operações movidas pelo conhecimento*: Transformar a experiência adquirida no setor em um conhecimento único. Criar um banco de dados ou um veículo para vendê-lo. Guardar os ativos, vender o conhecimento.
   3. *Do conhecimento ao produto*: Identificar o conhecimento mais valioso que a organização tiver criado. Cristalizar a experiência em uma estrutura facilmente replicável, fácil de vender, de aprender a usar e de melhorar. Fazer propaganda. Vendê-la. Melhorá-la.

VII. *A organização*: A forma de organização une os clientes externos (os compradores) aos clientes internos (o talento) em um fluxo de interações que criam ou destroem o valor para os clientes, funcionários e os proprietários da empresa. Isso envolve:
   1. *Mudança de habilidades*: Observar como o cliente muda. Identificar as habilidades necessárias no futuro e conseguir os recursos para desenvolvê-las hoje.
   2. *Da pirâmide à rede*: Maximizar a exposição externa. Iniciar as mudanças organizacionais necessárias. Controlar o crescimento dos lucros.
   3. *Pedra angular*: Ser o líder inconteste em alguma coisa. Procurar o melhor espaço adjacente. Experimentar até encontrá-lo. Situar-se aí antes de tudo e não pular degraus. Depois de ocupá-lo, procurar o degrau seguinte.
   4. *Do convencional ao digital*: Desafiar a estrutura mental da empresa, feita de reuniões pessoais e papéis. Identificar os temas-chave do negócio e os bits a eles associados. Gerenciá-los eletronicamente.

Nos anos 1990 começaram a aparecer estudos que propunham uma nova abordagem para o pensamento estratégico conhecida como abordagem ou modelo baseado em recursos.

Modelo baseado em recursos

O modelo baseado em recursos assume que a organização consiste em um conjunto único de recursos e capacidades que embasam sua estratégia, que é o fator primário para sua rentabilidade. Assume também que os recursos e capacidades ao longo do tempo podem ser aprimorados ou desenvolvidos pela organização e que a transferência desses recursos e capacidades é própria e única de cada organização, de difícil imitação ou transferência para outras organizações. Nisso reside sua vantagem competitiva, mais do que os fatores externos, como apresentado no Quadro 1.3.[65]

Os principais promotores do modelo baseado em recursos foram Gary Hamel e C. K. Prahalad, que entendiam que a estratégia deveria ser mais ativa e interativa. Seu conceito mais influente foi o de competência central.[66] Em seu livro *Competing for the future*, de 1994, Hamel e Prahalad desenvolveram o conceito de competência central, que era a fonte de vantagem competitiva inerente à organização, como sendo o conjunto de habilidades e tecnologias que permitem à organização fornecer um benefício particular a seus clientes representado pelo conhecimento acumulado por seus profissionais aplicados na organização.[67]

Para Collins e Porras,[68] o principal recurso de uma organização que garante sustentação no longo prazo é sua ideologia central. Ao estudar 19 organizações bem-sucedidas, eles perceberam que, muito embora a estratégia e suas táticas mudem rapidamente, elas eram capazes de preservar seus valores, os quais encorajavam os empregados a construir organizações duradouras.

CARACTERÍSTICAS DO MODELO BASEADO EM RECURSOS	AÇÕES
Identificação dos recursos (pontos fortes e fragilidades) da organização em comparação com a concorrência	**Avaliação** Processo e atividades da organização
Determinação das capacidades organizacionais que a torna melhor que os concorrentes	**Integrar** Recursos e processos
Determinar a vantagem competitiva intrínseca à organização	**Desenvolver** Vantagem competitiva identificada
Localização de um setor atrativo de atuação	**Investir** Em setores potenciais para os recursos e capacidades organizacionais
Seleção da melhor estratégia	**Implementar** Estratégias alinhadas aos recursos e capacidades organizacionais que maximizem as oportunidades do ambiente

■ **QUADRO 1.3** *Características do modelo baseado em recursos.*

JANELA CONCEITUAL

A EMPRESA VIVA

A partir de sua experiência na Shell, Arie De Geus obteve resultados semelhantes e identificou quatro características das empresas duradouras, com mais de 50 anos de existência próspera:[69]

1. *Sensibilidade ao ambiente de negócios*: Habilidade para aprender e se ajustar continuamente às demandas externas.
2. *Coesão e identidade*: Habilidade para formar uma comunidade em torno de personalidade, visão e propósito organizacional.
3. *Tolerância e descentralização*: Habilidade para construir relacionamentos e interações.
4. *Gestão financeira conservadora*.

De Geus chamou as organizações de empresas vivas devido à sua condição de se perpetuarem, entidades orgânicas capazes de aprender (*learning organization*) e de criar seus próprios processos, metas e identidade ("persona").

A concepção trazida por Collins e Porras recebeu críticas por pesquisas posteriores. Segundo Foster e Kaplan,[70] as empresas que duram longo tempo apresentam desempenho inferior à média do mercado, derrubando a tese de que as empresas sobrevivem enquanto possuem um desempenho melhor do que o de suas concorrentes. Para Norton e Kaplan,[71] os maiores ganhos são alcançados pelas empresas que ingressam nos setores. Para tanto, as empresas precisam passar por um processo de destruição criativa para deixar de ser meras seguidoras do desempenho médio do mercado.

Porém, há uma enorme dificuldade para as empresas se autorreinventarem. Segundo eles, pequenos novos ingressantes em um setor destronam os antigos líderes com modelos de negócio de ruptura fundamentados em novas tecnologias que, por seu lado, implicam recursos, processos e competências que permitam explorá-las de maneira adequada. Segundo Christensen e Overdorf,[72] os modelos disruptivos ou de ruptura estão baseados nesses fatores e não apenas nas novas tecnologias que, por sua vez, nem sempre são radicalmente inovadoras.

Partindo das idéias de Porter e Hamel e Prahalad, John Kay afirma que o valor adicionado – entendido como a diferença entre o valor de mercado dos produtos e serviços da organização e o custo de capital investido dividido pela receita total líquida – era o principal propósito de negócio de qualquer empresa. Kay[73] argumenta que há três capacidades distintas para criar valor e garantir vantagem competitiva:

1. *Estabilidade e continuidade* da estrutura de relacionamentos entre empregados, clientes e fornecedores, essencial para uma resposta flexível e cooperativa às mudanças.
2. *Reputação* adquirida pelo atendimento percebido pelos clientes, qualidade reconhecida e imagem de marca.
3. *Inovação* através da pesquisa e desenvolvimento, que em si é uma forma de obter vantagem competitiva.

Ao tratar do melhor aproveitamento produtivo dos recursos das organizações, Hammer e Champy[74] cunharam o termo "reengenharia" para descrever o processo de reestruturação dos recursos da organização, envolvendo todos os seus ativos. A reengenharia significa um redesenho radical dos processos de negócio com o objetivo de obter melhorias drásticas em três áreas: nos custos, nos serviços e no tempo. A ideia é incentivar a análise completa dos processos de uma organização, acima dos limites departamentais e com sobreposição da comunicação entre os departamentos.

Um dos processos considerados mais críticos dizia respeito à conquista e retenção de clientes. E a conclusão por parte de alguns autores era que se investia muito na conquista e pouco em como manter clientes. Começou-se a perceber o valor de relacionamentos sustentáveis, não só com clientes e consumidores, mas também com funcionários, fornecedores, revendedores, distribuidores e acionistas. Reicheld e Teal[75] cunharam o termo efeito lealdade,[76] que mereceu o desenvolvimento de técnicas para estimar o valor do relacionamento de longo prazo dos clientes com as organizações, e consagraram o conceito de CRM (*Customer Relationship Management*).

JANELA CONCEITUAL

***CUSTOMER LIFETIME VALUE* (CLV)[77]**

O conceito de valor do cliente no longo prazo é o valor presente do fluxo de caixa futuro esperado do relacionamento com o cliente. A aplicação desse indicador propiciou a emergência de estratégias focadas na prestação de serviço aos clientes e sua satisfação de longo prazo, em vez de simplesmente maximizar as vendas no curto prazo.

O processo produtivo também mereceu um revisionismo graças ao desenvolvimento tecnológico que permitia a aplicação de técnicas de fabricação flexíveis e produtos personalizados, sem que se perdessem as vantagens das economias de escalas.[78] Além disso, entendeu-se que a prestação de serviço, individualizada por definição, com as novas tecnologias poderia ter características que oferecessem uma experiência única aos usuários dos serviços, clientes ou consumidores, criando uma abordagem estratégica chamada de *Customer Experience Management* (CEM).[79]

Já no final dos anos 1990, surge a corrente de pensadores que reconheceram a teoria do pensamento complexo como fonte importante para entender as organizações e como emergem as estratégias.

JANELA CONCEITUAL

PENSAMENTO COMPLEXO

O pensamento complexo é uma nova forma de pensar, que integra o pensamento linear-cartesiano e o pensamento sistêmico, e permite lidar com o caos, a complexidade, a diversidade e a imprevisibilidade do mundo, especialmente no estágio atual de desenvolvimento das organizações.[80] O pensamento complexo lida com sistemas turbulentos – chamados de sistemas complexos adaptativos – caracterizados por ações e reações caóticas que rapidamente se desordenam, quando são envolvidos múltiplos agentes interagindo entre si, fazendo emergir estruturas espontâneas.[81] Em vez de temer a complexidade – na qual há muitos participantes, interações sem fim, muito aprendizado por tentativa e erro, e "infinitas" iniciativas para se imitar mutuamente o sucesso alheio –, as organizações deveriam tirar vantagem dela. A teoria do caos sugere que quase tudo pode acontecer e que a irregularidade é uma propriedade fundamental da organização na qual as pequenas perturbações eventuais podem provocar grandes efeitos e consequências. Portanto, o estrategista não pode confiar apenas em estruturas, sistemas, regras e procedimentos, mas precisa, em vez disso, estar preparado para a adaptação contínua de novas maneiras.

Assim, chega-se o século XX com duas visões básicas sobre a estratégia e como elaborá-las:[82]

1. *Visão estruturalista*: Admite um fluxo causal entre estrutura do mercado, conduta dos participantes e desempenho das organizações. A estrutura do mercado, resultante das condições de oferta e demanda, impõe a conduta dos vendedores e compradores, a qual, por sua vez, determina o desempenho das empresas do setor. Tal visão leva as organizações a dividir os setores em atraentes e não atraentes e assim decidir onde entrar e não entrar, uma vez que o nível de lucro total setor é determinado exogenamente por fatores estruturais, buscando captar riqueza em vez de criar riqueza.
2. *Visão reconstrutivista*: Baseia-se na teoria do crescimento endógeno, segundo a qual a inovação e a criação de valor são frutos da engenhosidade dos empreendedores e pode ocorrer em qualquer organização, a qualquer momento, mediante a reconstrução cognitiva dos dados disponíveis e dos fatores de mercado, de maneira intrinsecamente nova. Para essa visão a demanda adicional já existe em estado latente, inexplorada. O ponto crucial do problema exige que se desloque a atenção, do lado da oferta para o lado da demanda, do

foco na concorrência para o foco na inovação de valor, de modo a converter a demanda potencial em demanda real.

Com base na visão reconstrutivista, não há setor atraente ou não atraente em si, pois o grau da atratividade setorial pode ser alterado por meio do esforço de reconstrução consciente por parte das organizações. Assim, a competição nos moldes do velho jogo se torna irrelevante. Ao estimular o lado da demanda da economia, a estratégia de inovação de valor expande os mercados existentes e cria novos mercados, reformula as fronteiras e a estrutura do setor e cria um oceano azul de novo espaço do mercado.

Essa é a abordagem que prevalece hoje, mas nada indica sua permanência dada a dinâmica de desenvolvimento das estratégias nas organizações. A evolução do pensamento estratégico não deve parar por aí.

CONCLUSÃO

Mudar é uma questão de sobrevivência para as organizações. Elas devem ser proativas. É o processo de planejamento estratégico que vai conduzí-las no desenvolvimento e formulação de estratégias que assegurem sua evolução continuada e sustentável.

A estratégia sempre será uma escolha de um curso de ação para uma posição diferente no futuro que poderá oferecer ganhos e vantagens em relação à situação presente, sendo que a estratégia é uma abordagem de competição tão velha quanto a própria vida no nosso planeta. Quando se estuda o fenômeno da competição nas diferentes dimensões onde ele se manifesta, entende-se melhor a íntima e estreita relação que existe entre estratégia e competição.

A elaboração das estratégias é resultado da prática do pensamento estratégico exercida pelo estrategista, um tipo de reflexão sofisticada e complexa que envolve imaginação, discernimento, intuição, iniciativa, força mental e impulso para o empreendimento. Trata-se de algo que não se transfere aos outros e que se pode até explicar, mas que nem sempre se pode ensinar com precisão e detalhamento dada a sua forte característica de abstração, intangibilidade, aleatoriedade, ambiguidade, seja no espaço como no tempo.

NOTAS

1. Ao longo do texto será utilizado o conceito "organização", indicando que o texto associado se aplica a toda e qualquer organização. O conceito "empresa" será empregado quando se referir especificamente a uma organização comercial.

2. KUHN, T.S. "Scientific paradigma", in B. Barnes (org.). *Sociology of science.* Harmondsworth: Penguin Books, 1972, p. 96-97.

3. ANDREWS, Kenneth R. *The concept of corporate strategy.* Homewood, IL: Irwin, 1987.

4. http://egyptologist.org/discus/messages/8/18059.html? 1189 258130

5. GOULD, S.J. *Ever since Darwin.* New York: Norton, 1977.

6. ORLICK, Terry. *Vencendo a competição.* São Paulo: Círculo do Livro, 1989.

7. HENDERSON, Bruce D. "As origens da estratégia", in Cynthia A. Montgomery e Michael Porter (orgs.). *Estratégia: a busca da vantagem competitiva.* Rio de Janeiro: Campus, 1998, p. 3-4.

8. MATURANA, Humberto e VERDEN-ZOLLER, G. *Amar e brincar: fundamentos esquecidos do humano.* São Paulo: Palas Athena, 2004.

9. HENDERSON, Bruce D. "As origens da estratégia", op. cit.

10. TZU, Sun. *A arte da guerra.* Rio de Janeiro: Sapienza, 2005 (adaptação de Nikko Bushidô).

11. KRAUSE, Donald G. *Sun Tzu: a arte da guerra para os executivos.* São Paulo: Makron Books, 1997.

12. *The art of war* (domínio público), traduzido do chinês por Lionel Giles, em 1910. Ver: http://www.gutenberg.org/etext/ 132. Lionel Giles (1875-1958) era o bibliotecário do Departamento de Livros Orientais e Manuscritos do Museu Britânico. Sua tradução foi considerada uma refutação da tradução anterior elaborada pelo oficial britânico E. F. Calthrop.
Ver também: http://www.chinapage.com/sunzi-e.html#01

13. SANTOS, José Alberto Loureiro dos. *Reflexões sobre estratégia: temas de segurança e defesa.* Lisboa: Publicações Europa América, 2000.

14. HART, Basil Liddell e HARAT, Adrian Liddell. *The sword and the pen: selections from the worlds' greatest military writings.* New York: Thomas Y. Crowell, Company, 1976.

15. LEVY, Alberto R. *Estratégia em ação.* São Paulo: Atlas, 1986.

16. HART, Basil H. Liddel. *Strategy: the indirect approach.* Londres: Faber, 1967.

17. BEAUFRE, André (1902–1975), renomado estrategista militar, considerado o pai das teorias aplicadas às estratégias de guerrilha e terrorismo.

18. BEAUFRE, André. *Introduction à la stratégie*. Paris: Hachette Littératures. Reproduz a edição original de 1963.

19. COQUELLE, P. *Napoleon et l'Angleterre, 1803-1813. D'apres des documents inedits des archives des affaires etrangeres, des archives nationales et du Foreign Office*. Paris: Plon, 1904.

20. FOCH, Ferdinand (1851–1929), teórico da estratégia militar francês e autor reconhecido por possuir a mente mais original do Exército francês, no início do século XX.

21. MOTT, T. Bentley e FERDINAND, Marshal. *The memoirs of Marshal Foch*. New York, NY: Doubleday, Doran and Company, Incorporated, 1931.

22. CLAUSEWITZ, Carl von. *On war*. Editado e traduzido por Michael Howard e Peter Paret. Princeton, NJ: Princeton University Press, 1984.

23. Tucídides (Atenas, entre 460 a.C. e 455 a.C., Θουκυδίδης – Thoukydíd's, na transliteração, foi um antigo historiador grego. Escreveu a *História da Guerra do Peloponeso*, onde, em oito volumes, conta a guerra entre Esparta e Atenas ocorrida no século V a.C. É o historiador mais profundo da Antiguidade.

24. McCRAW, Thomas K. (ed.). *Creating modern capitalism: how entrepreneurs companies and countries triumphed in three Industrial Revolutions*. Cambridge, MA: Harvard University Press, 1998.

25. http://www.pvv.ntnu.no/~madsb/home/war/napoleon /index.php

26. CHANDLER, David G. *The military maxims of Napoleon*. Tradução: LTG Sir George C. D'Aguilar. Londres: Greenhill Books, Londres, 1994.

27. FORREST, Nathan Bedford (1821–1877) foi um polêmico general dos confederados durante a Guerra Civil Americana e lembrado como um líder militar, mas também como um dos criadores da Ku Klux Klan.

28. KOTLER, Philip. *Administração de marketing – a edição do novo milênio*. 10. ed. Revisão técnica de Arão Sapiro. São Paulo: Prentice Hall, 2000.

29. Ver no *site* do livro os relatos de competições clássicas do mundo dos negócios, como a guerra das colas, a corrida pela invenção da TV, o surgimento dos relógios digitais Timex, que ocuparam o mercado dos relojoeiros suíços, entre outras. Mais recentemente, a disputa pelo padrão do DVD e da TV de alta definição, a entrada dos transgênicos, o impacto da Apple com o i-Pod e com o i-Phone e a batalha do Etanol.

30. LODI, João Bosco. *Administração por objetivos*. São Paulo: Pioneira, 1988.

31. CHIAVENATO, Idalberto. *Introdução à teoria geral da administração*. Rio de Janeiro: Elsevier/Campus, 2004, p. xx.

32. MOORE, James. Predators and prey: a new ecology of competition. *Harvard Business Review*, May/June, 1993.

33. FULLER, Mark B. "As lições de guerra", in Coletânea HSM Management. *Estratégia e planejamento: autores e conceitos imprescindíveis*. São Paulo: Publifolha/HSM Management, 2002, p. 52.

34. "O futuro da TV", revista *Exame*, 7 de agosto de 2002, p. 44.

35. Os estruturalistas constituíram uma corrente teórica na Sociologia Organizacional, que enfatiza a estrutura e não apenas as funções organizacionais. Lembram que todo ser vivo – e principalmente as organizações – é dotado de estruturas que garantem sua integridade e seu funcionamento. A visão predominante é do todo e não simplesmente das partes envolvidas. Sua influência na teoria administrativa é enorme.

36. BOLMAN, L.G. e DEAL, T. *Refraiming organizations: artistry, choice, and leadership*. San Francisco, CA: Jossey-Bass, 1997.

37. SILVA, Athayde Ribeiro da. *Psicologia del deporte y preparación del deportista*. Rio de Janeiro: Fundação Getulio Vargas, 1967.

38. Não é estranho, assim, que muitos treinadores em várias modalidades de esportes sejam atualmente considerados gurus para profissionais em aspectos estratégicos, como Parreira no futebol, Bernadinho no vôlei, Phil Jackson no basquete ou Almir Klink na navegação.

39. HENDERSON, Bruce D. "As origens da estratégia", op. cit.

40. FIANI, Ronaldo. *Teoria dos jogos*. 2 ed. Rio de Janeiro: Campus, 2006.

41. POUNDSTONE, William. "Prisoner's dilema", em John Von Neuman. *Game theory and the puzzle of the bomb*. New York: Anchor Books, 1992. Uma explicação um pouco mais detalhada do dilema dos prisioneiros pode ser encontrada no site do livro.

42. Ver http://ecornell.com/catalog/sm/lsm502.jsp

43. DE GEUS, Arie. *Living company: growth, learning and longevity in business*. London: Nicholas Brealey, 1999.

44. A obra de Adam Smith, uma investigação sobre a natureza e as causas da riqueza das nações, mais conhecida como *A riqueza das nações*, é dividida em cinco volumes e foi publicada em 1776. Tornou-se um paradigma teórico no desenvolvimento científico da economia no século XVIII.

45. CHANDLER JR., ALFRED, D., renomado historiador da Harvard Business School, ganhador do prêmio Pulitzer cuja grande contribuição, entre tantas, foi estabelecer a disciplina História dos Negócios como uma importante e independente área de estudo e pesquisa.

46. DRUCKER, Peter F. *The practice of management*. London: Collins, 2006. Peter Drucker (1909-2005) foi um dos mais profícuos teóricos da estratégia, autor de dúzias de livros sobre administração durante cinco décadas.

47. BESANKO, D.; DRANUVE, D.; SHANLEY, M.; SCHAEFER, S. A economia da estratégia. 3ª ed. Porto Alegre: Bookman, 2006. O livro apresenta diferentes aplicações estratégicas para a curva de aprendizado.

48. SELZNICK, Philip. *Leadership in administration: a sociological interpretation*. New York: Harper & Row, 1957, p. 49-50.

49. GHEMAWAT, Pankaj. How business strategy tamed the "invisible hand". HBS Working Knowledge Forum, July 2002.

50. BAIN, Joe S. *Industrial organization*. Hoboken, NJ: John Wiley & Sons, Inc., 1965.

51. HITT, Michael A., IRELAND, R. Duane e HOSKISSON, Robert E. *Strategic management, competitiveness and globalization*. Cincinnati, Ohio: South-Western College Publishing, 2001.

52. ANTÓNIO, Nelson J. dos Santos. *Estratégia organizacional: do posicionamento ao movimento*. Lisboa: Sílabo, 2003.

53. LEVITT, Theodore. "Marketing myopia." *Harvard Business Review*, July/August 1960.

54. ANSOFF, Igor. *Corporate strategy*. New York: McGraw Hill, 1965, p. 106-9.

55. MARKOWITZ, Harry Max (1927) foi um influente economista da Rady School of Management da University of California, San Diego, conhecido por seu trabalho pioneiro com a teoria moderna de portfólio.

56. HENDERSON, Bruce D. *Henderson on corporate strategy*. New York: Harpercollins College Division, 1979.

57. Boston Consulting Group (BCG) é uma das mais prestigiadas consultorias do mundo, fundada em 1963 por Bruce D. Henderson.

58. Quando James O. McKinsey fundou a McKinsey em 1926, não poderia imaginar que ela se tornaria uma das principais consultorias do planeta, atendendo três em cada cinco entre as maiores empresas do mundo.

59. ABELL, Derek. "Strategic window." *Journal of Marketing*, v. 42, p. 21–28, jul. 1978.

60. RIES, Al; TROUT, Jack. *Positioning: the battle for your mind*. Clayton, South Vic: Warner Books, 1993.

61. PORTER, Michael E. escreveu em 1980 um dos mais influentes livros sobre estratégia organizacional: *Competitive strategy: techniques for analyzing industries and competitors*, editado pela The Free Press de Nova York.

62. BEIRA, Eduardo J. C. *Estudo e dinamização de clusters*. Working Papers Mercados e Negócios – Tecnologias e Sistemas de Informação, Escola de Engenharia – Minho, Universidade do Minho, março de 2002.

63. SLYWOTZKY, A., MOSER, Morrison, D., MUNDT, T.K. and QUELLA, J. *Profit patterns*. Time Business/Random House, New York, 1999.

64. SLYWOTZKY, A., MOSER, Morrison, D., MUNDT, T.K., and QUELLA, J. *Profit patterns*, op. cit.

65. HITT, Michael A., IRELAND, R. Duane e HOSKISSON, Robert E. *Strategic management, competitiveness and globalization*. Op. cit.

66. HAMEL, Gary Hamel e PRAHALAD, C.K. "Strategic intent." *Harvard Business Review*, maio/jun. de 1989.

67. HAMEL Gary e PRAHALAD, C.K. *Competing for the future*. Boston: Harvard Business School Press, 1994.

68. COLLINS, James C. e PORRAS, Jerry I. *Built to last: successful habits of visionary companies*. New York: HarperCollins Publishers, 1997.

69. De GEUS, Arie. Op. cit.

70. FOSTER, Richard e KAPLAN, Sarah. *Creative destruction: why companies that are built to last underperform the market – and how to successfully transform them*. New York: Doubleday, 2001.

71. KAPLAN, R.S. e NORTON, D.P. "Having trouble with your strategy? Them map it." *Harvard Business Review*, v. 8, n. 5, set./out. 2000.

72. CHRISTENSEN, C.M. e OVERDORF, M. "Meeting the challenge of disruptive change." *Harvard Business Review*, mar./abr. 2000.

73. KAY, John. *Foundations of corporate success: how business strategies add value*. New York, NY: Oxford Paperbacks, 1995.

74. HAMMER, M. e CHAMPY, J. *Reengineering the corporation*. New York: Harper Business, 1993.
Ver em língua portuguesa: *Reengenharia*, Rio de Janeiro: Campus, 1994.

75. REICHHELD, Frederick F.; TEAL, Thomas. *The loyalty effect: the hidden force behind growth, profits, and lasting value*. Boston: Harvard Business School Press, 2001.

76. É o efeito observado quando se aumenta o índice de retenção de clientes. Segundo Reichheld, um aumento de 5% no índice de retenção pode aumentar o prazo médio de relacionamento com os clientes em 75%, principalmente em setores como seguros, bancos e serviços automotivos.

77. Os principais autores sobre o conceito do valor do cliente no longo prazo são:

SEWELL, Carl; BROWN, P. *Customers for life*. New York: Doubleday Currency, 1990.

REICHHELD, Frederick F. e TEAL, Thomas. *The loyalty effect: the hidden force behind growth, profits, and lasting value*, op. cit.

REICHHELD, Frederick e GRONROOS, C. "From marketing mix to relationship marketing: towards a paradigm shift in marketing." *Management Decision*, v. 32, n. 2, p. 4-32, 1994.

REICHHELD, Frederick F. e SASSER, Jr., W. Earl. "Zero defects: quality comes to services." *Harvard Business Review*, setembro/outubro de 1990.

78. PINE, J.; GILMORE, J. "The four faces of mass customization." *Harvard Business Review*, v. 75, n. 1, jan./fev. de 1997.

79. PINE, J. E; GILMORE, J. *The experience economy*. Boston: Harvard Business School Press, 1999.

80. MARIOTTI, Humberto. *Pensamento complexo*. São Paulo: Atlas, 2007.

81. Os principais autores sobre o pensamento complexo aplicado às organizações são:

AXELROD, R.; COHEN, M. *Harnessing complexity: organizational implications of a scientific frontier*. New York: The Free Press, 1999.

HOLLAND, J. *Hidden order: how adaptation builds complexity*. Addison-Wesley, Reading Mass., 1995.

KELLY, S.; ALLISON, M.A. *The complexity advantage*. New York: McGraw Hill, 1999.

DUDIK, E. *Strategic renaissance*. New York: Amacon, 2000.

82. KIM, W. Chan e MAUBORGNÉ, Renée. A Estratégia do oceano azul. Rio de Janeiro: Campus, 2005, p. 207-210.

CAPÍTULO 2

PROCESSO DE PLANEJAMENTO ESTRATÉGICO

Aplicação dos fundamentos da estratégia

O que você verá pela frente:

- Necessidade do planejamento estratégico.
- Desenvolvimento do planejamento estratégico.
- Escolas de planejamento estratégico.
- Determinantes do sucesso do planejamento estratégico.
- Modelo geral do processo estratégico.
- Conclusão.

Objetivos de aprendizagem:

- Explicar a necessidade do planejamento estratégico para o sucesso organizacional.
- Mostrar as etapas do planejamento estratégico.
- Explicar as diferentes abordagens do planejamento estratégico.
- Indicar os fatores críticos de sucesso organizacional.
- Mostrar o modelo geral do processo estratégico.

O planejamento estratégico é um processo de formulação e execução de estratégias organizacionais para buscar a inserção da organização e de sua missão no ambiente onde ela atua. Para Drucker,[1] "planejamento estratégico é o processo contínuo de, com o maior conhecimento possível do futuro considerado, tomar decisões atuais que envolvem riscos futuros aos resultados esperados; organizar as atividades necessárias à execução das decisões e, através de uma reavaliação sistemática, medir os resultados em face às expectativas alimentadas".

Para ser eficaz, o processo de planejamento estratégico não deve ser um processo simplesmente formal e burocratizado. Ele deve começar com algumas questões simples, como:[2]

1. Como está a organização hoje? Como ela está se desempenhando em relação aos clientes e à concorrência?
2. Se nenhuma mudança for feita, como será a organização dentro de um ano? Ou dois? Cinco? Dez?
3. Se as respostas acima não forem aceitáveis, quais as decisões que os gestores deverão tomar? Quais são os riscos envolvidos?

JANELA CONCEITUAL

EFICIÊNCIA × EFICÁCIA × EFETIVIDADE

O planejamento deve procurar maximizar os resultados e minimizar as deficiências, respeitando os princípios da maior eficiência, eficácia e efetividade (Quadro 2.1).

NECESSIDADE DO PLANEJAMENTO ESTRATÉGICO

As evidências mostram que as organizações que planejam estrategicamente, em geral, alcançam um desempenho superior às demais.[4] As organizações bem-sucedidas buscam uma adequação apropriada entre as condições do ambiente externo e a sua estratégia. Por sua vez, a estratégia define a estrutura organizacional e os processos internos no sentido de alcançar efeitos altamente positivos sobre o desempenho organizacional.[5]

CLIPPING COMPETITIVO

BENEFÍCIOS DO PLANEJAMENTO ESTRATÉGICO

Uma pesquisa sobre 50 organizações em vários países e setores mostra que os principais benefícios do processo de planejamento estratégico são:[6]

1. Um claro sentido de visão estratégica para a organização.
2. Compreensão aprimorada de um ambiente altamente mutável e competitivo.
3. Foco sobre aquilo que é estrategicamente importante para a organização no futuro, com objetivos de longo prazo.
4. Comportamento proativo em relação aos elementos do ambiente externo, de modo interdependente com os elementos do ambiente interno.
5. Comportamento sistêmico e holístico envolvendo toda a organização.
6. Interdependência com o ambiente externo.

Existem três níveis distintos de planejamento: estratégico, tático e operacional (Quadro 2.2).

1. *Planejamento estratégico*: É o planejamento mais amplo, e abrange toda a organização. Suas características são:
   - *Horizonte temporal:* projetado para o longo prazo, tendo suas consequências e efeitos estendidos por vários anos.
   - *Abrangência:* envolve a organização como um todo, todos os seus recursos e áreas de atividade, e preocupa-se em atingir os objetivos em nível organizacional.

EFICIÊNCIA É	EFICÁCIA É	EFETIVIDADE É
▪ Fazer as coisas da maneira certa	▪ Fazer as coisas certas	▪ Manter-se sustentável no ambiente
▪ Resolver problemas	▪ Produzir alternativas criativas	▪ Apresentar resultados globais positivos ao longo do tempo
▪ Salvaguardar os recursos aplicados	▪ Maximizar a utilização dos recursos	▪ Coordenar esforços e energias, sistematicamente
▪ Cumprir o dever	▪ Obter resultados	
▪ Reduzir custos	▪ Aumentar o lucro	

▪ **QUADRO 2.1** *Evolução do processo de planejamento estratégico segundo Oliveira.[3]*

PLANEJAMENTO	HORIZONTE TEMPORAL	ABRANGÊNCIA	CONTEÚDO
Estratégico	Longo prazo	Macro-orientado. Aborda a organização como um todo	Genérico
Tático	Médio prazo	Aborda cada unidade da organização separadamente	Detalhado
Operacional	Curto prazo	Micro-orientado. Aborda cada tarefa ou operação apenas	Específico

■ **QUADRO 2.2** *Os três níveis de planejamento na organização.*[7]

- *Conteúdo:* genérico, sintético e abrangente.
- *Definição:* é definido pela cúpula da organização (em nível institucional) e corresponde ao plano maior ao qual todos os demais planos estão subordinados.

2. *Planejamento tático*: É o planejamento que abrange cada departamento ou unidade da organização. Suas características são:
   - Horizonte temporal: projetado para o médio prazo, geralmente para o exercício anual.
   - *Abrangência:* envolve cada departamento, com seus recursos específicos, e preocupa-se em atingir os objetivos departamentais.
   - *Conteúdo:* é menos genérico e mais detalhado que o planejamento estratégico.
   - *Definição:* é definido em nível intermediário, em cada departamento da organização.
3. *Planejamento operacional*: É o planejamento que abrange cada tarefa ou atividade específica. Suas principais características são:
   - *Horizonte temporal:* é projetado para o curto prazo, para o imediato.
   - *Abrangência:* envolve cada tarefa ou atividade isoladamente e preocupa-se com o alcance de metas específicas.
   - *Conteúdo:* é detalhado, específico e analítico.
   - *Definição:* é definido no nível operacional e focado em cada tarefa ou atividade.

O planejamento estratégico está relacionado com os objetivos organizacionais que afetam a viabilidade e a evolução da organização. Mas, aplicado isoladamente, se mostrará insuficiente, pois não se trabalha apenas com as ações mais imediatas e operacionais. É preciso que, no processo de planejamento estratégico, sejam elaborados de maneira integrada e articulada todos os planos táticos e operacionais, como exemplificado na Figura 2.1.[8]

O valor real do planejamento estratégico reside muito mais na orientação futura do processo de planejamento em si do que em um belo plano estratégico escrito e detalhado.[9] As pequenas empresas costumam planejar de maneira informal e irregular. Elas até podem fazê-lo porque o formalismo exagerado no planejamento estratégico provoca apenas um pequeno impacto na sua lucratividade.[10] Porém, o planejamento estratégico das grandes organizações é algo complexo e que consome tempo e recursos, até que se chegue a um acordo final, devido ao grande número de pessoas afetadas pelas decisões estratégicas e, dependendo do caso, exigirá graus diferenciados de formalização.

DESENVOLVIMENTO DO PLANEJAMENTO ESTRATÉGICO

Com a Revolução Industrial, a partir do século XVIII, surgem as primeiras organizações industriais e, em consequência, a competição pelos mercados de *commodities*,[11] como algodão, ferro, aço e produtos agrícolas, marcando o início da aplicação da estratégia como meio de controlar as forças de mercado e modelar o ambiente competitivo. Com o avanço do capitalismo industrial aumenta a oferta de capital e de crédito, e com a ampliação do transporte ferroviário e a abertura de estradas ocorre a expansão de mercados permitindo às empresas atuarem numa economia de escala, caracterizada pela produção em massa.

Porém, até o início da segunda década do século passado, o processo de planejamento estratégico não poderia ser caracterizado como um processo que objetivasse o longo prazo. A verdade é que as organizações eram dirigidas por empreendedores, técnicos ou comerciantes que cresciam em suas atividades a ponto de terem que recorrer a algum método de administração, ou seja, produziam-se produtos que eram vendidos e um contador anotava tudo e contava o dinheiro.

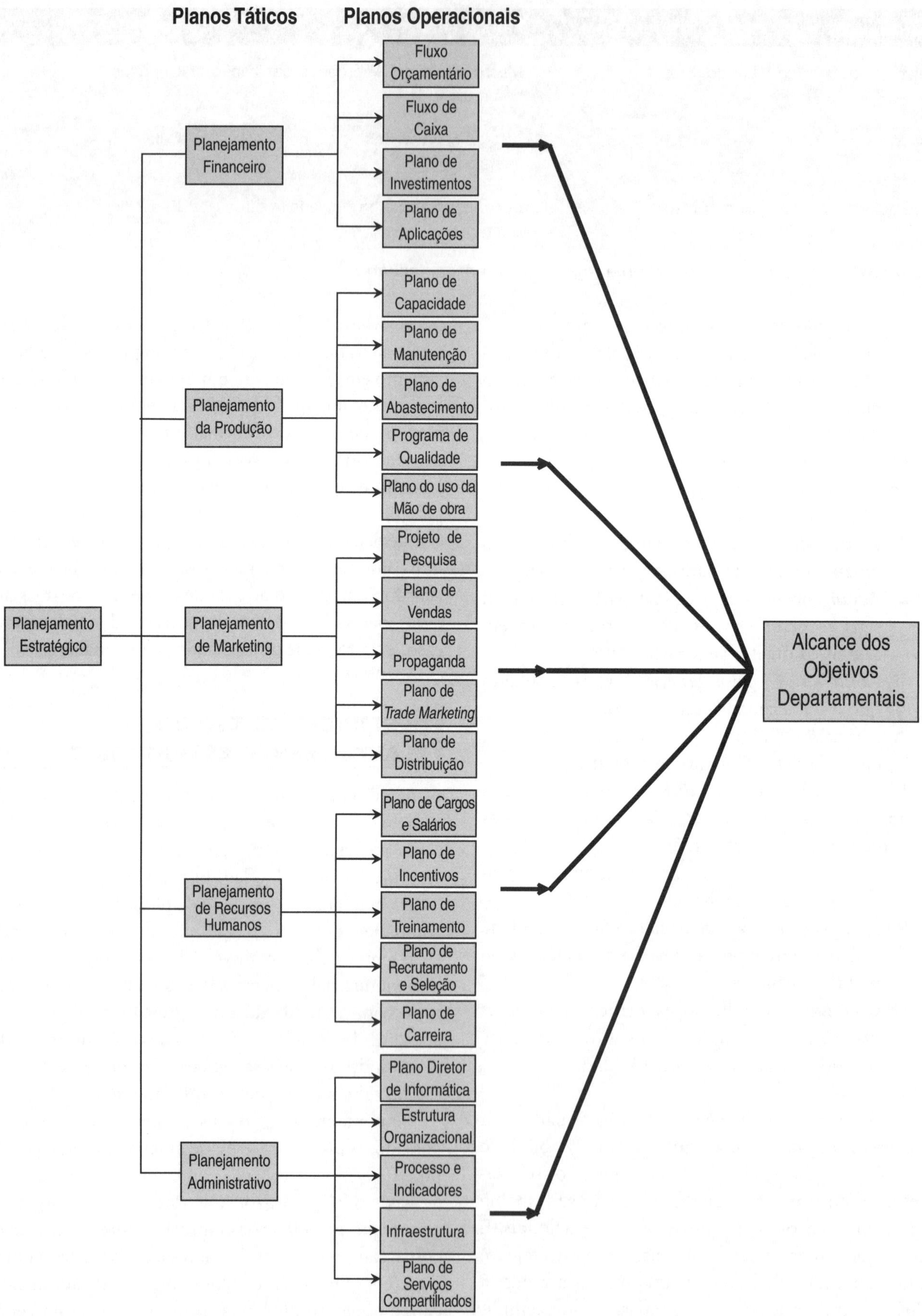

■ **FIGURA 2.1** *Processos de planejamento por nível hierárquico e por tipo.*

Naquele tempo, as funções gerenciais, usualmente, eram exercidas sem coordenação das estratégias; cada gerente departamental detinha informações que eram passadas e recebidas pelo gerente funcional de outro departamento.

O período entre as duas grandes guerras trouxe a emergência das grandes empresas como A General Motors, Dupont entre tantas nos Estados Unidos e Europa. Eram organizações diversificadas que necessitavam técnicas mais sofisticadas de planejamento para a alocação de seus recursos.

Ainda em 1913, Henry Ford havia lançado a linha de montagem em série e, mais tarde, Alfred Sloan Jr., executivo chefe da General Motors (GM) de 1923 a 1956,e um dos precursores na aplicação de estratégias de negócios, desenvolve sua estratégia de diversificação, cujo raciocínio estratégico era embasado na superação dos pontos fortes e fracos dos concorrentes e no oferecimento segmentado. Sloan descentralizou a GM em unidades semiautônomas chamadas Unidades Estratégicas de Negócios (Strategic Business Units – SBU's), com funções de suporte centralizadas[12]. Por esse tempo começaram a ser instituídos alguns cursos de políticas de negócios, em algumas das mais tradicionais universidades dos Estados Unidos.

CLIPPING COMPETITIVO

A RICA HERANÇA DAS ESCOLAS DE NEGÓCIOS

Na verdade, a história das escolas de negócios é rica e antiga. A Aula do Comércio em Lisboa, fundada em 1759, foi a primeira instituição especializada no ensino de comércio, que serviu de base para a criação de outras escolas similares na Europa. Em 1819 foi criada a Ecole Superieure de Commerce du Paris (hoje, ESCP-EAP) e se tornou a mais antiga escola de negócios, enquanto a primeira grande universidade a estabelecer uma escola de negócios foi a Universidade da Pennsylvania, com a criação da Wharton School em 1881. Em 1900 surgiu o primeiro curso de graduação em administração na Tuck School of Business, na Dartmouth College, que oferecia o diploma em Ciência Comercial.

Porém, pode-se de dizer que a administração moderna teve seu marco decisivo com a criação, em 1908, da School of Business Administration da Harvard University, sendo que em 1911, o seu núcleo de pesquisas, The Bureau of Business Research, conduziu a primeira pesquisa no campo da administração. Ainda em 1911, o Método do "Problema", o predecessor do Método do "Caso" foi introduzido nas aulas de negócios, sendo que os executivos e empresários eram incentivados a apresentar os problemas reais aos estudantes. Em 1912 surge a cadeira de Teoria dos Negócios na Harvard University.

A Sloan Foundation, criada pelos esforços de Alfred Sloan Jr., patrocinou a criação da School of Industrial Management do Massachusetts Institute of Technology – MIT, no início da década de 1950, cujo propósito expresso era o de formar "o gestor ideal" e foi renomeada como Alfred P. Sloan School of Management, em 1964, sendo uma das mais importantes escolas de administração.

Entre os anos 1920 e 1950 o foco do planejamento e gestão das empresas era financeiro que direcionava os planos de produção, gastos e investimentos. De fato, naqueles anos o processo de planejamento estratégico consistia em traduzir as previsões de vendas em programações de produção, estimando-se os custos, receitas e lucros associados ao volume de produção previsto. Segundo Ghemawat[13], a abordagem da previsão financeira, entretanto, assumia que as vendas aconteceriam conforme as previsões, o que era verdade em épocas estáveis. Mas se a Economia entrasse em recessão, os mercados saturassem ou a demanda não respondesse, logo essa abordagem se mostrava inadequada.

As consequências desse tipo de planejamento, que tendia a considerar um horizonte de um ano, período típico das previsões de vendas, incluíam a impossibilidade de reconhecer mudanças de longo prazo como variação nas preferências dos consumidores ou o amadurecimento do mercado para um certo produto, o viés para tentar bater o orçamento anual e a visão fragmentada da empresa não correlacionando as previsões de vendas, com os custos de fabricação e os resultados financeiros.

Durante os anos após a Segunda Grande Guerra, quando houve um grande crescimento econômico dos países que haviam se envolvido na guerra, as empresas cresceram muito e só a previsão como ferramenta de planejamento não assegurava a gestão eficiente dos recursos. Desenvolveram-se assim muitos mecanismos de controle orçamentário que procuravam estabelecer os parâmetros tanto das operações, como também levava em consideração o plano de investimentos e a avaliação dos projetos.

Nos anos 1950 e 1960, a literatura sobre estratégias e planejamento recebeu importantes e pioneiras contribuições, entre as quais se destacam os influentes trabalhos de Peter Drucker, Alfred D. Chandler Jr., Philip Selznick e Igor Ansoff. A contribuição de Peter Drucker[14] para o desenvolvimento do planejamento estratégico foi fundamental a partir de, principalmente, duas concepções. Ele, em 1954, apresentou sua abordagem de Gestão por Objetivos (Management by Objectives – MBO), destacando que uma organização sem objetivos é como se fosse um navio sem leme e que estabelecer objetivos e monitorar seus progressos deveria permear toda a organização, de cima abaixo.[15] Outra contribuição, refere-se ao seu pioneirismo ao predizer que as organizações seriam menos hierarquizadas no futuro, com a predominância dos trabalhos desenvolvidos por equipes multifuncionais, cuja liderança seria exercida por aquele com mais conhecimento (knowledge worker). Ele, introduzia, assim, o conceito do chamado "Capital Intelectual".

Alfred Chandler identificou que o crescimento organizacional resultava da aplicação de recursos da organização, de modo mais inteligente aproveitando as oportunidades do ambiente que se originam nas alterações de fatores incontroláveis como mudanças demográficas, econômicas ou tecnológicas. Ele reconheceu que o Planejamento Estratégico deveria desenvolver estratégias coordenadas, numa perspectiva de longo prazo. Seria esta coordenação que daria a organização suas estrutura, direção e foco. Daí seu famoso mantra: "structure follows strategy" (estrutura segue a estratégia), o que queria dizer que uma organização deveria primeiro formular suas estratégias e então desenvolver uma estrutura que suportasse essas estratégias. Como corolário desta concepção é que as organizações deveriam ter uma gestão descentralizada[16].

Para Chandler havia três estratégias de crescimento básicas:

- **Crescimento horizontal**: Crescimento em mercados locais, nacionais ou internacionais, demandando estruturas mais simples.
- **Integração vertical**: Absorção de fornecedores ou compradores, ao longo das cadeias produtivas, demandando estruturas a partir das funções a serem desempenhadas.
- **Diversificação**: Decisão de trabalhar em mercados não relacionados a atividade anterior, levando a estruturas multidivisionais.

Em 1957, Selznick[17] introduziu a concepção de cruzar os fatores internos da organização (pontos fortes e pontos fracos) com os fatores ambientais (oportunidades e ameaças) o que levou a criação da Matriz SWOT pelos participantes do Grupo de Estudos em Gerencia Geral da Harvard Business School[18], anos depois, como descrito no Capítulo 1.

Todas as contribuições refletiam um interesse crescente em planejamento estratégico. Em 1963, um estudo do Stanford Research Institute indicou que no início dos anos 1960 a maioria das grandes corporações americanas já haviam criado seus departamentos de planejamento, cujas funções relacionavam-se a preparação de previsões e estudos de tendências e decisões de investimentos para planos de longo prazo (5 a 10 anos)[19].

Em 1965, H. Igor Ansoff[20] conforme explicado no capítulo anterior, lançou o que foi considerado um dos mais importantes livros sobre estratégia organizacional, onde defendia que o processo de planejamento estratégico deveria ser formalizado e detalhado, incluindo listas de checagem (checklists) para assegurar a obtenção dos objetivos desejados e fomentando a sinergia.

Igor Ansoff, como os outros autores citados acima, trouxe vários conceitos novos que impactaram o Processo de Planejamento Estratégico. Como o Gap Analysis (Análise da Lacuna[21]) que permite o diagnóstico da situação atual comparada com uma situação futura que se pretende alcançar, o que resulta no plano de ação visando diminuir a diferença ("gap reducing actions").

A partir das concepções de Chandler, Ansoff desenvolveu uma Matriz Produto Mercado, que apresenta as opções estratégicas no cruzamento entre os produtos e seus mercados que são a Penetração de Mercado, quando a organização pretende ampliar sua atuação num mercado, o Desenvolvimento de Produto que é a estratégia de lançar novos produtos no mercados de atuação, Desenvolvimento de Mercado, que é a estratégia para entrar em novos mercados com os produtos em linha e Diversificação que é a estratégia aplicada quando a organização busca novos mercados com novos produtos.

Os anos 1970 seriam marcados pela adoção do planejamento de portifólio e pelo rápido desenvolvimento das técnicas e ferramentas de previsão, que permitiram a ampliação do prazo de planejamento. Agora, as organizações poderiam trabalhar o futuro com mais acuidade e segurança, com o propósito de se adaptar a ele ou até mesmo antecipar-se a ele. Surgiram modelos como o Ciclo de Vida dos Produtos, que procurava entender os ciclos por quais passava um produto desde seu lançamento, até sua retirada do mercado. No campo das finanças começaram a serem aplicadas metodologias de cálculo para o fluxo de caixa descontado para o valor presente e no campo da estatística, se avançou nas técnicas de pesquisa de mercado, procurando entender melhor o comportamento de compra.

Tal sofisticação ofereceu oportunidades para consultorias e escolas de negócios, que vinham em auxílio dos gestores, que não dominavam todo o novo conhecimento organizacional. As grandes consultorias como Boston Consulting Group e Bain & Company, foram criadas, conforme descrito no capítulo anterior, e viveram anos de grande ascensão, assim da mesma maneira aconteceu com as escolas de negócios. O desafio estratégico estava em estabelecer uma sinergia entre as Unidades Estratégicas de Negócios e as matrizes, pois as grandes organizações tinham que lidar com tamanho, crescimento e a gestão de seus portifólios de produtos.

Nos anos 1970, foi criado o PIMS (Profit Impact of Market Strategy) com a intenção de entender a correlação entre estratégia e desempenho, a partir das evidências empíricas de quais estratégias asseguram o sucesso das organizações de um determinado setor.[22] O estudo revelou que as variáveis estratégicas que mais influenciam a lucratividade, entre outras, são a participação de mercado, a qualidade dos produtos e serviços e a intensidade dos investimentos.

Segundo Buzzell e Gale, essas conclusões iniciais não deixaram dúvidas: Quanto maior a participação de mercado, maior a lucratividade, porque a parcela de mercado grande oferece volume e economias de escala, além de acelerar a experiência, assegurando as vantagens a partir da curva de aprendizado.[23]

PASSEIO VIRTUAL

CONHECENDO OS MÉTODOS DE PESQUISA DO PIMS – *HTTP://WWW.PIMSONLINE.COM/*

O projeto PIMS foi fundamental para indicar que os determinantes de sucesso no desempenho de uma organização são a estrutura competitiva setorial e o posicionamento competitivo de uma organização dentro de seu setor. Esse conhecimento fortaleceu a atenção que as organizações deveriam ter ao escolher os setores de atuação, seus mercados e segmentos, bem como as forças competitivas atuando em cada segmento.[24]

As vantagens trazidas pela participação de mercado fizeram aumentar significativamente o interesse pelas estratégias de crescimento, como as estratégias relacionadas com a integração (vertical ou horizontal) diversificação, licenciamento (franquias), processo de aquisição ou de associação. Paradoxalmente, chegou-se também a conclusão que tanto quanto a alta participação de mercado, a baixa participação oferecia boas perspectivas de lucratividade[25]. Mais ainda, as organizações atoladas no meio do caminho, isto é, que não se posicionavam nem como líderes, nem como atuantes em nichos, essas não eram lucrativas, anomalia que seria explicado por Michael Porter em seu texto clássico de 1980.[26]

Ao mesmo tempo em que o Processo de Planejamento Estratégico se sofisticava, um fenômeno caracterizou os anos 1980, o grande sucesso das empresas japonesas de todos os setores, desde aço, passando por relógios, navios eletrônicos, câmeras e automóveis, que começavam a fazer sombra para as empresas americanas e europeias em seu próprio território. Muitas teorias apareceram para tentar explicar a fantástica ascensão, já que nos anos 1960, produtos japoneses eram sinônimos de péssima qualidade e falta de confiabilidade.

Segundo Schonberger[27], as explicações apontavam para fatores principalmente internos das organizações, como a dedicação, a lealdade e a alta estima dos trabalhadores japoneses apesar dos baixos salários; estruturas de custos mais baixos que no Ocidente, possivelmente justificado pelo processo de modernização por qual passaram as empresas japonesas, que incentivadas por políticas governamentais, procuraram atuar em setores de capital intensivo, com economias de escala voltadas para exportação, gerindo a produtividade e associando os esforços com técnicas rigorosas de controle de qualidade, introduzidas no Japão, após a Segunda Grande Guerra por W. Edwards Deming.[28]

Obviamente, havia fatores macroeconômicos como o Yen desvalorizado que abaixava os juros e os custos de capital, diminuía as expectativas de distribuição de dividendos e incentivava as exportações.

Muitos conceitos e técnicas sobre controle da qualidade foram desenvolvidos e propostos pelos autores como TQM – Total Quality Management, Melhoria Continua – Kaisen, Produção Enxuta Lean Manufacturing, Six Sigma, e ROQ – Return on Quality (Retomo sobre a Qualidade).

Em1981, Richard Pascale e Anthony Athos[29] declararam a partir de seus estudos de que o que fazia a diferença eram as técnicas superiores de gestão das organizações japonesas. Para eles, sete fatores determinavam essa superioridade e que constituíram o Modelo 7S da McKinsey.[30]

Os sete fatores eram: Estratégia, Estrutura, Sistema, Habilidades, Equipe, Estilo, e Valores Compartilhados. Os três primeiros S's eram chamados de fatores "hard" e eram exatamente aqueles nos quais as organizações ocidentais eram superiores. Os outros quatro fatores eram os fatores "soft" os quais não eram nem bem entendidos nem valorizados, naquele tempo, pelas organizações ocidentais, apesar de constituírem a Cultura Corporativa, que, hoje se sabe, tem um impacto fundamental no desempenho organizacional.[31]

Rehefeld[32], porém, alertou que não bastava aplicar esses preceitos que qualquer organização se daria bem. Era necessário algum grau de alquimia para que os elementos da cultura organizacional se transformassem num estilo gerencial superior. Outro aspecto desafiador para os gestores das organizações ocidentais seria incluir, de modo consensual, em suas decisões, considerações sobre o complexo de necessidades econômicas, sociais, psicológicas e espirituais de seus trabalhadores, entendendo o trabalho como sendo um elemento inseparável da vida deles.

A questão, segundo Ohmae,[33] o Planejamento Estratégico no ocidente era extremamente analítico e hierarquizado e a formulação da estratégia deveria ser mais intuitiva e intelectualmente flexível, como na produção artística. O desafio seria aceitar as características orientais de abstração, ambiguidade e processo decisório por tentativa e erro.

Mintzberg[34] também questionou o modelo ocidental de planejamento estratégico, criticando seu caráter deliberado e introduzindo uma noção de dinâmica. Segundo, Mintzberg, a decisão estratégica é o produto de um jogo de poder no seio de uma coligação de parceiros. A estratégia não pode ser definida em termos estáticos, pois segundo ele, forças, fraquezas, oportunidades e ameaças são muito relativas no tempo, tornando o Processo de Planejamento Estratégico muito mais fluído e imprevisível do que se pensava e deveria ser avaliado conforme suas intenções:[35]

- Processo cuja intenção é preparar um plano – O planejamento estratégico busca uma direção, um curso de ação.
- Processo cuja intenção é preparar um esquema – O planejamento estratégico busca uma manobra para superar a concorrência.
- Processo cuja intenção é institucionalizar um padrão – O planejamento estratégico busca um padrão consistente com o passado.
- Processo cuja intenção é conseguir uma posição – O planejamento estratégico busca um posicionamento para a marca, a linha de produtos ou a própria organização para se distinguir entre seus compradores e outros públicos de interesse.
- Processo cuja intenção é desenvolver uma perspectiva – O planejamento estratégico busca traduzir a estratégia da liderança.

CLIPPING COMPETITIVO

EM BUSCA DA EXCELÊNCIA

Buscando referências práticas, Tom Peters e Robert Waterman, consultores da McKinsey & Co., assim como Pascale e Athos que estudaram o desempenho de empresas japonesas, relatado acima, conduziram uma pesquisa para responder "O que faz uma organização excelente?". O estudo abrangeu 62 empresas que eram consideradas de desempenho excelente. Cada uma delas foi avaliada segundo seis critérios e para ser considerada excelente deveria estar acima da média de uma curva normal, em quatro dos seis critérios, por 20 anos. Quarenta e três organizações passaram pelo teste. O próximo passo foi estudar detalhadamente cada uma dessas organizações. A conclusão, apresentada no livro clássico *In Search of Excellence*[36] identificava oito fatores compartilhados por todas as 43 empresas, que eram:

1. **Atitude para a ação (próatividade) – Atitude para fazer, tentar ("faz, erra, conserta e tenta fazer melhor da próxima vez"). Não perder tempo em múltiplas reuniões e comitês.**
2. **Foco no cliente – Estar próximo ao cliente. Conhecê-lo; aprender com os clientes. Empresas excelentes "aprendem com as pessoas que a estão servindo".**
3. **Empreendedorismo – Estimular a independência oferecendo autonomia e autoridade para se tomar as iniciativas.**
4. **Produtividade obtida com as pessoas – Tratando as pessoas com respeito, elas responderão com produtividade.**
5. **Gestores orientados por valores – Os líderes difundem os valores organizacionais por toda organização.**
6. **Gestão se aprende gerindo – Só fazendo se é possível aprender algo novo e capaz de movimentar a empresa no caminho da excelência – as pessoas faziam o que sabiam fazer bem.**
7. **Simplicidade – Manter a forma simples e a equipe a mais enxuta possível – complexidade encoraja a perda e a confusão.**
8. **Simultaneamente centralizada e descentralizada – Permitir a máxima autonomia individual, mantendo o controle centralizado.**
9. **Foco – Empresas excelentes se atêm às suas competências, e não saem atirando para todos os lados.**

10. **Mobilidade – As empresas excelentes podem sair de um formato compacto para a expansão rapidamente, adequando-se às necessidades do mercado e dos clientes.**

Em 1989, Richard Lester[37] e outros pesquisadores do MIT Industrial Performance Center identificaram sete "melhores práticas" na busca da excelência (best practices) e concluíram que as organizações deveriam acelerar seu encaminhamento para produção em massa de produtos padronizados de baixo custo. As sete "best practices" eram:

- Melhoria simultânea de custo, qualidade, serviços e inovação de produto.
- Eliminação das barreiras entre departamentos.
- Estrutura organizacional horizontalizada (flat).
- Relacionamento próximo com fornecedores e clientes (cadeia produtiva).
- Uso inteligente das novas tecnologias.
- Foco global.
- Aprimoramento das capacidades dos colaboradores.

JANELA CONCEITUAL

BENCHMARKING

Camp[38] chamou a procura pelas "best practices" de benchmarking, que envolvia determinar onde era necessário melhorar, achar a organização excepcional nessa área, estudá-la e converter as melhores práticas para a sua organização.

Entre os anos 1980 e 1990, uma revolução alteraria completamente o modo de se planejar estrategicamente, a Revolução da Tecnologia da Informação (TI). Com ela, o acesso rotineiro aos sistemas de informação permitiu que se tivesse uma perspectiva abrangente do processo de planejamento estratégico ao mesmo tempo em que a Gestão do Conhecimento passou a ser uma prática gerencial fundamental. Em 1985 Peters e Austin[39] popularizaram o conceito de Management By Walking Around (Gestão andando por aí), que correspondeu ao estilo gerencial idealizado por Dave Packard e Bill Hewlett, fundadores da HP, que propunha uma proatividade na gestão das informações, com a finalidade de apurar e enriquecer o processo de planejamento estratégico e a rápida solução dos problemas. A HP sempre se caracterizou pelo fato de que seus gestores raramente ficam em suas salas refrigeradas. Eles gastam a maior parte de seu tempo visitando empregados, clientes e fornecedores. O contato direto com essas pessoas dá a condição de formular estratégias muito mais consistentes com o "mundo real". Os japoneses também adotaram um abordagem, originada na Honda, chamada de 3G's (Genba, Genbutsu e Genjitsu, que numa tradução coloquial seria "lugar real", "coisa real" e "situação real").

Também com uma abordagem de Gestão do Conhecimento, Kaplan e Norton introduziram um sistema compreensivo para toda a organização, chamado Balanced Scorecard (BSC) desenvolvido no início dos anos 1990.[40] A ideia com o BSC era obter um entendimento mais balanceado da organização e propunha um conjunto de indicadores relacionados aos resultados dos processos financeiros, de marketing, de produção e de inovação. A lógica subjacente ao BSC é que os indicadores financeiros somente medem os resultados dos investimentos e das atividades, em termos monetários, não sendo sensíveis aos chamados impulsionadores de rentabilidade em longo prazo. A metodologia do BSC será estudada em detalhes no Capítulo 11.

O BSC permite criar Mapas Estratégicos[41] que revelam o potencial de criação de valor das estratégias formuladas a partir de quatro perspectivas diferentes:

Perspectiva financeira: Como a organização é vista por seus acionistas ou proprietários? Os indicadores devem mostrar se a implementação e a execução da estratégia organizacional estão contribuindo para a melhoria dos resultados de lucratividade, retorno sobre o investimento, fluxo de caixa, retorno sobre o capital, entre outros.

Perspectiva do cliente: Como a organização é vista pelo cliente? Os indicadores devem mostrar se seus produtos e serviços são consistentes com, por exemplo, a satisfação do cliente, pontualidade na entrega, participação no mercado, retenção clientes e aquisição de clientes potenciais.

Perspectiva dos processos internos: Quais os processos de negócios que a organização precisa ter excelência? Os indicadores devem mostrar se os processos de qualidade, produtividade, logística, comunicação interna entre outros estão alinhados e se estão criando valor.

Perspectiva da inovação e aprendizagem: Qual a capacidade da organização para melhorar continuamente e se preparar para o futuro? Os indicadores devem mostrar se a organização pode aprender e se desenvolver para garantir o crescimento, monitorando, por exemplo, índices de renovação dos produtos, desenvolvimento de processos internos, inovação, competências, motivação das pessoas.

Em meados dos anos 1990, como consequência do abrandamento do crescimento econômico e da polarização do poder das forças competitivas, principalmente pelo grande varejo, as organizações foram obrigadas a embasar suas estratégias sobre outras fontes de vantagem competitiva. Como respostas aos novos cenários que se anunciavam no início do novo milênio três caminhos estratégicos ressurgiram: a abordagem das alianças e parcerias, a abordagem de aquisições e associações e a abordagem da inovação tecnológica.

Alianças e parcerias estratégicas tornaram-se fundamentais para as organizações que vivenciavam crescente complexidade nos ambientes organizacionais e tecnológicos, que começaram a emergir com a globalização. Lewis[42] destacou a importância das alianças e parcerias como uma abordagem estratégica que assegurava a rápida penetração em novos mercados, bem como fortalecia a presença em mercados já conquistados. Ao invés de ver os concorrentes, distribuidores, fornecedores como ameaças potenciais ou alvos para futuras integrações, eles deveriam ser vistos como parceiros, favorecendo a atuação da cadeia produtiva de cada setor mais lucrativa.

Uma aliança estratégica se dá quando duas ou mais organizações concordam em cooperar em alguma atividade como pesquisa e desenvolvimento de projetos arriscados e de longo tempo de maturação ou numa operação compartilhada de fabricação, compras ou gestão de um sistema de tecnologia da informação. A ideia com as alianças estratégicas é capturar o potencial de benefícios da parceria, ao mesmo tempo que minimiza riscos e custos.[43]

Crescimento por aquisição ou absorção é uma abordagem estratégica muito aplicada nos últimos anos, com grande apelo, pois causam um impacto na opinião pública com os processos de aquisições sendo altamente noticiados pela mídia, como a aquisição pela Procter & Gamble's da Gillette por US$57 bilhões de dólares em 2005, ou a aquisição da canadense Inco, maior mineradora de níquel do mundo, em 2006, pela Companhia Vale do Rio Doce. Os responsáveis por essa estratégia também se notabilizam como grandes líderes empresarias, ousados e visionários. Porém, a verdade é que tal abordagem ainda não se confirmou como uma aposta segura para enfrentar os desafios do ambiente de negócios que caracterizam os primeiros anos desse novo milênio. Por exemplo, em 2001 a HP numa tentativa de barrar a rival Dell, adquiriu a Compaq e a gigante Time Warner engoliu as Turner Broadcasting (CNN) e a AOl. Porém, ao invés de criar valor para seus acionistas, a verdade é que as ações da Time Warner entraram em queda livre e a HP nem fez sombra ao avanço da Dell, muito pelo contrário, viu sua presença em computadores pessoais ameaçada.

Coff alerta que, de fato, cerca de 80% das aquisições ou absorções não obtém resultados estratégicos ou financeiros relevantes.[44] Hitt, Hoskisson e Ireland indicaram que há uma compensação (*trade off*) entre crescimento por aquisição e o comprometimento com a inovação. Para eles, o processo de aquisição, serve como um substituto para o processo de inovação por causa da energia e atenção requeridas durante as negociações, uso alavancado dos recursos, aumento do tamanho das operações e diversificação, que podem afetar as prioridades de tempo e risco dos gestores.[45]

Processos de inovação tecnológica que teve sua importância fortalecida pela crescente presença da tecnologia nos processos de negócios. Produtividade, lucratividade e crescimento são altamente correlacionados à habilidade de inovar. Porém, a crescente aceleração do desenvolvimento tecnológico, faz crescer os custos de inovação, tornando-o proibitivo para as pequenas empresas, deixando para as grandes empresas a responsabilidade de incentivar o empreededorismo organizacional e bancar projetos de inovação.

Desafio da implementação estratégica

A outra face da moeda competitiva é a atenção dada à implementação do plano estratégico. Hoje é patente que mesmo as estratégias mais bem formuladas não asseguram sua implementação com sucesso. Muitas empresas, grandes e pequenas lutam com a lacuna entre objetivos e resultados. Muitas boas ideias e com planos consistentes, nunca se realizam. Por que isso acontece?

Bossidy e Charam afirmam que o principal trabalho dos líderes das organizações é a seleção e a avaliação das pessoas, atividade que nunca deveria ser delegada. Bossidy, que é um dos mais aclamados executivos,[46] pessoalmente entende que colocar as pessoas certas nos lugares certos é o que vai permitir ao gestor executar as estratégias formuladas, dada a excelência nos processos operacionais e a disciplina na execução.

Empresas consideradas grandes implementadoras e executoras de estratégias desenvolvem uma cultura na qual todos questionam, analisam e sem descanso perseguem resultados. Os líderes dessas organizações são profundamente envolvidos e não fogem das questões difíceis quando as coisas se complicam, premiando a honestidade o senso de realidade e confiabilidade das pessoas.

Os próximos anos, graças ao avanço vertiginoso da tecnologia de informação, prometem uma vez mais, alterar completamente o modo de se planejar estrategicamente as organizações. A Internet reduziu drasticamente os custos de comunicação e acesso aos mercados o que vem permitindo às organizações atender a demandas de produtos de baixa demanda, mas que coletivamente representam uma grande porção de uma curva de distribuição de vendas, criando um efeito chamado de A Longa Cauda (The Long Tail). Em inglês, The Long Tail foi cunhado por Chris Anderson em um artigo na *Revista Wired*[47] de outubro de 2004 descrevendo a estratégia de atendimento da Amazon (*www.amazon.com*), que devido aos seus baixos custos de estoques, obtém lucros representativos vendendo mínimas quantidades de itens não procurados ou difíceis de serem encontrados. Anderson argumenta que produtos de baixa demanda ou baixo volume de vendas podem coletivamente, garantir uma participação de mercado que supera as participações em mercados de produtos campeões de venda.

Por fim, num exercício de prospecção para os futuros avanços do processo de planejamento estratégico percebe-se que em um mundo globalizado cujas características são forte mudança e concorrência feroz, o planejamento estratégico torna-se indispensável para o sucesso organizacional. A diferença a partir de agora é que o planejamento estratégico estará deixando de ser anual ou quinquenal para se tornar contínuo e ininterrupto, cotidiano mesmo, deixando de ser rígido para se tornar flexível e adaptável, deixando de ser monopólio da alta direção para alcançar o compromisso e dedicação de todos os membros da organização.

A ênfase dada à execução e aos resultados do plano estratégico que caracterizou os primeiros anos do século XXI, criou uma ansiedade sobre o próprio processo de formulação da estratégia. A verdade é que muitas organizações e profissionais veem o planejamento estratégico como algo distinto do raciocínio estratégico e não dedicam um tempo para pensar estrategicamente. Mas, num futuro próximo que se avizinha, cada vez mais metodologias simples e um claro entendimento do processo de formulação das estratégias marcarão a evolução sustentável das organizações e da sociedade, graças a melhor qualidade e cuidado na tomada de decisão sobre o uso dos recursos disponíveis, maior criatividade nas soluções de problemas e conflitos e, principalmente, um mais profundo senso de propósito sobre o trabalho de cada um e sobre a missão organizacional.[48]

ESCOLAS DE PLANEJAMENTO ESTRATÉGICO

O processo de planejamento estratégico tem variado ao longo dos tempos em um *continuum* que vai desde o forte e rígido caráter prescritivo e normativo – em uma ponta – até o maleável caráter descritivo e explicativo – na outra ponta. Em um extremo, a prescrição – um receituário de como se deve elaborar a estratégia –, e, no outro, a descrição – a explicação das maneiras como as organizações elaboram a estratégia.

Mintzberg, Ahlstrand e Lampel identificam dez diferentes dimensões ou, como conceituam os autores, escolas de planejamento estratégico, sendo três de caráter prescritivo e normativo e sete de caráter descritivo e explicativo:[49]

Escolas de caráter prescritivo e normativo

1. *Escola do planejamento*: Trata a estratégia como um processo formal. A formulação estratégica funciona como um processo formalizado e documentado de desdobrar o planejamento estratégico em planos táticos e cada um deles em planos operacionais, compondo uma hierarquia de planos conjugados entre si. A escola do planejamento representou uma poderosa contribuição da teoria neoclássica da administração[50] e desenvolveu-se paralelamente à escola do *design*. Teve seu apogeu nos anos 1970. Sua forte influência se mantém até hoje, principalmente nos aspectos de desdobramento dos objetivos estratégicos em objetivos táticos e operacionais em uma cascata ou hierarquia de objetivos.[51]

CLIPPING COMPETITIVO

ESTRATÉGIA E TÁTICA[52]

Para os autores neoclássicos, a diferença básica entre estratégia e tática reside nos seguintes aspectos:

1. **A estratégia se refere à organização como um todo, pois procura alcançar objetivos organizacionais globais, enquanto a tática se refere a um de seus componentes (departamentos ou unidades organizacionais) e procura alcançar objetivos departamentais. A estratégia se compõe de muitas táticas simultâneas, cada qual de um departamento ou unidade e integradas entre si.**
2. **A estratégia se refere aos objetivos situados no longo prazo, enquanto a tática se refere aos objetivos de médio prazo. A implementação ou execução da estratégia requer muitas táticas que se sucedem ordenadamente no tempo.**
3. **A estratégia é definida na alta administração, enquanto a tática é responsabilidade da gerência de cada departamento ou unidade organizacional.**

Para os autores neoclássicos, o planejamento produz um resultado imediato: o plano. O plano é o produto do planejamento e constitui o evento intermediário entre os processos de elaboração e de implementação do planejamento. Todos os planos têm um propósito comum: a previsão, a programação e a coordenação de uma sequência lógica de eventos, os quais deverão conduzir ao alcance dos objetivos que os comandam. O plano descreve um curso predeterminado de ação sobre um período específico para alcançar um objetivo almejado e proporciona respostas às questões: o que, quando, como, onde e por quem.[53]

Steiner oferece um modelo integrado do planejamento estratégico segundo a abordagem dessa escola e que pode ser visto na Figura 2.2.

2. *Escola do design*: Trata a estratégia como um processo de adequação, isto é, parte do pressuposto de que o processo de formação estratégica funciona como ajustamento e compatibilização entre os aspectos internos da organização (seus pontos fortes e fracos) e os aspectos externos do ambiente (como ameaças e oportunidades). Sua abordagem busca essa adequação e define a elaboração da estratégia como uma concepção deliberada e consciente focada em objetivos previamente estabelecidos.
3. *Escola do posicionamento*: Trata a estratégia como um processo analítico. Segundo essa escola, o planejamento estratégico busca a definição de um posicionamento estratégico da organização diante do ambiente externo, que deve ser previamente analisado e conhecido. As posições genéricas da organização devem ser identificadas através da análise da situação competitiva setorial. Essa escola predominou nos anos 1980 a partir dos trabalhos de Michael Porter e

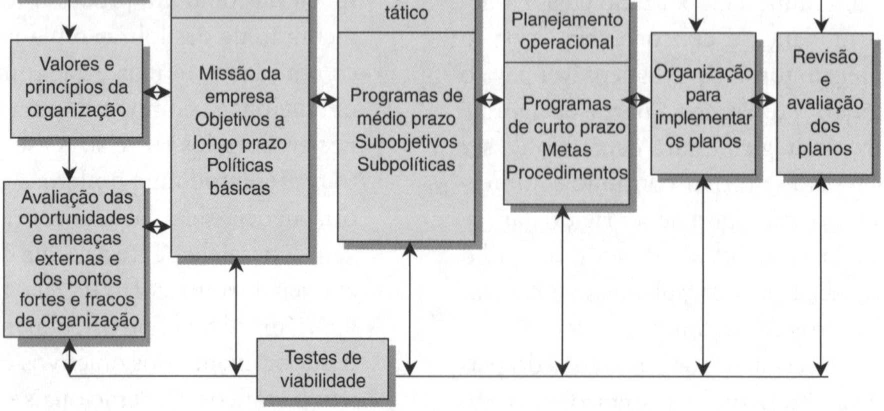

■ **FIGURA 2.2** *O modelo de planejamento estratégico de Steiner.*[54]

tem sua inspiração nas ideias de estratégia militar de Sun Tzu. A ideia fundamental é que o estrategista é basicamente um analista da situação ambiental e um construtor de hipóteses de ação a respeito dela.[55]

Segundo essa escola, as decisões estratégicas da organização se resumem a duas, e apenas duas: a decisão de portfólio e a decisão de posicionamento.

a. *Decisão de portfólio*: é a decisão sobre a carteira de produtos ou serviços – consiste em determinar em quais negócios a organização vai investir e desenvolver ou desinvestir e retirar-se; e definir o nível de rentabilidade e o nível de risco do negócio.

b. *Decisão de posicionamento*: consiste em compatibilizar o produto ou serviço com aquele mercado ou segmento de mercado que assegura a melhor conquista dos objetivos organizacionais. Envolve as possibilidades de diferenciação do produto ou serviço, de um lado, e as possibilidades de segmentação do mercado, de outro, para se aproximar do nível de aspiração de rentabilidade e risco do negócio.[56]

Essas duas decisões conduzem ao objetivo máximo da empresa, que deve ser sempre a criação do valor econômico (CVE) para torná-la cada vez mais valiosa e oferecer valor ao cliente, em vez de simples produtos ou serviços.

Escolas de caráter descritivo e explicativo

Além das escolas de caráter prescritivo e normativo existem as escolas de caráter descritivo e explicativo, que exploram a imaginação e a criatividade. Mintzberg, Ahlstrand e Lampel (2000) classificam as sete seguintes escolas:[57]

1. *Escola do empreendedorismo*: Trata a estratégia como um processo visionário. Essa abordagem focaliza o processo estratégico a partir do principal executivo da organização como o maior responsável pela idealização da visão e impulso ao negócio. Assim, a formulação da estratégia é um processo visionário, pelo qual a visão é uma representação mental da estratégia que existe na cabeça do líder. Essa visão serve como inspiração e também como senso ou ideia-guia do que precisa ser feito através da organização. A visão é mais uma imagem mental do que propriamente um plano articulado em palavras e em números.[58]

Em vez dos critérios de adequação propostos pela escola do *design*, a escola do empreendedorismo focaliza aspectos subjetivos, como intuição, julgamento, experiência e sabedoria do líder visionário e sua liderança estratégica, no sentido de criar condições para implementar e executar suas ideias. Seu espírito empreendedor é cultuado, pois ele focaliza oportunidades a serem aproveitadas enquanto os problemas se tornam aspectos secundários.[59]

O paradoxo é que raramente o empreendedor define sua estratégia com precisão antes de agir. Ele aposta em uma ideia e vai conciliando seu plano com as circunstâncias que se sucedem. Algo como balancear o deliberado e o emergente. A Wal-Mart foi construída assim, com a decisão (tática) inicial de construir enormes lojas em lugarejos pouco populosos de maneira a desestimular a concorrência. As circunstâncias ajudaram e a empresa passou a planejar estrategicamente, baseada em análises do ambiente, da concorrência, dos desejos dos clientes, das tecnologias para reduzir custos até ser guindada à posição de maior empresa do mundo. Silvio Santos no Brasil e Carlos Slim no México são exemplos típicos da escola do empreendedorismo.

OLHAR LATINO

EMPREENDEDORES LATINOS EXEMPLARES

Silvio Santos, nome artístico de Senor Abravanel, nasceu no bairro da Lapa, no Rio de Janeiro, no dia 12 de dezembro de 1930. Silvio Santos começou a trabalhar muito cedo, como camelô, nas esquinas do centro do Rio de Janeiro. Anos depois, já trabalhando em rádio, devido ao seu talento de comunicador e voz de locutor associou-se ao comediante Manoel de Nóbrega e expandiu o negócio do Baú da Felicidade (pagamento mensal de carnês – uma espécie de títulos de capitalização – que no final do ano rende prêmios). O sucesso foi enorme e então a TV Globo o convidou para apresentar um programa semanal de duas horas aos domingos com enorme sucesso. Na década de 1980, com a abertura de concessões para emissoras de televisão Silvio Santos, que já era acionista na TV Tupi e na TV Record, adquiriu outras pequenas emissoras e fundou o SBT que hoje é uma das maiores do Brasil. Hoje, seus negócios vão de imobiliárias a bancos, com um total de 33 empresas; juntas elas movimentam cerca de R$ 1,6 bilhões por ano.

Carlos Slim Helú nasceu em 28 de janeiro de 1940. Começou a trabalhar aos oito anos de idade ajudando o pai, Julián Slim Haddad, na loja "Estrella de Oriente" que ficava próxima ao Palácio Nacional e prosperava. Aos 12 anos Carlos tinha seu próprio caderno de contabilidade. Seus irmãos lembram que aos domingos nos almoços familiares, ele montava uma mesa sob a escada e vendia doces aos primos. Aos 15 anos já tinha 44 ações do Banco Nacional de México. É conhecido no México por Midas, devido a sua habilidade em transformar empreendimentos decadentes em companhias saudáveis e lucrativas. Foi declarado em 2007 a pessoa mais rica do mundo, quando tinha uma fortuna estimada em US$ 35 bilhões. Segundo a Forbes, a crescente fortuna de Slim tem provocado polêmica no México, onde a renda *per capita* é de US$6,8 mil por ano, já que ele controla 90% do mercado de telefones no país, com um virtual monopólio.

O empresário expandiu seus negócios por todo o continente americano. Hoje comanda ou tem participação nas maiores companhias de telecomunicações em vários países da América. No Brasil comprou a participação da Globopar na rede de TV acabo Net, que tem 2,50 milhões de clientes. Também controla a Claro, segunda empresa de celulares do país, com cerca de 30 milhões de clientes, e a Embratel, que opera ligações de longa distância. Seus investimentos nos Estados Unidos incluem participações na Philip Morris (hoje Altria Group), e nas Lojas Saks. Tornou-se o maior acionista da MCI, a segunda operadora de telefonia de longa distância americana. Adquiriu cerca de 3% da Apple Computer – e um ano depois, com o surgimento do iMac e recentemente associou-se ao empresário americano Bill Gates, dono da Microsoft, para criar um portal na internet destinado aos hispânicos.

CLIPPING COMPETITIVO

EMPRESA COMO UMA INSTITUIÇÃO EMPREENDEDORA

Drucker ajuda a compreender a escola do empreendedorismo ao assinalar que "cada um dos grandes construtores de empresas que conhecemos – desde os Médici e os fundadores do Banco da Inglaterra até Thomas Watson da IBM – tinha uma ideia definida e uma clara 'teoria do negócio' que instruía todas as suas decisões e ações".[60] Foram os empreendedores que construíram o mundo dos negócios. Para Drucker, a própria empresa é uma instituição empreendedora. O Quadro 2.3 pontua as diferenças de orientação entre o administrador típico e o empreendedor.

INFORMAÇÃO PRIVILEGIADA

AS PREMISSAS BÁSICAS DA ESCOLA DO EMPREENDEDORISMO, SÃO:[61]

a. A estratégia surge na mente do líder como uma perspectiva, um senso de direção no longo prazo, uma visão do futuro da organização.
b. O processo de formação da estratégia é semiconsciente, enraizado na experiência e intuição do líder, quer ele conceba a estratégia ou a adote de outros e a interiorize em seu próprio comportamento.
c. O líder promove a visão de forma decidida e até mesmo obsessiva, mantendo controle pessoal da implementação para poder reformular aspectos específicos, se necessário.
d. Assim, a visão estratégica é maleável e tende a ser deliberada (na visão geral) e emergente (na maneira pela qual os detalhes se desdobram).
e. A organização é igualmente maleável, uma estrutura simples e sensível às diretivas do líder.
f. A estratégia tende a assumir a forma de um nicho, com um ou mais bolsões de posição no mercado protegidos contra as forças da concorrência direta.

2. *Escola cognitiva*: Trata a estratégia como um processo mental. O planejamento estratégico é considerado um processo mental em função da maneira como a realidade ambiental é percebida e interpretada pelas pessoas.[62]

A percepção e a interpretação da realidade são resultado da cognição, que é conceituada como um processamento de informações para organizar o conhecimento. Assim, o ambiente pode ser objetivo, percebido ou simplesmente decretado pela cognição do estrategista.[63]

INFORMAÇÃO PRIVILEGIADA

AS PREMISSAS BÁSICAS DA ESCOLA COGNITIVA, SÃO:[64]

a. A formação da estratégia constitui um processo cognitivo, pelo qual as informações são processadas na mente do estrategista e passam por filtros subjetivos até serem decodificadas ou interpretadas.
b. Dentro desse contexto subjetivo, as estratégias emergem como perspectivas – tais como esquemas, molduras, mapas, modelos ou cenários – que traduzem o modo pelo qual o estrategista interpreta as informações vindas do ambiente.
c. A estratégia é fruto de um processo mental do estrategista e não de uma pesquisa e investigação de fatores internos ou externos à organização.

O ADMINISTRADOR TÍPICO PERGUNTA:	O EMPREENDEDOR TENDE A PERGUNTAR:
▪ Quais os recursos que eu controlo? ▪ Qual estrutura determina o relacionamento de nossa empresa com o seu mercado? ▪ Como posso minimizar o impacto das outras empresas no meu desempenho? ▪ Qual oportunidade é apropriada?	▪ Onde está a oportunidade? ▪ Como posso aproveitá-la? ▪ De quais recursos organizacionais necessito? ▪ Como consigo controle sobre eles? ▪ Qual estrutura organizacional é a melhor? ▪ Qual a cultura organizacional mais adequada?

■ **QUADRO 2.3.** *Duas diferentes orientações estratégicas.*[65]

3. *Escola do aprendizado*: Trata a estratégia como um processo emergente. A formulação estratégica é um processo emergente de aprendizagem e de construção incremental, tanto individual como coletivo. Seu foco principal é a gestão progressiva das mudanças e não da estratégia.[66]

Para Weick,[67] o comportamento de aprendizado funciona da seguinte maneira:

a. Agir primeiro, fazendo algo.

b. Depois descobrir e selecionar o que realmente funciona, ou seja, compreender em retrospecto o resultado dessas ações.

c. Finalmente, reter apenas aqueles comportamentos que parecem desejáveis, adequados ou que trazem resultados.

Assim, toda compreensão e aprendizado resultam da reflexão e do exame do passado. A realidade emerge da interpretação e da atualização constantes de nossa experiência passada. Aprender não é possível sem agir.

INFORMAÇÃO PRIVILEGIADA

AS PREMISSAS BÁSICAS DA ESCOLA DE APRENDIZADO, SÃO:[68]

a. A formação da estratégia requer um processo de aprendizado ao longo do tempo. As pessoas aprendem através da prática cotidiana aquilo que realmente pode funcionar em determinadas circunstâncias.

b. Embora o líder deva aprender por ser o principal aprendiz, em geral é todo o sistema coletivo que aprende continuamente.

c. Esse aprendizado ocorre de forma emergente através do comportamento que estimula o pensamento retrospectivo para que se possa compreender a realidade e estimular a ação futura.

d. Assim, o papel da liderança passa a ser de não preconceber estratégias deliberadas, mas de gerenciar o processo de aprendizado estratégico através do qual emergem, cada vez mais, novas estratégias.

e. Dessa forma, as estratégias aparecem primeiro como padrões do passado, depois como planos para o futuro e, finalmente, como perspectivas para guiar o comportamento geral da organização.

4. *Escola do poder*: Trata a estratégia como um processo de negociação. Segundo a escola do poder, o planejamento estratégico é um processo de natureza política, com o poder sendo disputado internamente na organização, envolvendo persuasão, negociação e barganha (perspectiva micro e intraorganizacional). Numa perspectiva macro, a organização é entendida como uma entidade que usa seu poder sobre as outras para desenvolver parcerias, empreendimentos conjuntos (*joint ventures*) ou outros inter-relacionamentos para negociar estratégias coletivas que sejam de seu interesse ou para ampliar seu domínio.[69]

Para lidar com seu ambiente e alcançar seus objetivos, cada organização desenvolve diferentes estratégias de modo proativo para tentar alterar o ambiente de forma que este fique adequado às suas capacidades, através de um processo político de influenciar ou negociar com o ambiente externo, em vez de simplesmente reagir ao mesmo[70] ou, ainda, de modo reativo ao ambiente, adaptando-se e mudando para cumprir requisitos ambientais.

INFORMAÇÃO PRIVILEGIADA

AS PRINCIPAIS PREMISSAS DA ESCOLA DE PODER SÃO:[71]

a. A formação da estratégia é modelada pelo poder e pela política, seja como um processo dentro da organização ou como o comportamento da organização em seu ambiente externo. As estratégias que resultam desse processo tendem a ser emergentes e assumem mais a forma de posições de barganha.

b. Da perspectiva micro, a formação da estratégia envolve interações através de persuasão, negociação ou até mesmo confronto direto na forma de jogos políticos entre interesses e coalizões inconstantes e que mudam ao sabor dos acontecimentos.
c. Na perspectiva macro, a organização promove seu próprio bem-estar através do controle ou cooperação com outras organizações, utilizando manobras estratégicas ou estratégias coletivas sob a forma de redes de interesses e de alianças estratégicas.

5. *Escola da cultura*: Trata a estratégia como um processo coletivo e social. Segundo a escola da cultura, o planejamento estratégico é um processo social que se baseia na cultura organizacional para tratar dos interesses comuns e da integração do sistema. Quase sempre, a formulação e a reformulação estratégica constituem uma espécie de revolução cultural. Trata-se de uma escola que considera a cultura como inibidora de mudanças estratégicas mais significativas.[72]

   Para essa escola, a ideologia é importante, e as empresas são dominadas por valores essenciais, como atendimento ao cliente, qualidade e inovação, os quais são utilizados como vantagens competitivas. Essa singularidade constitui o seu ponto forte.

   Os valores dominantes na cultura afetam profundamente a formulação da estratégia. Para que haja mudanças radicais na estratégia é necessário que antes haja mudanças fundamentais na cultura organizacional.[73] O segredo das organizações bem-sucedidas está em utilizar suas vantagens competitivas para sustentar perspectivas estratégicas relativamente estáveis. E isso depende basicamente da sua cultura.

JANELA CONCEITUAL

CULTURA

A cultura é o significado comum criado por um grupo de pessoas ao longo do tempo. E isso decorre de atividades puramente sociais e pela intensa interação entre elas. Dentre todos os recursos tangíveis (máquinas, prédios, instalações) e intangíveis (conhecimento, valores e competências), a cultura emerge como o recurso-chave. Para Barney,[74] a cultura representa a mais eficaz e durável barreira à imitação, pois de um lado ela encoraja a produção de resultados únicos e, de outro, é difícil de ser entendida pelos outros, o que a torna ainda mais difícil de reproduzir ou imitar.

INFORMAÇÃO PRIVILEGIADA

AS PRINCIPAIS PREMISSAS DA ESCOLA CULTURAL SÃO:[75]

a. A formação da estratégia constitui um processo de interação social baseado nas crenças e interpretações comuns aos membros de uma organização.
b. Cada pessoa incorpora essas crenças através de um processo de aculturação ou socialização que, em grande parte, é tácito e não-verbal, e quase sempre reforçado através de uma continuada doutrinação mais formal.
c. As pessoas podem descrever apenas parcialmente as crenças que sustentam sua cultura, enquanto as origens e explicações podem permanecer ocultas ou obscuras. Essencialmente, a cultura é uma cognição coletiva.
d. A estratégia assume a forma de uma perspectiva enraizada em intenções coletivas – não necessariamente explicadas ou esclarecidas – e refletida nos padrões pelos quais os recursos ou competências da organização são protegidos e utilizados para sua vantagem competitiva.

6. *Escola do ambiente*: Trata a estratégia como um processo reativo às circunstâncias externas. A escola do ambiente destaca que a estratégia é um meio pelo qual a organização se movimenta dentro de seu ambiente em graus de liberdade possíveis e em função das demandas do meio ambiente. Em primeiro lugar, o planejamento estratégico deixa de ser entendido como um processo formal, rígido e sequencial, que segue etapas preestabelecidas, e reconhece-se seu comportamento global e contingente em relação aos eventos ambientais. Em segundo lugar, ele deixa de ser uma ação organizacional unilateral pura e simples para tentar compatibilizar alternativas de comportamento da organização no sentido de tirar vantagens das circunstâncias e evitar possíveis ameaças ambientais.

   A escola do ambiente surgiu com a Teoria da Contingência, que trata das respostas esperadas das organizações em determinadas condições ambientais.[76] A teoria da contingência propõe considerar o ambiente mais como um ator e não um simples ou mero fator. Como consequência, a organização é entendida como o elemento passivo e que reage a um ambiente que estabelece todas as condições e regras do jogo. A organização está condicionada ao ambiente externo, e a elaboração da estratégia funciona como um processo reativo às forças ambientais. O ambiente é um complexo conjunto de forças vagas e é delineado por um conjunto de dimensões abstratas, ambíguas e inesperadas. A organização deve localizar seu nicho ecológico no qual possa competir com entidades como ela mesma.

INFORMAÇÃO PRIVILEGIADA

AS PRINCIPAIS CARACTERÍSTICAS DA ESCOLA AMBIENTAL, SÃO:[77]

a. O ambiente constitui um conjunto mutável e complexo de forças gerais e é o agente central no processo de geração da estratégia. A organização precisa responder adequadamente a essas forças ambientais ou será eliminada do jogo.
b. A liderança na organização deve saber ler e interpretar o ambiente e garantir uma adaptação adequada pela organização. Essa é a chamada resposta estratégica, um comportamento meramente reativo.
c. As organizações acabam se agrupando em nichos distintos, posições nas quais permanecem até que os recursos se tornem escassos ou as condições demasiado diferentes ou hostis. Então elas morrem. Trata-se de uma espécie de isomorfismo institucional para descrever a convergência progressiva através da imitação entre as organizações.

7. *Escola da configuração*: Trata a estratégia como um processo de transformação. Segundo a escola da configuração, o planejamento estratégico é um processo de configuração da organização para cada tipo de situação ambiental no sentido de integrar e articular as suas diferentes partes. À medida que a situação ambiental sofre mudanças, ocorre uma transformação organizacional dramática no sentido de configurar novamente a empresa para a nova situação ambiental.[78]

A escola da configuração parte do pressuposto de que cada organização tem a sua época e o seu lugar, passando continuamente por estados de configuração ou estabilidade seguidos por estados de ruptura ou transformação e novamente estados de reconfiguração:[79]

a. *Configuração ou estabilidade*: É o estado sob o qual a organização adquire uma configuração estável na qual diferentes dimensões se arranjam e se agrupam sob determinadas condições para definir modelos ou tipos ideais de comportamento organizacional.
b. *Ruptura ou transformação*: É o estado que descreve o processo estratégico para saltar de um estado para outro. É a ruptura com o presente ou com o passado. Quando submetida a pressões internas ou externas, a organização rompe seus padrões atuais e parte para a mudança e renovação, estabelecendo um patamar diferente para atuar. Alcançada a reconfiguração, a organização volta a ter uma nova configuração estável.

INFORMAÇÃO PRIVILEGIADA

AS PREMISSAS FUNDAMENTAIS DA ESCOLA DE CONFIGURAÇÃO, SÃO:[80]

a. Cada organização apresenta algum tipo de configuração estável de suas características durante certo período de tempo. A organização adota uma forma de estrutura adequada a um determinado tipo de contexto ambiental e utiliza determinados comportamentos que dão origem a um conjunto de estratégias.
b. Esses períodos de estabilidade são interrompidos por algum processo de ruptura (transformação) – um salto quântico para uma outra configuração. A mudança quântica envolve a mudança de muitos elementos ao mesmo tempo e é diferente da mudança gradativa, um elemento por vez, com a estratégia em primeiro lugar, vindo a estrutura e depois os processos. Às vezes, essa mudança pode ser rápida e revolucionária ou pode ocorrer como uma reforma incremental, mas sempre será uma ruptura com o *status quo*.
c. Esses estados sucessivos de configuração e ruptura podem se ordenar ao longo do tempo em sequências padronizadas, descrevendo os chamados ciclos de vida das organizações.
d. O desafio para o processo de planejamento estratégico é sustentar a estabilidade ou as mudanças estratégicas adaptáveis durante a maior parte do tempo, mas reconhecer periodicamente a necessidade de transformação e ser capaz de gerenciar esses processos de ruptura sem destruir a organização ou afetar sua individualidade.

JANELA CONCEITUAL

CICLOS DE VIDA DAS ORGANIZAÇÕES[81]

Adizes introduziu o conceito de ciclo de vida das organizações. Cada organização – como um organismo vivo – passa por várias etapas que constituem seu ciclo de vida. Contudo, o ciclo de vida não descreve necessariamente a idade de uma organização, mas a sua vitalidade atual. Os ciclos de vida envolvem nascimento, infância, adolescência, maturidade ou plenitude, estabilidade, velhice e morte. Este tópico será aprofundado no Capítulo 12.

Quase sempre, a renovação se faz pela reestruturação ou reformulação e requer destruição criativa ou remendos em diferentes estágios de desenvolvimento.

Elementos desconexos se tornam organizações, e organizações são divididas e retornam aos seus elementos dentro de um ecociclo organizacional, como salienta Hurst.[82]

Dentro dessa abordagem da configuração, Miles e Snow classificam os comportamentos organizacionais para se relacionar com o ambiente em quatro categorias amplas, a saber:[83]

a. *Estratégia defensiva*: Preocupa-se com a defesa e a estabilidade, ou seja, como isolar uma parcela do mercado para criar um domínio estável; um conjunto limitado de produtos é dirigido para um segmento estreito do mercado total. Para afastar os concorrentes, a organização pratica preços competitivos ou se concentra na qualidade. A eficiência tecnológica é importante, assim como o rigoroso controle da organização.
b. *Estratégia exploradora*: É uma estratégia agressiva que busca ativamente inovadoras oportunidades de produtos e mercados, mesmo que isso possa afetar a lucratividade. É importante manter a flexibilidade, tanto em tecnologia como em arranjos organizacionais.
c. *Estratégia analítica*: É uma estratégia híbrida que fica entre a defensiva e a exploradora, procurando minimizar o risco e, ao mesmo tempo, maximizar a oportunidade de lucro, de maneira equilibrada.
d. *Estratégia reativa*: Ao contrário das outras três alternativas, a organização reage intempestivamente ao ambiente. Comportamentos inconsistentes e instáveis, residuais que surgem quando uma das outras três estratégias é seguida de maneira inadequada. Constitui um sinal de fracasso.

Em resumo, a escola da configuração confere certa ordenação para o confuso mundo da formação da estratégia e explica melhor como as organizações vivem e sobrevivem em um contexto caracterizado pela contínua mudança e transformação. As organizações precisam produzir resultados e, para isso, necessitam partir para todas as direções por algum tempo para realizar sua criatividade, para depois se acomodarem durante um certo período e encontrarem alguma ordem no caos resultante.[84] O Quadro 2.4 ordena as principais características das escolas discutidas.

	PROCESSO (DE)	INTENÇÃO	RESULTADO	MENSAGEM
Prescritivas e normativas				
Design	Concepção	Ajustar	Pensar	Observe antes de agir
Planejamento	Formal	Formalizar	Programar	Não desperdice
Posicionamento	Analítico	Analisar	Calcular	Apenas os fatos
Descritivas e explicativas				
Empreendedorismo	Visionário	Vislumbrar	Centralizar	Leve-nos ao líder
Cognitiva	Mental	Criar	Preocupar	Ver para crer
Aprendizado	Emergente	Aprender	Jogar	Tente, tente, tente
Poder	Negociação	Promover	Concentrar	Seja o nº 1
Cultural	Social	Combinar	Perpetuar	Uma fruta nunca cai longe do pé
Ambiental	Reativo	Reagir	Capitular	Tudo depende
Configuração	Transformação	Integrar	Enrigecer	Tudo tem seu tempo

▪ **QUADRO 2.4** *Características das escolas de pensamento estratégico segundo Mintzberg e Lampel.*[85]

DETERMINANTES DO SUCESSO DO PLANEJAMENTO ESTRATÉGICO

Ao fazer uma consistência das diversas escolas de planejamento estratégico, podem ser identificados os determinantes de sucesso do processo:[86]

1. O conceito principal do processo de planejamento estratégico é a visão: uma representação mental da estratégia que existe na cabeça do líder e que serve como inspiração ou ideia-guia daquilo que precisa ser feito por toda a organização.
2. Deve haver uma liderança do principal gestor da organização no processo de elaboração das estratégias, que é um processo visionário. Ele deve atuar como um verdadeiro empreendedor interno, trabalhando com aspectos subjetivos como intuição, julgamento, experiência e critérios pessoais (escola do empreendedorismo).
3. O ambiente deve ser considerado mais como um ator e não um simples fator no jogo estratégico. A formação da estratégia funciona como um processo reativo ou proativo às forças ambientais, ou seja, a organização precisa responder às forças ambientais se pretende sobreviver ou antecipar-se a elas (escola do ambiente).
4. Os gestores na organização precisam saber ler e interpretar o ambiente e garantir uma adaptação adequada, a chamada resposta estratégica. Isso indica a necessidade do diagnóstico externo para verificar as oportunidades ambientais (que devem ser exploradas) e as ameaças ambientais (que devem ser neutralizadas). Em suma, o que existe no ambiente que circunda a organização (escola cognitiva).
5. O diagnóstico interno para verificar os pontos fortes (que devem ser ampliados) e os pontos fracos (que devem ser corrigidos ou melhorados) da organização deve ser compatibilizado com o diagnóstico externo, ou seja, deve haver uma abordagem de adequação ou de correção entre os aspectos internos da organização em termos de recursos, competências, potencialidades que oferecem vantagem competitiva e os aspectos externos do ambiente (escola da configuração).
6. Feito esse duplo diagnóstico – externo e interno – passa-se à prescrição, ou seja, a organização elabora o modo de adequar estrutura organizacional, cultura, produtos e serviços, processos internos etc. e que devem convergir para apoiar e suportar a estratégia que proporciona os rumos que ela deverá seguir no longo prazo (escola do poder).
7. O planejamento estratégico é um processo emergente e incremental de aprendizado, tanto individual como coletivo: agir primeiro – fazer algo –, depois descobrir e selecionar aquilo que funciona – compreender as ações – e finalmente reter apenas aqueles comportamentos que parecem desejáveis ou bem-sucedidos. As organizações precisam se transformar em sistemas de aprendizagem organizacional onde o trabalho de equipe seja incentivado e as pessoas possam conquistar autonomia e autorrealização (escola do aprendizado).
8. O planejamento estratégico depende de uma liderança integrada e baseada em valor, orientada para relações colaborativas, alinhamento estratégico, melhoria de processos e autogestão baseada na responsabilidade e no compartilhamento do processo de planejamento estratégico entre as pessoas que o formam. O compartilhamento de visão é essencial para o sucesso de todo planejamento. As pessoas são levadas a se envolverem no processo, concentrando-se assim na estratégia e no plano de um modo inovador e comprometido (escola da cultura).

MODELO GERAL DO PROCESSO ESTRATÉGICO

O propósito do processo de planejamento estratégico é a formulação de estratégias e sua implementação através de planos táticos e operacionais (também chamados de programas táticos), considerando algumas premissas:

1. *Sistemático*: O planejamento estratégico tem muito a ver com o comportamento sistêmico e holístico, e pouco com o comportamento de cada uma de suas partes. Ele envolve a organização como um todo e se refere ao comportamento molar da organização.
2. *Foco no futuro*: O planejamento estratégico tem muito a ver com o futuro da organização. Ele está orientado para o longo prazo. A visão organizacional é importante para definir os objetivos estratégicos pretendidos ao longo do tempo. O planejamento estratégico é a ponte para o futuro.
3. *Criação de valor*: O planejamento estratégico tem a ver com o comportamento orientado para objetivos estratégicos. Mas a estratégia não serve apenas a alguns dos públicos de interesse (*stakehol-*

ders) da organização, mas deve criar valor a todos eles, sejam acionistas, clientes, fornecedores, executivos, funcionários etc.

4. *Participação*: O planejamento estratégico precisa ser formulado e entendido por todos os membros da organização. Como os caminhos para o futuro são incontáveis, o planejamento estratégico é um conjunto alinhado de decisões que molda o caminho escolhido para chegar lá.
5. *Continuidade*: O planejamento estratégico é a maneira pela qual a estratégia é articulada e preparada. Contudo, o planejamento estratégico não é algo que se faz uma vez a cada ano. Ele não é descontínuo. Quanto maior for a mudança ambiental, tanto mais o planejamento estratégico é feito e refeito continuamente.
6. *Implementação*: O planejamento estratégico precisa ser implementado. Esse é o desafio principal. Para ser bem-sucedido, o planejamento estratégico precisa ser colocado em ação por todas as pessoas da organização, em todos os dias e em todas as suas ações.
7. *Monitoramento*: O planejamento estratégico precisa ser avaliado quanto ao seu desempenho e resultados. Para tanto, a estratégia precisa ter indicadores e demonstrações financeiras que permitam a monitoração constante e ininterrupta de suas consequências para que se possa aplicar medidas corretivas que garantam seu sucesso.

INFORMAÇÃO PRIVILEGIADA

TAXONOMIA APLICADA AO PLANEJAMENTO ESTRATÉGICO

Uma das dificuldades para o estudo e aplicação do conceito da estratégia refere-se à falta de uma taxonomia dos termos associados à estratégia. Palavras tais como objetivos, metas, políticas ou programas costumam apresentar significados diferentes. Quinn propõe uma taxonomia dos termos relacionados à estratégia e que adotaremos ao longo deste texto:

1. *Estratégia*: É o padrão ou plano que integra as principais políticas, objetivos, metas e ações da organização. Uma boa estratégia pode assegurar a melhor alocação dos recursos em antecipação aos movimentos, planejados ou não, dos oponentes ou às circunstâncias do ambiente.
2. *Objetivos ou metas* (*goals*): São resultados a serem alcançados num determinado período de tempo. Em toda e qualquer organização há diferentes objetivos numa complexa hierarquia de importância, nível, urgência. Aqueles objetivos que impactam a direção ou a viabilidade da organização ou suas unidades são chamados de objetivos estratégicos.
3. *Valores*: São os aspectos comportamentais importantes para a organização. Refletem aquilo que a organização pretende privilegiar em suas atividades e no comportamento das pessoas.
4. *Políticas*: São regras (*guidelines*) que expressam os limites dentro dos quais as ações devem ocorrer. As políticas são decisões contingenciais que reduzem os conflitos na definição de objetivos. Assim como os objetivos, as políticas diferenciam-se num amplo espectro hierárquico. Aquelas políticas que impactam a direção ou a viabilidade da organização ou suas unidades são chamadas de políticas estratégicas.
5. *Programas*: Constituem uma sequência passo a passo das ações necessárias para se alcançar os objetivos. Um programa descreve como os objetivos serão alcançados, compromete os recursos previstos e oferece uma trilha a ser monitorada e mensurada com respeito aos progressos obtidos. Os programas que impactam a direção ou a viabilidade da organização ou suas unidades são chamados de programas estratégicos.
6. *Táticas*: As estratégias são desdobradas em táticas que funcionam no médio prazo, permitindo realinhamentos para imediata obtenção de objetivos limitados. Os planos táticos referem-se a cada departamento ou unidade da organização e seu foco é no médio prazo, isto é, no exercício anual.
7. *Planos operacionais*: Os planos táticos são desdobrados em planos operacionais, cujas características são o foco na tarefa ou atividade e no curto prazo.

Foram propostas metodologias para o desenvolvimento do processo de planejamento estratégico englobando tanto a etapa de formulação como de implementação, como o modelo oferecido por Glueck na Figura 2.3.

Mintzberg oferece um modelo básico de planejamento estratégico na Figura 2.4, onde o eixo vertical-central representado pelo processo de formulação das estratégias compreende as etapas de criação, avaliação e escolha e implementação. Esse eixo é alimentado por quatro fluxos de informação e conhecimento. Os dois fluxos superiores representam o diagnóstico estratégico, com a análise externa à esquerda e a análise interna à direita, e os dois fluxos inferiores embasam as considerações sobre os valores da organização.

O modelo do processo de planejamento estratégico que adotamos neste livro recebeu uma série de influên-

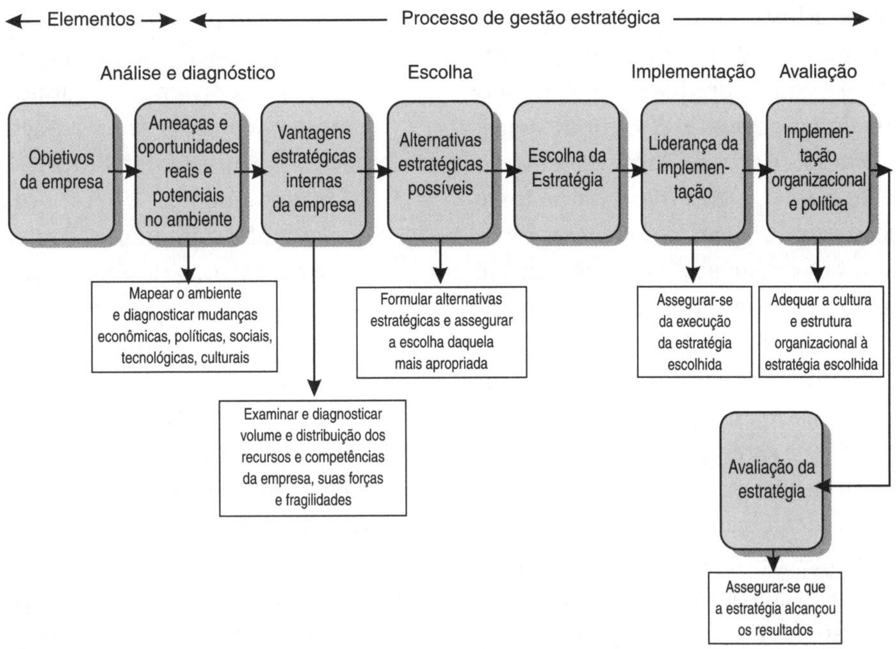

■ **FIGURA 2.3** *Modelo de processo de gestão estratégica de Glueck.*[88]

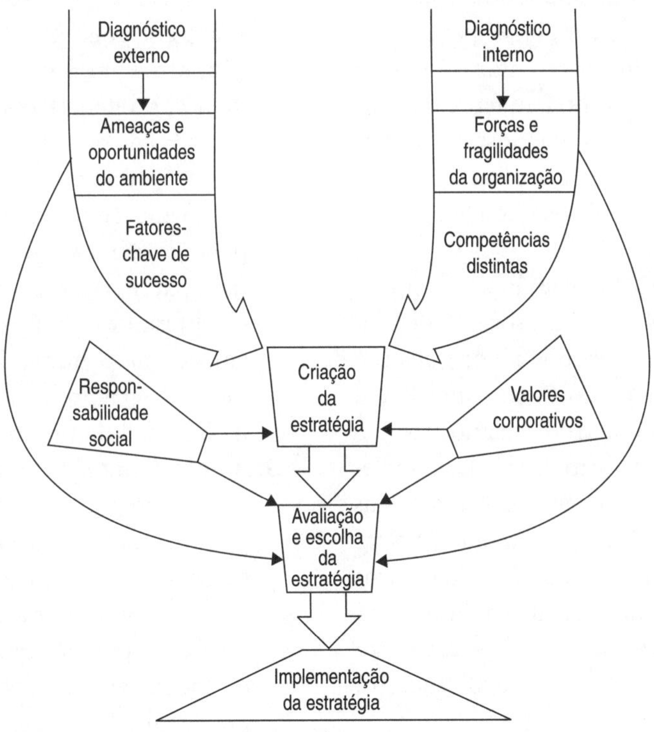

■ **FIGURA 2.4** *Modelo básico de Mintzberg do sistema planejamento estratégico.*[89]

cias apresentadas ao longo do texto, entre elas os modelos de Steiner, apresentado anteriormente neste capítulo, o modelo de Mintzberg e o modelo de Wheelen e Hunger,[87] e procura descrever as diferentes perspectivas e escolas do planejamento estratégico, abrangendo todas as suas etapas e atividades, sendo constituído pelos seguintes elementos:

1. *Declaração da missão*: É o elemento que traduz as responsabilidades e pretensões da organização junto ao ambiente, definindo o negócio, delimitando o seu ambiente de atuação. A missão da organização representa a razão de ser da organização, o seu papel na sociedade. Ela é, claramente, uma definição que antecede o diagnóstico estratégico.

2. *Visão de negócios*: Mostra uma imagem da organização quando da realização de seus propósitos no futuro. Trata-se não de predizer o futuro, mas sim de assegurá-lo no presente. A visão de negócios cria um "estado de tensão" positivo entre o mundo como ele é e o que gostaríamos que fosse (sonho). Pode servir também como uma fonte inspiradora, um "chamamento", que estimule e motive as pessoas, por verem realizada com sucesso a missão declarada. A visão de negócios associada a uma declaração de missão compõe a intenção estratégica da organização.
3. *Diagnóstico estratégico externo*: Procura antecipar oportunidades e ameaças para a concretização da visão, da missão e dos objetivos organizacionais. Corresponde à análise de diferentes dimensões do ambiente que influenciam as organizações. Estuda também as dimensões setoriais e competitivas.
4. *Diagnóstico estratégico interno:* Corresponde ao diagnóstico da situação da organização diante das dinâmicas ambientais, relacionando as suas forças e fraquezas, criando as condições para a formulação de estratégias que representam o melhor ajustamento da organização no ambiente em que ela atua. O alinhamento dos diagnósticos externos e internos compõe o chamado mapeamento ambiental e produz as premissas que alicerçam a construção de cenários.
5. *Determinantes de sucesso*: A inclusão da avaliação dos determinantes de sucesso no processo de planejamento estratégico foi proposta por Ansoff[90] em 1980. Esse recurso metodológico é uma etapa do processo, inserindo-se entre o diagnóstico e a definição de objetivos e a formulação das estratégias inseridas nas dinâmicas competitivas. Estas procuram evidenciar questões realmente críticas para a organização, emergindo dos elementos apontados na análise realizada com a aplicação do modelo SWOT. Os determinantes de sucesso são também denominados fatores críticos de sucesso, e embasam as políticas de negócios.
6. *Definição dos objetivos*: Há autores que inserem os objetivos no processo de formulação das estratégias, como os seguidores do modelo Harvard, e há aqueles que trabalham a definição dos objetivos como parte separada da formulação das estratégias, como os seguidores do modelo Ansoff. De qualquer maneira, a organização persegue simultaneamente diferentes objetivos em uma hierarquia de importância, de prioridades ou de urgência.
7. *Formulação de estratégias*: Duas concepções sobre a formulação de estratégias direcionam este livro. Há a concepção segundo a qual a formulação de estratégias se dá a partir da análise competitiva proposta por Porter,[91] composta de cinco forças atuantes sobre a organização: o poder de barganha dos clientes e fornecedores, a ameaça de substitutos e novos concorrentes, e a rivalidade dos atuais concorrentes. Por seu turno, Freeman[92] considera que a formulação das estratégias traduz o modo de relacionamento e construção de "pontes" entre a organização e seus grupos de influências (*stakeholders*)[93] e que somente quando se atende as necessidades desses grupos é que se tem sucesso nas estratégias formuladas.
8. *Desempenho estratégico*: O plano estratégico é um plano para a ação. Mas não basta apenas a formulação das estratégias dessa ação. É necessário implementá-las através de programas e projetos específicos. Requer um grande esforço de pessoal e emprego de modelos analíticos para avaliação, alocação e controle de recursos. Isso exige uma abrangência completa de todas as áreas de tomadas de decisão da organização, uma racionalidade formal no processo de tomada de decisão e um firme controle sobre o trabalho, traduzido pela governança corporativa, que oferecerá a transparência necessária no relacionamento com os diferentes grupos de interesse. Será preciso considerar o impacto das decisões no contexto maior e suas implicações quanto à responsabilidade social da organização.
9. *Auditoria de desempenho e resultados* (reavaliação estratégica): Trata-se de rever o que foi implementado para decidir os novos rumos do processo, mantendo as estratégias de sucesso e revendo as estratégias fracassadas. A reavaliação de estratégias aparece como resultado de um processo de mediação dos diversos grupos de interesse e pela análise de indicadores de desempenho para cada estratégia implementada.

Assim, o modelo geral do processo estratégico adotado neste livro é apresentado pela Figura 2.5, retratando as seis partes que estruturam o conteúdo, indicando a sequência dos capítulos para facilitar o acompanhamento da lógica de construção do texto e que serão detalhados ao longo do livro. Resumidamente, o plano da obra fica estruturado assim:

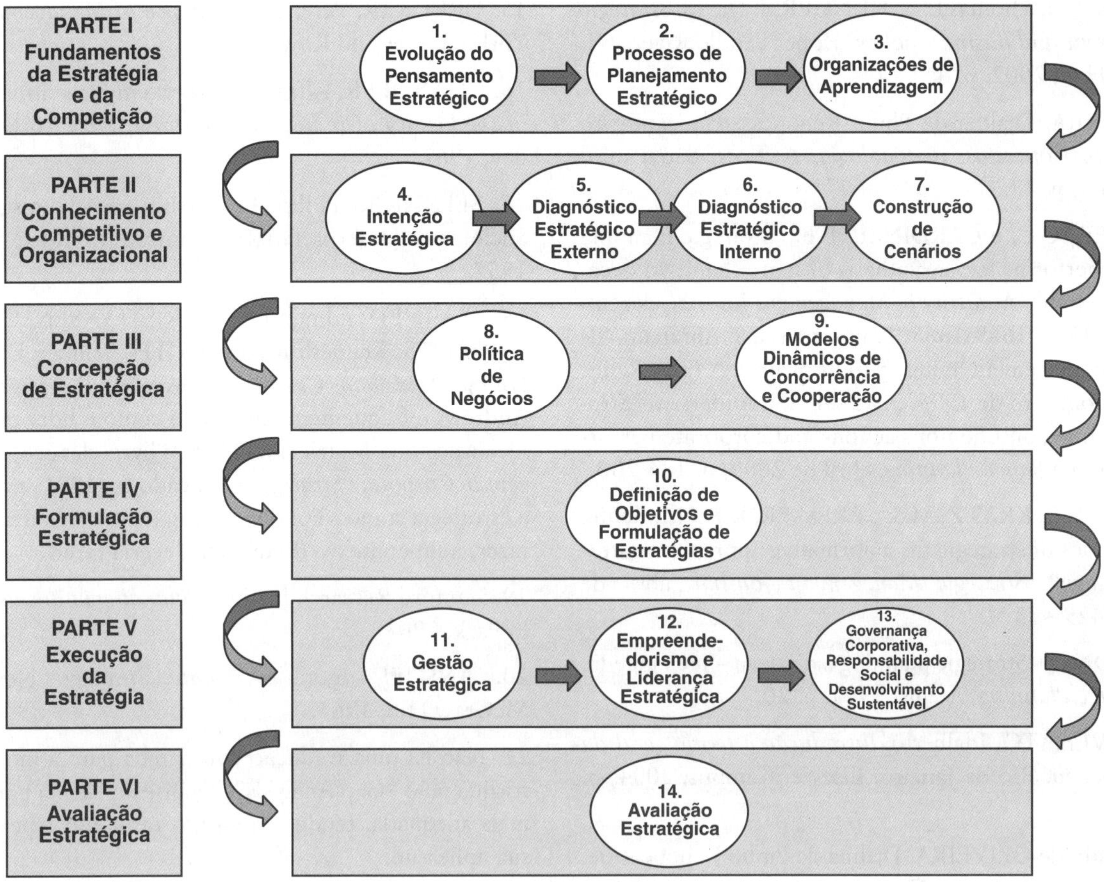

■ **FIGURA 2.5** *Modelo geral do processo estratégico adotado neste livro.*

A atitude estratégica

Segundo Mintzberg,[94] as estratégias implementadas são aquelas decorrentes do encontro das estratégias formuladas com as que emergem ao longo do tempo no decorrer do processo de implementação. A atitude estratégica é o compromisso que assegura o alcance, da melhor maneira possível, dos resultados explicitados no decorrer do processo de planejamento estratégico e formalizados no plano estratégico. A atitude estratégica pode ser observada ao longo da implementação do plano estratégico. Para Mintzberg,[95] algumas estratégias intencionais e planejadas podem não se realizar por algum motivo. A parte realizada é a estratégia deliberada. Grande parte da estratégia realizada resulta de eventos não-planejados inicialmente: é a estratégia emergente. A estratégia realizada é uma combinação variável das estratégias deliberadas e emergentes.

CONCLUSÃO

O planejamento estratégico é um processo de formulação e execução de estratégias organizacionais para buscar a inserção da organização e de sua missão no ambiente onde ela atua e tem como produto o plano para a ação. Por sua vez, a estratégia define a estrutura organizacional e os processos internos no sentido de alcançar efeitos altamente positivos sobre o desempenho organizacional.

Mas não basta apenas a formulação das estratégias dessa ação sistêmica e integrada. É necessário saber implementá-las e executá-las através de programas e projetos específicos. Isso requer um grande esforço de todas as pessoas envolvidas e a utilização de modelos analíticos para a alocação, avaliação e controle de recursos. Em suma, o plano estratégico, por si só, nada faz. Ele é o elemento normativo e aglutinador que resulta da combinação do processo de planejamento com o raciocínio estratégico e que deve ser apoiado pela atitude estratégica: um padrão que assegura a disposição da organização e de todos os seus colaboradores de engajar totalmente nessa empreitada seja quais forem as dificuldades.

NOTAS

1. DRUCKER, Peter F. *Introdução à administração*. São Paulo: Pioneira, 1984, p. 133-136.

2. WHEELEN, Thomas L. & HUNGER, J. David. *Strategic management and business policy*. Upper Saddle River, NJ: Prentice Hall, 2002, p. 4.

3. OLIVEIRA, Djalma de Pinho Rebouças. *Planejamento estratégico. Conceitos, metodologia, práticas*. São Paulo: Atlas, 2001, p. 38.

4. MILLER, C.C. e CARDINAL, L.B. "Strategic planning and firm performance: a synthesis of more than two decades of research". *Academy of Management Journal*, dezembro de 1994, p. 1649-1665; P. Pekar, Jr. e S. Abraham. "Is strategic management living up to its promise." *Long Range Planning*, outubro de 1995, p. 32-44; T J. Andersen. "Strategic planning, autonomous actions and corporate performance." *Long Range Planning*, abril de 2000, p. 184-200.

5. ZAJAC, E.J., KRATZ, M.S. e BRESSER, R.F. "Modeling the dynamics of strategic fit: a normative approach to strategic change". *Strategic Management Journal*, abril de 2000, p. 429-453.

6. WILSON, I. "Strategic planning isn't dead – it changed". *Long Range Planning*, August 1994, p. 20.

7. CHIAVENATO, Idalberto. *Introdução à teoria geral da administração*. Rio de Janeiro: Elsevier/Campus, 2004, p. 171.

8. Adaptado de OLIVEIRA, Djalma de Pinho Rebouças de. *Planejamento estratégico. Conceitos, metodologia, práticas*. São Paulo: Atlas, 2001, p. 46.

9. Dwight David Eisenhower afirmava: "Plans are nothing; planning is everything" (planos são nada, planejamento é tudo). Eisenhower foi o 34º presidente dos Estados Unidos entre 1953 e 1961; durante a Segunda Guerra Mundial foi o comandante supremo das forças aliadas.

10. LYLES, M.A., BAIRD, I.S., ORRIS, J.B. e KURATKO, D.F. "Formalized planning in small business increasing strategic choices". *Journal of Small Business Management*, April 1993, p. 38-50.

11. *Commodities* são produtos genericos que não apresentam diferenças entre si, sendo regulados pela oferta e procura.

12. SLOAN JR., Alfred P. *My Years with General Motors*. New York: DoubleDay, 1964.

13. GHEMAWAT, Pankaj. Competition and Business Strategy in Historical Perspective. *Business History Review*, 76 (Primavera 2002) p. 37-74.

14. Peter Drucker publicou Concepts of the Corporation em 1946 no qual estudava os casos da General Motors durante a gestão de Sloan, General Electric, IBM e Sears, Roebuck. Seus estudos concluíram que as mais bem-sucedidas organizações eram centralizadas e boas na definição de objetivos. Drucker foi também o primeiro a identificar que o propósito dos negócios era criar valor e satisfazer as necessidades dos compradores.

15. DRUCKER, Peter. *The Practice of Management*. New York: Harper and Row, 1954.

16. CHANDLER, Alfred. *Strategy and Structure: Chapters in the history of industrial enterprise*. New York: Doubleday, 1962.

17. SELZNICK, Philip. Leadership in Administration: A Sociological Interpretation. Evanston II: Row, Peterson, 1957.

18. LEARNED, Edmund P.; CHRISTIANSEN, C. Roland, ANDREWS, Kenneth R., and GUTH, William D. *Business Policy: Text and Cases*. Homewood, IL: Irwin, 1965. Andrews é frequentemente citado como o líder por trás da idealização da Matriz SWOT. Seu livro clássico, *The Concept of Corporate Strategy*, publicado em 1971, apresentava a estratégia como a condição do que uma organização pode fazer, num contexto do que ela deveria fazer.

19. Stanford Research Institute. *Planning in Business* (Menlo Park, 1963).

20. ANSOFF, Igor. *Corporate Strategy*. New York: McGraw Hill, 1965.

21. Não há uma tradução consagrada para a metodologia trazida pelo "Gap Analysis". Análise da lacuna parece ser a mais adequada, tendo em vista o resultado esperado com sua aplicação.

22. O Projeto PIMS foi uma iniciativa de Sidney Schoeffler* (encampado pela General Eletric – GE, nos anos 1960, enquanto ele era seu gerente da equipe de avaliação estratégica), sendo depois assumido pelo Harvard's Management Science lnstitute no início dos anos 1970, sendo administrado desde 1975 pelo American Strategic Planning lnstitute. Schoeftler e outros altos dirigentes da GE desejavam entender por que algumas de suas unidades estratégicas de negócios eram mais lucrativas que outras? Assim foi idealizado um projeto de pesquisa no qual cada unidade de negócios reportava seu desempenho, segundo dúzias de critérios. Na década de 1970, ampliou-se a participação na pesquisa para outras empresas. Nesses primeiros tempos, o PIMS chegou a envolver 2.600 unidades estratégicas de negócios, de 200 empresas. Hoje em dia o projeto PIMS é conduzido pela PIMS Associates de Londres e seu banco de dados reúne mais de 600 empresas e perto de 3.000 unidades de negócios que reportam informações de seus desempenhos nos setores e mercados onde operam, documentam suas estratégias e a eficácia das implementações e apresentam os resultados financeiros, por um período de 2 a 15 anos.
*Sidney Schoeffler foi o Diretor do Strategic Planning lnstitute, foi professor de Economia na University of Massachusetts e pesquisador visitante da Harvard Business School.

23. BUZZELL, R. e GALE, B. , The PIMS Principles: Linking Strategy to Performance. New York: Free Press, 1987.

24. PORTER, M. Competitive Strategy: Techniques for Analyzing lndustries and Competitors. New York: The Free Press, 1980.

25. Os principais autores que contribuíram para o entendimento das estratégias de pequena parcela de mercado foram: E.F. Schumacher, Small is Beautiful: A Study of Economics as if People Mattered. Vancouver: Hartley and Marks Publishers 25th Anniversary Edition, 2000;
WOO, C. e COOPER, A.The surprising case for low market share. Harvard *Business Review*, Novembro-Dezembro 1982, p. 106-113;
LEVINSON, J.C., *Guerrilla Marketing, Secrets for making big profits from your small business*. New York: Houghton Muffin Co., 1984;
TRAVERSO, D. *Outsmarting Goliath*. Princeton, Bloomberg Press, 2000.

26. PORTER, M. *Competitive Strategy: Techniques for Analyzing lndustries and Competitors*, op. cit.

27. SCHONBERGER, R., *Japanese Manufacturing Techniques*. New York: The Free Press, 1982.

28. As principias contribuições para o desenvolvimento das técnicas de controle da qualidade enquanto estratégia foram: W. Edwards Deming, *Quality, Productivity, and Competitive Position*. Cambridge Mass: MIT Center for Advanced Engineering, 1982;
Joseph M. JURAN, *Juran on Quality*. New York: Free Press, 1992;
KEARNEY, A. T., *Total Quality Management: A business process perspective*, Kearney Pree Inc, 1992; Philip Crosby, *Quality is Free*. New York: McGraw Hill, 1979;
Armand Feignbaum, *Total Quality Control*. Maidenhead: McGraw Hill, 1990.

29. PASCALE, R. e ATHOS, A. , *The Art of Japanese Management*. London: Penguin, 1981.

30. O Modelo dos 7S da McKinsey nasceu, em 1978 do cruzamento das conclusões de duas pesquisas conduzidas por quatro pesquisadores da Mckynsey que estudaram as razões do sucesso das empresas. Enquanto Pascale e Athos estudaram as empresas japonesas, ao mesmo tempo, Tom Peters e Robert Waterman estudaram as empresa americanas, num projeto de pesquisa chamado de "In Search of Excellence", que será discutido mais a frente neste capítulo.

31. O Modelo 7S da McKynsey será estudado no Capítulo 6.

32. REHFELD, J. E. *Alchemy of a Leader: Combining westem and japanese management skills to transform your company*. New York: John Whily & Sons, 1994.

33. OHMAE, Kenichi, *The Mind of the Strategist*. New York: McGraw Hill, 1982. Na época Ohmae era o responsável pelo escritório da McKinsey em Tókyo.

34. MINTZBERG, Henry, Crafting Strategy. *Harvard Business Review*, Julho/Agosto 1987.

35. MINTZBERG, Henry e QUINN, J. B., *The Strategy Process*. Harlow: Prentice-Hall, 1988.

36. PETERS, Thomas J. e WATERMAN, Robert H. , *In Search of Excellence: Lessons from America's Best-Run Companies*. New York: Harpercollins, 1982.

37. Richard Lester é diretor fundador do Industrial Perfonnance Center do MIT – Massachusetts Institute of Technology e atua como professor de ciência nuclear na mesma instituição.

38. CAMP, R. , *Benchmarking: The search for industry best practices that lead to superior performance*. Milwaukee, Wis.: American Society for Quality Control, Quality Press, 1989.

39. PETERS, Tom e AUSTIN, Nancy. *A Passion for Excellence*. New York: Random House, 1985.

40. KAPLAN, Robert S. e NORTON,David P. *The Strategy-Focused Organization: How Balanced Scorecard Companies Thrive in the New Business Environment*. Boston, MA; Harvard Business School Press; 1ª edição 2000.

41. São mapas que permitem visualizar os diferentes indicadores do BSC, numa cadeia de causa-efeito que conecta os resultados almejados com os respectivos impulsores.

42. LEWIS, Jordan D. *Partnerships for Profit : Structuring and Managing Strategic Alliances*. New York, NY: The Free Press, 1990.

43. PORTER, Michael E. e LINDE, Class van der. Toward a new conception of the environment competitiveness relationship. *Journal of Economic Perspectives*, 9 (4),1995, p. 97-118.

44. COFF, R. W. Human capital, shared expertise, and the likelihood of impasse in corporate acquisitions. *Journal of Management*, 28(1): 107-128,2002.

45. Michael A. Hitt, Robert E. Hoskisson, R. Duane lreland, Mergers and Acquisitions and Managerial Commitment to lnnovation in M-Form Firms. *Strategic Management Journal*, vol. 11, edição especial sobre empreendedorismo corporativo (verão, 1990), p. 29-4.

46. Depois de uma célebre carreira na General Electric, Larry Bossidy transformou a AlliedSignal em uma das mais admiradas empresas e foi escolhido executivo do ano em 1998 pela Chief Executive Magazine.

47. ANDERSON, Chris. The Long Tail. *Wired* 12.10, abril de 2004.

48. HURST, D. K.t, "Strategy", Strategy + Business, i. 25, 4th Quarter, 2001, ver: www.strategy-business.com

49. MINTZBERG, Henry, AHLSTRAND, Bruce e LAMPEL, Joseph. *Safári de estratégia: um roteiro pela selva do planejamento estratégico.* Porto Alegre: Bookman, 2000, p. 209-220.

50. A teoria neoclássica surgiu a partir do final da década de 1950 como um ressurgimento da teoria clássica redimensionada e atualizada, menos formal e mais eclética.

51. As principais contribuições da escola do planejamento são:
ANSOFF, H. Igor. *Corporate strategy.* Nova York: McGraw-Hill Co., 1965.
STEINER, George A. *Top management planning.* Nova York: The Macmillan Co., 1969.
NEWMAN, William H. *Ação administrativa. As técnicas de organização e gerência.* São Paulo: Atlas, 1972.

52. CHIAVENATO, Idalberto. *Introdução à teoria geral da administração,* op. cit., p. 235.

53. CHIAVENATO, Idalberto. *Introdução à teoria geral da administração,* op. cit., p. 171.

54. STEINER, George A. *Top management planning.* Nova York: The Macmillan Co., 1969.

55. As principais contribuições da escola do posicionamento são:
HENDERSON, B. D. *Henderson on corporate strategy.* Cambridge, Mass.: ABT Books, 1979.
PORTER, Michael E. *Estratégia competitiva: técnicas para análise de indústrias e da concorrência.* Rio de Janeiro: Campus, 1986, p. 23.
SCHENDEL, D. E. e HODER, C. H. (eds.). *Strategic management: a view of business policy and planning.* Boston: Little, Brown, 1979.

56. LEVY, Alberto R. *Estratégia em ação,* op. cit., p. 25.

57. MINTZBERG, Henry, AHLSTRAND, Bruce e LAMPEL, Joseph. *Safári de estratégia,* op. cit., p. 27-42.

58. CHIAVENATO, Idalberto. *Introdução à teoria geral da administração,* op. cit.

59. As principais contribuições da escola do empreendedorismo são:
COLE, A.H, *Business enterprise in its social setting.* Cambridge, MA.: Harvard University Press, 1959.
SCHUMPETER, A.*The theory of economic development.* London: Oxford University Press, 1934.

60. DRUCKER, Peter F. *Uma era de descontinuidade.* Rio de Janeiro: Zahar Editor, 1978.

61. MINTZBERG, Henry, AHLSTRAND, Bruce e LAMPEL, Joseph. *Safári de estratégia,* op. cit., p. 111.

62. Os principais conceitos da escola cognitiva estão presentes nos livros:
SIMON, Herbert A.*The new science of management decision.* Englewood Cliffs, NJ: Prentice Hall, 1960 e 1977.
MARCH, J.G. e SIMON, A.*Organizations.* Nova York: John Willey, 1958.

63. SMIRICH, L. & STUBBART, C., "Strategic management in an enacted world", *Academy of Management Review,* 10, 4, 1985, p. 24-736.

64. MINTZBERG, Henry, AHLSTRAND, Bruce e LAMPEL, Joseph. *Safári de estratégia,* op. cit., p. 131.

65. CHIAVENATO, Idalberto. *Introdução à teoria geral da administração,* op. cit.

66. Os principais conceitos da escola do aprendizado estão presentes nos seguintes livros:
LINDBLOM, C.E. *The policy-making process.* Englewood Cliffs, NJ; Prentice Hall, 1968.
CYERT, R.M. e MARCH, J.G. *A behavioral theory of the firm.* Englewood Cliffs, NJ: Prentice Hall, 1963.
QUINN, J.B. *Intelligent enterprise.* Nova York: Free Press, 1992.
Quinn, J.B. *Strategies for change: logical incrementalism.* Homewood, Ill.: Irwin, 1980.
WEICK, Karl E. *Sensemaking in organizations thousand oaks.* Ca., Sage Publ., 1995.
WEICK, Karl E. *The social psychology of organizations.* Reading, MA: Addison-Wesley, 1979.
PRAHALAD, C.K. & HAMEL, G. "The core competence of the corporation." Boston: *Harvard Business Review,* n. 68, 31, May-June 1990, p. 79-91.
HAMEL, G. "Strategy as revolution." Boston: *Harvard Business Review,* July-August 1996, p. 69-92.
HAMEL, G. & PRAHALAD, C.K. *Competing for the future.* Boston: Harvard Business School Press, 1994.

67. WEICK, Karl E. *Sensemaking in organizations thousand oaks.* Ca.: Sage Publ., 1995, p. 54.

68. MINTZBERG, Henry, AHLSTRAND, Bruce e LAMPEL, Joseph. *Safári de estratégia,* op. cit., p. 156.

69. A escola do poder recebeu suas principais contribuições de autores da linha estruturalista da teoria geral da admiunistração:
THOMPSON, James D. *Dinâmica organizacional. Fundamentos sociológicos da teoria administrativa.* São Paulo: Makron Books, 1976.
THOMPSON, James D. e MCEWEN, William J. "Objetivos organizacionais e ambiente", in ETZIONI, Amitai. *Organizações complexas,* op. cit., p. 177-187.
THOMPSON, James D. e MCEWEN, William J. "Objetivos de organização e ambiente: estabelecimento do objetivo como um processo de interação", in CARTWRIGHT, Dorwin e Zander, ALVIN. *Dinâmica de grupo, pesquisa e teoria.* São Paulo: EPU/ USP, 1975, p. 590-597.
EVAN, William M. "The organization-set: toward a theory of interorganizational relations", in THOMPSON, James D. (org.). *Approaches to organizational design.* Pittsburg; University of Pittsburg Press, 1966, p. 177-180.

PFEFFER, J. & SALANICK, G.R. *The external control of organizations: a resource dependence perspective*. Nova York: Harper & Row, 1978.
ASTLEY, W.G. & FOMBRUN, C.J. "Collective strategy: social ecology of organizational environments." *Academy of Management Review*, 8, 4, 1983, p. 576-587.

70. PFEFFER, J. & SALANICK,G.R. *The external control of organizations: a resource dependence perspective*, op. cit.

71. MINTZBERG, Henry, AHLSTRAND, Bruce e LAMPEL, Joseph. *Safári de estratégia*, op. cit., p. 191.

72. Os principais conceitos da escola cultural estão presentes nos livros e artigos:
PETTIGREW, A.M. "Strategy formulation as a political process." International Studies of Management and Organization, Summer 1977, p. 78-87.
RHENMAN, Eric. *Organization theory for long-range planning*. London: John Wiley, 1973.
NORMANN, Richard. *Management for growth*. Nova York: Wiley, 1977.

73. BIORKMAN, I. "Factors influencing processes of radical change in organizational belief systems." *Scandinavian Journal of Management*, 5, 4, 1989, p. 251-271, citado por Mintzberg, Ahlstrand e Lampel.

74. BAMEY, J.B. "Organizational culture: can be a source of sustained competitive advantage?"*Academy of Management Review*, 11, 3, 1986, p. 656-665.

75. MINTZBERG, Henry, AHLSTRAND, Bruce e LAMPEL, Joseph. *Safári de estratégia*, op. cit., p. 156.

76. Os principais conceitos da escola ambiental estão presentes nos seguintes livros e artigos:
LAWRENCE, Paul R. & LORSCH, Jay. *As empresas e o ambiente: diferenciação e integração*. São Paulo: Edgard Blücher, 1972.
LORSCH, Jay & LAWRENCE, Paul R. *Studies in organization*. Homewood, Ill.: Richard D. Iorwin e The Dorsey Press, 1970.
LORSCH, Jay & ALLEN, Stephen A. *Managing diversity and interdependence*. Cambridge, MA: Harvard University Press, 1973.
HANNAN, M.T. e FREEMAN, J. "The population ecology of organizations." *American Journal of Sociology*, 82, 5, 1977, p. 929-964.
PUGH, Dereck, HICKSON, S.D.J. e HINNINGS, C.R. "An empirical taxonomy of structures of work organizations." *Administrative Science Quarterly*, 1969, p. 115-126.

77. MINTZBERG, Henry, AHLSTRAND, Bruce e LAMPEL, Joseph. *Safári de estratégia*, op. cit., p. 211.

78. Os principais conceitos da escola da configuração estão presentes nos seguintes livros:
CHANDLER, Alfred D. *Strategy and structure: chapter in the history of the industrial enterprise*. Cambridge, MA: MIT Press, 1962.
MILES, R.E. e SNOW, C.C. *Organizational strategy, structure, and process*. Nova York: McGraw-Hill Co., 1978.
MINTZBERG, Henry. *The structuring of organizations: a synthesis of the research*. Englewood Cliffs, NJ: Prentice Hall, 1979.
MINTZBERG, Henry. *The rise and fall of strategic planning*. Nova York: Free Press, 1994.
MILLER, D. e FRIESEN, P.H. *Organizations: a quantum view*. Englewood Cliffs, NJ: Prentice Hall, 1984.
MILLER, D. e MINTZBERG, H. "The case for configuration", in MORGAN, G. (ed.). *Beyond method*. Beverly Hills: Sage, 1983.

79. CHIAVENATO, Idalberto. *Introdução à teoria geral da administração*, op. cit., p. 602.

80. MINTZBERG, Henry, AHLSTRAND, Bruce e LAMPEL, Joseph. *Safári de estratégia*, op. cit., p. 224-225.

81. ADIZES, Ichak. *Os ciclos de vida das organizações: como e por que as empresas crescem e morrem e o que fazer a respeito*. São Paulo: Pioneira, 1990.

82. HURST, David K. *Crisis & renewal: meeting the challenge of organizational change*. Boston, MA: Harvard Business School Press, 1995.

83. MILLES, R.E. e SNOW, C.C. *Organizational strategy, structure, and process*, op. cit.

84. MINTZBERG, Henry, AHLSTRAND, Bruce e LAMPEL, Joseph. *Safári de estratégia*, op. cit., p. 224-225.

85. MINTZBERG, Henry & LAMPEL, Joseph. "Reflecting on the strategy process." *Sloan Management Review*, 1999, p. 83-94.

86. CHIAVENATO, Idalberto. *Comportamento organizacional: a dinâmica do sucesso das organizações*. Rio de Janeiro: Elsevier/Campus, 2005.

87. WHEELEN, Thomas L. e HUNGER, J. David. Strategic Manegement and Business Policy. Nova Jersey: Prentice Hall, 2005.

88. GLUECK, William F. *Business policy and strategic management*. Nova York: McGraw-Hill, 1980, p. 349.

89. MINTZBERG, Henry. *The rise and fall of strategic planning*. New York: Free Press, 1994, p. 37.

90. ANSOFF, Igor. "Strategic issue management." *Strategic Management Journal*, 1980, v.1 (2), p. 131.

91. PORTER, Michael. *Estratégia competitiva*. Rio de Janeiro: Campus, 1991.

92. FREEMAN, R.E. *Strategic management: a stakeholder approach*. Boston: Pitman, 1995.

93. *Stakeholder* é uma pessoa, grupo de pessoas ou organização que pode influenciar ou ser influenciado pela organização – consumidores, usuários, empregados, proprietários, dirigentes, governos, instituições financeiras, opinião pública, acionistas. A análise consiste na identificação dos grupos e de seus interesses e poderes de influência com respeito à missão da organização.

94. MINTZBERG, Henry. *The rise and fall of strategic planning*. New York: Free Press, 1994. p. 362-390.

95. MINTZBERG, Henry. *The strategy process*. New York: Free Press, 1994.

CAPÍTULO 3

ORGANIZAÇÕES DE APRENDIZAGEM

Gestão competitiva do conhecimento

O que você verá pela frente:

- Fundamentos do conhecimento.
- Organizações de aprendizagem (*learning organizations*).
- Gestão do conhecimento.
- Papel da informação no planejamento estratégico.
- Sistemas de informação.
- Conclusão.

Objetivos de aprendizagem:

- Ressaltar a importância da visão periférica sobre o ambiente.
- Mostrar as características da sociedade do conhecimento.
- Abordar como funcionam as organizações de aprendizagem.
- Descrever a gestão do conhecimento corporativo.
- Explicar o papel da informação no processo estratégico.
- Mostrar as alternativas de sistemas informacionais.

Em um mundo em constante transformação, as organizações, muitas vezes, não conseguem perceber os sinais de mudança e deixam de se ajustar ou antecipar-se a eles. E, quando a mudança chega, elas estão completamente despreparadas e precisam tomar decisões intempestivas e improvisar soluções apressadas que podem comprometer a continuidade de seu sucesso. Mas, quando conseguem identificar a tempo as mudanças externas, elas têm a possibilidade de administrar as mudanças internas de acordo com essa antecipação, preparar-se adequadamente e, com isso, garantir a evolução sustentável de seus negócios, reduzir riscos e evitar perdas e destruição desnecessária de capital.

Porém, para que isso possa acontecer, as organizações devem buscar e incorporar continuamente novas informações e novos conhecimentos, e desenvolver novas competências. Sem conhecimento, a organização não pode tomar as decisões capazes de assegurar sua evolução sustentável. Em um mundo novo e diferente, onde os tradicionais fatores de produção – recursos naturais, capital e trabalho (mão de obra) – já exauriram quase todo o potencial competitivo, o conhecimento está assumindo agora o papel de principal fator de produção na Era da Informação.[1]

Com a tecnologia da informação (TI), as organizações acumulam uma imensa quantidade de dados das mais variadas fontes – internas e externas. São informações industriais, relatórios de vendas, informações comerciais, hábitos de acesso à Web, solicitações via e-mail e uma infinidade de outras fontes. Mas não basta simplesmente armazenar dados: é preciso transformar dados brutos em informações valiosas para apoiar o processo decisório. E, mais do que isso, transformar informações em conhecimento.

A organização do futuro será aquela que conseguir dominar a criação e utilização do conhecimento sobre seu negócio. O patrimônio organizacional não deve ser medido apenas em função de ativos contáveis e materiais – que sofrem degeneração e depreciação contínuas – nem pela sua posição atual de mercado – que pode mudar a qualquer instante. Aquilo que a organização sabe é que passa a valer no mercado. O conhecimento passou a ser a moeda mais valiosa da atualidade. E o conhecimento mais valioso é raro e difícil de construir. A memória organizacional ainda é demasiado frágil para aproveitá-lo adequadamente. Há muito o que fazer pela frente.

INFORMAÇÃO PRIVILEGIADA

A ERA DA INFORMAÇÃO

"Isto é a idade da informação: uma quantidade incrível de informação sobre uma variedade infinita de tópicos prontamente disponíveis a qualquer pessoa. Só há uma coisa faltando para esta definição ampla: uma ideia mais concreta do que significa informação. O termo tem uma elasticidade prodigiosa e é usado para cobrir praticamente tudo. Quando as moléculas de DNA passam um código genético celular, diz-se que elas estão transferindo informação. Comerciais de TV sobre qualquer produto, desde analgésicos até cereais mastinais, alardeiam que estão provendo informações importantes sobre o que desejam vender. Em alguns casos, mesmo o fato de não haver informação sobre um tópico particular já constitui uma informação valiosa. Assim, é impossível chegar a uma definição universal de informação. Mas, para os propósitos dos corretores de informação, podemos defini-la precisamente: informação é qualquer coisa que alguém queira saber e esteja disposto a pagar para encontrá-la."[2] No fundo, a informação constitui uma medida da ordem enquanto a entropia é a medida do caos. Em física, a informação é o oposto da tendência à desordem no universo em que vivemos.

Visão Periférica

Por que é tão difícil para os gestores perceberem o que acontece à sua volta e tomar decisões que não levam aos resultados desejados? Isso acontece, principalmente, quando impera a visão caolha, isto é, a miopia estratégica, o foco interiorizado para dentro da organização, e quando as decisões são baseadas em informações falsas ou insuficientes, quando geradas apenas internamente. Visão periférica significa olhar para fora, estender os horizontes, procurar entender o contexto externo e avaliar o que acontece ao redor da organização. Isso implica avaliar as tendências que estão ocorrendo no ambiente que envolve a organização.

INFORMAÇÃO PRIVILEGIADA

INFORMAÇÃO MAIS PERCEPÇÃO É IGUAL A CONHECIMENTO

As pessoas decidem de acordo com o conhecimento a respeito do mundo que as rodeia. Esse conhecimento determina o que elas acreditam ser possível fazer para alcançar seus resultados. Para obter um conhecimento acurado é imprescindível atitude investigativa, envolvimento com as coisas da vida, do mundo real e do ambiente que nos cerca. Quanto maior a riqueza de informação, tanto maiores as possibilidades de um conheci-

mento de qualidade que potencializa a inteligência na tomada de decisão. O mesmo acontece com as organizações. Sem informação, elas não podem garantir sua continuidade e muito menos sucesso organizacional.

Nas pessoas, as informações são processadas por meio de receptores especializados – os órgãos dos sentidos – que comunicam as impressões óticas (visão), acústicas (audição), olfativas (olfato), gustativas (gosto) e táteis (sistema sinestésico). Esses receptores transmitem os estímulos externos ao cérebro que, pelo processo de generalização, distorção e seleção filtra esses sinais elétricos e os transforma em uma representação interna, a percepção.[3] Como consequência, o que se percebe como real não é a realidade, mas uma representação mental dessa realidade. A essa representação chamamos de conhecimento.

Nas informações reside o principal repositório do conhecimento, representando a grande vantagem competitiva para as organizações. Grande parte do conhecimento organizacional ainda está perdida na cabeça das pessoas sem que elas tenham perfeita consciência disso. Quando as pessoas saem da organização, elas levam um precioso tesouro que, muitas vezes, vai parar nas mãos dos concorrentes. E de graça!

FUNDAMENTOS DO CONHECIMENTO

Cada vez mais o valor do conhecimento ultrapassa o valor da experiência anterior. É que a experiência anterior reflete o passado. E o passado já foi e nem sempre serve mais como exemplo para o presente ou para o futuro. O presente é diferente do passado, e o futuro será diferente do que fazemos agora. Assim, o conhecimento se torna hoje a moeda mais valiosa do mercado. Acontece que também o conhecimento apresenta um ciclo de vida cada vez mais curto. A mudança em que vivemos – a única constante de nossa vida – faz com que a obsolescência do conhecimento seja cada vez mais rápida. É que o conhecimento também passa por constantes transformações.

Características do conhecimento

A epistemologia ou teoria do conhecimento é o ramo da filosofia que trata dos problemas relacionados às crenças e ao conhecimento, interessado na investigação da natureza, fontes e validade do conhecimento. O termo epistemologia provém da palavra grega *episteme* (èttiotńµn), que significa verdade absolutamente certa. Entre as questões principais que ela tenta responder estão "o que é o conhecimento?" e "como ele é adquirido?". Essas questões são tão velhas quanto a filosofia, e seu primeiro tratamento explícito vem desde Platão (427-347 a.C.), em particular no *Teecteto*. Aristóteles (384-322 a.C.) deu-lhe uma pincelada, mas apenas na Era Moderna, a partir do século XVII em diante, como resultado do trabalho de Descartes (1596-1650) e Locke (1632-1704) em associação com a emergência da ciência moderna – é que a epistemologia tem ocupado um plano central na filosofia.[4]

Porém, a palavra conhecimento tem, hoje em dia, vários significados. Pode significar cognição, conscientização, saber, consciência, sapiência, percepção, ciência, experiência, qualificação, discernimento, competência, habilidade prática, capacidade, aprendizado, sabedoria, certeza etc. A definição depende, é claro, do contexto em que o termo é empregado.

Na prática, o conhecimento possui três características:[5]

1. *O conhecimento é tácito:* É o conhecimento que está na cabeça das pessoas, e ele é derivado de suas experiências e vivências pessoais, sendo transmitido de forma vaga e não-estruturada, muitas vezes de forma inconsciente. Representa o conhecimento do que se sabe, mas que não pode ser verbalizado ou escrito em palavras.[6] É o conhecimento mais corrente dentro da organização, mas não é da sua propriedade.[7] O custo de compartilhar o conhecimento tácito é elevado porque ele repousa na comunicação direta face a face. Sua transferência é pouco eficiente,[8] pois muitas vezes é um conhecimento inconsciente.
2. *O conhecimento é dinâmico:* O ser humano está sempre gerando novos conhecimentos por meio da análise das impressões sensoriais que recebe do mundo real e perdendo os antigos conhecimentos. Para explicar como adquirimos e geramos novos conhecimentos aplicando às nossas percepções sensoriais as capacidades e os fatos que já possuímos, Polanyi – o criador da teoria do conhecimento tácito – usa a expressão "processo de saber", que corresponde à reunião de dados e informações fragmentadas em categorias análogas, organizadas por teorias, métodos, sentimentos, valores e habilidades.[9]
3. *O conhecimento tende à padronização:* Com o passar do tempo, o cérebro cria inúmeros padrões que agem como regras inconscientes de procedimentos para lidar com todo tipo de situação concebível. Essas regras poupam muita energia e permitem que se atue com rapidez e eficácia

sem ter de parar para pensar no que se está fazendo. Os padrões também estão atrelados ao resultado das ações. Além do mais, os padrões agem como filtros para novos conhecimentos. A maior dificuldade não está em persuadir as pessoas a aceitarem coisas novas, mas em persuadi-las a abandonar as antigas, dizia John Maynard Keynes (1883-1946).[10]

BANCO DE IDEIAS

PADRÕES HOLOGRÁFICOS

Ao navegar, um barco cria ondas na superfície da água que se espalham em torno dele. Por sua vez, esses "rastros" impactam sobre outros barcos que cruzam a superfície, bem como sobre outros objetos, como ilhas próximas, de modo que as ondas criadas pelo primeiro barco produzem novas ondas num movimento tridimensional da água. Quando muitas embarcações navegam nas mesmas áreas são criados naquela superfície complexos hologramas (imagens reproduzidas em três dimensões) que são um registro dos movimentos de todas as embarcações. Ao olho humano não-treinado não é possível identificar nenhum padrão inteligível, mas para os pescadores que vivem boa parte da vida no mar e dependem dele há um sentido preciso naqueles padrões. Os polinésios, por exemplo, navegam em torno de pequenas ilhas do Oceano Pacífico, lendo os padrões das ondulações em torno delas. As ondas refletidas nas costas dessas ilhas criam um padrão de interferência que revela a localização da ilha e sua forma. Pela amplitude e direção das ondas, os hábeis navegadores polinésios deduzem a posição de seu barco em relação às ilhas próximas. É como se eles "lessem" as ondas que balançam seus barcos![11]

A dificuldade em lidar com o conhecimento de fato é que, sendo ele tácito, dinâmico e tendendo à padronização, a sua aplicação não é algo usualmente simples. É preciso fazer com que o conhecimento se transforme em um conceito operacional através de algumas competências mutuamente dependentes,[12] a saber:

1. *Verbalização:* É a competência para explicitar o conhecimento tácito de maneira formalizada através de documentos, manuais, livros que são estruturados e armazenados, impressos ou digitalizados. O Quadro 3.1 exemplifica as diferenças entre conhecimento tácito e explícito.

   Nas organizações, o conhecimento verbalizado ou explícito é expresso pela linguagem formal, que descreve e orienta os procedimentos e processos do negócio que formam a base das operações da organização. O custo de compartilhar o conhecimento explícito através de meios eletrônicos e gráficos é baixo, mas o custo de capturar o conhecimento tácito e transformá-lo em conhecimento explícito ainda é muito elevado.
2. *Habilidade:* É a competência de saber fazer algo com o conhecimento, e envolve alguma proficiência prática – física ou mental – que é adquirida por treinamento e prática. Inclui o conhecimento de regras de procedimentos e habilidades de comunicação.
3. *Experiência:* É a competência de refletir sobre erros e sucessos passados e com isso encontrar padrões adequados de comportamento.
4. *Julgamentos de valor:* É a competência para avaliar o que é certo e o que é errado para aplicar sua habilidade e experiência com sucesso. Os julgamentos de valor agem como filtros conscientes para o processo de saber de cada indivíduo.
5. *Rede social:* É a competência para estabelecer relações e interações com outras pessoas dentro de um ambiente e de uma cultura transmitida pela tradição.

JANELA CONCEITUAL

O QUE É COMPETÊNCIA

As competências dependem do ambiente em que são empregadas ou aplicadas. Se uma pessoa se muda para um novo ambiente, ela perde competência. Sveiby entende o conceito de competência tanto como sinônimo de saber (conhecer uma disciplina) quanto de habilidade adquirida, reunidas em um comportamento observável, atitudes e capacidades do indivíduo.[13]

Tipos de conhecimento

Nonaka e Takeuchi[14] descrevem os dois tipos de conhecimento:

1. *Conhecimento tácito:* É o conhecimento subjetivo, incorporado através da experiência cotidiana e que nem sempre pode ser transmitido ou transformado em palavras ou símbolos.
2. *Conhecimento explícito:* É o conhecimento objetivo e racional que pode ser transmitido ou transformado em palavras ou símbolos.

Os ocidentais tendem a enfatizar o conhecimento explícito, enquanto os orientais tendem a enfatizar o conhecimento tácito. Todavia, eles não são entidades totalmente separadas, mas mutuamente complementares.

CONHECIMENTO TÁCITO (SUBJETIVO)	CONHECIMENTO EXPLÍCITO (OBJETIVO)
Experiencial: baseado na percepção do corpo e da mente	Racional: baseado em modelos e casos
Simultâneo: situa-se no nível de consciência	Sequencial: através de causa e efeito
Análogo: baseado na experiência aplicada. É mais valioso, pois é difícil de copiar e imitar	Digital: inclusivo Fácil de copiar e imitar

■ **QUADRO 3.1** *Diferenças entre conhecimento tácito e explícito.*

Interagem entre si e realizam trocas nas atividades criativas das pessoas. A essa interação entre o conhecimento tácito e explícito Nonaka e Takeuchi dão o nome de *conversão do conhecimento*, que é um processo social entre as pessoas, criando quatro situações de conversão do conhecimento, conforme a Figura 3.1.

BANCO DE IDEIAS

AS BASES DA INOVAÇÃO E DA PRODUTIVIDADE

A proporção entre conhecimento tácito e explícito dentro de uma organização define o equilíbrio entre inovação nos negócios (mudança) e produtividade (manutenção com melhoria). Se uma organização possui todo o seu conhecimento dentro de uma forma explícita, cada pessoa faz seu trabalho de acordo com regras escritas, a organização não é inovadora e sua força de trabalho pode encontrar dificuldade em adaptar-se às mudanças no ambiente de negócios. Se uma organização tem todo o seu conhecimento de uma forma tácita, ela não é muito produtiva porque é difícil para a sua força de trabalho acessar o conhecimento corporativo durante as operações cotidianas. Todavia, as organizações precisam determinar o quanto de conhecimento tácito deve ser sistematicamente convertido em conhecimento explícito para balancear as necessidades de criar uma força de trabalho ao mesmo tempo produtiva e inovadora.

Modos de conversão do conhecimento

Os diferentes modos de conversão originam os seguintes processos (Figua 3.1):

1. *Socialização: passagem do conhecimento tácito para o conhecimento tácito.* Trata-se de um processo de generalização de experiências de criação do conhecimento tácito, através de modelos mentais ou habilidades técnicas compartilhadas. Um aprendiz pode adquirir conhecimento tácito diretamente de outros, sem usar a linguagem, mas através da simples observação, imitação e prática. O segredo para sua obtenção é a experiência. A socialização também ocorre quando há interações e diálogos com os clientes.

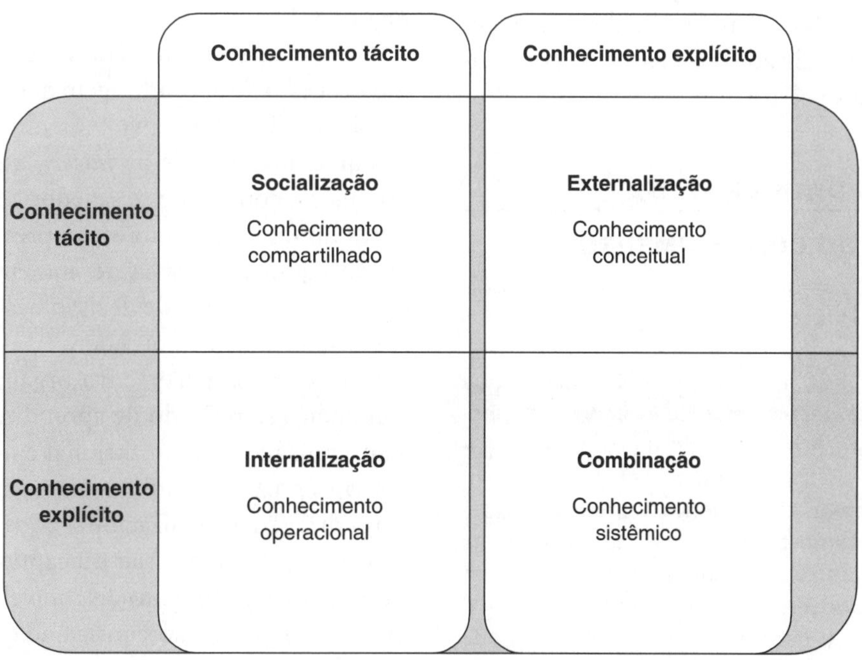

■ **FIGURA 3.1** *Conteúdo do conhecimento criado pelos quatro modos de conversão.*[15]

2. *Externalização: passagem do conhecimento tácito para o conhecimento explícito.* É a articulação do conhecimento tácito em conceitos explícitos na forma de metáforas, analogias, conceitos, hipóteses ou modelos. A externalização é um processo de criação de conceitos novos provocado pelo diálogo ou pela reflexão coletiva.
3. *Combinação: passagem do conhecimento explícito para o conhecimento explícito.* Trata-se de um processo de sistematização de conceitos em um sistema de conhecimento, envolvendo uma combinação de conjuntos diferentes de conhecimento explícito. As pessoas trocam e combinam conhecimentos através de meios como documentos, reuniões, conversas ao telefone ou redes de comunicação computadorizadas. A reconfiguração das informações existentes através de classificação, acréscimo, combinação e categorização do conhecimento explícito (como o realizado em bancos de dados de computadores) pode conduzir a novos conhecimentos.
4. *Internalização: passagem do conhecimento explícito para o conhecimento tácito.* É o processo de incorporação do conhecimento explícito no conhecimento tácito. Mas, para viabilizar a criação do conhecimento organizacional, o conhecimento tácito acumulado precisa ser socializado com os outros membros da organização, iniciando assim uma nova espiral de criação do conhecimento. A socialização, a externalização e a combinação tornam-se ativos valiosos quando os modelos mentais, o *know-how* compartilhado e as experiências são internalizadas nas bases do conhecimento tácito das pessoas.

INFORMAÇÃO PRIVILEGIADA

OS MOMENTOS DO CONHECIMENTO

Nas organizações em geral, o conhecimento é compartilhado em dois momentos:

1. *Conhecimento just in case:* É o conhecimento que as pessoas necessitam antes de fazer seu trabalho. Quando uma organização admite um novo empregado, ele recebe um treinamento básico sobre os processos de trabalho e experiências passadas que o habilitam a desempenhar o cargo. No passado, as organizações gastavam semanas e meses treinando os novos funcionários. Isso já se foi porque, se o processo tarda, o conhecimento *just in case* pode tornar-se obsoleto antes mesmo de ser aplicado.
2. *Conhecimento just in time:* É o conhecimento que as pessoas necessitam quando estão executando seu trabalho. Hoje, o volume de informação é tão grande que ninguém pode ser treinado para reter todo o conhecimento requerido. Oferecer conhecimento *just in time* no momento da necessidade é o que se pretende através de investimentos na TI porque isso viabiliza sua rápida distribuição, encurtando o tempo requerido para converter conhecimento tácito em conhecimento explícito.

ORGANIZAÇÕES DE APRENDIZAGEM (*LEARNING ORGANIZATION*)

Em uma organização onde as decisões são tomadas coletivamente ou quando impactam várias pessoas, é preciso que os gestores compartilhem seus conhecimentos com os demais. Porém, isso requer o esforço deliberado das equipes de trabalho para produzirem opções de conhecimento coletivo e compartilhá-las intensivamente. Caso contrário, as observações e informações coletadas individualmente por membro da organização ficarão isoladas e não serão efetivas para a qualidade do processo de tomada de decisão organizacional.[16]

As boas decisões dependem sobretudo de bons sistemas de informação como plataforma básica, sensibilidade para perceber o que está acontecendo ao redor, experiência para perceber e compreender o que os fatos significam e competência para compartilhar conhecimentos adquiridos, conforme apresentado na Figura 3.2.

O processo de tomada de decisão ocorre como um processo de aprendizagem que exige interação, reflexão intuitiva e desenvolvimento cooperativo de novos modelos mentais (*mindset*), que é o conjunto de premissas, concepções e sabedoria aceita que dá os limites do entendimento e compreensão do indivíduo ou da equipe. A forma de aumentar a velocidade e correção da tomada de decisão passa necessariamente pela capacidade de aprender.

Mas, numa perspectiva organizacional, qual é o verdadeiro significado de aprendizagem? Claramente a aprendizagem organizacional é mais do que a soma dos aprendizados individuais de seus indivíduos. A aprendizagem organizacional pode ser definida como sendo o processo de criar ou capturar, transferir e organizar o conhecimento disponível de modo a permitir que a organização consiga adaptar-se à mudanças em seus ambientes.

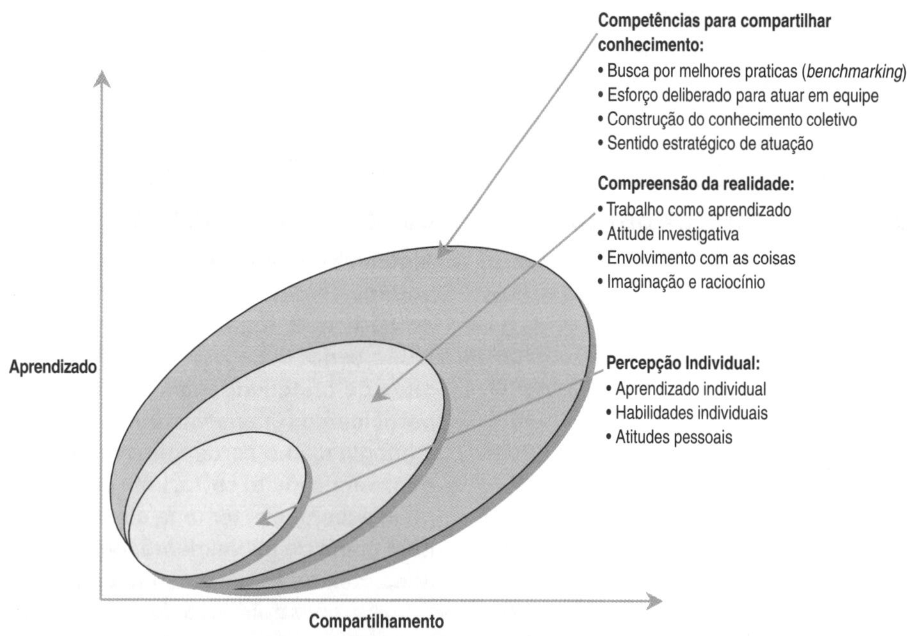

■ **FIGURA 3.2** *Processo de aprendizado organizacional.*

JANELA CONCEITUAL

APRENDIZAGEM

Aprendizagem é o processo de mudança ou alteração de comportamento em função de novos conhecimentos ou habilidades incorporadas a fim de melhorá-lo. Jean Piaget[17] afirma que cada pessoa constrói o conhecimento por si mesma, organizando o que interpreta da experiência e, ao interpretá-la, dá-lhe a forma de um mundo estruturado. Para Piaget, há dois tipos de aprendizado: por assimilação e por acomodação.

Aprendizado por assimilação: Significa absorver informações para as quais a pessoa já possui estruturas montadas que possibilitam reconhecer e dar significado a elas. A direção de um banco reconhece instantaneamente o sinal em qualquer aumento na taxa de juros, pois o banco já possui todas as estruturas e procedimentos para dar significado ao sinal, e a instituição em todos os níveis está pronta para assimilá-lo, chegar a conclusões e com base nelas tomar decisões sobre depósitos, empréstimos, investimentos ou qualquer outro negócio bancário.

Aprendizado por acomodação: Nesse tipo de aprendizado há uma mudança estrutural interna nas crenças, ideias e atitudes. O aprendizado faz com que toda a experiência anterior seja reestruturada e modificada para acomodá-lo devidamente. O aprendizado por acomodação exige muito mais do que o aprendizado por assimilação, pois é um processo fundado na experiência pela qual a pessoa muda para se adaptar às mudanças do ambiente.

Nas organizações predomina a aprendizagem por assimilação, embora as organizações mais competitivas estejam tentando o aprendizado por acomodação. O aumento na taxa de juros – que o diretor de banco já conta com estruturas montadas – tem um significado diferente para uma construtora que esteja operando a todo vapor. O aumento levaria a empresa a fazer mudanças em toda a sua estrutura interna: ela teria de renegociar seus financiamentos, desfazer-se de parte de sua carteira de projetos, adiar ou mudar determinados projetos.

A aprendizagem é um ciclo no qual se assimila um novo dado, reflete-se sobre as experiências anteriores, chegando a uma conclusão que é incorporada e armazenada à nova experiência na forma de modelos mentais.[18] O processo de aprendizagem organizacional é uma continuação do aprendizado individual e depende deste. A aprendizagem organizacional é a capacitação em criar novas ideias ou simular novas possibilidades, multiplicadas pela capacidade de generalizá-las por toda a organização, criando um verdadeiro capital intelectual.[19] Ela é função do modo pelo qual as organizações constroem, organizam, integram, mantêm e melhoram o conhecimento e a rotina em torno de suas atividades, aplicando as competências da sua força de trabalho de maneira cada vez mais eficiente.

JANELA CONCEITUAL

CAPITAL INTELECTUAL

Capital intelectual é o investimento feito pela organização, e compreende o capital interno (o conhecimento criado pelas pessoas), o capital externo (conhecimento relacional) e o capital humano (conhecimento das pessoas da organização). A Figura 3.3 apresenta a estrutura do capital intelectual da organização.

BANCO DE IDEIAS

O APRENDIZADO É UMA BRINCADEIRA

Há uma via de aprendizado mais rápida e efetiva. É o aprendizado "brincando". Brincar com brinquedo é muito diferente de jogar um jogo ou praticar um esporte. Não há como vencer. Quem brinca está fazendo experiências com o objeto que, de alguma forma, representa a realidade. Quanto mais profunda a simulação e quanto mais se brinca com as possibilidades, mais se estimula a imaginação e o aprendizado. E mais eficaz se torna o processo de tomada de decisão.

Isso esclarece a diferença entre brincadeiras e jogos. Brincar é experimentar o brinquedo que se aceita como representativo da realidade. Isso torna o brinquedo uma representação do mundo real com o qual o aprendiz pode fazer experiências sem temer consequências. Sob uma aura de diversão existe uma finalidade muito séria: brincar com a própria realidade permite que a pessoa entenda melhor o mundo em que vive. Brincar, em outras palavras, é aprender.

Para desenvolver novos processos, uma indústria química precisa construir modelos e fazer experiências em escala de laboratório ou em uma unidade de produção, antes de construir o projeto final. O mesmo se aplica à construção de uma ponte ou represa. Trata-se de uma situação técnica na qual não há acidentes ou vítimas. Assim, brincar é o melhor método de aprendizado. Na maioria dos processos decisórios empresariais, brincar nem é sequer considerado um veículo de aprendizado. Em vez de simular a realidade aprende-se com a "experiência" e experimenta-se com a realidade em si.[20]

PASSEIO VIRTUAL

LEGO PARA ADULTOS

Alguém que observe uma sessão de Lego Serious Play poderia pensar que é uma atividade de diversão. Porém, ao participar, logo saberá que se trata de um negócio muito sério. O Lego Serious Play usa os famosos tijolinhos de brinquedo, mas a intenção é fazer com que os participantes "pensem com os dedos", fazendo emergir a imaginação e percepções inspiradas, permitindo que, num tempo muito curto, uma equipe ou mesmo toda a organização possa ter uma clara e compartilhada direção, num clima de alinhamento, com as pessoas comprometidas com as ações a serem desenvolvidas.

Ao construir modelos com as peças Lego, permite-se conversar sobre diferentes cenários, pois as pequenas maquetes dão margem à exposição de ideias e especulações sem receios. Acontece que usar a linguagem dos "tijolinhos" faz todos se tratarem como iguais, trazendo um conhecimento da organização que, muitas vezes, não se imaginava estar já presente, porém ignorado entre as pessoas. Visite: http://www.seriousplay.com.

A organização de aprendizagem deve ativamente promover, facilitar e recompensar o aprendizado organizacional, pois ele pode não acontecer se tal aprendizagem depender somente do custoso método de tentativa e erro.

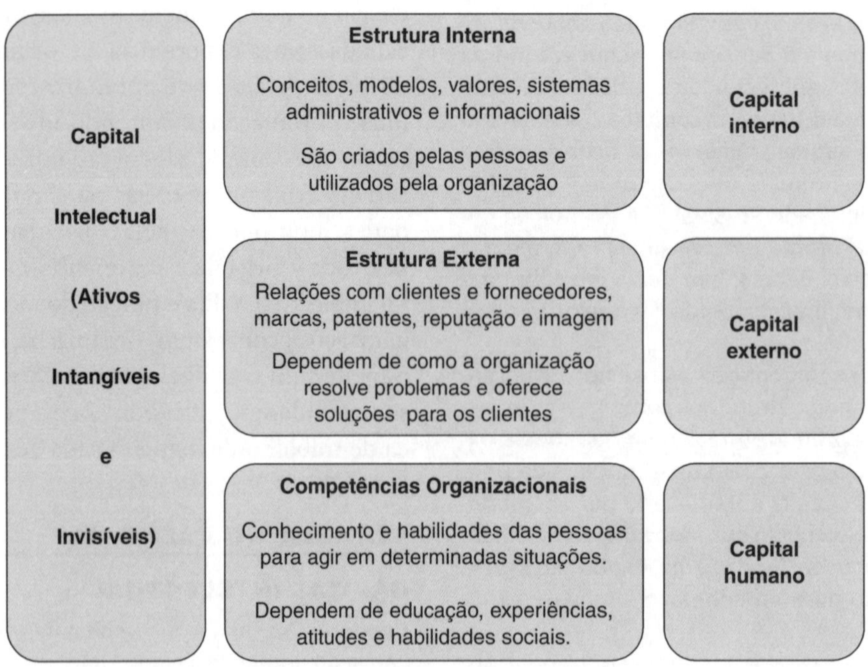

■ **FIGURA 3.3** *A construção do capital intelectual da organização.*[21]

Na prática, o aprendizado em uma organização funciona assim:

1. Agir primeiro, fazer algo (aprender não é possível sem agir).
2. Depois descobrir e selecionar o que funciona – compreender essas ações em retrospecto.
3. Finalmente, reter apenas aqueles comportamentos que parecem desejáveis.

Assim, toda compreensão se origina na reflexão e no exame do passado, e emerge da interpretação e atualização constantes da experiência passada, enquanto a decisão emerge a partir da interpretação do que poderá ser a experiência futura. Tomar uma decisão implica encurtar lapsos de tempo, visitar um futuro plausível e decidir hoje o que fazer amanhã.

JANELA CONCEITUAL

MEMÓRIA DE FUTURO

Quantas vezes você já teve uma sensação de *déjà vu*, uma situação na qual você tinha certeza de tê-la já vivenciado? Atwater[22] afirma que esses eventos são, na verdade, um fenômeno que traz para o presente a memória de algo que está por vir e revelam uma capacidade mental de elevada consciência!

Acontece que a nossa memória trabalha com os acontecimentos passados e presentes, de modo quase sempre inconsciente, criando imagens dos futuros desdobramentos daqueles acontecimentos. Para Atwater, "nós nos lembramos do futuro porque nossa verdadeira natureza é estar ciente de quem somos e agimos de acordo com tal percepção".

James Van Avery, um projetista de aparelhos eletrônicos aeroespaciais, desenvolveu a seguinte técnica para o desenvolvimento da capacidade de aprimorar a experiência da memória de futuro:[23]

1. *Exercite a memória:* Ao ver uma cena, feche os olhos e procure visualizá-la. Repita esse exercício até que seja capaz de se lembrar de cada pequeno detalhe de tudo o que acontece durante o dia.
2. *Use a imaginação:* Procure visualizar semelhanças entre os objetos que você vê no dia a dia.
3. *Identifique os detalhes relevantes:* Não se distraia com as coincidências que aparecem muitas vezes nos exercícios de memória futura, mas esteja atento a detalhes dessas coincidências.
4. *Pense de modo focado:* Tente separar os detalhes irrelevantes em seu processo mental de pensar.
5. *Procure por padrões:* Nunca antecipe o que possa ser um objeto ou cena observada, mas use a imaginação para tentar perceber com o que eles se parecem.
6. *Visualize-se no futuro:* Faça exercícios para um futuro próximo, como tentar visualizar um quarto antes de entrar e imaginar-se lá dentro. Agora, entre, verifique os resultados, avalie seu desempenho e o aprimore de tempos em tempos.
7. *Acredite e persevere:* Acredite que de fato você controla o processo e não se desencoraje caso as coisas não estejam se confirmando. Não pense que o processo é um ritual mágico, pois ele é embasado em tecnologia e cuidadoso exame dos resultados do aprendizado.

As cinco disciplinas das organizações de aprendizagem

Senge, que havia colaborado com Arie de Geus, o criador do conceito de organização de aprendizagem na Dutch Shell nos anos 1980, popularizou o conceito ao trabalhar a ideia de que a competência de uma organização de coletar, organizar e aplicar seu conhecimento é um requisito para seu sucesso.

Segundo Senge,[24] a organização deve se estruturar adequadamente para:

1. Fomentar novos padrões de pensamento.
2. Incentivar as pessoas a continuamente expandirem a capacidade de aprendizagem para aprimorar sua produtividade.
3. Trabalhar aspirações compartilhadas.
4. Encorajar os indivíduos a terem uma visão do todo de modo coletivo.

As organizações podem aprender continuamente desde que dominem cinco disciplinas,[25] cada uma delas proporcionando uma dimensão para potencializar as condições para o desenvolvimento organizacional. As cinco disciplinas são:

1. *Domínio do pensamento sistêmico:* É a condição de olhar o todo (a floresta) em vez de suas partes (árvore). Senge chamou essa disciplina de quinta disciplina porque ela integra as demais disciplinas em uma estratégia coerente e integrada.
2. *Domínio da aspiração pessoal:* Significa proficiência individual e compartilhamento moral, na medida em que cada pessoa é responsável por suas decisões e assume suas consequências. Quando um problema ou oportunidade aparece, cada pessoa deve ter a iniciativa de aprender as habilidades para lidar com ele.

3. *Domínio do desenvolvimento de paradigmas:* Explorando os modelos mentais que determinam e explicam o comportamento individual.
4. *Domínio do estabelecimento e compartilhamento da visão:* É a explicitação de onde se quer estar no futuro, discutindo e comunicando essa visão para fornecer o guia e energia para buscar sua concretização.
5. *Domínio da prática da aprendizagem em equipe:* Formando um ciclo no qual as ações individuais se convertem em ações coletivas que funcionam como memória organizacional, retroalimentando o aprendizado dos indivíduos e influenciando seus modelos mentais, em uma atitude participativa e investigativa.

O Quadro 3.2 apresenta as cinco disciplinas de domínio das organizações de aprendizagem segundo Senge.

A organização de aprendizagem – aquela que se transforma em uma agência de aprendizado para os seus indivíduos – se assenta em quatro fundamentos básicos:

1. *Arquitetura organizacional:* baseada em equipes e dotada de *empowerment* e canais intensivos de comunicação entre os membros. Essa é a base estrutural da organização de aprendizagem.
2. *Cultura organizacional:* participativa, democrática e envolvente, baseada em relacionamentos humanos, amizades, confiança e valores organizacionais claros, capazes de proporcionar um senso de comunidade. Essa é a base comportamental da organização de aprendizagem.
3. *Compartilhamento da informação:* a informação e o conhecimento são integrados, armazenados, distribuídos e compartilhados por todos os indivíduos da organização através de um sistema de informação eficaz que proporciona abertura, agilidade, acuidade e um amplo *insight* das situações. Essa é a base informacional da organização de aprendizagem.
4. *Liderança estratégica:* o líder proporciona uma visão compartilhada do futuro que se pretende para a organização, para obter compromisso, participação e envolvimento emocional de todos. Essa é a energia que flui na organização de aprendizagem e que a alavanca e a impulsiona de modo sustentável.

A aprendizagem organizacional torna-se uma vantagem competitiva pelo fato de proporcionar formas de alavancar o conhecimento e permitir seu uso produtivo no sentido de adaptar, melhorar, transformar, criar e recriar produtos, processos e atividades[26] (ver Figura 3.4)

▪ **QUADRO 3.2** *As cinco disciplinas das organizações de aprendizagem.*

Pensamento sistêmico	É uma disciplina que busca a visão da globalidade, do sistema todo. As pessoas precisam ter uma visão global do sistema e de suas partes para poderem mudar os sistemas em sua totalidade e não apenas nos seus detalhes pontuais.
Domínio pessoal	É uma disciplina de aspiração que cria uma tensão criativa entre a visão pessoal (o que as pessoas desejam alcançar) e a sua realidade atual (o que elas estão fazendo) para aumentar a capacidade de fazer melhores escolhas e alcançar melhor os resultados escolhidos.
Modelos mentais	É uma disciplina de reflexão e questionamento fazendo as pessoas ajustarem suas imagens internas do mundo (que condicionam suas percepções) para melhorar suas decisões e ações.
Visão compartilhada	É uma disciplina coletiva que visa estabelecer objetivos comuns desenvolvendo entre os indivíduos um senso de compromisso no grupo ou na organização a fim de poderem criar imagens do futuro plausíveis.
Aprendizagem em equipe	É uma disciplina de aprendizagem interativa, através de equipes e de técnicas de diálogo e de dinâmicas de grupo para desenvolver o pensamento coletivo e alcançar objetivos comuns. Objetivo: desenvolver uma inteligência e uma capacidade maiores do que a soma dos talentos individuais.

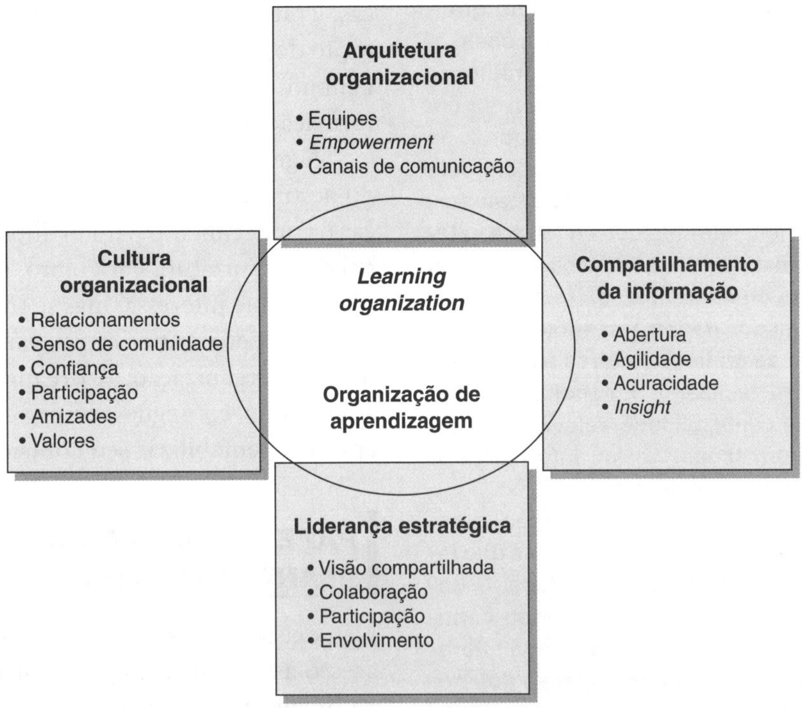

▪ **FIGURA 3.4** *Características da organização de aprendizagem.*[27]

GESTÃO DO CONHECIMENTO

Todos os organismos vivem, crescem e se desenvolvem em um contínuo e incessante processo de interação com seu meio ambiente, colhendo toda informação relevante para poderem se comportar de maneira adequada, seja para atacar ou se defender, seja para reduzir ou neutralizar ameaças, seja para aproveitar oportunidades que surgem pela frente.

A organização pode ser entendida como um organismo social vivo que faz uso de informações e de seus conhecimentos da mesma maneira que os seres vivos. A biologia mostra que, nos seres humanos, a inteligência, embasada no conhecimento, é um fenômeno que emerge da incessante comunicação entre mais de 100 bilhões de neurônios. O grau de inteligência da organização também depende da comunicação de seus profissionais arranjados em redes de inteligência que estruturam os sistemas de informação.

CLIPPING COMPETITIVO

O CONHECIMENTO[28]

Na Era da Informação, o recurso organizacional mais importante deixou de ser o capital financeiro para ser o capital intelectual, baseado no conhecimento. Trocando em miúdos, isso significa que o recurso mais importante na atualidade não é mais o dinheiro – embora seja fundamental para a manutenção do negócio –, mas o conhecimento. O capital financeiro guarda sua importância relativa, mas ele depende totalmente do conhecimento para aplicá-lo e rentabilizá-lo adequadamente. O conhecimento ficou na frente de todos os recursos organizacionais, pois todos eles passaram a depender do conhecimento. Assim, conhecimento é a informação estruturada que tem valor para a organização. O conhecimento conduz a novas formas de trabalho e de comunicação, a novas estruturas e tecnologias, e a novas formas de interação humana. E onde está o conhecimento? Na cabeça das pessoas. São as pessoas que aprendem, desenvolvem e aplicam o conhecimento que possuem na utilização adequada dos demais recursos organizacionais. Os recursos são estáticos, inertes e dependentes da inteligência humana que utiliza o conhecimento. As organizações bem-sucedidas são aquelas que sabem conquistar e motivar as pessoas para que elas aprendam e apliquem seus conhecimentos na solução dos problemas e na busca da inovação rumo à excelência.

JANELA CONCEITUAL

O CAMINHO DA SABEDORIA[29]

Há cinco níveis diferentes para abordar a informação. A informação se apresenta como simples dado, como informação propriamente dita, como conhecimento e como inteligência, cuja expressão mais elevada é a sabedoria.

1. *Dados:* São constituídos por fatos, textos, gráficos, imagens, sons, registros ainda não processados, correlacionados, avaliados ou interpretados.
2. *Informação:* São dados que já receberam algum processamento e podem ser apresentados de modo inteligível por usuários que dependem dela para tomar suas decisões. O processo de transformação dos dados em informações envolve a categorização sob algum critério, a aplicação de algum cálculo estatístico ou editoração de textos destacando a relevância dos dados apresentados. Muitas vezes utilizam-se gráficos e outras técnicas de apresentação para facilitar o entendimento dos usuários quanto à confiabilidade, relevância e importância das informações. Assim, informação é um conjunto de dados com significado.
3. *Conhecimento:* É obtido pela interpretação, combinação e integração de várias informações que levam à compreensão da situação estudada. O conhecimento é o resultado de um processo contínuo de aprendizagem e modifica-se a cada interação com o ambiente, fruto da assimilação dos novos conhecimentos às estruturas cognitivas pré-existentes. Assim, o conhecimento é a informação devidamente estruturada.
4. *Inteligência:* É o conhecimento contextualizado e aplicado com um propósito. A inteligência é uma síntese entre diferentes estruturas cognitivas, obtida graças à experiência e à intuição, sendo representada por uma visualização elaborada (*insight*) de uma situação determinada (cenário). É essa visualização de uma situação que permite a realização do processo de planejamento estratégico. Associada à capacidade de síntese está a inferência, que é uma capacidade puramente humana de prever novos acontecimentos, a partir do conhecimento atual e da avaliação das consequências e dos efeitos de uma decisão. O plano estratégico é a resposta antecipada a eventos que devem acontecer.
5. *Sabedoria:* O estágio mais elevado do processo informacional é atingido quando a sabedoria embasa o processo decisório. Nesse estágio, as sínteses e as inferências são resultantes de uma grande experiência anterior, e a tomada de decisão constitui um ato quase mágico, pois num lapso de tempo é resgatado e classificado um grande volume de conhecimento anterior e apresentadas soluções, e um observador que não desfruta dessa sabedoria simplesmente não consegue entender como se deu o processo.

A inteligência organizacional é função do acompanhamento regular e sistemático do ambiente exterior através de informações sobre mercado, tecnologia, clientes, concorrentes e tendências socioeconômicas. Trata-se de uma atividade essencial para a elaboração dos processos de planejamento estratégico, pois nenhuma estratégia consegue ser melhor do que a informação da qual deriva.

A gestão do conhecimento é um processo integrado destinado a criar, organizar, disseminar e intensificar o conhecimento para melhorar o desempenho global da organização. Para tanto, não é qualquer conhecimento que interessa, mas se trata de decidir qual é o conhecimento crítico e relevante que importa realmente à organização. A organização bem-sucedida é aquela que consegue reunir, organizar, disseminar, aplicar e rentabilizar seu conhecimento corporativo.

PAPEL DA INFORMAÇÃO NO PLANEJAMENTO ESTRATÉGICO

Não existe processo de planejamento estratégico sem acesso às informações do ambiente externo e interno da organização. O planejamento estratégico requer o máximo de informação e conhecimento do presente e do passado e da construção de cenários em relação ao futuro. A inteligência organizacional permite minimizar as incertezas e os riscos nas decisões tomadas no presente, tendo em vista as inferências e consequências para o futuro.

Os três níveis de planejamento, estratégico, tático/funcional e operacional, estabelecem o tipo de informação que deve ser utilizado.

1. *Nível estratégico:* Sob a responsabilidade dos primeiros escalões da organização, que precisam trabalhar com informações do contexto de negócios (base para a formulação do diagnóstico estratégico) e informações inferidas para o futuro (base para a elaboração de prognósticos estratégicos). Também a visão de negócios, a missão da organização e seus valores são informações fundamentais e que serão sempre referência ao longo do desenvolvimento do planejamento estratégico.

   Nesse nível procura-se identificar as ameaças do ambiente que deverão ser administradas e as oportunidades do ambiente que deverão ser aproveitadas ou descartadas de acordo com a análise feita dos recursos e das competências da organização, que identificam seus pontos fortes e fracos.
2. *Nível tático/ funcional:* Associado às funções executivas clássicas como finanças, marketing, pesquisa e desenvolvimento, produção, recursos hu-

manos e administração. Nesse nível, a questão fundamental passa pela integração informacional das diferentes áreas funcionais da organização. Os programas integrados de gestão, conhecidos por ERP (*Enterprise Resource Management*), servem para viabilizar e facilitar essa tarefa.

3. *Nível operacional:* As informações nesse nível têm principalmente um propósito de controle e correção dos desvios de execução. Portanto, estão associadas ao desenvolvimento de indicadores de desempenho e mensuração, provendo informações de *feedback*. Deve-se medir o erro ou desvio, que é a diferença entre o valor planejado do indicador e o valor real medido. O resultado indica a necessidade de promover correções.

As organizações precisam coletar dados a respeito de seu ambiente para transformá-los em informação inteligente e, posteriormente, em conhecimento e sabedoria para com ele conseguirem se adaptar melhor às mutáveis circunstâncias externas. Quanto maior o conhecimento a respeito do ambiente, tanto mais adequadamente as organizações melhoram e ajustam seu comportamento, impulsionam sua inteligência e ampliam sua capacidade de manobra em um contexto de negócios repleto de contingências e coações. O desempenho organizacional depende diretamente disso.

BANCO DE IDEIAS

MONITORAMENTO DAS INFORMAÇÕES AMBIENTAIS

O sistemático monitoramento das informações do ambiente passou a representar um importante mecanismo das organizações para se obter vantagem competitiva por três motivos:

1. *Competição global:* Obriga os gestores das organizações a lidarem com diferentes culturas competitivas e temas como salários, câmbio, políticas públicas, que afetam diferentemente as organizações conforme sua localização ou setor.
2. *Volatilidade dos mercados:* Com o encurtamento do ciclo de vida de produtos, convergência tecnológica e desregulamentação, o monitoramento das mudanças torna-se essencial para a sustentação competitiva da organização. Para a maioria das organizações, as fontes de oportunidades e ameaças se diversificaram, e como consequência, o número de variáveis para serem acompanhadas cresceu muito.
3. *Transferência tecnológica e gerencial:* Fazendo com que os produtos e serviços se tornassem "commoditizados". A vantagem competitiva é alcançada agora pela capacidade da organização de lidar com o volume de informação que produz a onda de mudanças constantes no contexto de negócios.

Sendo o conhecimento organizacional um recurso valorizado, ele deve ser gerido e capitalizado para que produza resultados. Na prática, a gestão do conhecimento é o processo sistemático de coletar, categorizar, armazenar, recuperar, compartilhar e difundir as informações organizacionais.[30] O propósito da gestão do conhecimento organizacional é disponibilizar os conhecimentos necessários para suportar a qualidade do processo decisório estratégico, oportunamente e sempre que necessário, na forma adequada e com o conteúdo acessível.

CLIPPING COMPETITIVO

COMUNIDADES DE PRÁTICA

Comunidades de prática é um conceito formalizado por Wenger[31] como ambientes que reúnem pessoas informalmente, mas com responsabilidades no processo, por interesses comuns no aprendizado e na aplicação prática do aprendido. O termo pode significar um agrupamento de pessoas que compartilham e aprendem umas com as outras por contato presencial ou virtual, com um objetivo ou necessidade de resolver problemas, trocar experiências, desenvolver modelos, padrões, técnicas ou metodologias.[32] Na prática, são grupos que aprendem juntos por iniciativa própria, as pessoas colaboram diretamente e aprendem umas com as outras. Mais do que comunidades de aprendizes, as comunidades de prática são comunidades que aprendem e agregam as melhores práticas. Nelas, o conhecimento e a aprendizagem têm um caráter social e são construídos pela associação de indivíduos. A organização que apoia a formação de comunidades de prática tende a aumentar o conhecimento de maneira estratégica, pois gerir e compartilhar o conhecimento faz parte do conceito de comunidades de prática. Elas podem ser o fórum adequado para refletir, discutir, aprender e aplicar o conhecimento adquirido e construído.[33] As comunidades de prática permitem refletir e compartilhar o conhecimento de maneira preferencialmente virtual, que denominamos cibercultura.[34]

Como em outros processos gerenciais, a gestão do conhecimento demanda um planejamento estratégico para gerar e agregar valor. Nesse sentido deve ser feito, inicialmente, um diagnóstico da situação para identificar:

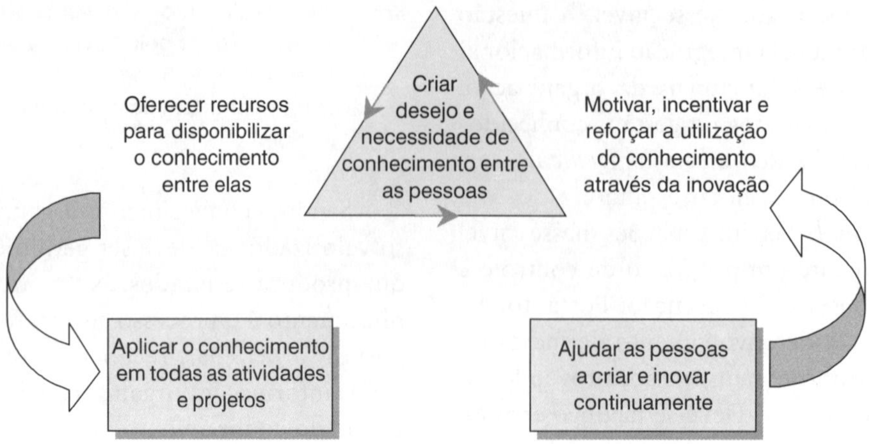

■ **FIGURA 3.5** *O ciclo do conhecimento organizacional.*

1. As categorias de conhecimentos para suportar a elaboração do planejamento estratégico.
2. O *status* de conhecimento atual da organização.
3. As atividades necessárias para prover a base de conhecimento demandada.
4. O retorno esperado trazido pelo programa de gestão do conhecimento.

A boa gestão do conhecimento implica também criar o desejo e a necessidade do conhecimento entre as pessoas, oferecer recursos para disponibilizar o conhecimento entre elas e motivar, incentivar e reforçar continuamente a utilização do conhecimento através da inovação. A Figura 3.5 retrata o ciclo do conhecimento organizacional.

BANCO DE IDEIAS

MAPA DO CONHECIMENTO

A organização precisa montar um mapa do conhecimento – um guia, quadro ou lista – em que sejam relacionados os conhecimentos importantes, os recursos disponíveis (bibliotecas, escolas, arquivos), como e de que forma chegar até eles.[35] Esse mapa permite que as pessoas saibam onde e com quem procurar o conhecimento de que necessitam. Seus benefícios são:[36]

- Criar condições para que o conhecimento de uma pessoa ou grupo seja extraído, estruturado, compartilhado e utilizado pelas outras pessoas da organização, transformando-se em conhecimento explícito.
- Indicar às pessoas da organização onde podem ser encontrados os possuidores de conhecimentos tácitos.
- Permitir maior rapidez e facilidade no compartilhamento do conhecimento, como exemplificado na Figura 3.6.

SISTEMAS DE INFORMAÇÃO

A informação está no início, no centro e no fim de tudo o que ocorre na organização. Toda organização deve prover um intenso fluxo de informações para seus profissionais. A resposta do segredo para se alcançar um desempenho competitivo superior com a criação de valor e a construção de relacionamentos com o cliente no longo prazo está no conhecimento profundo do mercado, apoiado por processos contínuos de aprendizagem e processos de inteligência competitiva viabilizados pelos Sistemas de Informação.

INFORMAÇÃO PRIVILEGIADA

TORNANDO A INFORMAÇÃO ACESSÍVEL A TODOS

Richard S. Wurman[37] considera-se um arquiteto da informação. Para ele, informação demais exige que se aprenda a selecionar dados relevantes e a jogar fora o supérfluo. Senão, a papelada cresce e a ansiedade aumenta. E a complicação se multiplica. Exige também que se aprenda a comunicar em texto e imagem para evitar a confusão e não se tornar descartável.[38] Wurman se preocupa em fazer da informação algo compreensível.

A produção de informação que vai fomentar o desenvolvimento da inteligência organizacional deve começar com a clara identificação do usuário da informação e de suas demandas e necessidades. A partir daí trilha-se o chamado processo informacional constituído pela coleta, categorização ou classificação e armazenamento, para posterior recuperação, difusão e utilização entre os produtos, serviços e processos da organização. Com isso completa-se o ciclo, e os profissionais passam a ter matéria-prima para a formulação de estratégias e a tomada de decisões.

Organizações competitivas estudam as necessidades de informações de seus profissionais e projetam seus sistemas de informações de modo a satisfazê-las. Todos os sistemas de informação (SI) apresentam características que os tornam capazes de alcançar seus objetivos, mantendo uma adequada estrutura interna, ao mesmo tempo que se adaptam continuamente ao ambiente. Ao serem implementados de modo integrado, os sistemas de informação oferecem benefícios associados ao bom desempenho da organização, tais como:

1. Compartilhamento de ideias e de conceitos.
2. Crescente habilidade para antecipação das surpresas e eventualidades.
3. Integração e alinhamento das perspectivas individuais e grupais.
4. Identificação de novos negócios promissores.

Além disso, a organização como um todo fica mais consciente das demandas do ambiente, o que incentiva ações mais competitivas e o comportamento proativo em relação às mudanças e transformações que nele ocorrem.

Construção de um sistema de informações

Para construir um SI deve-se identificar as informações necessárias para o processo decisório. Determina-se se os dados necessários estão disponíveis dentro da organização ou devem ser procurados no ambiente, como os dados devem ser organizados, a forma pela qual eles devem ser relatados e a estrutura em que eles serão distribuídos. O sistema de informações deve representar a interseção entre aquilo que os administradores pensam que necessitam, o que realmente necessitam e o que é economicamente viável. Um SI eficiente deve prover informações consolidadas de modo a minimizar as incertezas na tomada de decisão.

BANCO DE IDEIAS

A REAL NECESSIDADE DA INFORMAÇÃO

Deve-se fazer um diagnóstico da demanda por informação apresentada pelos gestores, levando em conta algumas informações, como:

1. Que decisões são tomadas regularmente?
2. Que informações são necessárias para se tomar essas decisões?
3. Que estudos especiais se solicitam periodicamente?
4. Que informações são obtidas regularmente?
5. Que informações se quer e não se está obtendo agora?
6. Que informações são necessárias diariamente? Semanalmente? Mensalmente? Anualmente?
7. Que revistas ou relatórios comerciais seriam importantes consultar regularmente?
8. Sobre quais assuntos o gestor gostaria de ser mantido informado?

O bom funcionamento de um SI depende de quatro fatores:

1. Natureza e qualidade dos dados disponíveis.
2. Meios e técnicas pelas quais os dados são processados para prover informação útil.
3. Habilidade de trabalhar junto aos responsáveis pelo funcionamento do sistema e os usuários dos resultados do sistema.
4. Ativação contínua do ciclo informacional a partir dos vários subsistemas de informação convergentes.

O propósito do SI é o de avaliar as necessidades de informações, desenvolver as informações necessárias e distribuir essas informações de forma oportuna através de diferentes subsistemas de informação que preservam as características próprias de cada tipo de informação, sendo adequados para extrair o melhor conteúdo para o conhecimento. Em geral, os mais importantes subsistemas de informação são:

1. Subsistemas de informações transacionais.
2. Sistemas de inteligência de negócios.
3. Sistemas de pesquisa de mercado.
4. Sistemas de análise e suporte à decisão.

Subsistemas de informações transacionais (SIT)

O ponto de partida frequentemente subtilizado é o uso eficaz dos registros da própria organização. Não é raro encontrar grande volume de dados que podem ser usados para ajudar e apoiar a tomada de decisões – tanto de natureza estratégica como tática – seja mantido nos lugares mais improváveis na organização – por exemplo, no departamento de contabilidade. Dados sobre como quem compra e quanto compra constituem o subsistema de informações transacionais (SIT) e podem ser obtidos dos registros de venda, que mostram certos padrões de lealdade do cliente, identificando lacunas nas compras do cliente e destacando clientes mais importantes.

O valor dos dados coletados internamente depende, antes de tudo, de como são coletados. Infelizmente, os registros de vendas não são coletados ou mantidos de forma a facilitar o seu uso para tomadas de decisões estratégicas. Como regra geral, é desejável que a coleta rotineira de dados se faça da forma mais detalhada possível para atender às exigências de análise de dados não-previstas inicialmente. Os registros de vendas, por exemplo, devem ser mantidos por cliente, por tipo de cliente, por produto, linha de produto, território de venda, vendedor e período de tempo. Uma classificação de dados desse tipo permite uma classificação ABC dos clientes, com a identificação de clientes, territórios e linhas de produtos rentáveis e não-rentáveis, além da identificação de tendências do mercado.

Muitas informações trazidas pelo SIT suportam decisões relacionadas aos resultados obtidos pela organização, como informações sobre pedidos, vendas, preços, custos, níveis de estoque, contas a receber, contas a pagar, folha de pagamento e faturamento. Através da análise dessas informações é possível localizar oportunidades e diagnosticar problemas importantes.

Um conjunto crítico de informações refere-se ao ciclo pedido-pagamento. Os clientes favorecem as organizações que conseguem prometer entrega rápida. Clientes e representantes de vendas enviam seus pedidos por fax ou por e-mail. Armazéns computadorizados atendem a esses pedidos rapidamente. O departamento de cobrança envia as faturas o mais rápido possível. Um número cada vez maior de organizações está usando o intercâmbio eletrônico de dados (EDI) e a Internet para melhorar a velocidade, a precisão e a eficiência do ciclo pedido-pagamento.

Subsistemas de inteligência de negócios (*Business Intelligence* – *BI*)

Uma área da pesquisa que recentemente está recebendo atenção séria e ampla é a inteligência de negócios. Embora soe intrigante, a inteligência de negócios é simplesmente o processo de coletar e analisar informações públicas disponíveis sobre as atividades e os planos da concorrência. Os dados usados para estudar os concorrentes vêm de várias fontes externas e internas. Os mais comuns são os bancos de dados criados e vendidos pelas agências de pesquisa. Os mais simples são os serviços de recorte de jornais e revistas, que monitoram um grande número de publicações, atrás de artigos sobre áreas particulares ou organizações. Hoje em dia, há milhares desses serviços de bancos de dados competitivos disponíveis.

PASSEIO VIRTUAL

ESTATÍSTICAS DE GOVERNO

Relatórios do governo são fontes úteis de informações produzidas e colocadas à disposição por agências governamentais. O IBGE (Instituto Brasileiro de Geografia e Estatística – http://www.ibge.gov.br) fornece documentos públicos, estatísticas sobre o país e informações sobre vários setores comerciais.

Os profissionais – particularmente os vendedores – são a mais importante fonte interna de dados competitivos. Tem se tornado uma prática corriqueira nas organizações prever espaços para informação competitiva nos formulários de relatório usados pelos vendedores. Outros funcionários – como engenheiros de aplicação, pessoal de assistência e de suprimentos – podem coletar e oferecer informações estratégicas se forem treinados para tal.

BANCO DE IDEIAS

TÉCNICAS DE OBSERVAÇÃO PARA COLETAR INFORMAÇÕES COMPETITIVAS

É muito comum o uso simultâneo de várias técnicas de observação para coletar informações competitivas:

1. Os representantes dos fabricantes regularmente compram em lojas a varejo para monitorar os preços e promoções da concorrência. E não é incomum para uma empresa comprar um produto novo da concorrência com o objetivo de examiná-lo, testá-lo e fazer uma engenharia reversa para analisar como foi construído. Os gestores têm um grande papel a desempenhar na alimentação desse sistema lendo livros, jornais e publicações setoriais, conversando com clientes, fornecedores e distribuidores, e tendo reuniões com executivos de outras organizações.
2. Pode-se treinar e motivar o pessoal de vendas para que localize e relate novos acontecimentos. Representantes de vendas são os "olhos e ouvidos" da organização; eles estão posicionados para obter as informações que não podem ser obtidas por outros meios. Entretanto, são muito atarefados e frequentemente deixam passar informa-

ções relevantes. A organização precisa "vender" às suas forças de vendas a importância delas como agentes de inteligência. Representantes de vendas devem saber que tipos de informações devem enviar e para quais gerentes.

3. Pode-se motivar os distribuidores, revendedores e outros intermediários a repassarem alguma inteligência importante. Muitas organizações contratam especialistas para coletar inteligência de negócios. Revendedores sempre enviam *compradores misteriosos* para suas lojas para avaliar como os funcionários tratam os clientes.
4. Pode-se aprender sobre concorrentes comparecendo a inaugurações e demonstrações, lendo os relatórios publicados sobre o concorrente, comparecendo a reuniões de acionistas, conversando com os funcionários, vendedores, distribuidores, fornecedores e transportadores, coletando anúncios da concorrência, lendo jornais de negócios e boletins de associações setoriais.
5. A organização pode promover um painel consultivo de clientes composto de clientes representativos pelo tamanho ou por sua sofisticação para discutir questões de manutenção, novas tecnologias e suas necessidades estratégicas. A organização ganha informações valiosas sobre as necessidades dos clientes, e os clientes se sentem mais ligados à organização que ouve atentamente seus comentários.
6. A organização pode comprar informações de fornecedores externos como a A. C. Nielsen Company (www.nielsen.co), IRI – Information Resources Inc. (www.infores.com) e Close Up (www.closeup.org). Essas agências de pesquisa reúnem e armazenam dados de painéis de clientes a um custo muito inferior do que se a organização o fizesse por conta própria.
7. Algumas organizações estabelecem um centro de informações para coletar e disseminar inteligência de negócios. A equipe pesquisa a Internet e as principais publicações para resumir notícias relevantes e publicar boletins de notícias dirigidos aos executivos. Essa equipe coleciona e arquiva informações relevantes e dá assistência aos gerentes na avaliação das novas informações.

PASSEIO VIRTUAL

ENTENDA O QUE É A WEB 2.0[39]

O termo Web 2.0 é utilizado para descrever a segunda geração da World Wide Web – tendência que reforça o conceito de troca de informações e colaboração dos internautas com *sites* e serviços virtuais. A ideia é que o ambiente *on-line* se torne mais dinâmico e que os usuários colaborem para a organização de conteúdo.

O conceito da Web 2.0 permitiu a criação e o desenvolvimento de comunidades virtuais, *sites* de vídeos compartilhados como o Youtube e a explosão de *wikis*, *blogs* e *sites* de relacionamento. Dentro deste contexto se encaixa a enciclopédia Wikipedia, cujas informações são disponibilizadas e editadas pelos próprios internautas. Também entra nesta definição a oferta de diversos serviços *on-line*, todos interligados, como oferecido pelo Windows Live. Esta página da Microsoft, integra ferramenta de busca, de e-mail, comunicador instantâneo e programas de segurança, entre outros.

Subsistemas de pesquisa de mercado

Um subsistema de pesquisa de mercado (SPM) bem desenhado pode prover um fluxo contínuo de informações para tomada de decisão. Com esse recurso, os gestores podem continuamente monitorar o desempenho de produtos, mercados e processos críticos. A maior parte dos projetos de pesquisa de mercado contempla as seguintes etapas:

a. *Definição do problema:* O primeiro passo consiste em definir claramente o problema a ser trabalhado. Geralmente, é preciso que haja uma série de discussões na organização e fora dela para que se tenha certeza de que o projeto de pesquisa está lidando com as questões pertinentes. Tendo uma intuição a respeito do problema, os pesquisadores coletam alguns dados preliminares no mercado. Essa investigação informal consiste em juntar informação prontamente disponível das pessoas de dentro e de fora da organização — intermediários, concorrentes, agências e compradores. A investigação informal é um passo crítico num projeto de pesquisa porque ela determinará se é necessário um estudo adicional. As decisões frequentemente podem ser tomadas com informação coletada na investigação informal.
b. *Pesquisa exploratória:* Como parte da definição do problema e ponto de partida para o processo de pesquisa em si, a pesquisa exploratória será usada para identificar as lacunas de informação e especificar a necessidade de pesquisa mais aprofundada. Inicialmente, podem ser utilizadas fontes secundárias. Os registros da organização, bem como as pesquisas de "prateleira", serão utilizados para quantificar o mercado e delimitar seus limites provisórios.

Na pesquisa exploratória, os pesquisadores também tentam refinar a definição do problema e desenvolver hipóteses para testes através da investigação formal. Se o projeto garante uma investigação continuada, o pesquisador deve determinar qual informação adicional é necessária e como consegui-la. Além disso, deve-se definir a abordagem que terá a pesquisa. Dependendo da abordagem escolhida, há dois tipos de pesquisas, a pesquisa qualitativa e a quantitativa.

A pesquisa qualitativa é não-probabilística (não-estatística) e é indicada quando se quer conhecer em profundidade as motivações, os sentimentos e as percepções das pessoas pesquisadas. A partir da pesquisa qualitativa não é possível fazer inferência sobre o universo da pesquisa, mas ela oferece boas sugestões para hipóteses que poderão ser testadas estatisticamente com pesquisas quantitativas.

c. *Seleção das fontes de informação:* Dados primários, secundários ou ambos podem ser usados em uma pesquisa. Os dados primários são os novos dados coletados especificamente para o projeto em mãos. Os dados secundários são dados disponíveis já coletados para algum outro propósito. Os números sobre renda familiar tirados do censo da população e compilados pelo governo federal são dados secundários.

   Normalmente, a informação secundária pode ser coletada mais rapidamente e por um custo menor que os dados primários, sendo um equívoco processual coletar dados primários antes de se exaurir o que pode ser aprendido com a informação disponível nas fontes secundárias.

d. *Fontes de dados secundários:* São excelentes fontes de informação secundária e estão prontamente disponíveis para os pesquisadores de mercado. Uma fonte é representada por muitos registros e relatos dentro da própria organização. Por exemplo, os relatórios diários feitos pelos vendedores são usados primeiramente para manter vigilância sobre como eles estão gastando seu tempo. Entretanto, eles podem fornecer informação importante para a organização sobre como o padrão de consumidores está mudando, por exemplo. Da mesma forma, um concurso que solicita uma participação pelo correio poderia ser uma boa fonte de informação. Os consumidores que escrevem indicam, através dessa atitude, que estão interessados em determinados produtos. O ato de examinar as origens geográficas dessas respostas pode indicar onde estão as melhores áreas de mercado potencial.

   Há várias fontes excelentes de dados secundários. O governo federal é o maior fornecedor de informação de mercado. Outras fontes incluem associações de classe e de comércio, agências particulares de pesquisa, universidades, relatórios financeiros e, lógico, qualquer boa biblioteca atualizada.

e. *Fontes de dados primários:* Após exaurir todos os dados secundários disponíveis considerados pertinentes, os pesquisadores podem ainda sentir falta de dados suficientes. Se for assim, devem recorrer às fontes primárias e juntar ou comprar a informação. No projeto de pesquisa de uma organização, por exemplo, o pesquisador pode entrevistar os vendedores, os intermediários ou os consumidores para obter a informação de mercado necessária.

f. *Métodos de coleta de dados:* Há três métodos de coleta de dados primários mais usados: pesquisa através de entrevistas ou de questionários, observação onde não há interação direta com a situação ou pessoa em estudo e a experimentação. A experimentação é um método de coletar dados primários no qual o pesquisador observa os resultados da mudança de uma variável em uma situação enquanto mantém constantes as outras condições. Os experimentos são conduzidos em laboratórios ou no campo. Já que cada método tem pontos fortes e fracos, a escolha de qual deve ser usado depende do tipo de problema. Mas a decisão também será influenciada pela quantidade de tempo e dinheiro disponível para o projeto.

g. *Análise dos dados e apresentação dos resultados:* O valor da pesquisa é determinado pelos seus resultados. E já que os dados não podem falar por eles mesmos, a análise e a interpretação são componentes-chave de qualquer projeto. Os computadores permitem tabular e processar rapidamente massas de dados a um custo baixo. Mas essa ferramenta pode ser mal empregada. Os pesquisadores devem ser capazes de identificar relações centrais e tendências, e encontrar padrões — é isso que transforma os dados em informação útil.

O produto final da investigação está nas conclusões do pesquisador e suas recomendações. A maioria dos projetos exige um relatório escrito, sempre acompanhado de uma apresentação oral à administração. Aqui a habilidade de comunicação se torna um fator de sucesso da pesquisa. Os pesquisadores não só devem ser capazes de escrever e falar efetivamente; eles devem adotar a perspectiva do gerente em apresentar resultados da pesquisa.

h. *Condução de um acompanhamento:* O pesquisador deve acompanhar seus estudos para determinar se os resultados e recomendações estão sendo usados. A administração pode decidir não usar as descobertas de um estudo por várias razões. O problema que gerou a pesquisa pode ter sido mal definido, ter se tornado menos urgente ou até mesmo desaparecido. Ou a pesquisa foi completada tardiamente para ser útil. Sem um acompanhamento, o pesquisador não tem como saber se o projeto está no alvo e as necessidades da administração foram atendidas ou se deixou a desejar. Como resultado, uma importante fonte de informação para a melhoria da pesquisa no futuro foi ignorada.

OLHAR LATINO

CASO LATINPANEL

LatinPanel é a maior empresa de Painéis de Consumidores da América Latina e a única presente em 15 países da região, o que cobre 96% do PIB do Continente. Ela é uma *joint venture* entre as maiores empresas de pesquisa da Europa, Estados Unidos e América Latina: TNS, NPD e IBOPE além de estar associada com a CCR Internacional em 8 países latinos. LatinPanel faz parte da rede TNS Worldpanel, presente em 50 países.

LatinPanel acompanha a evolução de mais de 70 categorias de alimentos, bebidas, higiene pessoal, limpeza de casa e telecomunicações, além de realizar estudos e análises especiais para outros mercados. São pesquisados semanalmente 33 mil domicílios, somando 1,7 milhões de entrevistas ao ano e gerando *insights* para o desenvolvimento as estratégias de marcas e empresas. Toda essa informação é categorizada por país, região, sub-região e também em uma única base harmonizada, que permite uma visão general do consumidor latino-americano.

Sistemas de suporte à decisão (SSD)

Um sistema de suporte à decisão permite ao gestor interagir com dados e usar vários métodos de análises para integrar, analisar e interpretar informação. O coração do SSD são os diferentes tipos de dados de uma ampla variedade de fontes. Em geral, o SSD reúne dados descrevendo consumidores, concorrentes, tendências sociais e econômicas e o desempenho da organização. Ao combinar computadores pessoais, *laptops*, *palmtops*, *smartphones* e *softwares* amigáveis, o SSD permite que os gestores retenham dados, examinem relações e produzam relatórios que atendam suas necessidades específicas de modo interativo possibilitando uma reação ao que eles veem num grupo de dados, fazendo perguntas e conseguindo respostas imediatas.

O SSD adiciona velocidade e flexibilidade para o SI ao tornar o gestor uma parte ativa do processo de pesquisa. O uso crescente de redes virtuais de informação conectadas aos sistemas de computadores em diferentes localidades para que vários profissionais possam trabalhar no mesmo problema tem enriquecido muito o potencial do SSD.

CLIPPING COMPETITIVO

APLICANDO O PRÓPRIO SSD

Considere este exemplo. Na metade do ano, um gerente quer comparar as vendas atuais de um produto com aquilo que foi previsto. Trabalhando no seu computador, ele chama as previsões mensais e os números das vendas atuais. Descobrindo que as vendas caíram um pouco abaixo da previsão no mês mais recente, ele comanda o sistema para que forneça dados sobre outros produtos da organização. Descobrindo que os outros produtos estão de acordo com a meta, ele conclui que deve haver um problema com o produto em questão. A seguir, pede ao sistema para dividir o número total de vendas por áreas geográficas e descobre que os pobres resultados de vendas ocorreram em apenas duas das sete regiões.

Suspeitando de atividade competitiva, ele então faz com que o sistema retenha e compare os níveis de propaganda e preços do seu produto e os da concorrência nos mercados onde as previsões de vendas foram atingidas e onde não o foram. Ao não encontrar nada fora do normal, decide examinar os níveis de distribuição para os territórios. Requerendo dados sobre tamanho e tipos de lojas de varejo, ele descobre que nas duas regiões onde as vendas caíram tem havido um pequeno mas estável declínio no tipo pequenos varejistas independen-

tes que contam uma porção significativa das vendas do produto, e os efeitos começam a aparecer. Assim, sua estratégia é investigar o uso de lojas alternativas para venda do produto nessas regiões problemáticas. Note que, com um SSD adequado, toda essa tarefa pode ser feita em pouco tempo simplesmente pedindo informação, analisando-a e seguindo para outra pergunta sugerida pela análise.

CONCLUSÃO

O apoio ao processo decisório é fundamental para o processo estratégico. O conhecimento sistematizado é a base de tudo. Muitas organizações estão adotando uma abordagem analítica que significa o uso extensivo de dados estatísticos e quantitativos, modelos explanatórios e preditivos em um modelo de gestão baseado em fatos que permitam impulsionar decisões e ações. Essa abordagem analítica pode ser o insumo para decisões humanas ou decisões totalmente automatizadas, como apresentado na Figura 3.6.

Em resumo, a estratégia organizacional proporciona melhores resultados à medida que a organização aprende através dela a lidar com a dinâmica dos eventos ambientais, dosar e sintonizar seus recursos e competências, e enfrentar a competição com outros atores organizacionais, e assim alcançar resultados invejáveis e sustentabilidade.

NOTAS

1. Esse tema será aprofundado no Capítulo 7, dedicado à construção de cenários.

2. RUGGE, Sue & GLOSSBRENNER, Alfred. *Information Broker's handbook*. Nova York: Windcrest/McGraw-Hill, 1992.

3. CHIAVENATO, Idalberto. *Comportamento organizacional: a dinâmica do sucesso das organizações*. Rio de Janeiro, Elsevier/Campus, 2006, p. 211.

4. NONAKA, I. e TAKEUCHI, H. *Criação de conhecimento na empresa: como as empresas japonesas geram a dinâmica da inovação*. Rio de Janeiro: Campus, 1997, p. 6.

5. SVEIBY, K. E. *A nova riqueza das organizações: gerenciando e avaliando patrimônios de conhecimento*. Rio de Janeiro: Campus, 1988, p. 35-46.

6. POLANYI, M. "The tacit dimension", em PRUSAK, Laurence (ed.). *Knowledge in organizations*. Newton, MA: Butterworth-Heinemann, 1997.

7. POLANYI, M., em seu livro *The tacit dimension*, op. cit., utiliza a seguinte frase para definir o que vem a ser o conhecimento tácito: "*We can know more than we can tell*" (Nós sabemos mais do que podemos contar).
Ver também: LEONARD-BARTON, D. & SENSIPER, S. "The role of tacit knowledge in group innovation." *California Management Review*, v. 40, n. 3, Spring 1998, p. 114, agregando à definição de Polanyi a seguinte frase: "We often know more than we realize" (Nós geralmente sabemos mais do que imaginamos).

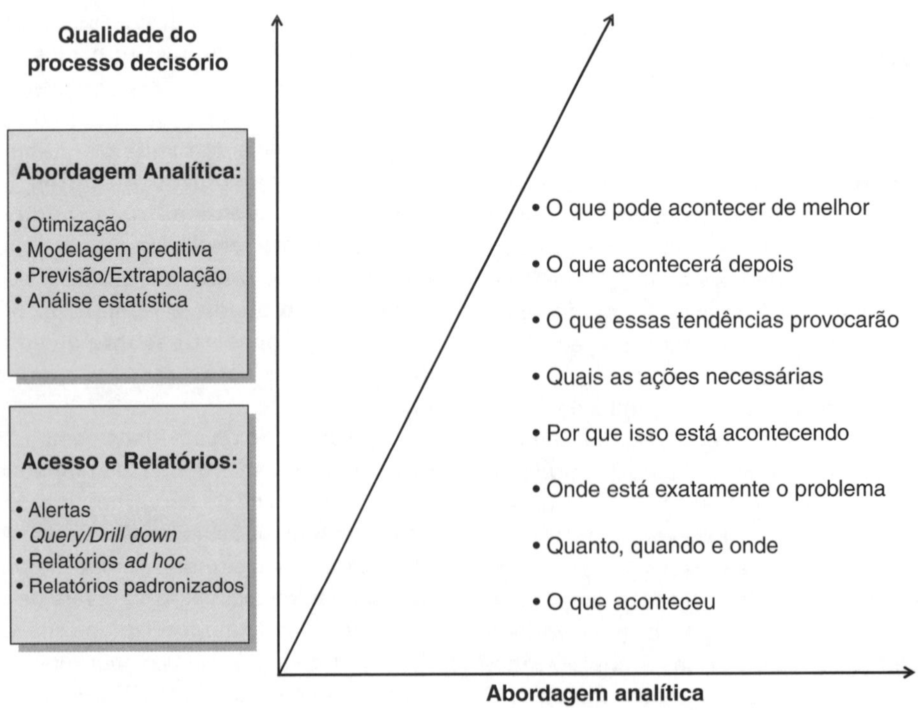

▪ **FIGURA 3.6** *A abordagem analítica para compreender, analisar e guiar o desempenho nos negócios.*[40]

8. POLANYI, M. *Personal knowledge: toward a post-critical philosophy*. London: Routledge & Kegan Paul, 1958.

9. POLANYI, M. *Personal knowledge: toward a post-critical philosophy*, op. cit.

10. KEYNES, John Maynard. *The General Theory of Employment, Interest and Money*. Basingstoke, Inglaterra: Macmillan and Co., Limited, 1964.

11. LAZLO, Erwin. *Conexão cósmica – guia pessoal para a emergente visão da ciência*. Petrópolis: Vozes, 1999, p. 175-177.

12. SVEIBY, Karl E. *A nova riqueza das organizações: gerenciando e avaliando patrimônios de conhecimento*, op. cit., p. 42-46.

13. Os teóricos das organizações definem competência como uma característica organizacional, como o elo entre conhecimento e estratégia, como a capacidade (o poder) que uma organização tem de agir em relação às outras organizações. Philip Selznick define competência organizacional como uma competência distintiva. De maneira semelhante, Porter utiliza a expressão vantagem competitiva. Hamel e Prahalad baseiam-se na mesma tradição, ao chamarem de competências essenciais as habilidades técnicas e gerenciais que permitem a sobrevivência de uma organização.

Ver: SELZNICK, Phillip. *Leadership in administration: a sociological interpretation*. Nova York: Harper & Row, 1957; PORTER, Michael E. *Vantagem competitiva*. Rio de Janeiro: Campus, 1986. HAMEL, G. & PRAHALAD, C. K. "The core competence of corporation." Boston: *Harvard Business Review*, 68 (May-June), 1990, p. 79-91.

14. GRAYLING, A.C. "Epistemology", in BUNNIN, Nicholas and TSUI-JAMES, E.P. (ed.). *The Blackwell Companion to philosophy*. Cambridge, Massachusetts: Blackwell Publishers Ltd., 1996.

15. NONAKA, I. e TAKEUCHI, H. *Criação de conhecimento na empresa*, op. cit., p. 81.

16. Vários textos e pesquisas tratam da importância estratégica da informação, entre eles:

SAPIRO, A. "Inteligência empresarial: a revolução informacional da ação competitiva." São Paulo: *Revista de Administração de Empresas da EAESP*, Fundação Getulio Vargas, 1993.

QUINN, J.B. *Intelligent enterprise*. New York: The Free Press, 1992.

JARILLO, J. Carlos. *Strategic networks: creating borderless organizations*. Oxford: Butterworth-Heinemann, 1993.

BARTON, D. L. *Wellsprings of knowledge*. Boston: Harvard Business School Press, 1995.

CASTELLS, Manuel. *The rise of the networked society*. Cambridge Mass: Blackwell Publishers, 1996.

LIESKIN, J. P. 'Knowledge, strategy, and the theory of the firm". Hoboken, NJ: *Strategic Management Journal*, v. 17, Winter 1996.

SVEIBY, K.E. *The new organizational wealth: managing and measuring knowledge-based assets*. San Francisco: Berrett-Koehler Publishers, 1997.

PROBST, Gilbert, RAUB, S. e ROMHARDT, K. *Managing knowledge*. London: Wiley, 1999.

SAPIRO, C. e VARIAN, H. *Information rules*. Boston: Harvard Business School Press, 1999.

17. PIAGET, Jean. *Psicologia da inteligência*. Rio de Janeiro: Zahar, 1983.

18. KIM, D. H. "The link between individual and organizational learning." Cambridge, MA: *Sloan Management Review*, v. 3, May-June 1993, p. 6.

19. STEWART, T. A. *Capital intelectual: a nova riqueza das nações*. Rio de Janeiro: Campus, 1998.

20. DE GEUS, Arie. *Living company: growth, learning and longevity in business*. London: Nichales Brealey, 1999.

21. CHIAVENATO, Idalberto. *Introdução à teoria geral da administração*. Rio de Janeiro: Elsevier/Campus, 2004, p. 595.

22. ATWATER, Phyllis, M.H. *Future memory: how those who "see the future" shed new light on the workings of the human mind*. New York: Birch Lane Press, 1996.

23. ATWATER, Phyllis, M.H. *Future memory*, op. cit., p. 59.

24. SENGE, Peter M. *A quinta disciplina – arte e prática da organização que aprende*. São Paulo: Best Seller, 2002.

25. SENGE, Peter M. *A quinta disciplina*, op. cit.

26. Para uma leitura complementar, leia: GARRATT, Bob. *The learning organization: developing democracy at work*. London: Profile Business, 2001.

27. Adaptado de HODGETTS, R. M., LUTHANS, F. e LEE, S.M. "New paradigm organizations: from total quality to learning to world class." *Organizational Dynamics*, Winter, 1994, p. 4-19.

28. CHIAVENATO, Idalberto. *Introdução à teoria geral da administração*. Rio de Janeiro: Elsevier/Campus, 2004, p. 593.

29. Goldberg, Elkhanon. *The wisdom Paradox: How your mind can grow stronger as your brain grows older*. Nova York: Penguin Group (Gothan Books), 2005.

30. TERRA, José C.C. *Gestão do conhecimento – o grande desafio empresarial*. São Paulo: Negócio Editora, 2001.

31. WENGER, E. *Communities of practice: learning, meaning, and identity*. New York: Cambridge University Press, 1998.

Ver também:
WENGER, E. & Snyder, W.M. "Communites of pratice: the organizational frontier." *Harvard Business Review*, Jan-Feb., 2000, pp. 139-145.

WENGER, E., McDERMOTT, R., SNYDER, M. *Cultivating communities of practice: a guide to managing knowledge*. Boston: Harvard Business School Press, 2002.

32. McDEMOTT, R. "Why information technology insired but connot deliver knowledge management." In: *Lesse. Knowledge and communities*. Woburn: Butterworth-Heinemann, 2000.

33. FLEURY, M. & OLIVEIRA JUNIOR, M. (org.) *Gestão do conhecimento estratégico – integrando aprendizagem, conhecimento e competências*. São Paulo: Atlas, 2001, p. 140.

34. LEVY, P. *Cibercultura*. São Paulo: Edições 34, 2000.

35. DAVENPORT, T.A., PRUZAK, L. *Conhecimento empresarial: como as organizações gerenciam seu capital intelectual*. Rio de Janeiro: Campus, 1999.

36. BORGHOFF, U.M., PARESCHI, R. *Information technology for knowledge management*. Berlim: Springer, 1998.

37. www.wurman.com.

38. WURMAN, Richard. *Ansiedade de informação: como transformar informação em compreensão*. São Paulo: Makron Books, 1999.

39. Ver: http://www.folha.uol.com.br/folh/informatica/ult124020173.shtml, acessada em 15 de abril de 2009.

40. DAVENPORT, Thomas H. & HARRIS, Jeanne G. *Competing on analytics: the new science of winning*. Boston: Harvard Business Press, 2007.

PARTE II

Conhecimento Competitivo e Organizacional

A Mentalidade Estratégica e a Compreensão do Contexto

Esta segunda parte do livro apresenta uma contextualização ampla e geral da disciplina do planejamento estratégico como introdução ao assunto. Ela é constituída por cinco capítulos fundamentais.

O Capítulo 4 *Intenção estratégica* – compreendendo a proposta de valor da organização, discute a importância da construção de valor pela organização ou empresa como fundamento essencial da sua razão de existir. Explica o significado do propósito da organização e como desenvolver a declaração da missão organizacional embasada nas competências centrais da empresa. Proporciona os elementos formadores da visão de negócios e reflete sobre a importância dos valores organizacionais, bem como dos principais processos de criação, desenvolvimento e difusão de valor.

O Capítulo 5 *Diagnóstico estratégico externo* – compreendendo o ambiente competitivo de negócios, tem como conteúdo a apresentação dos sistemas de informação de mercado, identificação dos indicadores de tendências, avaliação do ambiente de mercado, avaliação do ambiente de negócios, análise da evolução setorial, avaliação das forças competitivas, análise da concorrência e o entendimento dos grupos estratégicos. Pontualmente apresenta os procedimentos para a análise do ambiente de negócios com a definição de ameaças e oportunidades, para a análise de variáveis macroeconômicas (demográficas, econômicas, geográficas, tecnológicas, políticas, legais, sociais e culturais) e para a análise de variáveis microeconômicas (clientes, concorrentes, canais de distribuição, fornecedores).

O Capítulo 6 *Diagnóstico estratégico interno* – compreendendo o ambiente organizacional, faz uma avaliação dos recursos tangíveis e intangíveis da organização, explica os principais elementos de auditoria de recursos organizacionais que se complementam com os modelos de desempenho competitivo, explora as principais linhas de desenvolvimento, as capacidades competitivas, associando aos fundamentos do canal de valor e à construção das competências centrais. Pontualmente apresenta os procedimentos para a análise do ambiente interno da organização (raios X) com a definição dos pontos fortes (forças internas) e pontos fracos (fragilidades internas) da organização, considerando suas diferentes unidades de negócios e áreas de suporte (RH, Marketing, Finanças, Produção/Operações e outras).

O Capítulo 7 *Construção de cenários* – compreende a nova natureza da competitividade: após um extenso diagnóstico estratégico torna-se necessária a construção de cenários a respeito do futuro e sobre os quais a formulação de estratégias será elaborada. Assim, esse capítulo apresenta metodologias de construção de cenários com técnicas de previsão, desenvolvimento das percepções sobre ambientes alternativos, identificação das forças motrizes dos acontecimentos e preparação de enredos de monitoramento.

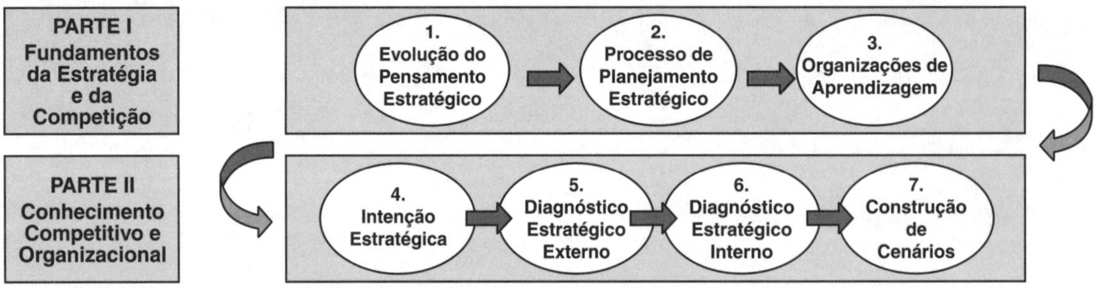

▪ **FIGURA II.1** *Conexão entre as Partes I e II do livro.*

CAPÍTULO 4

INTENÇÃO ESTRATÉGICA

Começando a pensar em estratégia

O que você verá adiante:

- Questões básicas da intenção estratégica.
- Missão organizacional.
- Definição preliminar do negócio.
- Redefinição do negócio.
- Visão organizacional.
- Ideologia central da organização.
- Públicos de interesse (*Stakeholders*).
- Proposta de valor.
- Objetivos organizacionais.
- Conclusão.

Objetivos de aprendizagem:

- Discutir a intenção estratégica
- Conceituar o propósito da organização, sua missão e sua visão de futuro.
- Conceituar o negócio da organização.
- Indicar a formação da ideologia central da organização.
- Mostrar o caminho da criação, desenvolvimento e difusão do valor.

Cada organização nasce do sonho ou da vontade de seus fundadores e de suas crenças pessoais quanto a alguma necessidade do mercado a ser satisfeita e de compradores que saberão valorizar aquilo que a organização faz. Em torno dessas vontades e crenças há uma intenção estratégica, que é a energia fundamental, o impulso inicial e o compromisso dos fundadores ou dirigentes de tornar a organização bem-sucedida no cumprimento de seus propósitos. A palavra intenção vem do latim (*intentione*) e significa o próprio fim a que se visa, mas reflete também uma vontade ou desejo, talvez um pensamento secreto e reservado. Em teologia, intenção significa algo que é formulado anteriormente e é válido, embora não perdure na consciência do agente durante a ação. Mas a intenção é sempre o início de uma jornada.

A *intenção estratégica* é o conhecimento da essência da organização e representa a alavancagem de todos os recursos internos, capacidades e habilidades de uma organização com a finalidade de cumprir suas metas no ambiente competitivo.[1] É essa intenção estratégica que proporciona aos membros da organização, em todos os níveis e áreas, a justificativa para a entrega e dedicação na busca de um desempenho que seja único, significativo e superior com relação aos concorrentes. Isso somente será alcançado quando todas as pessoas da organização tiverem a crença fervorosa em seu produto ou serviço e forem lastreadas pela explícita ideologia organizacional, que é o conjunto de princípios e valores que delimitarão as ações da organização.

CLIPPING COMPETITIVO

AS BOAS INTENÇÕES ESTRATÉGICAS

Toda organização tem alguma intenção estratégica – seja abertamente comunicada ou velada e oculta. A intenção estratégica é revelada em expressões como:

- *Intel*: Tornar-se o melhor fornecedor mundial para a indústria de computadores.
- *Microsoft*: Tornar-se as Páginas Amarelas de um mercado eletrônico de sistemas de informação *on-line*.
- *Canon*: Derrotar a Xerox.
- *Honda*: Tornar-se uma segunda Ford (empresa que ela identificou como pioneira na indústria de veículos). Com o passar do tempo, a Honda conseguiu uma fatia maior do que a Ford.
- Latin World Entertainment: a maior empresa de entretenimento do segmento hispânico nos EUA, quer se tornar a referência número 1 como agência de talento para os grandes estúdios de Hollywood.
- *Vale*: Uma das maiores empresas brasileiras exportadoras de minério de ferro do mundo, quer se tornar um grande *global player* de metais visando criar valor para seus acionistas e outros públicos de interesse.

Embora vaga, difusa e superficial, a intenção estratégica permite que todas as pessoas da organização passem a acreditar firmemente em seu produto ou serviço e na sua habilidade de desempenhar melhor do que os concorrentes.[2] Em geral, por trás da intenção estratégica, sempre existe uma ambição estratégica. E nesta sempre exige que todos os membros da organização estejam envolvidos no desafio corporativo. Para promover o foco no adversário, todas as pessoas precisam comparar seu desempenho com a dos concorrentes. Envolver todas as pessoas faz parte do papel do presidente e de todos os seus gestores.[3] Mas, o mais importante é transformar a intenção estratégica em um elemento catalizador da ação. Ou seja, algo que a faça realmente acontecer.

Conhecer a intenção estratégica de uma organização é fundamental, mas não é suficiente por si só. Para alcançar um desempenho excelente, a organização precisa identificar também a intenção estratégica dos clientes, fornecedores, parceiros e concorrentes.[4] Trata-se de olhar ao redor e avaliar o que as demais organizações estão fazendo e pretendendo. Além do mais, é necessário que haja algum mecanismo que consiga transformar a intenção estratégica em ação e que a torne realidade. E o que as organizações fazem neste sentido? A rigor deveriam começar trilhando o processo de planejamento estratégico.

INFORMAÇÃO PRIVILEGIADA

INTENÇÃO ESTRATÉGICA COMO PONTO DE PARTIDA

Para Hamel e Prahalad,[5] a intenção estratégica de uma organização tangibiliza a capacidade de sonho e criação, através da sustentação de uma posição competitiva a longo prazo. Para tanto, é necessário que a cúpula possa transmitir às pessoas:

- *Um sentido de direção*: As pessoas devem saber para onde vai a organização, se não elas passam a se preocupar exclusivamente com o curto prazo e com o imediato.
- *Um sentido de descoberta*: As pessoas devem ter a oportunidade de usar e aplicar sua curiosidade e capacidade criativa.
- *Um sentido de destino*: As pessoas devem saber qual é o futuro que estão ajudando a criar.

Em uma palestra da HSM em São Paulo, Vijay Govindarajan lembrou que a intenção estratégica não é a afirmação da missão, aquela que o presidente da empresa emoldura e coloca em sua sala. A intenção estratégica deve passar por três testes, nos quais a missão tradicionalmente formulada costuma falhar. Segundo ele, os três critérios fundamentais à intenção estratégica são:[6]

1. ***Direção*: É necessária uma bússola para estabelecer o norte. Quando a Tata diz que "o nosso objetivo é um carro de US$2.000", essa direção fica clara.**
2. ***Motivação*: É preciso despertar a paixão das pessoas. "Dizer que a missão da empresa é maximizar a riqueza do acionista não faz ninguém levantar da cama feliz para trabalhar. É preciso que cada pessoa sinta que está fazendo algo no qual acredita e que tenha valor pessoal para ela."**
3. ***Desafio*: A intenção deve ser desafiadora, pois bons funcionários não gostam de trabalhos medíocres ou rotineiros. Govindarajan recorda de quando o ex-presidente dos Estados Unidos, John F. Kennedy, anunciou: "Vamos colocar o homem na Lua antes do final desta década." O impacto dessa afirmação foi enorme, inclusive porque carrega uma imagem muito poderosa e, com isso, cria paixão (ler adiante neste capítulo: a reinvenção da Nasa).**

A intenção estratégica diz respeito a criar aspirações, objetivos ambiciosos e objetivos não-realistas. "Se você começa com o objetivo realista de fazer um carro de US$20.000, nunca fará um carro de US$5.000", explica ele. "Como líderes, precisamos imaginar o futuro com plena convicção e confiança."

QUESTÕES BÁSICAS DA INTENÇÃO ESTRATÉGICA

O processo de planejamento estratégico tem a finalidade de mapear o caminho a ser seguido até se definirem os resultados desejados e se conduzirem os esforços para a concretização desses resultados através da gestão estratégica.

A primeira atividade do processo de planejamento estratégico consiste em refletir sobre a intenção estratégica da organização em torno de algumas questões centrais e básicas, a saber:

1. *Missão organizacional*: Qual é o negócio da organização?
2. *Visão organizacional*: Como o negócio da organização será no futuro?
3. *Valores organizacionais:* O que é importante para a organização?
4. *Stakeholders ou públicos de interesse*: A quem interessa chegar a esses resultados? Quem são os públicos estratégicos da organização?
5. *Proposta de valor*: Quais são os clientes e o que eles consideram valioso na organização, em seus produtos e serviços?
6. *Objetivos organizacionais*: Quais serão os resultados esperados da organização?

MISSÃO ORGANIZACIONAL

Literalmente, missão significa dever, obrigação, trabalho a ser feito. Missão organizacional é a declaração do propósito e do alcance da organização em termos de produto e de mercado e responde à questão: "Qual é o negócio da organização?" Ela se refere ao papel da organização dentro da sociedade em que está envolvida e indica a sua razão de ser e de existir. A missão da organização deve ser definida em termos de satisfazer a alguma necessidade do ambiente externo e não em termos de oferecer algum produto ou serviço. Como observa Drucker,[7] a pergunta sobre qual é o negócio da organização é tão raramente feita – pelo menos de maneira clara e direta – e tão raramente os gestores dedicam um estudo e reflexão adequados sobre o assunto, que talvez seja esta a mais importante causa do fracasso dos negócios.

A missão organizacional deve contemplar os seguintes aspectos:

1. A razão de ser da organização.
2. O papel da organização na sociedade.
3. A natureza do negócio da organização.
4. O valor que a organização constrói para seus públicos de interesse.
5. Os tipos de atividades em que a organização deve concentrar seus esforços no futuro.

Formulação da declaração da missão da organização

A declaração de missão (*mission statement*) da organização é um chamamento genérico para a ação e deve partir do pressuposto de que a organização como um todo se compromete com essa missão. Ela corresponde à causa pela qual se deve lutar, a razão de ser da organização, sendo que esta se extingue na medida em que a intenção estratégica se concretiza, e quando isso acontece suas lideranças devem conceber um novo sonho, uma espécie de reinvenção dos negócios, assegurando a evolução organizacional sustentável.

CLIPPING COMPETITIVO

A REINVENÇÃO DA NASA

A missão organizacional da NASA – agência aeroespacial americana – na década de 1960 era levar um homem americano à Lua e trazê-lo de volta antes do final daquela década e antes dos soviéticos. Analisada no contexto político da época, a visão era altamente inspiradora, pois iria confirmar a superioridade tecnológica e o brio dos americanos, além de motivar todos os públicos envolvidos. Com isso, a Nasa conseguiu os fundos de financiamentos necessários para levar a cabo a empreitada em 1969. Nos anos seguintes não surgiu uma liderança que propusesse uma nova missão para a organização e durante mais de duas décadas a NASA penou com atrasos em seus projetos e amargou prejuízos. Mas, na década de 1980, através de seu diretor Carl Sagan, ela reencontrou o prumo elaborando sua missão em torno da descoberta de vida inteligente fora da Terra e a conquista dos planetas do sistema solar. Hoje, a NASA é uma organização orientada para a inovação e presta serviços a inúmeras empresas.

A declaração da missão de uma organização deve incorporar o mercado, fazendo referência às demandas genéricas da sociedade por energia, abrigo, comunicação, alimentação, transporte, entretenimento, saúde etc. Porém, para responder adequadamente e com segurança qual a demanda genérica da sociedade que será atendida, será preciso ter um entendimento geral, ainda que não-pontual, de suas competências essenciais que serão exercidas para o cumprimento da missão proposta. As competências essenciais da organização evidenciam o que a distingue das outras do mesmo gênero, ou seja, aquilo que lhe é essencialmente peculiar.[8] Será necessário também manter uma coerência entre o passado, o presente e o futuro da organização. A formulação da missão é eficaz quando consegue definir a individualidade da organização ou uma personalidade própria para o negócio e quando energiza, inspira e envolve todos os seus públicos de interesse, como será detalhado mais adiante.

JANELA CONCEITUAL

O DNA DE UMA ORGANIZAÇÃO

Afinal, o que está na origem de uma organização? Ou, em outras palavras, onde está o DNA de uma organização: naquilo que determina sua germinação e a partir do seu nascimento serão as suas características futuras? O DNA estaria na estrutura organizacional? Ou na sua cultura corporativa? Este tema é fruto de muita discussão nos dias de hoje. Neilson, Pasternack e Mendes acreditam que, traço por traço, as organizações mostram suas culturas. São traços que influenciam o comportamento das pessoas e afetam seus desempenhos. Os autores utilizam a metáfora do DNA dos seres vivos (molécula caracterizada por um duplo cordão com pares de quatro nucleoides combinados em uma miríade de modos) para tentar codificar as características de uma organização. Para eles, as quatro bases do DNA organizacional são:[9]

1. *Estrutura organizacional:* Refere-se à hierarquia organizacional e às linhas que conectam as caixas do organograma em termos de comunicação interna. As organizações fazem escolhas estruturais para apoiar a estratégia e organizar suas unidades de negócio ao redor de clientes, produtos ou área geográfica. Na prática, a estrutura organizacional e a intenção estratégica estão vinculadas entre si, embora com grandes variações. Mas, quanto mais focada na estratégia, tanto melhor a estrutura organizacional.
2. *Privilégios de decisão:* Referem-se a quem decide o que, quantas pessoas estão envolvidas no processo decisório e quem tem autoridade para tanto. Os privilégios de decisão definem quem tem autoridade para tomar decisões. Quanto mais clareza e definição, tanto melhor o resultado. Privilégios claros de decisão permitem agilidade, precisão e redução de custos.
3. *Motivadores:* referem-se a quais objetivos, incentivos e alternativas de carreira são oferecidos às pessoas. A organização utiliza recompensas financeiras e não-financeiras para encorajar as pessoas através de meios implícitos e não-implícitos. Quanto maior a clareza e definição dos motivadores, tanto melhor o impacto sobre o comportamento das pessoas.
4. *Informação:* Refere-se às métricas utilizadas pela organização para medir seu desempenho, quais atividades que precisam ser coordenadas e como o conhecimento é transferido e compartilhado, quais expectativas e como o progresso é comunicado. Envolve também quem conhece o que, quais as necessidades de conhecimento e como a informação é transferida de uma pessoa que a possui para uma pessoa que necessita dela. A organização precisa disponibilizar informação de alta qualidade para atender às necessidades ao seu redor.

Cada pessoa pode ter perfeita compreensão da estratégia organizacional, mas, se a estrutura do negócio falha, se as decisões não acontecem de maneira pronta e adequada, se as pessoas não estão motivadas e estimuladas e se a informação é dúbia, o fracasso é garantido.

A declaração de missão – além de contemplar o foco genérico de atuação da organização e de seus produtos e serviços – deve pontuar os seguintes escopos competitivos:[10]

1. *Escopo setorial:* Indicando os setores preferenciais de atuação, como, por exemplo, o setor de bens de consumo, industriais e o de serviços.
2. *Escopo estendido dos produtos e serviços:* Fazendo referências, por exemplo, à qualidade tecnológica ou aos serviços oferecidos.
3. *Escopo das competências:* Embasando a produção de produtos e serviços. À frente discute-se o papel das competências essenciais da organização para o sucesso da execução da missão organizacional.
4. *Escopo dos segmentos de atuação:* A partir das competências centrais, a organização elege os segmentos prioritários de atendimento, como, por exemplo, segmento infantil, segmentos de alto poder aquisitivo, mercados internacionais.
5. *Escopo de verticalização:* Definindo o grau de integração ou terceirização dos processos.

Todas as considerações do escopo da missão organizacional dependem do nível do conhecimento do ambiente contextual e relacional, por isso ela deve ser atualizada conforme novos conhecimentos sejam desenvolvidos a respeito dos negócios, da concorrência e da própria organização com seus recursos e competências.[11]

Por que a declaração da missão é importante?

Estabelecer uma missão e declará-la formalmente trazem muitas consequências importantes:

1. Ajuda a concentrar o esforço das pessoas para uma direção, ao explicitar os principais compromissos da organização.
2. Afasta o risco de buscar propósitos conflitantes, evitando desgastes e falta de foco durante a execução do plano estratégico.
3. Fundamenta a alocação dos recursos segundo o escopo dado pela missão.
4. Estabelece uma atitude de responsabilidades para a execução do plano estratégico ao definir as categorias de tarefas a serem cumpridas.
5. Alinha a formulação das políticas à definição dos objetivos organizacionais.

BANCO DE IDEIAS

DECLARAÇÕES CURTAS, PORÉM IMPACTANTES

A missão organizacional, às vezes, pode ser resumida em pequenas frases ou *slogans* que acompanham a marca da organização, tais como:

- *Nike*: Prover a emoção de competir e vencer.
- *Sony*: Aplicar a tecnologia em benefício da população.
- *3M*: Resolver problemas não-solucionados de forma inovadora.
- *Hewlett-Packard*: Oferecer contribuições técnicas para o progresso e bem-estar da humanidade.
- *Walt Disney*: Tornar as pessoas felizes.

DEFINIÇÃO PRELIMINAR DO NEGÓCIO

Ao consolidar o primeiro grande conjunto de conhecimentos sobre a organização, a declaração de missão organizacional representa, também, o primeiro esboço da definição de negócio. Ao definir o negócio, é necessário entender o produto ou o serviço total que o cliente está comprando e evitar a armadilha de olhar apenas para o produto físico oferecido.

Um negócio pode ser definido em termos de três dimensões:

1. Mercados ou segmentos (necessidade e desejos dos clientes).
2. Setores de atuação (produtos e serviços).
3. Tecnologia e processos (excelência operacional).

BANCO DE IDEIAS

AS TRÊS DIMENSÕES DE UM NEGÓCIO

Imagine, por exemplo, uma empresa que defina que o seu negócio é fornecer refeições industriais. Seu principal grupo de clientes é constituído principalmente por empresas em setores que emprega grande contingente de pessoas. A necessidade desses clientes é a entrega e o atendimento de refeições para seus funcionários. Sua tecnologia corresponde à capacidade de servir a quantidade demandada. As três dimensões da definição de negócios devem ser plotadas em um gráfico tridimensional revelando as inúmeras opções para o negócio à medida que se buscam novas posições no gráfico. Cada ponto plotado indica um posicionamento estratégico[12] possível.

A organização pode querer expandir-se para negócios adicionais, como o oferecimento de refeições em aviões e postos avançados. Pode fornecer refeições para outros grupos de clientes, como residências, hotéis e escritórios. Pode também fornecer outros serviços demandados pelas empresas, como treinamento para reeducação alimentar ou serviços sofisticados para diretoria e recepções ou, então, projetar outras tecnologias para a produção de alimentos, podendo inclusive promover uma verticalização, quando começar a produzir vegetais e usá-los nas refeições. Conforme o processo de planejamento estratégico vai avançando será estabelecido o melhor posicionamento estratégico para a organização, como mostrado na Figura 4.1, abaixo:

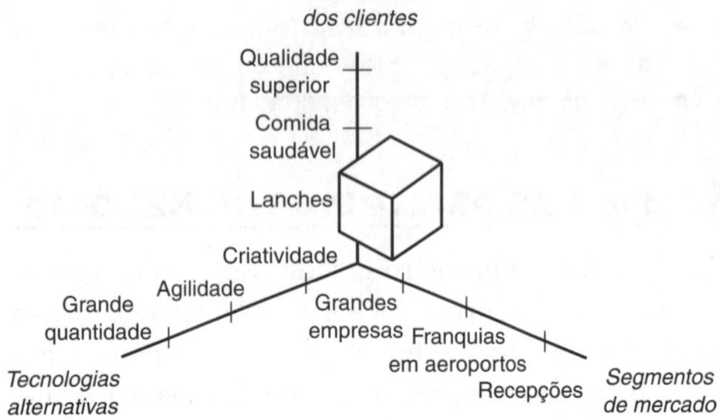

■ **FIGURA 4.1:** *O melhor posicionamento estratégico.*

REDEFINIÇÃO DO NEGÓCIO

Quando mudam as condições de mercado ou quando durante longo tempo não se observou o direcionamento apontado pela missão organizacional, é chegada a hora de mudá-la, isto é, repensar os mercados de atuação e os produtos e serviços oferecidos e propor alteração. Na verdade deve-se questionar se ainda é válida a definição do negócio conforme declarado atualmente, quais são os clientes atendidos, quais são os públicos de interesse que se relacionam com a organização e, principalmente, como deve ser o negócio?

A atualização da missão se dá pela redefinição do negócio. Quando o ambiente contextual e o ambiente relacional exigirem, faz-se uma releitura da declaração da missão organizacional de modo a adequá-la às novas exigências e para assegurar à organização sua condição de atuar sobre aqueles ambientes considerados, uma abordagem que amplia potencialmente o escopo de suas operações ao longo do tempo, embasando sua perpetuação.

CLIPPING COMPETITIVO

REDEFINIÇÕES BEM-SUCEDIDAS DE NEGÓCIOS

Atenta ao desenvolvimento tecnológico que ocorre desde o início da década de 1990 no setor de imagem digital, a Kodak deixou de ser uma empresa de filmes, que incluía principalmente o processamento fotoquímico de imagem, para se tornar uma empresa de processamento de imagem, pois não podia ignorar o perigo dos significados digitais de armazenar e manipular imagens. Ela está migrando do foco químico para o foco digital, e com isso revolucionando o setor fotográfico.

Da mesma maneira, a Zara – rede de varejo espanhola – está redefinindo o modo como se faz e comercializa moda, oferecendo as últimas tendências de moda internacional em um ambiente diferenciado. Suas lojas, localizadas nas principais áreas comerciais das cidades da Europa, América, Ásia e Brasil, oferecem moda inspirada no gosto, desejos e estilo de vida das mulheres e homens urbanos modernos. As fronteiras não impedem o compartilhar uma mesma cultura de moda.

A seguir, alguns exemplos de redefinição de negócios de produtos para mercados.

Xerox: De fazer copiadoras para ajudar a aumentar a produtividade de escritórios.

Standard Oil: De vender gasolina para fornecer energia.

Columbia Pictures: De fazer filmes para comercializar entretenimento.

Encyclopaedia Britannica: De vender enciclopédias para distribuir informação.

Carrier: De fazer aparelhos de ar-condicionado e aquecedores para fornecer controle climático residencial.

Revlon: De vender cosméticos para oferecer beleza.

Caso hipotético – Uma empresa fabricante de lápis passou por três etapas de redefinição da missão: de fabricante de lápis para empresa de instrumento de escrita, depois para empresa de equipamento de escrita e, mais adiante, para empresa de soluções de transcrições.

A definição do negócio não é definitiva nem imutável, mas dinâmica e sujeita a mudanças frequentes. É o caso da IBM, que ao longo do tempo foi modificando e atualizando a definição de seu negócio em função do desempenho da organização:

- Início da década de 1950: computadores.
- Final da década de 1950: processamento de dados.
- Início da década de 1960: manipulação de informações.
- Final da década de 1960: solução de problemas de processamento de dados.
- Início da década de 1970: minimização de riscos.
- Final da década de 1970: desenvolvimento de alternativas.
- Década de 1980: otimização de negócios.
- Início da década de 1990: desenvolvimento de novos negócios.
- Final da década de 1990: soluções criativas e inovadoras para as necessidades de informação dos clientes.
- Início do século XXI: consultoria sob demanda em gestão com base na Internet.

BANCO DE IDEIAS

MIOPIA ESTRATÉGICA

Um negócio precisa ser visto como um processo de satisfação do cliente e não como um processo de produção de mercadorias. Os produtos são transitórios, mas as necessidades básicas e os grupos de clientes são eternos. Levitt[13] cunhou o termo Miopia de Marketing, como visto no Capítulo 1. Há muitos exemplos de organizações que adotaram um enfoque míope ao definir os seus negócios.

As ferrovias acreditavam que estavam no negócio ferroviário e não no de transportes, e deixaram de prestar atenção a outros meios de transporte. A indústria petrolífera julgava-se participante do negócio de extração de petróleo, e não do negócio de produção e venda de energia.

Há cem anos, os fabricantes de carruagens puxadas a cavalo tiveram de fechar as portas logo após a invenção do automóvel, mas os fabricantes de correias para atrelar os cavalos que também fechariam as portas redefiniram seu negócio como beneficiadores de couro e mudaram o produto principal, rédeas, passando a fornecedores da emergente indústria automobilística, fabricando correias e cintas para os motores dos carros.

Nos dias atuais, o setor de aviação civil sofre perdas operacionais porque, além dos custos elevados de fazer voar esses ícones do desenvolvimento humano, ainda sofre com os custos da baixa eficiência do sistema aéreo e portuário. Talvez esteja chegando a hora de uma redefinição da missão organizacional das companhias aéreas. Essas companhias poderiam se definir como não sendo do setor de transporte aéreo, mas sim do setor de turismo receptivo, prestando serviços de consultoria de viagens para seus clientes, por exemplo.

VISÃO ORGANIZACIONAL

Visão, literalmente, significa uma imagem. Visão de negócios ou visão organizacional ou, ainda, visão de futuro é o sonho acalentado pela organização. É a imagem com a qual ela se vê no futuro. É a explicação do porquê, diariamente, todos se levantam e dedicam a maior parte dos seus dias ao sucesso da organização onde trabalham, onde investem ou fazem negócios.

Premissas para a elaboração da visão de negócios

A visão de negócios deve ser consistente com o padrão de comportamento organizacional no presente e merecer total credibilidade. Assim, a visão de negócios deve atender às seguintes premissas:

1. *Aderência aos fatos reais:* Situações sonhadas precisam ser possíveis. Descrições como serviços encantadores, liderança em tecnologia ou construção de uma nova sociedade devem ser descartadas. Sonhar não é proibido, mas, sem conhecer a organização e seus anseios, é um grave equívoco que leva à elaboração de visões de negócios sem nenhuma aderência. Dessa maneira, o processo de planejamento estratégico corre o risco de se tornar uma atividade burocrática e sem paixão.
2. *Descrição concisa, porém poderosa:* A visão de negócios precisa ter um foco definido. Propor uma lista de várias dimensões, como preservar o ambiente, atender demandas dos clientes, propiciar um ambiente de trabalho único, não será de muita valia, pois dilui esforços e perde o foco.
3. *Equilíbrio para todos os grupos de interesse:* A visão de negócios deve favorecer a todos os grupos de interesse. Ser líder no setor é um bom foco para executivos e funcionários, mas pouco interessa aos clientes. Só se essa liderança trouxer melhor tecnologia ou economias de escala. Sonhar em ser o melhor em produtos farmacêuticos do mundo deve ser substituído por ser melhor em produtos farmacêuticos *para* o mundo.

Alinhamento da visão de negócios

Quanto mais a visão de negócios está alinhada aos interesses dos diferentes grupos de interesse, mais ela pode atender aos seus propósitos; o alinhamento pode ser assegurado quando:

1. *Esclarecer a todos os grupos de interesse a direção de negócios:* Trata-se de comunicar um senso visionário de direção. É necessário para que a organização possa desenvolver e desdobrar seus recursos da maneira mais produtiva. A visão de negócios deve ser suficientemente elevada e genérica para contemplar a todos os grupos de interesse, sem descartar nenhum deles.
2. *Descrever uma condição futura:* A visão de negócios proporciona um estado futuro ideal da organização e representa o ápice de seu desenvolvimento naquele período viabilizado pela contribuição de todos os seus grupos de interesse.
3. *Motivar os grupos de interesse envolvidos a executarem as ações necessárias:* Em princípio, deve-se comprometer todos os grupos de interesse com uma visão compartilhada para que, quando concretizada a visão de negócios, todos estejam satisfeitos com os resultados. Num contexto de mutação, as pessoas são sempre convocadas para sair

de sua zona de conforto e trabalhar em condições duras, ao mesmo tempo que são estimuladas a desenvolver suas habilidades e competências. É a visão de negócios que traz o entusiasmo e a energia para enfrentar sacrifícios com a promessa da concretização futura de seus anseios.

4. *Oferecer o foco:* Sem uma visão clara, as pessoas se sentem confusas para tomar as decisões necessárias. Quando a visão está presente no cotidiano das atividades da organização, o efeito na gestão estratégica é incrível, pois faz com que as pessoas tenham uma base comum de esforços e coordenação. Como efeito positivo têm-se o estímulo à autonomia que embasa o *empowerment* e o trabalho em equipe.
5. *Inspirar as pessoas a trabalharem em direção a um conjunto integrado de objetivos:* Inspiração significa proporcionar proposição de valor e motivação para que as pessoas encontrem um canal voluntário que focalize suas energias, emoções e capital pessoal para a realização da visão. A visão de negócios deve tocar as pessoas em diferentes apelos quanto ao senso de realização e pertencimento e ao compromisso de contribuir para alcançar objetivos organizacionais e pessoais. É a base para o "vestir a camisa".

INFORMAÇÃO PRIVILEGIADA

VISÕES INSPIRADORAS

A seguir são apresentadas algumas visões de negócios inspiradoras e que estimulam o alinhamento entre os grupos de interesse:

Shell Oil: "Necessidades de energia da humanidade satisfeitas." Remete a uma visão de mundo sem problemas de energia, direcionando as atividades da empresa para o desenvolvimento de produtos e serviços que estejam relacionados com pesquisa e desenvolvimento, produção, distribuição e outros processos para o atendimento do mercado de energia.

Bic: "Produtos descartáveis". Indica a preocupação da empresa em disponibilizar produtos e serviços práticos aos seus usuários.

O presidente da Sun Microsystems – empresa líder em produtos e serviços para redes informatizadas –, Scott McNealy, fez a seguinte proposta para a visão de negócios da empresa:

> "Imaginamos um mundo onde diversos computadores e programas pudessem trabalhar juntos e, então, começamos a tornar isso uma realidade. Cada produto que produzimos, cada produto que oferecemos reflete essa visão. Como resultado, nos tornamos líderes em tecnologias, sistemas, *softwares* e serviços de *network computing* (computação em rede)."

Sem perder o foco, essa visão de negócio encaminha para algo facilmente imaginável, mas que não descarta um aspecto de sonho por realizar. Além disso, no caminho de realização desse sonho, todos os grupos de interesse podem ser contemplados. Trata-se, além do mais, de uma expressão de vontade que permite a leitura individual, ou seja, que dá margem aos esforços individuais por criatividade, na medida em que múltiplas maneiras de redes de computadores e programas podem ser idealizadas. Por fim, a liderança alcançada é consequência do oferecimento de produtos e serviços que refletem a visão de negócios da computação em rede, o que implica, necessariamente, alta tecnologia e muita confiabilidade.

Coca-Cola: "Matar a sede". Isso explica o fato de a Coca-Cola atuar em diferentes categorias de bebidas.

Elaboração da visão de negócios

A elaboração da visão de negócios é um processo carregado de emoção, pois o que se procura reconhecer é o propósito de ser da organização. A visão constitui um fator de agregação dos esforços quando envolve todos, ao proporcionar consistência e convergência de esforços.

O desafio na formulação da visão de negócios é que não se trata de um simples exercício de rastreamento e escolha de oportunidades estratégicas no futuro. O processo exige claro autoconhecimento (quem somos, o que valorizamos, quais são nossos anseios). Isso exige a ação de uma liderança aberta e decidida para que possa estimular a emergência desses sentimentos em todas as pessoas da organização.[14]

As etapas do processo de elaboração da visão de negócios são:

1. *Primeiro esboço:* O processo começa com a declaração inicial de um único indivíduo refletindo seus sonhos e as demandas do mercado.
2. *Etapa de coalizão:* O primeiro esboço é modelado no decorrer do tempo pela coalizão dos responsáveis pela organização ou por um grupo maior, envolvendo gerentes e outros públicos de interesse.
3. *Dinâmica de grupo (conversação estratégica):* A elaboração descritiva da visão de negócios demanda uma condução profissional do trabalho em equipe, muitas vezes sendo necessário o isolamento, fora do local de trabalho, para que as

emoções e ansiedades a respeito dos impactos da formulação da visão de negócios sejam explicitadas e trabalhadas.

4. *Desalinhamento do processo:* Não se pode esperar um avanço linear no processo de elaboração da visão de negócios. O avanço acontecerá, mas sempre dando dois passos para a frente, um para trás e a às vezes, caminhando de lado.
5. *Duração:* O assunto não acaba em uma reunião; espera-se num processo disciplinado e prioritário a duração de meses, a partir da idealização do primeiro esboço.
6. *Produto final:* O processo resulta em uma direção para o futuro, viável, focalizada, flexível e de fácil entendimento e comunicação.

O poder de persuasão da visão de negócios

A visão de negócios, embora seja somente uma imagem, tem uma força sociológica muito real, e influi nas opções e reações atuais de todos os grupos de interesse. A visão de negócios oferece um sentido compartilhado do futuro desejado. Contudo, comprometer-se com uma nova direção não é tarefa fácil para as pessoas. Toda transformação começa pela compreensão das dimensões da mudança. Muitas pessoas não entendem qual o seu papel na transformação ou temem que o impacto da mudança provocado pela nova visão de negócio possa prejudicá-las ou, no mínimo, favorecer a outros grupos diferentes.

Nessas condições, os requisitos para o envolvimento das pessoas, no sentido de comprometê-las na consecução da visão de negócios proposta, são:

1. *Repertório utilizado:* A atenção à visão de negócios deve estar entre as prioridades das pessoas em uma organização. Deve-se evitar que a informação sobre a visão de negócios corra o risco de ser mais uma informação dentro da enxurrada de informações, ordens, regulamentos, estatísticas que as pessoas utilizam. Assim, quanto mais inteligível e concisa for a visão de negócios, melhor será sua compreensão, que é o primeiro passo para se obter a adesão dos envolvidos.
2. *Metáforas e analogias:* A visão de negócios é uma projeção de futuro. Nesse caso, uma imagem vale mais do que mil palavras. A Natura, uma das mais importantes e criativas empresas de cosméticos do Brasil, apresenta a visão de negócios a seguir descrita.

CLIPPING COMPETITIVO

BEM-ESTAR OU ESTAR BEM?

A visão de negócios da Natura é Bem Estar Bem, que significa que bem-estar é a relação harmoniosa agradável do indivíduo consigo próprio, com seu corpo, enquanto estar bem é a relação empática, bem-sucedida, prazerosa de um indivíduo com outro, com seu mundo. A metáfora proposta decorre da dinâmica da interação dessas duas perspectivas. Na Natura, a prática do Bem Estar Bem é explícita em todos os níveis de seus relacionamentos, a partir da liderança de seus proprietários.

3. *Não perder nenhuma oportunidade de comunicar a visão de negócios:* A visão de negócios deve ser divulgada em todos os veículos de comunicação da organização (*newsletters*, revista corporativa, material de divulgação, materiais dos programas de qualidade, portais de Internet). Todas as pessoas devem ser comprometidas para difundir o conceito de um modo quase exagerado mas penetrante, aproveitando qualquer desculpa para voltar a tocar no ponto.
4. *Processo de negociação:* É preciso definir em todos os níveis da organização um programa de interação no qual as inconsistências da visão de negócios sejam esclarecidas e por onde as manifestações de baixo para cima possam ser acolhidas, discutidas e, se for o caso, afetar novas versões para a visão de negócios.

JANELA CONCEITUAL

QUE OBJETO É ESTE?

Uma explicação simples da diferença entre visão e missão pode ser dada pela análise do objeto apresentado. A questão é: que objeto é este? A resposta pode ser: uma poltrona confortável no estilo Luís XV. Essa resposta seria o equivalente à visão do objeto. A resposta à questão "para que serve esse objeto?" pode ser: uma peça decorativa ou que serve para descansar, e corresponde à missão do objeto. Em outras palavras, a visão de negócios de uma organização diz o que será a organização, e a missão diz o que ela fará nesse sentido.[15]

IDEOLOGIA CENTRAL DA ORGANIZAÇÃO

Ideologia central da organização é uma construção idealizada de dentro para fora da organização, independentemente do ambiente externo, sendo constituída pelos princípios e valores organizacionais e seus objetivos missionários. Ideologia (do grego *idea*, ideia + *logos*, tratado) significa a maneira de pensar que caracteriza um indivíduo, grupo de pessoas ou organização. A ideologia constitui um sistema de ideias gerais que se acha na base do comportamento individual ou coletivo. A ideologia central de uma organização envolve princípios e valores organizacionais.

Princípios e valores organizacionais

É o conjunto de conceitos, filosofias e crenças gerais que a organização respeita e pratica, e está acima das práticas cotidianas para a busca de ganhos de curto prazo. São os ideais eternos, servindo de orientação e inspiração para todas as gerações futuras de pessoas dentro da organização. Os princípios dizem respeito a tudo que não se está disposto a abrir mão, como ética e honestidade. Os valores organizacionais correspondem aos atributos e às virtudes prezados pela organização, como prática da transparência, respeito à diversidade, cultura para a qualidade ou respeito ao meio ambiente.

A importância da ideologia organizacional é clara na medida em que as organizações que embasam suas atividades nela têm sua evolução orientada por políticas e processos que atendem os princípios e valores preservados. Para tais organizações, a questão não é perguntar qual produto ou serviço oferecer ou a qual mercado servir, mas como desenvolver excelentes produtos e serviços criando valor para os mercados e a sociedade.

CLIPPING COMPETITIVO

O HP WAY

A HP foi fundada em 1938 por dois engenheiros recém-formados, que, se não tinham uma idéia muito clara do que viria a se constituir a empresa no futuro, ao menos valorizavam o trabalho duro e a criatividade, e estavam dispostos a se esforçar ao máximo para não abrir mão do sonho de serem bem-sucedidos naquilo em que se graduaram, a engenharia eletrônica. Recentemente, a HP editou um pequeno texto chamado "A filosofia da garagem", que resumiu os valores que tacitamente estavam presentes naqueles tempos de trabalho apaixonado e que se procuram agora resgatar, para trazer de volta o ambiente que permitiu à HP superar os primeiros grandes desafios de sua existência e que, com certeza, terão um importante impacto na superação dos seus desafios presentes:

As Regras da Garagem de Bill Hewlett e Dave Packard, fundadores da HP.

Acredite que você pode mudar o mundo.
Trabalhe rápido, deixe as ferramentas à mão, trabalhe sempre que necessário.
Saiba quando trabalhar sozinho ou em grupo.
Compartilhe – ferramentas, ideias.
Confie em seus colegas.
Nada de política. Nada de burocracia. – (Essas coisas são ridículas numa garagem).
É o cliente quem decide se o trabalho está bem feito.
Ideias radicais não são, necessariamente, ruins.
Invente maneiras diferentes de trabalhar.
Contribua com algo todos os dias.
Se uma ideia não contribuir em nada, ela não sai da garagem.
Acredite que juntos podemos tudo.
Invente!

BANCO DE IDEIAS

CONSOLIDAÇÃO DA IDEOLOGIA CENTRAL

De nada vale elaborar uma ideologia central constituída de princípios, valores nobres e objetivos missionários audaciosos se a organização não tiver a competência de implementá-la. Assim, é preciso definir mecanismos práticos de consolidação da ideologia central. Alguns desses mecanismos são:

- Programas de doutrinação que ensinam os valores, as normas, a história, as tradições, a visão de negócios e os critérios de decisão aos funcionários e fornecedores.
- Atividades de liderança promovendo e inspirando os subordinados.
- Divulgação da mitologia organizacional relatando os feitos heroicos dos fundadores, de como superaram os desafios e trouxeram a organização aonde ela está agora (comprovações a partir de testemunhos de clientes, fornecedores). Na rede de lanchonetes McDonald's existe a lenda sobre seu falecido, porém inesquecível idealizador, Ray Croc, que, em visita a qualquer de suas lanchonetes, vendo algo fora do lugar ou não perfeitamente limpo, não se fazia de rogado e logo punha a mão na massa, pegava o esfregão e limpava, ele mesmo, o que não estava limpo. Esse costume vem inspirando gerações de funcionários que se espelham nos exemplos de seu imortal líder.
- Implementação do repertório próprio com termos que trazem a sensação de pertencimento e identidade.
- Cerimoniais e simbologia ideológica com materiais de divulgação, quadros dos líderes espalhados pela organização, encontros multifuncionais e entre gerações para promover as vitórias obtidas.

- **Recompensas, premiações, concursos, reconhecimento público para aqueles que explicitamente a apoiam e praticam a ideologia central. Penalidades e desligamentos nos casos contrários.**
- **Preparação do cenário simbólico executado, por exemplo, nos projetos das instalações da organização, lembrando continuamente e reforçando os compromissos assumidos com a missão organizacional.**

PÚBLICOS DE INTERESSE (*STAKEHOLDERS*)

Públicos de interesses são grupos estratégicos que pervagam uma determinada organização. Cada organização é um sistema que congrega vários públicos de interesse, ou seja, partes interessadas, intervenientes (*stakeholders*)[16] com os quais estabelece suas relações.[17] Públicos de interesse são pessoas, grupos ou organizações capazes de influenciar ou ser influenciados pelos resultados estratégicos alcançados e participam direta ou indiretamente do sucesso do negócio, contribuindo de alguma forma para o negócio, esperando retornos dessa contribuição.[18] Referem-se a todos os envolvidos em um processo, como acionistas, clientes, funcionários, colaboradores, investidores, fornecedores, agências reguladoras, sindicatos, comunidade em torno, entre outros, como exemplificado na Figura 4.2. Tal processo pode ser de caráter temporário (como um projeto) ou duradouro (como o negócio de uma empresa ou a missão de uma organização).

O sucesso de qualquer empreendimento é função da participação de suas partes interessadas e, por isso, é necessário assegurar que suas expectativas e demandas sejam consideradas pelos gestores, que de modo geral envolvem satisfação de necessidades, compensação financeira ou comportamento ético. A organização deve ter ideias claras sobre o que os vários grupos de interesse esperam dela pela execução do plano estratégico, e é um equívoco centrar a criação de valor para o acionista a expensas de outros públicos de interesse, pois a consequência é provocar o conflito entre diferentes grupos, e a organização perde com isso todo o comprometimento até então costurado e alinhado.

Uma organização que pretende ter uma existência estável e duradoura deve atender simultânea e equilibradamente às demandas de todas as suas partes interessadas. Uma missão organizacional bem elaborada deve procurar satisfazer as demandas dos mais diferentes públicos de interesse. Quando isso não acontece, pode ser que a organização alcance seus objetivos por um breve período, mas logo clientes desgostosos param de comprar ou os funcionários, vendo suas pretensões de crescimento pessoal sendo enfraquecidas, contribuem para a criação de um clima de trabalho desmotivado e reativo.

Em suma, ao tentar satisfazer a todos os públicos de interesse, a organização deve evitar a pretensão de

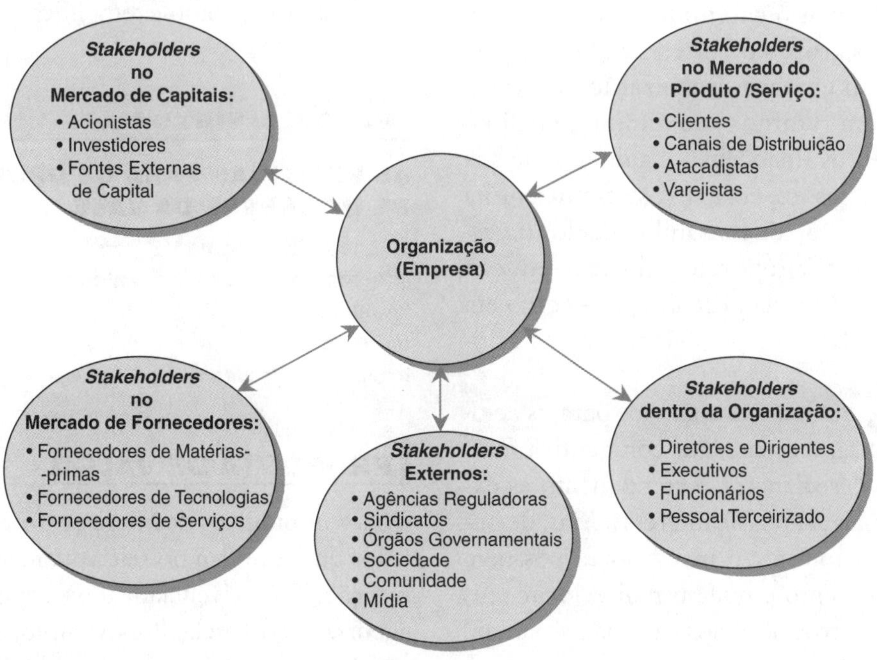

■ **FIGURA 4.2** *Os vários grupos de públicos de interesse (stakeholders).*

atendê-los medianamente, pois a verdadeira vantagem oferecida pela consistente missão organizacional é a possibilidade de satisfazer plenamente os mais diferentes públicos e até mesmo encantá-los.

Para desenvolver uma consistência de como a missão organizacional atende aos diferentes públicos de interesse, a melhor recomendação é que se examinem as possíveis consequências para todos eles, respondendo a algumas questões:

- A missão organizacional assegurará a produção de produtos e serviços que de fato serão de valor para os clientes atuais? E serão atraídos novos clientes?
- Como os clientes atuais se beneficiarão à medida que a missão organizacional vai se concretizando?
- Qual será o benefício para os acionistas caso a missão organizacional realmente se concretize? Serão obtidas sua confiança e paciência e efetivamente trará aumento do retorno sobre o capital investido?
- A organização conseguirá reter seus funcionários que se sintam comprometidos com a missão organizacional? Conseguirá construir parcerias sólidas com fornecedores dedicados? Atrairá a simpatia e a boa vontade da opinião pública?

O potencial de conflitos entre interesses diferentes

Em geral, os gestores dão ênfase aos acionistas – o grupo de interesse mais óbvio do negócio –, em detrimento de outros grupos de interesse. Os acionistas investem capital em uma organização na expectativa de auferir um retorno – no mínimo, médio – de seus investimentos financeiros e aumento de sua riqueza pessoal. Essas expectativas se traduzem na política de maximização da rentabilidade dos investimentos, com o ganho proporcionado pela redução em outros investimentos da organização – como em pesquisa e desenvolvimento – revertendo aos acionistas, no curto prazo.

De um lado, o aumento dos ganhos para os acionistas pode prejudicar a capacidade competitiva futura da empresa ou desbalancear o atendimento às expectativas dos demais grupos de interesse. Mas, de outro lado, muitos acionistas e investidores possuem carteiras de investimento e podem redirecionar seus investimentos em outros negócios caso não se sintam adequadamente recompensados. Modernamente, as organizações estão tentando privilegiar de maneira simultânea e balanceada todos os grupos de interesse envolvidos. Para isso torna-se necessário criar condições de satisfação aos interesses de cada grupo de interesse, a saber:

1. Identificar e classificar os grupos de interesse importantes para o negócio da organização.
2. Saber o que é de valor para cada grupo de interesse e o quanto estão dispostos a investir com dinheiro, inovação, trabalho, dedicação ou esforço desde que esse investimento lhe traga retornos significativos ao longo do tempo.
3. Alinhar todas essas diferentes perspectivas e contemplar todos os interesses envolvidos em um mesmo programa de obtenção de resultados. O alinhamento é alcançado em torno da missão e da visão de negócios compartilhada pelos grupos de interesse para garantir sua participação e compromisso na execução do plano estratégico.[19]
4. Políticas específicas para cada grupo de interesse, isto é, contemplar especificamente, no plano estratégico, estratégias de criação de valor para o atendimento de suas demandas, proporcionando retornos equilibrados.
5. Dar prioridade aos grupos de interesse mais importantes caso a organização não seja capaz de satisfazer a todos eles. O poder político – quem decide – constitui o critério mais usado. Existem outros critérios – como urgência em satisfazer a cada grupo e o grau de importância que isso tem para a organização –, como exemplificado no Quadro 4.1.

PASSEIO VIRTUAL

AS POLÍTICAS PARA OS GRUPOS DE INTERESSE DA VALE

A Vale – Companhia Vale do Rio Doce – explicita em seu *site* suas políticas para o atendimento das demandas de seus diferentes públicos de interesse, mostrando o cuidado estratégico com que eles são avaliados pela empresa: http://www.vale.com/vale/cgi/cgilua.exe/sys/start.htm?sid=526

PROPOSTA DE VALOR

Todos os públicos de interesse procuram maximizar o valor que recebem no relacionamento com uma organização. Eles vivenciam uma expectativa de valor e agem com base nela. Por exemplo, os clientes comprarão da organização na qual recebem o maior valor, de-

■ **QUADRO 4.1** *Os stakeholders e seus principais interesses*

STAKEHOLDERS	PROPORCIONAM	PRINCIPAIS INTERESSES
Funcionários	Trabalho, conhecimento, competências	Salários adequados, benefícios sociais, oportunidades de desenvolvimento profissional, segurança no trabalho
Acionistas	Capital, investimentos	Rentabilidade, transparência na gestão, probidade administrativa.
Investidores	Capital, investimentos	Rentabilidade, retorno do investimento, transparência
Clientes	Compra de produtos e serviços	Produtos ou serviços adequados, preço, qualidade, atendimento, assistência técnica
Fornecedores	Oferta de insumos	Venda de produtos e serviços, pontualidade nos pagamentos

finido como a diferença entre o valor total e o custo total para a obtenção do produto ou serviço. O valor total para o cliente corresponde à soma de benefícios que ele espera receber pelo uso de um produto ou serviço, ou pela aceitação de um conceito. O custo total para o cliente é representado por todos os custos relacionados a avaliar, obter, utilizar e descartar o produto, serviço ou conceito. Por outro lado, a organização precisa ter uma idéia de como sua oferta é avaliada e valorizada em comparação com a oferta concorrente.

Processos de criação, desenvolvimento e difusão de valor

O processo de construção de valor para os diferentes públicos de interesse de uma organização é composto de três etapas:[20]

1. *Criação ou identificação do valor:* Produzindo inovações estratégicas em produtos, processos e modelagem de negócios (a partir do desenvolvimento de um profundo conhecimento do perfil e das demandas dos mais diferentes segmentos e mercados).
2. *Desenvolvimento e entrega do valor:* Capturando os resultados estratégicos esperados (a partir da execução do processo de planejamento estratégico). Organizações fortes desenvolvem competências superiores para gerenciarem seus processos essenciais de negócios.
3. *Alinhamento das pessoas aos valores criados:* Liderando e motivando colaboradores e parceiros na mudança e incentivando o alto desempenho.

Em geral, o valor não é desenvolvido dentro das fronteiras setoriais já existente, pois as regras competitivas, a percepção de preço justo, a ação dos canais de distribuição, os diferenciais possíveis de produtos e serviços, entre outras situações que já foram estabelecidas, deixam muito pouco a ser feito como criação de valor.

INFORMAÇÃO PRIVILEGIADA

CRIAÇÃO DE VALOR, HOJE E AMANHÃ

A liderança de mercado hoje não significa a liderança de mercado amanhã. Quando se avalia a capacidade da organização de aproveitar as oportunidades de valor que aparecem é interessante percorrer a lista de checagem (*check-list*) e considerar o conhecimento disponível do momento (Quadro 4.2).[21]

Em novos segmentos será possível encontrar áreas de oportunidades para a efetivação de todo o processo de criação, entrega e alinhamento de valores. As organizações que desejam atuar focadas nessas áreas inexploradas da estratégia devem assumir competências que as condicione para o reconhecimento e o aproveitamento daquelas oportunidades antes de seus concorrentes. Usualmente, o valor não está localizado num produto ou serviço, mas quando está não representa vantagem competitiva, pois é acessível a todas as organizações atuantes do setor. Para explorar uma oportunidade de valor, a organização deve arregimentar suas competências entre várias unidades, áreas ou departamentos e trabalhar sistematicamente novos processos.

Na sociedade moderna, oferecer valor implica reunir e harmonizar tecnologias, estabelecer redes de

HOJE	PRÓXIMOS CINCO ANOS
Que clientes são atendidos hoje?	Que clientes estarão sendo atendidos amanhã?
Quais são os canais utilizados hoje?	Por quais canais os clientes serão atendidos amanhã?
Quais são os concorrentes hoje?	Quais serão os concorrentes amanhã?
Qual a base da vantagem competitiva hoje?	Qual será a base da vantagem competitiva amanhã?
De onde vêm os lucros hoje?	De onde virão os lucros amanhã?
Quais são as habilidades que tornam única a organização hoje?	Quais são as habilidades que tornarão única a organização amanhã?
De quais mercados de produtos finais a organização participa hoje?	De quais mercados de produtos finais a organização participará amanhã?

▪ **QUADRO 4.2** *O que fazemos hoje e o que pretendemos amanhã.*

negócios congregando investidores, fornecedores, agências de serviços, mídia e, muitas vezes, até os concorrentes. A construção de valor através das redes de valor será abordada no Capítulo 6.

OLHAR LATINO

"HECHO EN MÉXICO" OU "CREADO Y DISEÑADO EN MÉXICO"

Segundo o diretor da Escuela de Graduados en Administración y Dirección de Empresas del Instituto Tecnológico de Monterrey, Jaime Alonso Gómez, as empresas mexicanas deveriam alterar o foco de "hecho en México" para "creado o diseñado en México". Elas devem se concentrar em *design*, criação e inovação, e construir valor, se é que desejam competir com a China.

"Se estávamos preocupados com a concorrência contra o gigante asiático podemos nos despreocupar, pois já perdemos essa disputa", disse o acadêmico ao assinalar que as empresas mexicanas não podem competir com as regras impostas pelos chineses nas quais são excelentes.

Um esquema baseado em investimentos é bom porque permite adquirir máquinas e equipamentos, mas um esquema baseado na inovação é muito melhor, já que em um mundo globalizado, ainda que as empresas façam o seu melhor, não será suficiente para competir. Assim, será necessário adquirir novos conhecimentos e habilidades, e ver os seus similares chineses como sócios e não como concorrentes.[22]

OBJETIVOS ORGANIZACIONAIS

A missão organizacional e a visão de negócios são eficazes na medida em que são associados objetivos claros e explícitos a serem alcançados ao longo do tempo. O objetivo organizacional é uma situação desejada que a organização pretende alcançar. Quando um objetivo é atingido, ele deixa de ser o resultado esperado da organização e é assimilado à organização como algo real e atual. Torna-se realidade e deixa de ser o objetivo desejado. Nesse sentido, um objetivo organizacional nunca existe como algo tangível; ele é um estado que se procura e não um estado que se possui.

Em muitas organizações, os objetivos organizacionais são formalmente estabelecidos por votos de seus acionistas, em outras pelos votos dos membros da diretoria, em alinhamento com seus conselhos da administração ou por um pequeno número de gestores e, em outras, por um indivíduo que possui ou dirige toda a organização.

A eficiência da organização é alcançada à medida que ela atinge seus objetivos. Contudo, existem organizações que, simultânea e legitimamente, têm vários objetivos. Algumas acrescentam novos objetivos aos seus objetivos originais e outras modificam seus objetivos com o passar do tempo.

Os objetivos organizacionais têm várias funções, a saber:[23]

1. *Servem como padrões* através dos quais os públicos de interesse da organização podem avaliar o êxito da organização, sua eficiência e seu rendimento em relação aos objetivos pretendidos.
2. *Servem como unidade de medida* para que os públicos de interesse possam medir e comparar a produtividade e o sucesso da organização, seja no tempo, seja em relação aos concorrentes.

3. *Funcionam como aglutinadores de esforços*, isto é, como elementos de convergência de atividades e de direcionamento de esforços para que os vários públicos de interesse possam se integrar de maneira coordenada.

Os objetivos organizacionais são unidades simbólicas e ideais que a organização pretende atingir e transformar em realidade. A definição dos objetivos organizacionais é sempre intencional, mas não necessariamente racional, pois é um processo de interação entre a organização e seu ambiente.

Devem ser analisadas as relações da organização com a sociedade mais ampla e o que a sociedade deseja que seja feito ou pode ser persuadida a apoiar. Os objetivos organizacionais identificam o papel que a organização desempenha na sociedade em geral.[24] Ocorre que a sociedade está sempre em constante mudança e, em decorrência, a organização precisa alterar seus objetivos organizacionais nesse processo de ajustamento a problemas e situações emergentes e imprevisíveis. Por sua vez, tais alterações criam novas necessidades de mudanças que vão exigir ajustes adicionais, num círculo virtuoso.

O processo de estabelecer objetivos é complexo e dinâmico. As organizações não buscam um só objetivo, pois necessitam satisfazer uma quantidade enorme de requisitos impostos a ela pelo meio ambiente e pelos diferentes grupos de interesse. Os objetivos organizacionais também não são estáticos, pois estão em contínua evolução, modificando as relações da organização com seu meio ambiente. Assim, não é exagero dizer que as organizações são estruturas racionalmente planejadas para alcançar objetivos organizacionais.

As organizações bem-sucedidas que concorrem na economia globalizada são aquelas que aprenderam a alavancar seus recursos, capacidades e competências essenciais para alcançar seus objetivos organizacionais.[25] Assim, o objetivo organizacional da revista *Fast Company* é ser o manual da revolução dos negócios. Para a Southwestern Airlines, é fornecer serviços absolutamente escandalosos a tarifas inacreditavelmente baixas. A Coca-Cola deseja alavancar suas competências de modo a ter "Coca ao alcance das mãos de todo mundo deste planeta". Na 3M, o objetivo organizacional é ser a companhia que inova e que modifica as bases da concorrência. O objetivo organizacional também pode ser um desafio aplicado a cada indivíduo, como é o caso da Chaparral Steel, em que a meta para cada hora, o critério para cada uma das atividades de uma pessoa é transparente como o cristal: fazer ainda mais aço, cada vez melhor do que qualquer outra empresa.[26]

CONCLUSÃO

A intenção estratégica constitui o ponto de partida para uma visão e ação estratégica da organização. Contudo, apesar de mobilizar as pessoas e impulsionar a organização, ela é insuficiente para os dias atuais. É preciso que ela seja convertida em um planejamento estratégico através do exame das condições ambientais (diagnóstico externo da organização) e das condições organizacionais (diagnóstico interno da organização) e de suas decorrências futuras (construção de cenários) para que sejam estabelecidos os objetivos pretendidos pela organização e definidas as estratégias no sentido de alcançá-los adequadamente. Este é o caminho do planejamento estratégico.

NOTAS

1. HAMEL, G. e PRAHALAD, C.K. "Strategic intent." Boston: *Harvard Business Review*, v. 67 (3), 1989, p. 64.

2. HAMEL, G. & PRAHALAD, C.K. *Strategic intent*, op. cit., p. 66.

3. COLLINS, J. "Turning goals into results: the power of catalytic mechanisms." *Harvard Business Review*, 77 (4), 1999. p. 70-82.

4. HITT, M.A.; PARK, D.; HARDEE, C.; TYLER, B.B., Understanding Strategic Intent in the Global Marketplace. *Briarcliff Manor*, NY: Academy of Management Executive, v. IX (2), 1995, p. 12-19.

5. HAMEL, G. e PRAHALAD, C.K. Strategic Intent, op. cit., p. 66.

6. Ver http://marcelao.wordpress.com/2008/08/14/forum-mundial-de-estrategia-hsm-2008-impressoes-parte-ii/, acessado em 15 de abril de 2009.

7. DRUCKER, Peter F. *The Practice of Management*. Londres: Collins 2006.

8. HAMEL, Gary e PRAHALAD, C.K. Strategic Intent. *Harvard Business Review*, Boston: op. cit.

9. NEILSON, Gary, PASTERNACK, Bruce A. & MENDES, Decio. "The four bases of organizational DNA", in Booz, Allen, Hamilton. *Strategy & business*. Nova York: Issue 33, Winter 2003, p. 48-57.

10. COSTA, E. A. da . *Gestão Estratégica*. São Paulo: Editora Saraiva, 2002, p.37.

11. KOTLER, P. *Administração de marketing*, edição do novo milênio (revisão técnica Arão Sapiro). São Paulo: Pearson Education do Brasil, 2000, p.88.

12. Posicionamento estratégico é uma definição possível do negócio indicando como a organização competirá, considerando os critérios grupos de clientes (intimidade com clientes), necessidades dos clientes (fornecer produtos e serviços de ponta) e tecnologia (excelência operacional). É um conceito diferente de posicionamento de marketing, termo cunhado por AlRher e Jack Trout significando o modo único como uma marca é vista pelo mercado (ver: RIES, Al e TROUT, Jack. Posicionamento. São Paulo: Books, 2005).

13. LEVITT, Theodore. Marketing Myopia. *Harvard Business Review*, jul./ago., 1960.

14.KOTTER, J.P. *Liderando Mudanças*: Rio de Janeiro, Editora Campus, 1997, p.81.

15. COSTA, Eliezer da. *Gestão estratégica*. São Paulo: Editora Saraiva, 2002, p 37.

16. *Stakeholder* quer dizer literalmente alguém neutro que fica responsável pelo pagamento, em nome de alguém ou aquele que fica com objeto de aposta, até que se defina um vencedor – *the one who holds the bets in a game or contest*, mas não se aplica ao uso que vem sendo dado no meio empresarial e na produção acadêmica, que é bem mais abrangente. A definição mais próxima em ingles seria: "*the one who has a share or an interest, as in an enterprise*". Archie Carroll e Ann Buchholtz, Business & Society: Ethics and Stakeholder Management. Mason, Ohio: Thomson Learning, South-Western College Publishing, 4th ed. 2000.

17. J. FROOMAN, *Stakeholder Influence Strategies*. Briarcliff Manor, NY: Academy of Management Review, vol. 24, 1999, p. 191-205.

18. JONES, M.e WICKS, A.C. Convergent Stakeholder *Theory*. *Briarcliff Manor*, NY: Academy of Management Review, v. 24, 1999, p. 206-221.

19. FROOMAN, J. *Stakeholder Influence Strategies*, op.cit.

20. GERMANY, Rhonda e MURALIDHARAN, Raman. The Three Phases of Value Capture. Strategy + Business, New York: n. 22, Primeiro Quadrimestre de 2001, ps. 82-91.

21. PRAHALAD, C. K. e HAMEL, G. G., Competindo pelo Futuro. Rio de Janeiro: Editora Campus, 1995, p.19.

22. Ver www.eleconomista.com.mx, acessado em 21de fevereiro de 2007.

23. ETZIONI, Amitai. *Modern Organizations*. Upper Saddle River, New Jersey: Prentice-Hall, Inc., 1964, p. 13-35.

24. ETZIONI, Amitai. *Modern Organizations*, op. cit., p. 146-148.

25. GULATI, R. Network Location and Learning: The Influence of Network Resources and Firm Capabilities on Alliance Formation. *Strategic Management Journal*, Hoboken, NJ: v. 20, p. 397-420, 1999.

26. LEONARD-BARTON, D. Wellspring of Knowledge: Building and Sustaining the Sources of Innovation, Boston: Harvard Business School Press, 1995, p. 8.

CAPÍTULO 5

DIAGNÓSTICO ESTRATÉGICO EXTERNO

Conhecimento do ambiente e de suas oportunidades

O que você verá pela frente:

- Ambiente dinâmico e mutável.
- Conhecimento do ambiente contextual ou macroambiente.
- Conhecimento do ambiente relacional ou microambiente.
- Conclusão.

Objetivos de aprendizagem:

- Explicar a importância de compreender o ambiente externo da organização.
- Discutir e entender o macroambiente.
- Discutir e entender o setor de negócios da organização.
- Definir os grupos estratégicos e sua influência nas ações competitivas da organização.
- Identificar as forças competitivas e explicar como elas influenciam a organização.

As mudanças rápidas, profundas e descontínuas que afetam as pessoas, as organizações e a sociedade em geral são provocadas pela ação de muitos agentes que simultaneamente formam um intenso e caótico campo dinâmico de forças e cujas decorrências são incertas e imprevisíveis. Os gestores das organizações precisam selecionar, dentre uma infinidade de dados e informações, aqueles que são potencialmente significativos e relevantes, e perceber – através de reflexão e motivações pessoais ou organizacionais – o que está acontecendo ao redor, a fim de preparar um diagnóstico estratégico externo. Olhar para fora das fronteiras da organização é essencial para o seu sucesso. Trata-se de desenvolver uma visão periférica capaz de descortinar horizontes e que permita visualizar o mundo dos negócios em toda a sua dimensão e dinamismo.

CLIPPING COMPETITIVO

SELEÇÃO E PERCEPÇÃO AMBIENTAL[1]

Como as organizações fazem seu diagnóstico externo? A resposta é: através de seus gestores, dirigentes e executivos que mapeiam e analisam o ambiente externo. Vendedores e compradores inclusive. E como fazem isso? Através de suas percepções pessoais. Em primeiro lugar, como o ambiente é extremamente vasto, complexo, dinâmico e intangível, a organização não pode absorvê-lo, conhecê-lo e compreendê-lo em sua totalidade e complexidade, o que seria inimaginável. Na verdade, os gestores precisam apenas selecionar aqueles componentes do ambiente que são relevantes para o processo estratégico, que passam a ser acompanhados através de indicadores. Assim, ocorre a seleção e percepção ambiental. Porém, é preciso enfatizar, não é a organização que seleciona e percebe seus ambientes e sim seus gestores que o fazem segundo suas próprias percepções e convicções pessoais. Essa subjetividade faz com que os mesmos ambientes sejam percebidos de maneiras diferentes pelas várias organizações.

AMBIENTE DINÂMICO E MUTÁVEL

Nenhuma organização está sozinha no mundo. Nem vive absolutamente só ou isolada de todos. Toda organização vive e opera em um ambiente que a circunda. O ambiente constitui o conjunto de todas as demais organizações e de todos os fatores que provocam influências externas sobre a organização. Como o ambiente é dinâmico e mutável, qualquer alteração na organização pode mudar ou alterar esses fatores ambientais, como também qualquer alteração nesses fatores ambientais pode mudar ou alterar a organização. O intercâmbio constante entre organização e ambiente faz com que a organização tenha de funcionar como um sistema aberto em constantes transações com o seu ambiente.

Para ser bem-sucedida, a organização precisa conhecer o seu ambiente. O diagnóstico estratégico externo – também denominado análise ambiental ou auditoria de posição – é a maneira como a organização faz o mapeamento do ambiente externo e das forças competitivas atuantes nele, através da obtenção de informações a respeito do contexto dos negócios, e verifica as possíveis ameaças e oportunidades para a organização e a melhor maneira de evitar ou usufruir essas situações.

Heijden distingue duas dimensões do ambiente externo: o ambiente contextual e o ambiente transacional. A identificação dos limites entre a organização, o ambiente contextual e o ambiente relacional – ou transacional – é de fundamental importância para o processo de planejamento estratégico.[2]

1. *Ambiente contextual ou macroambiente:* É a dimensão do ambiente sobre a qual a organização tem limitada influência.[3] É o ambiente mais amplo, genérico e abrangente que influencia de maneira semelhante todas as organizações. Os fatores do ambiente contextual definem os limites daquilo que a organização pode fazer. Embora seus gestores não tenham poder para influenciar o ambiente contextual, sua tarefa principal é gerir as atividades organizacionais de forma a permanecer como participante efetiva do contexto, aconteça o que acontecer.
2. *Ambiente relacional ou microambiente:* Também denominado ambiente transacional. É o ambiente mais próximo e imediato da organização. É a dimensão do ambiente na qual a organização é um participante efetivo, influenciando os resultados e sendo ao mesmo tempo influenciada por eles. É o setor específico de negócios da organização, constituído pelos clientes ou consumidores, fornecedores, concorrentes e agências reguladoras, onde obtém seus recursos e coloca seus produtos e serviços. Esse é campo onde a organização elabora e aplica sua estratégia.[4]

Na prática, o diagnóstico estratégico externo corresponde ao estudo dos diversos fatores e forças do ambiente externo, das relações entre eles ao longo do tempo e de seus efeitos reais e potenciais sobre a organização, focando principalmente em:

1. *Identificar oportunidades ou ameaças reais* que exijam alguma decisão estratégica da organização. Nesse caso, a interação entre organização e ambiente deve também ser pronta e imediata, feita em tempo real.
2. *Localizar futuras oportunidades ou ameaças potenciais* que ainda não foram claramente percebidas pela organização. Nesse caso, a interação entre organização e ambiente precisa ser submetida a um planejamento estratégico.

A Figura 5.1 apresenta as diferentes dimensões e fatores do ambiente externo de análise da organização.

O diagnóstico estratégico externo começa pelos aspectos mais contextuais e abrangentes que podem abalar todos os setores com maior ou menor intensidade. A partir daí, identificam-se os fatores relacionais referentes aos grupos estratégicos e as forças competitivas atuando dentro dos setores específicos para que haja um perfeito entendimento das oportunidades e ameaças que se apresentam às organizações. A análise setorial permite o conhecimento do setor de negócios e deve ser complementada com o levantamento dos índices de desempenho real e potencial, quantitativos e qualitativos do mercado no setor analisado. Em função das informações a respeito do ambiente, a organização pode elaborar poderosos *insights* sobre os futuros desdobramentos do seu setor de atividade. Esse é o futuro da inovação.[5]

CONHECIMENTO DO AMBIENTE CONTEXTUAL OU MACROAMBIENTE

O ambiente contextual é a situação dentro da qual uma organização está inserida. Como a organização é um sistema aberto, ela mantém transações e intercâmbios com o ambiente que a rodeia. Por decorrência, tudo o que ocorre externamente no ambiente influencia o que ocorre na organização. Contudo, o ambiente contextual influencia genericamente todas as organizações, algumas mais, outras menos, mas de maneira ampla e intensiva. É o ambiente comum a todas as organizações.

Assim como se deve reconhecer o impacto das mudanças fundamentais do ambiente nos negócios, também se deve estar alerta para o fato de que a natureza das mudanças que desafiam as organizações em si está mudando. Através da compreensão das mudanças que ocorrem no ambiente contextual, a organização pode definir procedimentos para lidar com esse ambiente e com os eventos futuros trazidos por aquelas mudanças. Infelizmente, a massa de informações sobre o ambiente contextual é enorme, mas incompleta

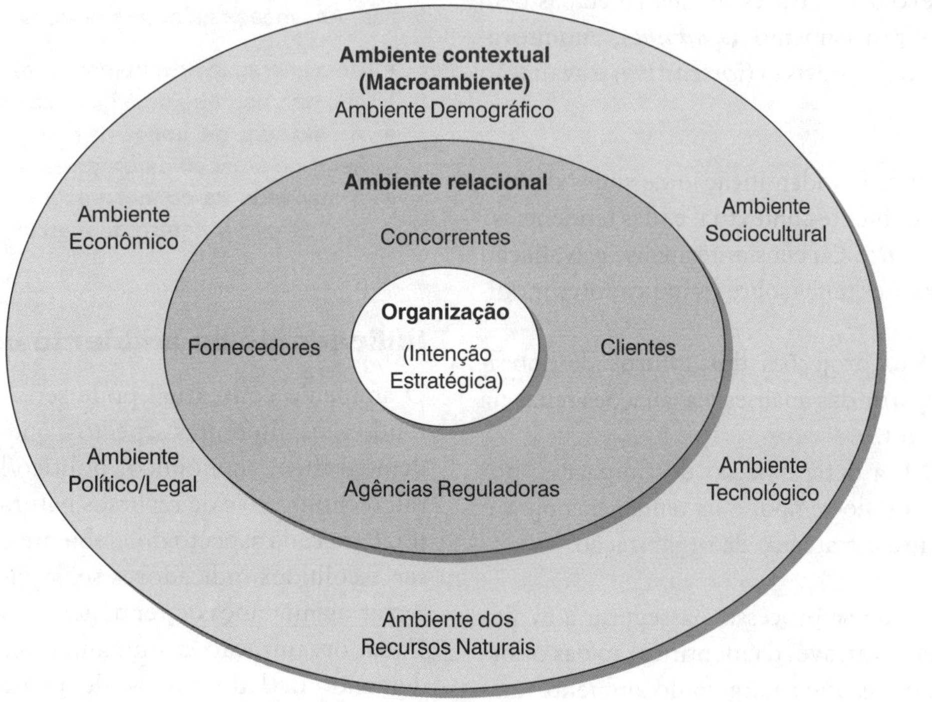

■ **FIGURA 5.1** *O ambiente da organização.*[6]

e muitas vezes ambígua, daí a necessidade de se criar sistemas de informação para coletar as informações disponíveis e, através da análise, procurar obter algum tipo de conclusão sobre as tendências apontadas. Em princípio, nenhuma organização isoladamente pode controlar as tendências do ambiente contextual,[7] por isso as variáveis que as determinam são chamadas de fatores incontroláveis do ambiente.

INFORMAÇÃO PRIVILEGIADA

ERA DA INFORMAÇÃO

Weick[8] afirma que "uma das formas mais promissoras de tratar o ambiente é através da utilização da informação. Em vez de considerar o ambiente decisivo das organizações como sendo constituído de matérias-primas básicas e transformadas, a interpretação mais completa da realidade se dá quando consideramos a informação e o sentido dos bens com que as organizações operam, aos quais seus processos se dirigem e em função dos quais suas relações se estabelecem. Assim, se o ambiente significativo para a organização é descrito por meio de termos da informação, é possível sustentar que a informação procura resolver a ambiguidade existente em informações recebidas e consideradas significativas". A informação é fundamental para que a organização possa compreender o ambiente que a envolve.

Pela própria natureza da informação é necessário que seu processamento se dê em uma base contínua e em constante evolução através de quatro etapas bem identificadas – rastreamento (*scanning*), monitoramento (*monitoring*), previsão (*forecasting*) e avaliação (*assessing*):

1. *Rastreamento*: É a identificação de sinais de mudanças do ambiente contextual e suas tendências.
2. *Monitoramento*: É a constante análise e avaliação das observações feitas sobre os indicadores monitorados.
3. *Previsão*: São projeções dos futuros desdobramentos, a partir das análises e avaliações feitas na etapa anterior.
4. *Avaliação*: É a determinação dos impactos, por importância e no tempo, e as tendências para o planejamento estratégico da organização.

O propósito desse processo é assegurar a evolução da organização através da identificação das oportunidades e ameaças que emergem do ambiente analisado.

INFORMAÇÃO PRIVILEGIADA

OPORTUNIDADE E AMEAÇAS AMBIENTAIS

Oportunidade ambiental: É uma situação que a organização pode aproveitar se estiver em condições ou tiver interesse de usufruir, e é representada por alguma condição no ambiente contextual ou relacional que pode ajudar a organização a realizar sua intenção estratégica. Do contrário, a situação pode tornar-se uma ameaça. O papel do gestor é identificar as oportunidades que surgem, e cada uma delas deve ser analisada em termos de contribuição efetiva para a organização. O ideal é formar uma carteira estratégica de oportunidades. Kotler[9] afirma que a chave do sucesso de uma organização reside em conquistar cada oportunidade ambiental antes de seus concorrentes, uma vez que:

- Toda oportunidade ambiental tem alguns requisitos para o sucesso que precisam ser entendidos antes que outros o façam.
- Toda organização tem características especiais – competências essenciais – que são aspectos que ela pode fazer melhor do que as outras organizações.
- A organização pode aproveitar uma vantagem competitiva na área de uma oportunidade ambiental se suas características particulares satisfizerem os requisitos para o sucesso da oportunidade ambiental de maneira mais eficaz do que as concorrentes potenciais.

Ameaça ambiental: É representada por alguma condição no ambiente contextual ou relacional que pode prejudicar a organização ao realizar sua intenção estratégica. As ameaças têm três origens:

- Uma alteração no ambiente externo que a organização não percebe ou é incapaz de acompanhar.
- A estrutura de poder das forças competitivas no setor de atuação da organização.
- A atividade da concorrência para alterar o equilíbrio de poder dentro do mercado.

Indicadores do ambiente contextual

O ambiente contextual pode ser analisado considerando seus diferentes aspectos, que são os ambientes demográfico, econômico, político/legal, sociocultural, tecnológico e de recursos naturais (meio ambiente). Para cada aspecto do ambiente contextual devem ser escolhidos indicadores sensíveis que possam detectar as mudanças e tendências que devem chegar. Toda organização acompanha certos indicadores, deixando de lado outros, de acordo com sua experiência ou prioridades. Essa escolha é crítica porque, às vezes, deixa-se de acompanhar um indicador importante, mas que a organização e seus executivos não avaliaram como tal, levando-os a serem surpreendidos por acontecimentos provocados por aquele indicador esquecido.

A escolha dos indicadores do ambiente contextual representa uma vantagem competitiva porque o volume de informação disponível é muito grande e está disperso em várias fontes, o que torna impraticável, em termos econômicos e tecnológicos, o acompanhamento de todas as possíveis informações. Além disso, nem toda informação tem a devida relevância e, assim, seria desnecessário seu acompanhamento. Apesar dessa dificuldade e do risco inerente à escolha equivocada dos indicadores, é possível destacar genericamente alguns indicadores que impactam em maior ou menor grau todas as organizações.

Ambiente demográfico

O estudo estatístico da população humana e de sua distribuição é chamado de demografia. Já que as pessoas constituem mercados, as condições demográficas são de interesse especial das organizações. Os principais indicadores utilizados no processo informacional do ambiente demográfico são:

- Tamanho, densidade e distribuição geográfica populacional.
- Taxa de mobilidade da população e processo migratório.
- Taxa de crescimento e de envelhecimento da população.
- Taxa de casamentos, de natalidade e de mortalidade.
- Estrutura etária, estrutura familiar e residencial.
- Nível de escolaridade.
- Composição étnica e religiosa.

A taxa de crescimento da população mundial vem desacelerando nos últimos anos. A população mundial está por volta de 6,3 bilhões de pessoas, e cresce em torno de 1,2% ao ano. Esse ritmo de crescimento não é constante nos diferentes países. A população da Índia cresce em uma semana mais do que a União Europeia cresce em um ano. Por volta de 2050, a Índia terá 1,5 bilhão de pessoas. E a China já alcançou 1,3 bilhão de habitantes.

CLIPPING COMPETITIVO

O MUNDO ENVELHECE

Em muitos países ocidentais, o número de pessoas acima dos 65 anos deverá superar o número de adolescentes. Em 2000, a idade média no mundo era de 26,4 anos, sendo de 37,3 anos nos países ricos. Essa diferença vem se alargando consideravelmente. Em 2050, a estimativa é de que a média mundial estará em 36,8 anos. Em torno de 2020, cerca de um em cada quatro americanos terá mais de 65 anos. Muitas organizações de diferentes setores, como os de investimentos e turismo, estão focalizando aposentados em suas campanhas de comunicação. Em muitos países há leis que protegem e incentivam o relacionamento com os consumidores mais velhos, e as organizações oferecem atendimento personalizado, horários diferenciados e descontos a pessoas de mais de 60 anos.

Se essa tendência se confirmar, muitos países terão de repensar suas políticas de emigração. Na Europa de 2025, cerca de metade da população terá mais de 60 anos, com direito aos benefícios sociais, aposentadoria e assistência médica. A conta deverá ser paga pela população ativa que está ficando proporcionalmente menor. A saída seria "importar" jovens de outros países pobres da África ou Oriente Médio, com taxas maiores de natalidade, para prover recursos humanos para suas economias. Isso já vem acontecendo e incentivando o rápido crescimento dos mercados de minorias étnicas, como hispânicos, negros e árabes, tanto na América do Norte como na Inglaterra e França. As minorias já representam um quarto do total da população americana, e em 2010 representarão um terço, sendo que muitos representantes dessas minorias podem ser considerados pertencentes à classe média.

Mas não se pode esquecer que a faixa etária entre 18 e 34 anos passou a representar um segmento importante nas economias avançadas, já que constitui uma população jovem, casada ou não, mas vivendo quase sempre sua própria vida longe da casa dos pais e com poder de compra para satisfazer seus anseios de consumo e de qualidade de vida.

Ambiente econômico

A análise de tendências das variáveis econômicas que afetam a demanda e a oferta de produtos e serviços nos mercados utiliza indicadores como:

- Renda real da população.
- Taxa de distribuição da renda.
- Taxa de crescimento da renda.
- Configuração geográfica (globalização).
- Padrão de consumo e poupança.
- Nível de emprego.

- Taxas de juros, inflação e câmbio.
- Mercado de capitais.
- Distribuição de renda.
- Balança de pagamentos.
- Nível do Produto Interno Bruto (PIB).
- Reservas cambiais.

Muitos mercados estão se tornando cada vez mais globais em sua natureza. Nenhum negócio – seja ele grande ou pequeno – está a salvo da concorrência internacional, devido às facilidades da tecnologia sobre as pessoas em todo o mundo. Atualmente há um movimento em direção a gigantescos mercados mundiais, onde as economias de escala na produção, marketing e distribuição poderão ser perseguidas. O resultado é uma redução significativa de custos, criando problemas para os concorrentes que não operarem em escala mundial. A indústria britânica de motos já exemplificou um país que dominou o mercado e hoje em dia praticamente não existe mais, dada a sua incapacidade de reconhecer e reagir à ameaça das motos baratas e de boa qualidade fabricadas no Japão, e agora na China, Índia e Brasil.

INFORMAÇÃO PRIVILEGIADA

UM OLHAR DISSIDENTE PARA A CHINA

A emergente oportunidade representada por novos mercados pode também representar uma grande cilada. Segundo Graider,[10] os investidores e as empresas esperam uma grande clientela para os excedentes produtivos, uma realização de resultados em termos de margem e lucros mais folgada e um grande contingente de mão de obra barata. Mas, em contrapartida, o crescimento do novo mercado global está representando um grande enfraquecimento das economias mais ricas, com a redução dos salários e o aumento do desemprego à medida que as empresas globais redirecionam seus investimentos.

A China representa o ícone dessa transição. Desde o início do milênio há a expectativa de que o milagre econômico chinês resolverá o problema da supercapacidade do sistema global, absorvendo os excedentes produtivos. Se a China for bem-sucedida em seu desenvolvimento, ela se transformará num fabuloso mercado de consumidores e trabalhadores de baixo custo, com um sistema econômico menos centralizado e mais distributivo, um sistema político mais democratizado e, em nível das relações internacionais, uma parceira mais confiável. Mas, se a China não for bem-sucedida em seus planos de alcançar o desenvolvimento sustentável, ela poderá desintegrar todo o sistema produtivo global.

Por outro lado, os mercados estão se tornando mais fragmentados e os consumidores mais preocupados em expressar sua individualidade do que em comprar produtos produzidos em massa e vendidos em massa. Não ficou provado que há uma preferência mundial por produtos mais baratos. Assim, cada mercado deve ser examinado individualmente.

INFORMAÇÃO PRIVILEGIADA

ESTÁGIOS DOS CICLOS DE NEGÓCIOS

Os objetivos da organização são afetados por fatores econômicos, como os estágios dos ciclos dos negócios atuais e futuros, bem como as taxas de inflação e de juros. Em geral, os ciclos de negócios percorrem quatro estágios: prosperidade, recessão, depressão e retomada. Entretanto, as estratégias econômicas adotadas pelas economias modernas têm evitado o estágio de depressão por mais de 50 anos. Consequentemente, hoje se pensa em termos de três estágios para o ciclo dos negócios: prosperidade, recessão e retomada, daí retornando para a prosperidade. As organizações necessitam saber em qual estágio do ciclo de negócios a economia se encontra, dado que a natureza das oportunidades e ameaças que emergem em cada estágio do ciclo de negócios é diferente.

1. ***Prosperidade:*** **É um período de crescimento econômico. Durante esse estágio, as organizações tendem a expandir seus investimentos enquanto são lançados novos produtos e serviços e abertos novos mercados.**
2. ***Recessão:*** **É um período de retraimento dos consumidores e dos negócios, época de "apertar o cinto". As pessoas podem se tornar desencorajadas, assustadas e nervosas. Naturalmente esses sentimentos afetam seu comportamento em relação a assumir riscos, o qual, por sua vez, tem importantes implicações para as organizações, frequentemente lidando com minimização das margens. Para algumas organizações, uma recessão pode oferecer imprevistas oportunidades para atividades lucrativas. Por exemplo, ao longo dos anos 1990, surgiram muitas marcas de produtos de consumo chamadas marcas talibãs, numa referência à seita de muçulmanos ortodoxos que governaram o Afeganistão por 20 anos até 2002 e que adotavam estratégias não-sofisticadas mas muito efetivas para exercer seu poder. A maior rede de varejo do Brasil, as Casas Bahia, teve seu rápido desenvolvimento comercializando produtos de baixo preço e pouca sofisticação, mas com uma qualidade bastante aceitável, o que incentivou consumidores das classes C e D a envolverem-se em compras a prazo, de muitas porém baratas prestações.**

3. *Retomada:* É o período no qual a economia se move da recessão para a prosperidade. O desafio das organizações é determinar quão rapidamente a prosperidade retornará e em que nível. Como o desemprego declina e a renda disponível aumenta, as organizações expandem seus esforços para fazer crescer vendas e lucros.

A economia latina apresenta problemas de crescimento econômico e distribuição de renda cujas causas estruturais transcendem a política macroeconômica de curto prazo. Cerca de um quarto da população nos países latinos vive com menos de US$2 ao dia. Enquanto na China as taxas anuais de crescimento *per capita* se mantiveram próximas de 8,5% entre 1981 e 2000, reduzindo a pobreza em 42 pontos percentuais, o PIB *per capita* da América Latina caiu 0,7% durante os anos 1980 e aumentou em 1,5% ao ano na década de 1990, sem apresentar mudanças significativas nos níveis de pobreza.

Os sintomas desses problemas são bem conhecidos. A atual desigualdade de renda é praticamente a mesma desde meados dos anos 1980, depois dos mais diversos regimes monetários e cambiais e fases do ciclo econômico. Mais recentemente, as políticas sociais de diferentes governos têm permitido o acesso a bens materiais por parte das classes C e D.[11]

OLHAR LATINO

O CRESCIMENTO ECONÔMICO NA AMÉRICA LATINA ESTÁ LIGADO À REDUÇÃO DOS NÍVEIS DE POBREZA[12]

Segundo estudo preparado pelos economistas do Banco Mundial, Perry, Arias, López, Maloney e Servén, em 2006, a América Latina é a região que apresenta a maior desigualdade de renda, com exceção da África do Sul e da Região do Sahara. A comparação entre regiões no interior de um mesmo país revela diferenças assombrosas em níveis de prosperidade. Em 2000, a renda *per capita* do município mais pobre do Brasil alcançava apenas 10% do registrado no município mais rico; no caso do México, a renda *per capita* em Chiapas era de apenas 18% em relação à registrada na capital. As diferenças regionais representam mais de 20% de desigualdade no Paraguai e Peru, e mais de 10% na República Dominicana e Venezuela. Em Honduras, Bolívia, México, Paraguai e Peru, a diferença entre os graus de pobreza entre uma região e outra chega a mais de 40 pontos percentuais.

Ainda segundo esse estudo, se os outros fatores permanecerem iguais, uma queda de 10% nos níveis de pobreza poderá gerar um aumento de 1% no crescimento econômico. Por sua vez, uma elevação de 10% nos níveis de pobreza reduzirá as taxas de crescimento em 1% e de investimento em até 8% do PIB, especialmente nos países com sistemas financeiros menos desenvolvidos. Isso ocorre porque os pobres, que geralmente não têm acesso a crédito e a seguros, não estão aptos a participar de muitas das atividades geradoras de renda que estimulam o investimento e o crescimento – criando assim um círculo vicioso no qual o baixo crescimento leva a um alto nível de pobreza que, por sua vez, resulta em um menor crescimento.

Para os economistas do Banco Mundial, uma estratégia de redução da pobreza voltada para o crescimento deveria ter como objetivo melhorar a qualidade da educação, expandir a cobertura do ensino médio e universitário, e estimular o investimento em infra-estrutura, com o objetivo de beneficiar regiões menos desenvolvidas e ampliar o acesso dos pobres aos serviços públicos.

Inflação e taxas de juros: Após duas décadas de pequena inflação global, ao se aproximar a segunda década do novo milênio, parece que muitos países começam a temer o ressurgimento do fenômeno da inflação, que é uma elevação dos preços de bens e serviços. O medo desconfortável de que taxas elevadas de inflação possam retornar continua a influenciar as políticas governamentais, a psicologia do consumidor e os planos estratégicos das empresas.

Taxa de juros é outro fator econômico importante porque, quando as taxas estão altas, por exemplo, as pessoas tendem a não fazer compras de longo prazo, como moradia, ou a se envolverem em financiamentos, o que determina estratégias mais agressivas por parte das empresas que desejam manter suas posições de mercado.

CLIPPING COMPETITIVO

O ÍNDICE BIG MAC

O índice Big Mac é calculado sobre o preço do sanduíche Big Mac em mais de 120 países, tendo como objetivo medir o grau de sobrevalorização ou subvalorização de uma divisa em relação ao dólar americano. Esse índice compara os preços do hambúrguer Big Mac dos Estados Unidos com o seu preço no país no qual se pretende comparar a moeda.

O índice Big Mac foi lançado pela revista *The Economist* em 1986 como um referencial global das taxas de câmbio. A "burguereconomia" se baseia na teoria da paridade do poder de compra (PPP – *purchasing power parity*). O conceito é que a taxa de câmbio entre duas moedas deve, no longo prazo, mover-se no sentido da taxa que equaliza os preços de duas cestas idênticas de produtos e serviços de cada país. Isso quer dizer que US$1,00 compraria a mesma coisa em qualquer lugar do mundo.

Uma "cesta" de Big Macs da rede mundial McDonald's produzida naqueles mais de 120 países com a mesma receita e ingredientes custaria o mesmo em cada país por sua taxa de PPP. Comparar a taxa real de câmbio de uma moeda com uma taxa de PPP considerada é uma forma de verificar se a moeda está sub- ou sobrevalorizada. O princípio é que os procedimentos operacionais da cadeia de *fast food* McDonald's são os mesmos em todos os países em operação, inclusive a margem de contribuição por produto. Assim, se um Big Mac custa três dólares em um lugar e três euros em outro, então um euro tem valor equivalente a um dólar.[13]

No Quadro 5.1 a seguir, a primeira coluna mostra os preços de um Bic Mac em moeda local; na segunda coluna está o valor convertido em dólar americano; na terceira coluna estão as PPP's. Dividindo o valor da primeira coluna com o da segunda coluna tem-se a taxa PPP entre dois países. Comparando-se esse valor com a taxa real de cambio avalia-se a sub ou super valorização.

Ambiente político e legal

Relativa à análise das tendências das leis, códigos, instituições públicas e privadas e correntes ideológicas. A conduta das organizações é influenciada cada vez mais pelo processo político-legal das sociedades, que envolve indicadores como:

- Política monetária, tributária, fiscal e previdenciária.
- Legislação tributária, comercial, trabalhista e criminalista.
- Política de relações internacionais.
- Legislação sobre proteção ambiental.
- Políticas de regulamentação, desregulamentação e privatização.
- Legislação federal, estadual e municipal.
- Estrutura de poder.

Nos últimos anos, aflorou uma ênfase na importância do desenho institucional e legal para o adequado funcionamento dos mercados e das políticas públicas. A aprovação do novo Código Civil brasileiro e as discussões no congresso sobre reforma previdenciária, política, tributária são consequência disso.

Genericamente, as principais políticas de governo do Estado moderno e que afetam mais diretamente as sociedades e empresas são:

1. *Políticas monetárias e fiscais.* Nível dos gastos governamentais, estoque de dinheiro em circulação e legislação tributária.
2. *Legislação social e regulamentos.* Legislação afetando o ambiente (leis antipoluição) ou o conjunto de regulamentos estabelecidos para a inclusão social ou étnica. Uma área de grande indefinição legal é a área do comércio eletrônico (*e-commerce*) e seu relacionamento com a defesa do consumidor, associados com questões de privacidade e segurança nas operações. Há, também, fortes influências político-legais no âmbito estadual e municipal. O planejamento estratégico das organizações é afetado em maior ou menor intensidade por leis de saneamento, taxas estaduais e municipais, e leis sobre o uso do espaço público ou transporte, por exemplo.
3. *Leis de defesa econômica.* Correspondem às leis idealizadas para regular a concorrência ou para proteger o consumidor.
4. *Relacionamento do governo com os setores produtivos.* Subsídios à agricultura, programas para a construção da infraestrutura, impostos e taxas do comércio exterior, e plano de aumento da disponibilidade de energia (política energética). Também orientações sobre desregulamentação dos setores produtivos ou centralização das atividades governamentais representam preocupações crescentes para os gestores, embora as políticas de relacionamento com os setores produtivos, em vez de dizerem aos gestores o que devem ou não fazer (através de leis e regulamentos), desempenham uma ajuda. O governo é o maior comprador isolado de bens e serviços nos países.

▪ **QUADRO 5.1** *Moeda Big Mac*

		$ BIG MAC				
PAÍS	MOEDA	MOEDA LOCAL	EM DÓLARES	PPP	TAXA REAL MÉDIA DO CÂMBIO EM JULHO DE 2007	SUB OU SUPERVALORIZAÇÃO FRENTE AO DÓLAR %
Estados Unidos	US$	3,41	3,41	–	–	–
Brasil	R$	6,90	2,67	2,02	1,91	+ 6
Argentina	Peso	8,25	2,50	2,42	3,09	– 22
México	Peso	29,00	2,69	8,50	10,80	– 21
Japão	Yen	280	2,29	82,1	122	– 33

CLIPPING COMPETITIVO

CLIMA DE INVESTIMENTOS[14]

No Quadro 5.2 a seguir são apresentados os resultados da pesquisa que a Amcham (Câmara Americana de Comércio) faz semestralmente, o Business Climate Indicator (BCI) sobre a percepção que os executivos de multinacionais têm sobre 25 itens relacionados com o clima de investimento do país em uma escala de 0 a 10. Nos itens marcados com *, quanto maior a nota, pior a classificação.

Outro tema que deve ser analisado no escopo do ambiente político legal é a questão da corrupção e atividades ilícitas como pirataria, contrabando e tráfico. A corrupção, por exemplo, atinge tanto países pobres como ricos, e incentiva a lavagem de dinheiro. Segundo um estudo anual da Ernst e Young (http://www.ey.com/global/content.nsf/International/Home), uma das maiores empresas de consultoria do mundo, torna-se claro que a percepção do aumento da corrupção é mundial. A consultoria ouviu, no seu levantamento, mais de 1.200 executivos de todo o mundo, envolvendo empresas de vários países e a conclusão foi que a corrupção é um problema crescente, que está ficando pior, mesmo em países onde o seu controle é melhor do que no Brasil, como, por exemplo, os Estados Unidos, que têm uma legislação especial sobre o assunto e penaliza quem paga propinas. A ONG Transparência Internacional, que publica anualmente o índice de percepção (IPC), que reflete a percepção de empresários, profissionais e consultores do grau de corrupção que envolve funcionários públicos e políticos, num estudo que cobre mais de 100 países, anuncia que o índice percebido de corrupção nos últimos anos não tem se alterado.[15]

■ **QUADRO 5.2** *Pesquisa Business Climate Indicator (BCI) da Amcham (Câmara Americana de Comércio)*

Ambiente sociocultural		
Nível de segurança pessoal e patrimonial	3,7	muito bom
Democracia e liberdade de expressão	7,9	bom
Honestidade do povo e dos políticos	5,9	razoável
Nível geral de educação	5,4	ruim
Nível de aceitação de estrangeiros	7,2	bom
Credibilidade das instituições	6,3	razoável
Infraestrutura		
Qualidade e disponibilidade de fontes de energia	6,3	razoável
Qualidade do sistema ferroviário	4,0	muito ruim
Qualidade do sistema portuário	5,1	ruim
Qualidade do sistema rodoviário	4,9	ruim
Qualidade do sistema de transporte aéreo	6,3	razoável
Fatores produtivos		
Qualidade da mão de obra especializada	6,9	razoável
Tamanho da economia	6,5	razoável
Disponibilidade de financiamento	5,2	ruim
Custo do capital	7,5	ruim*
Liberdade do mercado produtivo	7,5	bom
Liberdade do mercado financeiro e cambial	6,8	razoável
Perspectivas de crescimento econômico	6,6	razoável
Regulamentação governamental		
Nível de tributação	7,5	ruim*
Nível de encargos trabalhistas	7,3	ruim*
Existência de incentivos fiscais	5,3	ruim
Cumprimento das leis e regulamentos	6,2	razoável
Nível de inflação	6,0	razoável*
Respeito à legislação de propriedade intelectual	5,1	ruim
Nível de burocracia governamental	6,9	razoável*

Além disso, uma grande preocupação emergente envolve a violência urbana e o terrorismo. São fatores que provocam profundas reflexões sobre a capacidade do Estado de ser o provedor de uma ordem estabelecida. O certo é que muitos países, nos últimos anos, tiveram sua condição de sustentação extremamente fragilizada com o rápido empobrecimento de suas populações, seja porque perderam os subsídios dos países poderosos, com o fim da Guerra Fria, como foi o caso de países da África, seja porque seus dirigentes não souberam encaminhar suas economias para uma transformação de prosperidade, como é o caso de países da Europa Oriental e América Latina, seja porque foram vítimas da ação predatória de déspotas que pouco fizeram para promover uma distribuição das riquezas ali geradas, como é o caso de alguns países produtores de petróleo do Oriente Médio.

Assim, pode-se dizer que o fator mais relevante da política e da economia foi o surgimento de um poder paralelo, que, usando como base aqueles países, promove um sem-número de ações ilícitas, desde tráfico de drogas a contrabando de armas e criação de uma grande mercado de produtos piratas para a lavagem de dinheiro. E esse tema não poderá ficar fora de qualquer consideração estratégica das empresas e organizações.[16]

Ambiente sociocultural

Relativo à análise das tendências sobre crenças básicas, valores, normas e costumes nas sociedades; atrelada às mudanças do ambiente econômico, às atitudes e valores sociais, também tem sofrido mudanças (pelo menos nos setores desenvolvidos do Ocidente). Os principais indicadores utilizados no processo informacional do ambiente sociocultural são:

- Hábitos das pessoas em relação a atitudes e suposições.
- Crenças e aspirações pessoais.
- Relacionamentos interpessoais e estrutura social.
- Mobilidade entre classes.
- Origem urbana ou rural e os determinantes de status.
- Atitudes com as preocupações individuais *versus* coletivas.
- Grau variado de fragmentação dos subgrupos culturais.
- Situação socioeconômica de cada segmento da população.
- Composição da força de trabalho.
- Estrutura educacional.
- Veículos de comunicação de massa.
- Preocupação com o meio ambiente.
- Preocupação com a saúde e preparo físico.

A tarefa colocada à frente das organizações torna-se mais complexa porque os padrões culturais – estilo de vida, valores sociais, crenças – estão mudando cada vez mais rapidamente. A tendência "verde", o papel do homem e da mulher e a preocupação com o meio ambiente estão ganhando destaque.

Os valores sociais também têm sofrido mudanças com relação às questões sobre o lucro das empresas, a deterioração do meio ambiente e a inclusão dos desfavorecidos e minorias. Os grupos ambientalistas de pressão começam a exercer um profundo impacto sobre as empresas, a tal ponto que as grandes multinacionais do setor do petróleo e outros se veem obrigados a gastar grandes somas em propaganda institucional anualmente para provar a sua preocupação e cuidado com o meio ambiente.

A violência é uma manifestação local das desigualdades que insiste em permanecer presente, mas por outro lado emerge espontaneamente ou por ação de comunidades de base, religiosas ou ONGs, grupos que procuram incentivar a prática da cidadania coletiva. Parece estar se desenvolvendo no seio da sociedade brasileira um resgate da brasilidade, que se manifesta pela indignação quando são denunciados atos de corrupção ou violência.

Um traço inconfundível da sociedade brasileira é a tolerância e, assim, a família como unidade básica da sociedade ainda se mantém, apesar das profundas mudanças nos hábitos, principalmente dos jovens. A valorização dos costumes regionais e rurais vem acompanhado da admiração da arte local e, como um todo, a produção cultural brasileira vem crescendo com o engrandecimento das festas, que, além do Carnaval, já atraem multidões, nos rodeios, festas juninas no Nordeste ou festas do bumba-meu-boi na Amazônia.

Aliada a uma maior preocupação com o meio ambiente, surge uma crescente preocupação com a saúde individual. Tem-se verificado, na indústria de alimentos, por exemplo, grande preocupação com produtos alimentícios mais saudáveis, tais como pães integrais e cereais à base de farelo. Essa tendência, desprezada inicialmente por muitas indústrias alimentícias que a tacharam de modismo restrito a uma minoria da população, aumentou no passado recente com o marketing de produtos com baixos teores de açúcar, sem aditivos, conservantes nem corantes. Produtos ou serviços para o condicionamento físico em geral, tais como roupas e aparelhos para ginástica olímpica, têm desfrutado ultimamente de mercados bastante atraentes.[17]

Ambiente tecnológico

Relativo à análise das tendências sobre o conhecimento humano e que possam influenciar o uso das matérias-primas e insumos ou a aplicação de processos operacionais ou gerenciais. Os principais indicadores utilizados no processo informacional do ambiente tecnológico são:

- Passo tecnológico.
- Processo de destruição criativa.
- Aplicação em novos campos da ciência.
- Programas em pesquisa e desenvolvimento.
- Identificação dos padrões aceitos.
- Manifestações reacionárias em relação aos avanços tecnológicos.
- Aquisição, desenvolvimento e transferência de tecnologia.
- Velocidade das mudanças tecnológicas e atualização do país.
- Proteção de marcas e patentes.
- Nível de pesquisa e desenvolvimento do país.
- Incentivos governamentais ao desenvolvimento tecnológico.

CLIPPING COMPETITIVO

A GUERRA DA CÂMERA SEM FILME

Uma nova tecnologia é linda quando sua organização a desenvolve. Mas é muito diferente quando é desenvolvida pelo concorrente. Há muitos exemplos de como uma nova tecnologia torna a anterior obsoleta. A caixa registradora da NCR foi muito boa até o aparecimento dos computadores, que fazem o mesmo trabalho, mais rápido e melhor.

A Eastman Kodak Company viveu um grande incômodo tecnológico nos anos 1990. A Kodak era líder mundial em produção de filmes, além de enfrentar ataques da concorrência, como Fuji (Japão), Agfa (Alemanha) e Polaroid (Estados Unidos). Desde 2004 vem enfrentando uma ameaça muito maior: câmeras eletrônicas que fotografam sem usar filmes e gravam imagens em cartões de memória. Até os celulares são hoje uma ameaça direta às tradicionais fábricas de câmeras fotográficas.

A Kodak está alerta sobre o futuro curso das ações. No passado, a organização cometeu sérios equívocos na predição do futuro. Há alguns anos, a companhia decidiu não fazer a câmera de 35 mm, que passou a ser o padrão do setor. Outro erro foi não produzir filmadoras de vídeo. Logo depois, a Kodak teve pela frente uma terrível decisão: deveria continuar a investir na produção de filmes ou incrementar o desenvolvimento de novas câmeras sem filmes? Outro desafio: como persuadir os funcionários ao novo produto que poderá substituir o emprego que os garante por anos? E para vender ambos os produtos ao mesmo tempo deveria usar a mesma força de vendas? Ou uma equipe diferente para cada tipo de câmera?[18]

A tecnologia é uma bênção confusa que afeta também o mercado de outras maneiras. Uma nova tecnologia pode melhorar nossa vida numa área criando problemas ambientais e sociais em outras áreas. O automóvel faz a vida ser grande em alguns aspectos, mas cria trânsito congestionado e poluição do ar. A televisão pode ser uma boa babá, mas tem um efeito adverso no convívio familiar e nos hábitos de leitura das crianças. É irônico que a tecnologia seja criticada por problemas (poluição do ar, por exemplo) que se esperava ela resolvesse.

Talvez, a aceleração tecnológica tenha começado com a invenção do microprocessador, que impactou, mais do que todas as outras, as nossas vidas. Os microprocessadores revolucionaram a coleta, o processamento e a disseminação de dados. Provocaram grandes mudanças na tecnologia de produção e atuaram significativamente sobre a taxa de mudança tecnológica. Isso provocou uma redução no período de comercialização das novas invenções. A fotografia, por exemplo, levou mais de 100 anos entre a invenção original e a viabilidade comercial. O telefone gastou 56 anos, o rádio 35 anos, a televisão 12 anos, e o transistor apenas três anos.

Essa redução do prazo de comercialização levou a uma redução dos ciclos de vida dos produtos, tornando-os obsoletos e ultrapassados de maneira mais rápida. Em função das mudanças tecnológicas, tem-se verificado o desaparecimento de indústrias ou aplicações inteiras quase da noite para o dia.[19]

JANELA CONCEITUAL

FENÔMENO DA DESTRUIÇÃO CRIATIVA

O economista Joseph Schumpeter[20] identificou o fenômeno da destruição criativa, próprio do sistema capitalista, que propicia o surgimento de novas tecnologias que, ao serem melhores e mais baratas, eliminam o uso da tecnologia anterior, afetando os mercados de três modos:

1. **Surgimento de setores inteiramente novos, como computadores, telefonia celular, *lasers* e robótica.**

2. **Alteração radical ou virtual destruição de certos setores econômicos. Quando surgiu a televisão, ela prejudicou o rádio e o cinema; as calculadoras de mão fizeram o mesmo com as velhas réguas de cálculo.**
3. **Estímulo para mercados e setores não relacionados à nova tecnologia. Novos aparelhos domésticos e comida congelada darão mais tempo livres para as pessoas se engajarem em outras atividades.**

Ambiente dos recursos naturais

A questão que parece ser recorrente em relação à capacidade da Terra em prover alimento, água e energia para a população humana é se há limites para o tamanho da população que a Terra pode alimentar. Nos anos 1990 proliferaram agências, ONGs e congressos procurando conclusões, mas sem muitos resultados concretos. Mesmo assim, a atual população do mundo parece ser demasiada. Muito embora a humanidade tenha enfrentado com sucesso o desafio de produzir comida suficiente para todos nos últimos 30 anos, há graves desequilíbrios na distribuição e acesso aos alimentos.

Os principais indicadores utilizados no processo informacional do ambiente dos recursos naturais são:

- Escassez das matérias-primas.
- Custo da energia.
- Aquecimento global.
- Poluição ambiental.
- Novas ameaças de doenças.
- Catástrofes naturais.
- Sustentabilidade.

Outro problema emergente é a escassez de água. A água limpa do planeta está virando uma *commodity* em crise, como foi o petróleo na década de 1970. Nos últimos 30 anos, a quantidade de água disponível para cada habitante caiu 37%, tendendo para o esgotamento, mantidos os atuais padrões de utilização e desperdício. Aliada à falta de água há ainda a má distribuição e a contaminação do recurso. O uso intensivo de defensivos agrícolas contamina as jazidas subterrâneas de água, e a agricultura utiliza a água desses reservatórios mais rápido que a chuva consegue repor. Já há relatos de água sendo pirateada dos rios da Amazônia para a Europa e Ásia por navios clandestinos.

Assim como outros recursos naturais, tudo dependerá de como as instituições públicas e privadas se organizarem para fazer a gestão da utilização para o consumo, agricultura e indústria. É o mesmo caso das reservas de combustível fóssil (carvão e petróleo). Um dia elas se extinguirão e, se houver decisões prudentes, deverão ceder lugar a formas renováveis de energia, como a energia solar ou eólica, passando por uma fase de transição, embasada na utilização do gás natural.

Em uma perspectiva instigante, Rifkin argumenta que a revolução dos computadores é mero prelúdio para a mais significativa mudança tecnológica embasada na Biotecnologia. Para ele, o novo milênio será caracterizado por pesquisas e desenvolvimento de plantas e animais geneticamente construídos, resolvendo de vez o problema do suprimento de alimentos no mundo. As fibras genéticas serão a fonte da energia que suplantará as outras fontes de combustíveis fósseis.[21]

Infelizmente, a história recente da humanidade mostra que não tem havido bom senso quanto à organização na utilização dos recursos naturais. O início do século XXI tem se mostrado muito violento, com guerras e terrorismo, em boa medida explicados pelo desequilíbrio de oportunidades entre as diferentes regiões do mundo. Nos últimos anos, a diferença entre os países ricos e pobres aumentou.

No Brasil tem havido grande progresso no desenvolvimento da agricultura em escala. Mas a pequena propriedade rural ainda não tem o financiamento nem o apoio das instituições oficiais para poder escoar sua produção. Há um grande desequilíbrio na oferta de recursos, além de faltar acesso à educação, sementes, fertilizantes e água. O resultado é a atuação de grupos de pressão que procuram alterar esse quadro com intensidade variada em sua ação política, como ocorre com o movimento dos sem-terra.

Por outro lado, a estrutura energética do Brasil é privilegiada se comparada a outros países do mundo. É importante notar que cerca de 60% do total da energia consumida no país vem de fontes renováveis de energia – energia hidráulica (41%), lenha e carvão vegetal (7,5%), derivados de cana-de-açúcar (8%) e outras fontes (eólica, solar). Há um grande potencial hidroelétrico, uma grande possibilidade de obtenção de energia a partir da biomassa, e a produção de petróleo e gás natural vem aumentando. Para se atingir a autossuficiência energética faltam determinação política e investimentos, além da modernização do setor de transporte e industrial objetivando a redução relativa do consumo.

No Quadro 5.3 são apresentados vários indicadores genéricos do ambiente contextual.

■ **QUADRO 5.3** *Indicadores de categorias ambientais genéricas*

Demográfico	▪ Tamanho, densidade e distribuição geográfica populacional ▪ Taxa de mobilidade da população e processo migratório ▪ Taxa de crescimento e de envelhecimento da população ▪ Taxa de casamentos, de natalidade e mortalidade ▪ Estrutura etária, estrutura familiar e residencial ▪ Nível de escolaridade ▪ Composição étnica e religiosa
Econômico	▪ Renda real da população ▪ Taxa de distribuição da renda ▪ Taxa de crescimento da renda ▪ Configuração geográfica (globalização) ▪ Padrão de consumo e poupança ▪ Nível de emprego ▪ Taxas de juros, inflação e câmbio ▪ Mercado de capitais ▪ Distribuição de renda ▪ Balança de pagamentos ▪ Nível do Produto Interno Bruto (PIB) ▪ Reservas cambiais
Político/Legal	▪ Política monetária, tributária, fiscal e previdenciária ▪ Legislação tributária, comercial, trabalhista e criminalista ▪ Política de relações internacionais ▪ Legislação sobre proteção ambiental ▪ Políticas de regulamentação, desregulamentação e privatização ▪ Legislação federal, estadual e municipal ▪ Estrutura de poder
Sociocultural	▪ Hábitos das pessoas em relação a atitudes e suposições ▪ Crenças e aspirações pessoais ▪ Relacionamentos interpessoais e estrutura social ▪ Mobilidade entre classes ▪ Origem urbana ou rural e os determinantes de status ▪ Atitudes com as preocupações individuais *versus* coletivas ▪ Grau variado de fragmentação dos subgrupos culturais ▪ Situação socioeconômica de cada segmento da população ▪ Composição da força de trabalho ▪ Estrutura educacional ▪ Veículos de comunicação de massa ▪ Preocupação com o meio ambiente ▪ Preocupação com a saúde e preparo físico
Tecnológico	▪ Passo tecnológico ▪ Processo de destruição criativa ▪ Aplicação em novos campos da ciência ▪ Programas em pesquisa e desenvolvimento ▪ Identificação dos padrões aceitos ▪ Manifestações reacionárias em relação aos avanços tecnológicos ▪ Aquisição, desenvolvimento e transferência de tecnologia ▪ Velocidade das mudanças tecnológicas e atualização do país ▪ Proteção de marcas e patentes ▪ Nível de pesquisa e desenvolvimento do país ▪ Incentivos governamentais ao desenvolvimento tecnológico
Recursos naturais	▪ Escassez das matérias-primas ▪ Custo da energia ▪ Aquecimento global ▪ Poluição ambiental ▪ Novas ameaças de doenças ▪ Catástrofes naturais ▪ Sustentabilidade

CONHECIMENTO DO AMBIENTE RELACIONAL OU MICROAMBIENTE

Não basta conhecer o ambiente contextual para se obter um diagnóstico estratégico externo suficiente para nortear e dimensionar a estratégia organizacional. O diagnóstico estratégico externo precisa também mapear o ambiente relacional da organização, mais próximo e imediato de cada organização e com o qual ela mantém uma intensa interação. É o segmento ambiental do qual a organização retira seus insumos e coloca seus produtos e serviços, enfrentando outras organizações concorrentes e agências reguladoras.

O ambiente relacional envolve um conjunto de fatores competitivos – a ameaça de novos entrantes, fornecedores e poder de barganha de compradores, produtos substitutos e o grau de intensidade da rivalidade entre concorrentes – que exerce influência direta sobre a organização, suas ações e reações competitivas. As interações entre esses cinco fatores determinam o potencial de lucro de um dado setor de negócios. O desafio reside em localizar uma posição do setor na qual a organização possa influenciar favoravelmente os fatores competitivos ou se defender da influência deles.

JANELA CONCEITUAL

SETORES E MERCADOS

Setores e mercados não são a mesma coisa. Setores são constituídos por organizações com tecnologia e produtos em comum, ao passo que mercados são constituídos por públicos e clientes ligados por necessidades similares, como o mercado consumidor, o mercado de mão de obra ou o mercado de investidores.

■ **QUADRO 5.4** *Exemplos de setores da economia*

▪ Siderurgia	▪ Educação	▪ Bancos – crédito
▪ Automobilístico	▪ Construção civil	▪ Energia elétrica
▪ Autopeças	▪ Química e petroquímica	▪ Saneamento

Essa distinção se deve a dois motivos: primeiro, os clientes podem estar satisfeitos com produtos e tecnologias diferentes dos oferecidos pelo setor tradicional. Por exemplo, os bancos convencionais podem ter negócios desviados para a rede de agências de correios e casas lotéricas, que passaram a ser autorizadas a receber contas de água, eletricidade e outras. Nesse caso, dois setores atendem a um mesmo mercado. Segundo, os critérios para a classificação dos setores têm se deslocado dos produtos para as necessidades atendidas. Os modernos programas e sistemas de informação viabilizam esse deslocamento.

Por causa dessa situação podem ser relatados casos inusitados, como, por exemplo, no gerenciamento por categorias de supermercados. O Wal Mart – a maior rede de autosserviço do mundo – descobriu recentemente uma correlação entre a compra de fraldas descartáveis e cervejas às sextas-feiras à noite, em muitas de suas lojas, a partir dos cruzamentos de informações vindas de seu *datawarehouse*. O que se percebeu é que as vendas de fraldas acompanhavam o ritmo de vendas de cerveja, principalmente às sextas-feiras. A explicação era que jovens pais, no caminho de volta do serviço, eram solicitados por suas mulheres a comprar fraldas. Eles davam a boa desculpa de que também estavam precisando de cerveja para o fim de semana. Agora, esses dois produtos são vendidos juntos às sextas-feiras. Nesse caso, um mesmo setor atende a dois mercados distintos.

Análise setorial

A análise setorial se refere à investigação, monitoramento e previsões a respeito do setor de negócio da organização. Ao analisar seu setor de atuação, a organização precisa ter uma percepção mais definida das oportunidades e ameaças ambientais que podem influenciar seu desempenho competitivo.

A análise setorial deve ser elaborada a partir de quatro dimensões:

1. A dimensão dos grupos estratégicos, que pode permitir que uma organização direcione os seus esforços contra concorrentes específicos.
2. A direção da evolução setorial enquanto o setor passa pelos diferentes estágios competitivos ao longo de uma curva de mudanças.
3. O nível de estabilidade ambiental, considerando os graus de turbulência e as diferentes economias de escala que podem coexistir dentro dos setores em que os grupos estratégicos operam.
4. A dimensão da composição de forças competitivas atuantes no setor.

Grupos estratégicos

Um grupo estratégico compõe-se de organizações dentro de um setor que seguem opções estratégicas semelhantes e orientadas para grupos de clientes similares. A Coca-Cola e a Ambev – formada inicialmente pela incorporação da Antártica pela Brahma, hoje a maior indústria privada de bens de consumo do Brasil e a maior cervejaria da América Latina – formam um grupo estratégico no setor de refrigerantes. Essa identificação é fundamental para a análise setorial, uma vez que, assim como os setores podem ascender e cair, apesar das condições do ambiente geral, também os grupos estratégicos podem desafiar as instabilidades setoriais com suas competências distintivas.

Um passo fundamental na análise setorial corresponde à identificação das dimensões estratégicas praticadas pelas organizações, procurando identificar grupos de organizações que fizeram suas opções similarmente, vindas a constituir um grupo estratégico. A identificação dos grupos estratégicos constitui uma referência intermediária entre a visão genérica do setor e a avaliação isolada da organização.

Os grupos estratégicos em um setor podem ser identificados pelas barreiras que afetam a mobilidade do setor. Por exemplo, trabalhando com a situação entre a Coca-Cola e a Ambev, organizações que competem na base de investimentos em propaganda massiva, em imagem e em eventos para posicionarem-se uma contra a outra pode-se entender a dificuldade delas quando expostas à ação de pequenas organizações do setor. Nos últimos anos, pequenos fabricantes de refrigerantes vêm conquistando parcelas de mercado sensíveis a preços reduzidos e que não identificam diferenciais críticos de qualidade em relação às marcas consagradas. A Coca-Cola e a Ambev pouco podem fazer para impedir o crescimento daquelas marcas e muito menos conseguem atuar nos grupos estratégicos que abrigam as pequenas organizações.

Outra situação em que a barreira de mobilidade naturalmente estrutura grupos estratégicos acontece entre os laboratórios farmacêuticos que hoje se agrupam em pelo menos dois grupos estratégicos característicos: os fabricantes de medicamentos genéricos e os fabricantes de medicamentos de alto valor de inovação e avanço tecnológico. Em âmbito global, as fronteiras geopolíticas também promovem o surgimento de grupos estrategicos. Investimentos em infraestrutura necessários em áreas recentemente saídas de guerras, como Bósnia e Iraque, tendem a favorecer organizações americanas, fazendo com que as organizações europeias e brasileiras formem um grupo estratégico diferente do de seus equivalentes americanos e formulem suas estratégias com base em outras dimensões, como especialização e serviços.

CLIPPING COMPETITIVO

GRUPOS ESTRATÉGICOS POR PAÍSES

Em expansões globais, muitas organizações apresentam clara inabilidade para entender as diferenças entre os grupos estratégicos atuantes num país, sendo essa limitação uma das causas frequentes dos seus fracassos ao entrarem em novos mercados através de aquisições. É o que aconteceu com a organização de varejo holandesa Ahold, que adquiriu as tradicionais organizações Paes Mendonça e Bom Preço, sediadas no Nordeste brasileiro. A Ahold não foi hábil ao lidar com o mercado de baixa renda característico do mercado atendido pelas organizações adquiridas e está dando espaço agora para organizações com um conhecimento específico ao lidar com esse mercado, como é o caso de Casas Bahia e Lojas Marabrás, cujas estratégias de financiamentos são muito favoráveis para os clientes de baixa renda. Para que uma organização adote uma estratégia liberal de crédito, nos moldes aceitos por esses clientes, exige-se uma abordagem adaptada à estratégia proposta. Entre os bancos, o mesmo vem ocorrendo: o Bradesco, um banco com larga experiência no atendimento de correntistas assalariados, vem ocupando o espaço deixado por bancos estrangeiros, como o espanhol Bilbao Viscaia, que recentemente tentou mas não conseguiu sustentar uma posição competitiva no mercado brasileiro.

Rivalidade entre grupos estratégicos

Os grupos estratégicos são caracterizados pela similaridade de opções estratégicas das organizações que os compõem, o que pode provocar um grau de rivalidade maior ou menor entre os grupos, dependendo dos seguintes fatores:

1. *Grau de superposição dos mercados-alvo:* Como acontece no setor de TV por assinatura, no qual todas as empresas focalizam os mesmos clientes potenciais. O serviço pode ser oferecido através de tecnologia por satélite, por cabo, por micro-ondas e até por Internet, mas a disputa pelo assinante é acirrada.
2. *Resultado da diferenciação de produtos:* Se as estratégias das empresas pertencentes ao grupo estratégico produzem produtos, serviços ou marcas distintas, o grau de acirramento competitivo tende a ser menor. É o caso dos fabricantes de *jeans* de *griffe* – um grupo estratégico –, mas os produtos de cada empresa são diferentes entre si na avaliação dos consumidores.
3. *Grau de superposição das dimensões estratégicas*: Se a concentração dos grupos ao redor das mes-

mas dimensões estratégicas escolhidas for maior, o acirramento será elevado. Se houver grupos estratégicos cujas empresas embasam sua competição na marca, tecnologia ou atuação junto aos canais, a tendência é que, mesmo não focando o mesmo mercado, pode surgir competição pela reputação de marca, liderança no avanço tecnológico ou cobertura de mercado.

Evolução setorial

Os setores de negócios cumprem um ciclo de mudanças estruturais que impactam diretamente o planejamento estratégico das organizações: eles podem evoluir ou regredir. Essas mudanças são provocadas pelo próprio desenrolar das interações de forças competitivas dentro do setor considerado. O acompanhamento da evolução setorial é importante porque vai afetar as condições da sua atratividade para receber investimentos e os esforços das organizações nele atuantes, exigindo ajustes estratégicos em relação ao planejado. A capacidade para antever possíveis alterações da estrutura competitiva num setor reduz o custo de adequação porque, quando as alterações se tornam evidentes a todos os interessados, às vezes já será muito tarde para se obter qualquer vantagem competitiva sobre as oportunidades oferecidas pela mudança.

Na tentativa de prever a evolução setorial, pode-se associar o conceito do ciclo de vida dos produtos. A hipótese é que, à semelhança do que ocorre em tese com os produtos, os setores passam por quatro estágios competitivos:

1. Emergência.
2. Transição.
3. Maturidade.
4. Declínio.

A incerteza é a característica mais marcante dos setores emergentes. O setor de TV por assinatura é um caso bem representativo. Já não há incertezas tecnológicas quanto às tecnologias básicas para a transmissão direta de programas de televisão por cabo ou satélites, mas existem enormes incertezas quanto ao modelo de negócio que prevalecerá, quanto à combinação de tecnologias a serem usadas e como deverá ser remunerada a montagem da infra-estrutura. Além disso, não se conhece perfeitamente as preferências do assinante que possam apresentar bons indicativos para a preparação de programações suficientemente atrativas.

A transição ocorre quando muitos compradores aprovam a nova opção tão logo ela se mostre bem-sucedida. Na transição para a maturidade, a incerteza diminui, mas a concorrência aumenta. Geralmente, o crescimento rápido, as margens maiores, a pequena concorrência e o ilusório tamanho dos setores no final da fase de emergência atraem muitos concorrentes. Aqueles que procuraram evitar as incertezas nos estágios iniciais pensam agora que este é o momento certo para entrar no negócio. Com isso, a concorrência aumenta, os lucros e a taxa de crescimento diminuem e a capacidade torna-se excessiva. Nesse estágio do ciclo de evolução setorial, uma tecnologia ou grupo estratégico tende a se tornar dominante, fato que obriga os concorrentes a competirem com base em preço reduzido ou na extensão de linhas de produtos, minimizando suas margens. O que acontecerá com os celulares. O declínio de um setor geralmente é provocado pelo surgimento de um substituto ou por uma mudança demográfica. Duas estratégias são adequadas: desinvestir ou concentrar no atendimento eficiente a um nicho atrativo do setor.

CLIPPING COMPETITIVO

TRANSIÇÃO TECNOLÓGICA

O caso envolvendo a tecnologia de vídeo ao longo dos anos 1980 foi muito representativo dos riscos associados à emergência de um novo setor. Das três tecnologias concorrentes de vídeo, somente uma, a VHS, sobreviveu. Anos depois, as organizações que desenvolveram os dois sistemas perdedores – a Philips com o VCR e a Sony com o Betamax – administraram o surgimento da tecnologia da reprodução baseada no *laser* de forma mais estratégica. As duas colaboraram no desenvolvimento de um padrão de CD e licenciaram a tecnologia de forma a acelerar sua difusão e reduzir a incerteza do mercado quanto à tecnologia-padrão. Com o estabelecimento de uma única tecnologia, o CD tornou-se menos propenso à falta de *softwares* e tornou os videodiscos pouco atraentes para os usuários. Os clientes ainda enfrentariam o custo relativamente alto da transição de suas coleções de discos de vinil para os CDs, mas esse impacto foi reduzido ao se investir nos segmentos sensíveis à qualidade da reprodução de alta fidelidade, fazendo com que o CD fosse aceito tanto por grandes usuários exigentes como por simples ouvintes de seus aparelhos portáteis. Durante os primeiros anos deste século, enquanto no Brasil não se resolvia o padrão tecnológico para a TV de alta definição, os investimentos das organizações do setor ficaram em compasso de espera. O mesmo aconteceu na agricultura, enquanto durou a discussão da liberação da tecnologia das sementes transgênicas.

Turbulência ambiental

A capacidade da organização de prever a evolução setorial aumenta suas chances de antecipar adaptações de modo que, na eminência de uma mudança ambiental, a organização já tenha se preparado para os novos tempos. Ansoff[22] desenvolveu uma metodologia que dá suporte à tomada de decisão considerando a probabilidade de ocorrências de mudança. A chave para a aplicação dessa metodologia está no conceito de turbulência ambiental.

A turbulência ambiental é função da probabilidade de mudança de uma organização e da capacidade da organização de prever mudanças e de qual natureza elas serão. Assim:

1. Probabilidade de mudança depende de:
   a. *Complexidade do ambiente:* A avaliação da abrangência com os fatores ambientais afeta a organização e seu escopo de influência (local, regional, nacional, internacional, global).
   b. *Rescência dos eventos:* Avaliação do grau em que as condições ambientais representam novidade (não-familiar) e a característica de descontinuidade (mudança radical) ou continuidade (mudança incremental).
2. *Capacidade de previsão* depende de:
   a. *Rapidez da mudança:* Medida da taxa de mudança ambiental associada à capacidade apropriada de resposta da organização.
   b. *Incertezas sobre o futuro:* Avaliação do quanto as mudanças podem ser surpreendentes em comparação com mudanças sistemáticas, refletindo a abrangência e utilidade das informações disponíveis pela organização sobre o futuro.

O modelo de Ansoff identifica cinco diferentes níveis de turbulência, baseados nos critérios descritos, especificando as respostas estratégicas, em termos de agressividade estratégica, apropriada a cada nível. O modelo ajuda a avaliar a adequação da abordagem estratégica atual da organização e pode-se supor que poucas organizações estejam operando nas condições caracterizadas nos dois primeiros níveis. A maioria das organizações no contexto competitivo atual provavelmente estará concebendo suas estratégias para

■ **QUADRO 5.5** *Níveis de turbulência ambiental e abordagens estratégicas*

Probabilidade de mudança	Nenhuma mudança	Vagarosa mudança incremental	Acelerada mudança incremental	Descontinuidade previsível	Descontinuidade imprevisível
Capacidade de previsão	Repetitiva	Expansão	Mutante	Descontínua	Inesperada
Abordagem estratégica	Estável	Reativa	Antecipatória	Empreendedora	Criativa
Base decisória	Precedentes históricos	Experiências recentes	Extrapolação de tendências	Visão estratégica	Percepções intuitivas
Valores organizacionais	Estabilidade/ longevidade	Economia/ eficiência	Lucro/ crescimento	Lucros adiados/ aproveitamento de oportunidades	Criatividade/ tomada de risco
Resposta gerencial	Controle/ rejeição	Diagnóstico/ adaptação	Otimização/ busca de paradigmas similares	Exploração/busca de paradigmas relacionados	Inovação/busca de novos paradigmas
Características do processo	Políticas *top-down*/ orçamentos *bottom-up*	Controle financeiro/ extensão do orçamento	Monitoramento ambiental/ *business intelligence*	Construção de cenários/planos de contingência	Identificação dos sinais de alerta
Sistema de controle	Periódico/ operacional	Tempo real			

atuar nos níveis três, quatro ou cinco, dependendo do acirramento da rivalidade entre concorrentes, grau de evolução tecnológica etc.

Composição de forças competitivas

Segundo Porter,[23] a capacidade de geração de margem de uma organização dentro de um setor não é uma questão de sorte ou azar. Tudo depende da configuração das forças competitivas do setor. A concorrência – tomada no sentido mais abrangente – empurra sistematicamente a taxa de retorno sobre o capital investido num setor para uma taxa competitiva básica próximo à remuneração dos títulos de longo prazo do governo. A taxa competitiva mais elevada incentiva o surgimento de entrantes ou a ampliação da capacidade das organizações já atuantes no setor, enquanto uma taxa abaixo da média esperada afasta os investidores que procurarão taxas melhores em outros setores. Assim, a concorrência é dada, não pela procura de novos clientes, mas pelo retorno esperado do setor, fazendo com que todas as cinco forças competitivas em conjunto determinem a intensidade competitivia no setor e, consequentemente, sua atratividade. Forças diferentes lutam por predominância e hegemonia, pois assim podem partilhar do bolo do retorno de modo preferencial.

Por exemplo, o setor de alimentos, os compradores representados pelas cadeias de autosserviço e grandes distribuidores, por sua proximidade com o mercado consumidor, vêm arrochando as margens e os lucros dos fabricantes, devido ao seu grande poder de barganha, desenvolvendo inclusive marcas próprias e permitindo o surgimento de novos entrantes.

Na siderurgia, a principal força competitiva é representada pelos materiais substitutos, como plástico e alumínio, e entre as montadoras brasileiras. As organizações instaladas há mais tempo no país sofrem com a instalação de concorrentes europeus e asiáticos, que concorrem com uma grande diferenciação ou buscam um custo inferior.

Porter propôs um modelo de cinco forças competitivas, como visto no Capítulo 1, considerando a rivalidade entre concorrentes e a ameaça representada por novos entrantes, pela possibilidade de emergência de produtos substitutos e pelo poder de barganha ou de fornecedores ou de compradores.

O modelo de análise das cinco forças competitivas amplia a base analítica setorial, na medida em que essas forças mostram que a concorrência em um setor envolve todas as organizações do setor. Fornecedores, compradores, entrantes potenciais, sem falar nos concorrentes, são todos concorrentes entre si pela margem potencialmente a ser gerada pelo setor. A Figura 5.2 apresenta as situações que determinam a rivalidade ampliada dos setores considerando cada força competitiva.

1. *Ameaça de novos entrantes*: Uma organização que ingressa no setor de negócios – o novo entrante – traz ameaças às organizações existentes, por trazer capacidade de produção adicional, forçando as demais a serem mais eficazes e aprenderem a concorrer em novas dimensões.

CLIPPING COMPETITIVO

NOVOS ENTRANTES

Exemplo dessa situação é a entrada de uma organização do setor têxtil, a Vicunha, que na liderança de um de seus proprietários formou um consórcio de organizações para participar do programa de privatização das siderúrgicas, adquirindo a CSN (Companhia Siderúrgica Nacional), nos anos 1990. Da mesm forma, a constituição da GOL, entrante na aviação civil que desestruturou o modelo de operação das organizações já existentes, obrigando-as a promover grandes alterações estratégicas.

Para barrar o ingresso de novos entrantes, as organizações utilizam barreiras de entradas, a saber:

a. *Economias de escala*: As economias de escala aumentam na medida em que a quantidade de um produto fabricado aumenta e os custos de fabricação de cada unidade diminuem. Assim, o novo entrante enfrenta o desafio frente às economias de escala dos concorrentes existentes.
b. *Diferenciação de produto:* As organizações existentes diferenciam o produto para torná-lo único e exclusivo para que o cliente o valorize mais. O novo entrante precisa alocar muitos recursos para superar a fidelidade do cliente.
c. *Requisitos de capital*: Para que um novo entrante ingresse no setor, ele precisa dispor de capital e recursos.
d. *Custos de mudança:* Custos de aquisição de equipamentos auxiliares, treinamento de pessoal etc. envolvem custos adicionais, como a

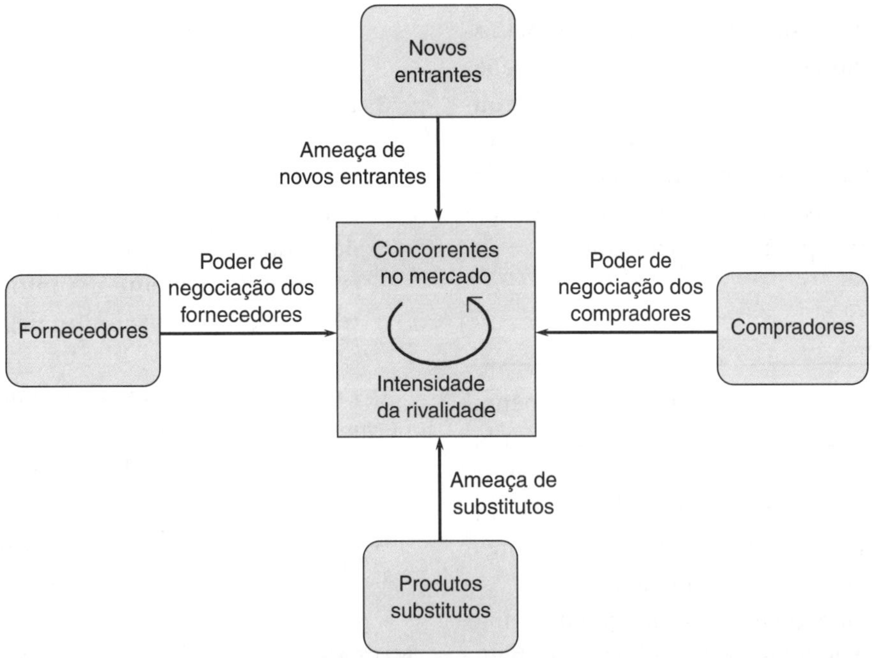

■ **FIGURA 5.2** *Modelo das cinco forças competitivas de Porter.*[24]

mudança da fita cassete para o CD. Quando os custos de mudança são elevados, o novo entrante enfrenta desafios.

e. *Acesso aos canais de distribuição:* Através de meios eficazes de distribuição dos produtos e um forte relacionamento com distribuidores com a finalidade de gerar custos de mudanças para estes.

2. *Poder de barganha dos fornecedores:* Os fornecedores num setor são considerados poderosos quando:

a. Constituem um pequeno número de grandes organizações fornecedoras altamente concentradas.

b. Não há produtos substitutos satisfatórios para o setor.

c. As organizações não são consideradas clientes importantes para os fornecedores.

d. Os artigos dos fornecedores são essenciais ao êxito do comprador no mercado.

e. Os fornecedores representam uma ameaça de integrar-se para a frente no setor dos compradores (um produtor de roupas pode optar por operar seus próprios canais de varejo).

3. *Poder de barganha dos compradores:* Os compradores num setor têm poder quando:

a. Estão adquirindo grande parte do total da produção do setor.

b. O produto adquirido responde por uma parcela significativa dos custos dos compradores.

c. Os produtos do setor não são diferenciados ou padronizados.

d. Os compradores pode apresentar uma ameaça concreta de integração para trás. O setor automobilístico está oferecendo um serviço de vendas nacionais *on-line* para proporcionar serviços adicionais ao cliente.

4. *Ameaça de produtos substitutos:* Produtos substitutos são os diferentes bens ou serviços que vêm de fora do setor e que desempenham as mesmas funções de um produto fabricado no setor. É o caso de recipientes plásticos no lugar de potes de vidro, sacos de papel em vez de sacos plásticos, chá substituindo café etc.

5. *Intensidade da rivalidade entre os concorrentes:* Em cada setor há organizações que concorrem ativa e vigorosamente para alcançar competitividade estratégica. Os fatores que influenciam a intensidade da rivalidade entre as organizações são:

a. Concorrentes numerosos ou igualmente equilibrados.

b. Crescimento lento do setor.

c. Custos fixos elevados.

d. Capacidade aumentada em grandes incrementos.

e. Concorrentes divergentes em termos de metas e estratégias.

f. Apostas estratégicas elevadas.

6. Barreiras de saída elevadas envolvendo ativos especializados (vinculados a um negócio específico), custos fixos de saída (como custos trabalhistas), inter-relacionamentos estratégicos (relações de dependência recíproca entre um negócio e outras partes das operações, como operações compartilhadas), barreiras emocionais (como lealdade aos funcionários) e limitações sociais e governamentais (preocupação com demissões).

CONCLUSÃO

A gestão do conhecimento estratégico é fundamental para o sucesso organizacional. Ela se baseia profundamente no diagnóstico estratégico externo. O diagnóstico estratégico externo é feito em dois estratos ambientais: no ambiente contextual ou macroambiente e no ambiente relacional ou microambiente.

No ambiente contextual, a organização deve mapear as variáveis relevantes que caracterizam o ambiente demográfico, econômico, sociocultural, político-legal e tecnológico. Com isso, ela pode identificar precocemente as mudanças e tendências significativas entre os elementos externos. Todavia, o macroambiente é vasto e genérico, ao mesmo tempo que influencia todas as organizações nele contidas. Assim, é fundamental conhecer também o setor específico de negócios que circunda a organização em seu contexto mais próximo e imediato.

No ambiente relacional, a organização precisa conhecer profundamente seus clientes, fornecedores, concorrentes e agências reguladoras. A organização precisa conhecer os grupos estratégicos, a composição das forças competitivas, identificar mercados e segmentos, características dos clientes e dos concorrentes a fim de definir seu comportamento estratégico como resposta às condições externas.

Em tese, a gestão do conhecimento estratégico procura agregar valor ao negócio através de três aspectos:

1. Apoiar da melhor maneira possível o processo de tomada de decisão estratégica com informações de qualidade. A qualidade da informação se traduz em integridade (nível de qualidade com que os dados são mantidos na fonte de informação), acuracidade (nível de qualidade com que os dados da fonte representam a realidade) e completude (indica o quanto de todos os dados necessários para atender à demanda está presente na fonte).
2. Permitir à organização perceber oportunidades e ameaças às suas operações, detectando problemas ou tendências que permitam preparar-se para o futuro.
3. Dotar a organização de inteligência competitiva, isto é, ter o pulso do mercado – atual e prospectivo – bem monitorado. A inteligência competitiva é a habilidade para transformar a imensa massa de dados operacionais que correm nas veias da empresa diariamente em informações consistentes que agreguem valor ao negócio.[25]

Em suma, o diagnóstico estratégico externo deve permitir o conhecimento adequado do macro e do microambiente, dos mercados envolvidos, da concorrência existente e, sobretudo, de todo o contexto externo que cerca a organização. Isso permite as condições iniciais de pôr a estratégia organizacional em ação.

NOTAS

1. CHIAVENATO, Idalberto. *Teoria geral da administração*. v. II. Rio de Janeiro: Campus, 2001, p. 369-372.

2. HEIJDEN, Kees van der. *Planejamento de cenários – a arte da conversação estratégica*. Porto Alegre: Bookman, 2004, p. 16.

3. EMERY, Frederick Edmund & TRIST, Eric L. "The casual texture of organizational environments", in *Human Relations*. Thousand Oaks, CA, v. 13.

4. Ao longo do texto adotaremos a expressão ambiente relacional, em vez de ambiente transacional, para indicar que nessa dimensão acontecem todas as relações organizacionais, não somente aquelas caracterizadas como transações.

5. CHRISTENSEN, Clayton M., ROTH, Erik A. & ANTHONY, Scott D. *O futuro da inovação*. Rio de Janeiro: Elsevier/Campus, 2008.

6. CHIAVENATO, Idalberto. *Introdução à teoria geral da administração*. Rio de Janeiro: Elsevier/Campus, 2005.

7. Ver adiante o *Clipping* competitivo: A guerra da câmera sem filme.

8. WEICK, Karl E. *A psicologia social da organização*. São Paulo: Edgard Blücher-Edusp, 1973, p. 29.

9. KOTLER, Philip. *Administração de marketing*. 10. ed. São Paulo: Pearson Education do Brasil, 2000, p. 98.

10. GRAIDER, William. *The World, ready or not – the manic logic of global capitalism*. Nova York: Simon e Schuster, 1996.

11. GASARINI, L., GUTIERREZ, F. & TOMAROLLI, L. *Growth and income poverty in Latin America and the Caribbean: evidence from household surveys*. Washington DC: World Bank, 2005.

12. PERRY, Guillermo E., ARIAS, Omar S., LÓPEZ, J. Humberto, MALONEY, William F. & SERVÉN, Luis. *Poverty reduction and growth: virtuous and vicious circles.* Washington DC: The International Bank for Reconstruction and Development/The World Bank, 2006.

13. Extraído de *The Economist* (http://www.economist.com/displaystory.cfm?story_id=9433804) aos preços de julho de 2007.

14. Extraído de Radar de Negócios, Update, São Paulo, agosto de 2003, p. 36. Ver www.amcham.com.br

15. http://www.ey.com/global/content.nsf/International/AABS _-_ RAS_-_FIDS_-_10th_Global_Fraud_Survey

16. NAÍM, Moisés. *Ilícito O ataque da pirataria, da lavagem de dinheiro e do tráfico à economia global.* Rio de Janeiro: Jorge Zahar Editor, 2006.

17. STANTON, William J., ETZEL, Michael J. & WALKER, Bruce J. *Marketing.* Tradução e revisão: Arão Sapiro. São Paulo: Makron Books, 2001.

18. Baseado no artigo de RISDON, Joan E. "Kodak tries to prepare for the films era without inviting devise of core business". *The Wall Street Journal*, April, 18, 1991, p. B1.

19. STANTON, William J., ETZEL, Michael J. & WALKER, Bruce J. *Marketing.* Tradução e revisão: Arão Sapiro, op. cit., 2001.

20. SCHUMPETER, Joseph. *The theory of economic development.* Berlim: Dunker & Humblot, 1964.

21. RIFKIN, Jeremy. *O século da biotecnologia.* Tradução e revisão de Arão Sapiro. São Paulo: Makron Books, 1999.

22. ANSOFF, H.I. *Implanting strategic management.* London: Prentice-Hall, 1984, p. 222.

23. PORTER, Michael E. *Estratégia competitiva.* Rio de Janeiro: Campus, 1996, p. 22.

24. PORTER, Michael. *Estratégia competitiva*, op. cit., 1986, p. 23.

25. TEXEIRA FILHO, Jayme. *Gerenciando o conhecimento.* Rio de Janeiro: Senac, 2001, p. 57.

CAPÍTULO 6

DIAGNÓSTICO ESTRATÉGICO INTERNO

Compreendendo a organização e suas potencialidades

O que você verá pela frente:

- Avaliação competitiva da organização.
- Recursos e competências organizacionais.
- Arquitetura organizacional.
- Organização por processos.
- Competências essenciais da organização.
- Cadeias de valor e sistemas de valor.
- Conclusão.

Objetivos de aprendizagem:

- Mostrar os desafios da avaliação competitiva da organização.
- Dar uma ideia abrangente dos recursos organizacionais estratégicos.
- Explicar a arquitetura organizacional como plataforma da estratégia.
- Apresentar as competências essenciais da organização.
- Mostrar o que é cadeia de valor e a montagem de sistemas de valores.

O conhecimento estratégico deve ser construído a partir de duas vertentes. Na primeira vertente, a organização deve olhar o mundo ao seu redor, conhecer o contexto ambiental – o macroambiente em geral e o setor de negócios em particular – para fazer o diagnóstico estratégico externo e conhecer os mares por onde a organização navega. Isso significa conhecer o contexto externo, ou seja, a arena dos negócios da organização como apresentado no capítulo anterior. Na segunda vertente, a tarefa seguinte é fazer o diagnóstico estratégico da organização. Trata-se agora de olhar para dentro da organização no sentido de analisar suas potencialidades e forças, de um lado, e suas fragilidades e fraquezas, de outro.

Através do diagnóstico estratégico da organização – também denominado análise organizacional ou auditoria interna da organização –, faz-se uma avaliação competitiva de suas potencialidades – pontos fortes que precisam ser mais intensamente explorados – e de suas fragilidades – pontos fracos que precisam ser corrigidos e aprimorados.

AVALIAÇÃO COMPETITIVA DA ORGANIZAÇÃO

A avaliação competitiva da organização é um processo de buscar ou construir vantagens competitivas a partir da localização dos recursos, habilidades e competências que criam valor e que são difíceis de ser copiados pelos concorrentes. Os recursos organizacionais devem servir de base para as habilidades que serão desenvolvidas como competências distintas e essenciais. É essa dinâmica que permite a uma organização superar-se através de desempenho superior e de atributos oferecidos por seus produtos e serviços, e que os clientes estarão dispostos e até ansiosos para pagar por eles, conforme mostrado na Figura 6.1.

INFORMAÇÃO PRIVILEGIADA

BUILD TO LAST

Collins e Porras,[1] dois pesquisadores da Stanford, fizeram um estudo sobre organizações de desempenho superior e duradouro em 18 setores econômicos e identificaram dois tipos de organizações em cada um deles: "organizações visionárias" e "organizações comparativas". As organizações visionárias eram reconhecidas como líderes setoriais e amplamente admiradas; estabeleciam metas ambiciosas, as comunicavam a seus funcionários e abraçavam um propósito mais elevado além de ganhar dinheiro. Também apresentavam um desempenho amplamente superior ao das organizações comparativas. As organizações visionárias incluíam a GE, a HP e a Boeing, enquanto as organizações comparativas correspondentes eram a Westinghouse, a Texas Instruments e a McDonnell Douglas. Os pesquisadores identificaram três pontos em comum entre as 18 organizações visionárias e líderes de mercado, a saber:

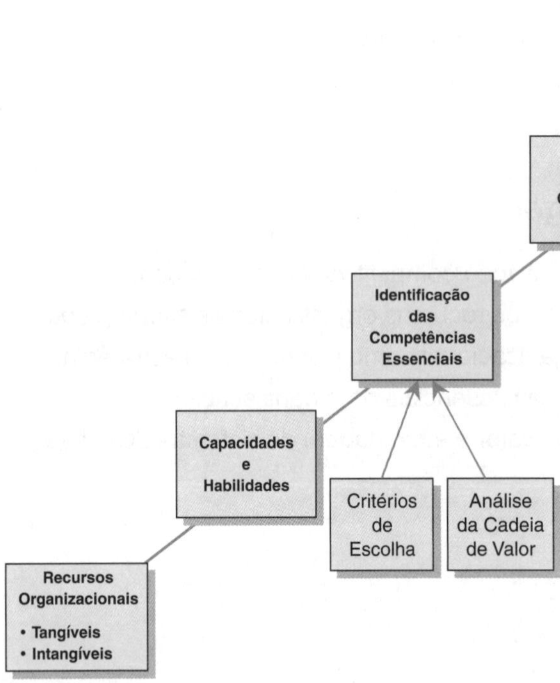

■ FIGURA 6.1 *A dinâmica da criação de valor.*

1. *Valores:* Cada uma das organizações visionárias detinha um conjunto de valores distinto e do qual não desviavam. Assim, a IBM fixou-se nos princípios de respeito pelo indivíduo, satisfação dos clientes e melhoria contínua da qualidade ao longo de sua história. E a Johnson & Johnson se atém ao princípio de que sua primeira responsabilidade é para com seus clientes, a segunda para com seus funcionários, a terceira para com sua comunidade e a quarta para com seus acionistas.
2. *Propósito:* O segundo ponto em comum é que as organizações visionárias expressam seu propósito em termos explícitos e bastante claros. A Xerox deseja melhorar a "produtividade dos escritórios", enquanto a Monsanto deseja "ajudar para acabar com a fome no mundo".
3. *Visão de futuro:* O terceiro ponto é que organizações visionárias desenvolvem uma visão de futuro e agem para torná-la realidade. Atualmente, a IBM trabalha para estabelecer uma liderança como organização "centrada em redes" e não mais simplesmente como a fabricante-líder de computadores.

Serão estes fatores tão importantes no futuro quanto foram no passado?

O desafio da avaliação competitiva

Infelizmente, a avaliação competitiva das organizações não tem assegurado um alto índice de sucesso na tomada de decisão dos dirigentes. Praticamente metade das decisões estratégicas sobre como atuar em novos mercados, investir em novas tecnologias, estabelecer novas parcerias ou planejar aumento da capacidade tem se mostrado falha por considerar recursos, capacidades e habilidades que realmente não proporcionam nenhuma base para a aplicação das competências distintas da organização.

Esses equívocos acontecem porque as decisões são geralmente tomadas em um nível de incerteza, complexidade e conflitos de interesse. A avaliação competitiva deve levar em conta as percepções das pessoas que chefiam e dos subordinados que possuem uma perspectiva valiosa. Em geral, os altos executivos tendem ao ortodoxismo e baseiam suas decisões em suas experiências passadas bem-sucedidas, o que não significa nenhuma garantia de sucesso futuro. Hamel e Prahalad questionam: "Onde é provável se encontrar pessoas com a menor diversidade de experiência, o maior investimento no passado e a maior reverência para com os dogmas estratégicos? Lá no alto: na cúpula. A dificuldade em geral está no andar de cima. É preciso criar uma cultura estratégica na organização e isso significa começar pela cúpula."[2]

Ou como afirmava Drucker: "Não se pode continuar incluindo coisas novas na velha moldura que existe em nossas mentes, é preciso mudar a moldura."[3]

PASSEIO VIRTUAL

AVIS, A PRIMEIRA DO SEGUNDO LUGAR

O tema da famosa campanha mundial da Avis – a segunda maior locadora de carros dos Estados Unidos – "nós tentamos mais" ("*we try harder*") veio de uma agência de propaganda ao buscar uma vantagem competitiva que permitiria levantar a debilitada Avis. Os funcionários da Avis até queriam tentar mais, provavelmente por estarem em uma difícil situação. Por incrível que pareça, a campanha enfrentou resistência dos executivos que tinham uma visão mais convencional sobre o negócio de locação de carros. Visite: www.avis.com.

RECURSOS E COMPETÊNCIAS ORGANIZACIONAIS

O diagnóstico estratégico da organização deve começar pela parte mais simples, concreta e visível: os recursos organizacionais. Para realizar os processos e atividades, toda organização necessita de recursos – humanos, financeiros, materiais, máquinas, informações, energia, e assim por diante. Recursos são os insumos (*inputs*) dos processos da organização. Capital, equipamentos, capacidades individuais dos funcionários e patentes constituem alguns tipos de recursos. A vantagem competitiva será alcançada a partir da aplicação conjunta e integrada dos vários recursos da organização.

Os recursos são ativos organizacionais, bens que uma organização acumulou como resultado de investimento em escala, plantas, localização e *brand equity* (valor patrimonial de marca).

Podem ser considerados recursos da organização, também, o *know-how* das pessoas, conjunto complexo de aprendizado coletivo que asseguram a execução de atividades funcionais através dos processos organizacionais e das atividades gerenciais de organizar, coordenar ou empreender um conjunto específico de tarefas.

Os recursos tangíveis são os que podem ser vistos e quantificados, como equipamentos, instalações ou plantas industriais, enquanto os recursos intangíveis são recursos desenvolvidos ao longo da história da organização e difíceis para os concorrentes entenderem e imitarem, como *know-how*, cultura organizacional, confiabilidade, reputação ou histórico de inovação.

Tradicionalmente, as organizações eram proprietárias da maior parte dos recursos tangíveis que entravam em seus processos. Agora, muitas organizações têm decidido terceirizar seus recursos menos críticos quando puderem ser realizados fora, com melhor qualidade ou a custos mais baixos. O segredo está em valorizar os recursos tangíveis, desenvolver recursos intangíveis e promover programas de terceirização a fim de buscar recursos e capacidades que a organização não tem. As três classificações dos recursos organizacionais são apresentados no Quadro 6.1.

INFORMAÇÃO PRIVILEGIADA

A IMPORTÂNCIA DA CULTURA ORGANIZACIONAL

A cultura organizacional envolve todos os aspectos da atividade da organização e pode, de modo imperceptível, alavancar ou minar as possibilidades competitivas da organização. A organização consiste em estruturas, políticas e cultura organizacional que podem se tornar obsoletas e disfuncionais em um ambiente de negócios em rápida mutação. Porém, enquanto estruturas e políticas podem ser mudadas, a cultura organizacional é difícil de ser mudada, mas quando renovada constitui a chave para a bem-sucedida evolução sustentável da organização.

A maioria das pessoas tem dificuldade de encontrar palavras que descrevam esse conceito fugaz que é a cultura organizacional. Alguns a definem como "a experiência, as histórias, crenças e normas compartilhadas que caracterizam uma organização". Entretanto, ao entrar em qualquer organização, a primeira coisa que se nota é a cultura – a maneira como as pessoas se comportam, se vestem, como se dirigem umas às outras e como cumprimentam os clientes, como são as instalações, as cores e o cheiro da organização.

■ **QUADRO 6.1** *Classificação de recursos organizacionais.*

Recursos tangíveis	Edifícios Máquinas e equipamentos Instalações Matérias-primas
Recursos intangíveis	Conhecimento corporativo *Know-how* Cultura organizacional Relações com clientes e fidelização dos clientes Marcas e patentes Confiabilidade e reputação Capacidade de inovação etc.
Recursos terceirizados	Serviços de propaganda Serviços de segurança Serviços de computação Gestão de frotas de veículos etc.

Hooley, Saunders e Piercy[4] propõem uma tipologia para os recursos organizacionais, considerando ativos (tangíveis e intangíveis) e capacidades a partir das dimensões estratégicas, funcionais ou operacionais e das perspectivas individuais, grupais ou corporativas, conforme o Quadro 6.2.

ARQUITETURA ORGANIZACIONAL

Para funcionarem adequadamente, as organizações necessitam de um sistema confiável e estável, que proporcione um arcabouço para coordenar e integrar todos os recursos, capacidades e competências, incluindo as pessoas com seus cargos e hierarquias, e as equipes com suas tarefas e relacionamentos.

A arquitetura organizacional representa tal sistema de coordenação e integração de todos os elementos vitais para a organização. Ela permite definir, descrever os processos e constitui a maneira pela qual realizam-se as atividades em um dado ambiente para alcançar os objetivos organizacionais. Cada organização desenvolve sua própria arquitetura organizacional para operar com eficiência e eficácia. O que reflete o DNA da organização.[5]

A arquitetura organizacional pode ser explicitada por suas três dimensões:

1. *Estrutura organizacional básica:* Define as conexões entre as unidades e departamentos, quem se reporta a quem, e assume a forma de descrições de cargos, organogramas, constituição de equipes e de conselhos, contribuindo para a implementação bem-sucedida de planos na alocação de pessoas e de recursos para as tarefas que devem ser executadas.
2. *Mecanismos de operação:* Indicam aos parceiros internos da organização o que deles é esperado, por meio de procedimentos de trabalho, padrões de desempenho, sistemas de avaliação, sistemas de remuneração e recompensas e sistemas de comunicação.

■ **QUADRO 6.2** *Estrutura analítica dos recursos organizacionais.*

Recursos						
	Ativos		Capacidades			
	Tangíveis	**Intangíveis**		**Individuais**	**Do Grupo**	**Organizacionais**
Nível Estratégico **Gerenciar a implementação da estratégia. Incluí a capacidade de avaliação e julgamento que é a aptidão de identificar oportunidades alternativas e selecionar mercados-alvo apropriados onde os recursos e as capacidades organizacionais são alinhados aos mercados em transição, envolvendo diversas funções, tais como operações, finanças e marketing.**						
Físicos	Terrenos, edifícios e facilidades possuídos ou controlados pela organização	Localização	Orientação	Atendimento	Foco no cliente	Foco do cliente
Financeiros	Caixa	Classificação de crédito	Aprendizagem	Domínio pessoal	Desenvolvimento organizacional	*Learning organization*
Nível funcional **É a capacidade de entender o que está acontecendo no ambiente externo a respeito da demanda, clientes, competidores e processos de mudança. Incluí capacidades de marketing, gestão financeira e gestão de operações.**						
Operacional	Instalações, maquinários	Sistemas e processos	Gerencial	Carreira	*Team building*	Gestão de portifólio
Humanos	Pessoal empregado	Habilidade dos colaboradores	De fora para dentro	Foco externo	Marketing	Societal
De marketing	Database	Marca	De dentro para fora	Foco interno	Operações	Uso de recursos
Nível Operacional **Tarefas individuais importantes, como operação de máquinas, aplicação de sistemas operacionais e de acabamento e processamento dos pedidos.**						
Legais	Patentes	Litigiosidade da organização (reputação de entrar com recursos legais na defesa dos interesses)	Estendida	Coordenação	Novos produtos	Inovação
De sistemas	SIM	Sistemas de apoio à decisão	Cumprimento de tarefas	Pontualidade	Equipes	Planejamento

3. *Mecanismos de decisão:* Oferecem recursos informacionais para auxiliar o processo de tomada de decisão. Incluem arranjos para obter informações do ambiente externo e interno, procedimentos para cruzar, avaliar e tornar disponíveis informações para os tomadores de decisão.[6]

JANELA CONCEITUAL

DESENHO ORGANIZACIONAL

A arquitetura organizacional deve ser entendida também como um processo de construir, ajustar e reajustar continuamente o desenho da estrutura organizacional para alcançar objetivos previamente estabelecidos. Em geral, ela é função da estratégia organizacional definida e depende da tecnologia utilizada pela organização. Sempre haverá um desenho organizacional mais adequado às estratégias, tecnologias, pessoas, atividades e tamanho de cada organização, podendo ser mais ou menos efetivo para organizar e articular os recursos e servir à missão e aos objetivos organizacionais.[7]

Embora as organizações possam ser descritas como coleções de pessoas agrupadas para perseguir objetivos comuns, na realidade elas são muito mais do que isso. Elas são também coleções complexas de papéis, relações e responsabilidades nem sempre claramente definidas, determinadas e entendidas.

A preparação do desenho organizacional é complexa, pois muitas organizações contêm muitos cargos e unidades de negócios, e sua integração e coordenação exigem mais do que simplesmente acumular ou juntar uma porção de cargos ou unidades já desenhadas. As relações de um conjunto de posições em uma organização devem levar em conta as relações de cada uma delas com várias outras, o que complica enormemente a situação. Cada uma funciona como um sistema próprio em interação com os demais sistemas conexos da organização.

Durante todo o decorrer da Era Industrial – e ainda perdurando em muitas organizações até os dias de hoje – predominou a tradicional arquitetura organizacional baseada na departamentalização. A departamentalização é uma especialização horizontal decorrente da divisão do trabalho – ao contrário da hierarquia, que é uma especialização vertical –, no sentido de criar departamentos especializados em diferentes áreas de atividade. Nesse enfoque cartesiano baseado na divisão do trabalho e na fragmentação, a organização era departamentalizada por funções, por produtos/serviços, por clientes ou por áreas geográficas.

Todos esses tipos de departamentalização se baseavam no critério da fragmentação de atividades para que, no conjunto, pudessem se somar e se integrar adequadamente através da hierarquia. O desenho organizacional correspondente tinha as características de um sistema fechado e mecanicista. Todavia, hoje em dia, somar é necessário, mas não suficiente. Trata-se, então, de criar desenhos organizacionais que, além de juntar possam se ajudar mutuamente para que, no conjunto, provoquem sinergia ou efeito multiplicador. E isso a velha departamentalização não consegue fazer. Pelo contrário, ela focaliza a especialização, agrupa atividades para obter eficiência intradepartamental, mas impede a coordenação e a integração interdepartamental. Ela mais separa do que junta.

Há que se buscar um modelo orgânico e flexível. As organizações vêm tentando algumas variações para a clássica departamentalização, como a estrutura matricial, por exemplo, que é uma adaptação da departamentalização funcional para a departamentalização por processo, violando o tradicional princípio da unidade de comando. A solução funcionou em alguns casos, mas durou pouco. O passo seguinte foi a criação de unidades estratégicas de negócios (UENs) para congregar todas as atividades, recursos e pessoas necessárias para a consecução de um negócio específico da organização. A UEN lembra um departamento de projeto de longa duração ou uma ampliação do conceito de departamentalização por produto/serviço. Mas é diferente pelo fato de dividir a organização em função de seus negócios fundamentais.

BANCO DE IDEIAS

MUDANÇAS REVOLUCIONÁRIAS NA BUROCRACIA

O Quadro 6.3 destaca as razões do sucesso de cada um dos princípios burocráticos da arquitetura organizacional no passado, assim como as causas pelas quais eles estão deixando de funcionar e os princípios que os estão substituindo.

Novos desenhos organizacionais

No passado, as organizações funcionavam como entidades distintas, com ativos mensuráveis, prédios, estruturas definidas, mão de obra fixa etc. Porém, esse pressuposto está sendo questionado pelo que vem ocorrendo no mundo real, onde se multiplicam terceirizações,

■ QUADRO 6.3 *Mudanças revolucionárias na burocracia das organizações*[8]

PRINCÍPIOS BUROCRÁTICOS	RAZÃO DO SUCESSO NO PASSADO	POR QUE NÃO FUNCIONA MAIS	O QUE SUBSTITUI HOJE ESSE PRINCÍPIO
Cadeia hierárquica de comando	Trouxe ordem em larga escala; os chefes mantinham a ordem, dominando os subordinados	Não consegue lidar com a complexidade; a dominação não é a melhor maneira de organizar a inteligência	Visões e valores; equipes autônomas; coordenação lateral; redes informais; escolha
Organização por funções especialistas	Produziu eficiência através da divisão do trabalho; focou a inteligência	Não permite intensa comunicação intrafuncional nem a coordenação ao nível horizontal dos pares	Especialistas com múltiplas habilidades; organizações intraempreendedoras dirigidas ao mercado
Regras uniformes e padronizadas	Criou um sentido de justiça; estabeleceu claramente o poder dos chefes	As regras continuam necessárias, mas são diferentes substancialmente	Direitos garantidos; instituição da liberdade e do sentido de comunidade
Procedimentos uniformes e padronizados	Permitiu a criação de uma memória organizacional e o uso de trabalhadores desqualificados	Responde lentamente à mudança; não permite lidar bem com a complexidade; não estimula a intercomunicação	Autonomia e autogestão; força do mercado e os princípios éticos da comunidade
Carreira vertical	Comprava a lealdade; permitia a continuidade para uma elite de gerentes e profissionais	Menos gerentes são necessários e mais trabalhadores educados anseiam por promoções; assim sendo, com menos possibilidades de avanço	Carreiras baseadas no crescimento da competência; aumento do pagamento por competência e por habilidades
Relações impessoais	Reduziu a força do nepotismo; ajudou os líderes a manterem disciplina e a tomarem decisões duras	Trabalhos intensivos em conhecimento requerem relacionamentos mais profundos	Relacionamentos mais amplos; opções e alternativas; foco em resultados
Coordenação superior pela hierarquia	Fornecia direcionamento para trabalhadores não-qualificados; fortalecia supervisão requerida para trabalhos duros e enfadonhos com rápido *turnover*	Empregados educados estão mais bem preparados para autodirecionamento	Equipes autogeridas; comunicação lateral; colaboração

teletrabalho, mão de obra temporária, aproximação com fornecedores, parcerias com clientes e alianças entre concorrentes. O novo mundo dos negócios está exigindo uma nova arquitetura que possa responder aos principais questionamentos e desafios enfrentados pelas organizações hierárquico-burocráticas.

As organizações estão deixando de ser sistemas relativamente fechados para se tornarem sistemas cada vez mais e mais abertos. Suas fronteiras estão se tornando mais permeáveis e, em muitos casos, difíceis de identificar. Surgem, por isso, desenhos com as estruturas livres de barreiras e as estruturas virtuais. As características dos novos modelos – variedade, complexidade e flexibilidade – reforçam a necessidade de desenvolver novos mecanismos de coordenação adequados.

BANCO DE IDEIAS

A ESTRUTURA ORGANIZACIONAL CIRCULAR DO PROJETO SATURN[9]

A Saturn constitui um caso de revolução em termos de estrutura organizacional. Em 1982, Roger Smith, então presidente do conselho de administração da General Motors, se reuniu com uma equipe para desenvolver um projeto inovador de carro pequeno, com o propósito de provar que os americanos poderiam competir com as montadoras japonesas. Estas haviam introduzido novas metodologias de fabricação e de relacionamento com clientes. A ideia era um produto americano com componentes americanos para americanos. Como resultado surgiu a empresa Saturn.

O projeto era idealizar uma empresa completamente diferente, tanto no marketing quanto no método de produção, embasado em uma estrutura organizacional circular. No primeiro nível da estrutura foram criadas células de trabalho, cada qual com cierca de 15 pessoas. Cada célula de trabalho dispõe de um líder e de duas outras pessoas com participação temporária: um representante do sindicato e outro da direção. À medida que a equipe se consolida, depois de dois a três anos, a função do líder desaparece e a equipe se torna de fato autodirigida. Esses módulos são localizados no centro da estrutura organizacional, e cada módulo deve manter contato com os outros módulos com ampla gama de responsabilidades, como programação da produção, orçamento, qualidade, *housekeeping*, segurança e higiene, manutenção, controle de inventário, treinamento, alocação de tarefas individuais, reparos, seleção de pessoal etc. Cada membro da equipe, independentemente do grau de experiência profissional, passa por intenso treinamento antes de integrar o grupo de trabalho: algo entre 250 e 750 horas com ênfase em aspectos comportamentais.

As unidades básicas de trabalho são interligadas no chamado "círculo de decisão", que conta com representantes de cada uma das células de trabalho e de técnicos. Estes últimos podem ser permanentes ou temporários e detêm algum tipo de especialização necessária para o aconselhamento das células de trabalho e lidam com as novas ideias para redução de custo ou melhoria de qualidade. Além disso, os técnicos têm a responsabilidade de apoiar de quatro a seis módulos de unidades de trabalho e integrá-los ao nível superior das equipes das unidades de negócios. Para sso, os membros desse círculo de decisão elegem seus representantes para formar as unidades de negócios.

Na Saturn há três diferentes unidades de negócios funcionalmente alinhadas: unidade de motores, sistemas ergonômicos e sistemas veiculares. Todas as células de trabalho estão relacionadas com as unidades de negócios. Em cima estão localizados módulos de assessoria, constituídos por equipes de apoio e de líderes de diferentes áreas de responsabilidade. Cada unidade de negócio está subordinada ao Conselho de Ações de Fabricação, o Manufacturing Action Council (MAC). Há dois outros conselhos nesse nível: o Conselho de Ações de Desenvolvimento Técnico, o Technical Development Action Council (TDAC), e o Conselho de Ações para Clientes, o Customer Action Council (CAC). O TDAC lida com engenharia e *design* avançados, enquanto o CAC trabalha com todos os aspectos de marketing de relacionamento com clientes. Os módulos de apoio contam com representantes dos sindicatos, evitando assim muito desgaste comum nesse setor automobilístico.

Finalmente, no anel superior encontram-se o Conselho de Ações Estratégicas, o Strategic Action Council, constituído por membros do MAC, do TDAC e do CAC e de outras equipes de especialistas, atuando de modo descentralizado e flexível. É nesse nível que todas as decisões estratégicas são tomadas.

Na Figura 6.2 vê-se um exemplo de estrutura organizacional circular:

PASSEIO VIRTUAL

A NOVA PROPOSTA DA SATURN[11]

Conheça a proposta de cultura organizacional e de marketing da Saturn acessando http://www.saturn.com/saturn/SaturnIndex.jsp

Organizações sem fronteiras

O tema da quebra de barreiras entre departamentos e áreas é recorrente nas publicações sobre gestão empresarial. Essa condição é dada como imprescindível para criar maior foco no mercado e nos clientes.

As fronteiras organizacionais estão sendo quebradas em quatro níveis diferentes:[12]

1. *Eliminação das barreiras verticais* (redução de níveis hierárquicos): implica o achatamento das pirâmides organizacionais.
2. *Eliminação das barreiras horizontais:* leva ao enfraquecimento dos nichos departamentais e ao fortalecimento dos processos e grupos interdepartamentais.
3. *Eliminação das barreiras externas*: através de parcerias e redes com fornecedores, clientes e concorrentes.
4. *Eliminação das barreiras geográficas:* com a construção de alianças estratégicas para a exploração de novos mercados.

Organizações virtuais

As organizações virtuais identificam com extrema agilidade as oportunidades de mercado e mobilizam rapi-

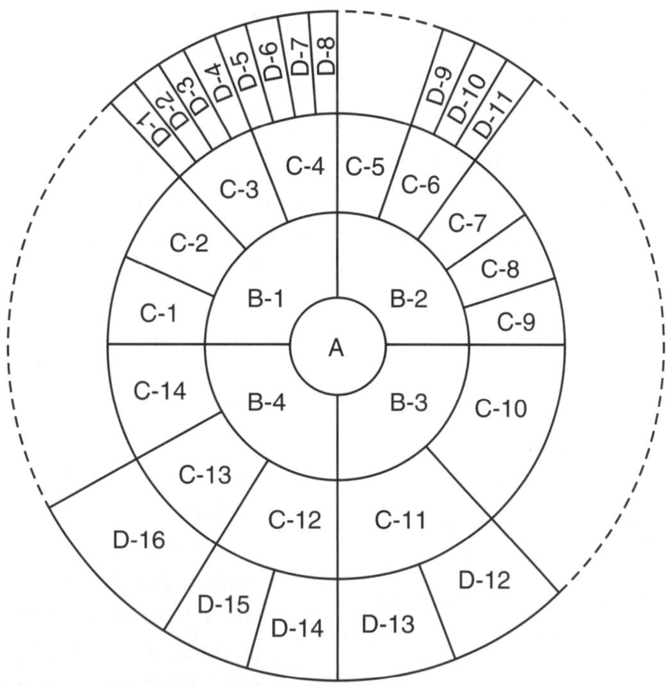

■ **FIGURA 6.2** *Exemplo de uma estrutura organizacional circular.*[10]

damente recursos, combinando competências, independentemente de fronteiras. Elas utilizam alianças temporárias e empregam maciçamente a TI. Suas características típicas são as seguintes:

1. Uso maciço de TI para estabelecer a rede que sustentará os processos.
2. Busca da otimização sistêmica através do uso das competências individuais.
3. Confiança baseada no sentimento de co-dependência.
4. Fronteiras pouco definidas, tornando usuais sistemas cooperativos entre fornecedores, competidores e clientes, e tornando difícil dizer onde uma organização termina e outra começa.
5. Oportunismo durando apenas enquanto a oportunidade de mercado durar.

Princípios básicos da arquitetura organizacional

A arquitetura organizacional deve considerar como princípios básicos as seguintes contingências:[13]

1. *Fatores do ambiente:* O ambiente (contextual e relacional) que envolve a organização, a tecnologia utilizada, os parceiros envolvidos na tarefa organizacional, a missão da organização, sua visão de futuro e a estratégia organizacional adotada.
2. *Dimensões da organização:* O tamanho, a estrutura, a dispersão geográfica das unidades e os tipos de combinações entre as unidades.
3. *Perfil operacional:* A autoridade, os processos, as tarefas e atividades cotidianas e os controles.
4. *Consequências comportamentais:* Desempenho, satisfação, rotatividade, conflito, ansiedade e padrões informais de relacionamento no trabalho.

Como a configuração dessas contingências varia de uma organização para outra, a conclusão é de que não existe uma única e melhor maneira para definir o desenho organizacional.[14]

Arquitetura organizacional como variável dependente da estratégia

Quando a organização enfrenta condições estáveis e relativamente permanentes de negócio – isto é, quando o mercado não sofre mudanças, os clientes não mudam de necessidades, os fornecedores não mudam de tecnologias e os concorrentes não mudam suas estratégias –, ela pode se voltar para dentro de si própria e se introverter do ponto de vista administrativo. Assim, a estratégia empresarial passa a privilegiar a eficiência e a redução de custos e pode se dar ao luxo de manter inalterada por períodos longos a sua arquitetura organizacional. Se o mundo dos negócios é estável e conservador, também a estratégia, e consequentemente a arquitetura organizacional, deve se ajustar a ele adquirindo características estáveis e conservadoras.

Isso ocorreu com o tradicional modelo de organização burocrática que predominou durante a maior parte do século passado. Contudo, quando o mundo dos negócios passa por mudanças e transformações rápidas e intensas e a estratégia muda continuamente, a arquitetura organizacional precisa também mudar para acompanhar toda essa mutabilidade e funcionar como plataforma para garantir a inovação. Para tanto, ela precisa ser ágil, flexível, adaptável, maleável e dinâmica. Ela precisa ser um meio adequado para alcançar os fins desejados. Se o mundo dos negócios é instável, mutável e dinâmico, também a estratégia, e consequentemente a arquitetura organizacional, deve se ajustar a ele adquirindo características instáveis, mutáveis e dinâmicas. A arquitetura organizacional deve sempre constituir um meio, ou seja, deve servir à estratégia organizacional.

INFORMAÇÃO PRIVILEGIADA

OS "*MICROSOFTIES*"

Não deixe que os tranquilos prédios baixos, gramados verdejantes, bosques e o código de vestuário informal o enganem. Os "*microsofties*" – como os funcionários da Microsoft se autodenominam – têm um espírito do tipo "não se façam prisioneiros", que espelha a personalidade do próprio Bill Gates. Um *slogan* de recrutamento diz: "As pessoas da Microsoft são parte gênios, parte espíritos individualistas livres e 100% apaixonadas pela tecnologia." Os concorrentes referem-se a eles como "*microservos*", numa alusão à sua dedicação ilimitada à organização. Tal como Gates, que fundou a organização quando adolescente, os *microsofties* são jovens: quase um terço deles tem menos de 29 anos, e a idade média é de 34 anos. Sua maneira de vestir descontraída, quase do tipo "vale qualquer coisa", também advém de Gates, que costumava adormecer no chão de sua garagem após uma noite inteira de codificação e se levantava para ir trabalhar com as mesmas roupas amarfanhadas na manhã seguinte. Embora isso possa ser difícil de perceber ao se olhar para todos aqueles funcionários vestindo camisetas, muitos deles estão nadando em dinheiro e parte de seu zelo competitivo deve-se à necessidade de sustentar um preço por ação negociado em múltiplos acima de 35, duas vezes o da lista dos 500 da Standard & Poor's. Os funcionários detêm 38% da organização e há mais milionários no quadro de pessoal do que em qualquer outra organização no mundo.

Para Nadler, Gerstein e Shaw,[15] arquitetura organizacional é um conceito abrangente, incluindo a estrutura formal, o desenho das práticas de trabalho, a natureza da organização informal ou estilo operacional e os processos de seleção, socialização e desenvolvimento de pessoas. Esse conceito vai além da estrutura convencional e tradicional composta de organogramas com caixas, linhas e fluxos de trabalho. As organizações de elevado desempenho requerem muito mais do que essa colocação simplória.

É possível identificar nos processos de transição pelos quais as organizações vêm passando algumas tendências arquitetônicas:

1. *Presença de grupos autônomos de trabalho:* Equipes autogerenciadas têm a responsabilidade de executar ciclos completos de um processo de trabalho de maneira autônoma e independente.
2. *Utilização de sistemas de trabalho de alto desempenho:* projetados para obter a máxima integração entre os componentes técnicos (sistemas especialistas, *computer integrated manufacturing* etc.) e sociais (grupos autônomos de trabalho, células virtuais, estrutura em rede etc.).
3. *Crescimento do número de alianças e* joint ventures*:* Associações destinadas a somar forças e capacidades de outras organizações para explorar oportunidades de mercado. São alianças estratégicas para juntar competências distintas de várias organizações.
4. *Surgimento de* spin outs: São novas entidades organizacionais surgidas como resposta a iniciativas inovadoras que a organização não tem condição de sustentar internamente. Essas entidades estão ligadas à organização-mãe ou se tornam completamente independentes.
5. *Aparecimento e crescimento do número de redes:* Aglomerados de organizações unidas por valores comuns, pessoas, tecnologia e estilos operacionais. Não existe uma hierarquia nesses conglomerados, como no caso das *holdings*.
6. *Popularização do conceito de organização auto-organizada:* Um sistema capaz de monitorar continuamente o ambiente e responder às mudanças com flexibilidade e agilidade, alterando e autoprojetando sua arquitetura.
7. *Existência de fronteiras nebulosas:* Com a expansão de alianças, *joint ventures* e redes, as fronteiras que definem o que está dentro e o que está fora da organização ficam cada vez menos claras.
8. *Popularização dos grupos de trabalho na alta gerência:* Com o aumento da complexidade, diversidade e incerteza, as atividades de direção deixam de ser executadas por indivíduos e tornam-se responsabilidades de grupos.

CLIPPING COMPETITIVO

NOVOS ARRANJOS COMPETITIVOS

Duas situações atuais explicam como as organizações estão usando a criatividade na arquitetura organizacional e na quebra de fronteiras para buscar novos arranjos competitivos.

1. A nova fábrica de caminhões da Volkswagen em Rezende (RJ) é um caso típico. Na sua linha de produção os fornecedores executam todo o trabalho de montagem que seria tradicionalmente responsabilidade interna exclusiva da Volkswagen. A Volkswagen foca suas atividades na competência de marketing e na competência logística e se baseia na qualidade assegurada pelos fornecedores. A fábrica é um sistema aberto, um exemplo extremo de eliminação de barreiras externas.
2. Mas, o que acontece com as organizações quando culturas conflitantes entram numa *joint venture* ou numa fusão? Esse foi o caso quando a Daimler alemã fundiu-se com a americana Chrysler em 1998. Para sobreviver às suas passagens por quase-falências, a Chrysler tornou-se a mais ágil e enxuta participante em Detroit. Em contraste, a Daimler tinha uma cultura burocrática e pesada. Se a história for um guia, culturas conflitantes serão sempre o maior desafio nas fusões empresariais. A Chrysler foi vendida por um preço extremamente baixo em relação ao valor pago pela Daimler. Num estudo realizado em 1992 pela Coopers & Lybrand em 100 organizações com fusões fracassadas ou problemáticas, 855 dos executivos entrevistados disseram que as diferenças de estilos e práticas de gestão constituíam o problema maior.

ORGANIZAÇÃO POR PROCESSOS

Processos são os meios pelos quais se pode alcançar resultados (fins). Um processo é qualquer conjunto de atividades que utiliza recursos para transformar insumos (entradas, *inputs*) em produtos (saídas, *outputs*). Uma organização pode ser descrita pelo conjunto de processos que executa. A abordagem por processos facilita a integração das áreas e minimiza as possíveis descontinuidades do fluxo de trabalho. O foco em processos recebeu um grande impulso com a ISO 9000 – 2000, que enuncia que a gestão por processos visa criar uma dinâmica de melhoria contínua e permite ganhos significativos às organizações em termos de desempenho, eficiência, eficácia e custo.

INFORMAÇÃO PRIVILEGIADA

HISTÓRICO DA ISO 9001:2000

Através de pesquisa realizada com uma amostragem de 350.000 usuários, identificou-se que a ISO 9000 (gestão da qualidade) está cada vez mais sendo usada por empresas do setor de serviços. Observou-se, também, que a série ISO 9000:1994 não é particularmente percebida como "simpática ao usuário" e que não é compatível com a série 14001 (norma de gestão ambiental), cada vez mais adotada pelas corporações.

Assim, as mudanças nas normas da série ISO 9000 foram baseadas no resultado daquela pesquisa e têm como alvo auxiliar as empresas a manter seu foco no cliente, bem como nos processos que sejam essenciais às suas operações.

A série ISO 9001:2000

É formada pelo:

- ISO 9000 – Sistemas de Gestão da Qualidade - Fundamentos e Vocabulário (substituindo a ISO 8402 e ISO 9000-1)
- ISO 9001 – Sistemas de Gestão da Qualidade – Requisitos
- ISO 9004 – Sistemas de Gestão da Qualidade – Diretrizes para melhorias no desempenho (substituindo a ISO 9004-1)
- ISO 19011 – Diretrizes sobre auditoria de sistemas de gestão da qualidade e ambiental

Os pontos elencados a seguir resumem as diferenças que as novas normas trazem:

- A norma ISO 9002 desaparece pois todas as necessidades serão atendidas pelo 9001
- A norma ISO 9003 é interrompida e não haverá modelo equivalente
- A nova norma é baseada em modelos de processo

A nova norma foi desenvolvida utilizando-se um conjunto de oito princípios de gestão da qualidade, desenvolvidos pela ISO, que atuam como uma base de sustentação comum para normas relacionadas à gestão da qualidade. Os oito princípios são:

- foco no cliente
- liderança
- o envolvimento das pessoas
- abordagem por processos
- abordagem por sistema de gestão
- melhoria contínua
- abordagem factual para a tomada de decisão
- relações de parceria com fornecedores

Foco no cliente

Uma organização depende de seus clientes e deve, por esta razão, conhecer e compreender as necessidades atuais e futuras dos seus clientes, atender às suas exigências e tentar ao máximo superar suas expectativas.

Liderança
Os líderes estabelecem uma unidade de propósitos e dão direcionamento a uma organização. Devem criar e manter um ambiente interno no qual as pessoas se tornem inteiramente empenhadas em alcançar os objetivos da organização em questão.

Envolvimento das pessoas
As pessoas são, em qualquer nível, a essência de uma organização e seu envolvimento total permite que suas habilidades sejam usadas em benefício da organização.

Abordagem por processos
Um resultado desejado é atingido com maior eficiência quando os recursos e atividades a ele associados são geridos como um processo.

Abordagem por Sistema de Gestão
Identificar, entender e gerir processos inter-relacionados como um sistema contribui para que a organização atinja seus objetivos de maneira eficaz e eficiente.

Melhoria contínua
A melhoria contínua da performance global de uma organização deve ser um objetivo permanente para a própria organização.

Abordagem factual para a tomada de decisão
Decisões eficazes são baseadas em análises de dados e informações.

Relações de parceria com fornecedores
Uma organização e seus fornecedores são interdependentes e uma relação mutuamente benéfica reforça a habilidade de ambos criarem valor.

A nova norma consistirá de uma introdução e dos oito itens listados abaixo:

1. Escopo
2. Referências normativas
3. Termos e definições
4. Sistema de Gestão da Qualidade (SGQ)
5. Responsabilidade da gestão
6. Gestão de recursos
7. Realização do produto
8. Medição, análise e melhorias

Os itens 4 ao 8 informarão as bases dos sistemas de gestão da qualidade documentados.

As diferenças-chave entre a nova norma e a versão de 1994 são:

- a nova norma é orientada para os processos;
- a nova norma inclui um requisito para melhoria contínua;
- a nova norma possui um requisito de planejamento da qualidade com a política, os objetivos e metas quantificáveis da organização;
- a nova norma é focada no cliente.

Mapear os processos é a primeira etapa para se identificar quais são os recursos e habilidades necessárias para assegurar o bom desempenho organizacional. É a forma de se projetar os meios pelos quais uma organização pretende produzir e entregar, aos seus clientes, seus produtos e serviços de qualidade superior. A partir de processos bem definidos e mapeados, com indicadores e metas de melhoria estabelecidas, as organizações estarão fortemente apoiadas em um modelo de gestão que garantirá o seu sucesso na busca de resultados, tais como redução dos custos, dos prazos de entrega e do retrabalho com consequente aumento de produtividade e rentabilidade.

Gerir processos de maneira eficaz é definir, racionalizar e otimizar todas as formas de trabalho essenciais para o bom resultado corporativo. É valorizar o trabalho das equipes, envolvendo as pessoas competentes para conseguir os resultados desejados, fazendo com que elas entendam a cadeia de valor e se sintam donas e seguras em relação aos seus processos. Finalmente, é projetar e fazer medições de desempenho de forma criteriosa.

Assim, quando a gestão dos processos se dá de forma integrada, dentro do conceito de processos clientes/fornecedores, assegura-se que os objetivos de melhoria, tais como redução de ciclos de produção, custos, prazos e aprimoramento de produtividade, qualidade ou atendimento, passam a fazer parte do cotidiano das organizações.

Com isso em mente, muitas organizações estão realizando a reengenharia de seus processos, criando equipes matriciais e transfuncionais para gerenciar processos fundamentais. Segundo Hammer e Champy,[16] os processos fundamentais de um negócio incluem:

1. *Realização de novos produtos*: Envolve todas as atividades em pesquisa, criação, desenvolvimento e lançamento de novos produtos de qualidade com rapidez e dentro do orçamento.
2. *Gerenciamento de estoques*: Envolve todas as atividades de desenvolvimento e gerenciamento de níveis de estoques de matérias-primas, materiais semiacabados e produtos acabados para que os suprimentos adequados estejam sempre disponíveis e os custos de excesso de estoque sejam reduzidos.
3. *Aquisição e retenção de clientes:* Envolve todas as atividades de busca e retenção de clientes, focadas em fazer, manter e crescer seus negócios.
4. *Pedido até expedição*: Envolve todas as atividades de recebimento e aprovação de pedidos, expedi-

ção pontual de mercadorias e recebimento de pagamento.

5. *Serviço a clientes*: Envolve todas as atividades de facilitar aos clientes o contato com as unidades apropriadas da organização, receber serviço e atendimento, respostas e resoluções de problemas de forma rápida e satisfatória.

BANCO DE IDEIAS

PROCESSOS FUNDAMENTAIS DE CLASSE MUNDIAL

Uma das principais bases da competitividade organizacional é a gestão dos processos fundamentais. Um dos desafios enfrentados ao desenvolver novas estratégias consiste em focar aqueles processos que determinarão vantagens competitivas. Para a organização ser genuinamente de classe mundial ela deve focar, no máximo, três a cinco processos fundamentais. Por exemplo:

- A Unilever decidiu-se por uma estratégia para estreitar o foco em alimentos essenciais e marcas de detergentes. Para tanto, teve de livrar-se de outras operações não-alinhadas, como o negócio de pesca europeu e marcas como a John West.
- Desde 1996, a Procter & Gamble, a P&C, está retirando várias submarcas de sabão em pó e variações de embalagens em uma campanha chamada "A grande simplificação dos sabões".
- A Imperial Chemical Industries, ICI, continua a programar a desativação de atividades que não são essenciais, como o negócio dos pigmentos. Desde 1997, a maioria de suas operações industriais químicas foi vendida para a DuPont americana, ao mesmo tempo que comprou o negócio de especialidades químicas da Unilever. Isso marcou a mudança e a migração dos negócios essenciais da ICI das commodities de substâncias químicas para o negócio de especialidades químicas de alta margem, como a manufatura de revestimentos para os *chips* de computadores.

As organizações de desempenho superior estão compreendendo a necessidade de gerenciar processos fundamentais de negócios, como o desenvolvimento de novos produtos, atração e retenção de clientes ou implementação de programas de logística integrada. Elas utilizam a reengenharia dos fluxos de trabalho e desenvolvem equipes matriciais responsáveis pelos processos. Um estudo da McKinsey & Co. relata que organizações de alto desempenho estão enfatizando um conjunto diferenciado de recursos, capacidades, habilidades, arquitetura organizacional e processos para melhorar a sua competitividade. As conclusões da pesquisa levaram à idealização da ferramenta gerencial conhecida como Modelo 7S da McKinsey referenciada no Capítulo 2.

A estrutura de 7S definida por Richard Pascale e Anthony Athos, ao estudarem o sucesso de organizações japonesas no mercado americano, foi transformada em ferramenta gerencial pela McKinsey, recebendo o nome de Modelo 7S da Mckinsey. Os sete fatores S correspondem aos fatores sobre os quais a organização deve trabalhar para assegurar sua excelência (Figura 6.3).

BANCO DE IDEIAS

O MODELO 7S DA MCKINSEY

Para Pascale,[17] quando a organização tem um foco muito definido e limitado, pode cair na estagnação. Saber gerir as contradições e as tensões resultantes delas permite torná-la mais adaptativa. Trabalhando com os 7S, Pascale apresentou as polaridades relacionadas a cada S, sugerindo um modelo que propicia uma condição de desequilíbrio construtivo e sustentável, conforme a Quadro 6.4.

É possível mapear o perfil organizacional desenhando uma moldura que caracteriza o nível de equilíbrio dinâmico considerando o 7 S, como na Figura 6.4.

COMPETÊNCIAS ESSENCIAIS DA ORGANIZAÇÃO

Na década de 1980, os gestores eram avaliados por sua excelência ao reestruturar, corrigir e eliminar camadas hierárquicas nas organizações. Era o momento de enxugar, flexibilizar e delegar. A partir da década de 1990, os gestores passaram a ser avaliados pela excelência ao identificar, cultivar e explorar as competências organizacionais essenciais. Isso porque, no passado, a organização diversificada podia fixar suas unidades de negócios em mercados específicos de produtos para que se tornassem líderes. Contudo, com as fronteiras de mercado mudando cada vez mais rapidamente, os alvos tornam-se enganadores e móveis, e sua captura é quase sempre temporária. Como resultado, poucas foram as organizações capazes de inventar novos mercados, entrando em mercados emergentes ou mudando drasticamente os padrões de escolha de clientes em mercados estabelecidos.

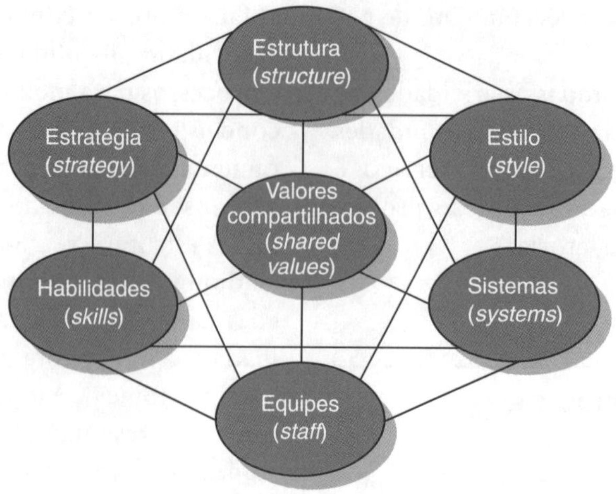

Estratégia (*Strategy*)	Constitui a visão e o sentido integrados da organização, assim como a maneira como se define, articula, comunica e implementa a visão de futuro e a direção.
Estrutura (*Structure*)	Como as pessoas e as tarefas são organizadas. As políticas e os procedimentos que governam a maneira como a organização age sobre si mesma e dentro de seu ambiente. O organograma e a estrutura societária estão incluídos aqui.
Estilo (*Style*)	Como os gerentes atuam. O estilo refere-se à maneira comum de pensar e de comportar-se dos funcionários – normas não-escritas do comportamento e do pensamento que incluem estilo de gestão, de liderança e a cultura organizacional.
Sistemas (*Systems*)	Todos os processos e fluxos de informação que ligam a organização. Os sistemas de tomada de decisão dentro da organização podem variar, da intuição da gerência aos sistemas computadorizados estruturados aos sistemas especialistas complexos e à inteligência artificial.
Equipes (*Staff*)	Como se desenvolvem gerentes (atuais e futuros). O *staff* significa que a organização emprega pessoas capazes, treina bem e atribui os trabalhos certos. Seleção, treinamento, recompensa e reconhecimento, retenção, motivação e atribuição para o trabalho apropriado são todos temas-chave.
Habilidades (*Skills*)	São os atributos ou potencialidades dominantes que existem na organização. *As habilidades* referem-se ao fato de que os funcionários têm as habilidades requeridas para realizar a estratégia da organização ou são treinados para se desenvolverem, assegurando que saberão realizar seus trabalhos e permanecerão sempre atualizados com as técnicas mais avançadas.
Valores compartilhados (*Shared Values*)	Constitui a visão de longo prazo e todo o conjunto de valores e princípios que dão forma ao destino da organização. A presença desse fator significa que os funcionários compartilham os mesmos valores e princípios. Os valores são coisas que você lutaria mesmo se não fossem lucrativas. Os valores agem como a consciência de uma organização, fornecendo a orientação nas épocas de crise. Identificar valores é a primeira etapa essencial na definição do papel da organização na comunidade maior na qual atua.

■ **FIGURA 6.3** *O modelo 7S da McKinsey.*

CLIPPING COMPETITIVO

OS NOVOS FATORES DE PRODUÇÃO: A COMPETÊNCIA E O APRENDIZADO

No passado, os tradicionais fatores de produção – matéria-prima, capital e trabalho como mão de obra – representavam as fontes de vantagem competitiva. Hoje, já não acontece o mesmo. O economista Lester Thurow diz que "as matérias-primas podem ser adquiridas e transferidas para onde se façam necessárias. O capital financeiro é uma *commodity* que pode ser obtida em Nova York, Tóquio ou Londres. Simplesmente não existem peças únicas de equipamento que não possam ser obtidas ou cujo preço impeça o concorrente de adquiri-las".[18] A conse-

■ **QUADRO 6.4** *Polaridade do equilíbrio organizacional*

ESTRATÉGIA	PLANEJADA	*VERSUS*	OPORTUNISTA
As organizações precisam trabalhar tanto de modo planejado quanto oportunista em uma dinâmica que os sintetize. Respostas oportunistas identificam um contexto inesperado, enquanto o pensamento planejado trabalha em contextos conhecidos. Em outras palavras, o planejamento procura questões mais do que respostas imediatas, diferentemente do modo oportunista.			
ESTRUTURA	**ELITISTA**	***VERSUS***	**PLURALISTA**
O termo elitista se refere àquelas unidades organizacionais especializadas próximas ao poder e superiores em termos de competência. Porém, é importante que haja outras unidades tão especializadas, competentes e complementares no sentido de assegurar um nivelamento por cima. O termo pluralista refere-se à conjunção de forças que atuam no processo decisório, promovendo a atitude para o aprimoramento competitivo.			
ESTILO	**GERENCIAL**	***VERSUS***	**TRANSFORMACIONAL**
Estilo gerencial significa uma orientação administrativa cujo propósito é obter o máximo da organização atual, enquanto a orientação transformacional procura viradas de desempenho ao focar uma nova organização.			
SISTEMAS	**MANDATÓRIOS**	***VERSUS***	**DISCRICIONÁRIOS**
Sistemas não são somente relatórios frios e procedimentos, mas também mecanismos informais, como reuniões e conflitos. Um sistema deve focar os processos-chave, mas deve também deixar espaço que permitam a discrição e a exceção. Os sistemas influenciam fortemente os comportamentos organizacionais, e se o sistema for muito rígido de modo a tentar eliminar inconsistências ele pode, por outro lado, provocar extrema centralização.			
STAFF	**COLEGIADO**	***VERSUS***	**INDIVIDUALISMO**
Colegiado refere-se ao relacionamento dentro das equipes, na organização, com objetivos e identidades comuns, e na forma de regras sociais coerentes, fazendo com que os funcionários se sintam autônomos, mas ainda assim parte de um todo.			
HABILIDADES	**MAXIMIZAÇÃO**	***VERSUS***	**SUPERAÇÃO**
As habilidades organizacionais podem incluir ativos, como situação financeira sólida e dominação de mercado, mas é preciso a intervenção gerencial e humana para transformá-los em vantagens competitivas sustentáveis. Os termos maximização e superação servem para descrever a decisão entre ser bom e ser excelente, superando padrões atuais.			
VALORES COMPARTILHADOS	**MENTE RACIONAL**	***VERSUS***	**CORAÇÃO LEVE**
As mentes racionais levam ao resultado financeiro e a uma preocupação com o concreto e o lucro de curto prazo. Os valores compartilhados pelas mentes racionais são quantificáveis e não são ambíguos. Os valores dos corações leves, por outro lado, são associados a ideais que afetam as pessoas positivamente, como, por exemplo, tratamento digno, justo e socialmente responsável, fazendo um contraponto às metas tangíveis de caráter financeiro.			

quência dessas condições é um excesso de capacidade, que é a regra em muitos setores, o que dificulta a criação de vantagens competitivas a partir desses recursos.[19] A única coisa que não se pode comprar ou alugar no mercado é a competência. As empresas do século XXI precisam desenvolver a habilidade de mudar rapidamente. E isso requer a criação de um ambiente propício que impulsione a experimentação e o aprendizado.[20]

Conceito de competências essenciais

Competência é o conjunto de habilidades e tecnologias associado aos recursos e processos organizacionais e aplicado de maneira integrada e convergente. Assim, a competência para uma organização produzir em tempo de ciclo rápido está embasada no conjunto de habilidades que se integram, entre elas a capacidade de maximizar os processos comuns numa linha de produção, a flexibilidade para alterações no planejamento e execução da produção, a execução de sistemas sofisticados de informação, a gestão apurada dos estoques e o desenvolvimento do compromisso por parte dos fornecedores. A competência, nesses termos, nunca estará embasada num só indivíduo ou numa mesma equipe. Ela é um conceito sistêmico.

Quando uma competência impacta diretamente o atendimento às demandas dos diferentes *stakeholders*,

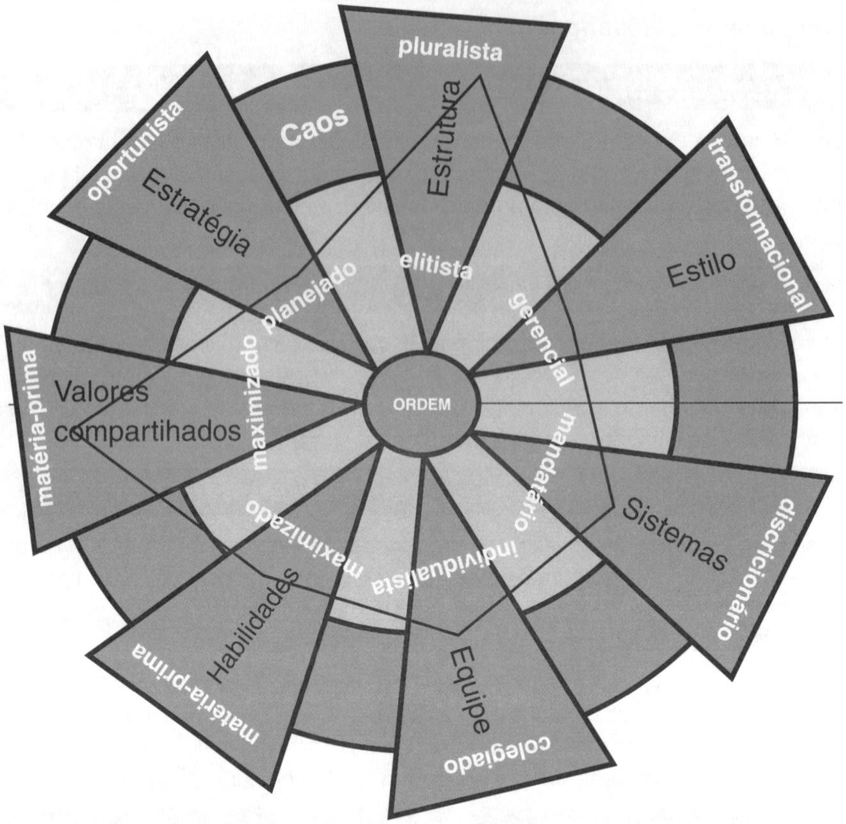

■ **FIGURA 6.4** *Mapa de polaridade do equilíbrio organizacional.*

diz-se que ela é uma competência essencial (*core competence*).[21] Competências essenciais são recursos intangíveis que apresentam três condições:

1. Em relação aos concorrentes são difíceis de ser imitados.
2. Em relação a mercados e clientes, são os recursos essenciais para que a empresa possa prover produtos/serviços diferenciados.
3. Em relação ao processo de mudança e evolução da própria empresa, é o fator fundamental da maior flexibilidade que permite a exploração de novos e diferentes mercados.

Falar em competências essenciais passa obrigatoriamente pelos conceitos elaborados por Hamel e Prahalad.[22] Segundo esses autores, o impacto de uma competência essencial se manifesta em três aspectos competitivos da organização:

1. *Valor percebido*: As competências essenciais são as competências que permitem o oferecimento de benefícios fundamentais para os clientes. Muitas vezes, os benefícios fundamentais não são percebidos desse modo porque o cliente tem sua atenção voltada para benefícios adicionais, como um desconto ou a beleza de uma propaganda. A organização deve refletir sobre quais são os elementos fundamentais de valor do produto ou serviço pelo que o comprador realmente está pagando, quanto ele está disposto a pagar a mais para ter acesso aos benefícios e qual é a hierarquia de valor que o cliente tem relativo aos benefícios oferecidos.
2. *Diferenciação dos concorrentes*: A competência singular em relação à concorrência é considerada uma competência essencial, como, por exemplo, marca, tradição, curva de aprendizado, acessos únicos ou gestão além dos parâmetros do setor.
3. *Capacidade de expansão*: As competências que abrem as portas da organização para novos segmentos também são consideradas competências essenciais, que representam novas oportunidades competitivas, que viabilizam o oferecimento de novos produtos e serviços gerados a partir daquelas competências.

Quase sempre, as organizações partem de uma carteira de negócios e não de uma carteira de competências. Isso faz com que, no curto prazo, a competitividade da organização deriva de seus atributos de preço e desempenho em produtos. Ocorre que os concorrentes imitam e rapidamente convergem para padrões similares de custo de produto e de qualidade, que são barreiras mínimas para a competição contínua e cada vez menos fontes de vantagem competitiva.

BANCO DE IDEIAS

COMPETÊNCIAS ASSOCIADAS

Os gestores devem refletir sobre as competências associadas aos produtos e serviços oferecidos no momento e verificar como elas poderiam ser aplicadas para diferentes categorias de produtos e serviços. Por exemplo, a Nike – fabricante de tênis e roupas esportivas – criou um modelo de negócios baseado na terceirização das operações de fabricação – pois não é por aí que a Nike compete – e na aplicação de suas competências essenciais relacionadas ao *design*, logística e marketing. Em outras palavras, as competências essenciais da Nike não estão na produção, mas no *design*, logística e marketing.

Na 3M, as competências associadas à fita adesiva levaram a organização para mercados diversificados, como o Post-it, fitas magnéticas, filmes fotográficos, fitas sensíveis à pressão e abrasivos revestidos.

As competências associadas da Black & Decker na fabricação de pequenos motores elétricos permitem que possam ser usados em muitas ferramentas e aparelhos.

Identificação das competências essenciais

Prahalad e Hamel[22] propõem três testes para identificar as competências essenciais em uma organização:

1. Uma competência essencial provê acesso potencial a uma ampla variedade de mercados. A competência em sistemas de monitores de vídeo permitiu à Casio participar de negócios tão diversos como calculadoras, aparelhos de TV miniaturizados, monitores para *laptop* e painéis para carros.
2. Uma competência essencial deve representar uma contribuição significativa para os benefícios percebidos pelos clientes do produto final. A competência da Honda em motores preenche essas condições.
3. Uma competência essencial deve ser de difícil imitação para os concorrentes. E será difícil se for uma complexa harmonização de tecnologias individuais e habilidades de produção. O rival deve levar tempo para entender e imitar uma competência essencial.

A boa prática para a identificação das competências essenciais consiste em listar os recursos, habilidades e processos existentes e trabalhar como se fossem blocos de montar, conforme a Figura 6.5.

Muitas organizações, inadvertidamente, abriram mão de suas competências essenciais quando optaram por transferir atividades para fornecedores externos no sentido de cortar investimentos internos. A terceirização pode conduzir a um atalho para um produto mais competitivo, mas ela contribui pouco para promover as competências encontradas nas pessoas e que são necessárias para sustentar a liderança em mercados. É o caso da Chrysler, que terceirizou amplamente e cada vez mais se tornou dependente da Mitsubishi e da Hyundai, ao contrário da Honda, que se concentrou nas tecnologias relacionadas a motores.

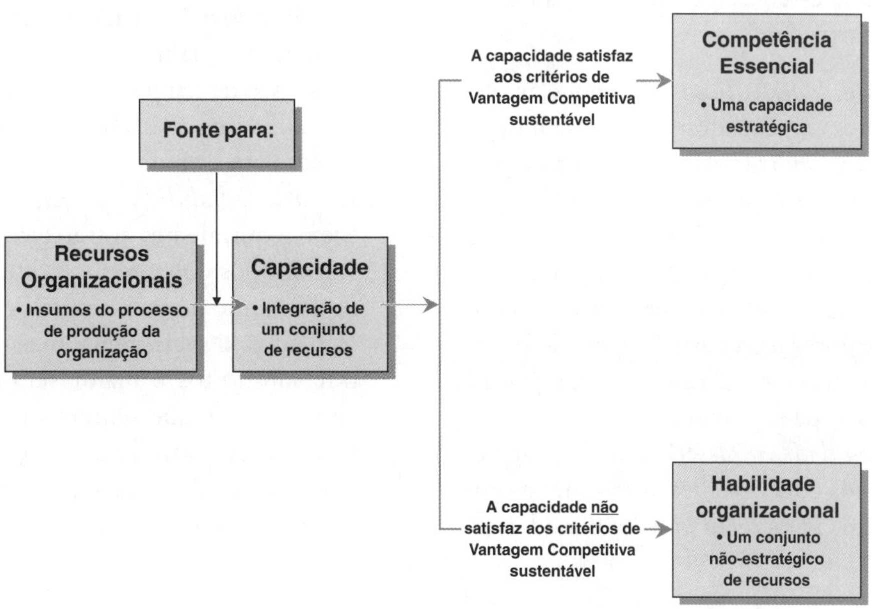

■ **FIGURA 6.5** *A competência essencial como capacidade estratégica.*[23]

CLIPPING COMPETITIVO

AS COMPETÊNCIAS ESSENCIAIS DA CANON

As competências essenciais da Canon são suas habilitações e tecnologias em ótica, captura e processamento de imagem e controles de microprocessadores, que permitiram que ela sobrevivesse e brilhasse em mercados tão diversificados como os de copiadoras, impressoras a *laser*, câmaras e *scanners* de imagem. Na Canon, os talentos com competência essencial em ótica estão espalhados por todos os negócios, sejam eles de câmeras, copiadoras e equipamentos litográficos de semicondutores. Quando a Canon identifica uma oportunidade em impressoras digitais a *laser*, ela dá aos gestores de unidades estratégicas de negócios (UENs) o direito de procurar em outras UENs para tirar delas e montar o grupo de talentos adequado para aquela tarefa.

E isso se repete toda vez que se identifique alguma nova competência, graças à sua arquitetura organizacional fluida e maleável. Além disso, os sistemas de recompensas antes focalizados em linhas de produtos e desenvolvimento de carreiras – que criam padrões de comportamento destrutivamente competitivos entre as unidades – são revistos continuamente. Os gestores se reúnem para identificar as competências da próxima geração, decidir o quanto deve ser investido para criar cada competência futura e qual a contribuição em suporte de capital e equipe que cada UEN tem de fazer. Isso leva a um senso de permuta equitativa. Também os portadores de competências devem se reunir regularmente, vindos de todos os pontos da organização, para trocar ideias e observações, e para criar um sentimento de comunidade entre eles.

As competências essenciais de uma organização são formuladas a partir de:[24]

1. *Recursos e habilidades valiosas*: São aquelas que ajudam a empresa a neutralizar ameaças ambientais ou a explorar oportunidades ambientais, permitindo que formule e implemente estratégias capazes de gerar valor para o cliente. A Sony utiliza suas capacidades valiosas para projetar, fabricar e comercializar sua tecnologia eletrônica miniaturizada para explorar uma variada gama de oportunidades de mercado para tocadores de música e câmeras de vídeo de fácil manuseio.
2. *Recursos e habilidades raras*: São aquelas que nenhum ou poucos concorrentes atuais ou em potencial possuem. Se os recursos e habilidades forem comuns a muitos concorrentes, é improvável que venham a constituir fonte de vantagem competitiva para qualquer um deles. A vantagem competitiva ocorre quando a organização desenvolve e explora capacidades diferentes daquelas existentes na concorrência. O modelo comercial através do qual a Dell vende diretamente a seus clientes permite maior eficiência do que seus concorrentes.
3. *Recursos e habilidades difíceis de imitar*: São aquelas que outras organizações não conseguem desenvolver com facilidade ou rapidez, por três motivos isolados ou pela combinação deles:
   - *Condições históricas únicas*, como é o caso da cultura organizacional. A cultura da McKinsey é fonte de vantagem competitiva que mantém forte coesão entre os funcionários que nela acreditam e conduz a uma incansável e positiva insatisfação que os desafia a criar novas formas de desempenho que possam gerar níveis superiores de valor aos clientes.
   - *Imitação cara e dispendiosa*, como é o caso de concorrentes que não conseguem entender claramente como a organização utiliza suas competências como base de sua vantagem competitiva.
   - *Complexidade social*: implica a conjunção de várias habilidades socialmente complexas, como relações interpessoais, confiança e amizade entre funcionários e executivos, e a reputação da empresa junto a seus fornecedores e clientes. É o caso de GE, Sony, Wal-Mart, Walt Disney e Hewlett-Packard, que utilizam competências socialmente complexas como base para a visão de seu papel na sociedade, responsabilidades com os *stakeholders* e seus compromissos com os funcionários.
4. *Recursos e habilidades insubstituíveis.* Não possuem equivalentes estratégicos nem podem ser substituídos. Quanto mais difícil de serem substituídos, tanto maior o seu valor estratégico. Quanto menos visíveis, tanto mais difícil será encontrar substitutos e maior será o desafio para os concorrentes que tentam imitá-los. O conhecimento corporativo e as relações de trabalho baseadas na confiança recíproca são capacidades de difícil identificação e imitação.

CLIPPING COMPETITIVO

A DISNEY E SUAS COMPETÊNCIAS ESSENCIAIS EMERGENTES

Algumas empresas criam o valor e percebem que outros participantes de seu sistema de negócio o capturam integralmente para si. Esse era o problema da Disney quando Michael Eisner assumiu a direção da empresa no decorrer dos anos 1990. Para enfrentá-lo, a Disney teve de deixar de ser predominantemente uma criadora de conteúdo e passar a desempenhar também o papel de administradora de canais de distribuição.

Ao redor da década de 1980, a Disney era criadora de conteúdo – como a propriedade intelectual dos personagens –, e parte de sua operação consistia em licenciar essa propriedade para fabricantes ou varejistas. Com essa atividade, a Disney recebia dos fabricantes uma pequena taxa de licença e não tinha participação alguma no lucro gerado ao longo da cadeia de suprimentos. Ao constatar que outros atuantes da cadeia ficavam com a maior parte do valor criado pela Disney, Eisner iniciou uma transição que levou a empresa a desenvolver outras competências importantes a fim de participar diretamente da atividade do varejo. Isso permitiu à Disney não apenas capturar uma parcela maior da lucratividade, como também estabelecer uma posição muito mais forte de negociação com os outros participantes da cadeia.

Essa transformação ajudou a Disney a criar um sistema totalmente integrado que lhe permitiu maximizar o valor e a lucratividade de cada item de conteúdo que ela criasse. O filme *O rei leão*, um dos maiores sucessos de todos os tempos, gerou US$400 milhões de bilheteria. Mas as receitas totais do sistema provenientes de atividades paralelas garantiram à empresa cerca de US$2 bilhões. Tudo é uma questão de reflexão sobre qual é realmente o negócio da empresa.

Modelo de Excelência da FNQ

A Fundação Nacional da Qualidade (FNQ) é uma organização não governamental criada em 1991 com a missão de disseminar os Fundamentos da Excelência em Gestão, através da mobilização das organizaçõe em torno do assim chamado "Modelo de Excelência da Gestão® – MEG", desenvolvido ao longo de uma experiência de mais de 17 anos com a realização do PNQ – Prêmio Nacional da Qualidade, conferido pela instituição.[25] (ver Figura 6.6)

O modelo MEG é embasado num conjunto de conceitos e estruturado em critérios e requisitos, que expressam o entendimento da Excelência em Gestão e fortalecem a competitividade da empresas brasileiras.

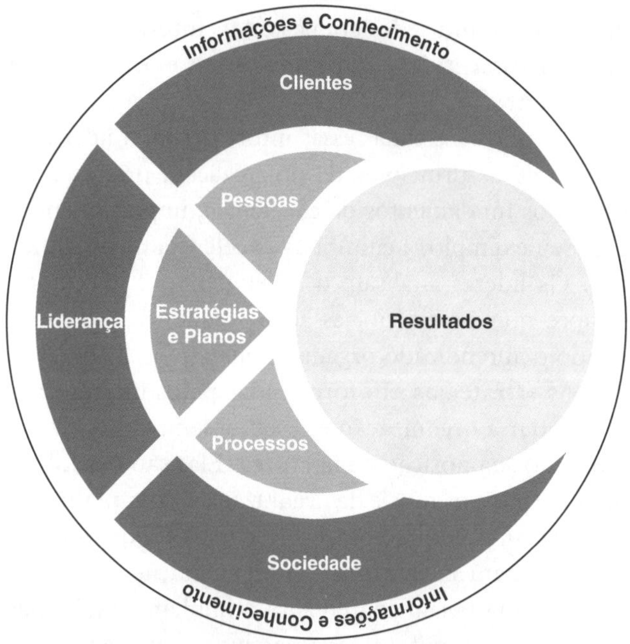

■ **FIGURA 6.6** *Modelo de Excelência da Gestão®*

Abaixo é apresentado o Modelo de Excelência da Gestão® – MEG com suas principais definições:

O Modelo de Excelência da Gestão® (MEG) é baseado em 11 fundamentos (pensamento sistêmico; aprendizado organizacional; cultura de inovação; liderança e constância de propósitos; orientação por processos e informações; visão de futuro; geração de valor; valorização de pessoas; conhecimento sobre o cliente e o mercado; desenvolvimento de parcerias e responsabilidade social (consultar https://www.fnq.org.br/site/377/default.aspx) e oito critérios (liderança; estratégias e planos; clientes; sociedade; informações e conhecimento; pessoas; processos e resultados). Fundamentos são os pilares, a base teórica de uma boa gestão. Esses fundamentos são colocados em prática por meio dos oito critérios.

A figura representativa do MEG simboliza a organização, considerada como um sistema orgânico e adaptável ao ambiente externo. O MEG é representado pelo diagrama acima, que utiliza o conceito de aprendizado segundo o ciclo de **PDCA** ***(Plan, Do, Check, Action)***. O sucesso de uma organização está diretamente relacionado à sua capacidade de atender às necessidades e expectativas de seus **clientes**. Elas devem ser identificadas, entendidas e utilizadas para que se crie o valor necessário para conquistar e reter esses clientes.

Para que haja continuidade em suas operações, a organização também deve identificar entender e satisfazer as necessidades e expectativas da **socieda-**

de e das comunidades com as quais interage — sempre de forma ética, cumprindo as leis e preservando o ambiente.

De posse de todas essas informações, a **liderança** estabelece os princípios da organização, pratica e vivencia os fundamentos da excelência, impulsionando, com seu exemplo, a cultura da excelência na organização. Os líderes analisam o desempenho e executam, sempre que necessário, as ações requeridas, consolidando o aprendizado organizacional.

As **estratégias** são formuladas pelos líderes para direcionar a organização e o seu desempenho, determinando sua posição competitiva. Elas são desdobradas em todos os níveis da organização, com **planos de ação** de curto e longo prazos. Recursos adequados são alocados para assegurar sua implementação. A organização avalia permanentemente a implementação das estratégias e monitora os respectivos planos e responde rapidamente às mudanças nos ambientes interno e externo.

Considerando os quatro critérios apresentados, tem-se a etapa de planejamento (P) do ciclo PDCA. As **pessoas** que compõem a força de trabalho devem estar capacitadas e satisfeitas, atuando em um ambiente propício à consolidação da cultura da excelência.

Com isso, é possível executar e gerenciar adequadamente os **processos**, criando valor para os clientes e aperfeiçoando o relacionamento com os fornecedores. A organização planeja e controla os seus custos e investimentos. Os riscos financeiros são quantificados e monitorados. Conclui-se, neste momento, a etapa referente à execução (D) no PDCA.

Para efetivar a etapa do Controle (C), são mensurados os **resultados** em relação a: situação econômico-financeira, clientes e mercado, pessoas, sociedade, processos principais do negócio e processos de apoio, e fornecedores. Os efeitos gerados pela implementação sinérgica das práticas de gestão e pela dinâmica externa à organização podem ser comparados às metas estabelecidas para eventuais correções de rumo ou reforços das ações implementadas.

Esses resultados, apresentados sob a forma de **informações e conhecimento**, retornam a toda a organização, complementando o ciclo PDCA com a etapa referente à ação (A). Essas informações representam a inteligência da organização, viabilizando a análise do desempenho e a execução das ações necessárias em todos os níveis. A gestão das informações e dos ativos intangíveis é um elemento essencial à jornada em busca da excelência. Os oito critérios de excelência estão subdivididos em 24 itens, cada um possuindo requisitos específicos e uma pontuação máxima. Destes, 18 representam os aspectos de enfoque e aplicação e 6 os resultados.

CADEIAS DE VALOR E SISTEMAS DE VALOR

O conceito de cadeia de valor traz uma nova perspectiva de entendimento do desempenho das organizações. Especificamente, toda empresa desempenha um ciclo de atividades para projetar, produzir, comercializar, entregar e apoiar seus produtos ou serviços. A cadeia de valor descreve esse ciclo mapeando como um produto se movimenta desde a etapa da matéria-prima até o consumidor final, através de nove atividades estrategicamente relevantes e criadoras de valor que consistem em cinco atividades primárias e quatro atividades de apoio.[26]

A ideia é estudar essas nove atividades criadoras de valor para reconhecer os elos mais valiosos da cadeia. As atividades primárias representam a seguinte sequência:

1. Trazer materiais para dentro da organização (logística interna de entrada).
2. Convertê-los em produtos finais (operações).
3. Expedir os produtos finais (logística externa de saída).
4. Comercializá-los (marketing e vendas).
5. Prestar-lhes assistência técnica (serviços).

As quatro atividades de apoio – suprimentos, desenvolvimento tecnológico, gestão de recursos humanos e infraestrutura da organização – são realizadas em determinados departamentos específicos, mas não apenas ali. Outros departamentos poderão, também, ter de realizar algumas atividades de apoio como, por exemplo, suprimento ou contratação de pessoal. A Figura 6.7 apresenta o modelo de cadeia de valor, conforme proposto por Porter.[27]

A cadeia de valor é explicitada pela Quadro 6.5.

A organização precisa examinar seus custos e seu desempenho em cada atividade da cadeia de valor e compará-los com os custos e desempenho de seus concorrentes como *benchmarks*, pois ela terá uma vantagem competitiva na medida em que consiga desempenhar certas atividades melhor ou mais barato do que seus concorrentes (a atividade de *benchmarking* será estudada no Capítulo 9).

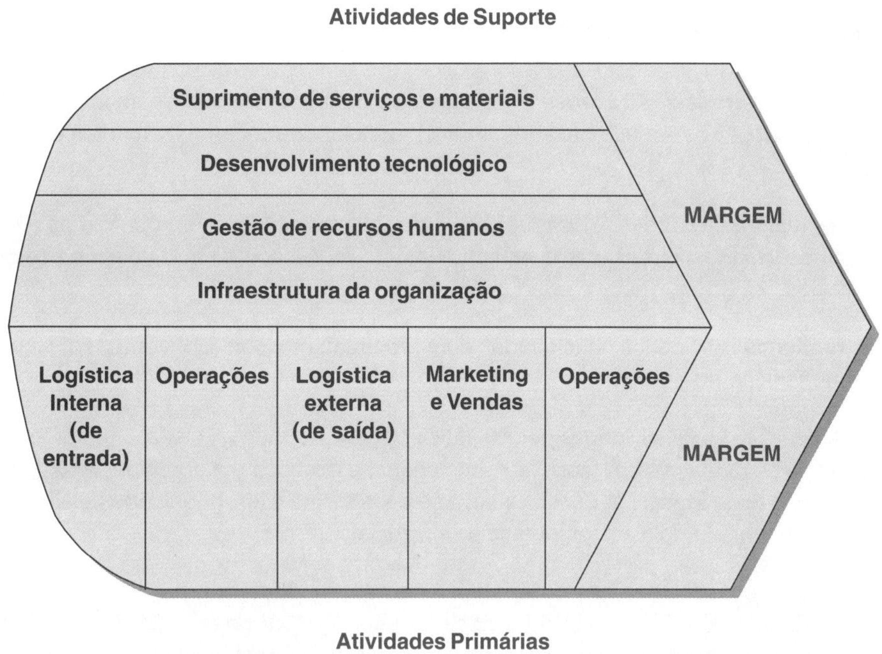

■ **FIGURA 6.7** *A cadeia de valor segundo Porter.*

PASSEIO VIRTUAL

LOGÍSTICA DIGITAL DA FEDEX[28]

Desde sua fundação, há mais de três décadas, a vantagem competitiva da Federal Express – a famosa FedEx – está fundamentada na obsessão da entrega rápida e da confiabilidade: essas são suas competências essenciais através das quais a empresa agrega valor aos seus clientes. Ela foi pioneira no sistema de entrega rápida e confiável. Partindo da intenção estratégica de "se tornar o provedor da solução de maior relevância de ponta a ponta na cadeia de suprimento", a FedEx construiu novas redes para uso das organizações-clientes em substituição à ineficiência de suas antigas transações via telefone e fax por sistemas com tecnologia sem fio (*wireless*) com o Digital Assisted Dispatch System (DADS), que agora podem ser disponibilizados a partir de celulares. Isso exige que a empresa reconfigure continuamente sua logística interna (atividade primária) e sua gestão de recursos humanos (atividade de apoio) para disponibilizar o recurso de entrega de um dia para o outro e agregar valor também para si própria.

O sucesso da organização depende não apenas de quão bem cada unidade ou departamento desempenha seu trabalho, mas também de quão bem as diversas atividades departamentais são coordenadas e integradas. Departamentos isolados agem para maximizar seus próprios interesses, em vez dos interesses da organização e dos clientes. Um departamento de crédito pode demorar a verificar o crédito de um possível cliente para não assumir dívidas duvidosas. Entrementes, o cliente espera, e o vendedor se frustra. Um departamento de tráfego decide expedir as mercadorias por ferrovia para economizar dinheiro, e o cliente espera uma vez mais. Assim, os departamentos constroem paredes ou fronteiras que retardam ou impedem a entrega de serviço de qualidade ao cliente.

Sistema de valor

O conceito de cadeia de valor pode ser pensado de forma mais ampla como um sistema de valor que inclui os fornecedores da organização, os fornecedores dos fornecedores, os vários elos da cadeia de distribuição, parceiros, subcontratados etc., abrangendo toda a cadeia de suprimentos do setor (*supply chain*). Os sistemas de valor aplicam o conceito de logística integrada, um conceito amplo que envolve os processos de planejamento, implementação e controle de todo o fluxo de materiais, desde os fornecedores até o cliente, e de informações, no sentido inverso. Esses processos referem-se à gestão da cadeia de suprimentos (*supply chain management*), que se caracteriza pela adoção de práticas de *global sourcing*, parcerias com fornecedores, *just in time*, sincronização da produção, redução de estoques em toda a cadeia e a metodologia da resposta eficiente ao consumidor, o que muitas vezes vai implicar uma revisão total do sistema de distribuição.

A resposta eficiente ao consumidor (*ECR – Efficient Consumer Response*) visa essencialmente que-

■ **QUADRO 6.5** *A cadeia básica de valor*[29]

Suprimentos de serviços e materiais: Atividades realizadas visando à compra dos insumos necessários à fabricação dos produtos, bem como ativos fixos – maquinaria, equipamento de laboratório, equipamentos e materiais de escritório e edificações.				
Desenvolvimento tecnológico: Atividades realizadas com o objetivo de melhorar o produto e os processos utilizados na sua fabricação. Assume variadas formas, como equipamento de processo, pesquisa básica, *design* do produto e procedimentos de serviços.				
Gestão de recursos humanos: Atividades relacionadas com recrutamento, seleção, admissão, treinamento, desenvolvimento e remuneração do pessoal.				
Infraestrutura da organização: Inclui atividades necessárias ao apoio de toda a cadeia de valor, como direção geral da organização, planejamento, finanças, contabilidade, apoio legal e relações governamentais. Através da infraestrutura, a organização tenta identificar de forma eficaz e consistente as oportunidades e ameaças externas, os recursos e capacidades e fornecer apoio às competências essenciais.				
Logística interna: Atividades relacionadas com o manuseio de materiais e armazenagem e controle de estoque, utilizadas para receber e disseminar os insumos de um produto	**Operações**: Atividades necessárias para converter os insumos fornecidos pela logística interna na forma de produto final. Exemplos: usinagem, embalagem, montagem e manutenção do equipamento	**Logística externa**: Atividades relacionadas com coleta, armazenagem e distribuição física do produto final para o cliente. Exemplos: armazenagem de produtos acabados, manuseio de materiais e processamento de pedidos	**Marketing e vendas**: Atividades concluídas para fornecer os meios que permitam que os clientes adquiram os produtos e os induzam a adquiri-los. Exemplos: campanhas publicitárias e promocionais, escolha dos canais de distribuição adequados, seleção, desenvolvimento e apoio da força de vendas	**Serviços**: Atividades destinadas a realçar ou manter o valor de um produto. Exemplos: instalação, reparo, treinamento e assistência. Cada atividade deve ser examinada em relação às capacidades da concorrência como superior, equivalente ou inferior

brar as barreiras entre os parceiros comerciais, barreiras que costumam resultar em ineficiências com impacto em custos e tempo de resposta. Envolve a criação de um consórcio de organizações industriais e comerciais que buscam realizar otimizações sistêmicas através da análise do sistema de valor e das cadeias de valor de cada membro do sistema.

Assim, as cadeias de valor de várias organizações podem combinar-se para formar o sistema de valor: uma corrente maior de atividades. O ótimo de um sistema de valor nasce da orquestração das várias competências individuais que o compõem. Portanto, não basta que uma organização otimize a sua cadeia de valores. É preciso que ela esteja inserida em um sistema de valor mais amplo que seja eficiente e eficaz. Outro aspecto importante é que a simples soma de atividades individuais pode ser insuficiente para garantir o sucesso de um sistema de valor. Será necessário que haja cooperação e coordenação dentro do sistema para obter sinergia sem multiplicação de esforços para assegurar a obtenção de margem para todos os integrantes do sistema. Isso está representado na Figura 6.8.

Cadeia virtual de valor

Uma evolução do conceito de cadeia de valor foi desenvolvida por Rayport e Sviokla e denominado cadeia

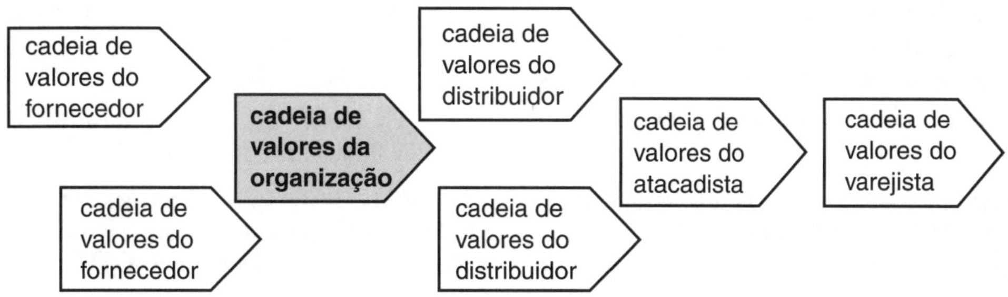

■ **FIGURA 6.8** *Cadeia de valor.*[30]

virtual de valor. A ideia básica é que, em paralelo ao fluxo físico de geração de valor (dado pela cadeia de valor), corre um fluxo paralelo e virtual. Segundo os autores, enquanto o primeiro ocorre no *marketplace*, o segundo ocorre no *marketspace*. A adoção do conceito de cadeia virtual de valor pode acontecer em três níveis: visibilidade, substituição e novos negócios:

1. *Visibilidade:* Nesse nível, uma linha de informações é construída, unindo todo o sistema de valor. Essa linha pode envolver sistemas on-line, softwares integrados ou simples encontros entre gerentes. O resultado é uma maior visão de conjunto e a possibilidade, decorrente dessa visão, de racionalizar recursos e direcionar esforços com maior eficiência e eficácia.
2. *Substituição:* Nesse nível, algumas atividades da cadeia física são substituídas por atividade virtuais com o apoio da TI. Um exemplo de substituição é dado pela implantação de sistemas CAD/ CAM processados por redes de computadores.
3. *Novos negócios:* Nesse nível, a organização desenvolve novas oportunidades de negócios (novos mercados, novos nichos, novos serviços etc.). A utilização comercial da Internet tem possibilitado vários desenvolvimentos desse tipo.

As implicações da adoção da perspectiva da cadeia de valor e do sistema de valor para a gestão da organização são claras: torna-se imperativo adotar modelos de gestão que propiciem visões do todo – e não apenas de cada parte – e que constituam ferramentas úteis para a busca da competitividade em um contexto dinâmico e mutável que cerca a organização.

CONCLUSÃO

O diagnóstico estratégico interno permite o autoconhecimento e a localização das potencialidades e vantagens competitivas, bem como das limitações e restrições da organização diante do que ela pretende fazer em termos de planejamento estratégico. Na verdade, fazer uma autoavaliação precisa e profunda nem sempre é fácil. É preciso sair da mesmice, da rotina e da caixa para poder ver a si própria em todo o seu conjunto e em todas as suas dimensões. Isso é tarefa da alta direção. Além da visão periférica e panorâmica para ver e sentir o ambiente distante, os dirigentes precisam também possuir uma sensibilidade e uma abordagem introspectiva capaz de proporcionar em profundidade uma ideia do que a organização é e do que ela pode ser no futuro.

NOTAS

1. COLLINS, J. M. & PORRAS, J.I. *Built to last: succesfull habits of visionary companies.* Nova York: Harper Business, 1994.

2. HAMEL, G. & PRAHALAD, C.K. *Competindo pelo futuro: estratégias inovadoras para obter o controle do seu setor e criar mercados de amanhã.* Rio de Janeiro: Campus, 1996.

3. DRUCKER, Peter F. *Uma era de descontinuidade.* São Paulo: Zahar Editores, 1978.

4. Adaptado de HOOLEY, G.J., SAUNDERS, J.A. & PIERCY, N. F. *Estratégia de marketing e posicionamento competitivo.* São Paulo: Pearson Education do Brasil, 2001, p. 93.

5. DNA Organizacional: O conjunto dos valores centrais, cultura, personalidade etc., que supostamente impacta todos os colaboradores, novos e antigos da organização e ele é levemente alterado toda vez que uma nova pessoa é contratada, podendo ser radicalmente mudado quando assume um novo CEO. Genericamente o DNA explica o modo de fazer negócios de uma organização.

O conceito foi pela primeira vez usado em 1998 por Ken Baskin, quando foi publicado seu livro *Corporate DNA: Learning from Life* pela Butterworth-Heinemann de Oxford, Inglaterra. Baskin propunha em seu trabalho que as organizações fossem vistas como metáforas dos organismos vivos e nesse sentido ele trabalhou com outros conceitos relacionados que tiveram bastante aceitação nos anos seguintes, como Ecologia de Mercado, Sistema Nervoso Corporativo e "Adapte-se ou Morra!" (ver: http://www.buzzwhack.com/buzzcomp/indc.htm, consultado em 25 de abril de 2009)

6. CHILD, J. *Organizations: a guide to problems and practice*. London: Harper & Row Publishers, 1977.

7. WAGNER III, J. A. John A. e HOLLENBECK, J. R. *Comportamento organizacional – criando vantagem competitiva*. São Paulo: Saraiva, 2000, p. 465.

8. Adaptado de PINCHOT, T. & PINCHOT, G. "The end of bureaucracy and the rise of the intelligent organization", in MYERS, P.S. (ed.). *Knowledge management and organizational design*. Nova York: Butterworth-Heinemann, 1996.

9. LeFAUVE, Richard G. & HAX, Arnoldo C. *Managerial and technological Innovations at Saturn Corporatio*. MIT Management, Spring 1992.

10. ARAÚJO, Luis Cesar G. de. *Organização, sistemas e métodos e as tecnologias de gestão organizacional*. 3. ed. São Paulo: Atlas, 2007.

11. LeFAUVE, Richard G. & HAX, Arnoldo C. *Managerial and technological innovations at Saturn Corporation*. MIT Manaqement, Spring 1992.

12. ASHKENAS, R., ULRICH, D., JICK, T. & KERR, S. *The boundaryless organization: breaking the chains of organizational structure*. San Francisco: Jossey-Bass, 1995.

13. CHILD, John. "Organizational design and performance: contingency theory and beyond." *Organization and Administrative Sciences*, v. 8, 1977, p. 169.

14. PORTER, L. W. LAWLER III, E.E. & HACKMAN, E.R. *Behavior in organizations*. Nova York: McGraw-Hill Book Co., 1975, p. 223.

15. NADLER, David A., GERSTEIN Marc S. & SHAW, Robert B. *Organizational architecture: designs for changing organization*. San Francisco, CA: Jossey-Bass, 1992.

16. HAMMER, M. e CHAMPY, J. *Reengenharia – revolucionando a empresa em função dos clientes, da concorrência e das grandes mudanças da gerência*. Rio de Janeiro: Campus, 1993.

17. PASCALE, Richard Tanner. *Managing on the edge: how the smartest companies use conflict to stay ahead*. New York: Touchstone Books, 1991.

18. THUROW, L. *Creating wealth*. London: Nicholas Brealey Publishing, 1999, p. 117.

19. PRAHALAD, C. K. "Changes in the competitive battlefield – mastering strategy paret twelve." London: *Financial Times*, October 4, 1999, p. 3-4.

20. PASCALE, R.T. & MILLER, A. H. "The action lab: creating a greenhouse for organizational change." New York, *Strategy & Business*, v. 17, 1999, p. 64-72.

21. HAMEL, G. & PRAHALAD, C. K. "A competência essencial da corporação." *Harvard Business Review*, maio-junho 1990, citado em MONTGOMERY, Cynthia A. & PORTER, Michael (orgs.). *Estratégia: a busca da vantagem competitiva*. Rio de Janeiro: Campus, 1998, p. 293-316.

22. HAMEL, G. & PRAHALAD, C.K. *Competência essencial da corporação*, op. cit., p. 302-305.

23. Adaptado de: HITT, Michael A., IRELAND, R. Duane & HOSKISSON, R.E. *Strategic management: competitiveness and globalization*. Ohio: South-Western College Publishing., 2001, p. 115.

24. BARNEY, J.B. "Firm resources and rustained competitive advantage." *Journal of Management*, v. 17, 1991, p. 99-120.

25. Extraído de Fundação Nacional da Qualidade – FNQ, *Critérios de excelência: avaliação e diagnóstico da gestão empresarial*. São Paulo, 2008, p. 30.

26. HITT, Michael A., IRELAND, R. Duane & HOSKISSON, R.E., op. cit., p. 101.

27 PORTER, Michael E. *Vantagem competitiva: criando e sustentando um desempenho superior*. Rio de Janeiro: Campus, 1999.

28. Ver http://www.fedex.com

29. PORTER, Michael E. *Vantagem competitiva*, op. cit.

30. RAYPORT, .J.F. & SVIOKLA, J.J. "Exploiting the virtual value chain." *Harvard Business Review*, November/December 1995, p. 75-85.

CAPÍTULO 7

CONSTRUÇÃO DE CENÁRIOS

Prospectando o futuro

O que você verá pela frente:

- Conceito de cenários.
- O desenvolvimento de cenários.
- O processo de construção de cenários.
- Competências para a construção de cenários.
- Previsão ambiental.
- O que esperar do futuro.
- Conclusão.

Objetivos de aprendizagem:

- Explicar a necessidade de estudar e entender os desdobramentos futuros.
- Definir cenários para o planejamento estratégico.
- Discutir a importância dos cenários.
- Detalhar o processo de construção de cenários.
- Mostrar a utilização de cenários nas organizações.

A partir do diagnóstico estratégico, a organização adquire o conhecimento básico necessário para entender e lidar adequadamente com as variáveis ambientais e com os fatores organizacionais. O processo de planejamento estratégico pode ser entendido como resposta global e molar da organização ao contexto ambiental que a circunda e às competências que dispõe.

Contudo, não basta o conhecimento e o diagnóstico a respeito de como está o ambiente externo e o ambiente interno da organização naquele momento. É preciso combiná-los e integrá-los para conhecer o que está por trás deles e como eles poderão evoluir. Nada está estático, e o futuro nunca será igual ao presente.

Será preciso ainda definir premissas, ponderar eventuais desdobramentos e visualizar possíveis consequências futuras, procurando minimizar os riscos inerentes à tomada de decisão. É que o planejamento estratégico se baseia em decisões de hoje que deverão construir o amanhã. Tomar decisões com base no incerto é uma questão que passa diariamente pela cabeça de todo gestor.

Para minimizar os riscos ligados a tais incertezas e propiciar ferramentas que facilitem a definição de estratégias em um mundo cada vez mais mutável e incerto usam-se técnicas prospectivas. São técnicas que estão a meio caminho entre o determinismo de uma visão intuitiva e a previsão a partir de extrapolações quantitativas das tendências identificadas. As técnicas prospectivas permitem à organização desenvolver atitudes proativas em relação ao futuro projetado em forma de formulação de cenários futuros. Elas permitem traçar modelos hipotéticos que ajudam a entender os futuros desdobramentos das possíveis decisões de hoje. Construir cenários futuros faz parte integrante da atividade do estrategista moderno.

INFORMAÇÃO PRIVILEGIADA

ANTEVENDO O FUTURO

Fazer uma análise sistemática do ambiente geral e do ambiente de tarefa é fundamental para o planejamento estratégico. Trata-se de mapear a situação atual. Mas surge uma questão importante: se o planejamento estratégico é dimensionado para o longo prazo – ao exercício de alguns anos pela frente –, ele somente poderá ser bem-sucedido se todos os fatores ambientais permanecerem estáticos ao longo do tempo e esperarem passivamente o início de sua execução. Acontece que o mundo gira e o ambiente muda a cada instante. Corre-se o risco de, chegando no futuro estratégico, o ambiente já não ser o mesmo daquilo que é hoje. E certamente ele será bem diferente.[1] A solução? Elaborar cenários para descortinar como seria o ambiente geral e o ambiente de tarefa no futuro estratégico a partir daquilo que é hoje. Projetar a situação atual no futuro estratégico, como apresentado na Figura 7.1.

Os cenários não funcionam apenas como ferramenta para gerar desdobramentos futuros a respeito

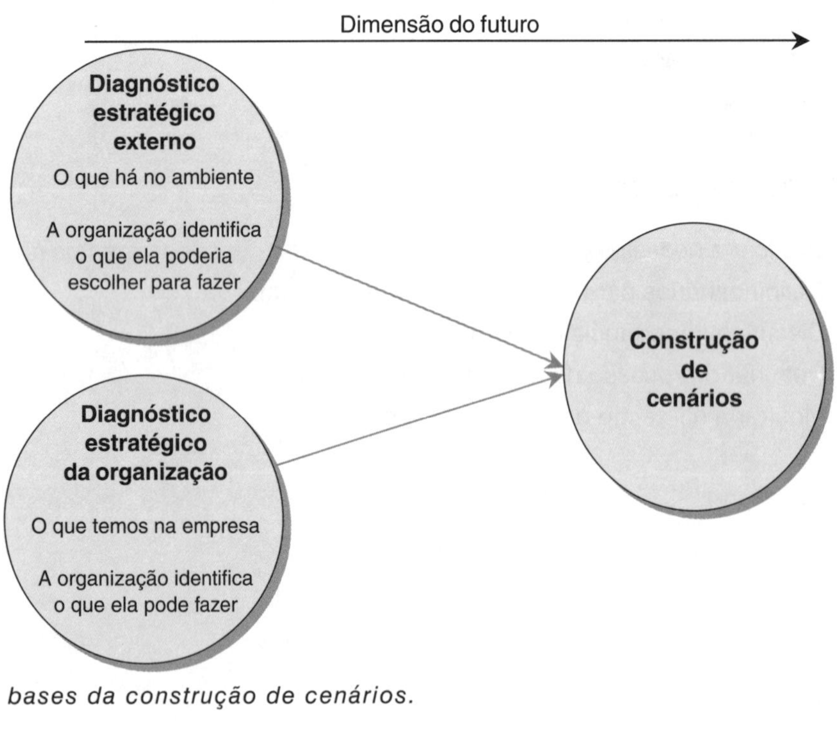

▪ **FIGURA 7.1** *As bases da construção de cenários.*

do ambiente. Eles ajudam o administrador a aprender a construir imagens alternativas de futuro e não constituem simples extrapolação de tendências atuais. Além disso, existem cenários de primeira e segunda geração:

1. *Cenários de primeira geração:* São exploratórios e utilizados para melhorar o entendimento a respeito do mundo real dos negócios e das variáveis ambientais. São conhecidos como cenários ambientais.
2. *Cenários de segunda geração:* São conhecidos como cenários estratégicos e proporcionam a base de julgamento sobre como o mundo real opera no hoje e no amanhã para alicerçar a tomada de decisões estratégicas focadas no futuro.

A diferença entre ambos é que os cenários de primeira geração são utilizados apenas para entender como o ambiente está se desenvolvendo continuamente, enquanto os de segunda geração servem de apoio para a tomada de decisões.

BANCO DE IDEIAS

COMEÇANDO A ELABORAR UM CENÁRIO DE PRIMEIRA GERAÇÃO

Imagine que sua empresa pretenda construir uma nova fábrica. Faça uma discussão com seus colegas a respeito do assunto supra e tente com eles chegar a alguma conclusão:

- Por que é necessária a construção de uma nova fábrica?
- Qual o valor que ela poderia agregar ao negócio? E à sociedade?
- Qual seria o volume adequado de produção para os próximos anos?
- Qual seria a aceitação do atual produto nos próximos anos?
- Qual seria o preço do atual produto nos próximos anos?
- Como seria o comportamento do consumidor nos próximos anos?
- Como seriam as estratégias dos concorrentes nos próximos anos?
- Como estariam as regulamentações e exigências governamentais nos próximos anos?
- Como estaria a conjuntura econômica do mundo e do nosso país nos próximos anos?

CONCEITO DE CENÁRIOS

Cenários são estudos do futuro para se construir diferentes imagens e visões alternativas favoráveis ou desfavoráveis do ambiente futuro de negócios.[2] Na prática, os cenários são derivados de modelos mentais compartilhados e consensuais a respeito do ambiente e são criados de maneira a ser internamente consistentes ao proporem descrições de possíveis futuros.[3] Contudo, o que acontece no ambiente está totalmente fora do controle das organizações. Assim, não se esta falando de fazer simples previsões, pois não é possível prever o futuro com razoável grau de certeza. Mais importante do que prever o futuro é criar o próprio futuro.

Cenário é uma representação imaginária a respeito do futuro, uma construção de alternativas futuras das condições ambientais. Não se trata apenas de fazer futurologia no sentido usual nem de adivinhação, mas de projetar antecipadamente como as condições ambientais e organizacionais deverão se comportar mais adiante com o objetivo de nortear a ação presente em face de futuros possíveis e desejáveis. De forma resumida, Schwartz[4] define os cenários como "histórias de futuro". A construção de cenários torna-se fundamental para a adequação da estratégia da organização aos objetivos que ela almeja atingir no longo prazo. As organizações constroem cenários alternativos que servem para avaliar premissas, explorar potenciais futuros e idealizar novos caminhos. Em vez de enfrentar o futuro às cegas e improvisar soluções em cima da hora, o melhor é dispor de várias alternativas na mente para poder responder melhor e mais rapidamente às oportunidades e ameaças que surgem intempestivamente.

As organizações trabalham com cenários como um meio de reflexão sobre as estratégias futuras. Na verdade, o futuro de uma organização é moldado pela sua percepção de futuro e pelos limites da consciência imaginativa de seus planejadores. A competência de perceber o futuro é função de uma cultura organizacional que valoriza o diálogo e o compartilhamento das informações.

Outra competência necessária ao se lidar com o futuro é a de conviver com as incertezas e ambiguidades. Quando se avança nas considerações sobre o futuro, a previsibilidade declina enquanto a incerteza aumenta. Mas deve-se reconhecer que, na medida em que se especula sobre o curto, médio e longo prazo, o nível de ignorância aumenta, mas não totalmente. Haverá sempre diferentes graus de previsibilidade para diferentes graus de incerteza, o que proporciona a medida do risco a assumir.

Ocorre que sempre haverá elementos predeterminados, ou seja, eventos que com certeza ocorrerão, muito embora não se saiba de antemão nem quando nem de que forma, pois a todo elemento predeterminado associa-se um padrão de incerteza estrutural. Por exemplo, a evolução da sociedade apresenta elementos predeterminados que acontecerão com relativa certeza, como o tamanho da população e sua futura distribuição etária. Na economia sempre haverá um determinado poder de compra do consumidor, certo índice de desemprego, uma taxa de juros, e assim por diante.

Porém, o futuro pode reservar surpresas inimagináveis e completamente imprevisíveis, como a morte súbita de um alto dirigente, o desenvolvimento de uma nova metodologia cirúrgica ou uma tecnologia de ruptura. A Figura 7.2 apresenta os diferentes graus de incerteza que ocorrem com o passar do tempo.[5]

Desse modo, os cenários são construídos como ferramenta para se pensar coletivamente sobre o futuro, apoiar a tomada de decisões e a escolha de opções com a intenção de torná-las viáveis no futuro, orientando-se por diferentes políticas, como será visto no próximo capítulo. As metodologias de construção de cenários buscam ordenar as percepções sobre ambientes alternativos futuros nos quais as decisões de hoje deverão ser cumpridas e terão seus efeitos e preparar as pessoas e organizações para reconhecerem os sinais de mudança antes que ela tenha plenamente se manifestado. Nessa tarefa busca-se reconhecer os eventos, as tendências e as estruturas subjacentes que permitam fundamentar tais percepções de futuro. Assim:

1. *Eventos:* São ocorrências visíveis e perceptíveis.
2. *Tendências:* São padrões de mudança identificados e que explicam as dinâmicas dos eventos.
3. *Estruturas subjacentes:* Proporcionam o referencial lógico das tendências identificadas. A incerteza emerge quando diferentes interpretações sobre as estruturas subjacentes podem explicar as tendências, pois provocam diferentes teorias de causa e efeito e produzem diferentes perspectivas sobre o futuro.

A incerteza sobre o futuro não pode ser eliminada. Mas, conhecendo os limites de predição, bem como a existência de paradigmas ou modelos mentais recorrentes, pode-se adotar abordagens estratégicas mais flexíveis e que sejam eficazes para a previsão de diferentes futuros. Quanto mais o ambiente se torna mutável e turbulento e a organização muda e inova, tanto mais importantes se tornam os cenários para o processo decisório estratégico da organização.

Um trabalho da Arthur D. Little,[6] empresa conceituada de consultoria em planejamento estratégico, mostra que as empresas precisam lidar com questões que estão distantes da certeza e do consenso para formular e implementar estratégias. A conclusão é de que o principal desafio está em administrar a incerteza que predomina no mercado – parte do diagnóstico externo – e conseguir harmonia entre funcionários e administração – parte do diagnóstico interno. De um lado, saber o que existe e existirá lá fora; de outro, obter adesão de seu pessoal. A Figura 7.3 esquematiza a relação entre o nível de certeza do que existe lá fora e a adesão do pessoal em termos de consenso.

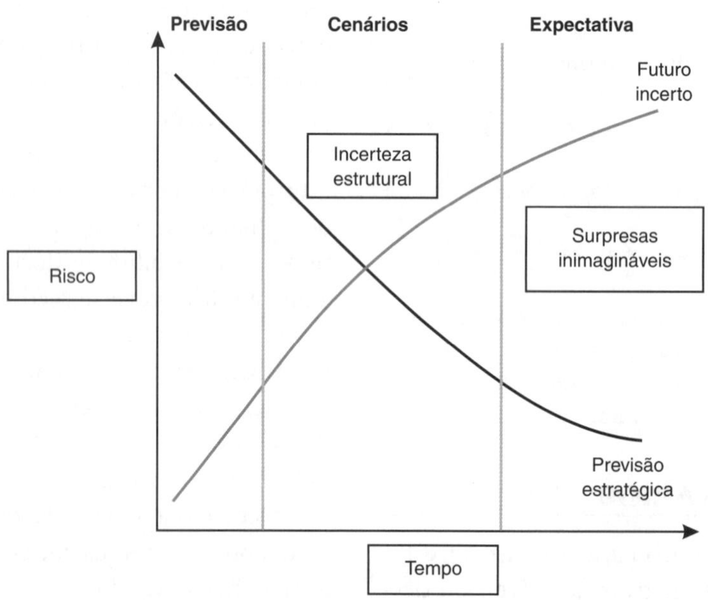

■ **FIGURA 7.2** *Graus de incerteza com o passar do tempo.*

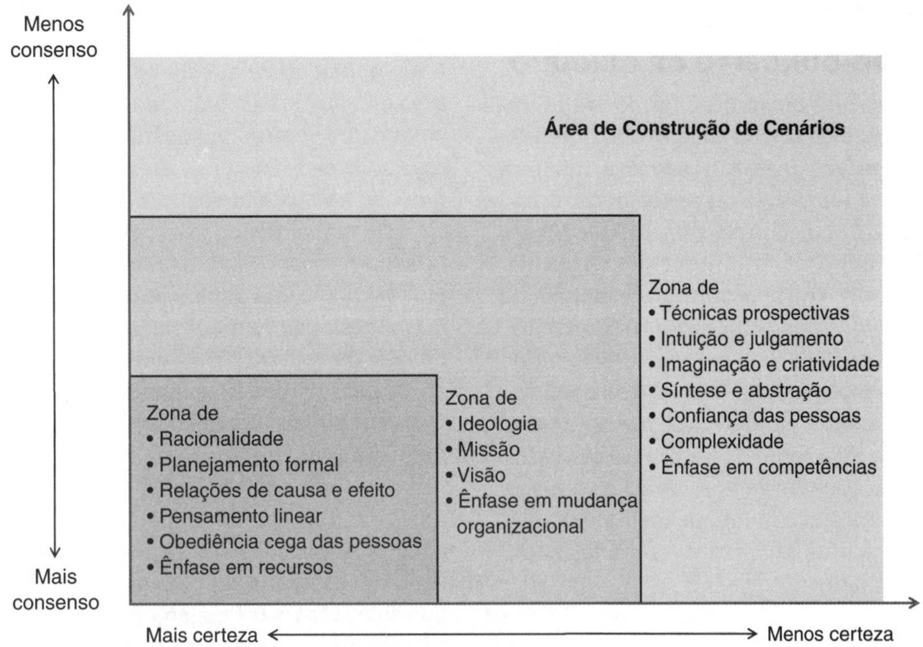

▪ **FIGURA 7.3** *As dimensões do planejamento estratégico.*[7]

CLIPPING COMPETITIVO

QUANDO VIRÁ A REFORMA DA PREVIDÊNCIA?

Cenários não são meras adivinhações. E, muito menos, chutes para o alto. Um antigo provérbio árabe diz que aquele que prevê o futuro mente, mesmo quando fala a verdade. Contudo, os cenários são veículos para ajudar as pessoas a pensar, aprender, visualizar o futuro e explorar suas possibilidades e oportunidades ou, então, minimizar seus riscos e ameaças. Diferentemente das previsões de negócios ou pesquisas de mercado convencionais, os cenários apresentam imagens, opções e variações que extrapolam as tendências do presente.

Considere-se, por exemplo, a crise por que passa a previdência pública e os planos de saúde. À medida que os avanços da medicina alargam a expectativa de vida, os sistemas previdenciários e de seguridade social devem passar por reformas para evitar futuros problemas sociais causados por uma população crescente e ativa de idosos que podem e querem trabalhar, investem e votam.

Desde o final da década de 1980, o envelhecimento da população está identificado e vai se tornar uma força irreversível e pronta para impactar a economia e a sociedade, aumentando os custos sociais do bem-estar social para todos os governos. Não se pode dizer como será o impacto ou qual o seu efeito, porém está claro que dentro de alguns anos a legislação previdenciária será radicalmente alterada ou seriamente reduzida, tal como havia acontecido com a legislação trabalhista nos anos 1930.

O DESENVOLVIMENTO DE CENÁRIOS

Os cenários são utilizados no processo decisório das grandes organizações, instituições governamentais e até para planejar uma pequena empresa. Mas também são utilizados para tomar decisões pessoais sobre viagens de férias, dietas, escolher o tipo de formação profissional que se deseja, procurar um emprego, avaliar um investimento ou mesmo pensar em casamento. Frequentemente, os cenários ajudam as pessoas a formularem decisões difíceis que, de outra maneira, não tomariam ou até rejeitariam.

Heijken[8] faz uma distinção entre o que chama de cenários externos e internos. Os cenários externos derivam de modelos mentais comuns e consensuais do mundo exterior e buscam projetar possíveis eventos futuros do ambiente contextual, os quais são descritos principalmente em termos de fatores incontroláveis. Já os cenários internos se relacionam às antecipações de estados futuros idealizadas por um indivíduo a partir das relações entre o "eu" e o ambiente externo e representam o mapa cognitivo da pessoa. Os cenários internos tendem a ser normativos, com alguns resultados preferidos sobre outros, refletindo nosso sistema de crenças e metas que formam os paradigmas mentais. Este é o mundo dos bons e maus cenários. Eles nos envolvem totalmente.

JANELA CONCEITUAL

O SIGNIFICADO DO CONCEITO DE CENÁRIO

Cenário é uma palavra que provém do termo teatral inglês *cenarium*, que significa roteiro para produzir um filme ou peça. Cenários são histórias sobre a maneira como os contextos – sejam gerais ou específicos, como é o contexto do mundo de negócios – poderão se desenvolver ou se transformar no futuro. Entretanto, essas histórias são criadas em torno de enredos que ressaltam os elementos significativos dos contextos observados. Essa abordagem é muito mais uma maneira disciplinada de pensar do que uma metodologia formal. Nos cenários encontram-se atores, cenas e trajetórias que se desenrolam segundo o comportamento dos atores e das variáveis que influenciam o comportamento deles e vice-versa, constituindo enredos e que recebem um título sugestivo que sintetiza o padrão da história contada, como será estudado mais adiante.

O planejamento por cenários se distingue das outras abordagens tradicionais ao planejamento estratégico pelo seu foco na mudança e na incerteza. As abordagens tradicionais procuram eliminar a incerteza da equação estratégica ao creditar aos pesquisadores e especialistas conhecimento suficiente sobre o "futuro mais provável" e associar probabilidades a resultados específicos esperados. Acontece que a estratégia trata do futuro e, portanto, envolve necessariamente mudança, incerteza e aprendizado contínuo. Assim, o planejamento por cenários não se baseia apenas em probabilidades, mas é resultado de um raciocínio de causa e efeito, e depende, portanto, de uma compreensão abrangente das estruturas subjacentes às mudanças do ambiente.

CLIPPING COMPETITVO

O APARECIMENTO DE CENÁRIOS COMO UMA METODOLOGIA

Os cenários surgiram como uma metodologia de planejamento militar ao final da Segunda Guerra Mundial, quando a força aérea americana precisou preparar respostas ao que seus inimigos poderiam fazer. O conceito foi aplicado de maneira abrangente por Berger[9] em 1964, mas o termo "cenário" foi efetivamente usado pela primeira vez em 1967 por Herman Kahn,[10] que participara como assessor do planejamento militar americano e que aperfeiçoou a metodologia de construção de cenários transformando-a em uma ferramenta para prognósticos de negócios. Ao fundar o Hudson Institute (www.hudsoninstitute.org) em meados dos anos 1960 e popularizar os conceitos de construção de cenários com a publicação em 1967 de seu livro *The year 2000*, Kahn tornou-se o principal futurólogo norte-americano na época, prevendo a inevitabilidade de crescimento e a prosperidade do mundo no pós-guerra. Kahn considerava que a abordagem de cenários permite uma especulação isenta de valores, favorecendo a análise que não se prende aos mapas mentais dos planejadores, surpreendendo-os, às vezes, com aspectos novos que não estavam buscando.[11]

Os fundamentos teóricos do planejamento por cenários foram desenvolvidos nos anos 1970 por Pierre Wack (1922-1997) e sua equipe. A partir dos conceitos da escola francesa de prospectiva, Wack desenvolveu sua metodologia de construção de cenários quando era planejador da Royal Dutch/Shell, empresa multinacional do petróleo. O objetivo inicial era descobrir acontecimentos que poderiam afetar os preços do petróleo, que eram então relativamente estáveis e estavam se tornando instáveis. Assim, o trabalho de planejamento estratégico baseado em previsões clássicas se perdia muito rapidamente. Havia a necessidade de desenvolver uma nova ferramenta que auxiliasse no planejamento de longo prazo. Wack não tinha como objetivo prever o futuro. Sua meta era incentivar a explicitação das percepções das pessoas, ampliando a compreensão sobre o sistema total para descobrir conexões entre as várias forças e eventos que conduziam esse sistema, o que permitiria consequentemente a melhor tomada de decisão.[12] Para Wack, os cenários lidam com dois mundos: o mundo dos fatos reais e o mundo das percepções. Eles exploram os fatos reais, mas buscam as percepções dentro da cabeça dos tomadores de decisões. Seu propósito é buscar e transformar informações de significado estratégico em percepções recentes. Esse processo de transformação não é trivial. Quando funciona, reflete uma experiência criativa que gera um *insight* estratégico que muda a cabeça do estrategista.[15]

Os países consumidores faziam o possível para manter o preço baixo. A prosperidade econômica americana e europeia dependia do petróleo, porém as reservas estavam se exaurindo enquanto a demanda americana pelo produto crescia. A emergente Organização dos Países Exportadores de Petróleo, a Opep, dava sinais de acirramento do seu poder político. A maioria desses países era islâmica e estava ressentida com o apoio do Ocidente a Israel na Guerra dos Seis Dias entre árabes e israelenses, em 1967. Wack e sua equipe chegaram à conclusão de que os árabes iriam exigir preços mais altos para o petróleo. A única incerteza era saber quando e quanto. Tudo indicava que isso aconteceria ao redor de 1975, quando os antigos acordos de preços do petróleo seriam renegociados. Elaboraram dois conjuntos de cenários: cada um correspondia a uma descrição genérica sobre o futuro com projeções de tabelas de preços.

O primeiro cenário apresentava o critério convencional da Royal Dutch/Shell (www.shell.com) de que os preços ficariam estáveis. Mas, para que isso pudesse acontecer, seria preciso um milagre: novos campos petrolíferos poderiam ser descobertos em países não-árabes. O segundo cenário previa uma crise deflagrada pela Opep pelo preço do petróleo. Os diretores da Shell entenderam os cenários elaborados e suas implicações e concluíram que deveriam promover uma mudança drástica na organização. Mas a mudança não veio. Foi aí que se pensou em uma abordagem de ruptura, pois para serem eficazes os cenários deveriam mudar a visão dos diretores a respeito da realidade.

Wack descreveu os desdobramentos globais de possíveis choques dos preços do petróleo. Mostrou às empresas perfuradoras e exploradoras, refinarias e distribuidoras que elas estavam próximas de se tornarem indústrias de baixo crescimento, pois os países da Opep queriam conquistar seus campos de petróleo. Ao descrever as forças que operavam no mundo, ele ajudou os diretores da Shell a imaginar as decisões a tomar.

Seu esforço veio na hora certa. Em 1973, após a guerra de Yom Kipur no Oriente Médio, houve um choque de preços do petróleo. A crise de energia eclodiu no mundo todo. Dentre as empresas de petróleo, apenas a Shell estava preparada para a nova realidade. Seus executivos tinham reagido rapidamente, e a prosperidade da Shell aumentou. De uma das mais fracas das sete irmãs – as maiores empresas globais de petróleo – tornou-se a segunda, logo abaixo da Exxon. Wack deixou de se preocupar com prognósticos, sua preocupação passou a ser com a mentalidade – a ideologia dos tomadores de decisão.[13]

Em 1985, Porter[14] (www.isc.hbs.edu/) introduz uma modelagem de construção de cenários inspirada no trabalho de Wack, mas sob uma perspectiva econômica baseada em cinco forças competitivas (www.fastcompany.com/magazine/44/porter.html), estudada no Capítulo 5. Em 1987, Michel Godet (http://gestao.wordpress.com/ 2006/06/08/cenarios/) lança a primeira publicação científica a respeito de prospectiva estratégica.[15] Em 1988, a construção de cenários passa a ser o instrumento de planejamento estratégico para as empresas britânicas com o surgimento da Global Business Network (GBN – www.gbn.com/), empresa de prospectiva criada por Peter Schwartz e Pierre Wack (www.gbn.com/PersonBioDisplayServlet.srv?pi=23910).

No Brasil, as primeiras empresas a utilizar a construção de cenários foram Eletrobrás, em 1987, e Petrobras, em 1989, em função de operarem com projetos de longo período de maturação, o que exigia visão de longo prazo. Em seguida, o trabalho elaborado pelo Banco Nacional de Desenvolvimento Econômico e Social (BNDES) em 1989, de conteúdo mais econômico, teve grande impacto e abriu a discussão política sobre os cenários do Brasil. A partir daí, surgiram tentativas de estudos prospectivos no Brasil, como as iniciativas do Conselho Nacional de Desenvolvimento Científico e Tecnológico (CNPq), da Financiadora de Estudos e Projetos (Finep), da Secretaria de Planejamento da Presidência da República (Seplan), da Secretaria de Assuntos Estratégicos (SAE) e do Instituto de Pesquisa Econômica Aplicada (Ipea).[16]

Em suma, no desenvolvimento de cenários é preciso atentar para quatro aspectos:[17]

1. Possibilidade: os eventos devem ter potencial para se tornar realidade.
2. Coerência: os eventos devem ter uma sequência lógica.
3. Singularidade: cada cenário deve ser diferente dos demais.
4. Utilidade: cada cenário precisa ter valor para testar as opções estratégicas.

O PROCESSO DE CONSTRUÇÃO DE CENÁRIOS

A construção de cenários é um processo que se move muitas vezes pelas mesmas etapas, como um sistema circular para detalhar e procurar responder a perguntas, fazendo pesquisa após pesquisa, procurando indicadores, tentando novos enredos e especulando sobre futuras implicações e decorrências. Tipicamente, o processo de construção de cenários deve ocorrer em encontros, chamados de *workshops*, usualmente com a duração de dois a três dias, seguidos de encontros temáticos mais curtos, sempre reunindo a equipe de planejamento estratégico da organização.

Os cenários devem ser concebidos simultaneamente para desenvolver a percepção de diferentes possibilidades e alternativas. É comum elaborar um plano A e um plano B caso ocorra algo inesperado, mas essa abordagem não é eficaz porque, no mundo real, A e B se sobrepõem e se recombinam de diversas maneiras. Não é o caso apenas, de uma possível bifurcação, mas de uma ampla variedade de opções possíveis. É preciso refletir sobre as possibilidades que normalmente são descartadas, mas que podem vir a acontecer. Na verdade, a metodologia para trabalhar com cenários pressupõe preparar-se para responder à pergunta: o que acontecerá se ... ?

As etapas para a construção de cenários são as descritas a seguir.

Identificação e focalização do tema

Essa etapa corresponde à definição do tema central que justificará o processo. O tema é trazido por questões relevantes a respeito do futuro. Quais são os elementos predeterminados e seus eventos que estão ocorrendo? Quais tendências estão surgindo que terão impacto sobre os negócios? Em torno do tema identificado serão focalizadas as atenções dos planejadores sobre o futuro, uma vez que elas se relacionam com as intenções estratégicas da organização, traduzidas por sua visão de negócios. Na verdade, há muitas questões estratégicas sobre o fator a que devem ser respondidas que envolvem possibilidades de sucesso em novos mercados, inovação tecnológica, crescimento econômico, suprimento de energia, e assim por diante.

Algumas são absolutamente abrangentes (como se desenvolverá a economia latino-americana nos próximos anos?); outras são mais localizadas e relacionadas a um projeto específico. Surgem também questões estratégicas de ordem pessoal (quanto eu deveria investir em um plano de previdência para garantir minha qualidade de vida nos próximos dez ou vinte anos?).

INFORMAÇÃO PRIVILEGIADA

COMO CONSTRUIR QUESTÕES MELHORES?[18]

Como saber se as questões trabalhadas são verdadeiramente relevantes. Abaixo são apresentadas algumas indicações de contrato que darão essa resposta: Elas se baseiam nos trabalhos pioneiros do *Public Conversations Project*, uma iniciativa que ajuda a promover sessões de diálogos criativos endereçados a temas de interesse público:

- As questões são verdadeiramente relevante para a vida e o trabalho real das pessoas envolvidas com as aquela questão?
- De fato, se tratam de umas questões genuínas, isto é, as pessoas não sabem a resposta?
- Qual o resultado esperado pelas respostas trabalhadas? Isto é, que tipo de conversações, entendimentos ou sentimentos se imagina que as questões evoquem nas pessoas que estão explorando-a?
- As questões incentivam uma reflexão nova, isto é, elas são suficientemente familiares para serem entendidas e suficientemente diferentes para proporem uma nova resposta?
- Quais premissas ou crenças embasam o modo como as questões foram construídas?
- A exploração das questões vão gerar esperança, imaginação, engajamento, criatividade e novas possibilidades ou possivelmente vai fortalecer o foco nos problemas e obstáculos passados?
- As questões dão espaço para a proposição de novas e diferentes questões e mais profundas, na medida em que elas passam a serem exploradas?

Identificação das forças motrizes

Na etapa seguinte, a equipe de planejamento estratégico deve reconhecer quais eventos identificados nos dignósticos externos e internos (Capítulos 5 e 6) ajudarão a responder as questões elaboradas na etapa anterior. Esses eventos – que são bem poucos, se comparados com a enorme massa de dados iniciais – representam as forças motrizes ou de mudança. Constituem as variáveis que têm o poder de explicar os futuros desdobramentos dos acontecimentos.

A prática mais utilizada para selecionar somente uma pequena parte dos eventos para reconhecer neles as forças motrizes baseia-se no princípio de Pareto ou regra 80-20.

JANELA CONCEITUAL

O PRINCÍPIO DE PARETO

O princípio de Pareto foi estabelecido no século XIX pelo economista italiano Vilfredo Pareto (1848-1923)[19] que, ao analisar a sociedade, concluiu que grande parte da riqueza se encontrava nas mãos de um número reduzido de pessoas. Após concluir que esse princípio era válido em muitas outras áreas da vida cotidiana, estabeleceu a regra dos 20-80% ou método de análise de Pareto: um pequeno número de causas (geralmente 20%) é responsável pela maioria dos problemas (geralmente 80%).

Além de sua aplicabilidade na tarefa de reconhecer as forças motrizes para a construção de cenários, o princípio de Pareto pode ser aplicado em qualquer evento humano ou organizacional. Muitas organizações aplicam o princípio de Pareto em programas de qualidade, nos quais se busca a detecção de 20% das causas que dão origem a 80% dos defeitos. A pequena porcentagem de causas é chamada de causas vitais, e se diferenciam da maioria das causas, chamadas de triviais, que dão origem a poucas perdas e não constituem qualquer perigo sério. Ao identificar as causas vitais, deve-se proceder à análise, diagnose e implementação de processos que conduzam à sua redução ou eliminação.

Geralmente, as forças motrizes são encontradas dentro de quatro contextos predeterminados:

1. *Contexto sociocultural e demográfico:* São eventos demográficos, tanto quantitativos (como porcentagem de adolescentes na população em 10 anos) como qualitativos (como valores compartilhados, estilo de vida ou participação política no mesmo período).
2. *Contexto econômico:* São eventos macroeconô-

micos (como o impacto da taxa de câmbio no comércio de bens agrícolas), microeconômicos (como a participação de mercado da concorrência estrangeira) e setoriais (mão de obra especializada para lidar com as novas tecnologias).

3. *Contexto político:* São eventos relacionados a assuntos eleitorais (resultado das próximas eleições), regulatórios e legais (desenvolvimento das políticas de inclusão social).
4. *Contexto tecnológico e de recursos naturais:* São eventos como desenvolvimentos na tecnologia de informação, na biotecnologia ou na geração e distribuição de energia.

Categorização das forças motrizes

Essa etapa procura analisar os elementos predeterminados, porque, na verdade, os eventos reais contemplam todos os contextos em diferentes graus para criar diferentes categorias de eventos. Para escolher as forças motrizes é necessário identificar os eventos que parecem ser os mais impactantes sobre o tema trabalhado e os mais imprevisíveis quanto aos seus desdobramentos futuros. Essa escolha se faz a partir de muita conversação estratégica entre os participantes do processo. Em princípio, tudo é importante, mas algumas coisas parecem mais impactantes, outras incertas. Mas tudo parece imprevisível. É necessário muita sensibilidade para desenvolver mecanismos maduros de previsibilidade. Estar preparado não significa necessariamente evitar o risco ou impedir o impacto, mas reconhecer sua possibilidade e buscar procedimentos alternativos capazes de minimizar sua severidade e garantir as condições mínimas de sobrevivência e continuidade.[20]

BANCO DE IDEIAS

MATRIZ DE IMPACTO E PREVISIBILIDADE

Um bom exercício para selecionar as forças motrizes dos cenários em construção está em formar pequenos grupos. Após uma análise sobre as informações disponíveis, os participantes anotam em cartões autocolantes tipo *Post It* dentro do critério de impacto e previsibilidade. Na sequência, esses cartões são afixados em um quadro com a matriz de impacto e previsibilidade ocupando os quadrantes, como no Quadro 7.1.

A partir da discussão em grupo, os cartões autocolantes podem ser mudados de posição entre os quadrantes, até que comece a surgir certa concordância sobre os eventos de grande impacto e aqueles muito incertos, que serão as forças motrizes a serem consideradas. Quanto mais bem-sucedido o grupo nessa seleção das forças motrizes, tanto melhor será a base sobre a qual os cenários serão construídos.

Eventos muito incertos e de grande impacto	Eventos muito incertos e de pequeno impacto
Eventos bem previsíveis e de grande impacto	Eventos bem previsíveis e de pequeno impacto

■ **QUADRO 7.1** *Matriz de impacto e previsibilidade.*

Consistência das forças motrizes

Na etapa seguinte vem a tarefa de dar consistência (agrupar) às forças motrizes selecionadas em torno de seus elementos predeterminados mais relevantes. No início, os agrupamentos são desestruturados, cobrindo um grande espectro de eventos. Não há regras para os critérios de agrupamentos, mas é preciso perceber as conexões entre os eventos e procurar reconhecer as variáveis que definem padrões de causa e efeito ou outras associações. É importante chegar aos agrupamentos mais relevantes e mais imprevisíveis para as questões estratégicas definidas na primeira etapa do processo.

INFORMAÇÃO PRIVILEGIADA

AS MACRO E MICROTENDÊNCIAS PARA O FUTURO

James Canton, presidente do Institute for Global Futures, diz que as tendências globais podem ser resumidas em quatro *Top Trends:*[21]

1. *Energizando o futuro:* O papel crítico da energia em cada aspecto de nossa vida.
2. *Economia da inovação:* A transformação da economia baseada na convergência da tecnologia, do livre comércio e da democracia, impulsionando novos trabalhos, mercados, globalização, competição, paz e segurança. Principalmente, a inovação graças ao "nano-bio-neuro".
3. *A força de trabalho do futuro:* Mais multicultural, mais feminina e mais hispânica.
4. *A medicina:* Amplia cada vez mais a longevidade das pessoas.

Contudo, essas pressões globais (macrotendências) estão se chocando com a força da individualidade (microtendências) que, de outro lado, são apresentadas por Penn e Zalesne,[22] que se baseiam na ideia de que as forças mais poderosas em nossa sociedade estão emergindo como elementos não intuitivos e que estão configurando o amanhã diante de todos nós. O Quadro 7.2 mostra as microtendências para que possam ser comparadas com as macrotendências vistas.

▪ **QUADRO 7.2** *As microtendências para o futuro.*

1. O poder da escolha individual nunca foi tão grande como agora, em termos de sexo, amor e relacionamentos.
2. A medicina para a longevidade: a influência da nanotecnologia, da neurotecnologia e da genômica para vidas mais longas e sadias.
3. As *Wired Sciences* (Ciências conectadas): como a ciência transformará nossa vida e líberdade em cada aspecto da cultura e economia em um universo múltiplo.
4. Assegurando o futuro: como enfrentar as ameaças de criminosos e terroristas à nossa vida e liberdade.
5. O futuro da globalização: culturas em colisão e as novas realidades do comércio global e competição, além do conflito entre culturas e valores e a batalha ideológica pelo futuro.
6. O futuro da mudança climática: o ambiente está mudando trazendo o aquecimento global. Como cada um será afetado pelo fenômeno?
7. O futuro do indivíduo: como navegar entre ameaças de tecnologias, governos e ideologias em luta.
8. O futuro da política global: como o destino das nações afetará o capitalismo, a democracia, a inovação e a segurança.

Alinhamento das incertezas críticas

A seguir, procede-se a uma consistência das incertezas críticas, referentes aos agrupamentos consolidados na etapa anterior, procurando o que há de comum entre elas para obter as linhas de incertezas. O ideal é consistirem em duas ou três linhas de incertezas realmente críticas. Ao se cruzar essas linhas de modo ortogonal pode-se obter uma matriz tridimensional (chegando a três linhas de incerteza) que produzem oito cenários possíveis ou uma matriz bidimensional (chegando a duas linhas de incerteza) que produz quatro cenários. Isso torna mais fácil a tarefa de descrevê-los, na etapa seguinte. Cada célula da matriz trabalhada corresponde a um futuro lógico e plausível a ser explorado.

INFORMAÇÃO PRIVILEGIADA

AS FORÇAS MOTRIZES DO RIO NILO[23]

Na época em que os faraós governavam o Egito havia um templo que se erguia acima das cabeceiras do Nilo, além das cataratas da Núbia. Três afluentes se uniram naquela região para formar o Nilo, que, com o curso de mais de mil milhas, produzia todo ano um acontecimento milagroso: a inundação de sua várzea, permitindo aos fazendeiros egípcios cultivarem suas plantações durante o tórrido e seco verão.

Toda primavera, os sacerdotes do templo reuniam-se naquele templo à margem do Nilo para verificar a cor da água. Se estivesse clara, o Nilo branco que fluía a partir do lago Vitória, através dos pântanos sudaneses, dominaria o curso. A inundação seria branda e tardia, e os fazendeiros teriam colheitas pequenas. Se a corrente estivesse escura, as águas mais fortes do Nilo azul predominariam ao unir-se ao Nilo branco em Cartum. A cheia seria suficiente para encharcar os campos e proporcionar uma colheita abundante. Mas, se houvesse predominância das águas verdes e escuras do Akbara, que desciam das planícies etíopes, as cheias seriam catastróficas. Nesse caso, as plantações ficariam submersas e o faraó teria de usar seus armazéns para reserva de estoque de grão. A cor da água facilitava o conhecimento de seu efeito nas cheias e na vazante. Se todos os rios tivessem a mesma cor, os sacerdotes talvez nunca tivessem compreendido o mecanismo.

Todo ano os sacerdotes enviavam mensageiros para informar ao soberano a cor da água. Às vezes usavam luzes ou sinais de fumaça para passar a informação rio abaixo. O faraó então saberia como estava a situação financeira dos fazendeiros e qual seria o aumento dos impostos. Assim, ele saberia e teria condições de bancar novas conquistas e territórios. Os sacerdotes do Nilo sudanês foram os primeiros futurólogos do mundo ao entenderem os conceitos de premissas e incertezas críticas.

O processo de construção de cenários inicia-se do mesmo modo que os sacerdotes faziam: examinar os indicadores resultantes da ação das forças motrizes que influenciam o resultado dos acontecimentos. Nesse caso, tal força era a chuva, cujo elemento predeterminado era o clima, pois diminuía a montante da afluência do Nilo e afetava o equilíbrio entre os rios, o que, por sua vez, influenciava o destino de milhares de pessoas que o faraó poderia subjugar naquele ano.

Criação de roteiros plausíveis

Para explicar o futuro, os cenários usam uma lógica intrínseca das forças motrizes: proporcionar uma ideia de como essas forças podem plausivelmente se comportar com base na forma como elas se comportaram no passado. O mesmo conjunto de forças motrizes pode naturalmente se comportar de várias maneiras diferentes conforme os diferentes enredos possíveis. Os cenários exploram duas ou três dessas alternativas: as possibilidades com base nos enredos ou a combinação deles que mais valha a pena considerar. O construtor de cenário observa as forças convergentes e tem de entender como e por que elas podem se cruzar. Então amplia a imaginação para formar imagens coerentes de futuros alternativos. Isso é que vai dar a textura dos cenários. A finalidade dos cenários é ajudar a evitar a descrença em futuros possíveis. Para essa finalidade se constroem enredos tão cuidadosos quanto uma peça teatral.

INFORMAÇÃO PRIVILEGIADA

ENREDOS DE FUTURO[24]

Há vários tipos de enredos que podem ser aplicados nas descrições plausíveis de cenários futuros, cobrindo muitas situações, podendo ser tão ricos em detalhes que se tornam um registro muito crível do que pode vir a ocorrer:

1. *Roteiro do desafio e resposta:* Refere-se à histórias de aventuras nas quais um indivíduo ou organização enfrenta um teste inesperado atrás do outro. Como resultado, após cada teste, a pessoa ou organização testada torna-se diferente do que era antes. É o que se pode reconhecer na trajetória da GE durante a gestão de Jack Welch.[25]
2. *Mudanças evolutivas:* É um tipo de enredo que se refere às mudanças evolutivas, que são biológicas por natureza, mas sempre envolvem mudanças lentas em um sentido, em termos de crescimento ou decadência. Mudanças evolutivas são difíceis de localizar quando não se está sintonizado com elas, pelo fato de ocorrerem lentamente. Entretanto, quando localizadas, são de fácil administração, porque não ocorrem repentinamente. O enredo evolutivo mais comum atualmente é a tecnologia. Em geral, as inovações crescem de maneira biológica. Brotam lentamente a partir das tecnologias anteriores, amadurecem gradativamente e em seguida irrompem no mundo.
3. *Enredo da revolução:* De vez em quando há uma mudança súbita e drástica, geralmente imprevisível, chamada mudança de descontinuidade. Um terremoto, uma erupção vulcânica, uma revolução política, uma tecnologia de ruptura. As revoluções são raras, mas devem ser consideradas se forem plausíveis. A pergunta mais frequente feita por homens de negócios a construtores de cenários é: onde poderão estar as grandes descontinuidades e rupturas?
4. *Enredo do ciclo:* Questões econômicas frequentemente ocorrem em ciclos e, por essa razão, o construtor de cenários deve ter conhecimento de teorias econômicas. Se o Banco Central aumenta a oferta de dinheiro pode-se contar com a queda na taxa de juros. Isso, por sua vez, significa que as pessoas e empresas tomarão mais empréstimos e gastarão mais, o que por sua vez estimula a inflação, que por sua vez influencia uma contenção da oferta de dinheiro. A única arma de uma pessoa no caso do ciclo é estar atenta a ele. Os ciclos mudam independentemente da tentativa de alguém controlá-los. Os líderes mundiais deveriam aprimorar suas competências nesse aspecto.
5. *Enredo de possibilidade infinita:* A possibilidade infinita inicia-se com a percepção de que o mundo se expandirá e melhorará infinitamente. Sobre sua influência muitas coisas acontecem que, em outras situações, não aconteceriam. O dinheiro é injetado em pesquisas, pessoas gastam em vez de poupar para o futuro, como fariam no enredo do desafio e resposta. Os excessos grassam em muitas formas. Em 1975, a indústria dos computadores estava carregada de possibilidades infinitas. Muitas empresas prosperaram e algumas faliram, mas como um todo, computadores pessoais causaram um *boom* econômico. A Xerox não viu isso. Seus executivos chegaram a dizer: "Não achamos que haja muita possibilidade, ninguém vai querê-los em cima da mesa." Eles estavam seguindo um enredo de evolução e vendo computadores pessoais como extensões naturais do mundo dos grandes computadores.

Avaliação das implicações

Como será um negócio ou empreendimento de acordo com cada cenário construído? Esta é a parte mais interessante do processo de construção de cenários. E é a que mais apresenta surpresas. Nesse estágio surgem interligações que não apareciam antes. Emergem outros aspectos a serem considerados para a decisão e que por alguma razão não haviam sido observados anteriormente. É importante saber qual dos vários cenários está mais próximo do curso da história quando ela for revelada. Às vezes, a direção da história é obvia em relação a alguns fatores como saúde ou economia geral, mas às vezes os principais indicadores para um determinado cenário podem ser sutis (como, por exemplo, a velocidade da reestruturação de uma economia primitiva para uma economia desenvolvida).

Aplicação da Metodologia

Nessa etapa é necessário tomar alguns cuidados. Um deles é não terminar o trabalho com três cenários, pois pessoas não-familiarizadas com cenários serão tentadas a identificar o cenário do meio como mais provável e o tratará como uma previsão de objetivo único. Outro cuidado é evitar cenários demais. Também é necessário não atribuir probabilidades a diferentes cenários pela tentação de considerar apenas o cenário com maior probabilidade. Pode fazer sentido desenvolver um par de cenários igualmente prováveis e um par de alto potencial de impacto, porém de probabilidade relativamente baixa. Não faz sentido comparar probabilidades de um evento em um cenário com a probabilidade de outro evento em outro cenário. Outro cuidado especial deve ser dado ao dar nomes aos cenários. Os nomes devem conseguir passar a lógica do cenário. Se os nomes são vivos e de fácil memória, os cenários terão maior chance de se impor no processo de tomada de decisão e implementação por toda a empresa.

O Quadro 7.3 mostra cenários plausíveis considerando graus de incerteza a partir de algumas forças motrizes consideradas.

CLIPP COMPETITIVO

COMO SERÁ A VIDA DAS PESSOAS EM ESCALA GLOBAL NO ANO DE 2020

Como explicado acima, inicialmente todas as incertezas parecem únicas, mas analisando de uma maneira ampla, os conjuntos de incertezas podem ser reduzidos em função de indicadores de duas forças motrizes que podem ser simplificados num gráfico e plotados em dois eixos, formando quatro quadrantes de incertezas. Cada quadrante é um futuro lógico que pode ser explorado. Tentar centrar centenas de cenários a partir de combinações de todas as forças seria impossível, mas a experiência ensina que quanto menos cenários, tanto melhor.

A matriz na Figura 7.4, a diante identifica quatro cenários para o futuro. A questão que se coloca é: "Como será a vida das pessoas em escala global no ano de 2020"? Esse é o exercício. O eixo horizontal corre entre o lado eu e o lado nós.

No eixo horizontal reside a incerteza sobre a qualidade das esperanças e intenções individuais ou coletivas: Será que a organização social e a autodefinição em grupos (como a nação, tribo, grupo de usuários, adeptos de uma marca, movimentos sociais) formando o nós, o coletivo, a comunidade prevalecerá? A questão entre o eu e o nós nunca vai desaparecer, mas o que irá prevalecer nos próximos anos?

O eixo vertical corre entre a fragmentação e a coerência. Mostra a incerteza relacionada com a estrutura social. A sociedade será o centro das nossas vidas que vai nos dar a estabilidade ou ela será fragmentada? As estruturas sociais e políticas darão coerência e ordem ou a sociedade se desordenará e ficará em volta dos extremos. Haverá um estado para impor a ordem ou unificar a comunicar, ou ainda, permanente fragmentação, pluralidade e o chamado mercado livre levará a uma anarquia de baixo para cima. Pode parecer que esse eixo da sociedade é apenas uma consequência do eixo eu indivíduo ou nós comunidade, mas na verdade trata-se de um outro conjunto.

Os quatro quadrantes criam quatro diferentes espaços para explorar. O objetivo não é contar quatro histórias, uma das quais se espera que aconteça. Pelo contrário, reconhece-se que o futuro real não será nenhum desses quatro cenários, mas deverá conter elementos desses quatro cenários.

CENÁRIOS	1	2	3
Forças	Estabilidade	Transição	Instabilidade
Demográficas	Estabilidade	Alguma mudança populacional	Mudanças na população
Econômicas	Estabilidade	Pequeno desenvolvimento econômico	Desenvolvimento médio
Socioculturais	Conservação	Algumas mudanças culturais	Profundas mudanças culturais
Político-legais	Consolidação	Regras em transição	Regras em mudança
Tecnológicas	Pequena alteração	Algum avanço	Profundas mudanças
Ecológicas	Cuidado e conservação	Alguma deterioração	Profundas alterações

▪ **QUADRO 7.3** *Três tipos de cenários ambientais.*

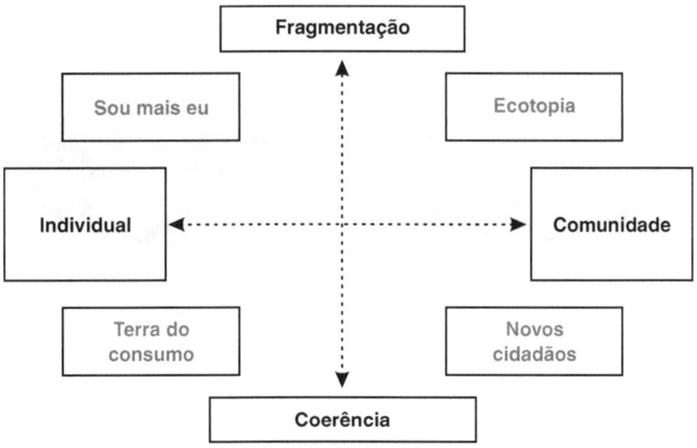

▪ **FIGURA 7.4.** *A vida das pessoas em 2020.*
Gráfico inspirado em artigo da Wired, autor: Wilkinson, L. Type, 1995, p. 74-81

O objetivo é estabelecer extremos futuros plausíveis. Os extremos são exagerados, mas representam os limites do plausível. Assim, os cenários terão características próprias.

1. O quadrante do eu, quadrante sou mais eu é aquele que prevalece o individualismo fragmentado e há um futuro no qual se quer e se busca a habilidade para fazer a sua vida única e particular. A rede é somente um meio para realizar os desejos individuais e descarregar um pouco dos deveres sociais. O governo há muito já privatizou suas principais atividades e o mercado hoje é um grande *market place* eletrônico que simplesmente conecta as transações de todo tipo.
2. O outro quadrante, terra do consumo, é onde o indivíduo e os desejos individuais encontram um centro social e empresarial. É um futuro no qual todos consomem e possuem infinidades de escolhas. A rede é somente um meio através dos quais as organizações praticam o seu marketing diretamente para atender as preferências individuais, por catálogos, anúncios individualizados, mensagens diretas. Obviamente, os produtos são personalizados e massificados ao mesmo tempo. Nesse cenário, o governo atua e tem um papel relevante, estabelecendo padrões, regulamentos e as organizações sociais proliferam.
3. Ecotopia é o quadrante onde o senso de nós encontra o mais forte sentido. É onde o futuro é centralizado. O governo tem um papel de suporte e de amarração social, mas mais importante que o governo é a emergência de valores ecológicos compartilhados. Não há valores coercitivos, mas um sentido de coesão, cooperação e um consumo reduzido suportado por uma legislação e políticas empresariais. A rede atua como um repositório tecnológico.
4. Finalmente o quadrante novos cidadãos. É o futuro do qual, valores, são compartilhados, mas no meio de pequenos grupos. Trata-se de um mundo descentralizado de tribos, clãs, famílias, redes e gangues. É um futuro no qual se quer construir e aproveitar os benefícios da comunidade, mas sem a ajuda benevolente do governo. A rede encoraja cada grupo para se mover entre os seus membros economicamente ativos e os seus serviços sociais aplicados nos pequenos grupos. A influência governamental é empanada pela emergência dos pequenos grupos. O problema é que conflitos entre esses grupos continuamente vão emergir pelo mundo. A primeira preocupação é ser um bom membro do grupo. A lealdade é para a comunidade ou marca. Enquanto esse futuro traz uma visão do crime organizado e sectarismo, é também um futuro de orgulho e satisfação pelo pertencimento e satisfação de pertencer ao grupo.

OLHAR LATINO

UMA VISÃO COMPARTILHADA PARA A AMÉRICA DO SUL[26]

Numa iniciativa dos Comitê de Dirección Ejecutiva (CDE) e Comitê de Coordinación Técnica (CCT) do IIRSA, e atuação coordenada com o BID, a CAF e o FONPLATA com o propósito de formular coletivamente uma Visão Compartilhada de integração física da América do Sul que servirá de convergência e sinergia para as futuras ações de governos e organizações regionais, foi apresentado em 2003 um exercício de construção de cenário, cujo tema focal foi a condição desafiadora para os países da América do Sul no limiar de um novo século para assegurar o crescimento econômico, com ampla participação e bem estar social e reduzidos níveis de pobreza, com consequente aumento da relevância e participação na economia mundial.

A questão central relevante referente à visão compartilhada para a América do Sul 2020 é: O que os sul-americanos podem fazer para assegurar o desenvolvimento sustentável diante dos possíveis cenários mundiais?

Foram definidas sete forças motrizes para a almejada integração:

Abertura Regional – A América do Sul é concebida como um espaço geoeconômico integrado, com a necessidade de ter mínimas barreiras internas para o comércio e sem gargalos de infraestrutura, para sustentar as atividades produtivas em escalas regionais, protegidas das flutuações dos mercados globais

Eixos de Desenvolvimento – Os eixos de desenvolvimento são as referências territoriais para o ordenamento harmônico e integração regional, facilitando o aceso a zonas de alto potencial produtivo, atualmente isoladas e subutilizadas por falta de serviços básicos de transporte, energia e telecomunicações.

Sustentabilidades Econômica, Social, Ambiental e Político-Institucional – Econômica proporcionada por processos produtivos competitivos; social graças ao crescimento econômico que possibilita a melhora da qualidade de vida da população; ambiental, com a conservação do patrimônio ecológico para as futuras gerações e político-institucional, graças a criação das condições de participação de todos agentes públicos e privados na construção do desenvolvimento e integração.

Aumento do Valor Agregado da Produção – Com processos de melhoria contínua na qualidade e produtividade dos bens e serviços (mediante inovação e geração de conhecimento).

Tecnologias de Informação – Graças ao uso intensivo dessas tecnologias para a superação de barreiras geográficas e culturais dentro da região, aproximando a economia sul-americana aos centros econômicos mundiais.

Convergência Normativa – Como parte dos requisitos para viabilizar os investimentos na infraestrutura regional, formalizando regras compatíveis de orientação para a atuação regional da iniciativa privada.

Coordenação Público-Privada – Promoção de ações para o financiamento de projetos de investimento e de cooperação, num ambiente regulatório favorável para a participação efetiva do setor privado nas iniciativas de desenvolvimento e Integração regionais.

Incertezas críticas

A manifestação daquelas forças motrizes descritas acima depende do comportamento de pelo menos duas incertezas críticas:

- O impacto do Ambiente Global na região nas próximas décadas. durante las próximas décadas.
- O impacto do funcionamento institucional para a competitividade e equidade das sociedades sul-americanas.

Claramente, a primeira incerteza é totalmente incontrolável pelos atores regionais, porém o comportamento do segundo conjunto de incertezas está nas mãos da sociedade sul-americana e dependerá de sua condição de buscar um compartilhamento e tomar as decisões necessárias para a concretização da visão compartilhada.

- Incertezas sobre o impacto do Ambiente Global na região nas próximas décadas. Durante as próximas décadas;

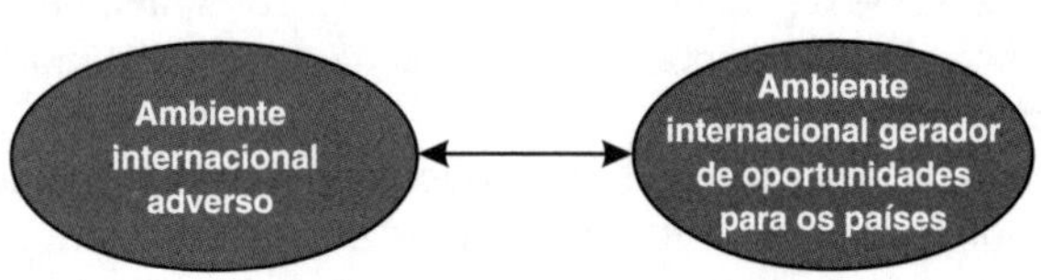

- Incertezas sobre o impacto do funcionamento institucional para a competitividade e equidade das sociedades sul-americanas

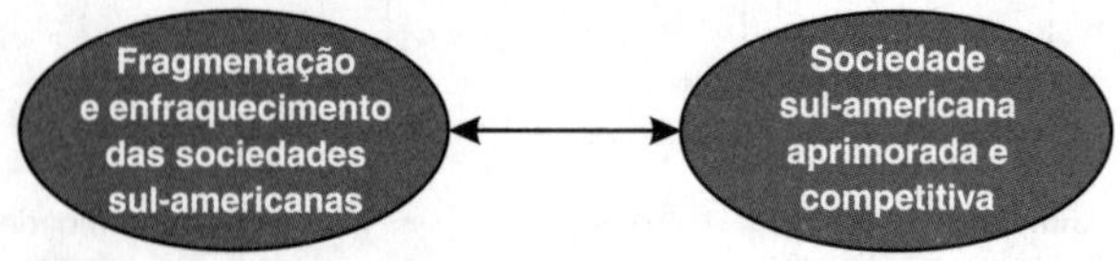

Ao cruzar essas incertezas críticas são definidos quatro quadrantes para a visualização dos cenários possíveis:

No quadrante I, as sociedades sul-americanas conseguem capitalizar sobre as oportunidades oferecidas pelo ambiente favorável e se desenvolve de modo sustentável. No quadrante IV, a América do Sul avança apesar do contexto desfavorável e capitaliza sobre algumas oportunidades existentes. Os outros dois cenários (quadrantes II e III são desfavoráveis). No quadrante II, os países do continente perdem outra oportunidade de desenvolvimento, diferentemente de outros países emergentes. Já no cenário III, o pior de todos, o continente perde de vez sua relevância internacional. Ver a Figura 7.5.

CLIPPING COMPETITIVO

A DISPUTA ENTRE BOEING E AIRBUS

Muitas empresas precisam pensar, repensar e projetar a longo prazo os seus fabulosos investimentos – como é o caso de hidrelétricas, siderúrgicas, refinarias de petróleo, cimenteiras – devido ao fato de serem capital-intensivas e de tecnologias fixas que não permitem diversificar seus sistemas de produção nem mesmo os seus produtos. Outras precisam pensar e projetar no longo prazo os seus enormes investimentos porque seus produtos são de grande porte e os projetos de construção são custosos e demorados – como é o caso de estaleiros navais, construção civil e industrial e fabricantes de aviões. Um projeto novo de avião leva anos para ser concluído, e quando pronto precisa proporcionar uma produção que permita um retorno saudável dos investimentos feitos ao longo do tempo. Em todas essas empresas, a construção de cenários é fundamental para garantir o seu sucesso futuro. Contudo, os cenários traçados para o futuro pela Boeing americana e pela Airbus europeia são completamente diferentes entre si.

A Boeing traçou seu cenário futuro acreditando que a aviação comercial requeria um avião de porte médio para grande (em três configurações variando entre 210 e 290 passageiros), para rotas médias nacionais ou internacionais (ao redor de 15.000 km), com enorme economia de combustível. Para tanto, vai manter sua linha 777 e introduzir a linha 787 DreamLiner.

A Airbus, pelo contrário, aposta em um cenário futuro em que a aviação requererá um avião de porte grande para grandes distâncias e com economia de combustí-

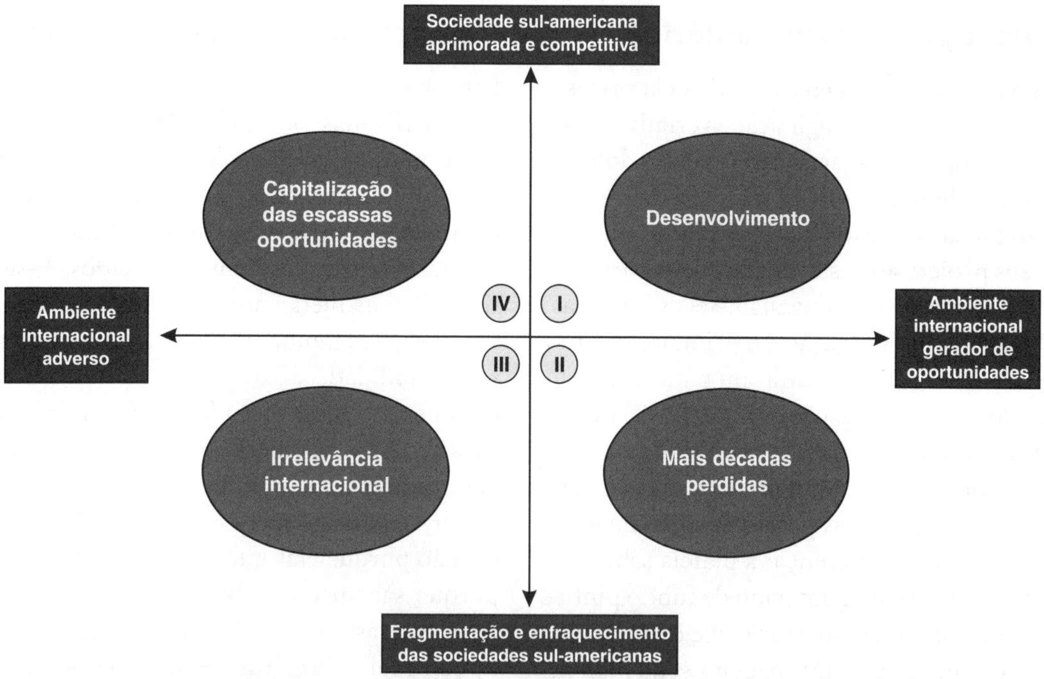

■ **FIGURA 7.5** *Cenários Plausíveis para a América do Sul até 2020*

vel, para rotas nacionais ou internacionais. Em função disso, além de manter a produção de seus médios A320 e A330, a Airbus introduziu sua linha A380, de grande porte, com capacidade entre 350 e 600 passageiros. Sem dúvida, o enorme avião deverá exigir uma mudança drástica nos aeroportos (tanto no atendimento aos passageiros como no processamento das bagagens e da comida, no tamanho das pistas de taxiamento e nos locais de estacionamento das gigantescas aeronaves).

Com dois cenários tão opostos e apostas tão diversas, quem será a vencedora? Os desafios são imensos. Não há dúvida de que ambas saberão tirar proveito e vantagens competitivas com seus lançamentos. É uma questão de esperar para ver. A Figura 7.6 apresenta esquematicamente as etapas do processo de construção de cenário.

COMPETÊNCIAS PARA A CONSTRUÇÃO DE CENÁRIOS

Trilhar o processo de construir cenários exige quatro competências básicas descritas a seguir.

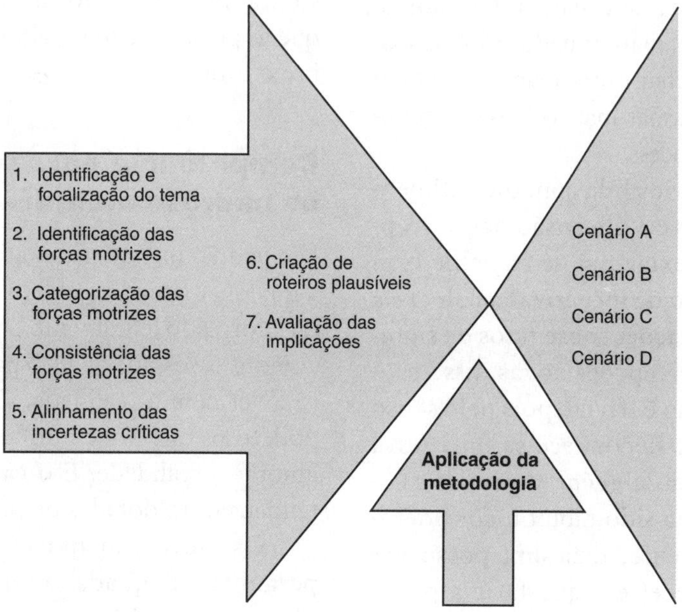

■ **FIGURA 7.6** *O processo de construção de cenários.*

Competência para contar histórias

Qualquer pessoa pode criar cenários. Mas ela precisa estar disposta a estimular a imaginação, a criatividade, o senso do absurdo, sem deixar de lado o senso do realismo. Contudo, algumas pessoas não acreditam naquilo que não esteja adequado aos seus planos ou não atende aos seus projetos ou está além de seus paradigmas pessoais. Muitas pessoas enganam-se a si mesmas a respeito da realidade. A negação é o primeiro dos estágios de reação que as pessoas utilizam para se proteger das más notícias. A negação é seguida de raiva, barganha, desespero e, finalmente, aceitação.

Contar histórias é uma maneira poderosa de evitar os perigos da negação. Nas peças de teatro há uma suspensão voluntária da descrença; a plateia sabe que está vendo atores em frente a um pano de fundo pintado para efeito de compreensão, mas reage como se estivesse vendo o mundo real. De maneira semelhante, um bom cenário pede às pessoas que suspendam suas descrenças na história durante o tempo suficiente para avaliar os impactos.[27]

Algumas pessoas são ótimas na construção de cenários, enquanto outras precisam de prática. Contabilistas e engenheiros podem apresentar dificuldade porque sua formação é objetiva e determinista. As colunas e fileiras de um contador devem somar-se em uma única resposta ou o trabalho estará errado. Em contraste, um antropólogo sabe claramente que o que vê em uma determinada aldeia é diferente do que outro antropólogo possa ver. O antropólogo está mais afinado com a incerteza, assume múltiplos pontos de vista e pode aceitar mais facilmente a prática de cenários. No mundo dos negócios, os praticantes mais afinados são pessoas que já erraram e querem achar outra maneira de lidar com seus problemas. As pessoas mais velhas são geralmente mais sensíveis ao processo.[28]

A construção de cenários lida com duas dimensões: a dimensão dos fatos e a dimensão das percepções. Construir cenários exige que se trabalhe com fatos, mas com o propósito de incentivar a coleta e a transformação das informações sobre fatos de significância estratégica em percepções novas. Esse processo de transformação não é trivial, pois pelo senso comum ele não acontece. Reconhece-se uma nova percepção (*insight*) quando alguém, ao refletir sobre uma questão que tenha sido tabu ou considerada impensável anteriormente, diz: sim, posso ver como isso poderia acontecer e o que faria a partir dessa constatação.

Competência para criar mitos

Para se testar um cenário, tenta-se imaginar histórias compartilhadas por um grupo e que são expressas como mitos. Por exemplo, a expressão "sonho americano" é um mito dos tempos atuais e incorpora um emaranhado de sentimentos e crenças, alguns deles contraditórios, mas bem conhecidos. Esses mitos influenciam as metas nos negócios e na vida cotidiana. Os japoneses também têm um mito nacional baseado na flexibilidade e confiança. Enfrentam terremotos, cataclismos, incêndios, furacões e líderes insensatos. Mas a atitude de fazer o que é necessário para sobreviver, mesmo após grandes prejuízos, está enraizada na cultura japonesa. As pessoas no Japão fazem poupança, não porque elas querem conquistar o mundo, mas porque sabem que talvez precisem reconstruir tudo após as catástrofes e dão valor à educação como forma de continuidade cultural e defesa contra futuras ameaças. Entre os brasileiros existe um mito de que "Deus é brasileiro", no entendimento de que, apesar de toda dificuldade e falta de planejamento, as coisas darão certo no final.

Os mitos representam como as pessoas em uma determinada sociedade acreditam que sejam. E são os roteiros aos quais as pessoas se referem quando tentam compreender seu mundo exterior e o comportamento do mesmo. Mitos são padrões, paradigmas de comportamento, de crença e de percepção que as pessoas têm em comum. Mitos não são necessariamente fictícios. As organizações também têm mitos, histórias sobre seu passado e futuro em que todos acreditam. Contar histórias na forma de mitos revela algo sobre o que as pessoas sentem, almejam, esperam e temem sobre o futuro.

Competência para tornar conscientes os padrões mentais

Um padrão mental inclui atitudes pessoais com relação a qualquer situação, objeto ou pessoa. O padrão mental é formado lentamente desde a infância e não são incomuns casos nos quais o padrão mental não tem muito a ver com a realidade. Os padrões mentais são tão poderosos que podem influenciar as pessoas e fazê-las ignorar a realidade. É o caso de pessoas intolerantes, tendenciosas, dotadas de preconceitos.

Os padrões mentais tendem a impedir de ver as perguntas adequadas a serem feitas sobre uma decisão a ser tomada. Sendo assim, o esforço de criação do cenário deve proporcionar um olhar para dentro de cada um, examinando os padrões mentais conscientes ou inconscientes para fazer avaliações sobre o futuro. Em vez de coletar informações do mundo exterior, colhem-se informações de dentro. As pessoas frequentemente não entendem que suas agendas de decisões são geralmente inconscientes. Assim, ao construir cenários é preciso torná-las conscientes. Cada um de nós reage não ao mundo, mas à nossa imagem do mundo.

INFORMAÇÃO PRIVILEGIADA

OS PARADIGMAS[29]

Os novos paradigmas estão proliferando em todas as ciências fundamentais, desde os princípios mecanicistas e determinísticos de Descartes (na filosofia) e de Newton (na física) para a teoria da relatividade e física quântica de Einstein e Planck. Luthans[30] lembra que o chamado "efeito paradigma" faz com que aqueles que adotam um determinado paradigma existente não conseguem ver ou perceber as mudanças que estão ocorrendo ao seu redor. Esse efeito explica por que existe considerável resistência à mudança e por que é difícil mover da velha economia para a nova.

O termo paradigma (do grego *paradeigma* = modelo, padrão ou exemplo) define o comportamento das pessoas.[31]

Um paradigma é um conjunto de regras que definem fronteiras entre o que é certo e errado, entre o que é verdadeiro e o que é falso, entre o que se deve fazer e o que não se deve fazer. A vida das pessoas é regrada e delimitada por certos paradigmas que estabelecem as regras (escritas ou não-escritas) de como se comportar. Assim, um paradigma influencia poderosamente as pessoas quanto ao seu comportamento, atitudes e percepções. Para Barker,[32] os paradigmas apresentam sete características básicas:

1. *Os paradigmas são comuns em toda atividade estruturada:* Constituem as regras que dirigem o comportamento das pessoas. Estas, inconscientemente e sem perceber, são levadas por seus paradigmas.
2. *Os paradigmas são úteis e funcionam como verdadeiros filtros:* Eles focalizam as informações mais importantes e que selecionam o que as pessoas deverão perceber a respeito do mundo que as rodeia. Nesse sentido, os paradigmas estabelecem o que é e o que não é importante ou relevante para a pessoa.
3. *Os paradigmas podem tornar-se doenças terminais da certeza:* Eles podem tornar-se a única maneira de fazer algo ou de pensar sobre algo, paralisando as pessoas e impedindo que elas visualizem outras e novas formas potencialmente melhores de fazer a mesma coisa. Nesse sentido, os paradigmas bitolam as pessoas e as mantêm amarradas a velhos hábitos ou maneiras de pensar e agir.
4. *Os novos paradigmas são geralmente criados por pessoas estranhas:* As novas ideias quase sempre vêm de pessoas que não estão fortemente envolvidas com os velhos paradigmas. As pessoas envolvidas com um paradigma corrente no máximo tentarão melhorar o processo, fazendo algumas pequenas alterações nele, mas raramente inventarão algo novo porque sua visão está dominada e envolvida pelo velho paradigma.
5. *Os novos paradigmas exigem visão futurística para sua adesão:* Quando as pessoas estão envolvidas com velhos paradigmas, apresentam forte tendência de mantê-los indefinidamente, a não ser que eles não funcionem mais. Um paradigma novo geralmente parece estranho às pessoas e, em seu estágio inicial, não oferece dados suficientes para que as pessoas se decidam racionalmente se é melhor ou pior do que o anterior. A adesão a novos paradigmas envolve certos riscos e exige visão, coragem e fé. Principalmente, uma visão abstrata, que poucas pessoas conseguem ter.
6. *Os paradigmas não são estáticos:* Eles são reforçados continuamente pelos sucessos da organização. Isso faz com que eles se transformem no arquivo das condutas a se porem em prática diante de diferentes circunstâncias. Em outras palavras, em face de um sinal ou situação, ele é interpretado pelo paradigma respectivo e a realidade passa a ser interpretada através do paradigma, que define o que fazer diante dela.
7. *As pessoas têm o poder de mudar seus paradigmas:* Os paradigmas são aprendidos, adquiridos e incorporados através da experiência. Eles podem ser mudados, aprendidos e transmitidos às outras pessoas. Mas a mudança de paradigmas não é fácil para muitas pessoas, que se sentem presas à segurança e estabilidade dos paradigmas atuais e temem ou relutam em alterar seus comportamentos através da aquisição de outros padrões diferentes.

Da mesma forma como ocorre com as pessoas, as organizações também desenvolvem e mantêm seus paradigmas. Na verdade, não são as organizações em si que possuem paradigmas, mas as pessoas que nelas tomam as decisões principais e mantêm o poder.[33] Ou seja, as organizações funcionam através de paradigmas que definem sua cultura organizacional. A mudança na cultura organizacional é quase sempre uma mudança de paradigmas.[34]

BANCO DE IDEIAS

FLEXIBILIZANDO PARADIGMAS

Existem pessoas otimistas e pessimistas como rótulos populares para atitudes radicalmente diferentes com relação ao futuro. Assim, todos conhecem os otimistas, segundo os quais o mundo é ótimo, só vai melhorar e toda decisão vale a pena. Há também o lado dos pessimistas, para quem o mundo está sempre à beira do caos e o futuro é a época de pagar dívidas vencidas. Ainda há a mentalidade do *status quo*, que acredita que o amanhã será mais ou menos como hoje. Nada é realmente novo e nada muda, com um sentimento de *déja vu*.

Um exercício interessante é avaliar uma decisão atual à luz das três perspectivas. Uma maneira para o otimista colocar de lado temporariamente os óculos cor-de-rosa e olhar para as armadilhas na trilha para o sucesso. Do lado oposto, o pessimista e a mentalidade *status quo*, que precisa se preparar para aceitar a mudança quando ela ocorrer e não apenas atribuir insignificância a ela.

Após avaliar uma perspectiva, examine deliberadamente as outras. A chave é examinar as armadilhas e oportunidades apresentadas a partir de cada ponto de vista. Quando iniciar um processo de construção de cenários, deve-se considerar se há algum aspecto otimista ou pessimista que esteja intervindo. Por exemplo, a explosão migracional quando tratada com sabedoria pode ser uma enorme dádiva, pois mais pessoas significam mais inteligência e mais energia produtiva. Mas ela pode significar problemas de educação, segurança, moradia, e assim por diante.[35]

O processo de tomada de decisões deve ser um movimento constante entre perguntas relacionadas com cada situação específica. É preciso considerar todos os tipos de questões, pois de outra maneira será fácil perder de vista problemas que poderiam ser importantes. Isso envolve um trabalho persistente e sinceridade para penetrar as defesas mentais internas. Não é surpresa que as pessoas desenvolvam cenários para uma situação menor e restrita e às vezes descobrem que ela é afetada por questões maiores, mas nem sempre esses desdobramentos maiores são percebidos. Enfim, construir cenários é um processo de autorreflexão: entender a si mesmo e seus preconceitos, identificar o que realmente importa e perceber onde se deve focar a atenção.

Competência e gosto para a investigação

O processo de construção de cenários envolve investigação e busca qualificada de informações. Isso é praticado tanto de maneira restrita, procurando os fatos necessários para um cenário específico, quanto amplamente, promovendo o aprendizado de maneira que permita colocar questões mais abrangentes.

A investigação não é apenas uma ferramenta útil para coletar fatos, mas ajuda a afiar a capacidade de perceber. A flexibilidade de perspectiva é um aspecto crítico. As perguntas são elaboradas ao mesmo tempo que se fica alerta para o inesperado, como um caçador alertado para a presença da presa pelo ruído de um galho quebrado. Porém, muitas pessoas constroem um conjunto rígido de filtros para impedir que se afoguem no turbilhão de informações do mundo moderno. É a chamada seleção perceptiva: só prestamos atenção no que achamos que precisamos saber. Mas o planejador de cenário deve estar consciente de seu filtro e reajustá-lo para deixar entrar mais dados sobre o mundo.

PASSEIO VIRTUAL

O RADAR DOS FUTURÓLOGOS

Os futurólogos dizem que estão ligados ao radar. Essa metáfora é marcante. Um radar envia um sinal de alta frequência e espera que os objetos respondam ao sinal. Quando algo inusitado aparece na tela de exibição, presta-se maior atenção. Na coleta de informações assume-se um papel igualmente ativo: o pesquisador envia sinais para ver o que recebe de volta.

Pode-se também emitir sinais com frequências diferentes, por exemplo: se você fosse um economista americano ou um adolescente do mundo de hoje ou se eu fosse um *web designer*, estaria prestando atenção a quais tipos de informação? Daí começa-se a procurar. Pode-se procurar notícias sobre efeito estufa, por exemplo, com padrão mental do cientista, daí procura-se notícias sobre o mesmo assunto tendo em mente as necessidades de um político e finalmente se analisa como se fosse um militante ambientalista. Abaixo listá-se vários sites que disponibilizam preciosas informações do ambiente contextual:

Cadernos de Pesquisa em Administração	www.usap.br
Periódicos Capes	www.periodicos.capes.gov.br
Revista Portuguesa e Brasileira de Gestão	www.fgv.br/editora/publicacao
União Europeia	http://europa.eu.int/edrev/index.html
World Bank	www.worlbank.org
World Economic Forum	www.weforum.org
World Trade Organization	www.wto.org
BBC	www.bb.co.uk
CNN	www.cnn.com
Estado de São Paulo	www.estado.com.br
Forbes Digital Tool	www.forbes.com
Gazeta Mercantil	www.investnews.net
Reuters	www.reuters.com

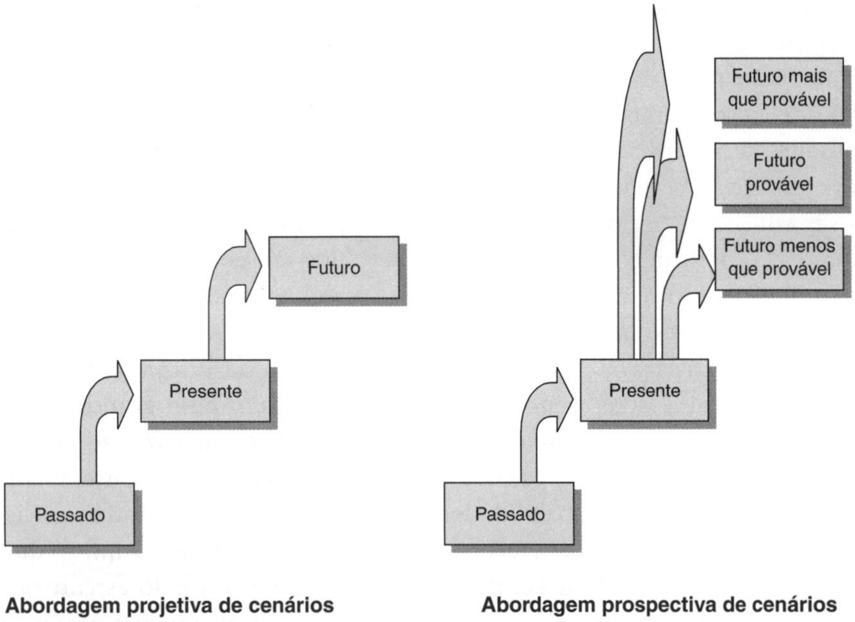

▪ **FIGURA 7.7** *As abordagens para a previsão ambiental.*

PREVISÃO AMBIENTAL

Após a construção de cenários plausíveis, a próxima etapa no processo é a preparação da previsão ambiental a fim de alinhar as condições que o ambiente organizacional apresentará em certo tempo no futuro. A previsão ambiental implica mensurar a atual posição do ambiente da organização e determinar se essa condição pode ser suficiente para desenvolver uma estratégia efetiva para as condições ambientais futuras.

Há duas maneiras básicas de se preverem os ambientes, conforme a Figura 7.7.

1. *Abordagem projetiva:* Consiste em projetar os dados atuais para o futuro utilizando modelos deterministas e quantitativos. Em geral, essa abordagem explica o futuro através da projeção do passado e considera um futuro único e certo de maneira determinista. Assim, costuma restringir-se a fatores e variáveis quantitativos, objetivos e já conhecidos. É a abordagem utilizada para situações em que as mudanças são previsíveis e gradativas.
2. *Abordagem prospectiva:* Consiste em prospectar o futuro através de uma visão global e holística, utilizando modelos de julgamento, probabilidades subjetivas, pareceres de profissionais e opinião de executivos, como os métodos de análise estrutural, método Delphi, impactos cruzados etc. Em geral, essa abordagem trata do futuro múltiplo e incerto através de variações qualitativas, sejam quantificáveis ou não, subjetivas ou não, conhecidas ou não. A abordagem prospectiva mostra o futuro atuando como determinado pela ação presente.

Quando as previsões ambientais estão preparadas, os planejadores devem tentar prever a posição futura dos indicadores críticos em todos os níveis ambientais. Por exemplo, acredita-se que as inovações tecnológicas na microeletrônica e telecomunicações podem dispensar literalmente milhões de trabalhadores nas fábricas e escritórios, onde a Revolução Industrial os colocou, devolvendo-os para o local de onde vieram: suas casas. Os gestores que julgarem tais questões tecnológicas importantes para o futuro sucesso de suas organizações já devem estar ocupados planejando como enfrentar esse evento, se e quando ele vier a se materializar.

Técnicas de previsão ambiental

Há muitas técnicas de previsão ambiental. Algumas delas, tais como opiniões de peritos experientes, podem ser razoavelmente simples. Outras, como a extrapolação de tendência, podem ser muito complexas. Algumas organizações recorrem a especialistas externos para aplicar esses métodos de forma apropriada. As principais técnicas de previsão ambiental são:

1. *Julgamento de especialistas:* Quando as relações entre as variáveis são menos evidentes do que na análise de séries temporais ou quando elas não

podem ser adequadamente quantificadas, pode se utilizar a previsão por julgamento. Nesse tipo de previsão, a organização pode utilizar seus próprios funcionários, clientes, fornecedores ou sindicatos como fontes de informação qualitativa sobre tendências futuras. Os representantes de vendas podem ser solicitados a prever o crescimento das vendas em várias categorias de produtos a partir do conhecimento que têm sobre os planos de expansão dos clientes. Instrumentos de pesquisa podem ser enviados para os clientes, fornecedores ou sindicatos para obter seus julgamentos sobre tendências específicas. Pessoas bem informadas são selecionadas e chamadas para determinar a importância e avaliar a probabilidade de vários futuros desenvolvimentos possíveis. A versão mais refinada – o método Delphi – consiste em colocar os especialistas diante de diversas etapas de avaliação de eventos, onde discutem entre si e refinam suas hipóteses e julgamentos. Trata-se de um método de decisão em um grupo de especialistas sobre determinado assunto.[36]

2. *Extrapolação de tendências em séries temporais:* São preparadas curvas bem ajustadas, curvas de crescimento linear, quadrática ou em forma de S, ao longo do tempo, para servir como base para extrapolação. Esse método pode ser menos confiável, já que os novos desenvolvimentos podem se alterar completamente na direção esperada do movimento. A análise por séries temporais tenta examinar os efeitos de tendências escolhidas, tais como o crescimento demográfico, a inovação tecnológica, mudanças na renda das pessoas, mudança no número de fornecedores, sobre variáveis como custos, vendas, lucratividade e participação de mercado de uma empresa, de uma organização, ao longo de determinado número de anos. Essa metodologia também possibilita aos planejadores relacionarem fatores como flutuações sazonais, condições meteorológicas e feriados no desempenho da organização. Como a análise de séries temporais projeta tendências históricas para o futuro, sua validade depende da semelhança entre tendências passadas e condições futuras. Qualquer desvio significativo em relação às tendências históricas enfraquecerá a previsão de forma drástica. Infelizmente, esses desvios parecem estar ocorrendo com uma frequência cada vez maior.
3. *Modelagem dinâmica:* É a elaboração de um conjunto de equações que tentam descrever os sistemas subjacentes. Os coeficientes das equações são ajustados através de meios estatísticos.
4. *Análise de impactos cruzados:* É a identificação de um conjunto de tendências-chave de maior importância ou probabilidade. A questão é então colocada: se o evento "A" ocorrer, qual será o impacto em todas as demais tendências? Os resultados são então usados para montar conjuntos de pedras de dominó, em que um evento alavanca outro.
5. *Matriz de cruzamento;*[37] É uma metodologia para lidar com grande volume de informações relevantes armazenado nos formulários da análise do meio ambiente, análise setorial e análise do mercado e, ainda, análise da concorrência. Trata-se de um conjunto que deve ser organizado e consolidado estruturadamente para viabilizar o cruzamento dessas informações e a obtenção de conclusões precisas e realistas para a tomada de decisão. A Tabela 7.1 mostra um exemplo.

O método de matriz de cruzamento utiliza os seguintes passos:

1. Transcrever abreviadamente as informações relevantes sobre os impactos (ameaças e oportunidades) no meio ambiente da análise do meio ambiente para as células de 1 a 4 da matriz. Os números entre parênteses servem apenas para organizar as informações.
2. Fazer o mesmo para as informações das análises do setor, de mercado e da competitividade. Nas células 5 a 8, de 9 a 12 e de 13 a 17.
3. Analisando a situação atual da ameaça de novos entrantes (célula 13) frente às ameaças e oportunidades das tendências na coluna "Governo/regulamentação", inferir na célula 18 as prováveis mudanças desta situação atual. Repetir, no raciocínio, para as linhas das demais forças competitivas (células 14 a 17), inferindo-se as prováveis mudanças dessa situação (células 19 a 22).
4. Repetir os mesmos procedimentos do passo 1. para as colunas "Tecnologia e Recursos Naturais", "Economia/Mercado", "Cultura e Demografia" (células 23 a 27 e 28 a 32 e de 33 a 37). Nem todas as células serão necessariamente preenchidas, porque nem tem todas os fatores diretos – forças competitivas – sofrerão impactos de

■ **TABELA 7.1** *Matriz de cruzamento*

Dimensões		**Fatores indiretos (Ameaças e oportunidades identificadas)**				
		Governo/ Regulamentação	Tecnologia/ Recursos naturais	Economia/ Mercado	Cultura/ Demografia	
Meioambiente		1 Maior regulamentação	2	3	4	
Setor		5	6	7	8	
Mercado		9	10	11	12	
Fatores diretos – Forças competitivas	**Situação atual**	**Cruzamento e conclusões**				**Ameaças futuras**
Entrantes	13 Baixa barreira	18 Reserva de mercado	23	28	33	38 Entrantes com capacidade de investir
Substitutos	14	19	24	29	34	39
Concorrentes	15	20	25	30	35	40
Clientes	16	21	26	31	36	41
Fornecedores	17	22	27	32	37	42

todas as ameaças e oportunidades das tendências dos fatores indiretos, mas deve-se tomar cuidado para não subestimar ou omitir cruzamentos importantes.

5. Finalmente, analisando os conteúdos das células 18, 23, 28 e 33, deve-se fazer inferências das ameaças futuras de novos entrantes na célula 38. Repetir esse mesmo procedimento para os demais fatores diretos, sempre analisando os seus respectivos conjuntos de células horizontais (19, 24, 29, 34; 20, 25, 30, 35 ; 21, 26, 31, 36 e 22, 27, 32, 37) transcrevendo nas respectivas células (39, 40, 41 e 42) da coluna mais à direita as ameaças futuras destes fatores.

Técnica Delphi

A técnica Delphi representa uma ferramenta de tomada de decisão em um grupo de especialistas sobre determinado assunto.[38] Possui três características básicas: anonimato, retroação sob controle e respostas estatísticas do grupo. Em certos casos, a técnica Delphi pode ser utilizada para prever o futuro. Se a tendência a ser prevista está em um campo de estudos específicos, então especialistas naquele campo podem ser identificados e interrogados sobre a probabilidade de a tendência ocorrer. Se, por exemplo, uma construtora quiser saber se será possível construir conjuntos habitacionais completos com energia solar como única fonte de energia, calor e refrigeração, a empresa deve elaborar uma lista de peritos no campo da energia solar. A cada perito é enviado um questionário sobre seu julgamento pessoal acerca de quanto conhecimento da energia solar estará suficientemente avançado para que se possa depender exclusivamente dele para as necessidades domésticas de energia.

Os especialistas preenchem os questionários sem se comunicar uns com os outros e devolvem os resultados para a organização. A organização faz um resumo dos resultados e os envia a cada entrevistado, juntamente com um segundo questionário. Após analisar o resumo e observar o julgamento de outros especialistas, cada entrevistado preenche o segundo questionário e o envia à organização. Alguns especialistas podem alterar seu julgamento após analisar os dos outros.

Esse processo de responder e receber retroação (*feedback*) para depois responder de novo continua até que um consenso seja atingido. A empresa então pode basear-se, pelo menos em parte, nesse consenso para formular seus planos para o futuro.

INFORMAÇÃO PRIVILEGIADA

APLICAÇÕES DA METODOLOGIA DELPHI

A S3 Studium,[39] na Itália, é uma sociedade líder no estudo de cenários e presta consultoria para o desenvolvimento pós-industrial das organizações. Outro instituto – o ASPEN Institute[40] – é uma associação internacional do terceiro setor dedicada à discussão, aprofundamento e troca de conhecimento, informação e valor. A sua missão é estudar a liderança empreendedora, política e a cultura dos países. Essas duas instituições elaboram pesquisas de construção de cenários usando o método Delphi. Para estimar o ano 2002/2003, por exemplo, elas convocaram especialistas para discutir os seguintes temas:

- **O impacto da inovação na vida das pessoas, do trabalho e da economia.**
- **O impacto do investimento em setores e grupos emergentes e declinantes.**
- **O vínculo e o conflito sociocultural, em relação à inovação, à comunicação, à cultura e informação diante da alta tecnologia.**
- **O papel do país (no caso, a Itália) no processo de inovação e pesquisa científica.**
- **A diferença social provocada pela exclusão digital.**
- **O mercado nacional e internacional, a globalização e os efeitos do 11 de setembro para a Europa e os Estados Unidos.**
- **A política de governo para a economia, o trabalho e o bem-estar social. O impacto da inovação tecnológica na administração com impactos sobre o cidadão e a organização.**
- **A situação dos movimentos de conflito e da política.**
- **Ameaças e oportunidades para a Itália, do ponto de vista da inovação, da economia e da sociedade.**

Esses pontos são determinantes para formular cenários que são usados depois para as políticas de governo, organizações e empresas, e para as pessoas.

O QUE ESPERAR DO FUTURO

Na construção de cenários sempre emerge a questão de avaliar quais eventos se manterão constantes e quais mudarão e quão rapidamente. Não se tem certeza a respeito do futuro, mas pode-se contar com indicações prováveis. Nestes tempos deve-se centrar a atenção nos aspectos que se mantêm e o que emerge como novo. O contexto futuro será mutável e complexo, pois a evolução ocorre de modo assíncrono. As comunicações, a geopolítica, a medicina ou as artes evoluem, mas não de modo compassado e ritmado. Diante de tal quadro, o que se pode afirmar como tendências plausíveis? A Internet caminhará mais rápido que a globalização? As relações pessoais terão seu lugar garantido apesar do avanço das redes virtuais? A engenharia genética caminhará mais rápido que a tecnologia da informação? Segundo Naisbitt,[41] esse é apenas o começo, pois é necessário prospectar o futuro com as seguintes premissas:

1. Aprender a discernir entre as tendências que vieram para ficar e os modismos passageiros.
2. Estar aberto para as opiniões dos outros e ampliar seu campo de aprendizado e crescimento.
3. Procurar descobrir e analisar os números objetivos de qualquer questão.
4. Explorar oportunidades, pois não se obtem grandes resultados só resolvendo problemas.
5. Concentrar-se no que de fato atende seus interesses. Só acrescente se puder subtrair.
6. Não se esqueça da ecologia da tecnologia: respeite as necessidades da natureza humana.

O que se pode esperar como certo para o futuro, considerando os aspectos abaixo:

1. *Sustentabilidade:* O principal desafio das organizações será preservar sua sustentabilidade ao lidar com as enormes mudanças que vêm ocorrendo. Mas, agora, será preciso acompanhar com toda atenção o contexto e desenvolver a competência de previsibilidade das mudanças que emergirão. O mundo tem assistido ao alucinante ritmo de acontecimentos que impactarão durante muito tempo as pessoas, as sociedades e a maneira de se fazerem negócios.
2. *Transformações:* Quem, nos anos 1960, poderia prever a série de transformações que seriam testemunhadas por todos? Em seu trabalho daquela época, Alvin Toffler[42] já anunciava a chegada de novos tempos. No âmbito sociocultural começaram a surgir manifestações entre os jovens que deram guarida à cultura *yuppie* e aos grandes movimentos pela revolução no ensino, na música, na política e na cultura. As consequências são sentidas até hoje, afetando as preferências e os valores das gerações que se seguiram.
3. *Envelhecimento:* Outra mudança é o envelhecimento da população. Os países mais avançados mantêm uma população em média mais idosa, mas mesmo os países emergentes começam a envelhecer, uma tendência que marcará fortemente o futuro. Fatores como a recessão e a influência dos meios de comunicação fazem decrescer a taxa

de natalidade nesses países, enquanto os progressos da medicina permitem maior longevidade das pessoas.

4. *Cultura jovem:* Pela primeira vez na história, o tempo correu tão depressa que toda a sociedade, independentemente da faixa etária, está adotando um comportamento jovem. Aqueles que já foram jovens não estão dispostos a abrir mão de uma mentalidade jovem, o que constitui uma grande oportunidade para negócios. Com os avanços da medicina preventiva e um ambiente cultural que começou a ser desenhado nos anos 1960, a terceira idade está ansiosa para participar ativamente da sociedade. Vive-se uma cultura jovem, com *shows* reunindo músicos roqueiros sessentões se apresentando às plateias preponderantemente de meia-idade.
5. *Consciência ecológica:* Outra mudança profunda e rápida diz respeito à preocupação com o meio ambiente. A consciência ecológica se desenvolveu rapidamente, e algo que era próprio de um pequeno grupo de militantes políticos do final dos anos 1990 transformou-se em uma pressão social indistinta. Questões como escassez de energia e água, poluição, nas suas mais diversas manifestações, ou aproveitamento de resíduos e diminuição de desperdícios se tornaram temas corriqueiros entre as pessoas. Cada vez mais empresas petrolíferas, químicas, farmacêuticas e de tantos outros setores se veem obrigadas a zelar para que suas operações provoquem o mínimo dano ao meio ambiente. Altos investimentos estão sendo feitos em comunicação institucional, cujo propósito é demonstrar as ações de responsabilidade social-ecológica das empresas e provar seus cuidados com o meio ambiente.
6. *Desenvolvimento tecnológico:* Enquanto isso, o passo tecnológico se acentua. De um lado, o avanço tecnológico tem sido possível graças ao modelo econômico de capitalização de grande alavancagem. A nova tecnologia tem forte atratividade para investidores devido à sua capacidade de gerar retornos na medida em que a sociedade moderna e altamente sofisticada depende enormemente da tecnologia e está disposta a pagar um preço por isso. Por outro lado, se não houvessem capitais polarizados buscando oportunidades de investimento e até fazendo vista grossa aos riscos, muitos setores que cresceram fantasticamente nos últimos anos nem teriam aparecido, como ocorreu com a Internet e a engenharia genética.*

INFORMAÇÃO PRIVILEGIADA

A INVEÇÃO DO MICROPROCESSADOR

A aceleração do avanço tecnológico está associada à invenção do microprocessador, que fez surgir a Era Pós-Industrial, e revolucionou a capacidade do homem de lidar com dados e informação. Além disso, os cientistas estão trabalhando e potencializando ainda mais a taxa de mudança dos processos tecnológicos. A consequência imediata em nível de mercado da aceleração do passo tecnológico é a aceleração do processo de comercialização das novas invenções. A fotografia levou mais de cem anos até se tornar viável em termos comerciais, após sua invenção. Em compensação, os últimos inventos da indústria eletrônica e farmacêutica têm levado apenas alguns meses desde sua invenção até chegar ao mercado.

Graças à tecnologia nossa vida ficou mais prática, porém mais sofisticada e mais cara. Há menos de 15 anos, celulares, Internet de alta velocidade, TV digital, exames de medicina preventiva, novas drogas contra a dor, estresse ou disfunção erétil não passavam de meras possibilidades. Hoje, são produtos e serviços que compõem nosso cotidiano, e isso tem um preço.

7. *Agilidade:* A redução do prazo de comercialização dos novos inventos e a emergência da economia digital baseada na tecnologia da informação, que possibilita a integração computadorizada entre projeto, produção e processo industrial, vem reduzindo drasticamente o ciclo de vida dos produtos. Isso faz desaparecer setores ou indústrias inteiras da noite para o dia, como ocorreu com fabricantes de pneus (que perderam participação em relação aos fabricantes dos modernos pneus radiais), entre os fabricantes de lâmpadas incandescentes (que perderam participação em relação aos fabricantes de lâmpadas frias e econômicas) ou entre os fabricantes de vídeo (que perderam participação em relação aos fabricantes de DVD). A calculadora de bolso destruiu o mercado da régua de cálculo, e o relógio digital provocou prejuízos aos relojoeiros suíços nos anos 1970.

* *Nota dos autores:* A crise do sistema financeiro global do final da primeira década do século XXI pode ser entendida como um desvio dessa tendência já que muito capital disponível para investimentos em projetos de tecnologia foram aplicados na especulação financeira.

8. *Rapidez:* O tempo passa a ser fonte crítica de vantagem competitiva nos processos produtivos, na introdução e desenvolvimento de produtos e serviços e no processo de distribuição e logística. Parece inquestionável que os próximos tempos exigirão empresas cada vez mais enxutas, produtivas e mais próximas dos clientes.

Competindo em um mundo transnacional

Outro fator que tem acelerado o impacto das mutações observadas no ambiente é a escala e a velocidade em que se dão essas mutações.

1. *Processo de globalização:* O espaço mundial está ficando menor, pois o forte processo de globalização está em contínua ampliação. Tal processo é incentivado pela abertura das economias nacionais à livre circulação de produtos e capitais, bem como pela regionalização das relações econômicas através de grandes alianças comerciais, os chamados blocos econômicos. O papel dos países na economia globalizada varia de acordo com seu nível de desenvolvimento econômico e tecnológico.
2. *Empresas transnacionais:* Por terem maior riqueza econômica, por dominarem tecnologias mais avançadas e por sediarem grandes empresas transnacionais, os países desenvolvidos detêm o poder de decidir sobre questões de âmbito mundial, tanto econômicas quanto políticas. Em geral usam esse poder para obter maiores vantagens em relação aos benefícios que os países menos desenvolvidos podem colher, com o atual processo de abertura econômica.
3. *Livre trânsito:* O processo de globalização pressupõe o livre trânsito, não só de bens e serviços, como também de pessoas, tecnologia e ideias. Daí o surgimento de grandes oportunidades de investimentos com a emergência da globalização. Talvez o mais relevante evento associado à globalização seja a constituição da bem-sucedida União Europeia. A Europa é hoje o maior mercado mundial, com cerca de 700 milhões de consumidores potenciais, superando até mesmo o mercado americano.
4. *Países emergentes:* Nos próximos anos, o crescimento de algumas economias – como o BRIC (Brasil, Rússia, Índia e China) – mudará radicalmente a geografia da economia mundial. Isso promove novas alianças comerciais, muitas delas inesperadas. Esses países procuram aproximações porque, considerando suas populações de modo integrado, são responsáveis por grande parcela dos mercados mundiais de produtos como televisores, alimentos e carros.
5. *Escala* versus *risco:* A contrapartida do compromisso com os mercados globais é que as organizações assumem grande risco na medida em que sua escala de operação aumenta. Se os anos 1990 foram marcados por grandes avanços de empresas de vários setores – como de telefonia, telecomunicações, aviação civil, varejo, alimentação e farmacêutico –, o novo milênio vem testemunhando retrocessos igualmente fantásticos de empresas dos setores financeiro, de automóveis e bebidas, que apressadamente se desfazem de seus ativos para poder atravessar o momento de crise em seus mercados mais tradicionais, que demandam grande liquidez, para fazer frente à retração dos acionistas.

Processo irreversível da globalização

Uma pergunta crítica e cuja resposta vai determinar futuras decisões no âmbito do planejamento estratégico é: qual é o futuro da globalização? Tudo parece se encaminhar para uma globalização sem volta: ela é mais do que um vetor dos acontecimentos, é o estado resultante dos fatores e situações descritos a seguir:

1. *Ideologia de livre comércio:* Gradualmente, os obstáculos ao livre comércio foram eliminados devido a uma nova concepção ideológica segundo a qual o livre comércio enriquece as nações, obrigando organizações protegidas pela reserva de mercado a reagirem para sobreviver, participando do processo de globalização.

   Essa nova ideologia iniciou-se logo após a Segunda Guerra Mundial, quando se verificou a necessidade da criação de uma nova ordem econômica, em que a demanda por espaços vitais de comércio não fosse sempre resolvida por terríveis conflagrações.

   Os países vitoriosos na guerra propuseram um sistema que privilegiasse a cooperação internacional planejada, a disciplina dos sistemas econômicos e monetários e, principalmente, a abertura dos mercados de modo a fomentar o desenvolvimento e a prosperidade entre as nações. Instituições como o FMI e fóruns como o GATT dariam o suporte para assegurar a consolidação da nova ordem. As consequências diretas foram a abertura dos mercados, a integração dos países em blocos econômicos e o crescente aumento do poder da corporação multinacional.

2. *Desenvolvimento em escala no mercado global:* Muitas empresas perderam muito de sua personalidade nacional ao desenvolver uma cultura global. Empresas como GE, Renault e McDonald's atuam em nível global, e aos poucos adquirem empresas mais localizadas geograficamente mas que se tornaram alvo das empresas que têm seu poder na liderança em termos do mercado global.
3. *Redução das distâncias culturais e geográficas:* Graças ao desenvolvimento das telecomunicações via satélite, infovias, e dos transportes, os países e as sociedades estão expostos às mesmas fontes de informação e se tornam semelhantes. Isso possibilita aos mesmos emergir como atores da nova economia, tanto como fornecedores como clientes da produção globalizada.
4. *Aceleração da transferência tecnológica:* A produção e a comercialização da tecnologia não são mais uma questão de soberania nacional, como foi nos tempos da guerra fria. Hoje, para operar globalmente, não é relevante a origem da tecnologia, do capital, da matéria-prima ou do trabalho, desde que o custo seja baixo e a qualidade alta.
5. *Difusão de padrões mais altos de qualidade:* Os mercados mais informados desejam e podem exigir mais qualidade, a qual se procura atender com estratégias apropriadas.

Os argumentos contrários à tese da globalização são:

1. Os mercados estão se tornando mais fragmentados, com clientes mais preocupados em expressar sua individualidade do que em comprar produtos produzidos em massa e vendidos em massa.
2. Os países estão cada vez mais implementando políticas protecionistas, indicando que, talvez, a ideologia de livre comércio esteja tendo seus fundamentos questionados.

Consequências do processo de globalização

Quer se aceite ou não a tese da globalização, está claro que os próximos anos continuarão a ser extremamente competitivos e caracterizados por:

1. Exigências de adaptação local de produtos e serviços.
2. Produção em pequenos lotes.
3. Redução do ciclo de vida dos produtos.
4. Diminuição da fidelidade dos clientes.
5. Profissionalização crescente dos clientes.
6. Menor confiabilidade dos fornecedores que devem buscar certificações de diferentes instituições.
7. Ingerência de governos e entidades nos negócios da iniciativa privada.

Além disso, o fenômeno da globalização traz consequências às atividades dos negócios que causam perda ou dificuldade de criar e manter vantagens competitivas pelas organizações. Algumas consequências críticas são:

1. Intensificação da concorrência local e internacional e ataque aos segmentos pela concorrência, com diferentes empresas atuando em novos segmentos.
2. Profusão de lançamentos e consequente redução do ciclo de vida dos produtos.
3. Aumento da percepção de produtos como análogos (semelhantes), devido à aceleração da transferência tecnológica e à rapidez nos lançamentos.
4. Maior insatisfação do cliente e maior sensibilidade à relação custo-benefício.
5. Elevação dos custos de comunicação e de promoção e diminuição de sua eficiência.

Finalmente, constata-se que no processo de globalização o esforço pela competitividade não é mais orientado por mercados e clientes, mas sim pelas oportunidades e necessidades do negócio, pois os mercados e clientes estão em qualquer parte do planeta e as fronteiras nacionais não representam mais obstáculo ao crescimento das organizações.

Competindo através da tecnologia da informação (TI)

A habilidade no domínio do processo informacional significa a possibilidade de acessar e usar efetivamente a informação, e isso constitui uma grande mutação nas práticas das pessoas e organizações. Como acontece com outras mutações já discutidas, representa uma grande oportunidade de se construir diferenciais competitivos.

1. *Redes de pesquisas e de negócios:* A TI permite a constituição de grandes redes de pesquisa e negó-

cios integrando a empresa aos seus clientes, funcionários, distribuidores e fornecedores. Já se tornou um jargão comum nos negócios a sigla "e-" para representar práticas e sistemas embasados na TI. Assim, tem-se o *e-commerce*, para nomear o comércio praticado pela Internet ou o *e-learning* quando se trata de ensino a distância com base na comunicação eletrônica.

2. *Comunicação eletrônica:* Constitui nos dias de hoje a maneira de providenciar o fluxo das comunicações prioritário entre as pessoas, no trabalho e no âmbito pessoal e familiar. O *e-mail* e outros aplicativos tornou possível o trabalho produtivo em grupo, pois o mesmo esforço que se faz para entrar em contato com uma pessoa é o mesmo que se faria para contatar dezenas, centenas ou mesmo milhares de pessoas.
3. *Uma nova organização e uma nova liderança:* Isso exigirá uma nova organização e uma nova liderança. Os custos da TI vêm despencando, enquanto sua acessibilidade se torna cada vez mais evidente. Isso é um problema para as empresas de TI que não têm como remunerar o capital investido na implantação de grandes infraestruturas de comunicação, utilizando sofisticados sistemas eletrônicos que pressupõem o uso de satélites e fibras óticas.

Mas, na perspectiva da competitividade do usuário de TI, a coisa apresenta outras cores. Acessar enorme e relevante quantidade de informação a um custo irrisório cria muitas oportunidades para vários setores e reduz os custos de transações.

CLIPPING COMPETITIVO

O VALOR AGREGADO DO NEGÓCIO DIGITAL

Slywotzky,[43] porém, adverte que ser digital não é somente ter um *site* na Internet. O negócio digital merece uma avaliação de valor agregado. A ideia é considerar quais as atividades cujo valor está embasado em bits de informação ou átomos de matéria-prima. Pode-se citar a reflexão de Michael Dell, da Dell Computers que revolucionou a indústria de computadores ao abrir o acesso para seus compradores de modo que pela Internet é possível montar qualquer equipamento da Dell com as personalizações definidas virtualmente: "Se você pegar um negócio ruim e colocá-lo *on-line*, ele vai continuar a ser um negócio ruim, só que agora digital."

O maior benefício da empresa ao estruturar o *e-business* é o aumento da produtividade. A Dell tem um giro de estoque dez vezes maior que a média de seus concorrentes. O custo de atendimento a clientes por via eletrônica é mais de dez vezes menor e dá vazão a demandas personalizadas. Graças aos processos virtuais eletrônicos, a General Electric pode implementar a filosofia do *Six Sigma* com um diferencial competitivo central para buscar o encantamento dos clientes através da prestação de serviços de extrema qualidade assegurada.

Competindo em um ambiente de trabalho mutável

Uma tendência que cada vez mais se confirma diz respeito à mudança do conceito de trabalho. Muito embora não constitua mais uma surpresa, a verdade é que somente recentemente as pessoas se deram conta de que o trabalho humano está sendo sistematicamente eliminado do processo de produção.

1. *Redução dos empregos:* Segundo Rifkin,[44] a informática e a tecnologia da informação estão finalmente causando seu impacto. Nesses últimos anos, milhões de postos de trabalho já foram definitivamente eliminados; cargos e categorias inteiras foram reduzidos, reestruturados ou desapareceram.
2. *Remuneração e lazer:* Estamos entrando numa fase da história humana na qual cada vez menos trabalhadores serão necessários para se produzir todos os bens e serviços que a humanidade requer. Emerge daí uma questão central na atualidade: como remunerar pessoas que simplesmente não são necessárias no mercado de trabalho? Muitas oportunidades e ameaças afloram nesse contexto. Se as novas tecnologias vão nos libertar para uma vida de mais lazer, embasada em relacionamentos sociais menos mercenários ou resultarão em desemprego maciço e depressão global dependerá dos novos contratos sociais a serem formulados por governos, entidades e líderes empresariais. Mas é inquestionável que a organização moderna já está vivenciando esse dilema.

Conhecimento: a essência da vantagem competitiva

No século XXI, o conhecimento (informação, inteligência e especialização) será o recurso mais valorizado da organização. O conhecimento está se tornando a moeda mais valorizada no mercado. Por isso, em um contexto como o descrito, a gestão do conhecimento deverá ser altamente incrementada. Pela gestão do conhecimento a organização procura transformar o conhecimento tácito ou explícito de seus profissionais em um de seus ativos intangíveis, como é a sua marca, sua reputação ou seu fundo de comércio.

As cartas estão na mesa. Hoje, ser competitivo passa a ser uma questão metodológica. E só há uma coisa definida no contexto de negócios: a mudança. Em ambientes incertos, como é o ambiente de negócios, a empresa deve buscar elevado desempenho através da renovação estratégica e lutar pela obtenção sistemática de margens acima da média, com flexibilidade para, de um lado, resistir às pressões de acionistas desejosos por resultados imediatos, e, por outro lado, uma grande energia para constantemente reinventar-se buscando novos modos de atuação.

Segundo Senge,[45] a única vantagem competitiva sustentável é a capacidade de aprender mais rápido e melhor do que os concorrentes. E as pessoas são os principais recursos para a execução dos processos de mudança.

BANCO DE IDEIAS

IMPERATIVOS PARA OS NEGÓCIOS[46]

A Accenture indica que as empresas mais bem-sucedidas não se encontram necessariamente sempre no lugar certo e no tempo certo. Pelo contrário, elas atuam agressivamente para aproveitar a vantagem das oportunidades e proteger-se contra os riscos. Em um estudo sobre as tendências críticas e os imperativos que trazem consigo, a Accenture aponta 14 tendências globais, a saber:

1. *O rápido crescimento das multinacionais nos mercados emergentes:* principalmente nos chamados B6: Brasil, Rússia, Índia, China, México e Coreia do Sul.

   Imperativo do negócio 1: preparar-se para competir com empresas que ainda hoje não estão no seu radar.

   Imperativo do negócio 2: escolher opções de novos negócios globais através da formação de parcerias com multinacionais emergentes selecionadas.

2. *Aumento da variedade de opções de alianças* que reduzam custos associados com a distância e encurtem o tempo, reduzam os riscos de concentração e melhorem as comunicações em função das diferenças culturais.

   Imperativo do negócio: desenvolver um modelo de terceirização (*outsourcing*) capaz de aproveitar regiões de baixo custo.

3. *Aumento da demanda por responsabilidade social corporativa* e de práticas éticas.

   Imperativo do negócio 1: pesquisar e preparar para novos consumidores que exijam requisitos de responsabilidade social empresarial.

   Imperativo do negócio 2: juntar iniciativas de responsabilidade social corporativa com seleção e retenção de talentos no topo.

4. *Crescente necessidade de suprimento abundante e seguro de talentos*, de energia e de outros recursos escassos.

   Imperativo do negócio 1: tornar a escassez uma oportunidade.

   Imperativo do negócio 2: implementar iniciativas de abastecimento de talentos para assegurar um suprimento de longo prazo de funcionários qualificados.

5. *Lealdades nacionais:* reduzindo a velocidade do processo de globalização.

   Imperativo do negócio: desenvolver uma abordagem global, não uma cultura corporativa rígida.

6. *Networking social como ferramenta de negócios.*

   Imperativo do negócio: explorar o poder das redes sociais – como o MySpace e o Orkut, por exemplo – para tudo, desde o recrutamento de talentos até a pesquisa e desenvolvimento (P&D).

7. *Incremento da demanda por sustentabilidade.*

   Imperativo do negócio: analisar diferentes abordagens e benefícios de iniciativas ecológicas e maior alerta às pressões ambientais.

8. *Aumento de novas fontes de capital.*

   Imperativo do negócio: compreender como novas fontes e fluxos de capital podem oferecer vantagens e riscos.

9. *Elevada demanda por novas e melhores infraestruturas.*

   Imperativo do negócio: avaliar as propostas para participação na manutenção, melhoria e desenvolvimento da estrutura da empresa.

10. *Melhorias rápidas na entrega de serviços governamentais.*

    Imperativo do serviço público: seguir as melhores práticas do setor privado para proporcionar melhores soluções para os cidadãos como consumidores.

11. *Aumento do consumerismo em mercados emergentes.*

    Imperativo do negócio: capturar o valor do *design*, tanto em produtos como nas experiências.

12. *Melhoria das fontes de informação confiável.*

    Imperativo do negócio 1: transformar sua reputação de confiabilidade em retorno.

    Imperativo do negócio 2: buscar novas aberturas e melhores abordagens à opinião pública.

13. *Liberdade como um legítimo modelo de negócio.*

    Imperativo do negócio: decidir quais as partes do negócio que podem ser oferecidas com lucratividade para a liberdade e as partes dos concorrentes que podem ser oferecidas antes que sua empresa o faça.

14. *O crescimento da África como uma importante fonte de demanda e de suprimento.*

Imperativo do negócio: mapear as oportunidades do novo mercado africano à luz dos movimentos dos concorrentes globais, enquanto olhar para os desafios da infraestrutura e das condições políticas.

Antecipar, compreender e agir sobre as tendências críticas no horizonte futuro é uma característica essencial de um negócio de alto desempenho. Um pé no agora e um pé no amanhã são fundamentais no desempenho das melhores empresas.

CONCLUSÃO

A construção de cenários está longe de ser uma bola de cristal. Não existe uma maneira de simplificar a complexidade do futuro, já que o futuro é o resultado de incontáveis combinações de incertezas.[47] Continuamente, os gestores das organizações enfrentam dilemas pela frente e suas apostas no futuro podem envolver muito risco e dinheiro. Nos dias de hoje, a questão não é simplesmente executar as coisas certas, mas decidir as coisas certas a serem executadas e que venham a ser promissoras no futuro. E o futuro é incerto. Torna-se necessário estabelecer alternativas de cursos futuros de ação que possam mover através de aspectos estratégicos para alargar os horizontes da organização e abrir novas perspectivas. Comprar uma empresa concorrente, construir uma nova fábrica, fazer uma aliança estratégica com um fornecedor ou optar entre uma reforma ou total modernização na TI são decisões que requerem forçosamente uma abordagem de cenários futuros.

Os cenários em si não são bons ou ruins, desejáveis ou indesejáveis. Como na vida real, o cenário pode ser uma mistura maravilhosa ou algo assustador. A partir dos cenários, a organização pode se preparar para eles e tomar decisões que façam futuro e criem seu destino. Algumas decisões que se tomam hoje podem ser boas para quaisquer futuros imaginados. Outras farão sentido somente para um ou outro quadrante. Na medida em que se identificam as implicações para cada cenário pode-se ter alguma confiabilidade para desenvolver os melhores planos. As decisões que fazem sentido somente para um ou outro cenário são perigosas e podem ser armadilhas. O poder dos cenários é permitir que nos preparemos e possamos entender as incertezas e o que elas podem significar. Os cenários ajudam a aprimorar as respostas para os futuros possíveis e focalizar as respostas assim que surgem no horizonte novas possibilidades. Os cenários constituem a bússola para o futuro.

Como dizia Peter Drucker, o maior perigo em tempos turbulentos não é a turbulência, é agir com a lógica de ontem. E esquecer a lógica de amanhã. Assim, torna-se fundamental penetrar na mente dos tomadores de decisões para que eles questionem suas ideias e presunções a respeito da maneira como o mundo de negócios funciona, a fim de que possam reestruturar e reorganizar seus próprios modelos mentais. A construção de cenários ajuda muito. Mas ela deve ser um exercício constante de conscientização e flexibilidade. É preciso examinar continuamente o ambiente, avaliar o impacto potencial de eventos prováveis e assegurar que a organização esteja suficientemente preparada para lidar com eles e se beneficiar deles. Isso faz parte da sustentabilidade no longo prazo.

NOTAS

1. AMARA, Roy & LIPINSKI, Andrew F. Business *Planning for an uncertain future: scenarios and strategies*. New York, Pergamon Press, 1983.

2. GEORGANTZAS, Nicholas C. & ACAR, William. *Scenario-driven planning: learning to manage strategic uncertainty*. Westport, Connecticut: Quorum Books, 1995.

3. HEIJDEN, Kess Van Der. *Scenarios: the art of strategic conversation*. Chichester: John Wiley, 1996.

4. SCHWARTZ, Peter. *A arte da previsão: planejando em um mundo cheio de incertezas*. São Paulo: Página Aberta, 1995.

5. HEIJDEN, Kess Van Der. *Scenarios: the art of strategic conversation*, op. cit.

6. LITTLE, Arthur D. "A ambição move o mundo", em HSM Management. *O melhor do pensamento contemporâneo em gestão empresarial, estratégia e planejamento: autores e conceitos imprescindíveis*. São Paulo: Publifolha/HSM Management, 2002, p. 81-85.

7. Adaptado de LITTLE, Arthur D. "A ambição move o mundo" , op. cit., p. 84.

8. HEIJKEN, Kees Van Der. *Scenarios: the art of strategic conversation*, op. cit., p. 16.

9. BERGER, G. Phénoménologies du Temps et Prospectives, Presse Universitaires de France (1964).

10. KAHN, H., WIENER, A. The Year 2000. New York: Macmillan, 1967.

11. KAHN, H., ops. cit., p. 23.

12. WACK, Pierre. Scenarios, uncharted water ahead. Harvad Business review, novembro-dezembro, 1985, p. 131-142.

13. Segundo relato em Peter Schwartz, A Arte da Previsão – Planejando o Futuro em um Mundo de Incertezas. São Paulo: Editora Página Aberta Ltda, p. 21

14. PORTER, Michael E. "From competitive advantage to corporate strategy." Boston: *Harvard Business School Review*, May/June 1990, p. 79-91.

15. GODET, Michel *Scenarios and strategic management*. London: Butterworths Scientific Ltd., 1987.
Ver também: www.gbn.com/PersonBioDisplayServlet.srv?pi =22835

16. MARCIAL, Elaine Coutinho e COSTA, Alfredo José Lopes. Competitive intelligence versus spying: building a vision of the future. *Anais do BALAS 2002*. Tampa, FL: Business Association of Latin America, 2002.

17. LITTLE, Arthur D. "A ambição move o mundo", in HSM Management. Op. cit., p. 86.

18. Adaptado de ROTH, Sally Aurn (Public Conversations Project, http://publicconversations.org).

19. Ver: http://cepa.newschool.edu/het/profiles/pareto.htm
http://www.economics.unimelb.edu.au/rdixon/pareto.html
http://www.marxists.org/reference/subject/philosophy/works/it/pareto.htm.

20. Ver: www.istf.com.br/vb/gestao-da-seguranca/8670-fator- de-previsibilidade.html.

21. CANTON, James. *The extreme future: the top trends that will reshape the world in the next 20 years*. London: The Plume Book, 2006.

22. PENN, Mark J. & ZALESNE, E. Kinney. *Microtrends: the small forces behind tomorrow's big changes*. New York, Twelve Books, 2007.

23. Segundo relato em SCHWARTZ, P. *A arte da previsão – planejando o futuro em um mundo de incertezas*, op. cit.

24. Segundo relato em SCHWARTZ, P. *A Arte da Previsão. Planejando o futuro em um mundo de incertezas*. op. cit.

25. WELCH, Jack. *Jack: definitivo*. Rio de Janeiro: Campus, 2004.

26. Consultar: http://www.fgspublishing.com/ic-pdf/isainfra/iadd.pdf.

27. KÜBLER-ROSS, Elisabeth. *On death and dying*. New York: Macmillan, 1969.

28. CALVIN, Willian H. *The cerebral symphony*. New York: Bantam Books, 1989, citado em Peter Schwartz, P., *The art of long view*, New York, Doubleday, 1991.

29. CHIAVENATO, Idalberto. *Os novos paradigmas: como as mudanças estão mexendo com as organizações*. São Paulo: Manole, 2008.

30. LUTHANS, Fred. *Organizational behavior*. New York: McGraw-Hill, 2003, p. 13.

31. TAPSCOTT, Don e CASTON, Art. *Paradigm shift: the promise of information technology*. New York: McGraw-Hill, 1993, p. xii.

32. BARKER, Joel A. *Future edge*. New York: Morrow, 1992, p. 32.

33. CHIAVENATO, Idalberto. *Os novos paradigmas: como as mudanças estão mexendo com as empresas*, op. cit., p. 23.

34. MARQUES, Antonio Carlos F. *Deterioração organizacional: como detectar e resolver problemas de deterioração e obsolescência organizacional*. São Paulo: Makron Books, 1994, p. 173-174.

35. SCHWARTZ, P. *A arte da previsão*, op. cit.

36. Ver a técnica Delphi mais adiante, neste capítulo.

37. Adaptado de FERREIRA, M.J. *Estratégia de empresa*. Rio de Janeiro: FGV, 2000, p. 43.

38. Ver na Web: www.iea.usp.br/iea/tematicas/futuro/projeto/delphi.pdf
www.knoow.net/cienceconempr/gestao/metododelphi.htm
www.telefonica.es/sociedaddelainformacion/pdf/informes/brasil_2002/parte4_1.pdf
www.sagres.org.br/biblioteca/delphi.pdf
www.dpp.pt/pages/files/Delphi.pdf
www.antac.org.br/ambienteconstruido/pdf/revista/artigos/Doc120134.pdf
www.clovis.massaud.nom.br/prospec.htm

39. Ver: www.s3studium.it

40. Ver: www.aspeninstitute.org

41. NAISBITT, John. *Megatendências 2000*. São Paulo: Sextante, 1990.
Ver também: NAISBITT, John. *O paradoxo total*. São Paulo: Sextante, 1998.
Ver: www.naisbitt.com

42. TOFFLER, Alvin. *O choque do futuro*. São Paulo: Artenova, 1985.
Ver também: TOFFLER, Alvin. *The third wave*. New York: Bantam Books, 1980.

43. SLYWOTZKY, A., MORRISON, D., MOSER, T., MUNDT, K. and QUELLA, J. "Profit patterns." New York: *Time Business*/Random House, 1999.

44. RIFKIN, Jeremy. *O fim dos empregos*. São Paulo: Makron Books, 1998.

45. SENGE, Peter M. *A quinta disciplina: a arte e a prática da organização que aprende*. São Paulo: Best-Seller, 1998. Ver também: SENGE, Peter M. *A quinta disciplina: caderno de campo*. Rio de Janeiro: Qualitymark, 2000. SENGE, Peter M. *A dança das mudanças: os desafios de manter o crescimento e o sucesso em organizações que aprendem*. Rio de Janeiro: Campus, 1999.

46. CRENNAN, Karen, NUNES, Paul F. & HALFIN, Marcia A."Trends: back do the future", *Outlook Journal*, September 2008.
Ver: www.accenture.com/Global/Research_and_Insights/Outlook/By_Issue/Y2008/BackFuture.htm

47. RINGLAND, G.A. *Scenario planning: managing for the future*. Chichester: John Wiley & Sons, 1998.

PARTE III

Concepção da Estratégia

Compreendendo como as Empresas Buscam Alternativas Estratégicas

Esta terceira parte trata da concepção das políticas que deverão orientar os objetivos, as estratégias e as ações organizacionais dada a necessidade de identificar e projetar da maneira mais rápida possível as oportunidades e ameaças externas e as forças e fragilidades internas, de modo a assegurar a consecução dos compromissos da organização declarados por sua missão, sempre dentro de uma perspectiva de superação.
Esta parte está dividida em dois capítulos, a saber:

O Capítulo 8 *Política de negócios* – é dedicado ao estudo da formulação das políticas, que são as regras ou escopo (*guidelines*) que expressam os limites dentro dos quais as estratégias e ações devem ocorrer. Assim, integram o conteúdo do capítulo a seleção das abordagens estratégicas, a apresentação e entendimento das estratégias genéricas, bem como considerações sobre as principais abordagens estratégicas referentes ao crescimento acelerado, à sustentação e desenvolvimento de mercados e políticas de relacionamento, bem como uma reflexão sobre as políticas de inovação.

O Capítulo 9 *Modelos dinâmicos de concorrência e cooperação* – procura entender a formulação das estratégias no âmbito de ação da empresa junto aos concorrentes, isto é, em meio a disputas de espaço e reconhecimento do mercado. São focos do capítulo os jogos de empresas e sinais de mercado com explicação das estratégias de ataque, defesa e cooperação, bem como a descrição dos movimentos de entrada e saída, movimentos de retaliação e cooperação, finalizando com a aplicação das estratégias para líderes, desafiantes e seguidores.

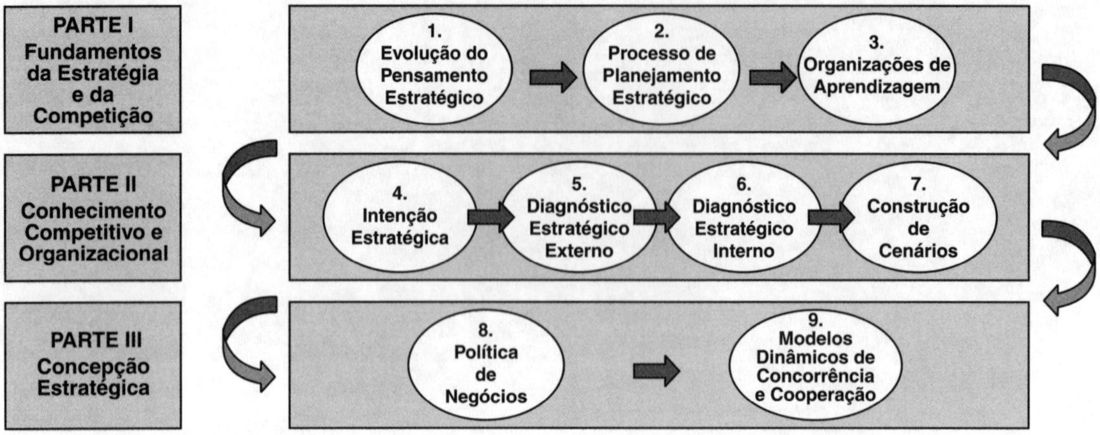

■ **FIGURA III.1** *Conexão entre as Partes I, II e III do livro.*

CAPÍTULO 8

POLÍTICA DE NEGÓCIOS

As opções estratégicas

O que você verá pela frente:

- Fatores críticos de sucesso.
- Processos de tomada de decisão.
- Modelos de apoio à decisão.
- Paradigmas estratégicos.
- Matriz de integração estratégica.
- Políticas de crescimento.
- Políticas de operações.
- Políticas de relacionamento.
- Renovação estrtégica.
- Conclusão.

Objetivos de aprendizado:

- Identificar os fatores críticos de sucesso em um negócio.
- Indicar os modelos de apoio à decisão.
- Definir as políticas de crescimento.
- Detalhar as abordagens estratégicas genéricas.
- Explicitar a política de relacionamento.
- Indicar os meios de reestruturação estratégica.

A partir do diagnóstico estratégico externo e interno, o volume de conhecimento gerado a respeito do ambiente contextual – seja do ambiente transacional ou do ambiente interno da organização – é quase sempre volumoso e complexo. Porém, ao idealizar cenários, com base naquele conhecimento complexo – como visto no capítulo anterior –, será possível fazer uma escolha das variáveis-chave que podem ser gerenciadas e que tenham a capacidade de, efetivamente, assegurar o sucesso da organização diante daqueles cenários. Esses elementos são os chamados fatores críticos de sucesso ou chave de sucesso (FCS ou KSF – *Key Success Factors*, em inglês).

FATORES CRÍTICOS DE SUCESSO

São eles que darão a resposta para superar as ameaças do ambiente, não obstante as fragilidades da organização, do mesmo modo que permitirão maximizar as oportunidades do ambiente associando-as às forças da organização.

A decisão sobre quais serão os fatores críticos de sucesso escolhidos para atuar em cada cenário identificado é de fundamental importância. Quando esses fatores são definidos acertadamente permitem focar a organização nas atividades-chave do seu negócio possibilitando a ela atingir seus objetivos de maneira sustentável. O Quadro 8.1 apresenta uma lista de possíveis fatores-chave de sucesso, geralmente considerados.

BANCO DE IDEIAS

IDENTIFICAÇÃO DOS FATORES CRÍTICOS DE SUCESSO

Para identificar os fatores críticos de sucesso em qualquer negócio deve-se fazer a seguinte pergunta: o que se deve fazer para ser bem-sucedido? Em uma empresa lucrativa, sucesso significa fazer lucro. Os fatores críticos de sucesso dependerão de quais negócios geram lucro. Se o negócio é produzir roupas, os fatores estarão localizados em operações de baixo custo e elevado volume de vendas. Se o negócio é produzir roupas de luxo, os custos não serão tão importantes quanto a alta qualidade dos materiais, da confecção aprimorada e do desenho criativo.

Escolhidos os fatores-críticos de sucesso, o próximo passo no processo de planejamento estratégico é a definição das políticas organizacionais que darão a direção para a atuação competitiva da organização. Trata-se de um conjunto integrado de decisões que deverão alinhar o comportamento da organização.

A verdade é que, para lidar com tal volume de informações e consolidá-las para efeito de escolha das políticas organizacionais, deve-se lançar mão de ferramentas gerenciais chamadas de ferramentas de apoio à decisão. Caso contrário corre-se o risco de perder de vista o todo, o que pode comprometer os resultados esperados das decisões tomadas.

PROCESSO DE TOMADA DE DECISÃO

Algumas vezes é fácil tomar uma boa decisão; há problemas e decisões cuja melhor opção é tão evidente e sobre as quais nem se precisa pensar. Porém, a maioria das decisões em um negócio requer considerar simultaneamente vários fatores inter-relacionados, obrigando a uma escolha daquilo que é crítico e envolvendo uma enorme incerteza e riscos sobre as consequências dos resultados da decisão. A maioria dessas decisões impacta os interesses de pessoas e organizações que serão convocadas para decidir se irão aceitá-las, apoiá-las e cumpri-las ou não.

Mas, como tomar tais decisões tão complexas? A experiência profissional, a intuição e a análise criteriosa são as bases para uma boa tomada de decisão, porém não são suficientes para garantir sua qualidade e adequação. Será necessário escolher algum método de tomada de decisão, principalmente quando as decisões envolverem situações novas, desconhecidas e complexas.

Certamente, alguns métodos são mais eficazes do que outros dependendo da natureza da decisão a ser tomada, porém eles não são excludentes entre si e com frequência combinam várias técnicas.

Tomada de decisões baseada em procedimentos

Pode ser a melhor escolha quando aplicada a problemas que surgem de maneira continuada, reiterada e sistemática. Com o tempo pode-se definir respostas padronizadas e geralmente baseadas em um conjunto de instruções explícitas (lista de verificação ou *check list*). Certamente não é o melhor método quando se está decidindo as políticas organizacionais, mas deve-se considerar esse método na fase de execução de um plano estratégico porque ele torna previsível e uniforme a maneira pela qual uma organização gerencia os problemas comuns recorrentes, e isto, por sua

■ **QUADRO 8.1** *Uma lista de possíveis fatores-críticos de sucesso correspondentes a diferentes variáveis ambientais*

VARIÁVEIS DOS AMBIENTES CONTEXTUAIS E TRANSACIONAIS	FATORES-CHAVE DE SUCESSO
Variáveis demográficas	*Resiliência*: Capacidade organizacional de enfrentar e superar perturbações externas sem que desapareça seu potencial de gerir os desafios. É a resiliência que determina o grau de defesa ou vulnerabilidade do sistema às pressões ambientais externas. *Stewardship*: Gestão ética e responsável do negócio durante todo o seu ciclo, desde a criação, operação e mesmo após sua extinção. Visa minimizar os riscos potenciais para os públicos envolvidos, procurando maximizar seus benefícios duradouros.
Variáveis econômicas	*Qualidade da gestão financeira*: Excelência na gestão dos recursos financeiros da organização de modo a suportar adequadamente, as práticas de controle, previsão, gestão dos riscos, estratégias e processos da organização. *Rentabilidade e lucratividade*: Rentabilidade é o resultado da relação do retorno sobre o investimento realizado na organização. Lucratividade é o resultado da relação do valor do lucro com o montante de vendas ou outro indicador de atividade. Corresponde, genericamente, à capacidade da organização de obter receitas a mais do que as despesas necessárias para gerar as receitas.
Fatores político-legais	*Ética nos negócios*: Corresponde ao comportamento da organização quando ela respeita e age em conformidade às leis, aos princípios morais e às regras do bem proceder aceitas pela coletividade. Quando bem implementados, os valores éticos tendem a especificar a maneira como a organização administrará os negócios e consolidará as relações com fornecedores, clientes e outros públicos de interesse. *Liderança setorial*: Capacidade e poder de antecipar, vislumbrar, flexibilizar, orientar, padronizar práticas de um setor, criando as condições de mudança estratégica sempre que necessário.
Variáveis tecnológicas	*Criatividade*: Processo pelo qual, diante de problemas, deficiências, lacunas ou rupturas no conhecimento, identificam-se as dificuldades, buscam-se soluções, testando e retestando possibilidades de modo autônomo, original e, às vezes, surpreendente. *Pesquisa e desenvolvimento*: Refere-se às atividades de longo prazo e/ou orientadas ao futuro, relacionadas à ciência ou tecnologia, usando técnicas similares ao método científico sem que haja resultados predeterminados mas com expectativas de aplicações de valor. *Produtividade*: Representa a quantidade de bens ou serviços produzidos pela organização em relação aos recursos utilizados no processo produtivo. As organizações que usam menos recursos para produzir uma quantidade específica de produtos são mais produtivas do que aquelas que precisam de mais recursos para produzir ao mesmo nível.
Variáveis de recursos naturais	*Acesso a recursos naturais*: Significa as quantidades potenciais dos recursos acessíveis pela organização, como energia, matéria-prima, água. Muitas organizações definem objetivos estratégicos que indicam quantidades relativas de cada um desses recursos que devem ser disponibilizados. *Responsabilidade socioambiental*: Processo contínuo e progressivo de envolvimento e responsabilidade sobre questões sociais e ambientais relacionadas a todos os públicos com os quais a organização interage de modo a proteger e melhorar o bem-estar da sociedade e do ambiente à medida que procura atender seus próprios interesses
Variáveis socioculturais	*Cultura organizacional:* Conjunto complexo de ideologias, símbolos, idiossincrasias, valores e práticas compartilhadas por toda a organização e que influencia como os negócios e processos são conduzidos. *Reputação e imagem*: Conjunto de crenças sobre características de uma organização que se expressa através de um sentimento ou atitude favorável, promovendo a confiança nela.
Forças competitivas	*Posicionamento competitivo*: Representa a posição de uma organização e onde ela se encontra em relação a seus concorrentes. Um dos objetivos organizacionais deve indicar a posição que a organização está tentando alcançar em relação aos seus concorrentes. *Desenvolvimento organizacional*: Significa a qualidade do desempenho dos processos de administração por suas pessoas, considerando seus sentimentos em relação ao trabalho e à organização.

vez, aumenta a coerência e o foco da organização. Também permite que várias pessoas se beneficiem do melhor conhecimento disponível sem ter de repetir os erros de outros que enfrentaram o mesmo problema no passado.

O melhor exemplo de aplicação desse método corresponde às decisões tomadas por um piloto de avião em seu *cockpit,* quando ele faz uso de um conjunto de reflexos condicionados para reconhecer diferentes tipos de problemas e reagir adequadamente e de maneira previsível, inclusive sob as condições mais excepcionais.

Tomada de decisão baseada em experiências

Quando o problema enfrentado é diferente ou complexo torna-se difícil saber qual procedimento utilizar ou se algum procedimento é aplicável. Melhor será confiar na experiência própria para reconhecer as semelhanças do problema enfrentado agora com outros vivenciados anteriormente. Essa abordagem de tomada de decisões tem maior possibilidade de êxito quando quem toma as decisões tem uma ampla gama de experiências relevantes e não há muito tempo para decidir. Em geral, o tomador de decisões com mais experiência no tipo de problema enfrentado certamente tomará as melhores decisões.

JANELA CONCEITUAL

EXPERIÊNCIA COMO BASE DA DECISÃO

Experiência corresponde à soma daquilo que um indivíduo tem aprendido ao tratar de problemas e ao tomar decisões no decurso de sua vida e sua carreira. Desse ponto de vista, a experiência cai dentro de uma das seguintes categorias:

1. **Lembranças de fatos reais.**
2. **Métodos práticos, critérios e intuições que representam as lições aprendidas na vivência desses acontecimentos.**

Muitas vezes, a pessoa não sabe exatamente por que percebe de uma determinada maneira uma dada situação, embora confie como manejá-la. Com frequência esse sentimento é entendido como intuição, tino ou instinto.

Em geral, há uma forte correlação entre experiência e habilidade. Por exemplo, a habilidade de um piloto tem relação com sua experiência medida em horas de voo. A confiabilidade depositada em um cirurgião em uma cirurgia está diretamente relacionada ao número de procedimentos similares já realizados.

Muitos profissionais confiam em suas experiências e intuição durante o processo de planejamento estratégico, porém a experiência nem sempre será a melhor conselheira ao se tomar uma decisão, pois:

1. Talvez as experiências passadas não sejam aplicáveis à decisão atual. Aquilo que no início pode parecer um problema habitual talvez seja bastante diferente de qualquer outro anterior.
2. A experiência pode ser uma fonte de autoestima e autoridade. Muitas vezes, para não ceder essa autoridade, o tomador de decisão não reconhece que uma decisão é completamente nova numa determinada situação.
3. O mundo dos negócios está mudando velozmente e nem sempre a experiência passada tem algo a ver com situações novas. Custa aceitar que algumas experiências tenham perdido sua validade devido às constantes mudanças que são a regra no mundo de hoje.
4. As lembranças das experiências passadas podem não ser precisas. Muitos dos fatos que são lembrados com mais clareza não aconteceram da maneira como são recordados, fazendo com que as conclusões tiradas com base naquelas experiências possam ser equivocadas.

A experiência é uma das bases mais importantes para a tomada de boas decisões desde que o tomador de decisão esteja consciente de suas limitações pessoais e seja humilde para reconhecer que ninguém pode escapar das fraquezas humanas.

INFORMAÇÃO PRIVILEGIADA

DECISÕES INTUITIVAS

Sempre existe uma solução para todo e qualquer problema. Agora, se você é daqueles que se conformam e acolhe para si mesmo o velho ditado "o que não tem remédio, remediado está", então a sua causa já está perdida. Mas se, ao contrário, você acredita no futuro e está disposto a lutar, estabelecendo uma ou várias metas na vida, pode contar com o estranho poder da serendipidade.

Serendipidade é a capacidade de fazer descobertas ou ter boas ideias por acaso ou por sagacidade. Muitas vezes, os acasos são muito mais agradáveis e proporcionam mais felicidade do que as metas previstas. Mas é preciso estar preparado para não deixar escapar as oportunidades. As grandes chances podem vir do inesperado. As oportunidades não avisam quando vão chegar.

A palavra corresponde ao aportuguesamento da palavra em inglês *serendipity*, de origem árabe – *Sarandib*, que era o nome ancestral do Ceilão, hoje Sri Lanka – mais o sufixo *ity*, e foi criada por Horace Walpole em 1754 a partir do conto de fadas *Os três príncipes de Serendip*, cujos heróis sempre faziam descobertas por acaso. Os três príncipes saíram do reino de seus pais para enfrentar o desconhecido, sem destino, mas com a preocupação de entender os homens e ajudá-los.

Malcolm Gladwell[1] afirma que, para desenvolver a capacidade de descobrir coisas por sagacidade, basta prestar atenção a preciosos "dois segundos" e tomar boas decisões. Em dois segundos, a psique humana produz *flashes* rapidíssimos que alertam sobre um perigo, indicam uma saída para um impasse profissional, dão pistas de como contornar uma briga amorosa. São segundos da mais legítima intuição que, para os já treinados, ajudam a encontrar soluções. Segundo Gladwell, as impressões intuitivas podem ser mais valiosas que as decisões amadurecidas ao longo de meses de pesquisa.

Para o psicanalista Carl Jung (1875-1961),[2] a intuição é uma das quatro maneiras que o ser humano usa para entender a realidade. As outras são sensação, pensamento e sentimento. Segundo Jung, o ser intuitivo utiliza a psique para discernir sobre fatos e pessoas e pode ser caracterizado por:

- Observar holisticamente.
- Confiar nos pressentimentos.
- Ser consciente do futuro.
- Ser imaginativo e visionário.

Chamada de sexto sentido, a intuição é um atributo inerente a todas as pessoas. Não é mais feminina que masculina, embora se cultive a ideia de que as mulheres sejam mais intuitivas que os homens.

Segundo Steven D. Levitt e Stephen J. Dubner, autores de *Freaknomics: o lado oculto e inesperado de tudo que nos afeta*,[3] três fatores estimulam a intuição:

1. Abordar temas normalmente não-abordados, estabelecendo relações dificilmente imaginadas entre assuntos diferentes e buscando explicações também incomuns para identificar a causa de uma série de problemas.
2. Fazer as perguntas certas sobre algo que se pretende descobrir, mas que sejam completamente fora dos padrões da sabedoria convencional.
3. Partir de uma visão de mundo extremamente realista, baseada nas seguintes premissas:
   - Os incentivos são a pedra de toque da vida moderna.
   - A sabedoria convencional em geral está equivocada.
   - Causas distantes e até mesmo sutis podem, muitas vezes, provocar efeitos drásticos.
   - Os "especialistas" – dos criminologistas aos corretores de imóveis – usam suas informações privilegiadas em benefício próprio.
   - Saber o que medir e como medir faz o mundo parecer muito menos complicado.

É com a combinação de todos esses elementos – alguns dos quais já enfatizados por gênios do passado, como Adam Smith (1723-1790)[4] ou do presente, como Gary Becker,[5] que Levitt e Dubner chegam a conclusões surpreendentes e, não raras vezes, relacionáveis a respeito de temas aparentemente tão distantes, como redução da criminalidade e legalização do aborto, trapaças envolvendo professores de ensino médio nos Estados Unidos ou lutadores de sumô no Japão.

Tomada de decisão baseada em análise ou Analítica (*Analytics*)

Agora, como se faz para tomar decisões sobre problemas complexos, desconhecidos e sem um padrão definido a seguir? Nesses casos será necessária a análise cuidadosa do problema e das opções de ação, passando pelas seguintes etapas:

- Definição do problema.
- Seleção dos aspectos mais importantes do problema.
- Identificação das alternativas para resolver o problema.
- Identificação das consequências de cada alternativa.
- Avaliação dos riscos e incertezas que acarretam essas consequências.
- Identificação das alternativas mais adequadas, dentro dos recursos disponíveis.

A tomada de decisões baseada em análise é utilizada quando já se tem informação suficiente para gerar alternativas de ação e que requer critérios para definir o que é verdadeiro ou falso, ou o que é relevante ou não. A referida análise não corresponde somente a uma análise quantitativa, embora os números sejam frequentemente muito convenientes. A tomada de decisões analítica é, no fundo, uma forma de pensamento crítico que é aplicável a todo tipo de problemas, sejam quantitativos e qualitativos, profissionais e pessoais, baseada na Analítica (*analytics* em inglês).

JANELA CONCEITUAL

ANALÍTICA (*ANALYTICS*)

Analítica é o nome dado à ciência da análise que, embasada num conjunto de tecnologias, metodologias e pro-

cessos, e trabalhando extensivamente com dados, análises estatísticas quantitativas, modelos explanatórios e preditivos, procuram compreender o desempenho de eventos e fatos da realidade, impulsionando as decisões e ações humanas ou organizacionais.

Para Davemport e Harris,[6] cada organização acumula uma incrível quantidade de dados sobre processos, resultados alcançados, clientes, concorrentes etc. Esses dados devem ser devidamente processados, estruturados (categorização) e sistematizados (*data mining*) através de uma modelagem descritiva adequada para que os tomadores de decisão possam buscar aspectos qualitativos a partir dos dados quantitativos envolvidos no processo. Isso permite reduzir a incerteza como mostrada na Figura 8.1. As aplicações mais comuns são análises estatísticas para descobrir padrões históricos no sentido de predizer e melhorar o desempenho dos negócios no futuro. No contexto das organizações o termo "analytics" pode denotar o uso da matemática nos negócios ou de pesquisa operacional, estatísticas e probabilidade, o que limita sua utilização, principalmente quando aplicada na melhoria da qualidade ou como plataforma para análise do passado ou para previsões futuras. Nesses casos, a analítica preditiva, uma aplicação particular do "analytics", produz bons resultados.[7]

Contudo, a tomada de decisões baseada na análise apresenta algumas desvantagens, a saber:

1. O processo requer tempo para levantar, colher, organizar, avaliar e interpretar a informação. Portanto, quando é necessário tomar uma decisão muito rapidamente, a abordagem baseada na análise formal pode não ser apropriada.
2. A tomada de decisões baseada na análise exige que se disponha das informações-chave. Mas, como muitas vezes não se dispõe daquelas informações críticas, a decisão necessariamente será cercada de muitas incertezas.
3. Muitas vezes, o uso inflexível da tomada de decisões baseada na análise pode produzir resultados excessivamente acadêmicos e pouco práticos. Outras vezes, as decisões se tornam tão técnicas que ficam incompreensíveis para aqueles que devem apoiá-las ou executá-las. Como resultado, é comum que a tomada de decisões baseada na fria análise pode afastar-se do senso comum das experiências acumuladas, intuição e critérios utilizados.
4. A tomada de decisões baseada na análise não é indicada quando a decisão inclui critérios de juízo de valor, morais ou éticos, pois ela não responde por que uma organização deve crescer, mas direciona para a melhor maneira de crescer.

Pelo exposto pode-se concluir que a escolha das decisões sobre as políticas organizacionais exige abordagens criativas que contemplem tanto a experiência como a intuição, mas a análise tem o seu papel, principalmente em um contexto de negócios absolutamente dinâmico, complexo e mutável. De um lado, a experiência e a intuição ajudam no reconhecimento de pa-

■ **FIGURA 8.1** *Inteligência de Negócios e Analítica.*[8]

drões e estruturas e oferecem saídas inesperadas, e por isso de grande valor, enquanto a análise propicia elementos básicos para administrar problemas complexos sistematicamente de forma gradual, explicitando e examinando cada passo e permitindo o exame e a revisão de cada passo por todos os envolvidos no processo decisório, diminuindo as chances de se errar. A escolha da abordagem pertence ao tomador de decisão. O Quadro 8.2 resume as principais características das três abordagens na tomada de decisão apresentada.

MODELOS DE APOIO À DECISÃO

Há vários modelos de apoio à decisão que podem ser utilizados. Entre eles estão a matriz SWOT, a matriz da McKinsey, a matriz BCG e a análise setorial de Porter (já estudada no Capítulo 5), que se destacam pela abrangência na aplicação e por constituírem práticas bastante aceitas e utilizadas, no processo estratégico, como apoio na formulação das políticas organizacionais.

Matriz SWOT

A matriz SWOT (acrônimo *Strengths* = forças; *Weaknesses* = fragilidades; *Opportunities* = oportunidades; *Threats* = ameaças) foi desenvolvida como uma metodologia capaz de abordar tanto o ambiente externo como o ambiente interno da organização em termos de oportunidades e ameaças exógenas e de forças e fragilidades endógenas. (Ver no Capítulo 1 a cronologia associada à crição da Matriz SWOT.)

Tarapanoff[9] mostra que o conceito proposto pela matriz SWOT tem mais de três mil anos, ao citar um conselho de Sun Tzu em que ele dizia: "Concentre-se nos pontos fortes, reconheça as fraquezas, agarre as oportunidades e proteja-se contra as ameaças."[10]

A base de aplicação da matriz SWOT é o cruzamento do que sejam as oportunidades e as ameaças externas à intenção estratégica da organização, levando em conta sua missão, visão, valores e objetivos organizacionais, conforme discutido no Capítulo 4, com as forças (pontos fortes) e fragilidades (pontos para melhoria) dessa organização.

Em uma primeira etapa listam-se as oportunidades e ameaças presentes no ambiente externo, com as forças e fragilidades mapeadas no ambiente interno da organização, conforme exemplo genérico apresentado no Quadro 8.3.

Uma vez listados esses itens ou quaisquer outros que sejam relevantes para análise, pode-se interpretar a inter-relação de forças e fragilidades e de oportunidades e ameaças. Esse cruzamento forma as quatro células da matriz SWOT e para cada célula haverá uma indicação do rumo a tomar, conforme a Figura 8.2.

As quatro áreas servem como indicadores da situação, a saber:

1. Quadrante 1 (superior esquerdo): sugere políticas de ações ofensivas, ou seja, o uso de forças e competências da organização para aproveitar as oportunidades identificadas.
2. Quadrante 4 (inferior direito): revela a fraqueza da organização para lidar com as ameaças, indi-

■ **QUADRO 8.2** *Quadro comparativo das abordagens na tomada de decisão*

ABORDAGEM	APLICAÇÃO	CRITÉRIO	PREMISSAS	VANTAGENS	DESVANTAGENS
Baseada em procedimentos	Problemas conhecidos padronizados	Instruções programadas	Treinamento	Previsibilidade Uniformidade Acessibilidade	Impraticável para problemas complexos, não-padronizados
Baseada em experiência	Problemas conhecidos não-sistemáticos	Experiência Intuição	Sensibilidade	Rapidez e segurança na tomada de decisão	Confiança exagerada
Baseada em análise	Problemas desconhecidos sem padrão	Processo analítico	Atitude investigativa	Solução estruturada passível de compartilhamento	Necessidade de informações-chave. Risco de soluções pouco práticas

cando uma fase de crise ou declínio, sugerindo políticas para desinvestimento ou blindagem.

3. Quadrante 2 (superior direito): revela que as fragilidades da organização impedem ou dificultam o aproveitamento das oportunidades ambiente. Sugerem políticas defensivas ou manutenção do *status quo*.
4. Quadrante 3 (inferior esquerdo): indica que as forças da organização devem criar barreiras às ameaças do ambiente externo, através das políticas de segmentação.

A matriz SWOT proporciona uma análise estratégica que permite perceber como a organização pode lidar com tendências, oportunidades, coações e ameaças provenientes do ambiente externo.

Na prática, as organizações lidam simultaneamente com todas as situações mapeadas pela matriz SWOT. Cabe aos planejadores elaborar e gerenciar as políticas mais apropriadas para cada situação, procurando fazer com que os fatores-chave de sucesso estejam contemplados nas políticas. A dificuldade na preparação da matriz SWOT é que, muitas vezes, o reconhecimento do que sejam ameaças ou oportunidades não é um processo simples, levando a mal-entendidos ou análises pobres ou equivocadas. Quando se trata de analisar as forças e fraquezas da organização, do mesmo modo, há uma grande margem para equívocos ou omissões, principalmente porque, paradoxalmente, os planejadores têm dificuldade para se autorreconhecer e autoavaliar de maneira objetiva e imparcial. Nesses casos, é importante que as organizações desenvolvam a matriz SWOT com o acompanhamento de facilitadores profissionais externos familiarizados com a mecânica e as armadilhas da ferramenta, mas a salvo de eventuais análises míopes e livres das amarras dos paradigmas de quem já é do setor.

OLHAR LATINO

EXEMPLO DE MATRIZ SWOT

O resultado prático de um exercício de matriz SWOT realizado por uma empresa do setor de exploração de matéria-prima, quando procurava estabelecer as políticas que direcionariam, em 2005, suas atividades globais, é mostrado no Quadro 8.4.[11]

Matriz multifatorial ou matriz de portfólio da GE

É um modelo de apoio à decisão aplicado pela primeira vez pela consultoria McKinsey para analisar os desafios estratégicos da GE (General Electric) nos anos 1960 e 1970.[12] Para montar a matriz multifatorial é preciso avaliar os negócios da organização, que, conforme seu nível competitivo e sua dimensão, podem constituir unidades estratégicas de negócios (UEN). Os melhores negócios são aqueles nos quais a atratividade setorial é alta e a organização tem forte presença competitiva.

A matriz multifatorial parte do portfólio ou carteiras de negócios da organização e considera duas dimensões básicas na análise estratégica: de um lado, a atratividade setorial, e, de outro, a capacidade competitiva potencial da organização.

■ **QUADRO 8.3** *O jogo das forças, fragilidades, oportunidades e ameaças*

CRITÉRIOS DE AVALIAÇÃO DO MODELO SWOT			
Forças	**Fragilidades**	**Oportunidades**	**Ameaças**
Competências básicas em áreas-chave. Recursos financeiros adequados. Liderança e imagem de mercado. Acesso a economias de escala. Curva de experiência em P&D.	Falta de foco no negócio. Instalações obsoletas. Ausência de competências básicas. Problemas operacionais internos. Confiabilidade dos dados, planos e previsões. Sucessão na liderança.	Mudança de hábitos do consumidor. Surgimento de novos mercados. Diversificação. Queda de barreiras comerciais.	Mudanças de hábitos do consumidor. Entrada de novos concorrentes. Aumento das vendas de produtos substitutos. Mudanças na regulamentação. Novas tecnologias, serviços, ideias. Crise na economia.

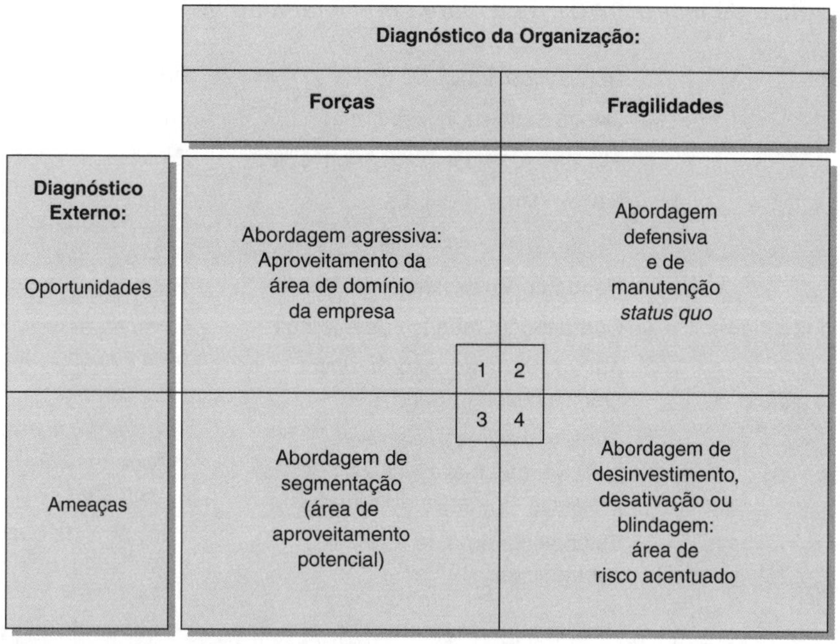

■ **FIGURA 8.2** *As quatro zonas na matriz SWOT.*

1. *Atratividade setorial:* É avaliada pelo diagnóstico estratégico externo, descrito no Capítulo 5, e representado por indicadores que envolvem critérios como tamanho do setor, crescimento do setor, intensidades da concorrência, número de concorrentes no mercado, grau de desenvolvimento industrial, fraqueza dos concorrentes no mercado, sazonalidade, estrutura de custos do setor, caráter cíclico do setor, lucratividade histórica do setor, oportunidades e restrições ambientais específicas do setor, tamanho do setor, legislação trabalhista do setor e grau de inovação. A atratividade setorial pode ser avaliada como alta, média ou baixa.
2. *Capacidade competitiva potencial:* É avaliada pelo diagnóstico estratégico interno, descrito no Capítulo 6, e representado por indicadores que envolvem critérios como participação de mercado, sólida posição financeira, posição de negociação e barganha, alto nível de tecnologia utilizada, lucratividade, custo operacional, desempenho da pesquisa e desenvolvimento de processos, qualidade de produtos, talento dos gestores e dos funcionários, crescimento da participação de mercado, capacidade operacional, *know-how* e reputação da marca. A *capacidade competitiva potencial* pode ser avaliada como alta, média ou baixa.

Os negócios situados nos blocos localizados ao longo da diagonal da esquerda inferior até a direita superior são negócios de meia-força e que devem receber investimentos somente seletivos. Os negócios acima e à esquerda da diagonal são os mais fortes e é onde a organização deve investir e ajudar a crescer. Os negócios nos blocos abaixo e à direita da diagonal são os mais baixos em força geral e candidatos ao desinvestimento. Quanto maior a atratividade do mercado e a potencialidade do negócio, tanto melhor o negócio da organização. Quanto menor a atratividade do mercado e a potencialidade do negócio, tanto pior o negócio da organização, conforme a Figura 8.3.

PASSEIO VIRTUAL

COMO A GE APROVEITOU A MATRIZ MULTIFATORIAL[13]

No início de 2001, a carteira de negócios da GE consistia em mais de 250 divisões de negócios agrupadas em 10 categorias:

1. Motores para aviões.
2. Aparelhos eletrodomésticos.
3. GE Equity: subsidiária da GE Capital.
4. Sistemas industriais.
5. Iluminação.
6. Sistemas médicos para tecnologia de diagnósticos médicos por imagem.
7. NBC: cadeia de TV.
8. Plásticos.
9. Power Systems.
10. Financiamento de bens de raiz.

■ **QUADRO 8.4** *Exercício de matriz SWOT para a área de mineração de não-ferrosos da Vale*

	Pontos Fortes Capacidade de investimento Atuação global e multi*commodities* Marca Vale	**Pontos para melhorias** Falta de experiência internacional Processo de decisão centralizado e falta de autonomia Baixo intercâmbio tecnológico
Oportunidades Países com alta fertilidade, baixa maturidade, alto risco Acesso à tecnologia exploratória de ponta Alto preço das *commodities* minerais	**Políticas Agressivas** Contratação imediata de talentos Agilização na adoção de novas técnicas exploratórias Aumentar agressividade na identificação e avaliação de novas províncias minerais do mundo Estabelecimento de alianças estratégicas	**Políticas Defensivas** Compra de pacotes tecnológicos para solução de problemas específicos Tirar vantagens temporárias da autonomia administrativa das subsidiárias Programa de *business intelligence*
Ameaças Legislação ambiental Concorrência Baixa qualidade da mão de obra Ciclo de baixa das *commodities*	**Políticas de Segmentação** Usar as subsidiárias como mecanismo de absorção dos benefícios locais Investir no capital humano Usar a imagem Vale como empresa ambientalmente responsável	**Políticas de Blindagem** Transferência de recursos de áreas muito restritivas Priorização de projetos que utilizem tecnologias de uso público Busca por melhores práticas Esforço deliberado para atuar em equipe

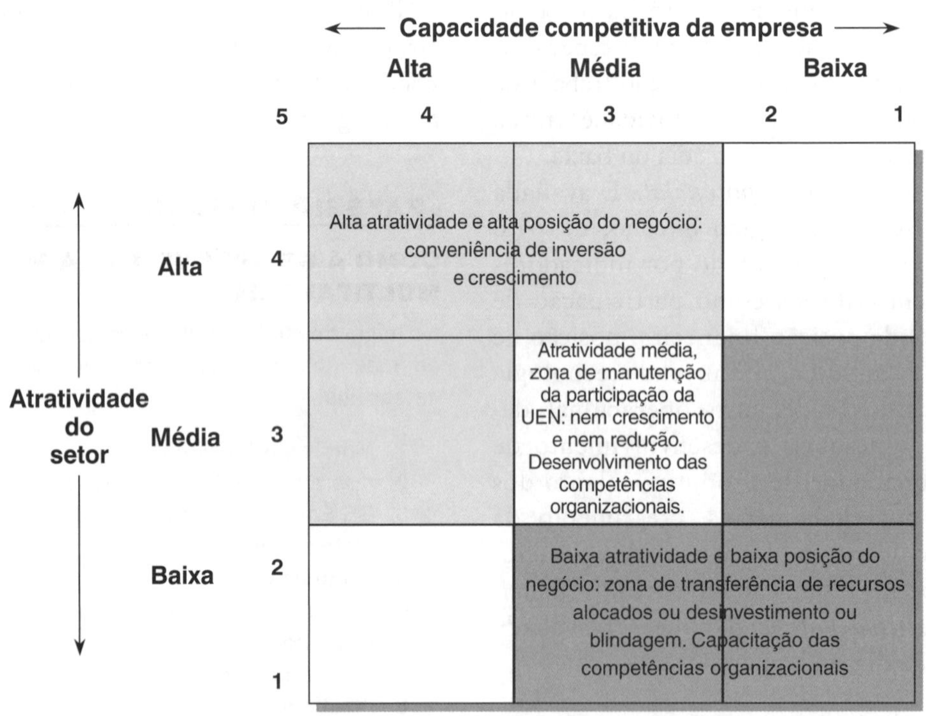

■ **FIGURA 8.3** *A matriz multifatorial da GE.*

A General Electric passou a ser reconhecida como uma das empresas mais bem administradas no mundo. Cada unidade de negócios da GE é classificada em uma das cinco categorias:

1. *Negócios com alto potencial de desenvolvimento:* merecem a principal prioridade de investimento pela sua elevada potencialidade de resultados.
2. *Negócios com base estável*: requerem reinvestimento constante para manter sua posição no mercado.
3. *Negócios de apoio*: justificam investimentos de financiamento periódico.
4. *Negócios de redução ou rejuvenescimento seletivo*: merecem fundos reduzidos de investimento para sua continuidade no mercado.
5. *Negócios de risco*: requerem um forte investimento em pesquisa e desenvolvimento para poderem se manter no mercado (P&D).

Para chegar a tanto, seu ex-presidente Jack Welch havia orquestrado uma série de iniciativas internas para estimular de maneira espetacular a produtividade em todos os negócios da companhia, reduzir a burocracia e criar uma organização "sem fronteiras", onde novas ideias, tecnologia, experiência e outras formas de capital intelectual pudessem transferir-se de um negócio da GE para outro.

Os programas para administrar rentavelmente a carteira global de negócios diversificada da GE foram:

1. Ênfase em ser uma organização de aprendizagem sem fronteiras.
2. Instituição do programa de qualidade *Six Sigma* em todas as divisões de negócios.
3. Ênfase nas "sessões de soluções" em que gerentes e funcionários se reuniam durante todo o tempo necessário para concentrar-se em um problema ou oportunidade.
4. Esforço dos gerentes e funcionários em combater a burocracia.
5. Conversão em uma empresa de Internet e incremento do comércio eletrônico.
6. Formar uma equipe de gerentes com talento, liderança e capacitação em decisões como verdadeiros ganhadores.

Uma alternativa para tratar a matriz de portfólio é incluir círculos de diferentes tamanhos para representar as diferentes linhas de negócios da organização. O tamanho de cada círculo indica a parcela proporcional de participação do respectivo negócio ou UEN entre os negócios totais da organização. Em cada círculo se anota a parcela de mercado proporcional (*market share*) do respectivo negócio ou UEN. As abordagens para as políticas específicas de cada negócio são representadas por letras (como I = investir, S = selecionar ou D = desinvestir) em cada círculo distribuído pela matriz, tal como na Figura 8.4.

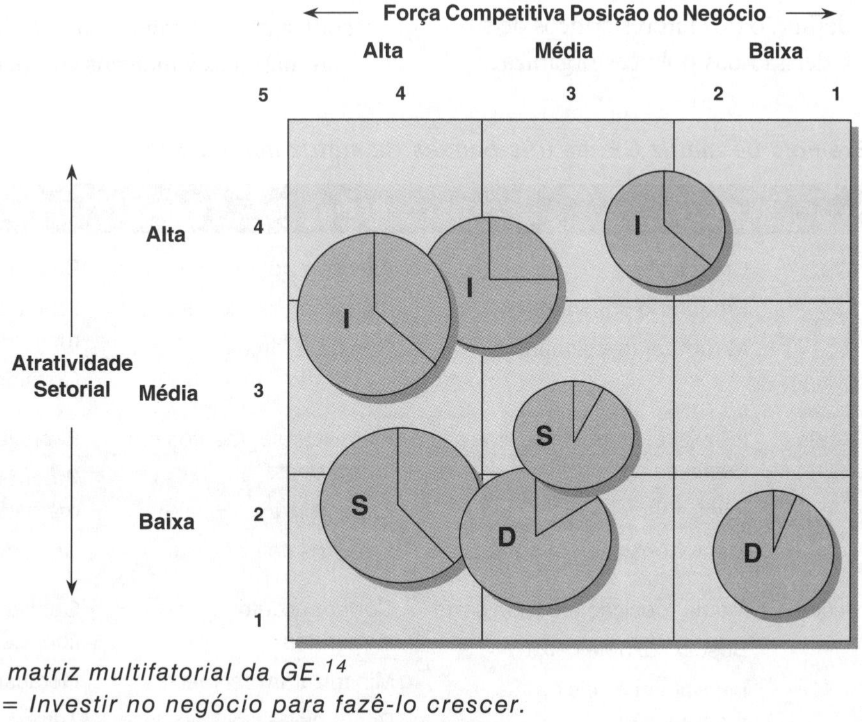

■ **FIGURA 8.4** *A matriz multifatorial da GE.*[14]
I = Investir no negócio para fazê-lo crescer.
S = Selecionar os investimentos no negócio.
D = Desinvestir, desativar ou blindar o negócio.

O Quadro 8.5 mostra, através de exemplos, as recomendações propostas como resultado da análise da matriz multifatorial. Assim, para cada unidade de negócio plotada em uma determinada célula, são indicadas estratégias alinhadas com as políticas que foram sugeridas na Figura 8.4.

Modelo de análise setorial de Porter

O modelo de análise setorial de Porter indica as forças primárias que determinam a competitividade dentro de um setor e ilustra como as forças estão relacionadas entre si, como estudado no Capítulo 5. Para desenvolver estratégias organizacionais eficazes, a organização precisa compreender e reagir a essas forças avaliando o seu nível de competitividade em seu setor.

O modelo proposto por Porter permite melhorar a visão periférica do negócio e analisar com mais profundidade a situação competitiva no setor.

Assim a organização pode desenvolver políticas e estratégias mais eficazes e efetivas.

Para Porter, existem três estratégias genéricas para tornar uma empresa mais competitiva: a diferenciação, a liderança de custo e a focalização, como será estudado adiante neste capítulo.[15]

PARADIGMAS ESTRATÉGICOS

Na apresentação do processo de tomada de decisão, com o propósito de definição dos fatores críticos de sucesso associando-os à decisão das políticas organizacionais, dois conjuntos de variáveis determinam os contornos que as estratégias a serem elaboradas tomarão: o conjunto de fatores externos que moldam as configurações da organização setorial e o conjunto de fatores internos que moldam a configuração de recursos, capacidades e habilidades organizacionais.

Disso resultam dois modelos de concepção das estratégias organizacionais: o Modelo Estruturalista de Organização Setorial e o Modelo Reconstrutivista de Recursos Organizacionais.

1. *Modelo estruturalista de organização setorial* (*I/O Model – Industrial Organization Model*). Entre as décadas de 1960 e 1980 acreditou-se que a mais forte influência sobre as estratégias de uma organização vinha dos fatores setoriais externos. Esse modelo sugere um fluxo causal entre estrutura setorial e de mercado, capacidade competitiva das organizações e desempenho de uma organização tomada isoladamente. A estrutura setorial e de mercado é o resultado de como as condições de oferta e de demanda influenciam o comportamento estratégico das organizações atuantes no setor, o qual, por sua vez, determina o desempenho setorial. O paradigma proposto pelo modelo estruturalista de organização setorial (ou de determinismo ambiental) conduz ao raciocínio estratégico baseado na concorrência. Sendo a estrutura setorial e a de mercado dadas, as empresas devem buscar uma posição defensável contra a concorrência, o que significa buscar atuar com base nas vantagens competitivas sustentáveis.

▪ **QUADRO 8.5** *Exemplo de matriz GE: as três bandas da matriz multifatorial*

		FORTE	MÉDIA	FRACA
Atratividade setorial	Alta	Crescer Procurar o domínio Maximizar investimentos	Avaliar o potencial Identificar fraquezas Construir forças	Buscar especialização Procurar nichos de mercado Considerar aquisições
	Média	Identificar segmentos em crescimento Investir firme Manter posição em outra parte	Identificar segmentos em crescimento Especializar Investir seletivamente	Especializar Procurar nichos de mercado Considerar saídas
	Baixa	Manter posição em toda parte Buscar fluxo de caixa Investir em níveis de manutenção	Cortar produtos supérfluos Minimizar investimentos Renunciar à posição de mercado	Confiar na diplomacia do líder de mercado Geração de caixa Tempo de saída e renúncia de posição

Mais adiante neste capítulo, e também no próximo, será explicado em detalhes como esse paradigma influencia as estratégias organizacionais, a partir da teoria apresentada por Michael Porter,[16] na qual a atuação de uma empresa ao longo de seu canal de valor é vista como um jogo de soma zero, em que os ganhos de uma empresa decorrem de perdas de outra empresa.

Esse raciocínio sobre estratégia leva à consideração de que há setores atrativos e não-atrativos em termos competitivos para a geração de margens e evolução sustentável. Uma vez que a margem total do setor é determinada exogenamente por fatores estruturais do setor, a organização deve posicionar-se competitivamente de um modo que lhe permita garantir vantagens competitivas e maior poder de barganha ou poder de influência ao longo do canal de valor do setor.

2. *Modelo reconstrutivista de recursos organizacionais* (ou *Resource-Based Model*). Esse modelo se baseia no paradigma de que toda organização é um conjunto único de recursos, capacidades e habilidades, e que esse conjunto, quando aplicado, cria as condições para um crescimento endógeno potencial influenciando primariamente as estratégias da organização.

De acordo com o modelo reconsrutivista, a estrutura setorial de mercado influencia a mente e as crenças dos planejadores. Para eles, há sempre uma grande demanda potencial ainda inexplorada. O ponto crucial do problema é como converter a demanda potencial em demanda real. Isso exige que se desloque a atenção do lado da oferta para o lado da demanda, do foco na concorrência para o foco na criação de valor. Com esse novo foco, a competição se dá além das atuais situações estabelecidas ao longo do canal de valor.

Com base no modelo reconstrutivista, não há setor atraente ou não-atraente em si, pois o grau da atratividade setorial pode ser alterado por meio da aplicação das competências centrais de uma organização,[17] conforme visto no Capítulo 4.

MATRIZ DE INTEGRAÇÃO ESTRATÉGICA

No Quadro 8.6 oferecemos uma matriz de integração estratégica, que consolida os dois modelos ao propor políticas organizacionais e estratégias gerais considerando os cruzamentos dos fatores externos e internos à organização.

Na Matriz de Integração Estratégica encontra-se do lado estruturalista, quatro abordagens: agressiva, defensiva, de segmentação e desinvestimento ou blindagem. Do lado reconstrutivista, pode-se encontrar

Matriz Chiavenato/Sapiro de Integração Estratégica	Modelo Reconstrutivista de Recursos Organizacionais *(Resource-Based Organization)*			
Modelo Estruturalista de Organização Setorial *(I/O Model – Industrial Organization Model)*	Abordagem	Políticas de Crescimento (a partir da aplicação de recursos organizacionais)	Políticas de Operação (a partir do desenvolvimento das capacidades organizacionais)	Políticas de Relacionamento (a partir da capacitação das habilidades organizacionais)
	Agressiva	Liderança de Custo Diversificação	Liderança Tecnológica Diferenciação	Inovação
	Segmentação	Internacionalização Interiorização	Terceirização *Outsourcing*	Enfoque
	Defensiva	Verticalização	Seguidora	Alianças
	Desinvestimento ou Blindagem	*Status quo*	Complementar	Reestruturação Venda

■ **QUADRO 8.6** *Matriz Chiavenato/Sapiro de integração estratégica.*

políticas de crescimento, de operação e de relacionamento. É o que se detalhará na sequência.

POLÍTICAS DE CRESCIMENTO

Quando a organização dispõe de recursos para lidar com as diferentes situações do ambiente de negócios, ela deve definir políticas de crescimento embasadas nesses recursos.

Há seis políticas organizacionais de crescimento: liderança de custo, diversificação, internacionalização, interiorização, verticalização, *status quo*.

Liderança de custo total

Uma das três estratégias genéricas de Porter,[18] a liderança de custo total é a política que se tornou comum nos anos 1970 devido à popularização dos conceitos de curva de experiência e economia de escala. Consiste em atingir a liderança de custo total em um setor através de um conjunto de políticas funcionais orientadas para esse objetivo básico. A lógica é a de que, produzindo produtos mais baratos que os concorrentes, a empresa pode oferecer aos seus clientes produtos a menor preço que os concorrentes e aumentar sua participação de mercado. Suas características são:

1. A liderança no custo exige a construção agressiva de instalações em escala eficiente e redução de custo pela experiência.
2. Busca a minimização do custo em áreas como pesquisa e desenvolvimento, assistência, força de vendas, propaganda etc.
3. A atenção administrativa ao controle dos custos é necessária para atingir essas metas. Custo baixo em relação aos concorrentes torna-se o tema central de toda a estratégia, embora qualidade e assistência em outras áreas não possam ser ignoradas.
4. Atingir uma posição de custo total baixo quase sempre exige alta parcela de mercado relativa ou outras posições vantajosas, como acesso favorável às matérias-primas.
5. Pode exigir também o projeto de produto, para simplificar a fabricação, a manutenção de uma vasta linha de produtos relacionados, para diluir os custos e o atendimento de todos os outros principais grupos de clientes de modo a expandir o volume.
6. A política de baixo custo pode exigir investimentos pesados de capital em equipamento atualizado, fixação agressiva de preço e prejuízos iniciais para consolidar a parcela de mercado. Uma parcela grande de mercado permite economias na compra, o que reduz ainda mais os custos e proporciona margens altas que podem ser reinvestidas em novo equipamento, em instalações mais modernas, de modo a manter a liderança de custo. Esse reinvestimento pode ser um requisito para sustentar uma posição de custo baixo.

Diversificação

Organizações admiradas no mundo todo, como a General Electric e outras, não são apenas maiores que qualquer outro empreendimento existente até hoje. Elas sabem combinar tipos diferentes de negócio sobre uma única propriedade. A Revolução Industrial no Ocidente foi realizada em grande parte por empresas isoladas que concentravam seu empreendimento e inovação em apenas uma esfera de operações. Somente no século XX, e a partir da década de 1950, é que surgiu o conglomerado altamente diversificado.

Por volta da década de 1990, a maioria esmagadora das grandes corporações nas economias avançadas já era diversificada. A tendência à diversificação reflete a construção do império gerencial, facultada pela facilidade peculiar de fusões e aquisições nos mercados financeiros. A diversificação é um desenvolvimento lógico que garante o uso racional e eficiente dos recursos, propiciando economias de escala. Na verdade, ela é o resultado de decisões estratégicas racionais. Na prática, o que leva à diversificação é o compartilhamento da confiança na economia de custo.

Em outras palavras, a diversificação não é nem boa nem ruim. A explicação para a diversificação se deve ao impulso dado por fatores sociais e institucionais peculiares, sobretudo o desenvolvimento de mercados de capital, em que montar e desmontar grandes operações eram tarefas fáceis e rápidas de ganhar dinheiro. As origens dos grandes conglomerados se devem também aos consultores e bancos de investimento, que se ocupam e ganham com as negociações. A Figura 8.5 mostra as opções estratégicas para uma empresa diversificada.

BANCO DE IDEIAS

ANÁLISE ESTRATÉGICA EM EMPRESAS DIVERSIFICADAS[20]

A estratégia corporativa surge de maneira paulatina na medida em que se desenvolvem os acontecimentos internos e externos. Ela é o resultado de sondar o futuro, experi-

Opções Estratégicas (para uma empresa já diversificada)

Realizar novas aquisições ou estabelecer associações estratégicas adicionais:
- Para criar posições em novas indústrias
- Para fortalecer a posição das UENs em indústrias nas quais a organização tem interesse

Vender alguns negócios da empresa já existentes:
- Para reduzir a base de negócios e o alcance das operações da empresa
- Para eliminar negócios débeis da carteira
- Para eliminar negócios que já não encaixam

Reestruturar a carteira de negócios da empresa:
- Através da venda de UENs com desempenho deficiente
- Através do uso do capital proveniente dos desinvestimentos sem utilizá-lo em novas aquisições

Transformar-se de uma empresa multinacional em múltiplas indústrias:
- Para triunfar em negócios globalmente competitivos
- Para colher benefícios da convergência estratégica e adquirir vantagem competitiva através da diversificação

■ **FIGURA 8.5** *Opções estratégicas para uma organização já diversificada.*[19]

mentar, detectar problemas, criar consciência das várias opções, vislumbrar novas oportunidades, obter consensos e adquirir sensibilidade. A análise estratégica envolve:

1. Identificar com clareza a estratégia atual.
2. Avaliar no longo prazo o atrativo da indústria em que a empresa se diversificou.
3. Avaliar as forças competitivas relativas de cada uma das unidades de negócios da empresa.
4. Localizar as relações da cadeia de valor e coincidência estratégica entre negócios.
5. Determinar se as forças de recursos da empresa são compatíveis com as necessidades de recursos de seu atual grupo de negócios.

Opções Estratégicas (para uma empresa que pretende diversificar-se)

Diversificar em negócios relacionados:
- Criar valor para os acionistas captando as coincidências estratégicas entre negócios:
  - Transferir habilidades e competências de um negócio para o outro.
  - Compartilhar instalações ou recursos para reduzir custos.
  - Fazer uso eficaz de uma marca comum
  - Combinar recursos para criar novas forças e competências distintivas

Diversificar em negócios não relacionados:
- Dividir o risco entre diversos negócios.
- Criar valor para os acionistas com a seleção de negócios e com a administração de todo o grupo de negócios da carteira da empresa

Diversificar tanto em negócios relacionados como em negócios não relacionados:
- Para juntar todas as vantagens competitivas acima

■ **FIGURA 8.6** *Opções estratégicas para uma empresa que pretende diversificar-se.*[21]

6. Classificar as diferentes unidades de negócios com base no desempenho passado e as perspectivas de futuro.
7. Decidir as prioridades de alocação de recursos e se o rumo geral estratégico de cada unidade de negócio deve ser a expansão dinâmica, fortificar e defender, reestruturar e reposicionar ou colher ou desinvestir.
8. Usar a análise anterior para definir uma série de medidas que melhorem o desempenho corporativo geral, tais como: realizar novas aquisições, novos negócios, novas alianças estratégicas, vender negócios marginais ou que não se ajustem à estratégia da empresa, fortalecer posições competitivas, aproveitar coincidências estratégicas ou de recursos e convertê-las em vantagem competitiva ou ainda transferir recursos de áreas que oferecem pouca oportunidade para outras áreas com muitas oportunidades. A Figura 8.6 mostra as opções estratégicas para uma empresa que pretende diversificar-se.

Internacionalização

A internacionalização representa a entrada da organização em mercados estrangeiros e reflete a mesma lógica da diversificação. Significa uma ampliação de mercados e a busca de novas oportunidades de colocar seus produtos e serviços no sentido de aproveitar a globalização e suas características. É uma trajetória de diversificação de mercados. A integração de atividades serve para maximizar a eficiência e, nesse sentido, a estratégia internacional busca manter vantagens de custo. Às vezes, a eficiência deve ser sacrificada para manter a capacidade de retaliação. Na política de internacionalização, pode ser um erro fatal supor que todos os concorrentes estejam lutando em um campo de jogo uniforme. Cada país tem sua cultura própria, além da língua e do fuso horário. Mas certamente a internacionalização representa uma excelente alternativa para expandir mercados.

Interiorização

É uma estratégia de utilizar projetos e ações no sentido de buscar a interiorização das operações da organização para atender às peculiaridades de várias regiões mais distantes. Em um país de enormes dimensões territoriais, algumas organizações buscam o desenvolvimento e a aplicação de seus recursos e competências em áreas gradativamente mais amplas e distantes.

Verticalização

É uma política de negócios que conduz a organização a fazer tudo ou quase tudo o que precisa para operar. Foi uma abordagem que predominou no início do século passado, quando as grandes empresas produziam tudo o que necessitavam em seus produtos finais. Na época, as organizações tinham a preocupação de manter absoluto controle sobre matérias-primas ou componentes utilizados em suas operações de produção. Através dessa estratégia era possível dominar as tecnologias de processo, de produtos e de negócios, mantendo segredos industriais. Acontece que a variedade de grande número de atividades realizadas internamente trouxe como consequência problemas como o aumento do tamanho da empresa e o foco em atividades não relacionadas diretamente com o negócio principal. Daí a perda de eficiência e o aumento do custo de produção.

A verticalização pode ser feita através de aquisições, fusões e envolvimento de cadeias de suprimentos.

A verticalização oferece várias vantagens, a saber:

- Permite maior autonomia da organização.
- Proporciona independência de terceiros e fornecedores.
- Favorece maiores lucros.
- Proporciona maior domínio sobre a tecnologia própria.

Por outro lado, a verticalização tem suas desvantagens, como:

- Exige maior investimento em termos de recursos e competências.
- Reduz a flexibilidade da organização pela perda de foco em função da sua abrangência.
- Impõe aumento da estrutura organizacional.

Manutenção do *status quo*

Não é bem uma estratégia de crescimento, mas apenas de blindagem. É uma estratégia de manutenção da situação atual, ou até desinvestimento, eminentemente defensiva. Envolve o aumento da eficiência na utilização dos recursos e competências para assegurar o domínio atual, proteger seu mercado e manter a clientela. Devido ao alto grau de passividade em relação aos concorrentes, essa estratégia em geral conduz à retirada do negócio, ou seja, a organização sai da competição por falta de uma estratégia mais ofensiva diante dos concorrentes.

POLÍTICAS DE OPERAÇÕES

Quando a organização dispõe de uma grande capacidade gerencial ou tecnológica para lidar com as diferentes situações do ambiente de negócios, ela deve definir políticas de operações embasadas nessa capacidade.

Há cinco políticas organizacionais de operações: liderança tecnológica, diferenciação, terceirização /*outsourcing*, seguimento, complementação.

Diferenciação

A segunda estratégia genérica de Porter[22] é diferenciar o produto ou o serviço oferecido pela organização criando algo que seja considerado único no âmbito do setor. As estratégias para essa diferenciação podem assumir muitas formas, projeto ou imagem da marca, tecnologia, peculiaridades, especialidades, serviços sob encomenda, rede de fornecedores ou outras dimensões. Suas características são:

1. A organização se diferencia ao longo de várias dimensões. Deve ser ressaltado que a política de diferenciação não permite à organização ignorar os custos, mas eles não são alvo estratégico primário.
2. A diferenciação pode, às vezes, tornar impossível a obtenção de uma alta parcela de mercado.
3. Requer um sentimento de exclusividade, que é incompatível com a alta parcela de mercado. Muito comum é atingir a diferenciação através do chamado *trade off* (escolha entre opções excludentes) com a posição de custo, se as atividades necessárias para criá-las são inerentemente dispendiosas, como pesquisa extensiva, projeto do produto, materiais de alta qualidade e o apoio intenso ao consumidor.
4. Mesmo que os consumidores do âmbito do setor reconheçam a superioridade da organização, nem todos os clientes estarão dispostos ou terão condições de pagar os altos preços requeridos. Em outros negócios, a diferenciação pode não ser incompatível com custos relativamente baixos e com preços comparáveis aos da concorrência.

Terceirização/*Outsourcing*

É uma estratégia de transferir para terceiros o máximo possível de atividades e processos que compõem o produto final ou serviços oferecidos pela organização.

Pode ser chamada também de horizontalização. Recebe o nome de *outsourcing* (do inglês *out* = fora e *sourcing* = fonte) pelo fato de utilizar recursos e competências externos para a realização de atividades tradicionalmente realizadas através de recursos e competências internos. Em geral, a palavra terceirização envolve fontes externas localizadas no próprio país, enquanto *outsourcing* se refere a fontes externas localizadas fora do país.

Na verdade, as atividades não-essenciais – que não fazem parte do *core* da organização – é que normalmente são terceirizadas e transferidas para outras organizações que sabem fazê-las melhor e mais barato. Isso reduz a necessidade de recursos e de ativos fixos da organização e transforma o *outsourcing* em custos variáveis. Os processos fundamentais, todavia, em geral não são terceirizados porque fazem parte do *core business*, e por questões de detenção tecnológica, qualidade e responsabilidade final do produto/serviço. Isso permite à organização concentrar-se naquilo que sabe fazer bem.

Dentre as vantagens da terceirização estão:

- Acesso a diferentes recursos e competências.
- Maior visibilidade e redução de custos operacionais.
- Foco nas competências essenciais do negócio.
- Flexibilidade para determinar o volume de produção.
- Obter engenharia simultânea, isto é, *know-how* dos fornecedores.
- Transferência do risco para terceiros.

Contudo, suas desvantagens apontam para:

- Falta de controle tecnológico sobre os fornecedores.
- Os resultados podem não corresponder ao esperado.
- Transfere lucros para os fornecedores.
- Os custos podem ficar além do previsto.
- Dependência de terceiros pouco compromissados com o negócio.
- Em sua fase inicial, desinveste em recursos e demite funcionários.

Seguimento

Trata-se de uma política defensiva. A organização segue, imita e copia as organizações líderes no mercado. Quando uma organização se torna imitadora, ela sinaliza ao mercado que é uma seguidora e não uma líder ou inovadora. Imitar a estratégia de um concorrente significa que a organização está emulando ações, processos, produtos e competências de um concorrente ou grupo de concorrentes. Quando uma organização escolhe essa política, ela o faz pelas seguintes razões:

1. Pode não ter capacidade para inovar, mas tem capacidade de copiar.

2. Acredita que pode superar o desempenho do concorrente e ganhar vantagem competitiva em custo, serviço, velocidade ou qualidade.
3. Pode se contentar com alcançar paridade com a concorrência.
4. Pretende assumir poucos riscos.
5. Essa escolha pode ser mais conveniente ou adequada.
6. Desejo de ficar à sombra dos outros.

Uma das melhores maneiras de alcançar a imitação é através do *benchmarking* para importar as melhores práticas e processos do mercado. Contudo, a imitação oferece pouca diferenciação e pouca vantagem competitiva em relação aos concorrentes. No máximo, ao imitar um *benchmarking*, a empresa pode alcançar paridade com os concorrentes. Mas, se o concorrente é ágil e inovador, essa paridade é passageira. Em contrapartida, os custos de imitação são relativamente pequenos.

As vantagens da imitação são:

1. Se outras empresas já o tentaram, a política é viável e comprovada.
2. A maior parte dos investimentos alheios em desenvolvimento e experimentação faz com que a imitação seja mais barata para a organização.
3. A imitação pode ser acompanhada de pequenos custos de investimentos se comparada com os investimentos de riscos e de esforços na inovação, vantagem através da inovação nos processos e na excelência operacional.

CLIPPING COMPETITIVO

IMITAÇÃO

A imitação é uma política comum nos setores de serviços financeiros, consultoria organizacional e contábil, em serviços de restaurantes e supermercados. A clássica concorrência entre Coca-Cola e Pepsi-Cola, entre os fabricantes de bebidas exemplifica essa escolha.

Complementação

É uma política de operação e defensiva. A organização procura complementar os produtos/serviços das empresas líderes do mercado com produtos/serviços complementares ou acessórios. O iPod e o iPhone da Apple provocaram o surgimento de uma enorme quantidade de produtos complementares no mercado. Quando uma organização escolhe essa política, ela sinaliza que deseja uma coexistência pacífica com os principais concorrentes. Muitas vezes, a organização pode aumentar, estender e complementar as competências essenciais, processos, mercados e produtos das líderes no mercado. Quando uma organização escolhe a complementação como política, ela o faz pelas seguintes razões:

1. Deseja coexistir com as líderes no mercado.
2. Não pretende desafiar diretamente, concorrer ou mover-se contra as competências essenciais, produtos, clientes e mercados das empresas líderes.
3. Oferece produtos e serviços que são complementares e que adicionam valor às empresas líderes.
4. Deseja uma função em uma variedade de posições, incluindo trabalhar na frente ou atrás das líderes.
5. Segue geralmente as iniciativas e movimentos das líderes e oferece retaguarda para as necessidades dos clientes não atendidas pelas empresas líderes.

CLIPPING COMPETITIVO

COMPLEMENTAÇÃO

Essa forma de competição estratégica entre as organizações acontece nos negócios de *high-tech* e *softwares*, no setor de produtos para atletismo (sapatos, tênis e equipamentos) e nos mercados automotivos e de motos. Políticas de complementação também incluem a terceirização (*outsourcing*) seletiva ou completa de funções, como desenho de produtos, TI, expedição, gestão de inventários e atendimento ao cliente.

POLÍTICAS DE RELACIONAMENTO

Quando a organização dispõe de capacitação para lidar com as diferentes situações do ambiente de negócios, ela deve definir políticas de relacionamento com base nessas capacitações centradas no desempenho de seu pessoal.

Um relacionamento claro é constituído a partir de uma série contínua de interações colaborativas. Isso ocorre ao longo do tempo, e a relação desenvolve um contexto do qual os integrantes – organização e cliente – participam através de interações sucessivas. Cada relação é diferente e inerentemente singular. Só recentemente a política de relacionamento tornou-se prática e acessível em grande escala devido à redução dos custos dos recursos da TI.

A tecnologia de banco de dados – como o CRM (*Customer Relationship Management*) – permite que a organização acompanhe de perto seus clientes de forma individual. A política de relacionamento produz impactos também para a manutenção de relacionamentos e a construção de parcerias com revendedores, fornecedores e outros públicos de interesse. A cada interação surge nova personalização: cada vez que a empresa e cliente investem na relação, a organização é capaz de adequar os seus produtos e serviços um pouco melhor às necessidades daquele cliente. Na realidade, o relacionamento torna-se mais e mais inteligente, satisfazendo cada vez mais as necessidades de cada cliente em particular. O que acontece é, na verdade, uma relação de aprendizado.

Antes de determinar a amplitude correta para os esforços na implementação da política de relacionamento precisa-se entender o raciocínio para tomar a iniciativa e os componentes básicos da política que está fundamentada na ideia de estabelecer relações e aprendizado com cada cliente, fornecedor, revendedor ou qualquer outro público de interesse. O relacionamento de aprendizagem fica mais inteligente a partir de cada interação. O cliente informa alguma necessidade e a organização personaliza ou customiza seu produto ou serviço para atender aquele cliente. Cada interação e modificação melhoram sua habilidade de colocar o produto para aquele cliente em particular. Mesmo se um concorrente oferecer o mesmo tipo de customização e interação, o cliente não conseguirá apreciar o mesmo nível de conveniência, a menos que possa ensinar ao seu concorrente as lições que sua empresa já aprendeu.

Há cinco políticas organizacionais de relacionamento: inovação, enfoque, alianças, reestruturação e venda.

Inovação

A inovação deveria estar no coração de toda estratégia. Nessa concepção, a inovação efetiva vem da busca das necessidades do mercado, no intuito de atendê-las com ofertas adequadas de produtos e serviços.

Uma organização de inovação deve examinar constantemente os horizontes em busca de novas oportunidades para satisfazer os clientes. Para inovar com sucesso, a organização precisa conquistar clientes e satisfazê-los. A pesquisa e desenvolvimento (P&D) deve ser integrada aos esforços do marketing e subordinada a ele. Hoje em dia, o velho ideal do cientista isolado em uma torre de marfim, aguardando pela inspiração, é um anacronismo. Por outro lado, a satisfação das necessidades do cliente se torna incompleta quando se reduz a inovação para focar a clássica preocupação com a maximização do lucro.

INFORMAÇÃO PRIVILEGIADA

INOVAÇÃO I

Existem duas linhas filosóficas para entender a função da inovação para as organizações. Schumpeter avalia, tanto quanto Karl Marx, que o lucro e o controle são os subprodutos das políticas de inovação. A abordagem da tradição clássica de Schumpeter aponta para o papel da inovação na supressão da concorrência e no domínio dos clientes na medida em que maximiza a lucratividade. O lucro vem do domínio dos clientes e não da submissão a eles. Por outro lado, a abordagem marxista enfatiza que as novas tecnologias aumentam o controle gerencial e reduzem o custo da mão de obra.

Assim como os empreendedores que ganham poder, a inovação ou a simples ameaça dela pode ser usada por aqueles que se incunbem de derrotar os desafiadores em potencial. Esse foi o papel do famoso fator "*fud*" da IBM (*fair* = medo, *uncertainty* = incerteza e *doubt* = dúvida), infundido entre os clientes, com mudanças graduais na série dominante de computadores de grande porte durante a década de 1970. A técnica tem sido refinada pelos atuais gigantes do setor de computadores com o desenvolvimento do chamado *vaporware*: promessas de novos produtos que nunca chegam, mas que são suficientes para passar a concorrência para trás.

INFORMAÇÃO PRIVILEGIADA

INOVAÇÃO II

Novamente a inovação pode consistir menos em melhorar a concorrência e mais em evitá-la. Enquanto a abordagem de Schumpeter enfatiza o controle de mercados, a abordagem marxista enfoca o controle da mão de obra. De acordo com Marx, o desafio dos primeiros capitalistas foi romper o controle dos trabalhadores artesãos sobre a produção tradicional. Organizados em guildas secretas, esses trabalhadores eram capazes de controlar o ritmo, a organização e a qualidade de seu trabalho, imunes à intervenção de fora do capitalista; seu controle se baseava tanto no conhecimento exclusivo dos processos necessários quanto na posse das ferramentas de produção.

Para Marx, o ponto-chave das tecnologias capitalistas a partir da Revolução Industrial foi seu poder de suplantar as habilidades exclusivas e as tradicionais ferramentas dos velhos artesãos. Durante o século XX, novas tecnologias foram introduzidas para desqualificar grupos poderosos de trabalhadores. As ferramentas operatrizes controladas numericamente foram desenvolvidas com o apoio da força aérea norte-americana para reduzir o poder dos operários sindicalizados de afetar a produção da Boeing e da General Electric durante a Guerra

Fria. Os controles numéricos complexos e as sequências de máquinas passaram a ser projetados e guardados em fitas arquivadas nos escritórios de projetos das organizações, em vez de deixadas nas mentes de operários qualificados nas oficinas.

Enfoque ou nicho

Segundo Porter,[23] a política de enfoque ou de nicho é a terceira estratégia genérica e consiste em focar um determinado grupo comprador, um segmento da linha de produtos ou um mercado geográfico. Embora as políticas de liderança de custo e diferenciação tenham o intuito de atingir seus objetivos no âmbito de todo o setor, a política de enfoque visa atender a um alvo determinado, o nicho.

As características do enfoque ou nicho são:

1. A política de enfoque assume a premissa de que a organização é capaz de atender seu alvo estratégico estreito de maneira mais efetiva ou eficiente do que os concorrentes que não estão competindo de maneira ampla. Assim, a empresa atinge a diferenciação por satisfazer melhor as necessidades de seu alvo particular ou por custos mais baixos na obtenção desse alvo, ou ambos. Mesmo que a política de enfoque não atinja baixo custo ou diferenciação do ponto de vista do mercado como um todo, ela realmente atinge uma ou outra posição em relação ao seu estreito alvo estratégico.
2. A política de nicho de mercado ou a concentração em um setor limitado do mercado total é interessante para empresas de pequeno e médio porte que operam em mercados dominados por grandes empresas. Ela é bastante adequada para situações em que existem dentro do mercado total bolsões definidos e rentáveis, mas mal atendidos e nas quais a empresa dispõe de uma vantagem diferencial real para atender essse bolsão ou pode criar essa vantagem.
3. Uma característica do explorador bem-sucedido de nichos é a sua capacidade de segmentar o mercado de forma criativa, buscando identificar nichos novos e potenciais, mas ainda não detectados pelos concorrentes principais.
4. A essência da política de nichos consiste em enfocar sua atividade nos alvos selecionados e não permitir que a empresa corra às cegas apenas atrás de mais um cliente. Desenvolver uma política de nicho exige disciplina para concentrar o esforço nos alvos escolhidos.

Alianças estratégicas

É uma política de relacionamento e cooperação. Nos dias de hoje, nenhuma organização consegue possuir e manter atualizadas todas as competências necessárias para o sucesso nos negócios. A complexidade está se tornando tão elevada que as organizações estão buscando na atividade conjunta a solução para envolver uma variedade enorme de competências distintivas. Por essa razão, a estratégia focada em parcerias ou alianças estratégicas está se tornando bastante comum na atualidade. Cada organização envolvida na aliança contribui com suas competências e, no conjunto, a aliança se torna muito mais do que uma soma de atividades conjuntas.

A colaboração ocorre quando duas ou mais organizações trabalham juntas para um específico propósito ou projeto. A colaboração é complexa e envolve confiança e coordenação entre todas as partes envolvidas para ser bem-sucedida. Quando uma organização escolhe essa política, ela se apresenta como um parceiro ou um membro da equipe por um período específico de tempo, para um projeto específico e geralmente com responsabilidades também específicas.

As razões pelas quais essa política é escolhida são:

1. Ela é confiável quando assume co-participação e responsabilidade pelo sucesso ou falha do negócio.
2. Ela dedica recursos e competências necessárias para assegurar o sucesso do esforço colaborativo.
3. Proporciona valor agregado e aspectos básicos para a *expertise* e serviços que complementam ou recolocam os da outra parte.
4. Pode desempenhar processos complexos e alcançar os desejados retornos com maior precisão, baixo custo e alto valor relativamente à outra parte.
5. Sinaliza como deseja assumir todos os riscos ou parte deles, em um aspecto particular ou porção de um processo ou função.

Tal como a política complementar, a política de alianças colaborativas pode incluir *outsourcing* e envolver várias formas de colaboração, como ocorre nos setores de entretenimento (cinema e música), automotivo e de aviação.

As alianças ou parcerias podem oferecer as seguintes vantagens:

1. Envolvimento de parceiros relevantes e que agreguem valor para o negócio.

2. Flexibilidade no trabalho conjunto.
3. Relacionamento de longo prazo.
4. Objetivos conjuntos e claros.
5. Franqueza e confiança recíprocas.

INFORMAÇÃO PRIVILEGIADA

O PARADIGMA EXCLUDENTE DE MICHAEL PORTER

Nos anos 1980, Porter apresentou as três estratégias genéricas internamente consistentes e que podem ser usadas isoladamente ou de forma combinada para criar uma posição defensável no longo prazo e superar os concorrentes em um setor como explicado neste capítulo. A noção que fundamenta o conceito de estratégias genéricas é que a vantagem competitiva está no âmago de qualquer política, e para obtê-la é preciso que a organização faça uma escolha sobre o tipo de vantagem competitiva que procura obter e sobre o escopo dentro do qual irá alcançá-la.

Há dois tipos básicos de vantagem competitiva:

1. A atratividade setorial em termos de rentabilidade no longo prazo e definição de outros fatores que determinam essa atratividade.
2. O posicionamento competitivo dentro de um setor.

Combinando com o escopo de atividades para as quais a organização procura obter suas vantagens competitivas, chega-se a três estratégias genéricas para alcançar o desempenho acima da média em um setor: liderança em custo, diferenciação e enfoque – tal como descrito nas páginas anteriores. A estratégia de enfoque tem duas variantes: enfoque no custo e enfoque na diferenciação. Enquanto as estratégias de liderança no custo e de diferenciação buscam a vantagem competitiva em um limite amplo de segmentos, a estratégia de enfoque visa a uma vantagem de custo ou diferenciação num segmento estreito.

Algumas vezes, a organização pode seguir com sucesso mais de uma abordagem como seu alvo primário, embora isso seja raramente possível, como será discutido a seguir. A prática de uma dessas estratégias genéricas exige comprometimento total e mecanismo organizacionais de apoio, que serão diluídos se existir mais de um alvo primário. As estratégias genéricas são métodos para superar os concorrentes, e as organizações podem obter altos retornos. Em alguns setores, a estratégia genérica pode ser necessária apenas para obter retornos somente aceitáveis.

A implementação e execução bem-sucedida das estratégicas genéricas exige diferentes recursos e habilidades. As estratégias genéricas implicam arranjos organizacionais diferentes, procedimentos de controle e sistemas criativos. Consequentemente, o compromisso contínuo com uma das estratégias como alvo primário é necessário para que o sucesso venha a ser atingido. As estratégicas genéricas podem também requerer estilos diferentes de liderança e traduzir-se em atmosferas e culturas bastante diferentes nas organizações. Assim, tipos diferentes de pessoas serão atraídos conforme a política adotada.

O meio-termo: as três estratégias genéricas são métodos alternativos viáveis para lidar com as forças competitivas. Mas, se a organização fracassar em desenvolver uma estratégia em pelo menos uma das três dimensões, ficará no meio-termo, em uma situação estratégica extremamente pobre. A essa organização faltará parcela de mercado e investimento de capital. A organização que se fixou no meio-termo deve se satisfazer com uma baixa rentabilidade ou perde os clientes de grandes volumes que exigem preços baixos, ou ainda deve renunciar a seus lucros para colocar seu negócio fora do alcance das empresas de baixo custo. Entretanto, ela também perde negócio com altas margens, a nata para as organizações que enfocaram metas de altas margens ou que atingiram um padrão de diferenciação global. A organização no meio-termo provavelmente também sofre de uma cultura empresarial indefinida e de um conjunto conflitante de arranjos organizacionais e sistemas de motivação.

Riscos das estratégias genéricas: em geral, os riscos de seguir as estratégias genéricas são dois. Primeiro, falhar em manter ou sustentar a estratégia. Segundo, que o valor das vantagens estratégicas proporcionadas por ela seja desgastado com a evolução do setor. Especificamente, os riscos das estratégicas genéricas são:

1. *Riscos da liderança no custo total:* A liderança no custo impõe severos encargos para a organização preservar sua posição, o que significa reinvestimento em equipamento moderno, desfazer-se sem pena dos artigos obsoletos, evitar a proliferação na linha de produtos, estar alerta para o aperfeiçoamento tecnológico. A liderança de custo é vulnerável ao embasar-se na escala ou experiência com barreira de entrada. Alguns desses riscos são: mudança tecnológica que anula investimento ou aprendizado anterior; aprendizado de baixo custo por novas empresas, ciência e indústria; seguidores por meio de imitação ou de sua capacidade de investir em instalações modernas; incapacidade de ver a mudança necessária no produto ou no seu marketing, em virtude da atenção colocada no custo, inflação e custos, que estreitam a capacidade da organização, mantendo diferencial de preço suficiente para compensar a imagem da marca do produto em relação ao preço dos concorrentes ou outras formas de diferenciação.
2. *Riscos da diferenciação:* A diferenciação pode acarretar uma série de riscos. O diferencial de cus-

to entre os concorrentes de baixo custo e a empresa diferenciada torna-se muito grande para conseguir manter a lealdade de marca. A necessidade dos compradores em relação ao fator de diferenciação diminui à medida que os compradores se tornam mais sofisticados. A imitação reduz a diferenciação percebida, uma ocorrência comum quando o setor amadurece.

3. *Riscos do enfoque:* O enfoque pode acarretar outro conjunto de riscos. As diferenças de custos entre os concorrentes que atuam no mercado e as empresas que adotam os enfoques particulares se ampliam de tal modo que eliminam as vantagens de custos de atender um alvo estreito ou anulam a diferenciação alcançada pelo enfoque. Outro risco é os concorrentes localizarem submercados dentro do alvo estratégico e ocalizarem, dispersando a força do nicho.

RENOVAÇÃO ESTRATÉGICA

As organizações devem considerar sempre a possibilidade de promoverem uma renovação estratégica como resposta às mudanças disruptivas nos ambientes de negócios e organizacionais. Por exemplo, como consequência da acirrada competição, gestores e empreendedores por todo o mundo estão lutando para evitar a armadilha da concorrência embasada em preço, o que não é fácil quando os produtos e serviços estão se tornando *commodities*. Graças à tecnologia digital de informação e à Internet, agora é possível sair da armadilha da comoditização. Em vez de vender para mercados, a ideia é vender para clientes; em vez de procurar maior participação de mercado, a ideia é buscar maior participação no cliente; em vez de oferecer descontos para aumentar receitas, criam-se vínculos mais fortes com os clientes, desenvolvendo a fidelidade dos clientes mais valiosos e aumentando a lucratividade: essa é uma boa base para a renovação estratégica.

Assim, a organização deve considerar renovações estratégicas sistematicamente para a mudança e a obtenção de vantagem competitiva diante de seus concorrentes. A organização pode avaliar seis escolhas básicas de renovação estratégica, conforme Quadro 8.7, a saber:[24]

1. Tornar a concorrência irrelevante.
2. Inovar as regras com as quais concorre.
3. Reinventar a si mesma.
4. Substituir a si mesma na concorrência.
5. Colaborar com a concorrência.
6. Sair da competição.

A organização pode adotar uma ou a combinação dessas escolhas considerando um grande número de fatores internos e externos da organização. Dentre os fatores internos estão os recursos da organização, as competências essenciais, a força financeira, a posição do marketing da empresa em relação aos concorrentes. Dentre os fatores externos estão as necessidades e os requisitos dos clientes, as dinâmicas setoriais, a velocidade requerida para apoiar a mudança e o nível de incerteza confrontado pela organização.

Algumas das implicações de cada uma dessas escolhas estratégicas são:

1. *Tornar a concorrência irrelevante:* A organização que adota essa política como base para competir estabelece o objetivo organizacional de ser a líder em termos de criação de valores. Como tal, ela gera elevadas proporções de retornos de seus novos produtos e serviços. Isso também gera elevadas eficiências e retornos de novos desenhos de processos. Como resultado, ela se torna capaz de dominar seus mercados. Empresas como Intel, Cirque du Soleil, Wal-Mart, Southwest Airlines e Amazon.com criam forte pressão competitiva ao anteciparem e colocarem-se em vantagem competitiva. Isso faz com que as outras empresas também invistam em recursos para imitar ou substituir, se pretendem manter-se na corrida ou, ainda, inovar para poderem liderar a corrida.
2. *Inovar as regras com as quais concorre:* Enquanto muitas organizações estão preocupadas em esforços de racionalização de sua cadeia de suprimentos e tentando expandir suas linhas de produtos através de extensões e desenvolvimentos, as organizações de vanguarda focalizam a criação de novas categorias inteiramente novas de produtos e conceitos. As empresas bem-sucedidas ultrapassam o desempenho de suas rivais e criam novas regras de competição concentrando recursos e energias na inovação. Inovar nas regras competitivas constitui a mais excitante e exigente escolha estratégica. Ela é arriscada e requer uma cultura de aprendizagem e de empreendedorismo. As organizações que selecionam e praticam essa escolha estratégica declaram-se como impulsionadoras e redefinidoras de regras para as outras. Nesse processo, elas forçam as concorrentes a imitá-las, substituí-las, complementá-las ou retirar-se do mercado. A inovação, nesses termos, envolve uma sistemática renovação estratégica nos níveis orga-

Mais Agressiva ⟵⟶ Mais Passiva

Tornar a concorrência irrelevante	Inovar as regras com as quais concorre	Reinventar a si mesma	Colaborar com a concorrência	Sair da competição
• Alto risco • Retorno elevado • Cria novas regras • Força a mudar concorrentes • Define a posição no mercado • Cria ou sustenta a vantagem	• Cria ou captura parcela de mercado • Alavanca ativos e canais existentes • Força concorrentes a fazer mudanças	• Cria parcerias • Proporciona conteúdo de valor adicional • Compartilha os riscos • Requer confiança • Requer compromisso	• Coexistência pacífica • Complementa os produtos e serviços das líderes • Dá retaguarda a necessidades e requisitos • Reduz a ameaça das líderes	• Sai do páreo • Falha em agir • Direção ou necessidade confusa • Adquire recursos necessários • Espera por um sinal mais claro

■ **QUADRO 8.7** *As cinco escolhas de renovação estratégica.*

nizacional, cultural e operacional da companhia. Também requer investimentos significativos em capacitação na infraestrutura técnica, penetração em novos mercados, custos adicionais e assunção de riscos. Mas, envolve também potencialmente, grandes retornos financeiros e de imagem.

CLIPPING COMPETITIVO

QUEBRAR REGRAS: RISCOS E OPORTUNIDADES

Em geral, essa política atrai a atenção e conduz a reações imediatas dos grandes concorrentes e líderes do mercado. As contramedidas podem ser violentas e provocar uma guerra de atrito baseada em políticas de preços e investimentos elevados em propaganda. As organizações que adotam essa escolha precisam deter poder e capital para serem bem-sucedidas. É o caso da competição no setor de *fast-food* para conquistar as preferências do consumidor entre hambúrgueres, *tacos* e *pizzas*, enquanto o setor de bebidas disputa colas e não-colas. Entre as montadoras há uma batalha incessante de substituição entre passageiros de carros, minivans e utilitários esportivos. A Kodak está aprendendo com suas câmeras digitais e fazendo uma completa reeducação e reorientação de seus consumidores.

3. *Reinventar*-se *a si mesma*: Essa política é típica das organizações de aprendizagem que, de maneira consistente e relevante, estão sempre reinventando sua cultura corporativa, sua estrutura organizacional, seus processos internos e seu foco no cliente e no mercado. Trata-se de continuamente ajustar-se e reajustar-se tendo em vista as exigências do contexto ambiental e dos *stakeholders*.
4. *Substituir a si mesma na competição*: Essa política é direta, ameaçadora e confrontadora. Quando uma organização seleciona a substituição como estratégia, ela sinaliza que irá competir em uma frente ampla utilizando vários fatores, como preço, qualidade, serviço, distribuição, processo e habilidade em mudança. As organizações que escolhem esse caminho estão concorrendo por novas porções do mercado ou criando novos segmentos para produtos e serviços dentro de um mercado ou setor existente. No fundo, a organização concorre consigo mesma, confrontando novos produtos/serviços com os produtos/serviços anteriormente lançados.

BANCO DE IDEIAS

AS VANTAGENS DE SUBSTITUIR A SI MESMA NA COMPETIÇÃO

As organizações procuram concorrer consigo mesmas antes que tenham de concorrer com seus competidores. Assim:

- **Criam um segmento inteiramente novo dentro de um mercado ou setor.**
- **Alavancam todos os recursos globais de uma organização.**
- **Forçam os concorrentes a adotar ações compensatórias.**
- **Proporcionam uma substituição seletiva baseada nas forças e competências da organização.**

5. *Colaborar com a concorrência:* com essa política seguidora a organização procura colaborar com as empresas líderes oferecendo produtos/serviços acessórios ou complementares. Na verdade, a organização oferece produtos/serviços que complementam os produtos/serviços das organizações líderes no mercado para aproveitar a força da marca ou o ciclo de vida dos produtos/serviços das líderes.
6. *Sair da competição:* Essa é a mais passiva das políticas apontadas. A organização sai do páreo e se retira do mercado ou simplesmente retira seus produtos/serviços do mercado, podendo até esperar por um momento mais oportuno de retornar. O Quadro 8.7 resume as escolhas de renovação estratégica.

CONCLUSÃO

Em um ambiente caracterizado por mudanças rápidas e incessantes, muitas organizações costumam protelar as providências necessárias para mudar suas políticas. Até mergulharem numa grave crise. Todo processo decisório é na verdade um processo de aprendizado. Assim as decisões não podem ser tomadas à velha moda autoritária e conservadora. Elas precisam de interação, reflexão intuitiva e desenvolvimento cooperativo de novos modelos mentais. A forma de aumentar a velocidade e correção da tomada de decisão passa pela capacidade de aprender. Quanto mais profunda a simulação e quanto mais se brinca com as possibilidades, mais se estimula a imaginação e o aprendizado.

O processo de planejamento estratégico requer que se aprenda a construção de modelos para chegar à fase de tomada de decisão. Após elaborar cenários de futuros plausíveis, a organização deve decidir o que representa ameaça ou oportunidade e cruzar essas decisões para avaliar quais seriam seus pontos fortes e fracos. Outra decisão importante nessa fase é a identificação dos fatores críticos ou determinantes de sucesso. Os fatores críticos de sucesso são as atividades-chave do negócio que precisam ser benfeitas para que a organização possa atingir os seus objetivos. Sem eles, os objetivos não são alcançados.

Os fatores críticos de sucesso são os determinantes do sucesso e podem caracterizar-se por diretrizes ou objetivos estratégicos. As organizações devem planejar o alcance de diversos objetivos estratégicos em vez de um único, e estes devem ser bem especificados para que todas as áreas importantes ao funcionamento e sustentação da organização sejam envolvidas.

Ao adotar diferentes políticas de negócios, a organização deverá considerar sistematizar renovações estratégicas para a mudança e obtenção de vantagem competitiva diante de seus concorrentes. Tudo isso faz parte integrante da política de negócios da organização.

NOTAS

1. GLADWELL, Malcolm. *Blink: the power of thinking without thinking*. New York: The Free Press, 2005.
Ver também: GLADWELL, Malcolm. *The tipping point: how little things can make a big difference*. New York: The Free Press, 2000.
Ver: www.gladwell.com/blink/index.html

2. JUNG, Carl Gustav. *Phénomènes occultes*. Paris: Montaigne, 1939.

3. LEVITT, Steven D. e DUBNER, Stephen J. *Freaknomics: o lado oculto e inesperado de tudo o que nos afeta*. Rio de Janeiro: Elsevier/Campus, 2005.

4. SMITH, Adam. *A riqueza das nações*, publicado em 1776.

5. BECKER, Gary S. e MURPHY, Kevin M. *Social economics: market behavior in a social environment*. Boston, Mass.: Harvard University Press, 2001.
Ver também: http://home.uchicago.edu/~gbecker/

6. DAVENPORT, Thomas H. & HARRIS, Jeanne G. *Competing on analytics: the new science of winning*. Boston, Mass.: Harvard Business Press, 2007, p. 7.

7. Para saber mais sobre Analítica Preditiva consulte
http://www.idanalytics.com/
http://www.strategyanalytics.com/
http://www.sas.com/technologies/analytics/
Ver também: www.gloogle.com/analytics/
http://analytics.ncsu.edu/

8. DAVENPORT, T. & HARRIS, J. G. op. cit. 2007.

9. TARAPANOFF, K. (org). *Inteligência organizacional e competitiva*. Brasilia: UnB, 2001, p. 209.

10. SUN TSU. *A arte da guerra*. São Paulo: Artenova, 1998.

11. Ver: www.vale.com.br.

12. THOMPSON Jr., Arthur A. & STRICKLAND III. *Administración estratégica: textos y casos*. México: McGraw-Hill, 2004, p. 339.

13. Extraído de THOMPSON Jr., Arthur A. & STRICKLAND III. *Administración estratégica: textos y casos*, op. cit., p. 341-343.

14. Adaptado de CERTO, S.C. *Modern management: diversity, quality, ethics and global environment*. Boston: Allyn & Bacon, 1994, p. 169.

15. PORTER, Michael E. *Estratégia competitiva: técnicas para análise de indústrias e da concorrência*. Rio de Janeiro: Campus, 1986, p. 22-48.

16. PORTER, Michael E. *Estratégia competitiva*, op. cit., p. 49-58.

17. PRAHALAD, C.K. *Competindo pelo futuro*. Rio de Janeiro: Elsevier/Campus, 2003.

18. PORTER, Michael E. Estratégia Competitiva, op. cit.

19. THOMSON, Jr., Arthur A. & STRICKLAND III, A.J. *Administración estratégica: textos y casos*. México: McGraw-Hill, 2004, p. 298.

20. COLLIS, David J. & MONTGOMERY, Cyntia A. "Creating corporate advantage." *Harvard Business Review*, 76, n. 6, May-June 1998, p. 70-83.

21. THOMSON, Jr., Arthur A. & STRICKLAND III, A.J. *Administración estratégica*, op. cit., p. 315.

22. PORTER, Michael E. *Estratégia competitiva*, op. cit.

23. PORTER, Michael E. *Estratégia competitiva: técnicas para análise de indústrias e da concorrência*, op. cit., p. 23.

24. Adaptado de: MISCHE, Michael A. *Strategic Renewal: Becoming a High Performance Organization Upper Saddle River*, NY, Prentice Hall, 2001, p. 30-37.

CAPÍTULO 9

MODELOS DINÂMICOS DE CONCORRÊNCIA E COOPERAÇÃO

Processos de criação de vantagens competitivas

O que você verá pela frente:

- O desafio da avaliação competitiva dos concorrentes.
- *Benchmarking.*
- Inteligência competitiva (competitive intelligence).
- A escolha de bons concorrentes.
- Jogos competitivos.
- Redes de negócios.
- Conclusão.

Objetivos de aprendizagem:

- Mostrar os mecanismos da dinâmica competitiva entre as organizações.
- Explicar a avaliação dos recursos dos concorrentes.
- Mostrar como se faz a escolha de concorrentes.
- Explicar as alianças estratégicas e *networks*.

O mundo dos negócios é assim: dinâmico e complexo. Nada está em repouso. Nada é estático. Tudo se movimenta incessantemente em direções e velocidades diferentes que podem mudar bruscamente e sem prévio aviso. Os protagonistas desse complicado e nebuloso cenário disputam ferozmente tudo aquilo que pretendem obter. Uma ampla e complexa arena onde as organizações querem ocupar seus espaços e alcançar seus objetivos, sendo que, muitas vezes, os principais concorrentes, clientes ou fornecedores podem defender os mesmos interesses. Por exemplo, Kodak, Fuji e Agfa são grandes rivais no mercado de filmes fotográficos, mas entre elas há uma intensa colaboração no sentido de dificultarem o avanço das empresas de informática no setor, o que não as impede de brigarem na justiça sobre questões de domínio de mercado.

A resultante desse complicado campo dinâmico de forças é o gradativo aumento da rivalidade no novo cenário competitivo.[1]

CLIPPING COMPETITIVO

O INTENSO CAMPO DINÂMICO DE FORÇAS COMPETITIVAS[2]

As ações que uma empresa adota provocam reações dos concorrentes que, por sua vez, conduzem a contrarreações daquela empresa. Essa cadeia de eventos – série de ações, reações e contrarreações entre empresas que concorrem dentro de um setor em particular – cria uma dinâmica competitiva, passando a disputar de maneiras diferentes a fim de obterem vantagens competitivas e retornos acima da média. Neste ambiente, a eficácia da estratégia é determinada não somente pela ação inicial, mas também por quão bem a estratégia antecipa e encaminha as ações e movimentos contrários aos dos concorrentes e se desloca em relação às exigências dos clientes ao longo do tempo. Isso faz com que na formulação estratégica não se possa pensar apenas nas oportunidades e ameaças ambientais e nos pontos fortes e fracos da organização, mas também no comportamento e reações dos concorrentes. Deve-se levar em conta que a vantagem competitiva não é um dado imutável: ela é relativa e contingente, enquanto os oponentes não conseguem chegar lá. Espera-se que, quando eles chegarem lá, a empresa já se tenha deslocado para a frente em uma velocidade ainda maior.

O DESAFIO DA AVALIAÇÃO COMPETITIVA DOS CONCORRENTES

Sem o conhecimento dos pontos fortes e fracos dos concorrentes e suas ações mais prováveis, é impossível formular um componente central da formulação estratégica: descobrir um grupo de clientes para os quais há uma vantagem competitiva em relação à concorrência. Como a vantagem competitiva é um conceito relativo e contingencial, a organização que tiver um conhecimento deficiente de seus concorrentes não terá nenhum conhecimento de si própria. O que caracteriza a dinâmica competitiva é que as organizações são mutuamente dependentes: elas são impactadas pelos movimentos umas das outras e devem reagir em função dessa nova situação. As respostas variam desde retaliação agressiva até a proposição de verdadeiras redes de valor para congregar diferentes organizações que atuam como se fossem uma só.

Este capítulo apresenta um referencial para a atividade de análise da concorrência. São considerados movimentos ofensivos, defensivos e colaborativos, para deter concorrentes prestes a iniciar movimentos indesejáveis, trabalhando-se o processo da ação competitiva que trilha as seguintes etapas:

- *Benchmark* (diagnóstico competitivo)
- Inteligência competitiva (*Competitive intelligence*)
- Escolha dos concorrentes
- Jogos competitivos
- Redes de negócios

JANELA CONCEITUAL

OS QUATRO CONTEXTOS COMPETITIVOS

Preocupados com o relacionamento e a interdependência das organizações com seus ambientes, Emery e Trist[3] classificaram quatro tipos de contexto competitivo nos quais navegam as organizações, a saber:

1. ***Ambiente 1. Meio plácido e randômico:*** **É o ambiente mais simples e tranquilo. Corresponde à "concorrência perfeita" da teoria econômica. Organizações puramente competitivas vendem produtos homogêneos, e cada organização é tão pequena que não pode sozinha influenciar o mercado, pois os consumidores são bem informados. Nessa competição pura, as organizações têm seus objetivos relativamente estáveis, distribuídos ao acaso (randomicamente) e dificilmente se adaptariam a outro tipo de ambiente. São bares, mercearias, pequenas oficinas artesanais. Para elas, a melhor estratégia é a simples tática, ou seja, a escolha de uma ação imediata dentro de um repertório de ações para atender às pequenas variâncias locais através de tentativas e erros.**
2. ***Ambiente 2. Meio plácido e segmentado*****: É um ambiente também estático, mas os objetivos não são**

distribuídos randomicamente porque estão concentrados de alguma forma. Corresponde à "competição imperfeita" ou monopolística da teoria econômica; cada organização vende produtos diferenciados e pode ter algum controle sobre o seu mercado, mas não pode afetar as outras organizações. Diferentemente de uma situação de concorrência perfeita, uma empresa que aumentar seus preços poderá não perder todos os seus compradores. A diferenciação permite às organizações estabelecer preços lucrativos e, assim, elas tendem a crescer em tamanho, tornando-se multifuncionais e hierarquizadas, com controles centralizados, com concentração de recursos e subordinação a um plano estratégico, com uma especialização de sua tecnologia, como, por exemplo, *know-how* em siderurgia, cimento etc., para o alcance dos objetivos organizacionais. Ao mesmo tempo, os lucros crescentes atraem entrantes, obrigando que as atuantes tenham uma resposta rápida às mudanças ambientais e competitivas.

3. *Ambiente 3. Ambiente perturbado e reativo*: Nesse ambiente – mais dinâmico que estático – desenvolvem-se organizações do mesmo tipo, tamanho, objetivos, dispondo das mesmas informações e pretendendo o mesmo mercado. Nesse contexto ambiental, as confrontações não mais acontecem ao acaso, uma vez que todos sabem o que os outros pretendem fazer e aonde querem chegar. A resposta organizacional resultante é um novo nível intermediário de ações, caracterizado pela complementação entre estratégia e tática. A flexibilidade requerida nesse contexto encoraja certa descentralização, ao mesmo tempo que premia a qualidade e a velocidade das decisões em pontos periféricos da organização. Esse ambiente corresponde à concorrência oligopolista da teoria econômica, caracterizada pela rivalidade entre os concorrentes que tendem a formar grupos com múltiplos interesses e a desenvolver a capacidade de reagir e de movimentar os centros de lucros de uma operação para outra. As organizações matriciais são as mais comuns nesse ambiente, dedicando-se a negócios diversificados.
4. *Ambiente 4. Ambiente de campos turbulentos*: Caracterizado pela complexidade e turbulência causadas não somente pela presença de outras organizações mas pelo complexo campo dinâmico de forças existente no próprio ambiente. A variância dos componentes organizacionais afeta o ambiente e vice-versa, criando um alto grau de incerteza para o sistema. As organizações não podem adaptar-se com sucesso apenas através da competição, mas através da cooperação para reduzir a incerteza tecnológica, permitindo um mecanismo de controle obedecido por todas as organizações do complexo. Não há modelo correspondente na teoria econômica em face da complexidade e incerteza. À medida que a turbulência do ambiente aumenta, cresce, provavelmente em ritmo exponencial, a necessidade de funções eficazes de limites organizacionais para proteger a organização.

Como um paradoxo, esse ambiente propicia o surgimento de monopólios nos setores onde uma organização descobre ou desenvolve uma tecnologia ou produto mais eficiente que preencha de modo extraordinário as necessidades de seus compradores. Muitas vezes, esses avanços se tornam o padrão de mercado, fazendo da organização inovadora detentora de um poder monopolista, ao adquirir uma capacidade irrestrita de gerir seus preços, por ausência de concorrência. Foi o que aconteceu nos setores de alta tecnologia, com o sistema Windows da Microsoft e o *site* de busca Google. Para Demsetz,[3] tal desdobramento não é necessariamente ruim, porque os grandes lucros dos monopólios podem representar apenas uma pequena parcela dos benefícios e ganhos dos compradores. Além disso, observa Demsetz, futuras inovações só acontecerão se as organizações tiverem uma expectativa de grandes lucros quando suas inovações chegarem aos mercados.[4]

PASSEIO VIRTUAL

DEFINIÇÕES DO CADE

O CADE (Conselho Administrativo de Defesa Econômica), autarquia vinculada ao Ministério da Justiça do Brasil, é um órgão judicante, com jurisdição em todo o território nacional, cujas atribuições são orientar, fiscalizar, prevenir e apurar abusos de poder econômico, exercendo papel tutelador da prevenção e da repressão a tais abusos. Em seu *site* (http://www.cade. gov.br) apresenta duas outras especificações para monopólio:

- *Monopólio natural:* quando o monopólio é a forma mais eficiente de se produzir um bem ou serviço e existem elevadas economias de escala ou de escopo em relação ao tamanho do mercado. Em tais condições, torna-se ineficiente ter duas ou mais empresas em operação e, a fim de afastar os abusos por parte do monopolista, faz-se necessária a regulação do mercado. Esse é um dos papéis que as agências reguladoras (Anatel, Aneel, Anp etc.) desempenham, em conjunto com o Cade.
- *Monopsônio:* é a situação semelhante ao monopólio, só que pelo lado do consumidor, ou seja, é a situação em que há apenas um comprador para um determinado bem ou serviço e diversos fornecedores. Nesses casos, assim como ocorre no monopólio, o poder de mercado, agora exercido pelo comprador único, pode levar à perda de bem-estar econômico para a sociedade.

O Quadro 9.1 apresenta o sumário das características dos quatro contextos competitivos.

■ **QUADRO 9.1** *Tipos de contexto ambiental*[5]

TIPO DE AMBIENTE	CARACTERÍSTICAS	PROCESSO DECISÓRIO	ADAPTAÇÃO
1. Plácido e randômico	Simplicidade e rotina	Baseado na certeza, na rotina e na previsibilidade	Passividade, estabilidade, causalidade
2. Plácido e segmentado	Simples e previsível, mas diferenciado	Baseado na certeza, com algum risco em face da diferenciação	Algum conhecimento do ambiente
3. Perturbado e reativo	Complexo, mutável, com reações imprevisíveis	Hierarquizado e baseado no conhecimento do mercado concorrente	Previsão das mudanças
4. Campos turbulentos	Complexidade, mudança, turbulência e incerteza. Desdobramento monopolista	Baseado na identificação das ameaças e das oportunidades ambientais	Antecipação às mudanças ambientais. Cooperação

Existe uma forte relação entre a complexidade do ambiente e a modalidade de tomada de decisões e da adaptação das organizações. Assim:

1. *Meio plácido e randômico:* É o ambiente mais simples e rotineiro de todos, onde ocorre a certeza nas decisões. Como qualquer comportamento é tão bom quanto outro, a aprendizagem é impossível. Como as organizações são relativamente isoladas das outras, sua adaptação é randômica e casual.
2. *Meio plácido e segmentado:* Nesse ambiente surge a necessidade de gerenciar o risco. Como as decisões casuais e randômicas são ineficientes, a organização assume decisões que envolvem riscos.
3. *Ambiente perturbado e reativo:* Esse ambiente leva a uma incerteza competitiva. O ambiente é significativamente influenciado pelas decisões tomadas pelas outras organizações que atuam nele. As pessoas que adquirem conhecimento do mercado (aprendizagem) tornam-se mais capazes do que as outras. O conhecimento torna-se condição básica para o processo decisório e aquelas pessoas que o detêm passam a supervisionar as que não o possuem. Surge então uma estrutura hierárquica formal para a tomada de decisão.
4. *Ambiente de campos turbulentos:* Esse ambiente requer alguma forma de acomodação entre organizações dissimilares. Essa condição requer um relacionamento que, enquanto maximiza a cooperação, reconhece a autonomia de cada organização. Além da cooperação interorganizacional, ocorre nesse tipo de ambiente uma contínua mudança associada com a inovação, provocando relevante incerteza, forte impulso para a pesquisa e desenvolvimento ou tecnologia avançada.

A Figura 9.1 mostra os graus de controle dos tipos de ambientes competitivos.

Cada tipo de ambiente provoca o aparecimento de diferentes características organizacionais que não são ditadas pela própria organização, mas são impostas externamente pelas condições ambientais. Assim, a capa-

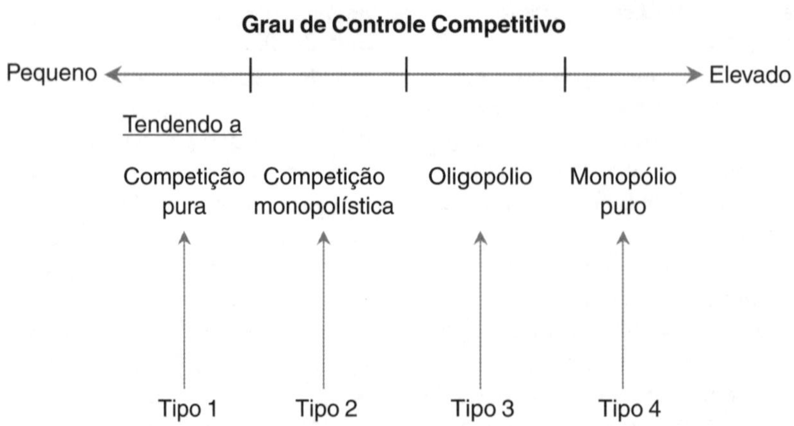

■ **FIGURA 9.1** *Os quatro tipos de contextos ambientais, e o grau ou controle associado.*

cidade de qualquer sistema de se adaptar às contingências mutáveis em seu ambiente está inversamente relacionada com sua dependência do hábito e da tradição. Adaptabilidade existe por definição na medida em que um sistema possa sobreviver às mudanças externamente causadas em suas interdependências transacionais. Isso leva a duas conclusões sobre a capacidade adaptativa das organizações no ambiente competitivo:

1. **A mudança é em grande parte provocada externamente.**
2. **A adaptabilidade do sistema é uma função da sua capacidade de aprender e de desempenhar de acordo com as contingências ambientais.**

A dinâmica competitiva requer um referencial para a análise da concorrência a fim de avaliar tanto movimentos ofensivos como defensivos no sentido de impedir os concorrentes prestes a iniciar reações indesejáveis.

A análise da concorrência procura focalizar cada um dos concorrentes diretos com os quais a organização disputa o mercado (Figura 9.2). Em geral, a análise da concorrência busca entender os seguintes aspectos:[6]

1. Quais os objetivos futuros do concorrente.
2. Quais são suas estratégias atuais, quais ações ele está executando e o que ainda poderá fazer.
3. Quais as suposições da organização concorrente, o que ela acredita a respeito de si própria e do setor.
4. Qual é a capacidade competitiva do concorrente.

A análise das informações relacionadas com esses aspectos ajuda a esboçar um perfil antecipado de resposta ou reação para cada concorrente e permitem entender, interpretar e prever as suas possíveis ações e iniciativas.

A análise da concorrência envolve uma série de círculos concêntricos de competidores: na parte mais central estão os concorrentes diretos num grupo estratégico; a seguir, vêm as organizações de um setor que são motivadas a superar as barreiras à entrada no grupo estratégico; na parte mais externa estão os participantes potenciais e os substitutos.

INFORMAÇÃO PRIVILEGIADA

CRITÉRIOS SOBRE CONCORRÊNCIA DIRETA

O critério para concorrência direta segundo o DOJ (Departament of Justice dos Estados Unidos) é o SSNIP (Small but Significant Non Transitory Increase in Price: Pequeno, mas Significativo Aumento Não-Transitório de Preço). Por exemplo, se uma hipotética fusão entre as marcas alemãs de carros Audi, BMW e Mercedes permitisse o aumento dos preços de seus carros em 5%, pode-se dizer que as três concorrem entre si, mas não com outras montadoras. Mas, caso esse aumento não fosse possível devido aos carros de marca Volvo, Lexus e Cadillac, então se pode considerar estas três últimas marcas como concorrentes diretas entre si e entre as três marcas alemãs também. Conceitualmente, duas empresas são concorrentes diretas se um aumento de preços de uma delas fizer com que muitos compradores passem a comprar da outra organização.

As organizações são concorrentes indiretas quando a alteração de preços de uma delas afeta a outra, porém através da mudança dos compradores para uma terceira organização. Por exemplo: caso a Mercedes re-

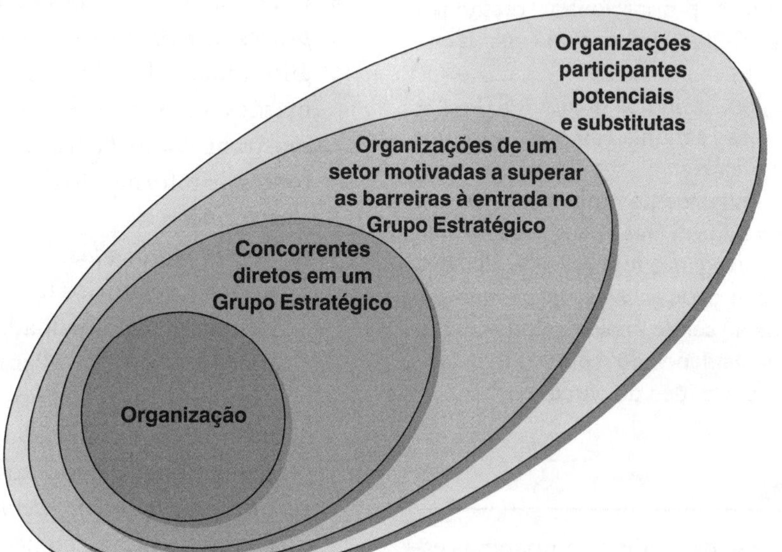

■ **FIGURA 9.2** *Os círculos concêntricos da análise da concorrência.*

duza seus preços e a Volvo acompanhe a redução do concorrente direto, compradores potenciais do Jeep Cherokee podem optar por comprar um Volvo porque, na percepção dos consumidores, os carros da Volvo e do Jeep Cherokee se substituem, o que não acontece em relação aos Mercedes. Nesse caso, Mercedes e Volvo concorrem diretamente, e Mercedes e Jeep Cherokee, indiretamente.[7]

BANCO DE IDEIAS

CENÁRIOS DA COMPETIÇÃO

O aumento da rivalidade competitiva está provocando certas tendências, como:

1. **O novo cenário competitivo está requerendo uma nova abordagem estratégica e uma nova mentalidade gerencial.[8] A inovação é a plataforma dessa tendência.**
2. **As empresas estão levando novos produtos e serviços cada vez mais rapidamente ao mercado. Esse tempo de reação está se tornando gradativamente mais curto e rápido. Agilidade agora é imprescindível.**
3. **Novas empresas que ingressam estão transformando setores, utilizando novas tecnologias, oferecendo novas e diferentes soluções. Há sangue novo e ideias novas circulando.**
4. **As vantagens competitivas podem surgir de áreas não tradicionais que, antes, as organizações nem sonhavam. Torna-se necessário garimpar, especular e encontrar soluções e oportunidades em todos os lugares possíveis. Criatividade também é essencial.**
5. **Os avanços nas tecnologias de comunicação permitem uma coordenação mais eficaz entre operações em vários e diferentes mercados, facilitam o processo decisório e proporcionam respostas competitivas mais rápidas que, por sua vez, facilitam as mudanças.**
6. **As novas tecnologias – principalmente na TI – estão ajudando pequenas e médias empresas a competirem com mais eficácia.**
7. **Organizações que antigamente eram concorrentes estão agora cooperando em áreas como desenvolvimento de novas tecnologias e formação de alianças estratégicas. Acordos cooperativos de pesquisa e desenvolvimento estão sendo implementados como meio de superar as restrições de recursos adquirindo habilidades e capacidades de parceiros.[9]**

BENCHMARKING

Benchmarking é o processo de medir e comparar as estratégias e operações de uma organização com outras organizações de ponta em suas atividades, dentro ou fora de seu setor. O objetivo é identificar as melhores práticas alheias que podem ser adotadas, adaptadas ou melhoradas para impulsionar o desempenho.

O processo de *benchmarking* envolve quatro etapas:

1. *Identificação das organizações a serem acompanhadas*: O primeiro passo para essa análise é identificar os determinantes de sucesso no mercado. O que algumas organizações fazem de diferente das outras? O que faz a diferença em suas operações? Por que elas são as vitoriosas? Por exemplo, concorrentes novos ou menores, mais focados, podem ter pontos fortes particulares que poderiam ser aprendidos e utilizados. Esses pontos fortes podem não estar em suas operações em geral, mas em uma maneira peculiar e sutil em algumas operações.
2. *Identificação das atividades do mercado a serem consideradas:* Todas as atividades de negócios ao longo da cadeia de valores completa são alvos para se usar o *benchmarking*. O foco inicial será nos processos que impactam significativamente os custos, influenciam na satisfação de clientes e mostram um espaço significativo para possíveis melhorias. As organizações também podem usar o *benchmarking* em atividades específicas (tais como manutenção), fora de seu setor imediato. Por exemplo, os parques temáticos da Disney são *benchmarks* em questões de manutenção preventiva de máquinas, tal a segurança e confiabilidade que seus brinquedos oferecem.
3. *Coleta de informações necessárias para capacitar processos e operações a serem comparadas*: O sigilo comercial pode tornar difícil o acesso a informações relevantes em que os concorrentes se mostram como *benchmarks*. Há três principais fontes de informação de concorrentes para o *benchmarking*:[10]
   a. *Fontes publicadas*: Incluem relatórios da organização, relatórios técnicos, estudos do setor e pesquisas encomendadas por governos ou associações setoriais. Para bens de consumo, por exemplo, os relatórios da Nielsen fornecem informações publicadas úteis comparando desempenhos de produtos no ponto de venda.
   b. *Compartilhamento de informações*: Através de fóruns setoriais, como congressos, em contatos diretos, formais ou informais. Profissionais de organizações concorrentes podem se reunir

de tempos em tempos para trocar informações uns com os outros, consciente ou inconscientemente.

c. *Entrevistas diretas* com clientes, distribuidores, especialistas do setor, ex-empregados dos concorrentes, agências reguladoras e funcionários públicos também podem ser úteis na coleta de informações. Frequentemente, clientes dos concorrentes, em particular, são fontes ricas de informações sobre práticas e processos concorrentes. Conversar com os clientes sobre os níveis de serviço que eles receberam, por exemplo, ou a maneira pelas quais suas reclamações foram tratadas pode ajudar a identificar os processos usados para se oferecer aquele serviço.

4. *Comparações com seus próprios processos:* O último estágio no processo de *benchmarking* é comparar e contrastar os processos das melhores organizações do setor com seus próprios processos, identificar ações que precisam ser tomadas como consequência e o ajuste do processo de medir e monitorar a melhoria.

BANCO DE IDEIAS

A FEBRE DAS PESQUISAS DE CLASSIFICAÇÃO DAS ORGANIZAÇÕES

Há uma febre de participação em pesquisas de classificação de organizações em várias categorias e todas as dimensões, como o Prêmio Nacional da Qualidade, a pesquisa da Empresa mais Admirada, da Melhor Empresa para se Trabalhar, da Empresa Cidadã, da Empresa mais Empreendedora. Muitas organizações se inscrevem para receber um rico manual de participação com a explicação dos critérios em julgamento. Esse exercício constitui uma ótima oportunidade de *benchmarking*, para saber onde a organização está errando ou acertando. Feitas as comparações, um grande número de opções pode se tornar visível.

Primeiro, a organização pode concluir que suas operações estão alinhadas com as melhores práticas do mercado e continuar se esforçando para melhorar onde possível. Segundo, a organização pode concluir que seus processos são inadequados ou subutilizados e precisam ser revisados. Isso envolve o ajuste de novos processos que espelham aquelas práticas perfeitas identificadas. Alternativamente, pode envolver a adoção de processos de práticas perfeitas de outros setores que irão capacitar a organização a superar a concorrência e ganhar vantagem competitiva no processo de inovação.

Para os novos processos propostos devem ser estabelecidas metas específicas sobre como irão ajudar a organização a avaliar seu progresso rumo à melhor prática. As metas são desdobradas em alvos específicos, como, por exemplo, responder 95% das chamadas de telefone antes do terceiro toque.

INTELIGÊNCIA COMPETITIVA (*COMPETITIVE INTELLIGENCE*)

A análise da concorrência utiliza mecanismos integrados de localização, busca e captura de informações que recebem o nome de inteligência competitiva. A *inteligência competitiva* é a coleta ética de informações e dados necessários relativos aos objetivos, estratégias, suposições e recursos do concorrente.

INFORMAÇÃO PRIVILEGIADA

A PREVISÃO DO PRÓXIMO LANCE DA CONCORRÊNCIA

No mundo corporativo, os especialistas em inteligência competitiva, CI (*competitive intelligence*), têm uma meta prosaica: proporcionar aos gestores da organização uma sistemática de coleta e análise de informações públicas sobre os concorrentes para que a utilizem na tomada de decisões.[11] A CI pode ser usada em nível tático ou estratégico. Ela toma emprestados instrumentos e métodos do planejamento estratégico, que têm uma ampla visão do mercado e de como uma organização espera posicionar-se, e da pesquisa de mercado, mais concentrada nos desejos dos consumidores. Os agentes de inteligência competitiva – que podem ser desde bibliotecários até ex-agentes secretos do governo – focalizam o ambiente competitivo geral e acrescentam um toque analítico: a previsão do lance adversário.

A inteligência competitiva se vale de um amplo leque de fontes de informações sobre os concorrentes, como:[12]

1. *Relatórios e estatísticas publicadas:* Em um nível mais elementar, a organização pode coletar estatísticas publicadas sobre os concorrentes e os mercados. Muitas organizações terão tais informações em seus registros extraídos de estudos de mercado ou de publicações relativas às organizações de capital aberto. O problema com certas publicações é a desagregação de informações e a inconsistência frequente entre as diversas estatísticas governamentais e as fornecidas por uma gama de agências de pesquisa de mercado. Isso se deve a problemas de amostragem.
2. *Propaganda das concorrentes:* Informações extraídas das atividades de comunicação, promoção e relações públicas do concorrente. A necessidade de comunicação com acionistas e intermediários

em mercados significa que iniciativas frequentes de marketing e de tecnologia são também divulgadas. O perigo aqui decorre do tipo das relações públicas dos concorrentes. O jornalismo investigativo leva a exposições mais transparentes, embora a imprensa dependa da boa vontade de uma organização para produzir informação correta.

3. *Vazamentos:* São importantes fontes de informação que chegam às mãos da imprensa, intencionalmente ou não. Algumas organizações são mais agressivas na coleta de informações sobre concorrentes e tomam providências positivas para precipitar o fornecimento de informações: o interrogatório cuidadoso do pessoal dos concorrentes em feiras comerciais ou em eventos, festividades e conferências, por exemplo, ou após visitas a fábricas. Embora os vazamentos possam envolver um funcionário indiscreto do concorrente, eles não podem envolver atividades antiéticas. Aliás, algumas organizações definem regras severas de conduta para evitar "derrapagens" em práticas que possam ser consideradas como menos válidas.
4. *Intermediários:* A organização pode coletar informação apresentando-se como um intermediário. Tanto clientes como compradores podem ter um contato sistemático com organizações concorrentes e podem ser uma fonte de informações valiosas, particularmente para o pessoal de vendas ou compras. Também é possível assumir o papel de um comprador potencial para obter algumas informações factuais, pessoalmente ou por telefone, tais como preço, ou para obter literatura técnica sobre desempenho do produto ou serviço oferecido.
5. *Ex-funcionários:* Muitos setores têm uma política de não recrutar ex-funcionários entre as grandes organizações e, em alguns países, há regulamentos relativos à natureza do trabalho de uma pessoa quando ela passa de uma organização para outra. Contudo, quando uma organização contrata ex-funcionários de concorrentes seria ingênua se não fizesse uma ordenha das informações. Em geral, onde existe uma organização líder de mercado muito forte é muito comum que seus funcionários sejam recrutados pelas organizações menores. Quando eles saem da organização, também carregam consigo uma enorme massa de informações relativas aos produtos, processos, serviços e estratégias de seus empregadores anteriores. Muitos empregadores de grande porte estão cientes desse fato e frequentemente solicitam aos funcionários demissionários que limpem suas mesas e saiam tão logo sua intenção de sair se torna conhecida. Mesmo que os empregados da concorrente não sejam recrutados imediatamente, o próprio processo de entrevista pode muitas vezes fornecer informações úteis, particularmente porque o entrevistado deseja causar boa impressão no empregador potencial.
6. *Inspeção:* embora utilizada pela contra-espionagem, é um método de uso menos comum na coleta de informações sobre a concorrência. Algumas providências podem ser inócuas, como o acompanhamento dos anúncios de recrutamento de pessoal ou o estudo de fotografias aéreas. Outras constituem práticas empresariais de bom senso, tais como engenharia reversa, isto é, a desmontagem do produto do concorrente para análise do mesmo. Menos aceitável e menos higiênica é a prática da compra do lixo de um concorrente para tentar localizar documentos ou componentes úteis. A escuta é um meio controverso de espionagem e ilegal, mas infelizmente está se tornando mais comum, agora que os equipamentos eletrônicos para isso são baratos, confiáveis e suficientemente pequenos para serem escondidos.
7. *Pronunciamentos:* As metas e objetivos dos concorrentes são mais bem entendidos a partir dos pronunciamentos que seus executivos fazem através de relatórios da organização, *press releases*, coletivas de imprensa, *blogs* etc. Por exemplo, declarações sobre construção de novas plantas de produção é um sinal claro de objetivos de crescimento. O recrutamento do *staff* com aptidões particulares (identificado através de observação de classificados de recrutamento) pode indicar novos caminhos que a concorrência almeja assumir.
8. *Estruturas de recompensas:* Os esquemas de remuneração e incentivos utilizados pelos concorrentes podem indicar objetivos estratégicos. Quando a equipe de vendas é recompensada por uma comissão sobre as vendas, a prática sugere que o objetivo estratégico está relacionado ao aumento do volume de vendas (e não à lucratividade).

Fases principais do processo de inteligência competitiva

A inteligência competitiva busca proporcionar uma avaliação dos objetivos futuros e atuais dos concorrentes para permitir definir uma direção eficaz para o desenvolvimento de estratégias em três níveis:

1. *Identificação dos mercados e clientes que os concorrentes estão tentando operar*: Essa dedução é feita a partir de uma análise dos produtos e serviços que eles estão oferecendo, juntamente com as maneiras como são promovidos, distribuídos e cobrados.
2. *Identificação da maneira como escolheram trabalhar nesses mercados e com esses clientes*: Essa de-

dução é feita a partir dos atributos dos produtos e do tipo e da extensão do serviço oferecido, que funcionam como bons indicadores dos tipos de clientes que o concorrente está procurando servir.

3. *Identificação do* marketing mix *que está sendo adotado através da comunicação integrada e veículos promocionais*: Por exemplo, no setor automobilístico, a Volvo tem claramente enfocado o apelo à segurança para famílias conscientes sobre segurança, e os comerciais da BMW concentram-se na qualidade tecnológica e nos prazeres de guiar, sugerindo um mercado-alvo jovem.

A inteligência competitiva pretende também avaliar os recursos que os concorrentes dispõem e utilizam no cenário da competição, tais como:

1. *Ativos e capacidades:* Os ativos e as capacidades dos concorrentes mostram o que eles são capazes de fazer. Seus recursos podem não ser inteiramente utilizados no momento, mas podem dar indicações de como os concorrentes poderão agir no futuro ou como irão reagir às ameaças. Ao combinar os componentes da análise da concorrência, a organização pode começar a responder à mais fundamental questão na análise da concorrência: o que a organização concorrente provavelmente fará no futuro?
2. *Premissas:* As premissas sobre as quais um concorrente faz sobre si mesmo e sobre o mercado podem ser uma fonte de oportunidades ou ameaças. Há inúmeros exemplos de organizações que assumiram premissas erradas e cujas consequências foram terríveis. Este foi o caso do setor relojoeiro da Suíça quando se defrontou inicialmente com a concorrência dos primeiros relógios digitais japoneses. A ideia que prevaleceu entre os fabricantes suíços de relógios era a de que, sendo os relógios joias e mecanismos sofisticados, não valeria a pena produzir relógios digitais a quartzo, baratos e econômicos. O sucesso atual da marca suíça de relógios Swatch prova que os velhos relojoeiros suíços estavam errados.
3. *Política de custos:* Há dois caminhos principais para se criar uma vantagem competitiva, conforme estudado no capítulo anterior. O primeiro é através de custos baixos relativos à concorrência. Sinais da adoção de uma política de liderança de custo pela concorrência incluem a atenção deles em despesas gerais, o vigor com o qual eles estão perseguindo o controle financeiro em todas as funções e atividades, visto que o caminho da liderança de custo é muito difícil para qualquer organização seguir com sucesso e requer uma atenção implacável e próxima de todos os fatores de custos.
4. *Política de diferenciação:* O segundo caminho para se criar uma vantagem competitiva é através do desenvolvimento de produtos e serviços diferenciados e valorizados que os clientes estarão dispostos a pagar. A inteligência competitiva deve identificar as características diferenciadoras nas quais o concorrente faz suas apostas competitivas. Ampla ênfase no serviço ao cliente, características adicionais ao produto, incentivo para compradores fiéis são todas iniciativas de diferenciação. Todas são amplamente visíveis e mostram o terreno que um concorrente escolheu para competir.
5. *Estrutura organizacional:* Entender a estrutura organizacional do concorrente oferece indicações de qual maneira ou quão rápido ele pode responder às mudanças no ambiente ou às ações competitivas. Os concorrentes nos quais a responsabilidade por produtos é claramente identificada são frequentemente capazes de responder mais rapidamente do que as organizações nas quais a responsabilidade é vaga ou confusa. Organizações orientadas para o mercado provavelmente reconhecerão previamente mudanças nas tendências e ficarão em uma posição de liderar a mudança, em vez de simplesmente reagirem a ela.
6. *Alocação de custos:* As abordagens de um concorrente para alocar seus custos indiretos aos produtos e aos elementos da cadeia de valor podem revelar suas políticas competitivas. Dependendo de como os custos indiretos de fabricação, logísticas de insumo, logística de distribuição, marketing, vendas e de serviços sejam alocados poderá indicar em que ponto alguns produtos são forçados a suportar uma carga excessiva de custos indiretos, dando margem para que a organização estabeleça seus preços de forma mais competitiva em relação ao concorrente.
7. *Concorrência em mercados diferentes:* Quando uma organização concorre em muitos mercados diferentes, é bem provável que seu sistema de alocação de custos conduza a uma formulação de preços completamente fora da faixa competitiva em alguns desses mercados. Isso pode gerar um constrangimento total à sua intenção de apoiar

aqueles produtos ou com eles se comprometer, ainda que timidamente. Essa questão é crítica para as multinacionais ou organizações que trabalham com insumos importados, em ocasiões de forte desvalorização cambial.

8. *Pontos fortes e fracos:* A avaliação das capacidades de um concorrente implica também o exame de seus pontos fortes e fracos para determinar o que ele pode fazer. Essa é a etapa final da análise da concorrência. Enquanto metas, premissas e estratégias atuais podem influenciar a possibilidade, o momento, a natureza e a intensidade de suas reações, suas capacidades determinarão a possibilidade de iniciar e sustentar um movimento de reação e retaliação.

INFORMAÇÃO PRIVILEGIADA

OS RECURSOS COMPETITIVOS DO SÉCULO XXI[13]

No século passado, os quatro fatores críticos que influenciavam o sucesso das organizações eram:

1. *Tamanho:* Quanto maior a organização, tanto mais ela seria capaz de alcançar eficiências na produção e nos serviços, alavancando capital e servindo clientes e fornecedores.
2. *Clareza de papéis:* Para trabalhar com eficiência, as tarefas eram divididas e subdivididas com clara distinção entre o que era feito pelos gerentes e pelos trabalhadores, com vários níveis de autoridade no organograma. Cada pessoa tinha um cargo específico e o desempenhava de acordo com especificações e métodos.
3. *Especialização:* As tarefas subdivididas criavam especialidades e encorajavam um foco restrito do especialista. Assim, finanças, recursos humanos, planejamento, TI, logística e outras tarefas se tornaram disciplinas independentes.
4. *Controle:* Com todas as tarefas e papéis especializados, as organizações precisavam criar controles para se assegurar de que todas as atividades fossem desempenhadas adequadamente. O maior papel dos gerentes foi o controle do trabalho dos outros para assegurar que estavam fazendo as coisas certas e nos tempos certos.

O mundo dos negócios mudou, e no século atual os fatores críticos do sucesso organizacional são completamente diferentes do passado, a saber:

1. *Velocidade e agilidade:* As organizações bem-sucedidas hoje estão aumentando sua rapidez de resposta ao cliente, de lançamento de novos produtos e serviços no mercado e de elaboração ou correções de suas estratégias. Esses ambientes requerem que as pessoas sejam informadas, convencidas e encaminhadas, o que demanda tempo. Assim, o desafio está em atuar como pequenas organizações, com estruturas mais horizontalizadas e desburocratizadas para se mover mais rápido e utilizar melhor os recursos.
2. *Flexibilidade:* Para que se movam mais rapidamente, as organizações precisam ser flexíveis. Pessoas com múltiplos cargos aprendem constantemente novas habilidades e enfrentam diferentes desafios. A clareza de papel pode constranger a flexibilidade, pois as pessoas miram apenas seus papéis específicos e nada mais. As organizações flexíveis revelam ambiguidade nas descrições de cargos e impulsionam equipes *ad hoc* para enfrentar as mudanças.
3. *Integração:* As organizações se adaptam às mudanças através da disseminação de novas iniciativas e da mobilização dos recursos certos para fazer as coisas acontecerem. Elas focalizam mais os mecanismos para integrar as diversas atividades e os processos de trabalho e cada vez menos as partes especializadas do trabalho.
4. *Inovação:* Em um mundo de mudanças rápidas, a inovação torna-se essencial. As organizações bem-sucedidas são aquelas que estão constantemente buscando o novo, o diferente e o impensável. Elas criam processos inovadores e um ambiente interno que encoraja e recompensa a criatividade.

Objetivos da inteligência competitiva

Conforme explicado acima, a inteligência competitiva busca alcançar um objetivo principal: conhecer o concorrente o suficiente para poder prever e antecipar os passos que ele seguirá e as reações que tomará diante de uma mudança ambiental ou a uma estratégia que a organização pretende adotar. Para alcançar esse objetivo principal, a inteligência competitiva focaliza alguns objetivos complementares, a saber:[14]

1. *Conhecer a competência do concorrente para inovar:* Avaliar a competência do concorrente para inovar e surpreender irá ajudar a organização a prever a probabilidade de novos produtos serem trazidos para o mercado ou de novas tecnologias serem empregadas para superar produtos atuais. Indicações desse tipo vêm da avaliação de recursos técnicos (tais como detenção de patentes e *copyrights*), recursos humanos (a contratação de talentos técnicos e criativos), consolidação dos fundos totais disponíveis e a proporção do investimento destinada à pesquisa e desenvolvimento em relação à média setorial.

2. *Conhecer a capacidade do concorrente para produzir e comercializar:* A capacidade para produzir é sinalizada por recursos físicos (como plantas e equipamentos) para reunir com recursos humanos (incluindo aptidões, competências e flexibilidade dos empregados). A avaliação da capacidade de comercialização é feita através da avaliação das aptidões do pessoal envolvido com vendas, marketing, propaganda e distribuição. Igualmente importantes são os fundos disponíveis e destinados às atividades de marketing.
3. *Conhecer os recursos financeiros do concorrente:* Os recursos financeiros podem funcionar como uma alavanca ou um limitador para qualquer organização. O exame dos demonstrativos financeiros e contábeis pode indicar a liquidez e as características de fluxo de caixa do concorrente. E, de novo, essas informações devem ser suplementadas com avaliações das qualidades e aptidões dos recursos humanos disponíveis nas atividades financeiras do concorrente.
4. *Conhecer o tipo de reação do concorrente:* Finalmente, a finalidade da CI é determinar os perfis de reação do concorrente, isto é, fornecer um guia sobre seu comportamento ao enfrentar mudanças ambientais e competitivas. Isso implica questões como:
   a. O concorrente está satisfeito com sua posição atual?
   b. Quais são as providências ou mudanças estratégicas com maior probabilidade de implementação pelo concorrente?
   c. Onde o concorrente é vulnerável? A sensação de invulnerabilidade do concorrente pode ser sua própria fraqueza, pois não se pode cobrir todos os flancos o tempo todo.

O conhecimento do perfil da reação de um concorrente dá uma ideia geral sobre o comportamento previsível do concorrente, mas será preciso entender detalhadamente sua provável reação diante dos vários estímulos. Isso implica a avaliação da vulnerabilidade do concorrente, isto é, o grau acima do qual o evento provocará sua retaliação e a eficácia desta ao evento. Isso se chama limiar de sensibilidade a ponto em que um estímulo ambiental é percebido e identificado pelo concorrente. Todas as ações da organização abaixo desse limiar de sensibilidade passam despercebidas.

CLIPPING COMPETITIVO

MIRANDO AS VULNERABILIDADES ALHEIAS

Nenhuma organização é sempre todo-poderosa em todos os aspectos. Richard Branson, da Virgin, mostrou um talento especial para identificar oportunidades em mercados onde seus competidores apresentavam vulnerabilidades visíveis. Ela atacou fornecedores de serviços financeiros através do nome da marca, alto valor e simplicidade de produto em sua estratégia de marketing. Ele está atacando agora as poderosas Coca-Cola e Pepsi – que nunca se envolveram entre si em uma guerra de preços – com a Virgin Cola, de preço reduzido.[15]

A inteligência competitiva deve levar a organização a pensar várias jogadas à frente. A organização deve ponderar seus movimentos com base em um referencial estratégico amplo em vez de fazê-lo na forma incremental de várias estratégias na medida em que vão surgindo, tomando ações e avaliando as consequentes reações do concorrente a elas. Seguir uma série de mudanças incrementais pequenas de preço e promoção pode levar a organização a ocupar uma respeitável participação de mercado, mas, ao mesmo tempo, provocar a ira dos líderes do setor.

CLIPPING COMPETITIVO

POR QUE UMA ORGANIZAÇÃO DE APRENDIZAGEM É MAIS INTELIGENTE COMPETITIVAMENTE

Numa organização de aprendizagem, as práticas e mecanismos de aprendizado se alinham, muitas vezes, às práticas e mecanismos de inteligência competitiva, pois esse processo não deixa de ser um processo de aprendizagem, na medida em que envolvem:[16]

1. **Captar o que está acontecendo no ambiente de negócios, seja através de contatos dos empregados com os clientes, da tecnologia nova, dos fornecedores, dos acionistas e dos futuros candidatos a emprego, utilizando a rede de relacionamentos da organização como um meio de buscar informação e conhecimento, conforme prescrito pelas práticas de CI descritas anteriormente neste capítulo.**
2. **Proporcionar meios e recursos para que as pessoas que recebem essas informações possam re-**

lacioná-las com o que as demais pessoas estão observando e analisá-las de acordo com o conhecimento prévio da organização, criando condições para que toda informação e conhecimento seja útil para o trabalho das pessoas e que possa ser transformado em ações eficazes e produza resultados.

3. Documentar as informações e as análises para torná-las disponíveis para todas as pessoas da organização e para sua utilização subsequente, disponibilizando toda informação e conhecimento através de meios adequados para localização e utilização intensiva em todos os níveis da organização.
4. Medir continuamente o índice de aprendizagem a fim de assegurar que foram obtidos ganhos de fato, fazendo com que o conhecimento seja continuamente incorporado através da aprendizagem ao comportamento das pessoas e avaliar o grau em que isso está sendo alcançado no sentido de aumentar o volume e a intensidade do fenômeno.

Deve-se alinhar os processos de aprendizagem aos processos de inteligência competitiva em diferentes níveis em uma organização, através de indivíduos, equipes, unidades, redes internas, bem como através de redes de clientes, fornecedores e outros grupos. A organização de aprendizagem oferece um ambiente social de aprendizado no qual as pessoas aprendem na medida em que trabalham com outras no alcance de objetivos, conforme apresentado na Figura 9.3. As relações entre indivíduos e organização dentro desse sistema têm um impacto direto sobre o sucesso dos resultados dos processos de inteligência competitiva.

A ESCOLHA DE BONS CONCORRENTES

Nem todos os setores são igualmente atraentes. Na seleção de novas oportunidades é importante ter em mente quais os critérios de atratividade dos diferentes setores, cruzando com a capacidade competitiva da organização em cada um desses setores, o que abrange a atratividade dos concorrentes, que está relacionada ao seu amadurecimento competitivo. O que caracteriza o amadurecimento competitivo de um setor são os seguintes aspectos:[18]

1. As organizações de um setor competitivamente maduro entendem o mercado em que operam e procuram estabilizar – e não desestabilizar – o ambiente do grupo estratégico. O bom concorrente ajuda a promover a estabilidade do setor, se entender as regras que regem o mercado e fizer pressuposições realistas sobre o setor e sua própria posição relativa. É pouco provável que adote estratégias pouco rentáveis e que resultem em uma concorrência cujo resultado seja nulo, como gerar guerras de preços e adotar práticas não-lucrativas. A organização que faz pressuposições irrealistas a respeito de si mesma pode também desestabilizar o setor. Nos setor automobilístico ou de construção civil, é evidente a formação de um excesso de capacidade. No médio e longo prazos, esses setores poderão enfrentar um grande acirramento competitivo.

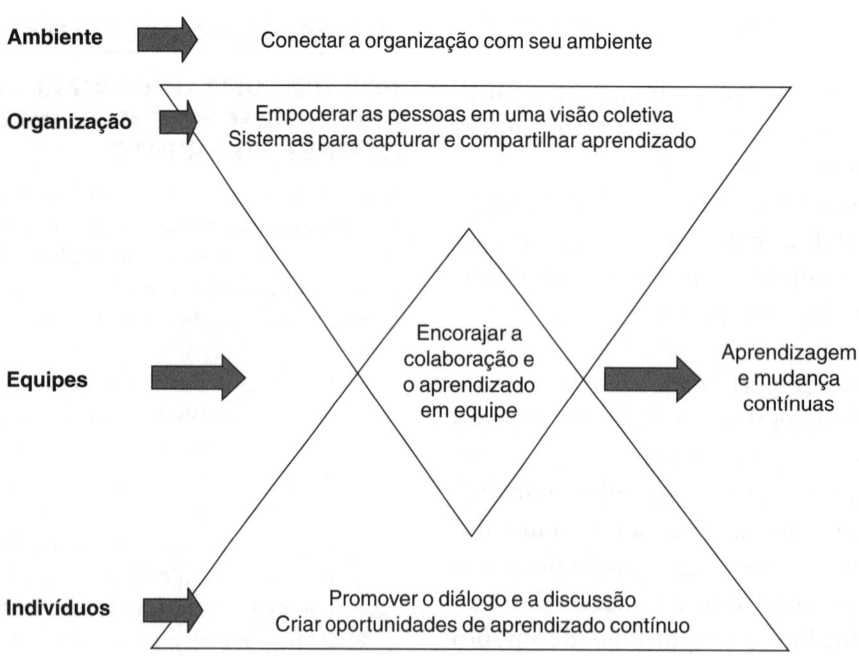

■ FIGURA 9.3 *Modelo de organização de aprendizagem.*[17]

2. Outra vantagem de um setor competitivamente maduro é que ele pressiona a eficiência das operações entre os concorrentes, dando respeitabilidade e padrões de atuação ética, fazendo com que a vinda de novos entrantes no setor não se torne muito confortável. A aplicação da pressão torna-se maior quando o líder do setor tem uma compreensão completa dos custos setoriais e por isso estabelece os padrões para o atendimento eficiente dos requisitos de custos, em vez de apresentar ofertas desequilibradas.
3. Em um setor competitivamente maduro, as metas dos concorrentes pressionam de forma benéfica e constante as demais organizações do setor. Se um concorrente tiver metas semelhantes de seus *stakeholders* quanto ao retorno sobre um investimento, enfrentará pressões competitivas semelhantes às do restante do setor. Em contrapartida, um concorrente que seja uma estatal e que não enfrente as mesmas exigências de lucratividade ou um concorrente que seja financiado por mercados com expectativas diferentes daquelas típicas do próprio setor pode ser uma concorrência danosa.
4. É pouco provável a existência de um setor em que os concorrentes sejam bons em todos os aspectos, da mesma maneira que é impossível descobrir um setor que seja completamente atraente e consistente com os pontos fortes da organização. Ao examinar os concorrentes e procurar setores competitivamente maduros, a organização tem maior probabilidade de localizar um ambiente com oportunidades para serem aproveitadas e maximizadas.

JOGOS COMPETITIVOS

A estratégia bem-sucedida implica combinar movimentos de ataque e defesa visando construir uma posição mais forte no setor escolhido, estabelecendo uma analogia entre a guerra militar e as batalhas competitivas no mercado. As lições para conduzir a estratégia empresarial podem ser aprendidas pelo estudo da guerra e dos princípios desenvolvidos pelos estrategistas militares, considerando as estratégias de ataque, defesa e colaboração.

Estratégias de ataque

Quando um objetivo de crescimento é perseguido em um mercado que não pode ser ampliado, o sucesso precisa ocorrer à custa dos concorrentes. Isso leva inevitavelmente a algum grau de confronto entre os participantes, perante os clientes, como na Figura 9.4.

Daí surgem as ações de confronto, quando o objetivo da organização atacante é conquistar parcelas de participação de mercado da organização líder, como as relatadas a seguir:

1. *Ataque frontal:* O ataque frontal é caracterizado por um ataque total contra o território do oponen-

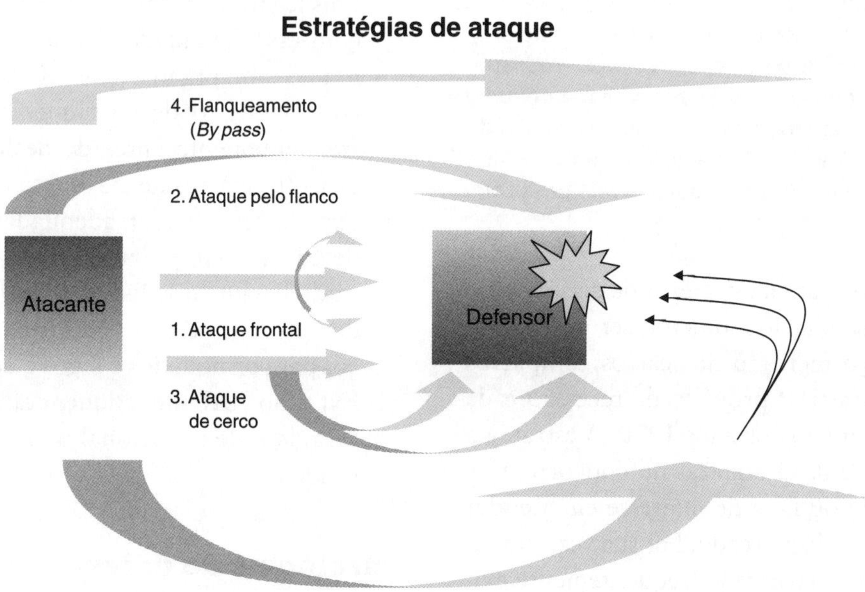

■ **FIGURA 9.4** *As cinco estratégias básicas de ataque.*[19]

te. Geralmente ele é confrontado por uma fortificação ou uma posição de defesa. O resultado do confronto dependerá do poder e da resistência das duas partes. Para derrotar um concorrente bem entrincheirado que tenha construído uma posição de mercado sólida, exige-se a superioridade substancial em pelo menos uma área-chave de marketing, dispor de recursos suficientes e que as perdas sejam tanto previsíveis como suportáveis.

2. *Ataque pelo flanco:* Em contraposição ao ataque frontal, o ataque pelo flanco procura concentrar os pontos fortes do atacante contra os pontos fracos do concorrente. Na guerra, o ataque pelo flanco busca distanciar o campo de batalha dos pontos fortes do inimigo, em direção aos flancos desguarnecidos ou não tão bem defendidos. Nos negócios, um ataque pelo flanco é realizado quer através do ataque a regiões geográficas onde o defensor não tem uma grande presença, quer através do ataque a segmentos não-atendidos pelo concorrente.

CLIPPING COMPETITIVO

ATAQUES CLÁSSICOS PELO FLANCO

A Coca-Cola domina o mercado de refrigerantes em todo o mundo, mas em algumas áreas específicas a Pepsi-Cola explorou os pontos fracos da Coca-Cola e passou-lhe a frente. A entrada dos japoneses no mercado britânico de motocicletas e depois no mercado de automóveis é um exemplo clássico de estratégia de ataque de flanco. Principalmente nos automóveis, os japoneses aproveitaram a crise do petróleo criada pela Opep no começo da década de 1970 para atender as necessidades de clientes no segmento de mercado dos carros compactos. Os carros japoneses eram baratos, confiáveis e ofereciam um consumo de combustível baixo para os motoristas que haviam sido duramente atingidos. Tendo estabelecido uma cabeça de ponte, os fabricantes japoneses de automóveis passaram a seguir e atacar outros segmentos.

Um fator crítico para a estratégia de ataque pelo flanco pode ser a escolha do momento certo. A entrada dos japoneses no mercado dos carros compactos foi programada para tirar proveito da recessão e da crise de energia no início dos anos 1970. A estratégia exige a identificação das fraquezas do concorrente e da sua incapacidade ou falta de interesse em atender determinados setores do mercado. Por sua vez, a identificação das lacunas do mercado frequentemente exige uma visão nova do mercado e uma abordagem mais criativa para segmentá-lo.

3. *Ataque de cerco:* O ataque de cerco consiste em cercar o inimigo cortando suas vias de suprimento, para forçar a sua rendição. Nos negócios, existem duas maneiras de executar o ataque de cerco. A primeira é tentar isolar o concorrente de seu suprimento de matérias-primas das quais ele depende e/ou dos clientes para os quais ele tenta vender. A segunda maneira é tentar oferecer um produto ou serviço melhor que o concorrente em todos os aspectos.

4. *Flanqueamento* (By pass): A estratégia de flanqueamento é caracterizada pela mudança do campo de batalha, para evitar totalmente fortificações inimigas. A linha Maginot, construída pela França para se proteger contra uma invasão, foi simplesmente flanqueada e ignorada pelos exércitos invasores da Alemanha durante a Segunda Guerra Mundial. Nos negócios, é feito muitas vezes através de um salto tecnológico. A Casio flanqueou a indústria suíça de relógios ao desenvolver o marketing de relógios digitais. De forma semelhante, ela flanqueou os fabricantes de réguas de cálculo com as calculadoras eletrônicas de bolso.

5. *Guerrilha:* Quando as estratégias da guerra convencional fracassam, geralmente entram em cena as táticas de guerrilha. Nos negócios, as táticas de guerrilha ou não convencionais podem ser empregadas com reduções seletivas de preços, especialmente durante a fase de teste ou lançamento de um produto concorrente, propaganda testemunhal, alianças, "roubo" de executivos e manobras legais, todos recursos que podem ser usados com essa finalidade. As táticas de guerrilha são usadas por organizações de todos os tamanhos com o intuito de enfraquecer os concorrentes, frequentemente antes de desferir o golpe final. Sua eficácia reside na dificuldade que a vítima tem de se defender adequadamente contra elas devido à sua imprevisibilidade. A conhecida marca de brinquedos Estrela, que chegou a ter mais de 70% do mercado nacional, perdeu seus espaços para brinquedos e jogos eletrônicos vindos do Extremo Oriente e que eram comercializados fora da rede tradicional de revendedores estabelecidos.

Estratégias de defesa

Para os líderes de mercado, principalmente em mercados maduros ou em declínio, o objetivo principal pode não ser o aumento, mas a manutenção da posição atual contra possíveis atacantes. Pode ocorrer também que, mesmo em mercados em crescimento, as recompensas potenciais possíveis de se obter através de uma estratégia de crescimento sejam anuladas pelos custos previstos devido, por exemplo, à natureza e solidez da concorrência.

O esforço necessário para manter uma posição dependerá do grau e da natureza da concorrência encontrada. Quando a organização lidera seu setor, ela pode dispor de vantagens de custo oriundas de economias de escala ou efeitos da experiência que podem ser usadas como base para se defender. Por outro lado, barreiras à entrada podem ser levantadas através do conhecimento técnico à disposição e manutenção dos executivos com aptidões-chave.

Existem vários tipos de estratégias de defesa (esquematizadas na Figura 9.5), a saber:

1. *Defesa de posição:* A defesa de posição implica a construção de barreiras em torno da organização e de suas ofertas no mercado, para deixar a concorrência do lado de fora. O defensor cria os maiores muros e fossos possíveis e aguenta firme até que o agressor se canse ou descubra outras prioridades e se retire.

   No mundo dos negócios, uma posição de defesa é criada através da construção de barreiras contra a cópia e/ou entrada. Isso é realizado de maneira mais eficaz através da diferenciação das ofertas da organização daquelas dos concorrentes ou dos concorrentes potenciais. Onde a diferenciação pode ser criada em bases não copiáveis (por exemplo, usando aptidões, competências e ativos de marketing exclusivos da organização), que apresentam um valor para os clientes, os agressores descobrirão ser mais complicado conquistar a posição defendida.

   Para as organizações líderes de mercados já consolidadas, marca e reputação são usadas como um meio importante para defender uma posição. Além disso, uma qualidade superior, uma entrega mais pontual e uma assistência técnica melhor, promoções melhores (mais sedutoras ou intensas) e preços mais baixos baseados em uma vantagem de custo podem ser usados para fortalecer a posição mantida contra um ataque frontal. Por exemplo, nos anos 1990, a Unilever defendeu a posição de marca de sabão em pó OMO lançando diferentes tipos e especificações do produto regular, para criar barreiras contra entrantes como o sabão em pó Ariel, da Procter and Gamble.

2. *Defesa de flanco:* A defesa de flanco é uma réplica a um ataque de flanco, quando o agressor procura concentrar seus pontos fortes contra os pontos fracos do defensor, muitas vezes (principalmente na guerra militar) usando o elemento de surpresa para ficar em vantagem. Uma defesa de flanco exige que a organização fortaleça seus flancos, sem oferecer um alvo mais fraco ou vulnerável em outro ponto. Ela exige a previsão da estratégia do concorrente e os pontos mais prováveis de serem atacados. No marketing de alimentos, por exemplo, vários fabricantes líderes de produtos de marca, vendo a crescente ameaça constituída

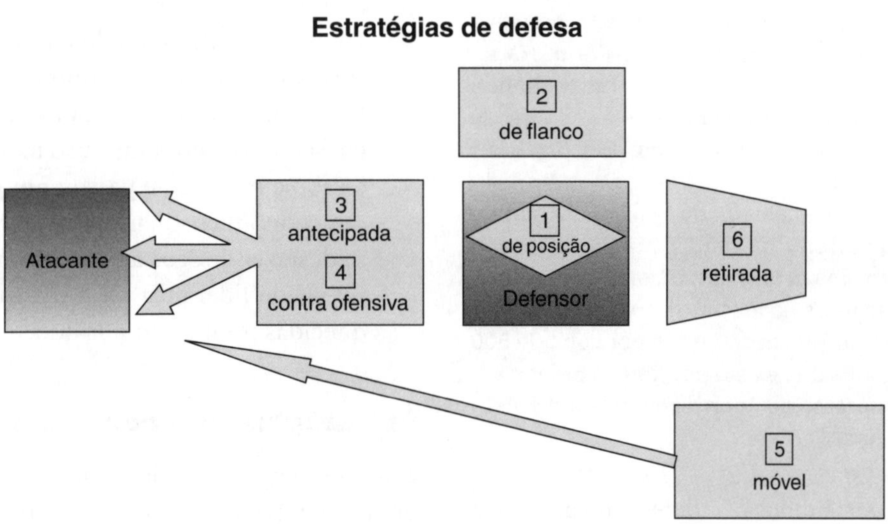

▪ **FIGURA 9.5** *As seis estratégias básicas de defesa.*[20]

pelas marcas dos varejistas, ou próprias, fecharam contratos para o fornecimento de produtos com marcas próprias dos varejistas antes que seus concorrentes entrassem em seus mercados.

A maior preocupação na adoção de uma estratégia de defesa de flancos é saber se as novas posições adotadas por questões defensivas enfraquecem de maneira significativa as posições centrais. No caso das marcas próprias dos varejistas, por exemplo, uma cooperação ativa poderia aumentar a tendência de uso de marcas próprias e, por fim, provocar a morte da própria marca. Consequentemente, muitos fabricantes com marcas líderes não fornecem marcas próprias e confiam no poder das suas marcas para dissuadir a concorrência (adotando, efetivamente, uma defesa de posição ou de fortificação). A Kellogs é um bom exemplo no mercado de cereais matinais, adotando o slogan "Se não tiver Kellogg no rótulo, não tem Kellogg na caixa".[21]

3. *Defesa antecipada:* A defesa antecipada implica atingir o agressor potencial antes que ele possa preparar um ataque. O objetivo é desferir um golpe físico desmoralizador que impeça o agressor de atacar.

CLIPPING COMPETITIVO

DEFESAS ANTECIPADAS CLÁSSICAS

No conflito militar, a tentativa clássica de um ataque antecipado foi o ataque japonês à frota americana em Pearl Harbour, em 1941. O ataque antecipado não desencorajou os americanos de entrarem na Segunda Guerra Mundial; na verdade, ele pode ter antecipado a sua entrada inevitável naquele conflito. Mais bem-sucedido foi o ataque de Israel na Guerra dos Seis Dias, em 1967, para evitar uma grande ofensiva contra o seu território. Há alguns anos, o SBT, do empresário Silvio Santos, ganhou uma liminar e pôde lançar a "Casa do Artistas" semanas antes que a Globo lançasse o programa "Big Brother", com a mesma concepção.

Nos negócios, a defesa antecipada implica um ataque efetivo contra o concorrente ou simplesmente sinalizar a intenção de lutar em uma determinada frente e a disposição de alocar os recursos necessários para se defender contra a agressão. Sun Tzu, escrevendo por volta de 500 a.C., resumiu a filosofia que existe por trás da defesa antecipada: "A arte suprema da guerra consiste em subjugar o inimigo sem lutar."

4. *Contraofensiva:* Embora a defesa ideal seja a obstrução de um ataque potencial antes que ele ocorra, um contra-ataque rápido para "sufocar no nascedouro" a agressão pode ser igualmente efetivo. A essência da contraofensiva é identificar os pontos vulneráveis do agressor e atacar forte. A defesa de contraofensiva é mais eficaz quando o agressor se torna mais vulnerável em função da sobrecarga de seus recursos. O resultado é uma retaguarda fraca que pode ser explorada para finalidades defensivas.
5. *Defesa móvel:* Implica a criação de uma capacidade flexível de resposta para permitir que o defensor mude o terreno defendido em resposta a ameaças ou oportunidades ambientais ou competitivas. Nos negócios, a defesa móvel realiza-se através da disposição de atualizar continuamente as ofertas para o mercado. A defesa móvel é uma arma de estratégia de defesa essencial em mercados em que a tecnologia e/ou as necessidades ou desejos dos clientes mudam rapidamente. A incapacidade de se adequar a essas mudanças pode resultar na abertura da organização para um ataque no flanco ou de flanqueamento.
6. *Retirada estratégica* (retração): A retirada estratégica exige a entrega de terreno não defensável para reduzir uma sobrecarga dos recursos e possibilitar uma concentração nos negócios centrais, que podem ser defendidos contra ataques. As retiradas estratégicas são geralmente necessárias quando a organização se diversificou muito, afastando-se das atividades centrais e competências típicas que lhe davam uma vantagem competitiva. No Brasil, no início dos anos 2000, o Grupo Silvio Santos atuou em campos totalmente diversos aos seus negócios principais, como revenda de automóveis e hotelaria, só para descobrir que atuava em posições indefensáveis, precisando desinvestir nos anos seguintes. A Globo, também, no mesmo período ampliou demais sua atuação em setores de comunicação multimídia, como TV a cabo e Internet, e passou por grandes dificuldades econômico-financeiras, por pouco tendo que se desfazer de seus ativos. Mesmo assim, suas posições de liderança na TV aberta ficaram enfraquecidas no mesmo período.

Estratégias de cooperação

Muitas vezes, em vez de ataque ou defesa, a estratégia organizacional competitiva poderá envolver cooperação e até colaboração com outras organizações. Pode ser mais vantajoso juntar-se a algumas organizações para combater outras ou para obter benefícios próprios ou conjuntos. Muitas vezes, a cooperação entre organizações pode aumentar a vantagem competitiva. O suporte e o apoio alheios podem trazer incrível valor para uma organização.

A cooperação estratégica é uma resposta a fatores como mercados em rápida transformação, uma matriz complexa de tecnologia, escassez de aptidões e recursos e clientes mais exigentes. Uma característica central na resposta a esses desafios é o reconhecimento de que a construção de relações com outras organizações se torna essencial para competir efetivamente.

É importante enfatizar que alguns desses desafios estratégicos que justificam as alianças e redes representam mais do que mera necessidade de cooperação entre organizações. Na verdade, estão levando a modelos organizacionais diferentes e a novas maneiras de fazer negócios com os clientes, provocando uma era de novas opções estratégicas e aumentando os riscos envolvidos por conta delas. Essas novas relações baseadas em clientes, fornecedores, distribuidores e até mesmo concorrentes estão resultando numa variedade de novos modelos organizacionais, os quais são comumente agrupados e classificados como "redes" (*networks*), onde os membros podem constituir "organizações virtuais".

As definições convencionais de mercado estão se tornando ultrapassadas e expondo as organizações a novos tipos de demanda e novos concorrentes. O setor de telefonia é um exemplo típico onde se pode avaliar a convergência das telecomunicações, eletrônicos, mídia para entretenimento e propaganda se unindo. Um setor convergente aumenta drasticamente a complexidade para uma organização única tentar competir. Muitos dos produtos exigidos estão provavelmente além em capacidades de *design*, produção, distribuição e marketing de uma única organização.

Existe uma prioridade em melhor gerenciar o relacionamento com o cliente, mas isso também é acompanhado pela necessidade de esforços de gerenciamento das relações com as organizações participantes do canal de valor. As organizações atuando em redes devem ser caracterizadas pela flexibilidade, especialização e ênfase no gerenciamento do relacionamento, em vez de nas transações pontuais no mercado, de maneira a responder rapidamente às mudanças aceleradas na tecnologia, na competição e nas preferências do consumidor.

Pode-se categorizar as estratégias de cooperação como na Figura 9.6. Essas estratégias formam um espectro, desde um relacionamento altamente tradicional e transacional para uma integração vertical em escala total.

As estratégias de cooperação podem ser assim tipificadas:

1. *Outsourcing*: É um relacionamento através do qual se pode simplesmente comprar bens e serviços de fora, como alternativa de produzi-los internamente. *Outsourcing* ou terceirização é a compra de uma atividade capaz de gerar valor de um fornecedor externo. Serviços como propaganda, pesquisa de mercado e *know-how* em marketing direto podem ser comprados – e não realizados internamente – de quem os faça melhor e mais barato do que a própria organização. O *outsourcing* transforma custos fixos em custos variáveis e possibilita o desinvestimento em atividades não essenciais.

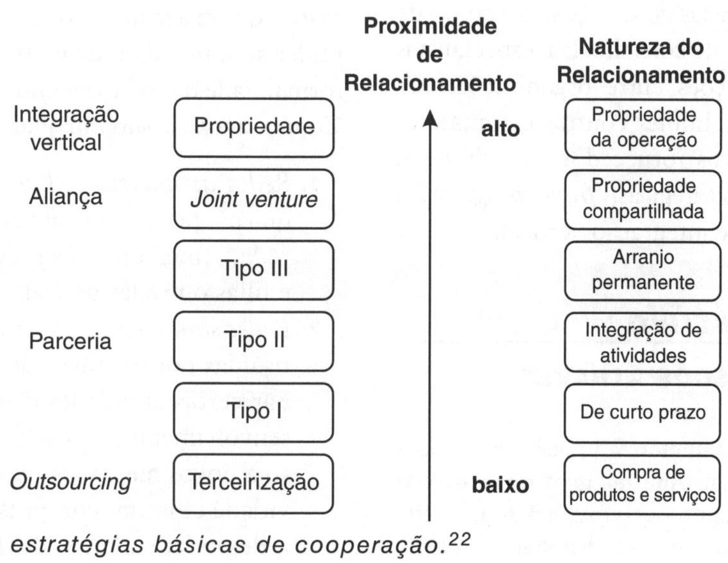

■ **FIGURA 9.6** *As seis estratégias básicas de cooperação.*[22]

2. *Parcerias*: São alianças que envolvem um relacionamento mais próximo entre as organizações, podendo ser de curto prazo com coordenação limitada (tipo I) ou de longo prazo de modo integrado (tipo II). Às vezes, essa integração é tão efetiva que as parcerias são consideradas permanentes e as organizações parceiras se veem como extensões (tipo III).
3. *Joint ventures*: São alianças envolvendo empreendimentos conjuntos em que a propriedade de um projeto ou operação é compartilhada entre as organizações envolvidas.
4. *Integração vertical*: Uma atividade totalmente detida pela organização núcleo, embora o relacionamento possa ainda ser visto como uma aliança estratégica.

REDES DE NEGÓCIOS

O surgimento de organizações envolvidas em redes de negócios, vinculadas entre si por várias formas de aliança, vem se tornando um desenvolvimento estratégico dominante em muitos setores da economia, fazendo com que essas organizações passem a ser verticalmente desintegradas: funções tipicamente englobadas numa organização isolada estão sendo desempenhadas de maneira fragmentada por organizações associadas, porém independentes, às vezes na própria planta da organização integradora. As funções de *design* e desenvolvimento de produto, de manufatura e distribuição estão sendo enlaçadas em sistemas por uma variedade de novos mecanismos de mercado, através de parcerias de mercado, de alianças estratégicas e de *marketing networks*.

Os laços interorganizacionais em uma rede podem conectar as organizações de fornecedores a usuários finais e/ou atuais ou potenciais concorrentes. A rede pode também incluir agências de serviços, tais como de propaganda, de pesquisa, de consultoria e especialistas em distribuição. As relações entre organizações em uma rede podem incluir simples contratos transacionais, acordos colaborativos fornecedores-produtores, parcerias ou alianças estratégicas, *franchising*, *joint ventures* ou algum tipo de integração vertical.

CLIPPING COMPETITIVO

MINIMIZAÇÃO DE RISCOS ATRAVÉS DA COOPERAÇÃO

O contexto de negócios é caracterizado por complexidade e altos graus de riscos. Uma maneira de enfrentar essa complexidade e reduzir o risco (ou dividi-lo) é através da cooperação. Por exemplo, a Microsoft investiu U$150 milhões para desenvolver o Windows NT, mas esse produto foi pré-vendido para fabricantes de PC antes de sua produção. Quando os parceiros do PC conseguiram oferecer cinco milhões de unidades de vendas à organização começou-se a fabricar o produto.

Existem pressões crescentes para as organizações colaborarem a fim de competir eficazmente em mercados globalizados e orientados por tecnologia. Os custos de desenvolvimento interno de uma variedade completa de capacidades e habilidades necessárias para competir eficazmente podem ir além dos recursos de uma única organização. Ou podem ser disponíveis a um menor custo através de alianças com parceiros especializados, em que cada parceiro pode concentrar-se em aplicar sua competência essencial no que cada um faz de melhor. A General Electric tem mais de cem relacionamentos colaborativos ao redor do mundo. A estratégia da GE é aliar-se para ganhar competências essenciais necessárias para ganhar acesso mais rápido para a tecnologia e para os mercados. Similarmente, a Nec renovou sua estratégia ao longo da década de 1980 de entrar em um alto número de alianças com outras organizações com a meta de aprender e absorver suas habilidades a fim de construir suas competências essenciais rapidamente e a um custo relativamente baixo.

Tipos de redes de negócios

Para Balestrin e Verschoore,[23] a grande diversidade de tipos de redes depende do contexto. Assim, tanto existem as redes familiares na China, redes tecnológicas como as do Vale do Silício na Califórnia, as redes hierarquizadas Keiretsu no Japão, redes de desenvolvimento e fornecimento, como a rede das Lojas Zara[24] ou ainda redes de tecnologia incentivadas pelo Sebrae (Serviço Brasileiro de Apoio às Micros e Pequenas Empresas).[25] Balestrin e Verschoore[26] consideram uma matriz que cruza no eixo vertical o grau de simetria de poder ao longo da rede e no eixo horizontal o grau de formalidade das relações entre os participantes da rede. Com essa matriz surgem quatro classificações de redes:

1. *Redes assimétricas*: Com clara estrutura hierárquica e poder centralizado como as empresas em rede, semelhantes às redes mantidas entre matriz e filias ou redes de franquia.
2. *Redes simétricas*: São redes descentralizadas, constituídas por organizações que optam por coordenar certas atividades-chave como pesquisa e desenvolvimento, defesa de interesses comuns, acesso a novos mercados ou desempenho de uma atividade comum, compras, por exemplo, como as redes independentes de farmácias ou mercearias.

3. *Redes formais*: São redes formalizadas contratualmente como consórcios de exportação, alianças estratégicas ou *joint ventures* de múltiplos participantes.
4. *Redes informais*: São redes de convivência, como associações profissionais (nesse caso mais formalizadas), comunidades de prática, *sites* de convivência, sustentadas pelos interesses comuns que aproximam seus participantes.

As redes de negócios diferenciam-se em duas dimensões principais: controle (auto-organizado ou contratado) e integração de valor. A partir dessas duas dimensões surgem quatro padrões de redes de negócios:[27]

1. *Ágora*: São redes onde os compradores e vendedores se encontram para negociar livremente e atribuir valor aos bens. Representa um modelo de baixo nível de controle, com um baixo índice de integração. Como em *sites* de barganha da Internet, como o Ibazar ou o Lokau.com, existe uma cadeia não-horizontal no qual um núcleo (o *site*) controlará de longe, apenas eticament, os demais *players* eletrônicos (os anunciantes e compradores), no processo de distribuição do item adquirido.
2. *Licença e franquia*: São redes onde uma organização lidera hierarquicamente posicionando-se como intermediário agregador, como é o caso das franquias em que o agregador idealiza o modelo de negócios, seleciona os produtos e serviços oferecidos, fixa preços e fiscaliza todo o processo.
3. *Alianças*: São redes de grande integração, porém sem grande controle entre organizações participantes, como é o caso dos programas de milhagem das companhias aéreas.
4. *Cadeias de valor*: São redes que produzem uma proposta altamente integrada e de valor agregado, como é o caso dos serviços de telefonia celular, que dependem de um sem-número de empresas trabalhando de modo altamente integrado e com forte controle dos provedores do serviço. Outro exemplo é a Amazon.com, *site* norte-americano de *e-commerce*, que necessita de uma integração cronometrada entre fabricantes, ela própria e um distribuidor (o entregador das encomendas).

   Organizações como a UPS, a DHL e a Federal Express já estão formando parcerias para viabilizar esse ideal, com qualidade confiável e excelência em pontualidade; estes nomes começam a ganhar prestígio e destaque global, além de muita receita obviamente. Assim, o controle é rigoroso, pois é exercido pelo cliente e pela Amazon.com, os quais checam a precisão e a qualidade da entrega. Erros prejudicam toda a rede. Além da perfeita e necessária integração, existe um controle rigoroso contratual. A Figura 9.7 apresenta esquematicamente os quatro padrões de redes de negócios.

Uma visão mais ampla e complexa das redes de negócios contempla três dimensões:

1. A primeira dimensão corresponde ao critério dos participantes da rede, podendo ser de uma organização ou várias.
2. Outra dimensão diz respeito a ser a rede atuante em um ou vários setores.
3. Finalmente, a dimensão de sua estabilidade ou temporalidade.

A partir desses critérios concebem-se, genericamente, quatro tipos distintos de redes:[28]

1. *Redes de mercados internos*: Descrevem a reforma de grandes organizações para se livrar de restrições de hierarquias tradicionais e formas multidivisionais ao organizarem-se em unidades empreendedoras que operam como centros de lucro independentes. Por exemplo, a General Motors reorganizou suas rígidas e ineficientes unidades produtivas de componentes em oito unidades de mercado interno, cada uma especializada em uma área de sistema automotivo e capaz de vender seus produtos no mercado aberto, incluindo como clientes os concorrentes da própria GM.
2. *Redes de mercados verticais ou redes de canais de marketing*: Refletem a visão tradicional dos relacionamentos de canais verticais, mas vão além para reconhecer a organização local que coordena fornecedores e distribuidores. Frequentemente, o integrador é a organização que possui a marca e especializa-se em funções de marketing, integrando parceiros da aliança como centros de recursos que atendem algum aspecto especializado, como desenvolvimento de produto, tecnologia de produção ou gestão logística. Outro exemplo é dado pela IKEA, varejista sueca de móveis que opera com sucesso uma rede global de fontes de 2.300 fornecedores em 67 países, para ter 10.000 produtos na prateleira a preços 30% mais baratos que os rivais tradicionais. Por outro lado, em mercados baseados em tecnologia, o integrador pode muito bem ser especialista em tecnologia.

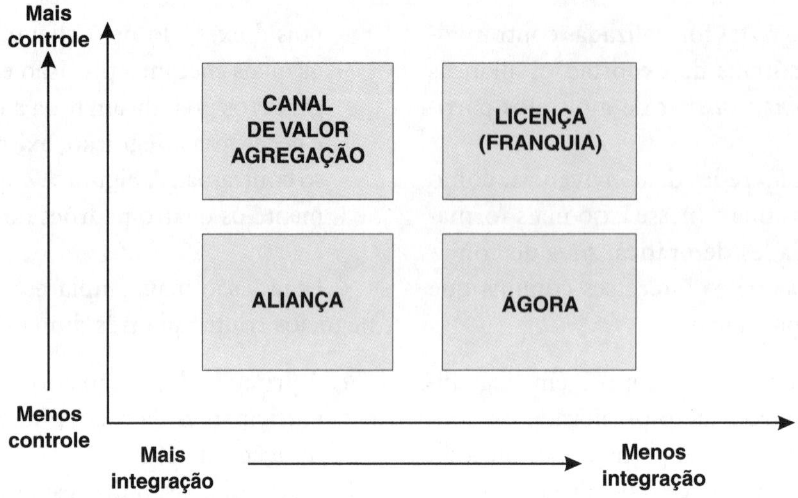

■ **FIGURA 9.7** *Quatro padrões de redes de negócios.*

3. *Redes intermercados ou concêntricas*: Esse é o modelo dos reconhecidos grupos empresariais no Japão (*keiretsu* e *chaebol*), representando alianças entre organizações operando em setores diferentes e as organizações ligadas na troca de relacionamentos verticais com eles. Essa rede é caracterizada por interconexões densas em participação de recursos, tomadas de decisões estratégicas e cultura e identidade. O centro pode ser uma organização negociadora, possivelmente funcionando com um braço de marketing da rede associado com filiais de produção, as quais por sua vez tem grandes *clusters* verticais de subcontratantes, distribuidores e organizações-satélites, e frequentemente envolve alianças em tecnologia com competidores. Por exemplo, a Toshiba tem por volta de 200 organizações numa troca de relacionamento direta e outras 600 "organizações netas" abaixo delas.
4. *Redes de oportunidade*: São conjuntos de organizações especializadas em vários produtos, tecnologias ou serviços que formam alinhamentos temporários, como consórcios, em torno de projetos ou problemas específicos. Caracteristicamente, o centro da rede é uma organização de marketing especializada em coletar e disseminar informação de mercado, negociar, coordenar projetos para clientes e fornecedores, e regular a rede.

PASSEIO VIRTUAL

A INTERNET COMO BERÇO DE GRANDES CONSÓRCIOS

Grandes consórcios estão sendo formados por empresas que procuram aproveitar o potencial de eficiência que a Internet promete para elas. É o caso de:

1. ***Quadrem*** **(http://www.quadrem.com): Criado em 2000 com uma visão global – simplificar e agilizar transações de negócios. Para tanto, o Quadrem desenvolve soluções que reduzem custos para compradores e fornecedores, digitalizando os diversos processos envolvidos na compra e venda de bens e serviços. As soluções do Quadrem, baseadas na Internet, aprimoram as transações entre empresas e a lucratividade dos clientes. Em 2008, essa rede disponibilizava transações, conectando mais de 55.000 fornecedores e 1.100 compradores; negociava mais de US$17 bilhões de faturamento em pedidos anualmente e aumentava seu volume de transações numa taxa cumulativa de 21% ao mês. A comunidade do Quadrem inclui compradores e fornecedores de uma variedade de setores listados na Global 1000 e fornecedores de todos os portes situados em grandes centros urbanos, áreas rurais e em regiões em desenvolvimento ao redor do mundo. Os escritórios globais do Quadrem oferecem conhecimento especializado em tecnologia, processos de *procurement* e gerenciamento de mudanças que acompanham iniciativas de *e-procurement*. Seus acionistas são grandes multinacionais fornecedoras, como Alcan, Alcoa, Vale, Codelco, Inco, Pechiney, Phelps Dodge Corp., Rio Tinto, Votorantim Group etc.**
2. ***Transora*** **(http://www.transora.com.br/home.html): É um portal criado por 50 multinacionais de bens de consumo não-duráveis para integração de sistemas de empresas como Kraft Unilever, Nestlé e Coca-Cola, representando cerca de US$350 bilhões em compras anuais. O portal permite uma conexão tecnológica de intermediação de algumas das principais redes do varejo mundial.**
3. ***Covisint*** **(http://www.covisint.com/): É um dos consórcios mais conhecidos. Lançado em 2000, é uma iniciativa de Ford, GM, Daimler-Chrysler, Nissan e**

Renault, acumulando o valor de US$300 bilhões em compras. O Covisint é neutro e aberto a outros compradores e fornecedores para oferecer serviços de *e-procurement* (cotação de preços), *supply chain management* (administração da cadeia de suprimentos) e desenvolvimento de produtos.

4. ***Agrega Inteligência em Compras* (www.agrega.com.br): É uma *joint venture* entre Souza Cruz e AmBev, e constitui um exemplo do pensamento estratégico focado na melhoria de processos organizacionais para otimizar custos e identificar oportunidades de mercado. A Agrega iniciou suas operações em janeiro de 2001 com o objetivo de reduzir custos através de escala e da gestão de materiais e serviços não específicos, ou seja, que apresentam sinergia entre as companhias. O escopo de atuação envolve 120 grupos de materiais e serviços, que vão desde material de escritório, equipamentos, combustíveis até viagens e serviços médicos, odontológicos e de informática, entre outros, que correspondem a aproximadamente 35% do volume total de compras das organizações que utilizam a Agrega para viabilizar a redução de custos e a eficácia em compras.**

A combinação de conhecimento em compras, tecnologia e escala possibilita maior foco, eficiência e profissionalismo na gestão de itens que anteriormente não recebiam a mesma atenção dispensada àqueles de maior impacto nas organizações, tais como as matérias-primas, por exemplo. A Agrega movimenta um volume de recursos estimado em R$1,6 bilhão em 2008. Seu sucesso está ancorado na máxima capitalista segundo a qual quem demanda grande quantidade pode exigir preço e prazos de pagamento melhores. Em alguns itens, a redução chega a 90% em relação ao valor anteriormente pago pelo cliente. Hoje, a Agrega realiza a gestão contínua de materiais e serviços para Avipal, PepsiCo, White Martins, Ceras Johnson, Nestlé, Whirlpool, Eleva e Bunge, totalizando um poder de compra que a torna muito competitiva em suas negociações com fornecedores. Pelo serviço, a Agrega cobra uma porcentagem da economia gerada. Apesar do seu conceito focado em economia de escala, a Agrega significa muito mais do que isso para as companhias sócias e para os clientes. A experiência de sua equipe permite um processo mais eficiente na gestão de abastecimento e uma especialização em mercados e produtos que dentro das empresas seriam tratados como secundários.

CONCLUSÃO

O novo cenário competitivo é uma ampla e complexa arena onde as organizações querem se fazer presentes, ocupar seu espaço e alcançar seus objetivos. Como o espaço é finito, cada organização que entra reduz forçosamente o espaço das outras. E nem poderia ser diferente. É um jogo sem fim de forças e contraforças, ações e reações, e que tende a aumentar cada vez mais o seu ponto de ebulição. A resultante desse complicado campo dinâmico de forças é o gradativo aumento da rivalidade no novo cenário competitivo. Isso faz com que as organizações passem a disputar de maneiras diferentes a fim de obter competitividade estratégica e retornos acima da média.

Sem o conhecimento dos pontos fortes e fracos dos concorrentes e de suas ações mais prováveis é impossível formular o componente central da formulação estratégica: descobrir o grupo de clientes para os quais há uma vantagem competitiva em relação à concorrência. Como a vantagem competitiva é um conceito relativo e contingencial, a organização que tiver um conhecimento deficiente de seus concorrentes não terá nenhum conhecimento de si própria.

A complexidade e a ambiguidade encarada em muitos mercados modernos ressaltam a necessidade de identificar e entender os concorrentes. Em outras palavras, a dinâmica competitiva requer um referencial para a análise da concorrência a fim de avaliar tanto movimentos ofensivos como defensivos no sentido de impedir os concorrentes prestes a iniciar reações indesejáveis. Esse processo deve levar em conta a complexidade do mundo moderno dos negócios onde o principal concorrente, cliente, colaborador ou fornecedor pode ser a mesma organização.

NOTAS

1. HITT, M. A., IRELAND, R. D. Ireland & HOSKISSON, R.E. *Strategic management: competitiveness and globalization*. Florence, KY: South-Western College Publishing, 2001, p. 189.

2. DAY, G. S. & REIBSTEIN, D. J. "The dynamic challenges for theory and practice", in *Wharton on competitives Strategy*. New York: John Wiley & Sons, 1997, p. 2.

3. EMERY, F. E. & TRIST, E. L. "Socio-technical systems", in CHURCHMAN, W. & VERHULST, M. (eds.). *Management science: models and techniques*. v. 2. London: Pergamon, 1960, p. 83-97.

4. DEMSETZ, H. "Two systems of belief about monopoly", in HARVEY, J. GOLDSCHIMD, MANN, H. Michael & WESTON, J. Fred (eds.). *Industrial concentration: the new learning*. Boston: Little, Brown and Company, 1974.

5. Adaptado de EMERY, F. E. & TRIST, E. L. "The causal texture of organization environment." *Human Relations*, v. 18, fevereiro 1965, p. 21-32.

6. CONNER, K. R. Obtaining strategic advantage from being imitated: When can encouraging “clones” pay?, Management Science 41 (2) (1995), p. 209-225.

7. Conforme citado em: David Besanko, David Dravone, Mark Shanley, Scott Schaefer. Economics of Strategy. Nova York: John Wiley & Sons, Inc., 2004, capítulo 6.

8. PRAHALAD, C. K. Changes in the Competitive Battlefield: Mastering Strategy. *Financial Times*, Outubro 4, 1999, Parte Dois, p. 2-4.

9. HOLM, D. B., ERIKSSON, K., JOHANSON, J. Creating Value Through Mutual Commitment to Business Network Relationships”, *Strategic Management Journal*, v. 20, 1999, p. 467-486.

10. FULD, Leonard. The Secret Language of Competitive Intelligence: How to See Through and Stay Ahead of Business Disruptions, Distortions, Rumors, and Smoke Screens. Nova York:Crown Business, 2006.

11. *Gazeta Mercantil*, 03.11.1996.

12. HOOLEY, G. J., SAUNDERS, J. A., PIERCY, N. F. Estratégia de Marketing e Posicionamento Competitivo. São Paulo: Pearson Education do Brasil, 2001, p. 148-149.

13. ASHKENAS, R., ULRICH, D., JICK, T., KERR, S. *The Boundaryless Organization*: Breaking the Chains of Organizational Structure. San Francisco, Ca.: Jossey-Bass, 2002, p. 5-8.

14. HOOLEY, G. J., SAUNDERS, J. A., PIERCY, N. F. Op. cit. p. 142-143.

15. Sir Richard Branson, inglês nascido em 1950 é o fundador do Grupo Virgin. Seus investimentos vão da música à aviação, vestuário, biocombustíveis, fórmula 1 de carros e até viagens aeroespaciais. Em 2008, Richard Branson era o 245° homem mais rico do mundo, segundo a revista *Forbes*.

16. OLVE, Nils-Göran, WETTER, J. Roy, M. *Condutores da Performance: Um Guia Prático para o Uso do Balanced Scorecard*. Rio de Janeiro: Qualitymark, 2001, p. 268-269.

17. Adaptado de: WATKINS, K. E., MARSICK, V. J. (eds.) e PHILLIPS, J. J. em *Action: Creating the Learning Organization*. Alexandria, Va.: American Society for Training and Development, 1996, p. 5

18. PORTER, Michael. *Vantagem Competitiva – Criando e Sustentando um Desempenho Superior*. Rio de Janeiro: Editora Campus, 1989, p. 203-206.

19. KOTLER, Philip. *Administração de Marketing*. Edição do Milênio, revisão técnica: Arão Sapiro. São Paulo: Pearson Education do Brasil, 2000, p. 263.

20. KOTLER, Philip, op. cit. p. 256.

21. Citado em HOOLEY, G.J., SAUNDERS, J. A., PIERCY, N.F. Op. cit. p. 304.

22. Adaptado de D. M. Lambert, M. A. Emmelhainz, J. T. Gardner. *So You Think You Want to Be a Partner?*. Marketing Management, verão, 1996, p. 25-41.

23. BALESTRIN, Alsones, Jorge Verschoore. *Redes de Cooperação Empresarial – Estratégias de Gestão na Nova Economia*. Porto Alegre: Bookman – Artmed Editora, 2008.

24. Um dos maiores fenômenos da moda dos dias de hoje é a cadeia de lojas espanhola, Zara. Com mais de 200 designers e estilistas, para conseguir responder imediatamente cada tendência que surge na moda o que permite o lançamento de novos artigos nas prateleiras duas vezes por semana! Um de seus segredos está na logística: a Zara consegue distribuir produtos um dia depois do pedido ter sido feito pelas lojas da Europa, e dois dias depois no caso das unidades da Ásia e do continente americano (Brasil incluso). E não existem diferenças entre as linhas vendidas em cada um dos lugares – apesar das diferenças culturais, parece que a moda já é globalizada - pelo menos para os clientes da Zara. http://chic.ig.com.br/materias/360001-360500/360287/360287_1.html, acessado em 20 de abril de 2009.

25. SEBRAE – Serviço Brasileiro de Apoio às Micro e Pequenas Empresas (Sebrae) é uma entidade privada sem fins lucrativos que tem como missão promover a competitividade e o desenvolvimento sustentável dos empreendimentos de micro e pequeno porte. A instituição foi criada em 1972, como resultado de iniciativas pioneiras que tinham como foco estimular o empreendedorismo no país.

26. BALESTRIN, Alsones, Jorge Verschoore, op. cit., p. 83.

27. TAPSCOTT, Dan. *Capital Digital – Dominando o Poder das Redes de Negócios*. São Paulo: Makron Books, 2001, p.28-30.

28. ANCHROL, R. Changes in the Theory of Interorganizacional Relations in Marketing: Toward a Network Paradigm. *Journal of the Academy of Marketing Science*, 25(1), p. 56-71.

PARTE IV

Formulação Estratégica

Entendendo como as Empresas Definem seus Objetivos e Escolhem as Estratégias para Alcançá-los Adequadamente

Esta quarta parte do livro trata de elaborar as estratégias que deverão assegurar a implementação do plano estratégico, a partir do conhecimento estratégico adquirido anteriormente. Nessa etapa do processo de planejamento estratégico são discutidas todas as considerações a respeito de possíveis estratégias para a construção de valor e a definição do posicionamento competitivo da empresa.

Esta parte está constituída por um único capítulo:

Capítulo 10 *Definição de objetivos e formulação das estratégias* – aplicação de modelos de apoio à decisão: onde se explora a condição estratégica da empresa em si mesma, de modo a capacitá-la a executar os movimentos de crescimento e adequação que se façam necessários, cobrindo os temas da expansão da capacidade, diversificação e suas razões, abordagens de diversificação, estratégias de integração vertical em função dos requisitos dos processos de globalização.

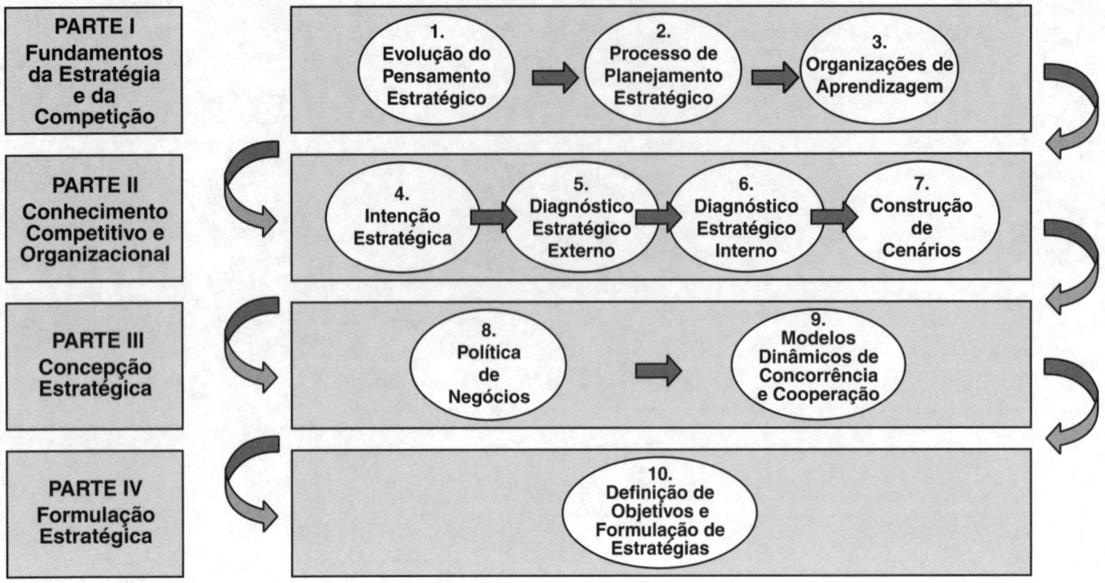

■ **FIGURA IV.1** *Conexão entre as Partes I, II, III e IV do livro.*

CAPÍTULO 10

DEFINIÇÃO DE OBJETIVOS E FORMULAÇÃO DAS ESTRATÉGIAS

Aplicação de modelos de apoio à decisão

O que você verá pela frente:

- O processo de definição de objetivos.
- Natureza dos objetivos.
- Administração por objetivos (APO).
- Definição de objetivos.
- Elaboração de estratégias.
- Modelos estratégicos.
- Características de cada estágio do ciclo de vida.
- Sistema de atividades.
- Conclusão.

Objetivos de aprendizagem:

- Mostrar o processo de definir objetivos organizacionais.
- Discutir a administração por objetivos.
- Formular a elaboração de estratégias.
- Apresentar modelos estratégicos.
- Descrever o sistema de atividades.

O processo estratégico pode ser entendido como um conjunto integrado de decisões que se refere à definição de objetivos, à elaboração de estratégias para alcançá-los e à busca de cursos de ação a serem seguidos para sua adequada consecução. Estes são os requisitos impostos ao processo de planejamento estratégico: objetivos, estratégias e cursos de ação. Um aspecto crucial desse processo é a sua preparação, que deve ser feita através de pessoas que interagem e discutem entre si, trocam ideias e negociam entre si para chegar a um alinhamento sobre as políticas decididas, conforme estudado no Capítulo 8. Isso permite que os objetivos, as estratégias e os cursos de ação ganhem consistência durante a preparação do plano estratégico. Tudo isso explica por que o processo de planejamento estratégico precisa ser intensamente participativo, coordenado, integrado e permanente. Não é algo que se faça apenas uma vez a cada ano. Precisa ser constante e continuamente exercitado. E, sobretudo, com adesão, participação, envolvimento e engajamento do maior número de pessoas da organização.[1]

O PROCESSO DE DEFINIÇÃO DE OBJETIVOS

As organizações estão incessantemente perseguindo objetivos a fim de assegurar resultados tangíveis e melhorar continuamente a si mesmas. Um objetivo é um alvo futuro a atingir, uma meta a alcançar, um desejo sonhado ou uma expectativa que se pretende realizar em função de um período de tempo. Quando um objetivo é alcançado, ele se torna realidade e precisa ser substituído por outro objetivo maior, menor ou diferente no espaço de tempo esperado. Esse espaço temporal pode ser de dias, semanas, meses, anos ou décadas. E isso se faz continuamente ao longo do tempo. E, em função do tempo, um objetivo pode ser chamado de meta, alvo, *target*, propósito ou programa. Os objetivos têm sua importância relacionada às mensagens internas e externas que enviam para dentro e para fora da organização. Os objetivos são guias para:[2]

- *Legitimar a existência da organização*: Os objetivos legitimam as pretensões da organização para os seus *stakeholders*, sejam internos (como executivos e colaboradores), sejam externos (como acionistas, investidores, clientes etc.).
- *Tomar decisões*: Os objetivos estão associados a planos que descrevem as ações necessárias para alcançá-los. Assim, orientam os colaboradores na redução de incertezas na tomada de decisão e os motivam no sentido de indicar o caminho a seguir.
- *Consistir organizacionalmente*: Os objetivos definem uma rede integrada de diretivas e servem de guias para manter a interação, a integridade e a articulação do conjunto de esforços organizacionais.
- *Tornar a organização eficiente*: Os objetivos focalizam a atenção em desafios pontuais para dirigir os esforços de todos na organização para os resultados a serem alcançados.
- *Avaliar do desempenho*: Os objetivos definem os resultados desejados e, assim, constituem critérios de avaliação do desempenho e representam o padrão de execução desejado.
- *Manter a racionalidade*: Os objetivos permitem que todos saibam para onde pretende ir a organização e suas unidades e departamentos. Permitem que todas as decisões estajam alinhadas e focadas nos objetivos que a organização pretende alcançar.

Os objetivos devem atender a certos requisitos para garantir a sua utilidade e capacidade transformadora.[3]

- *Devem ser específicos e mensuráveis*: Sempre que possível, os objetivos devem ser passíveis de mensuração, definidos em bases objetivas e realistas em termos quantitativos, seja em números absolutos, em porcentagem, em proporções ou em comparações. Objetivos vagos ou mal definidos têm pouca força motivacional sobre as pessoas. Todavia, nem todos os objetivos podem ser expressos em termos numéricos. Existem objetivos de caráter qualitativo que devem ser definidos de maneira mensurável ou comparativa.
- *Devem cobrir todas as áreas de resultado da organização*: Os objetivos devem envolver aquelas atividades que melhor contribuem para os resultados da organização, as chamadas áreas-chave de desempenho.
- *Devem ser desafiadores, mas realistas*: Os objetivos devem oferecer desafios e oportunidades para as pessoas, para assegurar um sentimento de superação mas sempre em uma base razoável para elas.
- *Devem ser definidos para um determinado período de tempo:* Os objetivos devem determinar explicitamente o período de tempo em que deverão ser alcançados. Isso permite uma avaliação do progresso em função do tempo disponível e uma comparação com os resultados alcançados em períodos anteriores.

- *Devem ser ligados a recompensas*: Os objetivos devem ser perceptivelmente relevantes, de modo a motivar os responsáveis por realizá-los, que em caso de sucesso deverão ser recompensados como um reforço positivo. É necessário evitar recompensas negativas (como admoestações, críticas, afastamento, imagem negativa ou demissões), principalmente quando o alcance do objetivo foi impedido ou prejudicado por circunstâncias externas difíceis ou inesperadas.
- Devem ser adequadamente comunicados para aumentar as chances de que serão perfeitamente entendidos por seus responsáveis. Quando a organização tem elevado grau de centralização, isso dificulta a sua divulgação e disseminação em todos os níveis.

Muitas vezes, as organizações propõem objetivos incoerentes e inconsistentes, confundindo a sua relevância e rebaixando o moral dos colaboradores quando provocam confusão. Assim, o objetivo de aumentar as vendas ou a participação no mercado pode ser incoerente com o objetivo de aumentar os preços ou aumentar a lucratividade no curto prazo. O conjunto de objetivos da organização deve ser integrado, harmonioso e consistente, tanto no sentido vertical como horizontal, através da estrutura da organização.

NATUREZA DOS OBJETIVOS

As organizações existem para atingir vários e diferentes propósitos. Um hospital pode assumir o propósito principal de proporcionar elevada qualidade de serviços médicos à comunidade. Seu objetivo principal é oferecer essa assistência. Pelo contrário, uma organização de negócios em geral existe para assegurar um determinado lucro. O objetivo principal desse tipo de organização é conquistar esse lucro.

Na verdade, as organizações perseguem simultaneamente uma infinidade de objetivos procurando atender seus públicos de interesse (*stakeholders*) a saber:

- Acionistas e proprietários.
- Clientes e consumidores.
- Colaboradores, envolvendo dirigentes, executivos e pessoas que trabalham na organização.
- Fornecedores.
- Concorrentes.
- Agências reguladoras, sindicatos, associações de classe etc.
- Comunidade onde a organização está situada.
- Sociedade.
- Governo e estado.

INTERAÇÕES VERTICAIS DOS OBJETIVOS

Existe uma hierarquia de objetivos, a partir da declaração da missão da organização, na qual os objetivos mais amplos – os objetivos organizacionais ou estratégicos que contemplam os resultados esperados da organização como um todo – são desdobrados em objetivos de negócios divisionais ou por unidades de negócios que, por sua vez, são desdobrados em objetivos funcionais por áreas ou departamentos (objetivos táticos), até chegar a estipular os objetivos por equipes e pessoais (objetivos operacionais), criando um todo integrado e convergente ao longo dos níveis da organização.

Os objetivos devem interagir entre si no sentido vertical, de cima para baixo. Essa amarração entre os objetivos em diferentes níveis é necessária para manter a integridade e a consistência do conjunto e garantir o efeito sinergístico em seus resultados, como mostrado na Figura 10.1.

JANELA CONCEITUAL

DEPLOYMENT

Dá-se o nome de *deployment* ao desdobramento de objetivos estratégicos em objetivos táticos e cada um destes em objetivos operacionais, em uma cascata de objetivos de cima para baixo. Na verdade, os objetivos estratégicos servem de guarda-chuva para os objetivos táticos, e cada um deles ampara uma variedade de objetivos operacionais. Esse processo de desdobramento tem por finalidade manter a integração necessária do conjunto para que os objetivos operacionais estejam alinhados com os objetivos táticos e estes entrosados com os objetivos estratégicos no sentido de alcançar foco e sinergia.

INFORMAÇÃO PRIVILEGIADA

HIERARQUIA DOS OBJETIVOS

Considerando o tempo de concretização e sua abrangência, os objetivos apresentam a seguinte hierarquia:

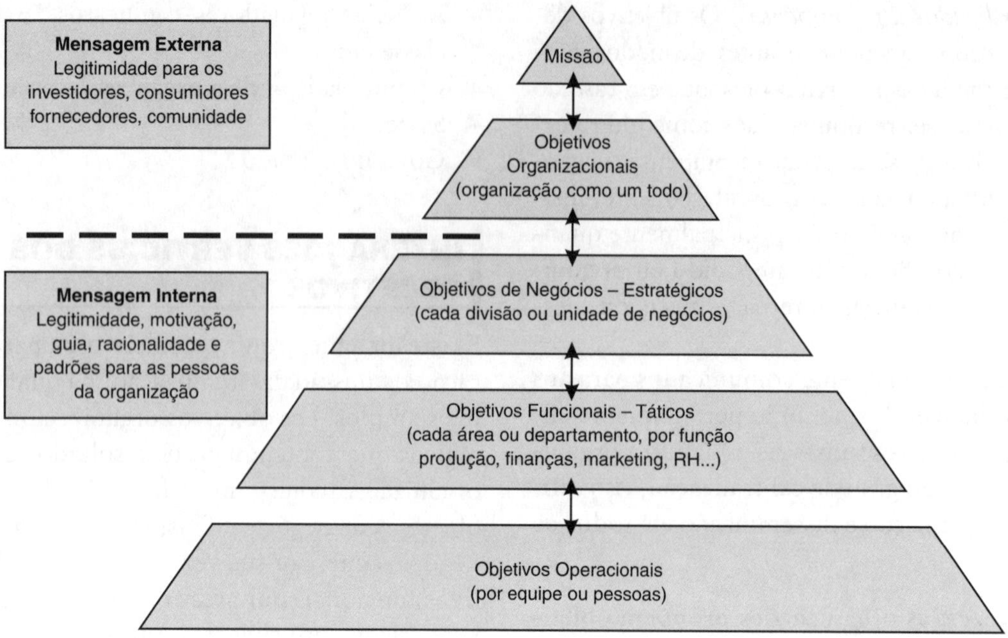

■ **FIGURA 10.1** *Interação vertical dos objetivos.*

1. *Objetivos estratégicos:* Muitas vezes, confundem-se com as políticas ou diretrizes. São objetivos de longo prazo, tendo um horizonte temporal de até cinco ou dez anos, dependendo da natureza da organização e dos objetivos que ela pretende alcançar. São elementos críticos para o sucesso do planejamento estratégico ou de todo o plano ou projeto. Quando cobrem a organização e suas unidades de negócios como um sistema global são também denominados objetivos organizacionais ou corporativos. As decisões sobre os objetivos estratégicos são de responsabilidade da cúpula da organização, podendo congregar a participação envolvente de todos os demais níveis organizacionais.
2. *Objetivos táticos:* São os objetivos de médio prazo, que podem coincidir com o exercício fiscal ou anual da organização, e cobrem cada unidade da organização em geral relacionada com as funções diferentes, como marketing, recursos humanos, finanças, produção, tecnologia etc. Nesse nível, os objetivos estão relacionados a resultados de lucratividade, participação no mercado, desenvolvimento humano, satisfação do cliente, metas de custos, programas de qualidade, responsabilidade social ou processos de inovação. Os objetivos táticos têm o propósito de otimizar uma determinada área de resultados e não a organização como um todo.
3. *Objetivos operacionais:* São os objetivos específicos e de curto prazo – algo como dias, semanas ou meses – focados na execução das operações rotineiras na base da organização. Envolvem recursos, procedimentos, produtos, processos, prazos e responsáveis pela sua implementação e execução. Sua formalização se dá por documentos escritos, processos e métodos de trabalho para cada plano operacional. Assim, um objetivo tático de melhorar a qualidade dos produtos pode envolver vários objetivos operacionais no sentido de adquirir matérias-primas de melhor procedência, treinar o pessoal, regular periodicamente as máquinas e reduzir as rejeições de não-conformidade em 2%, por exemplo. A Figura 10.2 exemplifica os diferentes níveis hierárquicos de objetivos.

Na prática, não há uma separação absoluta e rígida entre os três níveis organizacionais (estratégico, tático e operacional) nem uma separação clara entre os objetivos estratégicos, táticos e operacionais. Contudo, o nível estratégico funciona dentro da lógica de sistema aberto. Como está na interface entre a organização e seu ambiente externo, ele lida com as coações, contingências, oportunidades e ameaças externas e enfrenta a incerteza ao lidar com elas. Os objetivos estratégicos estão focados na efetividade. No íntimo da organização está o nível operacional, que executa suas atividades cotidianas e programadas. Nesse sentido, trabalha dentro da lógica de sistema fechado, e os objetivos operacionais estão focados na eficiência. No meio desses dois níveis está o nível tático ou gerencial, que trabalha como articulador entre os níveis estratégico e operacional. Os objetivos táticos estão focados na eficácia.

Interações horizontais dos objetivos

Além das interações verticais envolvendo diferentes níveis hierárquicos, os objetivos requerem interações

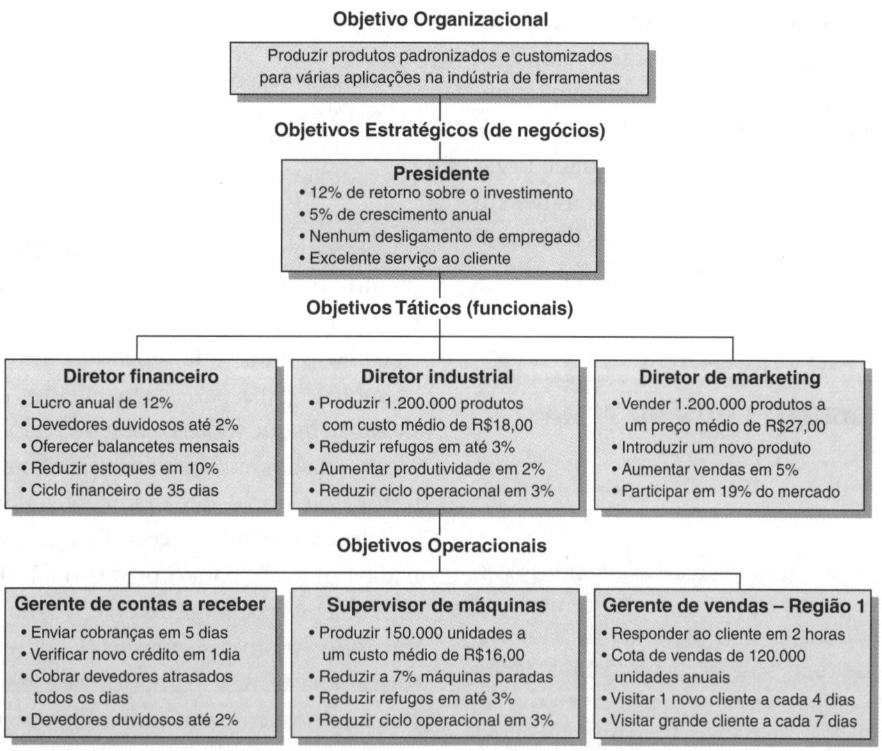

■ **FIGURA 10.2** *Hierarquia de objetivos em uma empresa de manufatura.*[4]

horizontais, isto é, no mesmo plano hierárquico. As interações horizontais são feitas entre áreas paralelas ou entre pessoas do mesmo nível da organização. É necessário reconhecer as interfaces de relacionamento recíproco entre departamentos e pessoas. De um lado, as unidades superiores podem transmitir objetivos absolutamente definidos dentro de uma faixa para ser especificada no nível inferior, como decisões de natureza quantitativa ou qualitativa. Por outro lado, pode-se adotar uma abordagem na qual, a partir de políticas superiores, os departamentos pares podem estabelecer seus planos, programas e projetos.

BANCO DE IDEIAS

O PAPEL DOS EXECUTIVOS NO ALCANCE DOS OBJETIVOS

O papel do presidente e dos demais executivos está em focar toda a atenção da empresa nos objetivos a alcançar, o que pode ser feito progressivamente, como desafios a serem superados um a um. São verdadeiros desafios corporativos no sentido de conquistar novas vantagens competitivas. Para envolver toda a organização torna-se necessário um conjunto integrado de ações, como gerar um senso de urgência indicando a necessidade de melhorar continuamente; promover a atenção naquilo que os concorrentes estão fazendo; assegurar capacitação para o trabalho em equipe; definir marcos intermediários e ferramentas de revisão e avaliação para monitorar o progresso; assegurar reconhecimento e recompensas. O envolvimento e a responsabilidade recíproca das pessoas são fundamentais nesse processo.

ADMINISTRAÇÃO POR OBJETIVOS (APO)

A administração por objetivos é um estilo de administração que enfatiza o estabelecimento do conjunto de objetivos tangíveis verificáveis e mensuráveis. A APO desloca o foco desempenho das atividades-meio, no qual a preocupação é com os meios para se chegar aos fins, aos resultados esperados advindos daquele desempenho, no qual a preocupação está nos fins, que determinam os meios para se chegar lá.

No sistema de APO, os planejadores definem metas comuns, especificam as áreas de responsabilidade e utilizam esses critérios para a avaliação do andamento da atividade e a contribuição de cada responsável da etapa do processo em avaliação, como mostra a Figura 10.3.

Para que as unidades mais baixas participem conjuntamente do estabelecimento de seus próprios objetivos, a APO funciona simultaneamente de cima para baixo e de baixo para cima. O resultado é uma hierarquia de objetivos que liga objetivos de um nível ao outro com aqueles que estão nos níveis inferiores. Para cada funcionário, a APO proporciona objetivos específicos de desempenho. Cada pessoa deve ter uma contribuição específica para fazer à sua unidade organizacional ou à organização. E todas as pessoas devem alcançar seus objetivos para que os objetivos da unidade e da organização possam se tornar realidade.

INFORMAÇÃO PRIVILEGIADA

PRINCIPAIS ELEMENTOS DOS SISTEMAS DE APO

Existem vários sistemas de APO. Seus principais elementos comuns são os seguintes:

1. *Estabelecimento e especificação conjunta de objetivos entre o gestor e seu superior através de uma intensa negociação:* O superior se incumbe da obtenção dos recursos necessários ao alcance dos objetivos – como pessoas, equipamentos, recursos financeiros, orientação, treinamento, capacitação e motivação –, enquanto o gestor se incumbe das atividades para alcançar os objetivos negociados e definidos.
2. *Tomada de decisão participativa* e estabelecimento de objetivos para cada departamento, numa hierarquia de objetivos em cascata.
3. *Definição de um período definido de tempo* para sua concretização.
4. *Interligação entre os vários objetivos* para alcançar efeitos de sinergia.
5. *Revisão periódica e avaliação constante* com eventual correção para assegurar o alcance dos resultados esperados.
6. *Retroação do desempenho e ênfase na mensuração*, seja na quantificação, seja no controle dos resultados.

A vantagem do modelo de APO está no desdobramento dos objetivos organizacionais em objetivos específicos para cada unidade organização, para cada grupo de trabalho e para cada indivíduo, provocando um efeito cascata de cima para baixo através da organização, na medida em que todos os objetivos globais da organização são traduzidos em objetivos específicos para cada nível inferior – divisional, departamental, individual. Assim, cada colaborador tem uma contribuição específica e determinada a oferecer para o processo e todos devem alcançar seus objetivos para que os objetivos da organização, como um todo, sejam assegurados. Cada vez mais, a APO se torna uma técnica participativa e de envolvimento dos funcionários, como mostra a Figura 10.4.

DEFINIÇÃO DE OBJETIVOS

Os objetivos são definidos a partir de anseios e expectativas humanas quanto a uma condição futura ideal. Forma-se aí uma tensão entre o desejo, representado pelos valores e atitudes e a intenção dos indivíduos, representada por suas motivações e comprometimentos e os meios disponíveis.

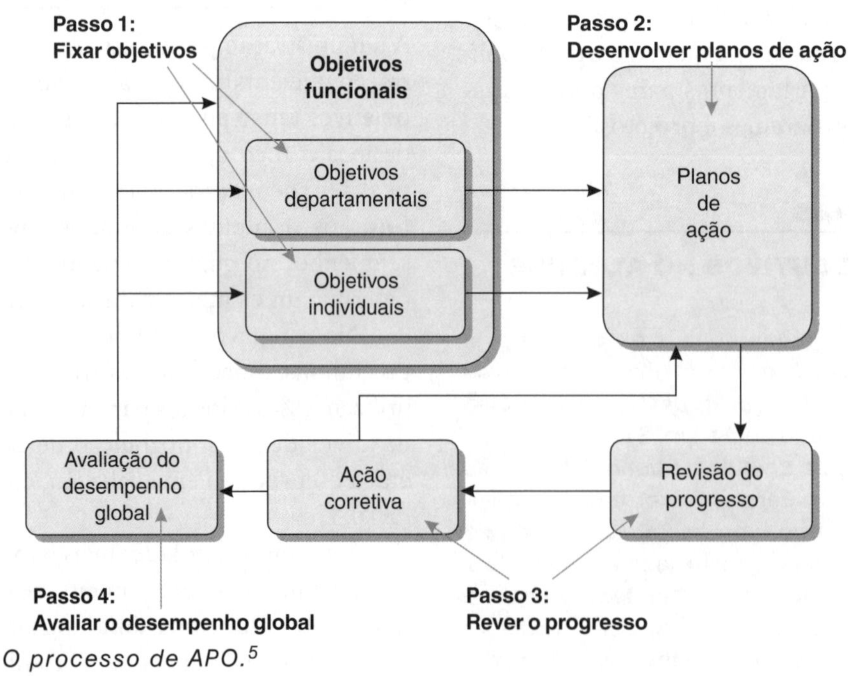

■ **FIGURA 10.3** *O processo de APO.*[5]

Os objetivos são definidos a partir de diferentes abordagens:

1. *Abordagem estatística por extrapolação:* o objetivo definido é uma derivação do objetivo alcançado no exercício anterior e estabelecido como um número, como, por exemplo, aumentar as vendas em 5%, em relação ao ano anterior.
2. *Abordagem determinística carismática:* o objetivo é determinado pela forte vontade dos líderes e tem uma característica qualitativa, inspirando seus responsáveis, como no caso do exemplo de melhorar a imagem da empresa diante do mercado.
3. *Abordagem analítica racional:* Essa forma de definição de objetivos pressupõe um diagnóstico anterior de avaliação e proposição de melhorias, para que durante o tempo de obtenção dos objetivos seja assegurada a maximização da aplicação dos recursos disponíveis. Um exemplo de objetivo definido sob essa abordagem seria não ter mais do que 2% dos produtos devolvidos por defeito.
4. *Abordagem contingencial:* Quando os objetivos são definidos em cima dos resultados e dos obstáculos na medida em que vão aparecendo. Essa abordagem é adequada para obtenção de resultados de curto prazo e quando o mais importante é a voluntariedade das pessoas, como, por exemplo, completar os pedidos pendentes até o final do mês.

O objetivo mais frequentemente encontrado nas organizações é a maximização dos lucros. Pode estar relacionado à rentabilidade, que é a relação do lucro sobre o patrimônio ou à lucratividade (lucro sobre as vendas). Isso para que a comunidade empresarial possa reconhecer facilmente esse resultado como indicador de sucesso das atividades da organização. Na verdade, o lucro é o resultado das operações passadas da organização, e quando é utilizado como fator de previsão futura pode incentivar decisões de curto prazo desalinhadas com as diretrizes estabelecidas no planejamento estratégico para o futuro da organização.

No Quadro 10.1 é exemplificado como associar objetivos organizacionais e objetivos estratégicos.

INFORMAÇÃO PRIVILEGIADA

DIFERENTES RESULTADOS PARA DIFERENTES *STAKEHOLDERS*

Na tentativa de buscar o equilíbrio entre diferentes expectativas, em geral, as organizações têm dificuldade de atender às demandas dos diferentes *stakeholders* de forma ampla. Algumas vezes, as organizações maximizam os interesses de um específico *stakeholder* – geralmente os acionistas – em detrimento dos interesses dos outros. Quando uma organização privilegia os interesses financeiros dos acionistas em detrimento das necessidades de remuneração dos funcionários, ela corre o risco de desmotivá-los e aliená-los e, assim, arriscar o desempenho operacional que, mais cedo ou mais tarde,

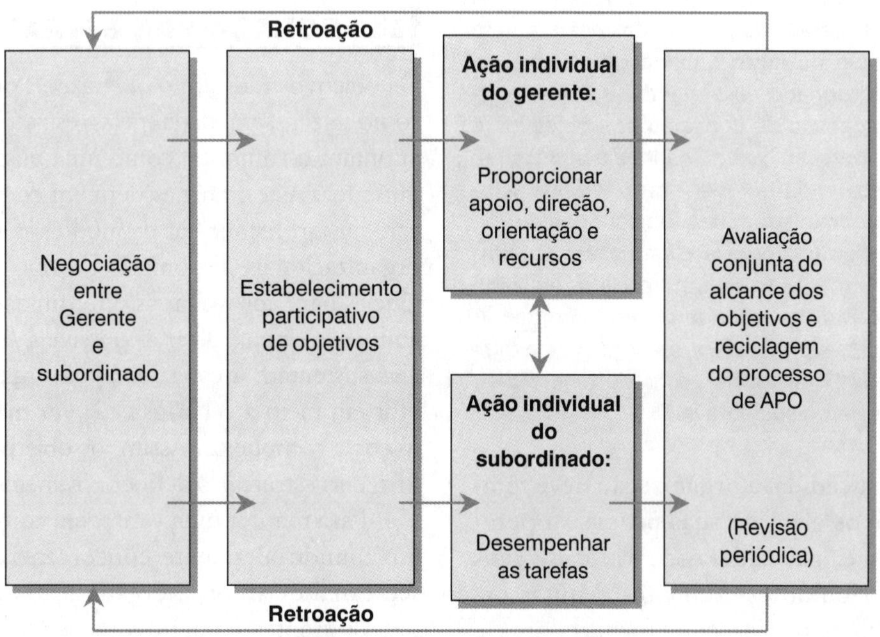

■ **FIGURA 10.4** *A administração participativa por objetivos.*[6]

■ **QUADRO 10.1** *Exemplos de objetivos organizacionais e estratégicos relacionados*[7]

EMPRESA	TIPO DE NEGÓCIO	OBJETIVOS ORGANIZACIONAIS	OBJETIVOS ESTRATÉGICOS
Ford Motor	Manufatura de carros	Reconquista da parcela de mercado perdida. Retomada da reputação de qualidade.	1. Redesenho e compactação dos modelos atuais de carros. 2. Produção de carros de luxo, compactos, intermediários e populares. 3. Aumento da utilização da combustão programada nos carros.
Burger King	*Fast-food*	Aumento da produtividade do serviço.	1. Aumento da eficiência do pessoal. 2. Aumento da eficiência das máquinas.
CP Railroad	Transporte ferroviário	Manutenção do crescimento da empresa. Manutenção dos lucros da empresa.	1. Modernização da empresa. 2. Desenvolveimento de alianças estratégicas. 3. Fusão adequada com transporte rodoviário e urbano.

afetará o desempenho financeiro, prejudicando, então, os interesses dos acionistas. Da mesma maneira, aumentar os preços para satisfazer às demandas dos acionistas por maior retorno poderá afastar os clientes.

Muito embora os interesses dos vários *stakeholders* possam diferir, fica claro que, quando a organização é próspera, aumenta sua capacidade de servir a todos os *stakeholders*, oferecendo bons produtos aos clientes, contribuindo com a elevação do padrão da sociedade, proporcionando bons empregos, enfim criando valor e ofertando benefícios financeiros e não-financeiros a todos os *stakeholders*, de modo equilibrado.

Além disso, os diferentes públicos de interesse, como o próprio nome diz, terão interesses diferentes em termos de resultados oferecidos pela organização, e nem sempre a maximização do lucro tomado como objetivo será suficiente ou apropriado para atender suas demandas. O desafio no processo de definição dos objetivos é contemplar todas as perspectivas de ganhos e benefícios, conforme a visão de cada *stakeholder* – proprietários acionistas, conselheiros, administradores, funcionários, fornecedores, credores, distribuidores e clientes. No Quadro 10.2 é apresentado o resultado de um trabalho realizado na Vale (Cia. Vale do Rio Doce), onde se procurou definir as expectativas de seus *stakeholders*, atendidas pela missão corporativa, que é: "Transformar recursos minerais em riqueza e desenvolvimento sustentável."[8]

Para ser bem-sucedida, a organização deve também buscar objetivos além de suas próprias operações internas, isto é, nas cadeias de valor de seus fornecedores, distribuidores e clientes. Muitas organizações formam parcerias com fornecedores e distribuidores específicos para criar uma cadeia de entrega de valor superior (também denominada canal ou cadeia de suprimento, estudado no Capítulo 6), ampliando o leque de possibilidades da organização para gerar os resultados esperados.

O importante é definir exatamente o que impulsiona a competição. Para isso, os objetivos devem estar alinhados entre si, mas sempre considerando o papel dos concorrentes na estratégia organizacional. Eles podem reagir e retaliar e, com isso, provocar entraves à estratégia formulada.

ELABORAÇÃO DE ESTRATÉGIAS

Os objetivos indicam *o que* fazer. Porém, a resposta ao *como* fazer será dada pelas estratégias. Os objetivos apontam o rumo, tal como uma bússola orienta o pesquisador. As estratégias definem como deslocar, realocar, ajustar, reconciliar de modo sistemático os recursos organizacionais disponíveis e como utilizar as competências para aproveitar as oportunidades emergentes no ambiente e neutralizar as possíveis ameaças. As estratégias sustentam a capacidade da organização de manobrar em meio a cenários cada vez mais mutáveis, dinâmicos e complexos. Assim, os objetivos estabelecem os fins, e as estratégias definem os meios para alcançá-los.

Para manter uma vantagem competitiva diante de um mundo altamente concorrencial, e, ao longo de seu canal de valor, a organização deve buscar um de três diferentes conjuntos de estratégias, alinhados às suas políticas organizacionais:

■ **QUADRO 10.2** *Diferentes objetivos dos diferentes* stakeholders *de uma empresa*[9]

STAKEHOLDERS	OBJETIVOS RESPECTIVOS
Clientes	Proposta superior de confiabilidade de suprimento e de valor de uso, sustentadas por inovação e desenvolvimento constantes
Fornecedores	Visão de longo prazo e disposição de promover parcerias que visem a ganhos para ambas as partes, por meio de desenvolvimento e inovação contínuos e fornecimento de bens e serviços de qualidade com custo compatível
Funcionários	Ambiente de trabalho ético, transparente, desafiador, de oportunidades, e que traga orgulho profissional para todos, com remuneração competitiva baseada na meritocracia
Distribuidores	Exclusividade regional e condições justas de venda
Acionistas investidores	Retorno superior à média de mercado dos segmentos em que a empresa atua
Conselho de administração	Evolução sustentável e uma boa governança corporativa
Executivos	Benefícios pessoais e fortalecimento da marca como forma de aparecerem suas competências
Comunidade em geral	Ética, pelo respeito ao meio ambiente e a responsabilidade social com que age, integrando e garantindo a presença da Vale, contribuindo positivamente para o desenvolvimento sustentável

1. *Excelência operacional:* São estratégias desenvolvidas para alcançar eficiência e regularidade associadas à excelência operacional e que levam uma organização a alcançar excelência em processos gerenciais e operacionais essenciais.
2. *Liderança de produto:* São estratégias desenvolvidas para a inovação, ao oferecerem produtos inovadores e com elevado desempenho dos serviços, como são as estratégias executadas pela Intel, líder de produtos na área de processadores para computador, ou pela Nike, na moda esportiva. Um exemplo é o negócio de impressoras da HP, a qual alcançou domínio de mercado através de inovações tecnológicas importantes, variações rápidas de produtos, preços reduzidos e vontade para atacar competidores.
3. *Intimidade com o cliente:* São estratégias desenvolvidas para flexibilidade ao oferecerem o que os clientes específicos querem. Os requisitos essenciais são: personalização, excelência na tipificação de clientes para satisfazer necessidades distintas e competência de sustentar relações de longo prazo com os clientes.

O Quadro 10.4 mostra as premissas estratégicas das organizações segundo o conjunto de estratégias adotada.

O detalhamento das estratégias no médio prazo se faz através das táticas, que são descrições detalhadas da aplicação dos recursos organizacionais, e das competências funcionais por áreas, departamentos, gerências, que, por sua vez, são desdobrados em planos operacionais (de ação) por equipes que se desdobram em planos pessoais de ação para assegurar o alcance dos objetivos dos diferentes níveis, como explicado no início do capítulo. Para todo esse desdobramento das estratégias em táticas e em operações torna-se necessário optar por modelos estratégicos capazes de fazê-lo de acordo com as pretensões da organização.

INFORMAÇÃO PRIVILEGIADA

CRITÉRIOS DE FORMULAÇÃO DE ESTRATÉGIAS[11]

A Fundação Nacional da Qualidade (FNQ) define os seguintes critérios de avaliação da formulação das estratégias:

"Este item examina a implementação de processos gerenciais que contribuem diretamente para o objetivo de gerar estratégias consistentes e coerentes e um modelo de negócio competitivo.

a) Como são identificadas e analisadas as características do setor de atuação da organização e suas tendências.

b) Como são analisados o macroambiente e o mercado de atuação da organização e suas tendências.
c) Como é realizada a análise do ambiente interno da organização.
    a. Destacar de que forma as competências essenciais e os ativos intangíveis da organização são considerados nessa análise.
d) Como são avaliadas e definidas as estratégias da organização.
    a. Destacar de que forma a organização considera os riscos empresariais nesse processo e insere o desenvolvimento sustentável na sua estratégia.
    b. Apresentar as principais estratégias e objetivos da organização.
e) Como é avaliado e definido o modelo de negócio competitivo em relação às estratégias determinadas e às perspectivas dos mercados e do setor de atuação da organização.
    a. Destacar de que forma são identificadas as oportunidades e decididas a entrada e saída em negócios e mercados, o desenvolvimento ou retirada do mercado de produtos e o desenvolvimento de parcerias.
f) Como as diversas áreas da organização e as partes interessadas, quando pertinente, são envolvidas nos processos de formulação de estratégias."

MODELOS ESTRATÉGICOS

Os modelos estratégicos atuam como ferramentas que apoiam a tomada de decisão, estimulando e inspirando estratégias, a partir de suas premissas. A seguir são apresentados e discutidos quatro modelos estratégicos:

1. Matriz produto/mercado de Ansoff.
2. Modelo de ciclo de vida do produto.
3. Matriz participação de mercado/crescimento do mercado (matriz BCG).
4. Modelo de adoção de Roger Everett.

Matriz de crescimento de produto/mercado

As declarações de missão e objetivos da maior parte das organizações destacam o crescimento, isto é, a intenção de aumentar os rendimentos e lucros. Ao procurar o lucro, a organização precisa considerar seus mercados e seus produtos para decidir se continua a fazer o que está fazendo agora – apenas fazendo cada vez mais e melhor – ou se aventura em um novo risco. A matriz de crescimento de produto/mercado proposta por Igor Ansoff[12] descreve essas opções. Para Ansoff, em termos genéricos, existem quatro estratégias de crescimento de produto-mercado, como no Quadro 10.3.

▪ **QUADRO 10.3** *Matriz de crescimento de produto/mercado*

	PRODUTOS ATUAIS	NOVOS PRODUTOS
Mercados atuais	1. Estratégia de penetração	3. Estratégia de desenvolvimento de produto
Novos mercados	2. Estratégia de desenvolvimento de mercado	4. Estratégia de diversificação

1. *Estratégia de penetração no mercado:* A organização tenta vender mais dos seus produtos atuais para os seus mercados atuais. Táticas de suporte incluem maior gasto com propaganda ou com venda pessoal. Por exemplo, os fabricantes de chiclete utilizam essa estratégia encorajando os fumantes a mascarem chiclete nos locais onde é proibido fumar.
2. *Estratégia de desenvolvimento de mercado:* A organização continua a vender seus produtos atuais, mas também para novos mercados. Por exemplo, quando o mercado de aviação comercial entra em queda, a Embraer investe mais recursos para vender seus equipamentos militares.
3. *Estratégia de desenvolvimento de produto:* Essa estratégia exige que a organização desenvolva novos produtos para vender nos seus mercados atuais. Para melhor satisfazer seus clientes (e sem dúvida atrair novos clientes também), o Grupo Accor tem várias marcas de hotéis: o sofisticado Sofitel, o tradicional Novotel, o barato Ibis e o Partenon, direcionado a executivos.
4. *Estratégia de diversificação:* A organização desenvolve novos produtos para vender em novos mercados. Essa estratégia é arriscada porque ela não depende dos produtos de sucesso da organização ou da sua posição em mercados estabelecidos. Às vezes, ela funciona e às vezes não. Como exemplo de diversificação (talvez radical), a *griffe* de roupa Gucci decidiu desenhar carros.

■ **QUADRO 10.4** *Premissas estratégicas conforme o conjunto de estratégias dotado pela organização.*[10]

	PREMISSAS PARA AS ESTRATÉGIAS DE EXCELÊNCIA OPERACIONAL	PREMISSAS PARA AS ESTRATÉGICAS DE INOVAÇÃO E DE RELACIONAMENTO
RECURSOS		
Humanos	Ênfase na conformidade e compromisso	Ênfase na originalidade
Financeiro	Crescimento financeiro dos negócios atuais	Crescimento requer capacidade financeira
Tecnológico	Melhoria do produto e dos processos	Criação de novos produtos e novas tecnologias
ORGANIZAÇÃO		
Estrutura	Orientação centralizada e funcional Cadeia vertical para decisões e comunicação Vendas e operações são funções dominantes	Orientação descentralizada para produtos Rede de influência e comunicação Uso de projetos e forças-tarefas Marketing e P&D são funções dominantes
Controle	Orçamentos e planos detalhados e revistos em pequenos intervalos estreitos	Planejamento amplo sobre objetivos
Padrões	Metas individuais ou grupais baseadas em comparações internas Objetivos de produção e de vendas	Metas genéricas baseadas em comparações externas Objetivos de tecnologia e fidelização
Recompensas	Recompensas por desempenho individual e grupal Promoções devidas a planos executados	Recompensas para desempenho nos negócios Promoção por resultados inovadores Recompensas para tomadores de risco
Políticas e processos	Processo de tomada de decisão do topo estabelecem pistas claras de carreira	Processos decisórios ascendentes e descendentes Uso de políticas claras
Ambiente de trabalho	Orgulho quanto à precisão Ênfase em custos, entrega e qualidade Horas regulares de trabalho e descanso	Orgulho em ser o primeiro com ideias brilhantes Trabalho e descanso por preferências individuais

Modelo de ciclo de vida do produto

O ciclo de vida retrata desde o nascimento até a morte de um produto. Esse modelo consiste em cinco estágios na vida de um produto: desenvolvimento do produto, introdução, crescimento, maturidade e declínio.

O conceito de vida do produto deve ser aplicado a uma categoria genérica de produto (como fornos de micro-ondas e microprocessadores, por exemplo) e não a marcas específicas (como Sharp e Intel, respectivamente).

O ciclo de vida pode ser representado ao se assinalar o volume de vendas agregado para uma categoria genérica de produto durante um tempo, geralmente anos. É também válido acompanhar a curva do volume de vendas com a curva de lucro correspondente para a categoria de produto, até porque uma organização está interessada em lucro, não somente em vendas. As formas dessas duas curvas variam de uma categoria de produto para outra. Para a maioria das categorias, as formas básicas e a relação entre as curvas de vendas e de lucro são como a ilustração na Figura 10.5. Nesse típico ciclo de vida, a curva de lucro para a maioria dos produtos novos é negativa (significando uma perda) através do estágio introdutório. Na última parte do estágio de crescimento, a curva de lucro começa a declinar, enquanto o volume de vendas ainda está aumentando. Os lucros declinam porque as organizações num setor normalmente devem aumentar seus esforços de propaganda e de vendas e/ou diminuir seus preços para sustentar o crescimento das vendas diante da intensa concorrência durante o estágio de maturidade, conforme apresentado no Quadro 10.5.

BANCO DE IDEIAS

O TEMPO CERTO DA INOVAÇÃO

Introduzir um produto novo na hora apropriada ajuda a manter o nível de lucro desejado pela organização. Lutando para manter sua posição dominante no mercado de barbeadores, a Gillette enfrenta esse desafio frequente-

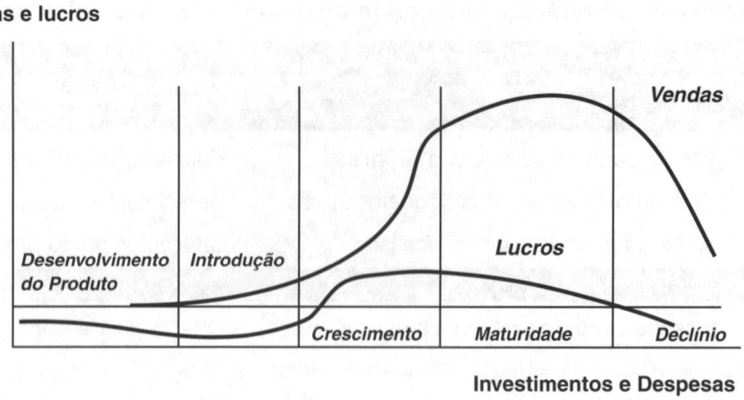

■ **FIGURA 10.5** *Gráfico do ciclo de vida do produto.*

■ **QUADRO 10.5** *Características e implicações dos diferentes estágios de um ciclo de vida típico de um produto*[13]

CARACTERÍSTICA	ESTÁGIOS			
	Introdução	**Crescimento**	**Maturidade**	**Declínio**
Venda	Baixa	Rápido crescimento	Atinge apogeu	Declinante
Custo	Alto	Médio	Baixo	Baixo
Lucro	Negativo	Crescente	Elevado	Declinante
Consumidores	Inovadores	Adotantes imediatos	Adotantes posteriores	Retardatários
Concorrentes	Poucos	Crescente	Número estável que começa a declinar	Número declinante
	POLÍTICAS DE NEGÓCIOS			
	Criar consciência do produto	Maximizar participação de mercado	Maximizar lucro e ao mesmo tempo defender a participação de mercado	Reduzir gastos e tirar o mesmo proveito da marca
	ESTRATÉGIAS			
Produto	Oferecer um produto básico	Oferecer extensões de produto, serviços e garantia	Diversificar marcas e modelos	Retirar itens fracos
Preço	Preço elevado	Preço de penetração	Preço para acompanhar ou vencer a concorrência	Reduzir preço ao nível que incentive a retirada de concorrentes
Distribuição	Seletiva	Intensa	Mais intensiva	Reduzir ao nível necessário para manter fiéis bons consumidores
Propaganda	Construir consciência do produto entre adotantes e revendedores	Construir consciência e interesse no mercado de massa	Enfatizar as diferenças e os benefícios da marca	Reduzir ao nível necessário para manter bons consumidores fiéis
Promoção de vendas	Usar intensa promoção de vendas para estimular a experimentação	Reduzir para aproveitar a forte demanda do consumidor	Aumentar para estimular a troca de marca	Reduzir ao nível mínimo

mente. Na década de 1980, uma grande organização francesa, a Bic, arrancou uma parcela de mercado da Gillette ao introduzir com sucesso os barbeadores descartáveis Bic. Após considerável pesquisa e desenvolvimento, a Gillette contra-atacou com o novo barbeador Sensor, apresentando lâminas independentes e suspensas. A estratégia funcionou, já que muitos consumidores abandonaram a conveniência dos barbeadores descartáveis mais baratos em favor de um barbear melhor, oferecido pelo barbeador Sensor, de preço mais alto. Mais recentemente, em uma nova arrancada, a Gillette lançou o novo modelo Fusion Power após um longo e fabuloso investimento em pesquisa e desenvolvimento.

Se um novo produto não tem concorrência e está particularmente apelando para os consumidores, uma empresa pode cobrar um preço relativamente alto e conseguir altos lucros. A Intel procura uma medida de controle de preços ao permanecer à frente da concorrência. Para fazer isso, ela desenvolve e introduz novas gerações de microprocessadores num espaço de somente dois anos, mesmo que a demanda ainda esteja crescendo para a sua versão corrente.

O conceito de ciclo de vida de um produto tem sido criticado como não tendo suporte empírico e sendo muito geral para ser útil em casos específicos. Mesmo admitindo que o ciclo de vida não é perfeito e deve ser adaptado para se encaixar em diferentes circunstâncias, ele é direto e poderoso. O sucesso de marketing de uma organização pode ser afetado consideravelmente por sua habilidade de determinar e se adaptar aos ciclos de vida de cada uma das suas categorias de produto.

CARACTERÍSTICAS DE CADA ESTÁGIO DO CICLO DE VIDA

A administração deve ser capaz de reconhecer em qual estágio do ciclo de vida o produto está em qualquer momento. O ambiente competitivo e as estratégias de marketing que deveriam ser usadas ordinariamente dependem do estágio particular do ciclo de vida. Cada estágio é detalhado a seguir.

1. *Introdução:* Ocorre quando a organização lança o produto no mercado. Durante o estágio de introdução, às vezes chamado de estágio pioneiro, o produto é lançado no mercado num programa de marketing de escala total. Ele passou pelo desenvolvimento de produto, inclusive pela seleção da ideia, protótipo e testes de mercado. O produto inteiro pode ser novo, tal como um substitutivo para gordura em comidas preparadas. Ou pode ser bem conhecido mas ter uma característica nova significativa que, com efeito, cria uma categoria de produto novo; o carro elétrico é um exemplo. A introdução é o estágio mais arriscado e caro porque valores substanciais devem ser gastos não somente para desenvolver o produto mas também para procurar aceitação do consumidor em relação à oferta. A maioria dos produtos novos não é aceita por um número suficiente de consumidores e fracassa nesse estágio.

BANCO DE IDEIAS

ESTRATÉGIAS INDICADAS PARA A FASE DE INTRODUÇÃO DO PRODUTO

1. Produto inteiramente novo no mercado.
2. Produto parcialmente novo no mercado.
3. Produto com uma nova característica no mercado.
4. Produto com uma nova e diferente utilização pelo mercado.

2. *Crescimento:* Ocorre quando o mercado começa a utilizar o produto e a conhecê-lo melhor. No estágio de crescimento ou estágio de aceitação do mercado, as vendas e o lucro aumentam, frequentemente numa taxa rápida. Os concorrentes entram no mercado, sempre em grande número, se a possibilidade de lucro for particularmente atraente. Como resultado da concorrência, os lucros começam a declinar perto do fim do estágio de crescimento. Como parte dos esforços das organizações para construir vendas e, por sua vez, parcela de mercado, os preços tipicamente declinam gradualmente durante esse estágio.

BANCO DE IDEIAS

ESTRATÉGIAS INDICADAS PARA A FASE DE CRESCIMENTO DO PRODUTO

1. Produto com melhor qualidade e com adição de novas características.
2. Acréscimo de novos modelos e produtos de flanco.
3. Entrada do produto em novos segmentos de mercado.
4. Aumento da cobertura de mercado através da entrada em novos canais de distribuição.
5. Mudança no apelo de propaganda para conscientização para obter preferência do produto.
6. Redução de preços no produto para atrair novos consumidores.
7. Segmentação demográfica.

3. *Maturidade:* Ocorre quando o mercado já conhece bem o produto e passa a consumi-lo. Durante a primeira parte do estágio de maturidade, as vendas continuam a aumentar, mas numa taxa decrescente. Quando as vendas nivelam, os lucros dos produtores e intermediários declinam. Razão primária: intensa concorrência no preço. Procurando se diferenciar, algumas organizações estendem suas linhas de produtos com novos modelos; outras lançam uma versão "nova e melhorada" da sua marca primária. Durante esse estágio, a pressão é maior naquelas marcas que seguem as marcas-líder. Durante a última parte desse estágio, as empresas de menor expressão, aquelas com altos custos ou com nenhuma vantagem competitiva saem do mercado. Elas fazem isso por não terem compradores e/ou lucros suficientes.

BANCO DE IDEIAS

ESTRATÉGIAS INDICADAS PARA A FASE DE MATURIDADE DO PRODUTO

1. Introdução de modificações no mercado:
   - Para expansão do número dos consumidores.
   - Para expansão da taxa de consumo no mercado.
2. Introdução de modificações no produto:
   - Para melhoria da qualidade do produto.
   - Para melhoria das características do produto.
   - Para melhoria do estilo (*design*) do produto.
3. Modificação do composto de marketing:
   - Alteração no preço do produto.
   - Alteração na distribuição do produto.
   - Alteração na propaganda sobre o produto.
   - Alteração na promoção de vendas.
   - Introdução de venda pessoal.
   - Introdução do marketing direto.
   - Inclusão de serviços adicionais.
4. *Saturação:* É uma situação particular que pode acontecer durante a fase de maturidade do produto. Ocorre quando o mercado já não consome mais o produto como anteriormente. A razão pode ser que o mercado foi amplamente coberto pela oferta do produto em sua fase de maturidade e os clientes não fazem a recompra por alguma razão. Outra razão pode ser a entrada de produtos concorrentes que ajudam a saturar o mercado. O fato é que o produto já não encontra mais a receptividade no mercado.
5. *Declínio:* Ocorre quando o produto não desperta mais o interesse do mercado e as vendas caem abruptamente. Para a maioria dos produtos, um estágio de declínio consistente do volume de vendas para a categoria total é inevitável por uma das seguintes razões:
   a. Um produto melhor ou menos caro é desenvolvido para preencher a mesma necessidade.
   b. A necessidade por um produto desaparece, frequentemente por causa do desenvolvimento de outro produto. Por exemplo, o apelo por suco de laranja congelado virtualmente eliminou o mercado de espremedores de laranja domésticos.

BANCO DE IDEIAS

ESTRATÉGIAS INDICADAS PARA A FASE DE DECLÍNIO DO PRODUTO

1. Identificação dos pontos fracos do produto:
   - A fim de manter o produto.
   - A fim de modificar o produto.
   - A fim de abandonar o produto.
2. Manter o nível de investimento sobre o produto.
3. Aumentar o investimento sobre o produto.
4. Reduzir o investimento sobre o produto.
   - Para retrair seletivamente.
   - Para recuperar ao máximo.
   - Para desacelerar rapidamente.

Ao perceber pouca oportunidade para vendas ou lucros, a maioria dos concorrentes abandona o mercado durante esse estágio de declínio. Entretanto, poucas organizações conseguem desenvolver um pequeno nicho de mercado e permanecer com um sucesso moderado no decorrer do estágio de declínio. Alguns fabricantes de fogões a lenha conseguiram essa proeza.

Em algum ponto da vida da maioria dos produtos e serviços pode tornar-se claro que não existe mais o longo prazo para eles. Isso pode ocorrer em função de grandes mudanças nas exigências dos clientes, que o projeto do produto atual não pode acompanhar, ou pode ser devido a mudanças tecnológicas que tornem o produto obsoleto. Nessas circunstâncias, uma estratégia de colheita (ou de "ordenha") pode ser adotada para obter o máximo de retorno do produto, antes de sua morte ou retirada do mercado.

Negócios ou produtos candidatos à colheita podem ser aqueles que estão dando prejuízo, apesar dos recursos gerenciais e financeiros neles investidos, ou podem ser aqueles em processo de obsolescência devido à inovação da empresa ou da concorrência.

A implementação de uma estratégia de colheita exige uma redução do apoio de marketing a um mínimo, corte de despesas de propaganda, apoio de vendas e P&D. Geralmente ocorrerá uma racionalização da linha do produto para reduzir os custos de produção e outros custos diretos. Além disso, os preços podem ser aumentados um pouco para melhorar as margens, as mesmo tempo que se espera uma redução no volume de vendas.

Quando uma empresa decide que uma política de colheita não é possível – por exemplo, quando, apesar de todos os esforços, o negócio ou o produto continua a dar prejuízo –, a atenção volta-se para a desativação ou a eliminação do negócio ou produto do portfólio da empresa. A desativação ou a decisão de sair de um mercado ou negócio específico nunca é tomada de maneira trivial. Quando se pondera a extinção de um negócio ou produto específico, é crucial questionar seus impactos para os negócios da organização.

Extensão do ciclo de vida do produto

A total extensão do ciclo de vida – desde o início do estágio de introdução ao final do estágio de declínio – varia de acordo com a categoria do produto. Ela vai de poucas semanas ou uma curta estação (para uma roupa da moda) a muitas décadas (para automóveis ou telefones) ou até mais de um século, como o combustível derivado de petróleo. E ela varia por causa das diferenças na extensão dos estágios individuais de uma categoria de produto para a próxima. Embora a curva do ciclo de vida dos produtos sugira que todos os quatro estágios de ciclo de vida quase se igualam em um período de tempo, os estágios de qualquer ciclo de vida normalmente são muito diferentes.

Variações do ciclo típico de vida dos produtos

Num ciclo típico, o produto ganha ampla aceitação do consumidor somente após um período introdutório estendido. Em outra variação, o ciclo inteiro de vida começa e termina num período de tempo relativamente curto; essa variação retrata o ciclo de vida para um modismo, um produto ou estilo que se torna imensamente popular quase da noite para o dia e, então, sai do gosto dos consumidores quase tão rapidamente quanto apareceu. O bambolê é um bom exemplo de modismo do passado. Se as sandálias Havaianas produzidas pela São Paulo Alpargatas e o ato de colocar *piercings* em partes do corpo podem ser modismos, somente o tempo dirá. Numa terceira variação, o estágio maduro do produto pode demorar quase indefinidamente. Esse ciclo de vida é ilustrado pela palha de aço Bom Bril e pelo amido de milho Maizena, e também por automóveis com motores a gasolina de combustão interna. Outras formas, tais como carros elétricos ou movidos a energia solar, têm sido propostas, mas o automóvel que é usado de maneira abrangente permanece dominante.

OLHAR LATINO

RANKING DAS MARCAS MAIS VALIOSAS DA AMÉRICA LATINA[14]

A Interbrand pesquisou as marcas mais valiosas da América Latina (2008):

MARCA	SEGMENTO	VALOR DA MARCA (EM R$ MILHÕES)
1 Itaú	Financeiro	10.552
2 Bradesco	Financeiro	9.227
3 Banco do Brasil	Financeiro	7.839
4 Cemex	Cimeno	7.077
5 Claro	Telecomunicações	6.360
6 Telmex	Telecomunicação	6.163
7 Petrobras	Petróleo	5.438
8 Telcel	Telecomunicações	4.785
9 Unibanco	Financeira	4.771
10 Banco do Chile	Financeira	3.158

De modo geral, os ciclos de vida dos produtos estão ficando cada vez mais curtos. Se os concorrentes conseguem rapidamente introduzir um "clone" de um produto popular, ele pode se mover rapidamente para o estágio de maturidade. Mudanças rápidas na tecnologia podem virtualmente tornar obsoleto um produto da noite para o dia. Várias categorias de produtos não conseguem passar pelos quatros estágios do ciclo de vida. Algumas fracassam no estágio introdutório. Esse pareceu ser o caso, na década de 1980, de um produto que toca videodiscos em vez de fitas de vídeo.

Matriz participação de mercado/crescimento do mercado (matriz BCG)

É um modelo desenvolvido pela consultoria Boston Consulting Group e data de pelo menos 50 anos, quando foi publicado o artigo de Henderson.[15] Usando esse modelo, uma organização pode classificar cada um de seus produtos ou linhas de produtos de acordo com dois fatores: sua parcela de mercado relativa à concorrência e a taxa de crescimento do mercado do produto. Os dois fatores são divididos em categorias alta e baixa para criar uma grade 2 x 2, como mostra a Figura 10.6.

Os quadrantes diferem com respeito não somente à parcela de mercado e taxa de crescimento do setor, mas também com relação às necessidades de caixa e às estratégias adotadas. Os produtos situados em cada quadrante recebem nomes sugestivos para denotar suas características em função dos fatores considerados. Dessa classificação saem indicações de estratégias que serão elaboradas, considerando a dinâmica de funcionamento entre as quatro diferentes situações dos produtos:

1. *Estrelas:* As altas parcelas de mercado e as altas taxas de crescimento do mercado caracterizam os produtos nesse quadrante. Entretanto, um produto que cai nessa categoria apresenta um desafio para as organizações porque ele exige muito dinheiro para permanecer competitivo em mercados em crescimento. As estratégias agressivas de marketing são imperativas para que os produtos estrelas mantenham ou até mesmo construam parcela de mercado.
2. *Vacas leiteiras* (Cash Cow): São produtos com altas parcelas de mercado e possivelmente estão atravessando o estágio de maturidade de seu ciclo de vida (aquele com baixas taxas de crescimento). Pode-se chamá-los de vacas "caixeiras" em uma tradução livre desse conceito em inglês (*Cash Cow*). Quando o crescimento de uma área diminui, as estrelas se movem para essa categoria porque a maioria dos seus clientes são remanescentes fiéis, os custos de marketing de um produto vaca leiteira não são altos. Consequentemente, ele gera mais dinheiro do que pode ser reinvestido de forma lucrativa nas suas operações. Como resultado, as vacas leiteiras podem ser "ordenhadas" para dar suporte a outros produtos que precisam de mais recursos. As estratégias para vacas leiteiras procuram defender a parcela de mercado através do reforço da lealdade do consumidor.
3. *Pontos de interrogação:* Também chamados de crianças-problema, identificam os produtos caracterizados por baixas parcelas de mercado mas com altas taxas de crescimento do mercado. Um produto ponto de interrogação não atingiu uma base segura num mercado em expansão, mas altamente competitivo. A questão em torno desse tipo de produto é se ele pode ganhar parcela de mercado adequada e ser lucrativo. Se a administração responder "não", então o produto deve ser desativado. Se a administração responder "sim", a organização deve prover o dinheiro para construir a parcela de mercado – mais dinheiro do que o ponto de interrogação típico gera através dos

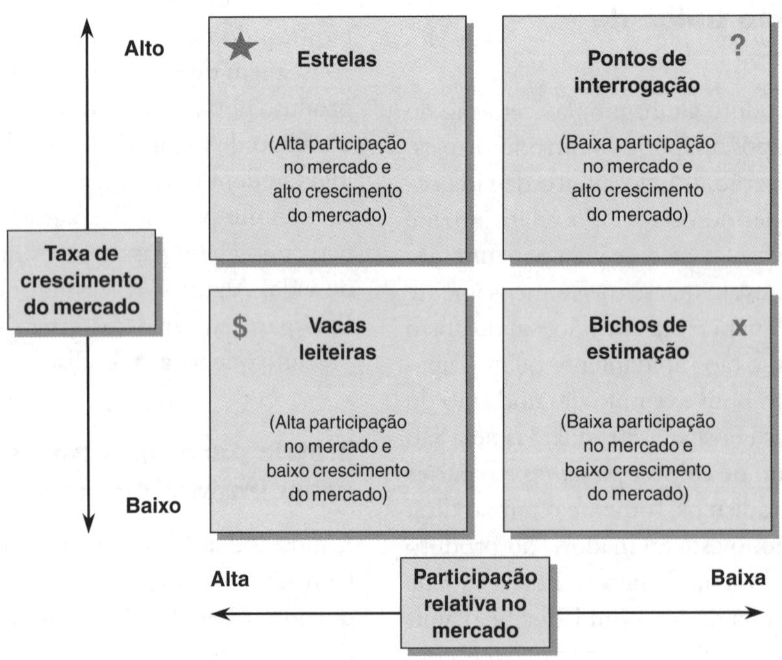

■ **FIGURA 10.6** *Matriz BCG.*

seus lucros. Estratégias apropriadas de marketing para pontos de interrogação focalizam a criação de mercado ao mostrar um forte diferencial e, assim, construir o apoio dos compradores.

4. *Bicho de estimação:*[16] São produtos que têm baixas parcelas de mercado e operam em setores com baixas taxas de crescimento. Uma organização normalmente estaria equivocada em investir fundos substanciais em produtos nessa categoria. As estratégias de marketing para os bichos de estimação pretendem maximizar qualquer lucro potencial ao minimizar os gastos ou promover um diferencial para construir parcela de mercado. A organização pode, em vez disso, dar um basta e desativá-los.

Na maioria das organizações com várias linhas de produtos, os portfólios incluem um conjunto de estrelas, vacas leiteiras, pontos de interrogação e bichos de estimação. A Pepsi, em meados da década de 1990, nos Estados Unidos, detinha como principais marcas a Pepsi-Cola, a Pepsi e a Diet Pepsi, que poderiam ser descritas como vacas leiteiras. Uma *joint venture* com a Lipton produzia uma linha de estrelas, chás gelados em lata e em garrafa. A marca Pepsi de bebidas esportivas, All Sport, era um ponto de interrogação quando lutava com a bem entrincheirada Gatorade por uma parcela maior de um mercado em crescimento. Finalmente, a Crystal poderia ser rotulada como um bicho de estimação porque a demanda por colas claras estava baixa e a marca Crystal não tinha conseguido fidelizar muitos consumidores.

Na arena financeira, um investidor precisa de um portfólio equilibrado com respeito aos riscos e retornos em potencial. Da mesma forma, a organização deveria procurar um portfólio equilibrado. Certamente, as vacas leiteiras são indispensáveis. As estrelas e os pontos de interrogação também são integrais para o portfólio equilibrado porque os produtos em mercados em crescimento determinam um desempenho em longo prazo da organização. Quanto aos bichos de estimação é raro uma organização que não tenha pelo menos um.

Existe uma dinâmica que explicaria a movimentação dos produtos entre os quadrantes, como se houvesse um círculo virtuoso – uma empresa sistematicamente deveria transferir caixa produzida por suas vacas leiteiras, aplicando os recursos no lançamento de pontos de interrogação em mercados de grande ascensão que com o tempo devem arrefecer. Uma empresa deveria, nesse tempo, fazer com que seus produtos pontos de interrogação ganhassem parcelas de mercado, assim transformando seus pontos de interrogação em produtos estrelas, que, com o tempo, com o arrefecimento no crescimento do mercado, passarão a ser vacas leiteiras, reiniciando o ciclo virtuoso, mostrado na Figura 10.7. Numa sequência de decisões competentes, o portfólio de produtos apresentará um perfil equilibrado, com geração contínua de caixa e sistemática política de inovação.

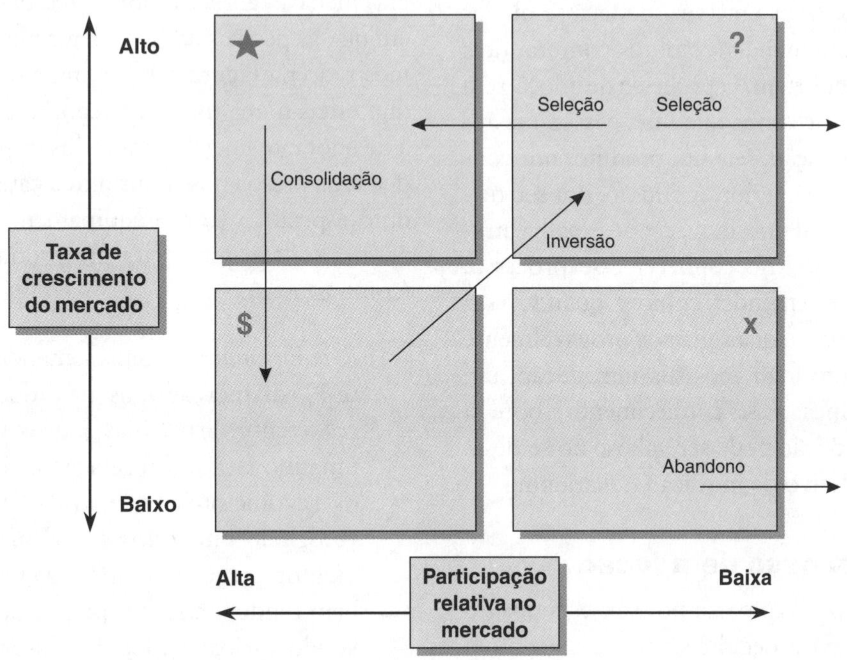

▪ **FIGURA 10.7** *Círculo virtuoso da alocação de fundos.*

O planejamento estratégico deve encaminhar estratégias que promovam o surgimento de vacas leiteiras, assegurando assim o caixa necessário para possibilitar investimentos em inovações, como mostrado na Figura 10.8. No exemplo, o gráfico da esquerda mostra a posição atual de seis produtos de uma empresa e a posição três anos antes. A participação relativa no faturamento é representada pelo diâmetro do círculo correspondente. A escala do eixo vertical tem por base a taxa percentual de crescimento do mercado, variando de 0% a 20%, e a escala do eixo vertical é logarítmica, variando de 0,3:1 (a participação de mercado da empresa corresponde a 30% da líder do setor) a 3:1 (a participação de mercado da empresa corresponde a três vezes a participação da seguidora do setor). Como se pode analisar, o produto 2 é o que tem maiores chances de crescimento, o produto 6 é verdadeiramente uma incógnita e o produto 4 deverá ser excluído da linha.

No gráfico da direita pode-se analisar a posição esperada dos produtos após as decisões estratégicas tomadas com relação a eles nos próximos três anos. O produto 4 sairá de linha, o produto 3 continuará a ser uma vaca leiteira, porém de menor expressão, e com o tempo o produto 1 deverá se transformar numa nova vaca leiteira da empresa.

Adoção e difusão de inovação[17]

A probabilidade de se fazer sucesso com um produto novo ou uma tecnologia superior é maior se a administração compreender os processos de adoção e difusão para aquela inovação. Mais uma vez, destaca-se que as organizações precisam entender como os compradores em prospecção se comportam. O processo de adoção é o conjunto de decisões sucessivas que uma pessoa faz antes de aceitar uma inovação, seja um produto, um conceito ou uma tecnologia superior. A difusão, por seu turno, é o processo pelo qual uma inovação se espalha através de um sistema social. Ao conhecer esse processo, uma organização pode entender como e quando essa inovação é aceita ou não e quais grupos provavelmente comprarão um produto logo após sua introdução, um pouco depois ou nunca. Esse conhecimento sobre o comportamento de adoção pode ser valioso ao se desenhar um programa efetivo de inovação e marketing.

Estágios no processo de adoção

Um comprador prospectivo passa por seis estágios no processo de adoção para decidir se aceita algo novo (Quadro 10.6).

▪ **QUADRO 10.6** *Estágios no processo de adoção*

ESTÁGIO	ATIVIDADE NAQUELE ESTÁGIO
Consciência	O indivíduo é exposto à inovação; torna-se um *prospect**
Interesse	O *prospect* está interessado em procurar informação
Avaliação	O *prospect* julga as vantagens e desvantagens de um produto e o compara com as alternativas
Teste	O *prospect* adota a inovação numa quantidade limitada e transforma-se em comprador. Um comprador experimenta uma amostra, se o produto puder ser entregue em amostras
Adoção	O comprador decide se usa a inovação em escala total
Confirmação	Após adotar a inovação, o comprador torna-se um usuário que imediatamente procura uma confirmação de que a decisão de comprar o produto foi correta

Categorias dos adotantes

Algumas pessoas vão adotar uma inovação logo após sua introdução no mercado. Outras vão demorar antes de aceitar o novo, e outras ainda talvez nunca o adotem. Há cinco categorias de adotantes, baseadas no momento em que as pessoas adotam determinada inovação como mostrado na Figura 10.9. É improvável que um indivíduo esteja numa mesma categoria (como, por exemplo, a de adotante inicial) para todos os produtos. É possível que uma pessoa possa cair numa categoria para um produto específico (como equipamento de áudio), mas ir para outra categoria para um produto muito diferente (como roupas).

1. *Revolucionários:* Representando aproximadamente 3% do mercado, os inovadores são consumidores aventureiros. Eles são os primeiros a adotar uma inovação. Em relação aos adotantes tardios, os revolucionários provavelmente são mais jovens, têm um *status* social mais alto e estão em melhor posição financeira. Os inovadores também tendem a ter amplas relações sociais, envolvendo vários grupos de pessoas em mais de uma comunidade. Eles provavelmente vão confiar

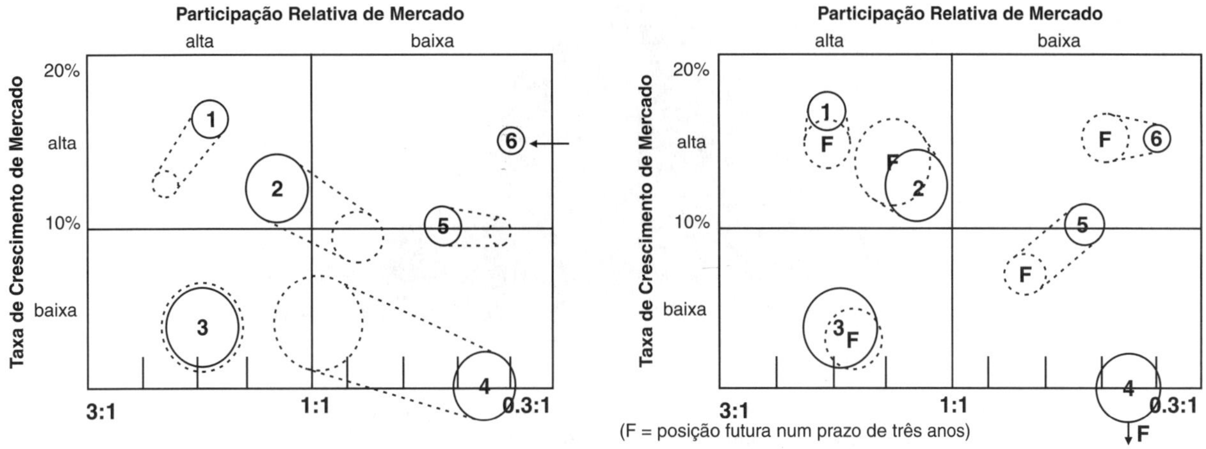

■ **FIGURA 10.8** *Estratégias para produtos, usando a matriz BCG.*

mais em fontes de informação não-pessoais, tais como propaganda, mais que em vendedores ou outras fontes pessoais.

2. *Líderes de opinião:* Representando aproximadamente 13% do mercado, os adotantes iniciais compram um produto novo depois dos revolucionários e, ao contrário deles, que têm amplos envolvimentos fora de uma comunidade local, os líderes de opinião tendem a ser socialmente envolvidos dentro de uma comunidade local. A maioria é muito influenciada por suas opiniões.
3. *Maioria pioneira:* A maioria pioneira, representando aproximadamente 34% do mercado, inclui mais indivíduos deliberados que aceitam uma inovação um pouco antes do adotante "médio" num sistema social. Esse grupo está um pouco acima da média considerando indicadores econômicos e sociais. Os pertencentes a essa categoria confiam muito pouco em propaganda e vendedores.
4. *Maioria tardia:* A maioria tardia, outros 34% do mercado, é um grupo de consumidores céticos que normalmente adotam uma inovação para economizar dinheiro ou em resposta à pressão social dos seus amigos. Eles confiam em membros da maioria pioneira como fontes de informação. Propaganda e vendas pessoais são menos efetivas com esse grupo do que o boca-a-boca.
5. *Retardatários:* São os indivíduos numa sociedade que estão ligados pela tradição e, assim, os últimos a adotarem uma inovação e, às vezes, nem a adotam. Somam aproximadamente 16% do mercado. Os retardatários suspeitam das inovações e dos inovadores e se perguntam por que alguém pagaria tanto dinheiro por um tipo novo de aparelho de segurança, por exemplo. Quando os retardatários adotam algo novo, esse produto já pode ter sido descartado pelos revolucionários em favor de um conceito mais novo. Os retardatários são geralmente mais idosos e normalmente estão abaixo da escala econômico-social. A Figura 10.9 mostra a curva de adoção, considerando a variável tempo.

Num processo de difusão da adoção, o agente de mudança é uma pessoa que procura acelerar a disseminação de determinada inovação. Na organização, a pessoa responsável pela introdução de um novo produto inovador, por exemplo, deve ser um agente de mudança que foca seus esforços iniciais persuasivos em campanhas direcionadas a pessoas que se encaixem no perfil demográfico dos líderes de opinião, pois outros consumidores respeitam – frequentemente pedem – a opinião deles e, eventualmente, validam suas opiniões. Assim, se uma organização pode conseguir que os líderes de opinião comprem seu produto inovador e fiquem satisfeitos com ele, então, eles dirão coisas boas a respeito da nova oferta. Isso é o chamado boca a boca. Por sua vez, o mercado mais amplo, em algum momento, vai aceitar o produto também. Certamente, ao contrário da propaganda, que é controlada pela organização, o boca-a-boca pode ser influenciado pela propaganda mas ainda é muito pouco controlado. Muitas vezes, ele se transforma em desfavorável e prejudicial mais do que favorável e útil.

Fatores de adoção

São cinco os fatores que afetam a taxa de adoção para inovação, especialmente produtos verdadeiramente inovadores:

1. *Vantagem relativa:* O grau no qual uma inovação é superior aos produtos atualmente disponíveis.

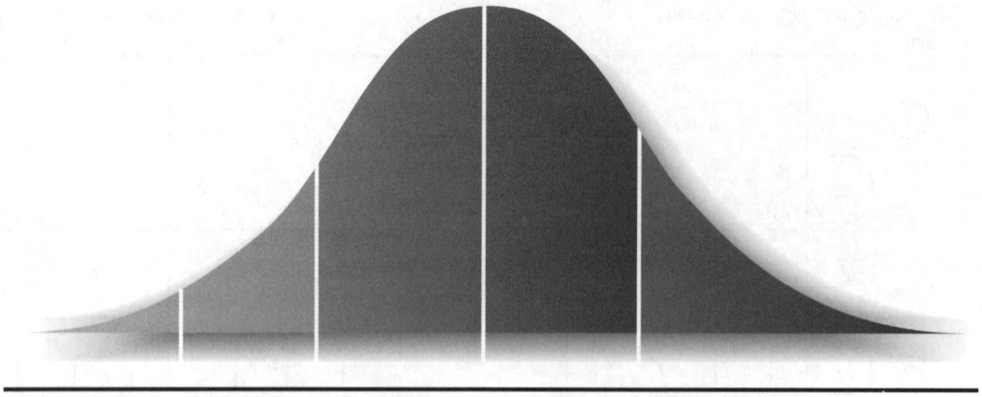

■ **FIGURA 10.9** *Curva de adoção.*

A vantagem relativa pode ser refletida em custo mais baixo, maior segurança, uso mais fácil ou algum outro benefício relevante.

2. *Compatibilidade:* O grau no qual uma inovação coincide com os valores e experiências culturais dos compradores prospectivos, já que muitos deles querem poupar tempo e satisfazer seus desejos agora e não mais tarde. A pipoca de micro-ondas certamente satisfez essa característica.
3. *Complexidade:* O grau de dificuldade em entender ou usar uma inovação. Quanto mais complexa for uma inovação, mais lentamente ela será adotada – caso seja adotada. Os combinados de xampu e condicionador certamente são simples de usar, então a adoção deles não foi impedida pela complexidade. Entretanto, muitas formas de seguro e alguns produtos eletrônicos têm problemas com essa característica.
4. *Possibilidade de experimentar:* Corresponde a quanto uma inovação pode ser experimentada antes da adoção. Colocando de lado as outras características, quanto maior a possibilidade de se experimentar, mais rápida será a taxa de adoção. Por exemplo, um sistema de ar-condicionado domiciliar central provavelmente terá uma adoção mais lenta do que uma semente nova ou um fertilizante que pode ser testado numa pequena porção de terra. Em geral, devido a essa característica, os produtos com custo mais alto serão adotados mais lentamente que os mais baratos. Da mesma forma, muitos serviços (como consultoria) são difíceis de usar numa base de experimentação, portanto tendem a ser adotados mais lentamente.
5. *Possibilidade de observação:* É o quanto uma inovação pode ser demonstrada como eficiente. Em geral, quanto maior a possibilidade de observação, tanto mais rápida a taxa de adoção. Por exemplo, um pesticida novo que mata as ervas existentes provavelmente será aceito mais rapidamente do que um produto que evita o crescimento das ervas. Razão: o último produto, mesmo que mais eficaz, não produz ervas mortas para se mostrar aos compradores prospectivos! O mesmo acontece com as campanhas de prevenção à proliferação do mosquito da dengue em áreas urbanas menos desenvolvidas.

Obsolescência planejada e moda

O mercado está constantemente à procura de "algo novo", mas não "tão novo". Ele quer novidades: novos produtos, novos estilos, novas cores. Entretanto, ele quer ser movido gentilmente para fora dos seus padrões habituais, não jogados para fora deles. Consequentemente, muitos fabricantes usam uma estratégia de produto de obsolescência planejada. A intenção dessa estratégia é tornar ultrapassado um produto existente e, assim, aumentar o mercado para produtos de substituição. Os compradores frequentemente satisfazem sua sede por novidade através da moda. E os produtores de moda confiam pesadamente na obsolescência planejada.

O termo obsolescência planejada é usado para se referir a dois desenvolvimentos:

1. *Obsolescência tecnológica:* Melhorias técnicas significativas resultam em um produto mais eficiente. Por exemplo, as fitas cassetes tornaram os discos de vinil obsoletos; os CDs de áudio tornaram obsoletos as cassetes e os discos compactos. Esse tipo de obsolescência geralmente é considerado social e economicamente desejável porque a

substituição de produto oferece mais benefícios e/ou um custo menor. Ainda assim, a obsolescência tecnológica (ou funcional) é criticada às vezes. Por exemplo, a Intel tem irritado alguns fabricantes de computadores ao lançar novas gerações de processadores frequentemente, o que reduz as vendas dos computadores desprovidos da tecnologia de ponta.

2. *Obsolescência de estilo:* As características superficiais de um produto são alteradas para que o novo modelo seja facilmente diferenciado do modelo anterior. A obsolescência de estilo, às vezes chamada de obsolescência "psicológica" ou de "moda", pretende fazer com que as pessoas se sintam ultrapassadas se continuarem a usar velhos modelos. Os produtos sujeitos a esse tipo de obsolescência incluem roupas, celulares, móveis e automóveis. Normalmente, quando as pessoas criticam a obsolescência planejada, elas estão se referindo à obsolescência de estilo.

SISTEMA DE ATIVIDADES

A efetiva implementação e execução das estratégias formuladas irá depender de um sistema de atividades que destacará a consistência daquelas estratégias e assegurará o reconhecimento do posicionamento como vantagem competitiva da organização. O sistema de atividades corresponde à efetivação das atividades previstas no canal de valor e executadas de maneira única, conforme apresentado no Capítulo 6. Segundo Porter,[18] nessa concepção a vantagem competitiva se dá não pela eficácia operacional e sim pela opção de exercer as atividades diferentemente da concorrência. O posicionamento competitivo será fruto da execução de atividades que agreguem valor. Há três posicionamentos competitivos que são embasados em critérios de oferecimento de valor distinto, a saber:

1. *Posicionamento competitivo baseado na variedade:* Dá prioridade às atividades de oferta de produtos e serviços e não a segmentos de clientes. O valor é concretizado por produtos e serviços únicos.
2. *Posicionamento competitivo baseado na necessidade:* As atividades buscam atender a maior parte ou todas as necessidades de um determinado segmento. No tempo e sob medida.
3. *Posicionamento competitivo baseado no acesso:* As atividades oferecem diferentes acessos para a satisfação das necessidades, em função da escala do cliente e/ou situação geográfica, exigindo a personalização do conjunto de atividades para cada cliente.

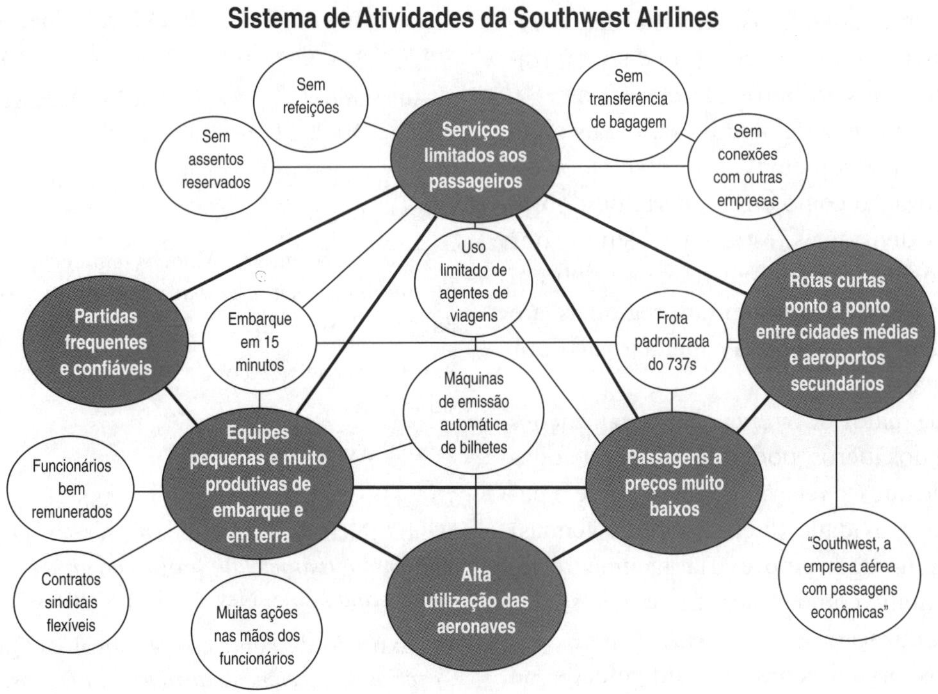

■ **FIGURA 10.10** *O sistema de atividades da Southwest Airlines.*[19]

BANCO DE IDEIAS

SISTEMA DE ATIVIDADES DA SOUTHWEST AIRLINES

A Figura 10.10 apresenta a engenharia de construção do posicionamento competitivo baseado em variedade, da Southwest Airlines, a partir de uma estruturação de premissas e atividades. Essa companhia aérea tem se destacado no mercado americano pelo seu crescimento e por ter se mantido no azul, mesmo com a crise do setor após o atentado de 11 de setembro de 2001. Para concretizar seu posicionamento competitivo, ela fez algumas escolhas: não oferecer conexões de voos, refeições ou reservas nem transferências de bagagem. Os agentes de viagem têm atuação limitada, a empresa oferece máquinas automáticas para a emissão de tíquetes de viagem e os poucos funcionários nada deixam a desejar porque seus salários são altos e são possuidores de ações da companhia.

Em contrapartida, há muito valor agregado aos clientes; como o tempo de espera para embarque é de apenas 15 minutos, a frota é padronizada, o preço da passagem é bem baixo e o serviço é direto e produtivo.

CONCLUSÃO

O processo de planejamento estratégico se refere à formulação de objetivos e dos cursos de ação a serem seguidos para sua adequada consecução. As organizações perseguem seus objetivos para assegurar os resultados para melhorar a si mesmas. Os objetivos têm sua importância relacionada às mensagens internas e externas que eles enviam para dentro e fora da organização promovendo alguns atributos característicos.

Existe uma hierarquia de objetivos onde os objetivos mais amplos que contemplam os resultados esperados da organização como um todo são desdobrados em objetivos divisionais, estes em objetivos por unidades de negócios, que por sua vez se desdobram em objetivos por áreas, departamentais, regionais, até chegar a estipular os objetivos operacionais por equipe e individuais.

O objetivo de maior ocorrência nas organizações é a maximização dos lucros, podendo estar relacionado à rentabilidade que é a relação do lucro sobre o patrimônio ou à lucratividade (lucro sobre as vendas) isso porque a comunidade empresarial facilmente reconhece esse resultado como indicador de sucesso das atividades da organização.

Em geral, as organizações têm dificuldade de atender às demandas dos diferentes *stakeholders* de forma ampla na tentativa de buscar o equilíbrio entre diferentes expectativas. Embora os interesses dos vários *stakeholders* possam diferir, fica claro que quando a organização é próspera aumenta a capacidade dela em servir a todos os *stakeholders*, oferecendo bons produtos aos clientes, contribuindo com a elevação do padrão da sociedade, proporcionando bons empregos, enfim criando valor e ofertando benefícios financeiros e não financeiros a todos os *stakeholders* de modo equilibrado.

O sucesso no alcance dos objetivos organizacionais almejados será função da implementação de boas estratégias, que possibilitem o planejador a deslocar, realocar, ajustar, reconciliar de modo sistemático os recursos organizacionais disponíveis, aproveitando as oportunidades emergentes no ambiente e neutralizando as ameaças.

NOTAS

1. HESKETT, James L., SASSER JR., W. Earl & SCHLESINGER, Leonard. *The service profit chain: how leading companies link profit and growth to loyalty, satisfaction and value.* New York: Free Press, 1997; ACKOFF, R.L. *Redesigning the future: a systems approach to societal problems.* New York: John Wiley, 1974, p. 28.

2. DAFT, Richard L. *Management.* Orlando, FL: The Dryden Press, 1993, p. 193-194.

3. CHIAVENATO, Idalberto. *Introdução à teoria geral da administração.* Rio de Janeiro: Elsevier/Campus, 2004.

4. Adaptado de: CHIAVENATO, Idalberto. *Administração nos novos tempos.* Rio de Janeiro: Elsevier/Campus, 2005.

5. Adaptado de DAFT, Richard L. *Management.* Orlando, Fl: The Dryden Press, 1994, p. 195.

6. CHIAVENATO, Idalberto. *Administração nos novos tempos*, op. cit.

7. CERTO, Samuel C. *Modern management: diversity, quality, ethics, and the global environment.* Boston: Allyn & Bacon, 1994, p. 157.

8. http://www.vale.com/vale/cgi/cgilua.exe/sys/start.htm?sid = 526

9. Ver: www.vale.com.br.

10. HESKETT, James L., SASSER Jr., W. Earl & SCHESINGER, Leonard. *The service profit chain: how leading companies link profit and growth to loyalty, satisfaction and value.* New York: Free Press, 1997.

11. Extraído de Fundação Nacional da Qualidade (FNQ). *Critérios de excelência: avaliação e diagnóstico da gestão organizacional.* São Paulo, 2008, p. 23.

12. ANSOFF, H. Igor. "Strategies for diversification." *Harvard Business Review*, Sept.-October 1957, p. 113-124.

13. Adaptado de KOTLER, Philip. *Admnistração de Marketing*. A Edição do Novo Milênio. São Paulo: Pearson Education de Brasil, 2000. Revisão Técnica Arão Sapiro, p. 338.

14. Ver: http://www.interbrand.com/images/studies/o_poder_das_marcas_na_america_latina_2008.pdf, acessado em 15 de julho de 2009.

15. HENDERSON, Bruce D. "The product portfolio", in *The experience curve – reviewed*. Boston Consulting Grup, 1973, http://www.bcg.com/publications/files/Experience_Curve_IV_ Growth_Share_Matrix_1973.pdf.

16. No Brasil, os produtos desse quadrante são equivocadamente traduzidos como produtos "abacaxi" ou "cachorros", com a conotação de que seriam produtos a serem descartados. Na verdade, sua gestão aproxima-se mais dos cuidados oferecidos aos bichos de estimação ou mascotes (*pets* em inglês) e que reflete melhor as concepções dos criadores do modelo.

17. ROGERS, Everett M. *Diffusion of innovations*. Free Press of Glencoe, Macmillan Company, 1962. Esse livro é o segundo mais referenciado no campo das Ciências Sociais. Rogers (1931–2004), acadêmico respeitado no campo da Teoria da Comunicação, foi o pioneiro na formulação da Teoria da Difusão, que explicava a dinâmica da aceitação das inovações.

18. PORTER, Michael. *Vantagem competitiva*, op. cit., p. 42.

19. PORTER, Michael. *What is strategy*. Boston: Harvard Business School Press, March 1996.

PARTE V

Execução da Estratégia

Entendendo como as Empresas Definem seus Objetivos e Escolhem as Estratégias para Alcançá-los Adequadamente

Esta quinta parte do livro trabalha com a execução da estratégia, ou seja, como pôr em marcha o planejamento estratégico. Não basta formular o plano estratégico. É preciso fazê-lo funcionar e proporcionar resultados. Enquanto a formulação estratégica é feita nos níveis institucional e tático, a execução é geralmente realizada no nível operacional, que nem sempre tem a devida informação sobre a estratégia escolhida nem a participação devida.

Os três capítulos seguintes abordarão diferentes programas para a execução da gestão estratégica, a saber:

Capítulo 11 *Gestão estratégica – excelência na execução do plano estratégico:* trata da gestão da mudança organizacional, configurando as estruturas, os sistemas e os processos, a integração das funções de apoio e as atividades primárias da organização. Propõe as condições da gestão da cadeia de valor que busca a excelência operacional e a agilidade organizacional com a sustentação da renovação contínua e do elevado desempenho. Aborda a questão da cultura para a qualidade e apresenta os fundamentos dos programas de *balanced scorecard*. Destaca a importância das equipes multifuncionais e as redes de conhecimento e cooperação.

Capítulo 12 *Empreendedorismo e liderança estratégica – o engajamento e a participação de todos*: discute o tema da liderança estratégica e explica as competências essenciais para o desempenho excelente, configurando a cultura organizacional e o poder. Discute as ações de empreendedorismo e a cultura da gestão por projetos. Finaliza com os conceitos e estratégias para a educação corporativa, *learning organization* e desenvolvimento de talentos na organização.

Capítulo 13 *Governança corporativa, responsabilidade social e desenvolvimento sustentável – princípios de conduta além da maximização do lucro*: discute a profissionalização, ou seja, a separação da propriedade e do controle e avalia o papel dos conselhos de administração, incluindo temas atuais como a compensação dos executivos e gestores e as práticas e limites da transparência e da ética.

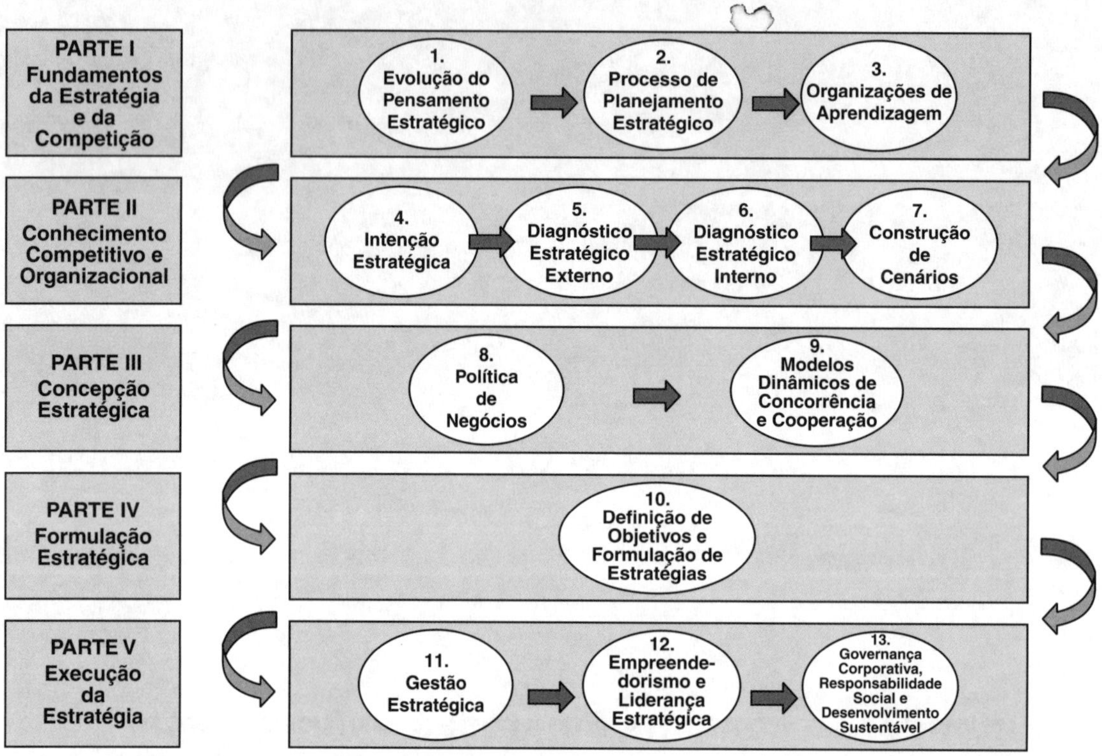

■ **FIGURA V.1** *Conexão entre as Partes I a V do livro.*

CAPÍTULO 11

GESTÃO ESTRATÉGICA

Excelência na execução do plano estratégico

O que você verá pela frente:

- O desafio da mudança organizacional.
- Execução da estratégia.
- Gestão do desempenho organizacional.
- *Balanced scorecard* como ferramenta da gestão estratégica.
- Gestão por projetos.
- O sistema de gestão estratégica.
- Conclusão.

Objetivos de aprendizagem:

- Indicar os principais passos para a execução estratégica.
- Apresentar a mudança como desafio e oportunidade para a inovação.
- Descrever como ocorre o aprendizado organizacional.
- Mostrar a importância da informação no desempenho organizacional.
- Explicar o conhecimento corporativo e sua importância para o sucesso organizacional.
- Mostrar os principais indicadores da eficácia organizacional.

A boa formulação estratégica é crítica para o sucesso de todo o processo estratégico. Mas, quase sempre, ela não é concretizada e nem chega a acontecer por falhas em sua execução. Por melhor que seja formulada, se a execução da estratégia não for cuidadosamente implementada não será bem-sucedida. E o plano estratégico vai acabar no fundo da gaveta. A execução da estratégia requer o comprometimento de todos dentro da organização e deve ser uma tarefa de todas as pessoas nela – desde o presidente até a base da estrutura organizacional – e deve fazer parte integrante das tarefas cotidianas de todos na organização. Para tanto, a execução da estratégia formulada no bojo do processo de planejamento estratégico requer intenso engajamento, consenso, conhecimento, informação, motivação, compromisso e muita liderança por parte de toda a cúpula da empresa. É que o processo estratégico constitui sempre um processo de mudança organizacional. A estratégia é sempre um movimento de mudança e transformação por mais defensiva que possa ser, às vezes.

O DESAFIO DA MUDANÇA ORGANIZACIONAL

Como pode uma organização se tornar bem-sucedida e permanecer bem-sucedida por longo tempo em um contexto externo em que tudo muda continuamente? Não existe uma fórmula ou padrão para criar uma organização bem-sucedida ou uma organização de alto desempenho sustentável. Mas pode-se arquitetar muita coisa sobre a gestão estratégica capaz de permitir que a organização seja bem-sucedida, com elevado desempenho e sustentabilidade no longo prazo e superando todas as expectativas dos públicos estratégicos.

Nos dias atuais, a organização não pode mais continuar adotando as velhas práticas tradicionais de fazer negócios e de se relacionar com o ambiente que a circunda. Na verdade, a organização bem-sucedida de hoje é aquela que constante e ininterruptamente está se renovando consistentemente à medida que o mundo muda, os concorrentes inovam e os clientes exigem cada vez mais. É uma corrida intensa e sem fim para se renovar, revitalizar e reinventar a si própria. Isso implica mudar e inovar continuamente. Trata-se de uma questão de sobrevivência. Se todo o contexto muda, a organização precisa pelo menos acompanhar de perto as mudanças ao seu redor para se manter atualizada e ajustada para competir. Isso faz com que a formulação estratégica para o desempenho excelente seja completamente diferente do processo de planejamento estratégico tradicional que vigorou durante décadas no decorrer da Era Industrial, como mostra Figura 11.1.

Como a organização nunca está sozinha no mundo dos negócios – e são muitos os concorrentes por perto –, ela precisa inovar continuamente para sair da mesmice, do conservantismo e das regras tradicionais.

■ **FIGURA 11.1** *Mudanças definem novas regras de gestão estratégica.*[1]

Mas, para inovar em relação ao ambiente externo, a organização precisa antes inovar internamente. A inovação interna vem antes. A inovação externa decorre como consequência. E isso somente é possível com a ajuda da gestão estratégica.

BANCO DE IDEIAS

O DESAFIO DA MUDANÇA

Existem alguns aspectos que as organizações enfrentam em termos de mudança:[2]

1. *O que mudar:* Quais aspectos da organização são prioritários em termos de mudança?
2. *Como mudar:* Como convergir e integrar todos os esforços de mudança?
3. *Quando mudar:* A mudança organizacional precisa ser contínua e constante, mas existem alguns aspectos que vêm antes como preparação para aqueles que devem vir depois.
4. *Em que velocidade mudar:* As mudanças organizacionais deveriam ser alcançadas em tempo real e em ritmo adequado ao que ocorre no ambiente. Agilidade e rapidez são imprescindíveis no mundo de negócios de hoje.
5. *Como gerenciar a mudança:* De maneira eficaz e como navegar nela.
6. *Como conhecer qual o estado e qualidade da mudança:* Como monitorar os esforços de mudança e avaliar prontamente sua direção e impacto no desempenho organizacional?
7. *Como determinar a capacidade e requisitos da organização para a mudança:* Como habilitar e capacitar a organização para que ela possa se renovar e revitalizar continuamente?

A mudança organizacional pode ser ampla e global ou pode ficar restrita a certas áreas. Ela pode acontecer em três estágios, como mostrado na Figura 11.2, a saber:

1. *Estágio incremental:* São as mudanças contínuas feitas de modo incremental em certas partes da organização, decorrentes de esforços de melhoria contínua ou de qualidade total e confinadas a áreas designadas com baixos *targets* (metas) como, por exemplo: 5% a 15% de melhorias em processo ou de redução de custos. Em geral, têm pouco impacto na organização como uma totalidade, sendo de baixo risco e baixo retorno no desempenho global.
2. *Estágio tático:* São as mudanças do tipo funcional-cruzado que ocorrem em certas áreas – departamentos, divisões ou unidades da organização –, seja através de redesenho radical de processos, como na reengenharia de processos, seja na extensão de parceiros, como na terceirização de atividades ou na seleção e desenvolvimento de parcerias. Seus riscos e retornos são altos.
3. *Estágio sistêmico:* São as mudanças organizacionais sistêmicas e significativas que envolvem transformações amplas e profundas em toda a organização, como nos casos de renovação, revitalização ou desenvolvimento organizacional, e exigem, quase sempre, redefinição de regras, criação de uma nova dinâmica de mercado e conexão com as estratégias de inovação. Seus riscos e retornos são bem elevados.

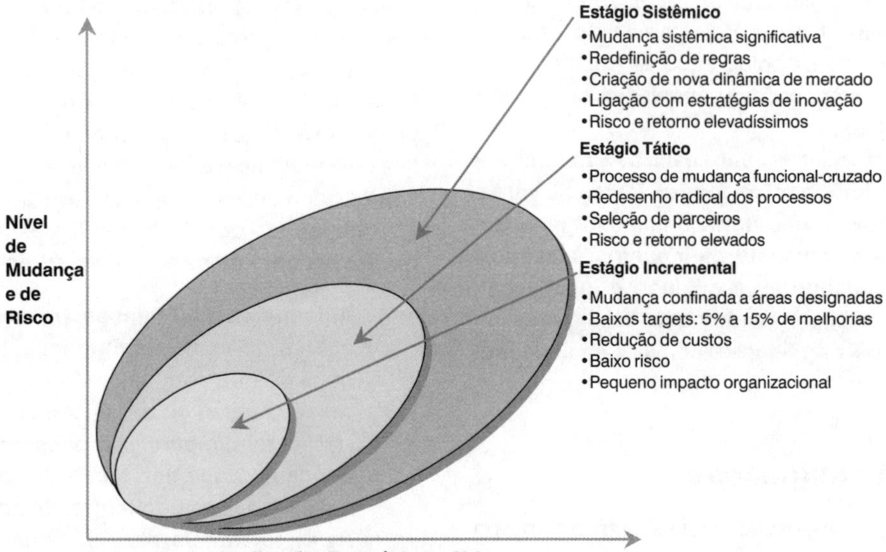

■ **FIGURA 11.2** *Os estágios da mudança.*[3]

INFORMAÇÃO PRIVILEGIADA

RENOVAÇÃO ESTRATÉGICA

Com base em suas pesquisas em 40 diferentes organizações, Mische chegou a cinco conclusões significativas a respeito das relações entre formulação estratégica, alto desempenho e renovação estratégica:[4]

1. As organizações de alto desempenho compartilham cinco traços estratégicos comuns, independentemente do seu setor, idade ou tamanho. Esses atributos – aos quais se dá o nome de pilares estratégicos – são:
   a. Tecnologia da informação (TI).
   b. Inovação.
   c. Liderança.
   d. Conhecimento.
   e. Excelência operacional e agilidade na execução.

   Se a organização consegue integrar estratégias através desses cinco pilares, as consequências serão produtos bem-sucedidos, lucros e melhor posição no mercado.
2. As organizações de excelente desempenho sabem que a alavancagem provém da estreita integração dos cinco pilares da renovação estratégica e alto desempenho. Todos os cinco pilares são importantes e devem ser cultivados com carinho.
3. As organizações de excelente desempenho arquitetam deliberadamente suas estratégias e organização para alcançar alto desempenho e sucesso. Elas buscam integração organizacional e operacional, bem como colaboração de parceiros bem escolhidos e, algumas vezes, até de concorrentes.
4. A dinâmica da competição está mudando de maneira imprevisível e inesperada. Essas organizações sabem que os métodos tradicionais de planejamento estratégico com base na análise estrutural do setor não são mais eficazes. Hoje, fornecedores e parceiros, concorrentes e colaboradores, clientes e funcionários são convocados e engajados na escolha de novas opções.
5. Essas organizações reconhecem que tamanho e presença são importantes, mas as fontes da vantagem competitiva – que tradicionalmente incluíam tamanho, posicionamento na indústria, alavancagem com fornecedores e clientes e localização geográfica – estão migrando para novas fontes impulsionadas pela agilidade e convergência da inovação, conhecimento e tecnologia.

Resistência às mudanças

Quase todos os processos gerenciais significam, na verdade, processos de mudança e de transformação. E uma boa parcela de todos os treinamentos, programas de desenvolvimento organizacional e iniciativas de motivação envolvem alguma proposição de mudança em maior ou menor escala, como já vimos. Porém, as falhas nesses processos são recorrentes. Por quê? Será que as pessoas nessas organizações não percebem que, se algo não for feito para mudar, a organização pode perder competitividade, parcela de mercado e, em última instância, as consequências podem recair sobre elas mesmas, com cortes nos orçamentos e até perda de seus empregos?

O problema reside na maneira como as ações para as mudanças são abordadas e executadas. A sabedoria comum tende a fazer com que o responsável pela mudança acredite que a melhor maneira de mudar depende de aprendizado ou treinamento e motivação ou persuasão. Porém, esse entendimento, dentro das organizações, parte de duas premissas equivocadas:

1. Que as necessidades de mudanças das organizações não carecem de alinhamento com as necessidades de mudança das pessoas e equipes das organizações.
2. Que as pessoas nas organizações têm condições individuais de assimilar todas as mudanças exigidas. Na verdade, nem todas as habilidades necessárias nos processos de mudança podem ser assimiladas pelas pessoas ou não se têm recursos suficientes e há outras prioridades, desviando os recursos das organizações e os esforços de todos.

INFORMAÇÃO PRIVILEGIADA

SUPERAÇÃO DAS RESISTÊNCIAS

Como superar na prática a resistência das pessoas às mudanças? Deve-se avaliar, antes de qualquer coisa, se não são os próprios processos de mudança que propiciam barreiras para tais mudanças. Ao remover as barreiras, as pessoas se apropriam dos processos e assumem a iniciativa pela mudança. O reconhecimento e a recompensa são imprescindíveis para que elas favoreçam o processo.

De acordo com Kotter e Schlesinger,[5] existem quatro razões para as pessoas resistirem às mudanças:

1. *Autointeresse:* Algumas pessoas se preocupam acerca de como as mudanças poderão afetá-las, mais do que com os efeitos benéficos para o interesse coletivo ou organizacional.
2. *Não-entendimento:* As pessoas resistem às mudanças porque não têm todas as informações necessárias para decidir positivamente sobre elas.
3. *Baixa tolerância para a mudança:* Determinadas pessoas são muito presas à segurança e à estabilidade em seus ambientes de trabalho.

4. *Visão não-compartilhada:* Algumas pessoas podem discordar pessoalmente das razões para a mudança e com as vantagens e as desvantagens do processo.

Para superar tais resistências, Kotter e Schlesinger propuseram seis abordagens para lidar com elas:

1. *Educação e comunicação:* Onde há falta de informação ou má informação e análise precária, uma das melhores maneiras para superar a resistência à mudança é mostrar e ensinar as pessoas sobre a lógica dos esforços de mudança. Isso reduz boatos infundados e incorretos a respeito dos efeitos da mudança na organização.
2. *Participação e envolvimento:* Quando os líderes da mudança não têm toda a informação necessária para implementar a mudança e onde outros têm o poder para resistir, a ideia é envolvê-los no esforço de mudança porque com o envolvimento no processo eles preferirão mudar mais que resistir.
3. *Facilitação e suporte:* Onde as pessoas estão resistindo às mudanças por causa de ajustamentos necessários, é preciso promover os ajustes demandados. Muitas vezes a resistência se dá por medo e ansiedade durante um período de transição. Nesse caso, atividades de treinamento e *coach* são apropriadas para obter facilitação e suporte das pessoas em relação às mudanças necessárias.
4. *Negociação e acordo:* Quando alguém ou algum grupo pode perder por causa de uma mudança, os líderes da mudança podem combater a resistência oferecendo incentivos aos funcionários para não resistirem às mudanças ou permitir às pessoas resistentes que tenham algum poder de veto sobre os aspectos da mudança que podem ameaçá-las.
5. *Manipulação e cooptação:* São aplicadas quando outras táticas não funcionaram ou são demasiado caras. Nesse caso, recomenda-se a cooptação, que significa trazer uma pessoa resistente para um grupo de planejamento da mudança, em certos casos mais como um aspecto de aparência do que contribuição efetiva. Isso significa selecionar líderes dos grupos que estão resistindo às mudanças para participar do esforço de mudança, dando a eles um papel simbólico na tomada de decisão, sem ameaçar o esforço da mudança. Porém, se esses líderes sentirem que estão sendo enganados, provavelmente farão mais resistência do que se o convite para participar do processo não tivesse ocorrido.
6. *Coerção explícita e implícita:* Quando a velocidade da mudança é essencial. Constitui o último recurso na eliminação da resistência. Os líderes de mudança podem de maneira explícita ou implícita forçar funcionários a aceitar as mudanças, deixando claro que sua resistência pode conduzir a demissões, transferências, adiamento ou cancelamento de promoções.

Para Kotter,[6] o processo de mudança acontece através de oito fases, que requerem algum tempo para sua concretização. Pular essas fases pode proporcionar uma sensação de velocidade, mas seus resultados raramente serão satisfatórios. Para Kotter, as oito fases do processo de mudança são:

1. *Estabelecer um senso de urgência:* Antecipando-se às crises ou às oportunidades potenciais e estabelecendo prazos para a realização dos objetivos definidos em torno da mudança pretendida. Para isso é necessário:
   - Desenvolver cenários prospectando as consequências futuras das mudanças atuais.
   - Trabalhar com clientes e partes interessadas, bem como profissionais do setor para defender e apoiar as mudanças.
2. *Formar uma forte coalizão:* Encorajando os grupos de colaboradores e parceiros a atuarem como equipe e não como grupo, e com autoridade para liderar a mudança. Os esforços para a mudança começam a partir da iniciativa de uma ou duas pessoas e deve crescer em torno de mais outras pessoas convencidas da necessidade da mudança. Esse grupo inicial deve ser constituído por pessoas de grande capital relacional na organização, cuja fonte de influência vem de seus cargos, *status*, especialidades ou poder político.
3. *Criar uma clara visão de futuro:* Criando uma visão de negócios que direcione o esforço de mudança, elaborando estratégias para a realização da visão de negócios negociada e compartilhada por todos os envolvidos no processo. Uma clara visão faz com que as pessoas entendam o que se espera delas no processo de mudança, que passa a ganhar um significado para elas. A transformação bem-sucedida é função de um entendimento sobre o futuro, que seja de fácil comunicação e apelo aos colaboradores da organização, clientes e outras partes interessadas.
4. *Comunicar a visão compartilhada:* Ensinando novas percepções e novos comportamentos através de todos os meios possíveis. Em um processo de mudança, os líderes devem circular e conversar com as pessoas envolvidas (*walking the talk*) para demonstrar a importância do compromisso

de todos. O que o líder faz, concretamente, é mais importante do que ele fala. A visão compartilhada deve fazer parte do cotidiano das pessoas, fazendo com que elas se envolvam na sua concretização.

5. *Dar poder às pessoas* (empowerment): Mudando sistemas e estruturas que possam atravancar o processo de mudança, incentivando a tomada de risco, a aplicação de ideias inovadoras e promovendo ações não-convencionais. Entretanto, é preciso reservar recursos de dinheiro e tempo para que possa haver foco, dedicação e energia na mudança. Nada é mais frustrante do que acreditar na necessidade da mudança e não poder se empenhar nela por falta de tempo, dinheiro, apoio, suporte ou estrutura.
6. *Obter vitórias de curto prazo:* Reconhecendo e premiando as pessoas pelas pequenas vitórias consistentes com a visão que se busca. Nada motiva mais que o sucesso e, principalmente, a evidência do sucesso do que vitórias ao longo do processo. Durante as fases do processo de mudança deve-se sinalizar as pequenas e grandes vitórias que vão ocorrendo e celebrá-las intensamente como reforço positivo. Caso contrário, as críticas e dúvidas podem provocar o pensamento negativo, que destrói a motivação de continuar a seguir no processo.
7. *Consolidar as vitórias iniciais e aprofundar o processo:* Promovendo mudanças mais profundas graças à credibilidade alcançada inicialmente, revigorando o processo com novos projetos e agentes para manter o clima positivo de entusiasmo e comprometimento. O progresso deve ser consistente e continuado. Nessa fase é muito importante que não se declare a vitória muito cedo, até que a mudança seja percebida como "algo que veio para ficar", porque pode ocorrer que as vitórias alcançadas não sejam sustentáveis e todo o processo regrida.
8. *Institucionalizar a nova abordagem e cultura:* Articulando as conexões entre os novos comportamentos e o sucesso organizacional alcançado, desenvolvendo a liderança e criando quadros de sucessão. A mudança estará estabelecida quando houver a constatação de que esse será o novo modo de fazer as coisas e estará profundamente enraizada na cultura organizacional, nas normas sociais e nos valores aceitos. Nesse contexto, a mudança deve se refletir em todos os aspectos da organização – estrutura organizacional, cultura corporativa, estilo de gestão –, passando a ser praticada de modo aceito pelas novas gerações de colaboradores.

Mesmo que os gestores responsáveis pelo plano estratégico desdobrem os objetivos estratégicos e globais em objetivos táticos e operacionais, a sua execução pode simplesmente não acontecer, possivelmente, por um ou mais fatores como cultura organizacional autocentrada, burocracia interna, jogos políticos, falta de liderança e confiança, gestão competente das equipes ou, simplesmente, medo do desconhecido. A execução de um plano estratégico é, no fundo, uma questão de superação de barreiras. Para ser bem-sucedido na execução do plano deve-se trabalhar sobre as oito fases do processo de mudança apontadas por Kotter. O gestor deve atender às oito situações procurando fazer com que as pessoas participem efetivamente do processo de mudança e construção de valor idealizado pela organização.[7]

As quatro primeiras fases ajudam a descongelar um *status quo* rígido e inflexível. As etapas 5 a 7 propõem novas práticas, e a última etapa estabelece as mudanças na cultura organizacional assegurando a execução do plano.

Sempre haverá pressões para se pular as etapas do processo. Muitas vezes, a organização tenta mudar sem contudo alterar o *status quo*, reorganizando áreas ou demitindo pessoas. Outras vezes passa pelas etapas sem de fato concluir as tarefas correspondentes. Em outras palavras, não se pode negligenciar as atividades preparatórias (etapas 1 a 4) nem se pode dispensar a etapa 8, que assegura o sucesso da mudança.

EXECUÇÃO DA ESTRATÉGIA

A execução constitui a etapa mais demorada, difícil e complexa de todo o processo de planejamento estratégico. Em geral, ela constitui a etapa que marca definitivamente o sucesso ou o fracasso na gestão estratégica. Não basta apenas formular a estratégia; é preciso fazê-la funcionar no mundo real. Além disso, o mais importante não é ter a estratégia discutida e formulada, mas sim a estratégia efetivamente praticada na organização. Mais vale a estratégia conduzida e praticada nas mãos e corações das pessoas do que simplesmente imaginada e concebida na cabeça dos dirigentes. O segredo maior está em fazer com que todas as pessoas da organização – sem nenhuma exceção – sejam os praticantes do plano estratégico. As pessoas devem ser protagonistas e atores e não simplesmente espectadores do processo. E isso envolve muitos desafios.

Os aspectos fundamentais da execução da estratégia são os seguintes:

1. *Liderança estratégica:* O presidente da organização deve ser o líder estratégico, o condutor de todo o processo estratégico, o desbravador e principal empreendedor. Deve contar com a ajuda de uma equipe estratégica escolhida cuidadosamente para apoiar, ajudar, orientar o pessoal envolvido na tarefa estratégica, monitorar, relatar, propor ações incentivadoras ou corretivas que se tornem necessárias, avaliar o progresso e medir os resultados. Além disso, o líder estratégico deve contar com uma equipe de diretores das várias áreas da organização para ajudá-lo em todo o processo. Trata-se de construir uma liderança de lideranças deixando claro que toda a cúpula está envolvida e comprometida na condução da estratégia.
2. *Comunicação e orientação:* Todas as áreas, equipes e pessoas devem receber intensa comunicação e orientação clara a respeito de como tornar a estratégia formulada uma realidade cotidiana através da execução dos planos de ação – táticos e operacionais – para que todos estejam envolvidos e integrados no processo.
3. *Adequação da estrutura organizacional:* A estrutura deve servir à estratégia. Se a estratégia muda, a estrutura deve seguir junto. Assim, ajustes estruturais devem ser adotados para viabilizar a estratégia no sentido de oferecer os meios de relacionamento e integração necessários para a obtenção de efeitos sinergísticos. Como a estratégia é molar e sistêmica, o desenho organizacional deve integrar, juntar e envolver, em vez de dividir, fragmentar e separar.
4. *Ajuste da cultura organizacional:* Para facilitar e incentivar os relacionamentos entre as pessoas, a construção de equipes de alto desempenho, a preocupação com a excelência, o foco em metas e objetivos, bem como o reconhecimento e a recompensa pelo bom trabalho e pelo alcance de resultados.
5. *Abertura no estilo de gestão:* O estilo de gestão deve migrar do gerenciamento tradicional para a liderança democrática e renovadora, n adoção do *coaching* e do *mentoring* e de meios para incrementar o aprendizado e o desenvolvimento das pessoas.
6. *Participação e engajamento das pessoas:* As pessoas devem ser sempre incluídas no processo de gestão estratégica. É necessária a completa adesão das pessoas para que a estratégia possa ser adequadamente entendida, aceita, executada e posta em marcha. Entusiasmo, motivação, estimulação, firmeza, reconhecimento e recompensas são indispensáveis. A estratégia precisa envolver um clima de consenso e harmonia que permita sua execução e alcance de resultados.

BANCO DE IDEIAS

FNQ: CRITÉRIOS DE CAPACITAÇÃO E DESENVOLVIMENTO DAS PESSOAS[8]

A Fundação Nacional da Qualidade (FNQ) define os seguintes critérios de avaliação da capacitação e desenvolvimento das pessoas:

"Este item examina a implementação de processos gerenciais que contribuem diretamente para o objetivo de capacitar e desenvolver as pessoas da organização.

a) Como as necessidades de capacitação e desenvolvimento são identificadas.
   a. Destacar as formas de participação neste processo, dos líderes e das próprias pessoas da força de trabalho.
b) Como as necessidades das pessoas são compatibilizadas com as necessidades operacionais e com as estratégias da organização, para efeito da definição dos programas de capacitação e desenvolvimento.
c) Como os programas de capacitação e o desenvolvimento abordam a cultura da excelência e contribuem para consolidar o aprendizado organizacional.
   I. Citar os principais temas abordados e o público alcançado.
d) Como é concebida a forma de realização dos programas de capacitação e de desenvolvimento considerando as necessidades da organização e das pessoas.
e) Como a eficácia dos programas de capacitação é avaliada em relação ao alcance dos objetivos operacionais e às estratégias da organização.
f) Como a organização promove o desenvolvimento integral das pessoas, como indivíduos, cidadãos e profissionais.
   I. Citar os métodos de orientação ou aconselhamento, empregabilidade e desenvolvimento de carreira."

Dificuldades na execução da estratégia

A maioria dos fracassos estratégicos ocorre exatamente na fase de execução e implementação da estratégia organizacional, como avaliado no começo do capítulo. A estratégia maravilhosamente elaborada não chega a acontecer na prática, na maioria dos casos. Boa parte das vezes, o impulso dado pelo líder estratégico não chega ao âmbito operacional da organização. Quase sempre morre no meio do caminho e se esvanece no ar. E a estratégia não acontece.

Hrbiniak destaca os seguintes aspectos:[9]

1. A execução é a chave do sucesso de todo planejamento estratégico.
2. Fazer a estratégia funcionar é muito mais difícil do que a tarefa de modelar a estratégia.
3. A execução bem-feita é crítica. O foco em fazer a estratégia funcionar produz o maior dos dividendos.
4. Os gerentes geralmente são treinados para planejar e não para executar a estratégia.
5. Faça as pessoas manejarem a execução da estratégia.
6. O planejamento e a execução são interdependentes e não apenas diferentes fases de um mesmo processo.
7. A execução toma muito mais tempo do que a formulação estratégica.
8. A execução é um processo, não apenas uma ação ou uma simples etapa.
9. A execução envolve muito mais pessoas do que a formulação da estratégia.
10. Os desafios e obstáculos à execução bem-sucedida somente aparecem na execução. Em geral, apenas no momento da execução é que surgem os problemas que nem sempre podem ser previstos antecipadamente.

Assim, para Hribiniak, os principais desafios da execução são:[10]

1. Desenvolver um modelo para guiar as decisões e ações da execução.
2. Compreender como a criação da estratégia afeta a sua execução.
3. Administrar a mudança eficazmente, inclusive a mudança da cultura organizacional.
4. Compreender o poder ou influência e utilizá-lo adequadamente para o sucesso da execução.
5. Desenvolver estruturas organizacionais que fomentem o compartilhamento da informação, coordenação e clara responsabilidade.
6. Desenvolver mecanismos de controle e retroação eficazes.
7. Saber como criar uma cultura organizacional que apoie e impulsione a execução da estratégia.
8. Exercitar liderança focada na execução da estratégia.

A execução é fundamental para que uma estratégia de sucesso possa acontecer. Aliás, o sucesso/fracasso de uma empresa passa por várias dimensões, indo desde a quebra da empresa até um aumento substancial do capital financeiro, como mostra a Figura 11.3.

Para Ray G.Young,[11] a execução da estratégia depende de cinco Ps e três Ls:

1. *Performance:* Desempenho é fundamental para a execução da estratégia.
2. *Produto:* É aquilo que a organização oferece ao mercado.
3. *Processo:* É a maneira como a organização e as pessoas trabalham.
4. *Pessoas:* Sem elas não existem organizações ou estratégias para executar.
5. *Paixão:* é a mola que impulsiona o trabalho das pessoas.
   1. *Listen:* Os líderes precisam ouvir, escutar, talvez mais do que falar.
   2. *Learn:* O aprendizado faz parte integrante da moderna organização.
   3. *Lead:* Liderança é fundamental na execução da estratégia.

Para Davenport,[12] o processo pelo qual a estratégia é formulada influencia poderosamente a sua execução. Para ele, existem três possibilidades de execução da estratégia:

1. *Engenharia estratégica:* É a formulação tradicional centralizada na cúpula da organização e funciona como um conjunto de blocos rígidos de construção.
2. *Anarquia estratégica:* Quando a base da organização deixa de seguir qualquer processo estratégico e se baseia em medidas de desempenho pouco claras e objetivos anárquicos.
3. *Execução intraempreendedora:* Centralizada mas participativa e acompanhada da prática cotidiana baseada na experimentação e aprendizagem com medidas distribuídas de recompensas e incentivos às pessoas. Na Figura 11.4 pontua-se o raciocínio acima.

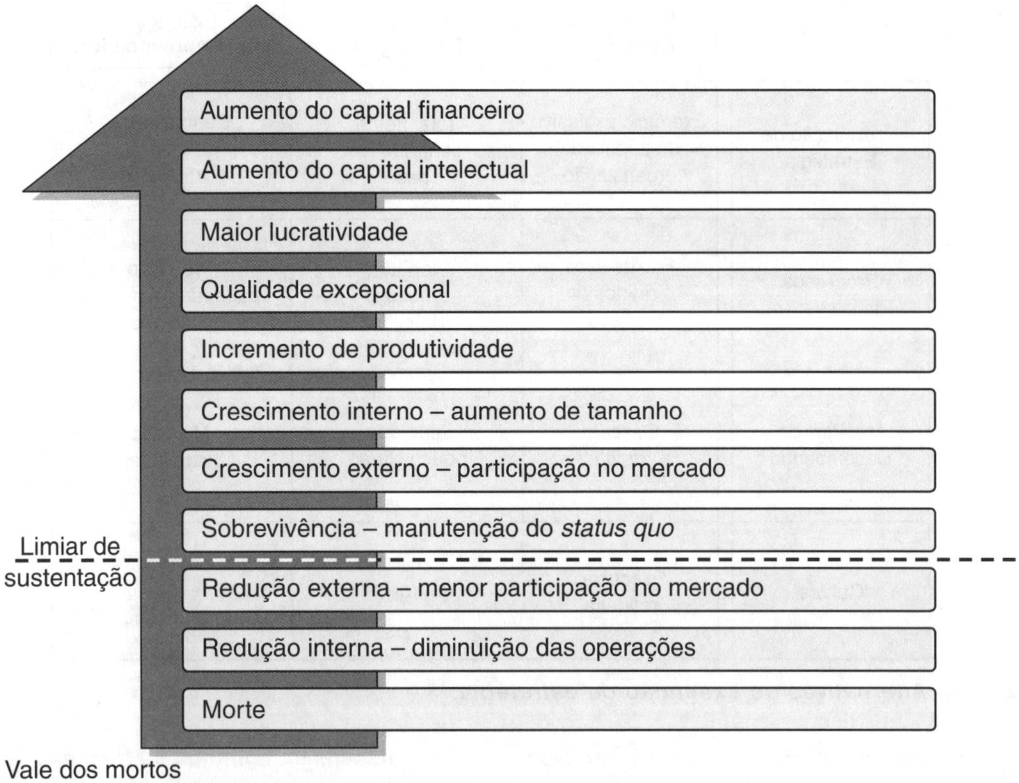

■ **FIGURA 11.3** *As dimensões do fracasso/sucesso empresarial.*[13]

BANCO DE IDEIAS

FNQ: CRITÉRIOS DE SISTEMAS DE TRABALHO[14]

A Fundação Nacional da Qualidade (FNQ) define os seguintes critérios de avaliação dos sistemas de trabalho adotados pelas empresas:

"Este item examina a implementação de processos gerenciais que contribuem diretamente para o objetivo de obter elevado desempenho das pessoas e das equipes.

a) Como a organização do trabalho é definida e implementada visando ao alto desempenho da organização.
   I. Destacar de que forma a organização do trabalho estimula a resposta rápida e o aprendizado organizacional.
   II. Citar o grau de autonomia dos diversos níveis de pessoas da força de trabalho para definir, gerir e melhorar os processos da organização.
b) Como são selecionadas, interna e externamente, e contratadas pessoas em consonância com as estratégias e as necessidades do modelo de negócio da organização.
   I. Destacar de que forma a organização estimula a inclusão de minorias e assegura a não discriminação e a igualdade de oportunidades para todas as pessoas.
c) Como é estimulada a integração, a cooperação e a comunicação eficaz entre as pessoas e entre as equipes.
   I. Destacar os métodos utilizados para integrar as pessoas recém-contratadas visando prepará-las para a execução de suas funções.
d) Como o desempenho das pessoas e das equipes é gerenciado de forma a estimular a obtenção de metas de alto desempenho, a cultura da excelência na organização e o desenvolvimento profissional das mesmas.
e) Como a remuneração, o reconhecimento e os incentivos estimulam o alcance de metas de alto desempenho e a cultura de excelência."

Barreiras à execução da estratégia

A pergunta que paira no ar é sobre quais as razões pelas quais a estratégia deixa de acontecer. O fato é que existem inúmeras barreiras à execução da estratégia que fazem com que simplesmente as coisas permaneçam onde e como sempre estiveram. A Figura 11.5 lista as principais barreiras à execução.

OS SEGREDOS DA EXECUÇÃO BEM-SUCEDIDA DA ESTRATÉGIA

Quando uma empresa percebe que é incapaz de executar a estratégia, é comum uma primeira reação de tentar

	Engenharia Estratégica	Anarquia Estratégica	Execução Intraempreendedora
Formulação da Estratégia	Exercício exclusivo da cúpula da organização	Totalmente centrada na base	Centralizada, mas participativa
Processos Administrativos	Fluxos fixos e rígidos do processo	Nenhum processo definido	Processo baseada na prática cotidiana
Medidas de Desempenho	Cascata rígida	Medidas pouco claras	Medidas distribuídas
Cultura	Execução rotineira	Anárquica	Experimentação e aprendizagem

▪ **FIGURA 11.4** *Alternativas de execução da estratégia.*[15]

reformular o organograma ou modificar os incentivos, quando seria muito mais eficaz se ela esclarecesse os privilégios de decisão e melhorasse o fluxo de informação que sobe na hierarquia e através de toda a organização. Em geral, os remédios não funcionam porque nada têm a ver com a doença.

Neilson, Martin e Powers[16] afirmam que uma estratégia brilhante, um produto tremendamente bem-sucedido ou uma tecnologia inovadora podem colocar a empresa no mapa competitivo, porém somente uma execução sólida e bem orquestrada pode mantê-la ali. Lamentavelmente, a maioria das empresas não o faz bem, tal como elas mesmas o reconhecem. As pesquisas mostram que as empresas fracassam na execução, porque vão direto à reestruturação organizacional e ignoram os propulsores mais poderosos da eficácia. E eles são os seguintes:

1. *Privilégios de decisão:* As pessoas precisam ter uma ideia clara das decisões e ações pelas quais são responsáveis. Isso significa definir claramente papéis e responsabilidades.
2. *Informação:* A informação importante sobre o ambiente competitivo deve chegar rápido à cúpula. Com isso, os executivos podem desempenhar um papel importante na identificação de padrões e definir melhores práticas para todos os segmentos da empresa. Esse papel de coordenação deve contar com uma inteligência de mercado precisa e atualizada.
3. *Incentivos:* Uma vez tomadas, as decisões são raramente questionadas. Elas precisam ser aceitas e se transformar em compromisso e em incentivos das pessoas. As decisões passam por um período inicial de busca de consenso mas quando tomadas elas requerem que as pessoas não provoquem dissensão, conflitos ou disputas, mas que sirvam de guia e agreguem valor ao negócio.
4. *Estrutura:* A informação deve fluir livremente entre as fronteiras da organização. Quando a informação não flui horizontalmente entre as diversas partes da empresa, as unidades se comportam como silos fechados, impedindo as economias de escala e a transferência de melhores práticas.

As características de organizações eficazes na execução de suas estratégias são as mostradas no Quadro 11.1.

GESTÃO DO DESEMPENHO ORGANIZACIONAL

A execução da estratégia depende do desempenho organizacional, e é claro que a execução da estratégia influencia poderosamente o desempenho organizacional de várias maneiras:[17]

1. *A execução da estratégia determina as tarefas organizacionais:* A execução da estratégia determina a alocação de recursos e as tarefas críticas que a organização deve realizar. A estratégia serve para esclarecer *o que* é crítico para a organização.
2. *A execução da estratégia influencia o desenho organizacional:* Na verdade, o desenho organizacional deve servir à estratégia, o que significa que a estrutura organizacional é função da estratégia. Em outras palavras, a estrutura deve se ajustar à estratégia. Mudanças estratégicas implicam ne-

Barreiras de Visão	Barreiras Pessoais	Barreiras Administrativas	Barreiras de Recursos
Somente 5% da força de trabalho compreendem satisfatoriamente a estratégia organizacional	Somente 25% dos gerentes e executivos recebem incentivos e recompensas ligados à estratégia organizacional	85% das equipes executivas gastam menos de uma hora por mês para discutir a estratégia organizacional	60% das organizações não alinham o orçamento com a estratégia organizacional

■ **FIGURA 11.5** *As barreiras à execução da estratégia organizacional.*[18]

cessariamente mudanças tanto na estrutura organizacional como na execução estratégica.

3. *A execução da estratégia influencia e é influenciada por questões de poder na organização:* A estratégia organizacional está relacionada com as relações de poder, política e conflitos entre pessoas e grupos na organização. A relação entre estratégia e poder é circular, pois na medida em que um grupo se torna mais poderoso ele se torna mais capaz de influenciar a execução da estratégia.
4. *A eficácia organizacional é determinada conjuntamente pelas decisões sobre estratégias e a própria execução da estratégia:* As decisões sobre estratégia e sua execução – em nível individual, grupal ou sistêmico – são interdependentes e se combinam para determinar quão eficaz será a organização no alcance de seus objetivos globais. Uma estratégia com elevado potencial de sucesso pode falhar se a sua execução for mal projetada, se as equipes não funcionarem bem ou se as pessoas não estiverem devidamente preparadas e motivadas. Da mesma forma, a organização pode não ser eficaz, mesmo que tenha pessoas motivadas e equipes empoderadas, se estiver executando a estratégia de maneira inadequada.

Planejamento do desempenho organizacional

O desempenho organizacional não pode ficar ao acaso. Ele deve seguir a missão organizacional, a visão de futuro e sobretudo a estratégia formulada. Os passos para o planejamento do desempenho organizacional costumam ser os seguintes:

1. *Planejamento do desempenho* envolvendo:
   - *O que fazer*: Em termos de objetivos a atingir, padrões, metas e resultados que se pretende alcançar.
   - *Como fazer*: Em termos de competências, habilidades e conhecimentos necessários e comportamentos.
2. *Execução do desempenho* envolvendo:
   - *Responsabilidades gerenciais*, ou seja, como os executivos e líderes da organização devem fazer para criar condições motivadoras para as pessoas, eliminar problemas que surgem intempestivamente, rever e atualizar objetivos, proporcionar oportunidades e reforçar atitudes e desempenhos adequados.
   - *Responsabilidades individuais*: Alcance de objetivos, comunicação aberta, coleta e compartilhamento de dados e informações relevantes, oferta de retroação e *coaching*.
3. *Avaliação do desempenho* envolvendo:
   - *Incentivos*: A partir de liderança participativa, reconhecimento, recompensas pelo bom desempenho, motivação e comunicação às pessoas.
   - *Coaching*: Transformando o executivo ou líder em um *coach* que proporciona treinamento e desenvolvimento às pessoas, abrindo oportunidades de crescimento e encarreiramento, bem como recursos (como liderança, orientação, impulso, entusiasmo).

Lugar	Características Organizacionais	Índice de Importância (de 100)
1	1. Todas as pessoas têm uma ideia clara das decisões e ações pelas quais são responsáveis	81
2	2. A informação mais importante sobre o entorno competitivo chega rapidamente à cúpula	68
3	1. Uma vez tomadas, as decisões raramente são questionadas	58
4	2. A informação flui livremente entre as fronteiras organizacionais	58
5	2. Os funcionários da linha contam com a informação de que necessitam para compreender como suas decisões cotidianas impactam os resultados finais	55
6	2. Os gerentes de linha têm acesso aos indicadores de que necessitam para medir os impulsionadores-chave de seus negócios	48
7	1. Os gerentes mais superiores na hierarquia participam das decisões operacionais	32
8	2. Raramente são enviadas mensagens contraditórias ao mercado	32
9	3. O processo de avaliação do desempenho individual distingue entre os funcionários de alto desempenho e os funcionários de baixo desempenho	32
10	3. A capacidade de cumprir metas de desempenho influi fortemente no desenvolvimento profissional e na remuneração	32
11	1. A cultura organizacional é descrita como "persuasiva e convencedora" do que a que "manda e controla"	29
12	1. O papel principal do pessoal corporativo é o de apoiar as unidades de negócios em vez de auditá-las	29
13	4. As promoções podem ser laterais, de um posto ao outro no mesmo nível da hierarquia	29
14	4. Os funcionários em rápida ascensão podem esperar ser promovidos mais de uma vez a cada 3 anos	23
15	4. Em média, os executivos de nível intermediário têm cinco ou mais subordinados	19
16	3. Se a empresa tem um ano mal, mas uma divisão específica tem um bom ano, o chefe da divisão de qualquer maneira recebe uma bonificação	13
17	3. Além dos salários existem muitos outros fatores que incentivam um bom trabalho do funcionário	10

■ **QUADRO 11.1** *As características fundamentais da eficácia organizacional.*[19]
Onde: 1 = privilégios de decisão; 2 = informação; 3 = incentivos; 4 = estrutura.

4. *Revisão do desempenho*: Através do julgamento a respeito de forças e fraquezas da equipe e de cada membro e do potencial de desenvolvimento a ser transformado em realidade.

A Figura 11.6 dá uma ideia do processo de planejamento do desempenho.

Assim, o desempenho organizacional reflete a estratégia, tanto em termos de formulação como de execução. O desempenho é um reflexo de como a estratégia deve funcionar na prática. Afinal, a partir de um ponto de vista mais amplo, a estratégia adotada pela organização deve basear-se na formulação da missão organizacional (o que somos) e na visão de futuro (o que queremos ser) para ajustar e sintonizar o desenho organizacional (estrutura) e a cultura organizacional (dinâmica) como bases capitais (como fazer) e focar os processos organizacionais (o que fazer) a fim de alcançar os objetivos organizacionais propostos (onde chegar). A Figura 11.7 mostra todo esse arranjo e configuração para que a estratégia possa acontecer.

BALANCED SCORECARD COMO FERRAMENTA DA GESTÃO ESTRATÉGICA

O *balanced scorecard* (BSC) – um escore ou placar balanceado e equilibrado – constitui uma ferramenta administrativa que envolve várias perspectivas diferentes e que devem ser integradas e balanceadas para promover sinergia. No início, o BSC constitui simplesmente um sistema de avaliação do desempenho organizacional que parte do princípio de que os indicadores financeiros, por si mesmos, não refletem perfeitamente a eficácia da organização. Os indicadores financeiros somente medem os resultados dos investimentos e das atividades medidas em termos monetários, não sendo sensíveis aos chamados impulsionadores de rentabilidade em longo prazo. Posteriormente, o BSC tornou-se uma ferramenta útil para a estratégia organizacional.

Cada organização tem os seus próprios objetivos. O problema é que os objetivos organizacionais são vários e, muitas vezes, conflitantes entre si. Assim, a redução de custos conflita com a melhor qualidade dos produtos, enquanto o aumento de preços conflita com a competitividade. Em geral, um objetivo atrapalha o outro. Algumas organizações definem hierarquias de objetivos para privilegiar alguns em detrimento de outros. As prioridades podem definir quais objetivos devem anteceder os demais. Mas, como priorizar ao mesmo tempo clientes, acionistas, pessoas, futuro, estratégia, serviço, processos internos, liderança, aprendizado e inovação? Cada objetivo aponta em uma direção diferente. O problema está em fazer com que os múltiplos e diferentes objetivos organizacionais funcionem de modo colaborativo, integrado e cooperativo entre si, evitando possíveis conflitos entre eles. Busca-se a sinergia, ou seja, a ação multiplicadora de um objetivo sobre os demais para proporcionar efeitos ampliados e não apenas somados.

O BSC é uma metodologia baseada no equilíbrio organizacional e se fundamenta no balanceamento entre quatro diferentes perspectivas de objetivos, a saber:[20]

1. *Perspectiva financeira:* Como a organização é vista pelos acionistas, proprietários e investidores. Os indicadores devem mostrar se a execução da estratégia organizacional está contribuindo para a melhoria dos resultados. Exemplos: lucratividade, retorno sobre o investimento, fluxo de caixa, retorno sobre o capital.
2. *Perspectiva do cliente:* Como a organização é vista pelo cliente e como ela pode atendê-lo da melhor maneira possível. Os indicadores devem mostrar se os serviços prestados estão de acordo com a missão da organização. Exemplos: satisfação do cliente, pontualidade na entrega, participação no mercado, tendências, retenção de clientes e aquisição de clientes potenciais.
3. *Perspectiva dos processos internos:* Quais os processos de negócios em que a organização precisa ter excelência. Os indicadores devem mostrar se os processos e a operação estão alinhados e se estão gerando valor. Exemplos: qualidade, produtividade, logística, comunicação interna e interfaces.
4. *Perspectiva da inovação e aprendizagem:* Qual a capacidade da organização para melhorar continuamente e se preparar para o futuro. Os indicadores devem mostrar como a organização pode aprender e se desenvolver para garantir o crescimento. Exemplos: índices de renovação dos produtos, desenvolvimento de processos internos, inovação, competências e motivação das pessoas.

A Figura 11.8 apresenta esquematicamente as quatro perspectivas adotadas pelo BSC.

O BSC busca estratégias e ações equilibradas e balanceadas em todas as perspectivas que afetam o negócio da organização, permitindo que os esforços

■ **FIGURA 11.6** *A gestão do desempenho na execução do plano estratégico.*

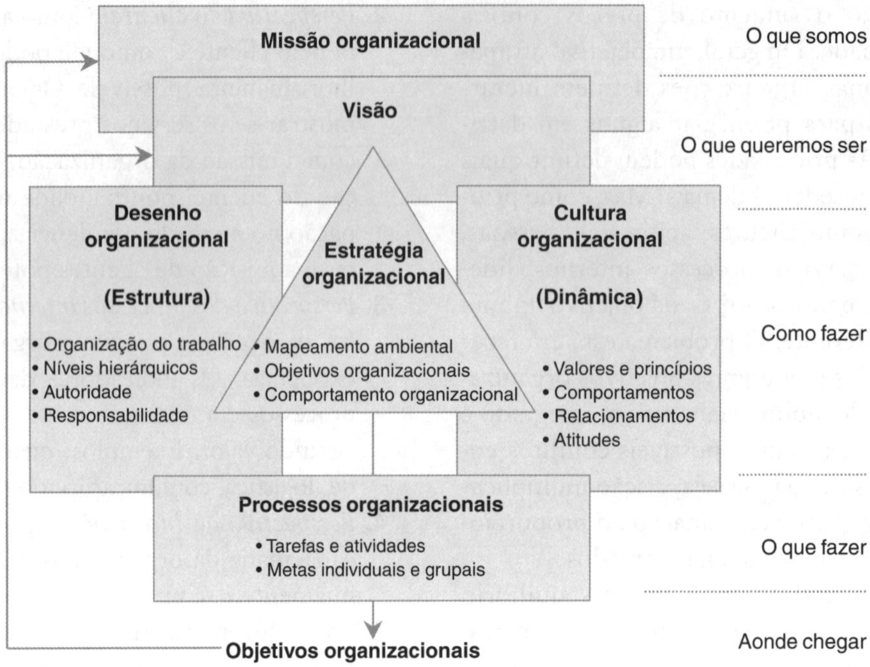

▪ **FIGURA 11.7** *Um modelo de avaliação do desempenho organizacional.*[21]

sejam dirigidos para as áreas de maior competência e detectando e indicando as áreas para eliminação de incompetências. É um sistema voltado para o comportamento e não para o controle. Seus indicadores estão direcionados para o futuro e para a estratégia organizacional em um sistema de contínua monitoração, como apresentado pelas Figuras 11.9 e 11.10.

As perspectivas utilizadas são traduzidas no mapa da estratégia em termos de objetivos estratégicos, indicadores para mensurar os resultados, bem como definir as metas específicas e as respectivas ações individualizadas, como mostra a Figura 11.11.

Alinhamento e foco são as palavras de ordem. Alinhamento significa coerência da organização. Foco significa concentração. O BSC habilita a organização a alinhar e focar suas equipes de executivos, unidades de negócios, recursos humanos, TI e recursos financeiros para sua estratégia organizacional, considerando as diferentes perspectivas, os fatores críticos de sucesso e as medidas críticas representadas pelos indicadores, como mostra a Figura 11.12.

A montagem do BSC passa pelas seguintes etapas:[22]

1. *Definição da estratégia:* Não adianta a missão organizacional estar pendurada há décadas na parede do saguão de entrada. Se a estratégia não é clara, todo o esforço do BSC pode ser perdido em ações que nada têm a ver com os objetivos reais da organização. Para alcançar sucesso, a estratégia organizacional deve ser descrita e comunicada de maneira significativa através de um mapa estratégico que permita mostrar uma arquitetura lógica sobre como os ativos intangíveis podem ser transformados em ativos tangíveis (ou financeiros).
2. *Montagem do mapa da estratégia:* Significa desdobrar a estratégia nas perspectivas básicas. Para cada uma das perspectivas básicas (financeira, cliente, processos internos, inovação) são selecionadas metas de negócio e indicadores correspondentes que devem mostrar se essas metas estão sendo atingidas ou não. Para que o desempenho organizacional seja mais do que a soma de suas partes, as estratégias individuais devem ser interligadas e integradas. A sinergia é o objetivo do desenho organizacional. As organizações focadas na estratégia devem vencer as tradicionais barreiras departamentais. Novos formatos organizacionais são necessários.
3. *Montagem do BSC:* Para transmitir e comunicar às pessoas de maneira consistente e significativa os objetivos estratégicos e seus desdobramentos, indicadores, metas e ações. Trata-se de traduzir a estratégia em termos operacionais para que ela seja executada adequadamente. Algumas organizações fazem alguns desdobramentos adicionais para cada perspectiva utilizada, definindo os fatores críticos, dimensões críticas, metas e ações necessárias, como mostra a Figura 11.13.

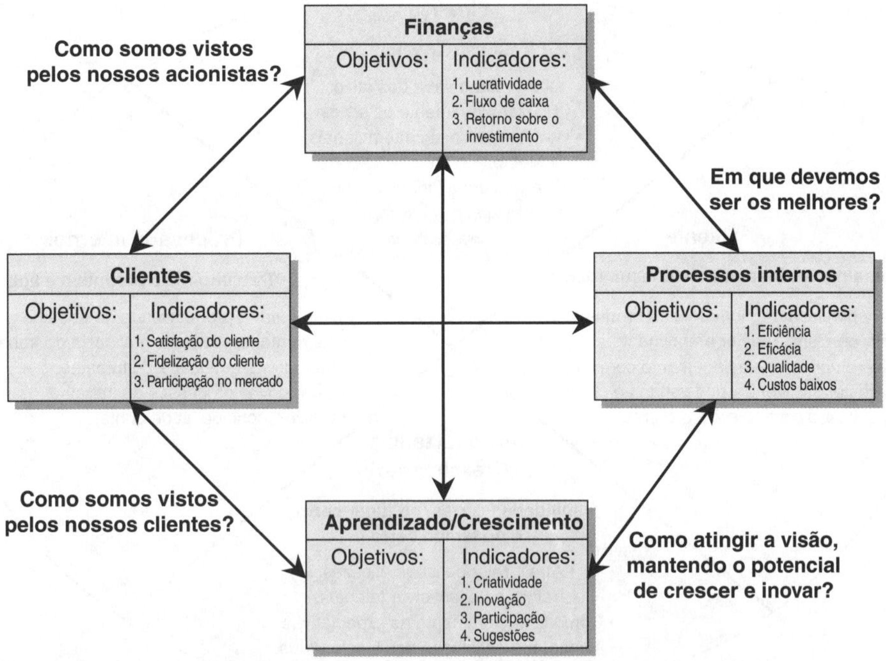

■ **FIGURA 11.8** *O balanced scorecard.*[23]

Três aspectos são essenciais no BSC:

1. *Fazer da estratégia a tarefa diária de cada pessoa:* As organizações focadas na estratégia requerem que todas as pessoas compreendam a estratégia e conduzam suas atividades de maneira que contribua para o seu sucesso.

2. *Fazer da estratégia um processo contínuo:* A estratégia deve estar ligada a um processo contínuo de aprendizagem e adaptação. Para muitas organizações, o processo administrativo é construído ao redor do plano operacional e orçamentário, com reuniões mensais para rever o desempenho em relação ao que foi planejado e analisar as varia-

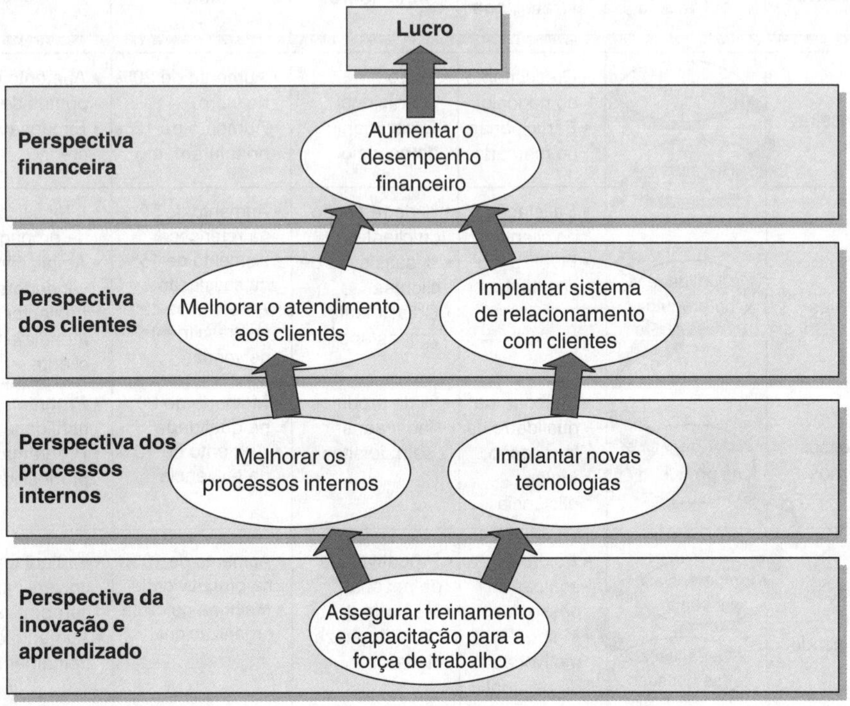

■ **FIGURA 11.9** *Mapa da estratégia.*[24]

■ **FIGURA 11.10** *Exemplo de um BSC de uma empresa industrial.*[25]

ções para aplicar as ações corretivas. Isso não está errado. Mas está incompleto. É necessário introduzir um processo contínuo e ininterrupto para administrar a estratégia e que permita aprendizagem e adaptação da estratégia através de um sistema de retroação.

3. *Mobilizar a mudança através da liderança de executivos:* Trata-se de envolver a equipe de executivos

Perspectivas	Mapa da estratégia	Objetivos estratégicos	Indicadores	Metas	Ações
Financeira	Lucro Receitas	• Crescimento do negócio • Participação no mercado	• Lucro operacional • Crescimento do negócio	• Aumento de 20% no lucro • Aumento de 12% no faturamento	• Aumento dos pontos de venda • Expansão do crédito
Clientes	Qualidade do produto	• Satisfação do cliente • Fidelização do cliente	• % de retenção de clientes • % satisfação de clientes • Crescimento vendas/ano	• Aumento de 50% na retenção • Aumento de 15% na satisfação • Aumento de 12% no crescimento de vendas	• Intensificação da propaganda • Ampliação de vendedores • Implantação do atendimento ao cliente
Processos internos	Excelência na produção	• Melhoria da qualidade da fabricação • Maior eficiência	• % de produtos fabricados sem defeitos	• Melhoria de 30% na qualidade • Aumento de 10% na eficiência	• Programa de qualidade total • Programa de produtividade
Inovação e aprendizado	Competências pessoais Capacitação das pessoas	• Treinar e equipar o pessoal • Maior motivação do pessoal	• Produtividade do pessoal • Melhoria do clima organizacional	• Aumento de 10% na produtividade • Melhoria do clima organizacional	• Implantação da universidade corporativa • Aumento do treinamento

■ **FIGURA 11.11** *Exemplo de um BSC básico.*[26]

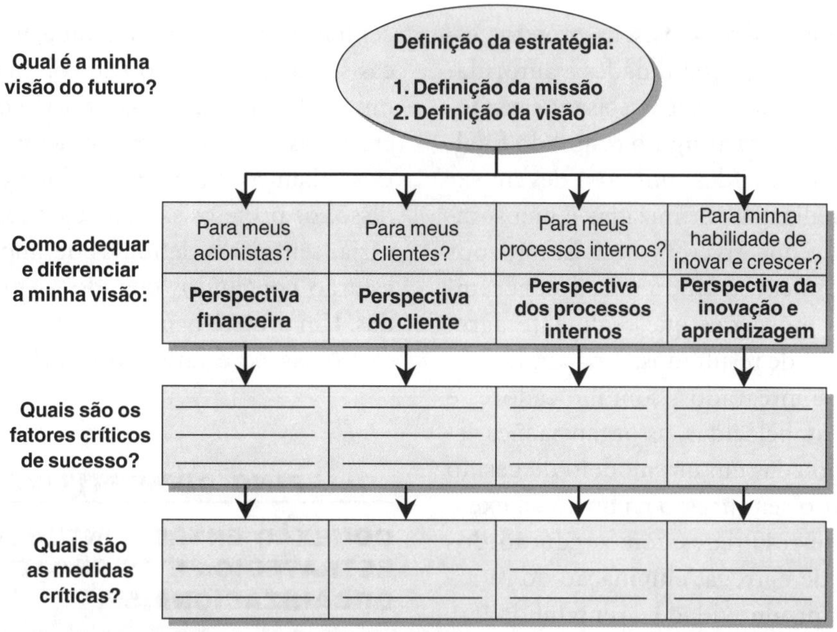

■ **FIGURA 11.12** *Alinhando as mensurações à estratégia.*

no sucesso da estratégia. A estratégia requer espírito de equipe para coordenar as mudanças, e sua execução precisa de atenção contínua e foco nas iniciativas de mudanças. A mobilização de todas as pessoas através de equipes é fator indispensável.

O BSC cria um contexto em que as decisões relacionadas com as operações cotidianas possam ser alinhadas com a estratégia e a visão organizacional, permitindo divulgar a estratégia, promover o consenso e o espírito de equipe, integrando as partes da organização e criando uma sistemática para envolver todos os programas do negócio, catalisar esforços e motivar as pessoas. E, além de tudo, medir e avaliar o desempenho através dos indicadores. O BSC é um requisito para a implementação da gestão por projeto.

GESTÃO POR PROJETOS

As organizações desempenham uma enorme e complicada variedade de redes de atividades de maneira coordenada e simultânea. Em geral, essas atividades envolvem operações – que são tarefas continuadas e constantes – e projetos – que são tarefas únicas e temporárias – que se superpõem e se entrelaçam. Operações e projetos compartilham muitas características comuns, tais como:

- Ambos são desempenhados por pessoas.
- Ambos são limitados por recursos escassos e restritos.
- Ambos são planejados, executados e controlados.

Contudo, operações e projetos se diferenciam por dois aspectos fundamentais: temporariedade e unicidade. As operações são constantes e repetitivas, e seus objetivos, em geral, buscam sustentar uma situação ou condição enquanto os projetos são temporários e únicos. O projeto significa fazer algo que ainda não foi feito antes, que é único e singular. É temporário porque cada projeto tem um começo e um final que são bem definidos. O seu fim é atingido quando os seus objetivos são alcançados ou quando fica claro que eles não podem ser alcançados. Único porque o produto ou serviço é diferente e distinto dos demais produtos ou serviços. A temporariedade do projeto não significa absolutamente curta duração, pois muitos projetos se estendem por anos a fio. Mas, em todos os casos, sua duração é finita. Assim, os projetos são meios para responder aos requisitos que não podem ser atendidos dentro dos limites operacionais normais das organizações.[27]

Muitas organizações confundem meios e fins, operações e projetos. Operações seguem processos previamente estabelecidos e são meios pelos quais se pode alcançar resultados (fins) usando recursos (materiais e pessoas) para transformar insumos (entradas) em produtos (saídas), independentemente de relacionamento hierárquico. Uma organização deve ser descrita pelo conjunto de operações que executa através de processos eficientes e eficazes. Essa abordagem facilita a integração das áreas, minimizando as descontinuidades do fluxo de trabalho, que passam a se concentrar por projetos.

A organização deve definir os seus projetos essenciais, estabelecer as responsabilidades e autoridades pela gestão das atividades que precisam estar integradas, todas focadas para atingir o resultado final. As entradas (*inputs*) e as saídas (*outputs*) devem ser identificadas, racionalizadas, otimizadas e mensuradas. As organizações que tiverem uma gestão por projetos eficaz estarão construindo um sistema sempre voltado para as inovações que realmente agregam valor na obtenção de resultados. A partir de projetos bem definidos e integrados, com indicadores e metas de melhoria estabelecidas, as organizações estarão fortemente apoiadas em um modelo de gestão que permita garantir o seu sucesso na busca da excelência e que propicie resultados como redução dos custos e dos prazos de entrega, eliminação do retrabalho e aumento da produtividade e rentabilidade.

Assim, os projetos são de fundamental importância para identificar, além das entradas e saídas, quais são os recursos e as informações necessárias para assegurar o bom desempenho. É a forma de se projetar os meios pelos quais uma organização pretende produzir e entregar, aos seus clientes, seus produtos e serviços qualidade superior.

Características dos projetos

Os projetos são implementados em todos os níveis da organização: podem envolver uma única pessoa ou centenas de pessoas. Sua duração pode variar de poucas semanas até cinco anos ou mais. Podem envolver uma só unidade da organização como também podem cruzar as fronteiras organizacionais através de parcerias, alianças ou empreendimentos conjuntos. Além disso, os projetos são únicos, são de natureza temporária, têm datas definidas de início e fim, e somente estarão concluídos quando as metas forem alcançadas. Um projeto bem-sucedido é aquele que atende ou excede as expectativas dos *stakeholders*.[28]

CLIPPING COMPETITIVO

CONEXÃO ENTRE A INTENÇÃO ESTRATÉGICA E OS PROJETOS ORGANIZACIONAIS[29]

Muitas organizações procuram fazer algum tipo de conexão de seus processos com sua missão, visão de negócios e valores. Na Ineos Sílicas Brasil, uma organização do setor químico, todos os projetos devem passar pela análise criteriosa que indicará o quanto cada projeto esta consistente com a missão, a visão e os valores da empresa. Assim, cada projeto deve atender a diferentes critérios que correspondem à sua missão, que é: *Propor soluções, sistemas e produtos químicos à base de dióxido de silício, identificando tendências, monitorando os mercados e elaborando projetos de desenvolvimento que promovam o crescimento da marca e dos resultados da empresa; definindo, construindo e concretizando valor com todos os públicos de interesse.*

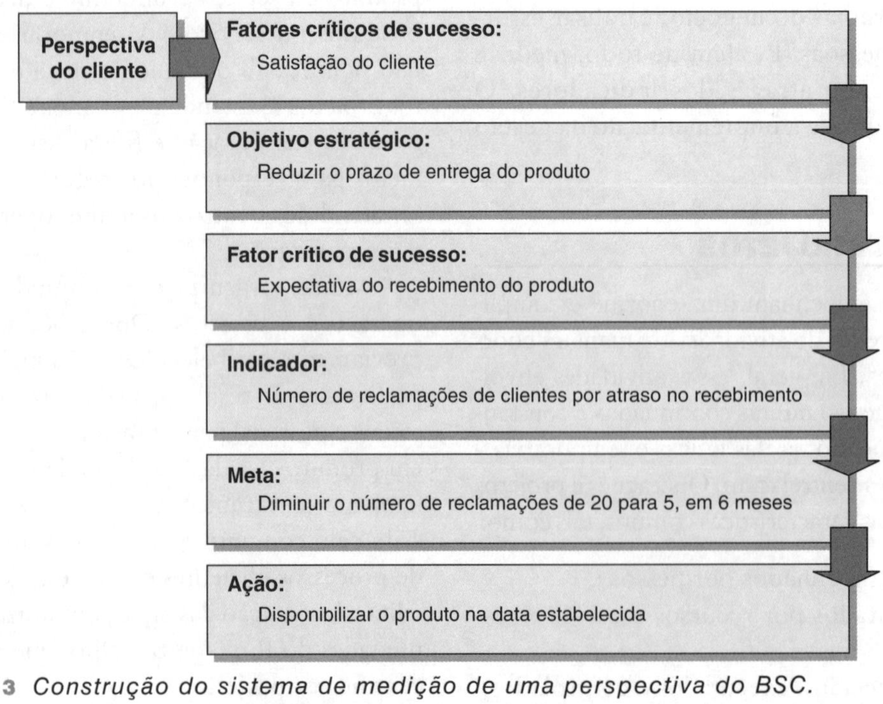

▪ **FIGURA 11.13** *Construção do sistema de medição de uma perspectiva do BSC.*

A partir dessa declaração foi elaborada uma planilha de critérios ponderados pela sua importância que avalia o grau de satisfação dos diferentes projetos em relação à missão da organização:

Perguntas

1. O projeto é uma solução, um sistema ou um produto químico?
2. A solução, sistema ou produto químico é à base de dióxido de silício?
3. As tendências de mercado que justificam o projeto foram identificadas?
4. Capacidade de crescer a marca INEOS Sílicas Brasil
   4.1 A marca será notada no produto do cliente?
   4.2 A marca será notada pelo consumidor final?
   4.3 A solução, sistema ou produto será notada pelo mercado?
   4.4 A solução, sistema ou produto será o "princípio ativo" para o cliente?
   4.5 Se não, qual a importância para o cliente? (de 1 a 5)
   4.6 O projeto irá se constituir em uma parceria com o cliente?
5. Capacidade de trazer resultados para a INEOS Sílicas Brasil
   5.1 Qual a participação da receita estimada (NSV) na atual ISB?
   5.2 Qual a participação da margem estimada (GM) na atual da ISB?
   5.3 Qual a participação do EBITDA estimado no atual da ISB?
6. Característica do projeto
   6.1 O projeto é uma defesa ou manutenção de margens atuais?
   6.2 Se sim, qual a porcentagem da margem defendida no total da ISB?
   6.3 O projeto é uma melhoria de margem de negócios existentes?
   6.4 Se sim, qual a porcentagem da margem adicional no total da ISB?
   6.5 O projeto é uma inovação radical?
   6.6 Se sim, qual a porcentagem do potencial de margem no total da ISB?
7. Valor para os públicos de interesse
   7.1 Qual o valor para o cliente?
   7.2 Qual o valor para o acionista?
   7.3 Qual o valor para a comunidade?
   7.4 Qual o valor para os colaboradores?
8. Assuntos estratégicos
   8.1 O projeto tem capacidade de superar eventuais barreiras de entrada?
   8.2 O projeto tem capacidade de construir eventuais barreiras de entrada?
   8.3 Os desafios tecnológicos (fornecedores, parcerias, nova tecnologia) são grandes?
   8.4 Qual o montante de recursos financeiros que o projeto vai demandar?
   8.5 Qual o montante de recursos humanos que o projeto vai demandar?
   8.6 Qual a probabilidade de sucesso?
   8.7 Qual o tempo de implementação?
   8.8 Qual o tempo de maturação?
   8.9 Qual o crescimento médio do mercado-alvo?

Cultura de gestão de projetos

O importante é disseminar uma cultura focada em projetos dentro da organização. Os projetos podem envolver:

- Criação e desenvolvimento de um novo produto ou serviço.
- Mudança na estrutura organizacional ou na cultura organizacional.
- Desenvolvimento ou aquisição de um novo sistema de informação.
- Construção de um novo edifício.
- Implementação de um novo procedimento ou processo de negócio.

Uma importante característica do projeto é a sua elaboração progressiva. Como cada projeto é único, e as características que distinguem seu produto ou serviço resultante são progressivamente elaboradas através de etapas sucessivas que agregam continuamente as características que serão alcançadas no seu final. Em geral, os projetos estão relacionados com a inovação: criar algo ou fazer algo diferente. Uma alternativa para incrementar a inovação consiste em criar uma cultura focada em projetos inovadores. Quando as pessoas passam a pensar em projetos e não apenas em processos triviais, elas adotam uma mentalidade de inovação ou, pelo menos, procuram sair da rotina e do convencional para lidar com coisas novas.

A excelência na gestão de projetos não trata de estabelecer etapas ou conferir linearidade às atividades, mas de traçar os resultados a serem atingidos, permitindo, assim, a seleção de recursos e estratégias adequadas. Dentre estas está a construção de competências, que deve ser vista como a mais importante.

Com isso, muda, fundamentalmente, o papel do líder de um projeto. Sua responsabilidade está em levantar as questões-chave para assegurar o sucesso do projeto ou da organização: o que podemos aprender com o trabalho na prática? por que uma prática está funcionando?, por que não está?, como fazer melhor da próxima vez?, que novos desafios essa realidade nos coloca?

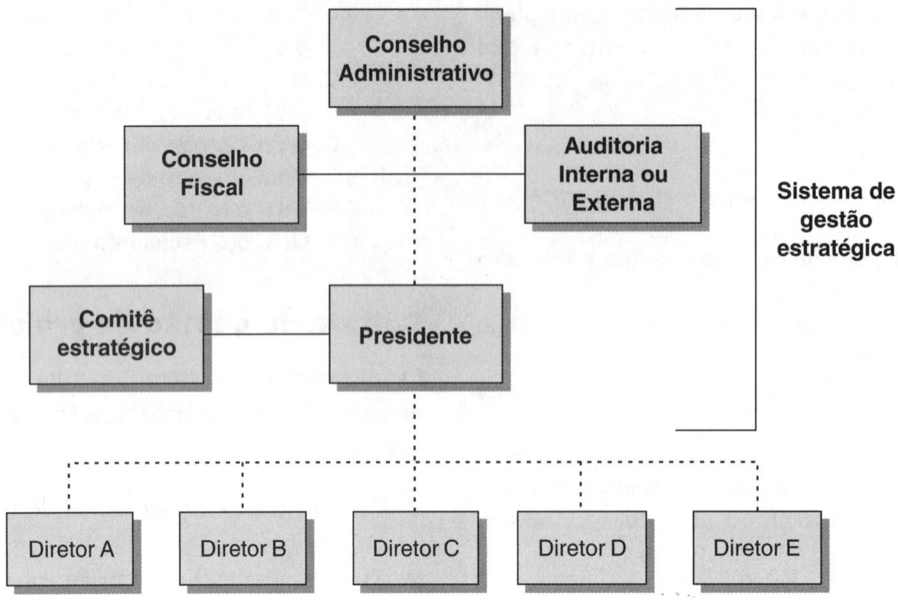

■ **FIGURA 11.14** *O sistema de gestão estratégica.*

Cresce, nessa cultura, a importância de se estabelecerem objetivos claros e de pactuar prioridades; cresce, também, a necessidade de planejar coletivamente o processo necessário para atingir os objetivos, aproveitando os talentos e experiências existentes no grupo. Por fim, coloca-se como necessidade organizar a memória do trabalho da equipe, de forma que as informações estejam disponíveis para todos e que possam ser compartilhadas de maneira rápida e prática.

O SISTEMA DE GESTÃO ESTRATÉGICA

A organização não conduz seu processo estratégico às soltas e ao acaso. Ela necessita de um Sistema de Gestão Estratégica (SGE) para zelar da excelência em todas as etapas do processo estratégico.

O SGE é composto pelo conselho administrativo, que representa os acionistas ou proprietário da empresa, apoiado pelo conselho fiscal, auditoria interna ou externa. Ao conselho administrativo se reporta o presidente da organização, como principal executivo, assessorado pelo comitê ou equipe estratégica, como na Figura 11.14.

O presidente da organização tem papel fundamental de liderança e renovação no SGE. Deve ser um missionário (apregoador da missão organizacional), um visionário (defensor da visão de futuro da organização), um agente proativo e alavancador da equipe. O comitê estratégico (CE) que o assessora diretamente é constituído pelos diretores da organização e por executivos escolhidos a dedo. Em geral, recebe denominações como comitê gestor ou grupo de apoio estratégico, e pode receber contribuição ocasional ou continuada de grupos de apoio compostos de pessoas localizadas em pontos-chave da organização. Para comunicar, divulgar e reforçar assuntos estratégicos para toda a organização, o CE deve desenvolver fóruns estratégicos ao longo de todo o processo. Comunicação, incentivo, entusiasmo e reforço são aspectos vitais nesses fóruns estratégicos.

Em geral, as atividades do SGE em relação ao planejamento estratégico são:

1. Coordenar e elaborar o planejamento estratégico da organização – desde a intenção estratégica, diagnóstico externo e interno e formulação estratégica – e divulgá-lo intensamente a toda a organização.
2. Disseminar e incentivar a cultura de excelência por toda a organização.
3. Criar todas as condições de execução do plano estratégico em toda a organização e em todos os seus níveis.
4. Monitorar e avaliar continuamente o desempenho e os resultados do planejamento estratégico.
5. Adotar e apoiar medidas corretivas e de ajuste constante do planejamento estratégico.

Assim, para alcançar excelência na execução do planejamento estratégico, a gestão estratégica precisa enfrentar o desafio da mudança organizacional – já que a estratégia constitui sempre um movimento molar e sistêmico de mudança em direção a objetivos globais da organização –, no sentido de assegurar um desempenho organizacional invejável. Mudar o rumo do direcionamento não é nada fácil. Exatamente é onde a maioria das organizações falha e não consegue fazer suas estratégias saírem do papel ou da cabeça de seus dirigentes. No fundo, as organizações precisam aprender a desempenhar como organizações de classe mundial. Isso é fundamental na execução da estratégia.[30]

CONCLUSÃO

Da boa formulação estratégica depende o sucesso de todo o planejamento estratégico. Mas, quase sempre ela não é concretizada e nem chega a acontecer por falhas em sua execução. Por melhor que ela seja formulada, se a execução da estratégia não for cuidadosamente implementada não será bem-sucedida. Mesmo que os gestores responsáveis pelo plano estratégico desdobrem os objetivos estratégicos e globais em objetivos táticos e operacionais, a sua execução pode simplesmente não acontecer. A execução de um plano estratégico é, no fundo, uma questão de superação de barreiras.

A execução constitui a etapa mais demorada, difícil e complexa de todo o processo de planejamento estratégico. Em geral, ela constitui a etapa que marca definitivamente o sucesso ou fracasso na gestão estratégica. O segredo maior está em fazer com que todas as pessoas da organização – sem nenhuma exceção – sejam os praticantes do planejamento estratégico. As pessoas devem protagonistas e atores e não simplesmente expectadores do processo. E isso envolve a criação e o monitoramento de indicadores de desempenho, como os propostos pela Metodologia do *Balanced Scorecard – BSC*.

O BSC constitui uma ferramenta administrativa que envolve várias perspectivas diferentes – e que devem ser integradas e balanceadas para promover sinergia. No início, o BSC constitui simplesmente um sistema de avaliação do desempenho organizacional que parte do princípio de que os indicadores financeiros, por si mesmos, não refletem perfeitamente a eficácia da organização. Os indicadores financeiros somente medem os resultados dos investimentos e das atividades medidas em termos monetários, não sendo sensíveis aos chamados impulsionadores de rentabilidade em longo prazo. Posteriormente, o BSC tornou-se uma ferramenta útil para a estratégia organizacional.

O *BSC* cria um contexto em que as decisões relacionadas com as operações cotidianas possam ser alinhadas com a estratégia e a visão organizacional, permitindo divulgar a estratégia, promover o consenso e o espírito de equipe, integrando as partes da organização e criando uma sistemática para envolver todos os programas do negócio, catalisar esforços e motivar as pessoas. E além de tudo, medir e avaliar o desempenho através dos indicadores. O que vai assegurar o sucesso na execução do plano estratégico

NOTAS

1. Adaptado de MISCHE, M. A. *Strategic renewal: becoming a high performance organization*. Upper Saddle River, NJ: Prentice, 2001, p. 12.
2. MISCHE, M. A. *Strategic renewal: becoming a high performance organization*, op. cit., p. 22.
3. Adaptado de MISCHE, M.A. *Strategic renewal: becoming a high performance organization*, op. cit., p. 25.
4. MISCHE, M. A. *Strategic renewal: becoming a high performance organization*, op. cit., p. 22.
5. KOTTER, J. P. & SCHLESINGER, L.A. "Choosing strategies for change." *Harvard Business Review*, March/April, 1979, p.106-14.
6. KOTTER, John. *Liderando mudança*. Rio de Janeiro: Campus, 1998.
7. KOTTER, John. *Liderando a mudança*, op. cit.
8. Extraído de Fundação Nacional da Qualidade (FNQ). *Critérios de excelência: avaliação e diagnóstico da gestão organizacional*. São Paulo, 2008, p. 32.
9. HRIBINIAK, Lawrence G. *Making strategy work: leading effective execution and change*. Upper Saddle River: Wharton School Publ., 2005, p. 3-13.
10. HRIBINIAK, Lawrence G. *Making strategy work: leading effective execution and change*, op. cit., p. 22.
11. Ver: www.hsm.com.br
12. Ver: http://blogs.harvardbusiness.org/davenport/2007/12/entrepreneurial_execution_the.html
13. CHIAVENATO, Idalberto. *Administração: teoria, processo e prática*. Rio de Janeiro: Elsevier/Campus, 2006.
14. Extraído de Fundação Nacional da Qualidade (FNQ). *Critérios de excelência: avaliação e diagnóstico da gestão organizacional*. São Paulo, 2008, p. 31.
15. Ver: http://blogs.harvardbusiness.org/davenport/2007/12/entrepreneurial_execution_the.html.

16. NEILSON, Gary L., MARTIN, Karla L. & POWERS, Elizabeth, "Los secretos de una ejecución exitósa de la estrategia." Boston, *Harvard Business Review*, junio 2008, p. 111-124.

17. NADLER, D.A., HACKMAN, J.R. & LAWLER III, E.E. *Managing organizational behavior*. Boston, Mass.: Little Brown & Co., 1979, p. 232-234.

18. NIVEN, Paul R. *Balanced scorecard diagnostics: maintaining maximum performance*. New York: John Wiley & Sons, 2005, p. 11.

19. Extraído de NEILSON, Gary L., MARTIN, Karla L. & POWERS, Elizabeth. *Los secretos de una ejecución exitósa de la estrategia*, op. cit., p. 114.

20. A seção Balanced Scorecard e suas figuras são referência a KAPLAN, R.S. & NORTON, D.P. *Organização orientada para a estratégia — como as empresas que adotam o balanced scorecard prosperam no novo ambiente de negócios*. Rio de Janeiro: Campus, 2001.

21. CHIAVENATO, Idalberto. *Comportamento organizacional: a dinâmica do sucesso das organizações*. Rio de Janeiro: Elsevier/Campus, 2006.

22. KAPLAN, R.S., NORTON, D.P. *A estratégia em ação: balanced scorecard*. Rio de Janeiro: Campus, 1997.

23. KAPLAN, R.S. & NORTON, D.P. *A estratégia em ação: balanced scorecard*, op. cit.

24. Idem.

25. Adaptado de NIVEN, Paul R. *Balanced scorecard diagnostics: maintaining maximun performance*. New York: John Wiley & Sons, 2005, p. 87.

26. CHIAVENATO, Idalberto. *Introdução à teoria geral da administração*, Rio de Janeiro: Elservier/Campus, 2004, p. 591.

27. Idem.

28. HELDMAN, Kim. *Gerência de projetos: guia para o exame oficial do PMI*. Rio de Janeiro: Elsevier/Campus, 2002, p. 4-5.

29. Ver: www.ineossilicas.com.
Ver também: www.ineossilicas.com.br.

30. HODGETTS, R.M., LUTHANS, F. & LEE, S.M. "New paradigm organizations: from total quality to learning to world class." *Organizational Dynamics*, Winter, 1994, p. 4-19.

CAPÍTULO 12

EMPREENDEDORISMO E LIDERANÇA ESTRATÉGICA

O engajamento e a participação de todos

O que você verá pela frente:

- Liderança estratégica.
- O espírito empreendedor.
- Empreendedorismo corporativo.
- Cultura empreendedora.
- Empreendedorismo e Inovação.
- Conclusão.

Objetivos de aprendizagem:

- Explicar as características do espírito empreendedor e como incrementá-las na organização.
- Mostrar como criar o espírito empreendedor nas organizações.
- Explicar como a gestão por projetos incentiva o empreendedorismo e a inovação.
- Mostrar a importância da inovação e do espírito empreendedor.
- Discutir as etapas do processo de inovação.
- Salientar o papel da liderança estratégica nos dias atuais.

Para ser adequadamente implementado e executado, o planejamento estratégico sempre traz reformulações profundas ou superficiais na organização. Ele precisa envolver, integrar e sintonizar todas as condições necessárias para que seja bem-sucedido. Para tanto, costuma provocar mudanças não apenas na arquitetura organizacional e nos processos de trabalho. Ele muda também, e principalmente, a cultura organizacional. E talvez seja esta a sua principal finalidade nos tempos atuais. Mudar a mentalidade e os paradigmas que ainda predominam nas organizações. A mudança cultural – diferentemente da mudança da estrutura organizacional ou da mudança em produtos, serviços, processos, tecnologias – é geralmente lenta e demorada. Ela sofre resistências, barreiras e gargalos de todos os tipos. Mas a mudança da cultura organizacional não somente é possível e desejável como também indispensável e fundamental para o sucesso organizacional, levando-se em conta que a organização atua em ambientes altamente dinâmicos, mutáveis, instáveis, voláteis e em constante transformação.

Acontece que o horizonte temporal do planejamento estratégico pode ser encurtado ou estendido conforme o horizonte temporal permitido pela mudança cultural. Em outras palavras, o planejamento estratégico tanto influencia como pode ser influenciado pela cultura organizacional: ele pode ser mais rápido ou mais lento em seus resultados e consequências quando ajudado ou obstaculizado pela cultura organizacional vigente na organização. Se a cultura organizacional é adaptativa e evolucionária, ela ajuda e impulsiona, mas se é conservadora e rígida, ela atrapalha por colocar entulhos à frente. Muitas vezes, o descompasso entre a mudança cultural e o processo estratégico inviabiliza o sucesso da organização. Outras vezes, a formulação estratégica é brilhante, mas sua implementação ou execução peca por falta de comprometimento e colaboração das pessoas envolvidas devido à maneira como elas percebem e sentem a necessidade de comportamentos e atitudes favoráveis ao processo estratégico. Se o planejamento estratégico não tiver apoio, suporte, aceitação, validade, compromisso e comprometimento – seja da alta administração como de todas as pessoas nele envolvidas –, ele corre o risco de ficar apenas na formulação e não sair do papel. Em outras palavras, o planejamento estratégico requer liderança para ser devidamente implementado e executado e alcançar resultados excelentes. Liderança em uma organização significa assumir riscos, apostar em uma visão de futuro e conduzir as políticas organizacionais.

LIDERANÇA ESTRATÉGICA

Afinal, quem representa tal liderança? Quem deve assumir as rédeas do negócio, avaliar as alternativas de cursos de ação estratégica, decidir os rumos a seguir, encarar os riscos futuros, tocar toda a organização e seus membros naquela direção e assegurar que os objetivos sejam cumpridos? Obviamente, esse papel cabe ao executivo maior da organização – seja o CEO (*Chief Executive Officer*), presidente, diretor-geral ou proprietário, conforme o caso. Isso não quer dizer que é o presidente quem formula pessoalmente a estratégia, mas é ele quem toma a decisão final sobre sua formulação e assume a responsabilidade final pela sua implementação e sucesso. Ele é o líder principal. E como toda estratégia implica movimento – e movimento significa mudança –, ele é o principal agente da mudança organizacional. Trata-se do ator principal e não de um mero coadjuvante. Assim, toda estratégia requer liderança. E por liderança quer se dizer comprometimento, empolgação, espírito missionário e visionário, foco em objetivos, senso de oportunismo e, por extensão, ênfase na participação de todos, na dedicação, impulso, orientação, reforço, retroação, motivação e foco no aprendizado das pessoas. Em outras palavras, o líder máximo não trabalha sozinho, mas com uma valorosa equipe que lidera e impulsiona. Seu êxito vai depender dessa equipe. O cuidado de selecioná-la, prepará-la, liderá-la, impulsioná-la, incentivá-la, orientá-la e dirigi-la é fundamental. O líder precisa ter um incrível faro para prospectar e localizar talentos e aproveitá-los da melhor maneira possível.

Conceito de liderança estratégica

Liderança estratégica significa a capacidade de antecipar, vislumbrar e manter flexibilidade, e saber delegar poderes para criar mudança estratégica sempre que necessário for. A liderança estratégica implica administrar por meio das pessoas os recursos da organização, administrar a organização inteira e não apenas uma unidade funcional, e lidar com a mudança cada vez mais rápida e profunda que caracteriza o atual cenário competitivo. Em razão dessa complexidade e mutabilidade, os líderes estratégicos devem aprender como influenciar o comportamento das pessoas em um ambiente incerto e muitas vezes imprevisível. Em outras palavras, liderança estratégica significa liderar líderes de líderes.

A liderança estratégica envolve aspectos multifuncionais, descritos abaixo, como mostrado na Figura 12.1.

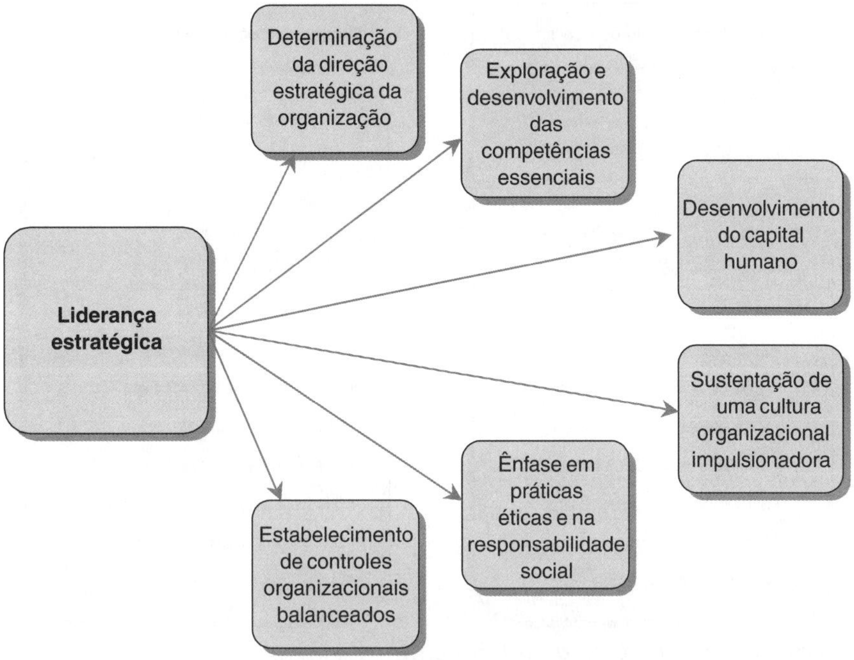

■ **FIGURA 12.1** *Aspectos multifuncionais da liderança estratégica.*[1]

1. *Determinação da direção estratégica:* Significa criar uma visão de longo prazo da intenção estratégica da organização. Essa visão de longo prazo mira um horizonte de 5 a 10 anos projetados no futuro e tem duas vertentes: uma ideologia central e um futuro visado. A ideologia central, permanente e viva, motiva os funcionários por meio da herança da organização, enquanto o futuro visado os encoraja a se estenderem para além de suas expectativas temporais de realização e impõe mudança e progresso para que elas sejam realizadas ao longo do tempo.
2. *Exploração e desenvolvimento das competências essenciais:* Significa explorar e desenvolver competências essenciais em muitas áreas funcionais diferentes para implementar as estratégias organizacionais. Os líderes estratégicos avaliam se as competências essenciais são enfatizadas nos esforços de implementação estratégica. É o caso da Intel, que tem competências essenciais de agilidade competitiva (capacidade de agir numa variedade de maneiras competitivamente relevantes) e velocidade competitiva (capacidade de agir rapidamente quando enfrenta pressões ambientais e competitivas).
3. *Desenvolvimento do capital humano:* O capital humano representa o acervo de conhecimentos, habilidades e competências da força de trabalho da organização. Assim, os funcionários representam um recurso capital que requer investimento em termos de preparo, treinamento e desenvolvimento. Na medida em que a competição se torna mais intensa, as pessoas passam a constituir a única fonte verdadeiramente sustentável de vantagem competitiva. O papel da gestão de pessoas passa a ter uma importância determinante na capacidade que a organização tem de formular e executar de maneira bem-sucedida suas estratégias. Saber localizar, utilizar e incentivar talentos, construir equipes eficazes comprometidas com a realização da visão de futuro e dos objetivos da organização constituem competências que o líder estratégico precisa possuir em grau elevado.
4. *Sustentação de uma cultura organizacional eficaz:* A cultura organizacional é um complexo de ideologias, símbolos e valores centrais que é compartilhado por toda a organização e que influencia poderosamente a maneira pela qual ela realiza os negócios. Modelar a cultura organizacional – modelar o contexto dentro do qual a organização formula e executa suas estratégias – é uma tarefa básica dos líderes estratégicos. A cultura pode ajudar definitivamente – como também pode atrapalhar se não for adequada – o esforço estratégico da organização na busca de oportunidades. Daí a necessidade de uma orientação impulsionadora e empreendedora que torne as pessoas protagonistas da ação e não meras espectadoras da mudança e do progresso organizacional.

Traços tradicionais de liderança	Qualidades da liderança estratégica
• Conformidade	• Espírito criativo e inovador
• Autoritarismo	• Assimilador, aprendiz e coreógrafo
• Heroico – centro da atenção	• Compartilha poder e atenção
• Isolado, separado, indiferente	• Acessível, próximo, apoiador
• Delegador e hierárquico	• Condutor, alavancador e criador de redes
• Especialização em áreas tradicionais	• Generalista com *expertise* em várias áreas
• Conhecimento extensivo da indústria	• Experiência em muitas indústrias
• Posse de um cargo a longo prazo	• *Portfólio* de conhecimentos diversificados
• Alto controle e comando	• *Empowerment* e patrocinador
• Orientação doméstica e internalizada	• Perspectiva global e sistêmica
• Cria consenso quando necessário	• Cria coalizões e fomenta colaboração
• Conhecimento íntimo da organização	• Conhecimento íntimo do cliente
• Atenção nos concorrentes	• Conhecimento dos concorrentes

■ **FIGURA 12.2** *As novas competências de liderança.*[2]

5. *Ênfase em práticas éticas:* Os líderes estratégicos devem praticar ações que aumentem a probabilidade de fazer prevalecer uma cultura ética em suas organizações. Isso envolve:
   a. Criar e desenvolver um código de conduta para a organização.
   b. Rever e atualizar continuamente o código de conduta.
   c. Disseminar o código de conduta a todas as pessoas.
   d. Desenvolver e implementar métodos, procedimentos e práticas de auditoria interna.
   e. Criar e desenvolver sistemas de recompensas que premiem o desempenho excelente.
   f. Criar um ambiente de trabalho que transforme a organização no melhor lugar para se trabalhar.
6. *Controles organizacionais balanceados:* Controles são necessários para ajudar a garantir que a organização atinja seus resultados desejados de competitividade estratégica e retornos acima da média.

A liderança estratégica é hoje considerada a competência essencial para o elevado desempenho da organização. E ela tem pouco a ver com a liderança do passado, como mostra a Figura 12.2.

Mas a liderança estratégica não pode ser confundida com a liderança tática ou com a liderança que ocorre no nível operacional. A liderança passa por profundas diferenças quando realizada no nível institucional (pelo presidente e diretores) e no nível tático (quando praticada pelos gerentes e executivos), em comparação com a liderança típica do nível operacional (levada a efeito sobre equipes pelos supervisores de primeira linha). Em geral, a literatura sobre liderança cobre apenas a atuação de líderes sobre equipes de pessoas envolvidas em tarefas operacionais. A Figura 12.3 dá uma ideia resumida dessas diferenças proporcionadas pelo nível e pela amplitude de influenciação.

Trata-se de uma aprendizagem no longo prazo: gradativamente, os supervisores do nível operacional aprendem a ampliar sua zona de influência como líderes operacionais e são promovidos ao nível tático quando se transformam em gerentes e executivos. A partir daí, devem aprender a exercer uma liderança ampliada para envolver toda a unidade organizacional (departamento ou divisão) e as várias equipes que a integram. Para chegar ao âmbito institucional ou estratégico – como diretores ou presidentes – precisam se sintonizar em uma frequência de liderança mais elevada e em uma visão global e sistêmica do negócio da empresa. Nesse nível (estratégico), a liderança passa a assumir uma ampliação maior para envolver a totalidade da organização.

A hierarquia das lideranças

Qualquer seja o nível organizacional em que o líder deve atuar, ele precisa reunir características pessoais genéricas, tais como:[3]

■ **FIGURA 12.3** *A transição das lideranças ao longo da organização.*

- Ser mestre em gerenciar a ambiguidade em situações pouco claras.
- Inspirar confiança e crença no futuro.
- Ter uma paixão por metas e resultados.
- Possuir uma inquestionável integridade para ganhar confiabilidade das pessoas.
- Preparar e desenvolver as pessoas para o sucesso.
- Ter um fortíssimo ego e não apenas um grande ego.
- Ter a coragem de tomar decisões, mesmo que difíceis.

Basicamente, o líder de equipes enfrenta os seguintes imperativos:

- *Conduzir as pessoas para resultados*: O líder alcança resultados através das pessoas que com ele trabalham. Deve ter capacidade de preparar e impulsionar as pessoas para alcançar resultados grupais.
- *Impulsionar o desempenho*: O líder é responsável por alcançar metas e resultados, tanto pessoalmente como através de sua equipe de trabalho. Deve saber colocar expectativas de desempenho e ajudar de maneira confiável as pessoas a alcançarem resultados.
- *Fazer parcerias dentro e entre as equipes*: Um papel crítico do líder é ser eficaz como líder. Seja ele um líder formal ou informal de um grupo que requer forte espírito de equipe, deve saber criar e manter uma equipe de elevado desempenho e fazer parcerias cruzadas com outras equipes.
- *Gerenciar o trabalho cotidiano*: Envolvendo recursos, tempo, orçamento e tudo o que necessita ser desdobrado eficazmente para alcançar objetivos do trabalho grupal.
- *Influenciar através do poder pessoal*: Os líderes necessitam que as coisas sejam feitas apenas usando seu poder pessoal de influenciação e sua força de ganhar confiabilidade sem apelar para sua posição hierárquica.
- *Ter faro para localizar e desenvolver talentos*: O líder deve saber identificar, avaliar e selecionar talentos internos ou externos. Saber construir sua equipe com gente melhor do que ele. Fazer da equipe a sua ferramenta de alcançar sucesso coletivo. Essa é uma habilidade essencial para a liderança.
- *Inspirar lealdade e confiança*: Ao atrair e reter talentos, o líder deve buscar a satisfação no trabalho, que é um aspecto-chave para a retenção dos melhores. Bons líderes criam um ambiente onde o clima permite que as pessoas possam maximizar seus talentos e desempenhar acima das expectativas.

INFORMAÇÃO PRIVILEGIADA

AS IRREFUTÁVEIS LEIS DA LIDERANÇA

Maxwell apresenta suas 21 leis que alicerçam a liderança eficaz, a saber:[4]

1. ***Lei da liderança:*** **a habilidade de liderar determina o nível de eficácia da pessoa.**

2. *Lei da influência:* a verdadeira medida da liderança e a influência pessoal. Nada mais, nada menos.
3. *Lei do processo:* a liderança deve ser desenvolvida diariamente, não em um dia apenas.
4. *Lei da navegação:* ninguém pode pilotar um barco sem ter uma ideia do objetivo a alcançar.
5. *Lei de E. F. Hutton:* quando o líder verdadeiro fala, todos ouvem.
6. *Lei do piso firme:* confiança é o fundamento da liderança.
7. *Lei do respeito:* as pessoas naturalmente seguem mais o líder do que a si mesmas.
8. *Lei da intuição:* o líder analisa cada coisa com uma pitada de liderança.
9. *Lei do magnetismo:* aquele que você é e aquele que você atrai.
10. *Lei da conexão:* o líder toca o coração antes que peça por uma mão.
11. *Lei do círculo íntimo:* o potencial de um líder é determinado pelos que estão mais próximos dele.
12. *Lei do* empowerment*:* somente líderes seguros dão poder às outras pessoas.
13. *Lei da reprodução:* um líder sempre cria outro líder em seu lugar.
14. *Lei do* buy-in*:* as pessoas aceitam primeiro o líder e depois a sua visão.
15. *Lei da vitória:* o líder sempre encontra uma maneira para que a equipe vença.
16. *Lei da grande mãe:* o momento é o melhor amigo do líder.
17. *Lei das prioridades:* o líder compreende que a atividade não é necessariamente algo a concluir.
18. *Lei do sacrifício:* o líder deve sempre dar de si mesmo.
19. *Lei do* timing*:* quando o líder é tão importante quanto aquilo a fazer ou para onde ir.
20. *Lei do crescimento explosivo:* para adicionar crescimento, lidere seguidores; para multiplicar crescimento, lidere líderes.
21. *Lei do legado:* o principal valor de um líder é medido pela sucessão.

Contudo, o líder estratégico enfrenta outros imperativos mais amplos e arriscados, tais como:[5]

- *Impulsiona mudanças*: O líder estratégico cria um ambiente que propicia a mudança. Faz as mudanças acontecerem – mesmo que elas sejam radicais – e ajuda as pessoas a aceitarem novas ideias.
- *Impulsiona a execução*: O líder estratégico traduz a estratégia em ação e resultados, esclarecendo e comunicando objetivos e prioridades de maneira que energiza as pessoas a se moverem na mesma direção. Assegura sinergias entre pessoas, processos e estratégias.
- *Estrategista*: Desenvolve um curso de ação de longo prazo ou um conjunto de objetivos para alinhar dentro da visão organizacional.
- *Empreendedor*: O líder estratégico identifica e explora oportunidades para novos produtos, serviços e mercados.
- *Mobilizador*: Proativamente constrói e alinha *stakeholders*, capacidades e recursos para fazer com que as coisas sejam feitas rapidamente e alcançando objetivos complexos.
- *Cativador*: Instila paixão e compromisso quanto a objetivos comuns, construindo uma fundamentação de confiança.
- *Advogado de talentos*: Atrai, desenvolve e retém talentos para assegurar que as pessoas com as habilidades certas e motivações estejam nos lugares certos no tempo certo para atender as necessidades do negócio.
- *Guardião do negócio*: Ajuda a si e aos outros de maneira confiável, com comportamento ético tal como definido pelos valores da empresa. Assegura valor para os *stakeholders* através de corajosas decisões que apoiam a empresa ou grupos de interesses.
- *Global thinker*: Toma decisões baseadas no conhecimento dos negócios, da economia e situação política ao redor de todo o mundo.

CLIPPING COMPETITIVO

O CONCEITO DE LÍDER SERVIDOR

Em seu livro *O monge e o executivo*, James Hunter[6] propõe o conceito de líder servidor, aquele que trata as pessoas como gostaria de ser tratado. Esta é a maneira mais simples de se tornar um líder servidor. Ele sabe identificar e satisfazer as necessidades legítimas de seus liderados e remover todas as barreiras ou dificuldades para que eles possam realizar plenamente seu trabalho e servir o cliente. Hunter propõe três passos para tanto:

1. Um método de avaliação do líder pelos profissionais que trabalham com ele.
2. Um método de avaliação feita pelo próprio líder.
3. O exercício da liderança servidora no sentido de servir às pessoas da equipe e não dominá-las. Esta é a etapa principal.

Os 10 principais traços do líder servidor passam a ser:[7]

1. Saber ouvir as pessoas.
2. Empatia e identificação com os outros.
3. *Healing* (capacidade de cura).
4. Atenção e foco nas pessoas.

5. **Capacidade de persuasão e de comunicação.**
6. **Conceitualização de situações.**
7. ***Foresight* (capacidade de previsão).**
8. ***Stewarship* (capacidade de zelar).**
9. **Compromisso com o crescimento das pessoas.**
10. **Espírito comunitário.**

Assim, a execução da estratégica requer vários níveis de liderança em uma escala de ampliação das dimensões na medida em que se sobe na escala hierárquica, tal como mostra a Figura 12.4.

Liderança estratégica e competitividade

A valorização de um plano estratégico é responsabilidade superior da liderança – presidente, dirigente, pessoa ou grupo – que contrata sua elaboração. Cabe a essa liderança a convocação de todos os comprometidos com o plano em programas e projetos que atendam cada uma das estratégias formuladas, incluindo as estratégias de negociação com vistas à implementação.[9]

Como a estratégia é uma busca deliberada de um plano de ação para desenvolver e ajustar a vantagem competitiva da organização, essa busca deve constituir um processo interativo e contínuo que começa com o reconhecimento de "quem somos" e do "que temos" no momento atual. Os concorrentes mais perigosos são exatamente aqueles que mais se parecem com a organização. As diferenças entre a organização e os concorrentes constituem as bases da sua vantagem competitiva. Se a organização não possui uma vantagem única sobre suas rivais, ela não terá motivos para existir ou sobreviver. O seu mercado atual consiste no que a organização vende, onde vende e para quem vende. A sobrevivência depende de conseguir manter a totalidade desse mercado. Mas, para crescer e prosperar, é preciso expandir o mercado no qual se consegue manter uma vantagem sobre cada um e sobre o conjunto de concorrentes. Assim, a liderança estratégica é a base da competição estratégica, e seus elementos básicos são os seguintes:[10]

1. Capacidade de compreender o comportamento competitivo como um sistema no qual competidores, clientes, dinheiro, pessoas e recursos interagem continuamente.
2. Capacidade de usar essa compreensão para predizer como um dado movimento estratégico vai alterar o equilíbrio competitivo.
3. Recursos que possam ser permanentemente investidos em novos usos mesmo se os benefícios consequentes só aparecerem no longo prazo.

Dimensões do Nível de Liderança	Definição do Propósito	Esclarecimento e Mobilização	Aplicação de Práticas	Impulsionamento de Resultados
Organização Total	• Visão • Foco no negócio	• Mudança e inovação • Pensamento sistêmico	• Alinhamento • Julgamento e tomada de decisão	• *Stewarship* • Foco no cliente e no mercado
Operação	• Estrutura organizacional • Fixação de prioridades	• Construção de redes • Planejamento de recursos	• Gestão de talentos • Gestão de recursos	• Eficácia da força de trabalho • Orientação para produtividade
Equipes	• Construção de equipes • Planejamento e organização	• *Empowerment* • Análise de competências	• *Coaching* • Gestão de projetos e de processos	• Desenvolvimento do desempenho • Orientação para a qualidade
Indivíduos	• Construção de relacionamentos • Fixação de objetivos	• Avaliação interpessoal • Busca de informação	• Comunicação • Resolução de problemas	• Influenciação • Orientação para resultados

← **Dimensões do Processo de Liderança** →

■ **FIGURA 12.4** *A dimensão das lideranças no planejamento estratégico.*[8]

4. Capacidade de prever riscos e lucros com exatidão e certeza suficientes para justificar o investimento correspondente.
5. Disposição de agir prontamente.

A liderança estratégica é fundamental na definição da intenção estratégica, da missão organizacional e da visão de futuro da organização. Graças a ela, a formulação da estratégia permite ações estratégicas bem-sucedidas e a execução da estratégia no sentido de garantir a competitividade estratégica da organização.

INFORMAÇÃO PRIVILEGIADA

FNQ: CRITÉRIOS DE LIDERANÇA[11]

A Fundação Nacional da Qualidade (FNQ) define os seguintes critérios de avaliação da liderança nas empresas:

> "Este item examina a implementação de processos gerenciais que contribuem diretamente para o objetivo de mobilizar a força de trabalho e obter o apoio das demais partes interessadas para o êxito das estratégias e efetuar as mudanças culturais necessárias para a organização.

a) Como a direção e, em particular, o principal executivo exerce a liderança e interage com as partes interessadas, identificando expectativas, buscando o alinhamento e a mobilização da força de trabalho, o apoio das demais partes interessadas para o êxito das estratégias, a construção de parcerias e o alcance sustentado dos objetivos da organização.
b) Como são analisadas, planejadas e estimuladas as mudanças culturais na organização necessárias para a internalização dos valores e princípios organizacionais e para a consecução das estratégias.
c) Como a organização estimula a diversidade de ideias, de culturas e de pensamento junto à força de trabalho.
d) Como os valores e os princípios organizacionais são comunicados à força de trabalho e, quando pertinente, às demais partes interessadas.
   I. Destacar de que forma é assegurado o entendimento dos valores e dos princípios organizacionais.
e) Como as pessoas com potencial de liderança são identificadas, desenvolvidas e preparadas para o exercício da liderança.
f) Como os líderes atuais são avaliados e desenvolvidos em relação às competências desejadas pela organização.
   I. Apresentar as competências desejadas para os líderes da organização.
g) Como são estabelecidos os principais padrões de trabalho, verificado o seu cumprimento e tomadas as ações corretivas quando necessário.
h) Como é implementado o aprendizado e desenvolvida a inovação na organização.
   I. Destacar as formas utilizadas para estimular o aprendizado, a inovação e a incorporação de melhores práticas de outras organizações.
   II. Apresentar as principais melhorias e inovações implementadas nos processos gerenciais nos últimos três anos."

CICLO DE VIDA DAS ORGANIZAÇÕES

Em cada etapa de sua evolução, uma organização deve buscar uma adaptação do comportamento de seus líderes e gestores que implementarão as devidas mudanças nos processos e nas pessoas, com constante capacitação e desenvolvimento organizacional a cada etapa.

Adizes[12] propõe um modelo de evolução das organizações ao longo de um ciclo de vida desde o inícios das atividades até seu fim, definindo quatro papéis de liderança (Quadro 12.1) que procuram explicar o porquê, quando e como se desenvolvem as culturas organizacionais e os estilos de gestão.

Para o ciclo de vida das organizações Adizes sugere 10 fases semelhantes ao dos seres humanos, com seus conflitos e dificuldades, como apresentada pela Figura 12.5.

1. Namoro (paEi):
É o primeiro estágio da organização. Nesta fase o papel de (E)mpreender com o comportamento proativo, a capacidade de identificar oportunidades e assumir riscos são determinantes. Os outros papéis gerenciais de (A)dministrar, (P)roduzir e (I)ntegrar não são tão marcantes, mas estão presentes pois servem para a sustentação da realidade. Nesta fase há a necessidade de envolvimento, de "paixão pela ideia do negócio".

2. Infância (Paei):
Esta fase está orientada para a ação, é a fase do fazer, ficando o papel de (P)roduzir bastante evidente, com os outros papéis servindo de suporte. A organização é centralizada. Nesta etapa não existe uma delegação de autoridade ou responsabilidade. Como não existe uma memória organizacional, o aprendizado acontece com a prática diária. Pode-se comparar a organização a uma criança que exige atenção, cuidado, alimento, mas que com o processo educacional e o tempo, vai aprendendo a ter domínio e conhecimento sobre si e os outros crian-

■ **QUADRO 12.1** *Papéis das lideranças e suas características*

PAPEL	FUNÇÃO	ESTILO	QUESTÃO
(P) Prover	Produzir um propósito, um serviço, satisfazer uma necessidade.	Funcional, eficaz (curto prazo).	O que fazer?
(A) Administrar	Sistematizar, programar atividades.	Rotina, eficiência (curto prazo).	Como fazê-lo?
(E) Empreender	Criar, assumir riscos, antecipar o futuro.	Proatividade (eficácia em longo prazo)	Quando fazer?
(I) Integrar	Integrar, criar interdependência	Organicidade (eficiência em longo prazo)	Quem deve fazê-lo?

do uma maior autonomia. É fundamental para garantir o sucesso do empreendimento que nesta fase tenha-se uma capitalização e o compromisso do fundador.

3. Toca-Toca (PaEi):
A organização entra nesta fase quando começa a adquirir uma certa estabilidade e a preocupação não é mais somente a sobrevivência do empreendimento. Pode-se comparar este período ao de uma criança que começa a utilizar suas habilidades motoras para observar e explorar o mundo ao seu redor e as suas possibilidades. É a fase da reação, por isso o papel de (P)rodutor e (E)mpreendedor são tão importantes. A empresa começa a crescer de modo desorganizado e não planejado, não existe uma estruturação. A empresa reage ao ambiente, não planeja suas operações, ou seja, a organização está sendo impulsionada pelas oportunidades em vez de gerá-las.

4. Adolescência (PAei):
É o renascimento da empresa. Esta fase é marcada pela busca da independência, sem a perda do controle. É a fase da administração, daí a importância do papel gerencial do (A)dministrador. As atitudes comportamentais mais características são o conflito e a inconsistência. A delegação de autoridade, a mudança de liderança e a transposição das metas são questões difíceis de serem tratadas. A empresa tem que se tornar mais profissional. O empreendedor torna-se um dos maiores obstáculos diante das regras, diretrizes e procedimentos estabelecidos pelo administrador.

5. Plenitude (PAEi):
Esse é o período mais favorável para a organização, pois ela consegue atingir autocontrole e flexibilidade. É a fase do equilíbrio, marcada pelos papéis de (P)rodutor, (A)dministrador e (E)mpreendedor, que foram

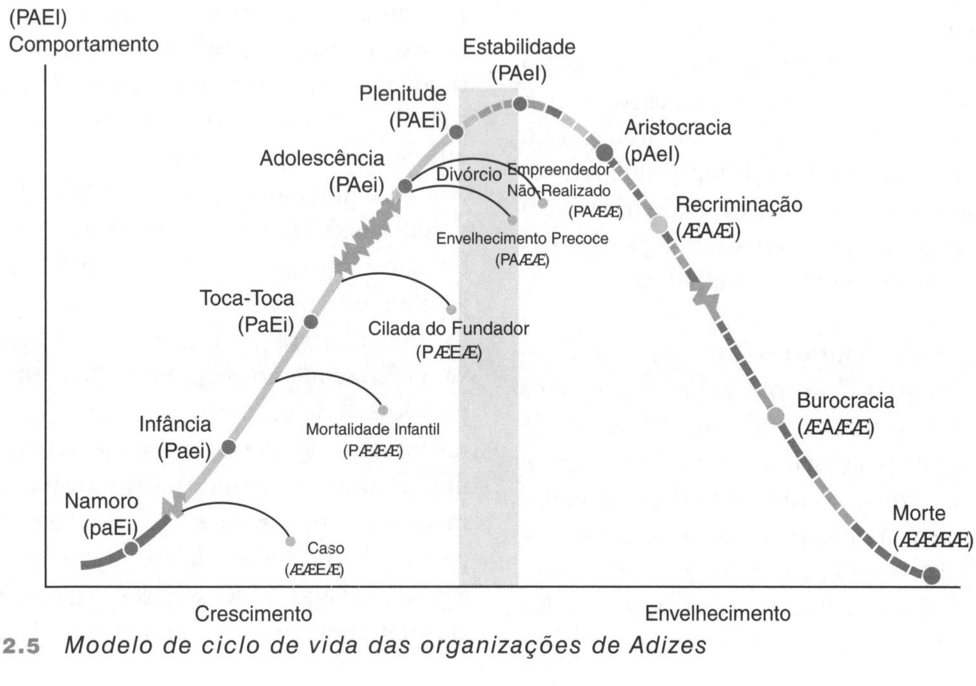

■ **FIGURA 12.5** *Modelo de ciclo de vida das organizações de Adizes*

desenvolvidos nas etapas anteriores e que atuam juntos neste momento. As características mais marcantes são: sistemas e estruturas organizacionais funcionais; visão e criatividade institucionalizadas; orientação para os resultados; satisfação das necessidades dos clientes; realização e execução dos planejamentos; superação de expectativas de desempenho. Uma necessidade da empresa nessa fase é de profissionais qualificados, que se agrava com a insuficiência de treinamento gerencial.

6. Estabilidade (PAeI):
Depois da plenitude inicia-se um processo de estabilidade. Apesar de forte a empresa começa a declinar, perdendo a criatividade, a inovação e o incentivo às mudanças que pautaram o crescimento até essa fase. É a fase da estagnação, decorrente do papel (I)ntegrador e da diminuição do papel (E)mpreendedor. São características dessa etapa: expectativas menores de crescimento, concentração nas realizações passadas ao invés de perspectivas futuras; desconfianças nas mudanças; maior interesse nas relações interpessoais do que em assumir riscos.

7. Aristocracia (pAeI):
Existe uma ênfase no como as coisas são feitas e não no porquê, há formalidade e tradição tanto no vestir quanto no falar, o baixo nível de inovação persiste, o dinheiro é aplicado em sistemas de controle, benefícios e instalações. É a fase do silêncio, pois as pessoas procuram não mostrar os problemas, o que importa são os aspectos (A)dministrativos e (I)ntegradores.
8. Recriminação (-A-i):
Os conflitos são muito frequentes, as pessoas ficam buscando culpados para as crises, não as resolvendo. É a fase da "paranóia gerencial". A ênfase no papel do (A)dministrador e a ausência do (E)mpreendedor, faz com que haja um acúmulo de regras e diretrizes, não existindo uma preocupação com a satisfação das necessidades dos clientes e com os resultados.

9. Burocracia (-A—) e Morte (——):
Na burocracia a empresa está voltada para os aspectos funcionais, centradas em si mesmas. O papel do (A)dministrador chega ao seu extremo, tornando-se burocrata. O excesso de normas, diretrizes, sistemas, procedimentos tornam a empresa sem senso de controle e desorganizada; vivendo de rituais e não de razão. Na fase burocrática as mudanças e os esforços exigidos são muitas vezes fatais para o empreendimento.

O ESPÍRITO EMPREENDEDOR

Não se deve esquecer que o planejamento estratégico muda toda a organização. Ele significa quase sempre mudança e inovação voltado para o futuro. Porém que futuro será esse? Como conhecer o futuro e tomar as decisões hoje de um modo para que ele seja melhor que o presente?

Para tanto, será necessário um profundo conhecimento da situação atual, seus desdobramentos, capacidade de análise, raciocínio lógico, forte intuição, faro sensível para as oportunidades que nem sempre estão claras, compulsão para sair da zona de conforto e coragem para assumir riscos e responsabilidades. Essas características indicam que além de liderança, a elaboração e implementação do plano estratégico vão ser função da manifestação do chamado espírito empreendedor.

Todas as conquistas ao longo da história da humanidade tiveram sempre um empreendedor por trás delas. O empreendedor é a pessoa que inicia e/ou opera um negócio ou empreendimento para realizar uma ideia original ou projeto pessoal assumindo riscos e responsabilidades e inovando continuamente. Essa definição envolve não apenas os fundadores de organizações, mas os membros da segunda ou terceira geração de organizações familiares e os executivos que se tornam proprietários ao comprar dos seus fundadores organizações já existentes.[13] Mas o espírito empreendedor está também presente em todas as pessoas que – mesmo sem fundarem sua própria organização ou iniciarem seus próprios negócios ou projetos – estão preocupadas e focalizadas em prospectar oportunidades antes dos outros, iniciar projetos criativos e originais, assumir riscos e inovar continuamente nas organizações em que trabalham.[14] Estas são chamadas de empreendedores internos ou intraempreendedores.

Os empreendedores são heróis populares do mundo dos negócios. Fazem perguntas nunca antes feitas e buscam respostas por caminhos que sempre foram rejeitados por outros. Criam novos empreendimentos, fornecem empregos, introduzem inovações e incentivam o crescimento econômico. Não são simplesmente provedores de produtos ou de serviços, mas verdadeiras fontes de energia que assumem riscos inerentes em uma economia em mudança, transformação e crescimento. Continuamente, milhares de pessoas com esse perfil – desde jovens adolescentes a cidadãos mais idosos e de todas as classes sociais – inauguram novos negócios por conta própria e agregam a liderança dinâmica que conduz ao desenvolvimento econômico e ao progresso das nações.[15] É essa tremenda força vital que faz pulsar o coração da economia de cada país.

Esse mesmo espírito empreendedor que se encontra nos pequenos negócios também pode ser localizado dentro das médias e grandes organizações. Recebe o nome de intraempreendedorismo. O intraempreendedor é o empreendedor que trabalha em uma organização, ocupando ou não alguma posição executiva. Pode ser o presidente, um diretor, gerente ou funcionário.

Não se deve esquecer que o planejamento estratégico muda toda a organização. Ele significa quase sempre mudança e inovação. Afinal, todo plano é um projeto de mudança e inovação voltado para o futuro. Como o passado já se foi e o presente é fugaz e passageiro, o planejamento se preocupa com o futuro que virá. Mas como conhecer o futuro? Como tomar hoje as decisões para que ele seja melhor do que hoje? Isso exige conhecimento profundo da situação atual e de seus desdobramentos, capacidade de análise, raciocínio lógico, forte intuição, faro sensível para oportunidades que nem sempre se mostram abertamente, vontade de sair da zona de conforto e coragem para assumir riscos e responsabilidades. Essas características indicam que além de liderança a elaboração de plano estratégico e sua implementação vai depender da manifestação do espírito empreendedor.

CLIPPING COMPETITIVO

O ESPÍRITO EMPREENDEDOR DE MICHAEL DELL

Quando era calouro na University of Texas, Michael Dell começou a vender peças de computador pelo correio. Ao alcançar o patamar de vendas de US$80 mil mensais, Dell abandonou a escola para se dedicar em tempo integral ao seu negócio. Dessa forma, rendia-se ao seu espírito empreendedor diante das perspectivas favoráveis. Em meados de 1985, a Dell Computer Corporation começou a vender clones de PC IBM montados com peças em desuso a um preço menor que US$1.000. Em 1993, as vendas anuais da organização alçaram os US$2 bilhões! Daí para a frente foi só crescimento.

Dell afirma que nunca se imaginou como alguém que fizesse carreira em uma organização até chegar ao topo. Ele queria apenas controlar seu próprio destino e achou que teria sucesso em sua empreitada particular. Tinha forte inclinação para criar um negócio próprio.

O espírito empreendedor fica evidente nesse caso. A pouca idade não foi barreira para o sucesso de Dell. Ele começou do nada para criar uma pequena organização que cresceu rapidamente e se tornou a quarta maior fabricante de computadores pessoais nos Estados Unidos, concorrendo entre grandes organizações como IBM, Apple e Compaq.

O empreendedor não é somente um fundador de novas organizações ou o construtor de novos negócios. Ele alavanca os recursos, promove talentos e concretiza ideias. Seu impulso é romper o *statu quo*. Mais ainda: ele é quem fareja as oportunidades e precisa ser muito rápido, aproveitando as oportunidades fortuitas, antes que outros aventureiros o façam. O termo empreendedor – do francês *entrepreneur* – significa aquele que não se conforma com o *statu quo*, toma a iniciativa, assume riscos e começa algo novo. Na verdade, o empreendedor é a pessoa que consegue fazer as coisas acontecerem, pois é dotado de forte sensibilidade para os negócios, tino financeiro e capacidade de identificar oportunidades que passam despercebidas pelos outros mortais. Com todo esse arsenal, transforma ideias em realidade, para benefício próprio e para o benefício da organização ou da comunidade. Por ter criatividade e um alto nível de energia, o empreendedor demonstra imaginação e perseverança, aspectos que, combinados adequadamente, o habilitam a transformar uma ideia simples e mal estruturada em algo concreto e bem-sucedido no mercado.[16]

BANCO DE IDEIAS

QUAIS AS CARACTERÍSTICAS MAIS IMPORTANTES DO EMPREENDEDOR?

Veja a lista das características do empreendedor e faça um pequeno exercício mental colocando em ordem de importância segundo a sua opinião:

- **Ambição:** ___
- **Independência e autonomia:** ___
- **Autodeterminação:** ___
- **Faro para negócios:** ___
- **Visão antecipatória:** ___
- **Perseverança e persistência:** ___
- **Dedicação:** ___
- **Vontade de transformar ideias em realizações:** ___
- **Vontade de assumir riscos e responsabilidades:** ___
- **Autoconfiança.** ___
- **Necessidade de autorrealização:** ___
- **Criatividade e inovação:** ___

Schumpeter[17] amplia o conceito explicando que "o empreendedor é a pessoa que destrói a ordem econômica existente graças à introdução no mercado de novos produtos e serviços, pela criação de novas formas de gestão ou pela exploração de novos recursos, materiais e tecnologias". Para ele, o empreendedor é a essência da inovação no mundo, tornando obsoletas as antigas maneiras de fazer negócios. É o processo de destruição criativa. O empreendedorismo preocupa-se com a descoberta e a exploração de oportunidades lucrativas.[18] Atualmente, o empreendedorismo é um importante fator para criar mudanças e ajudar as organizações a adaptarem-se às mudanças criadas por outras. O velho conceito de empreendedor – preocupado com a criação de um novo negócio ou empreendimento próprio – sofreu uma ampliação formidável. Hoje ele também está no seio das organizações.

CLIPPING COMPETITIVO

JOÃO HANSEN JÚNIOR, UM NOTÁVEL EMPREENDEDOR

João Hansen Júnior foi um notável empreendedor. No final da década de 1950 criou sua organização, a Tigre, em Joinville, e optou pelo PVC como matéria-prima para fabricar tubos e conexões para sistemas hidráulicos. Foi uma tremenda inovação. Mas foi considerado maluco. Hansen precisou vencer forte resistência do mercado, pois não se acreditava e nem se aceitava que o PVC pudesse substituir o ferro usado tradicionalmente nas tubulações, numa época em que se iniciava o processo de urbanização no país. Hansen foi para Hannover, na Alemanha, para participar de uma feira de plástico na qual adquiriu os equipamentos necessários para sua fábrica. Acreditou em sua visão e partiu corajosamente para o empreendimento. Hoje, a Tigre é uma organização de grande porte, responsável pelo saneamento básico, principalmente em residências, em cerca de 90% dos municípios do país.[19]

Identificação do espírito empreendedor

O espírito empreendedor pode ser identificado através de três características, como mostrada na Figura 12.6:[20]

1. *Necessidade de realização:* Significa a necessidade de romper o *status* atual, competir para alcançar um padrão elevado de excelência e sentir-se pessoalmente responsável por tarefas e objetivos que a pessoa atribui a si própria. É o impulso para melhorar continuamente. Os empreendedores apresentam elevada necessidade de realização em relação às pessoas da população geral. A mesma característica foi encontrada em executivos que alcançam sucesso nas organizações e corporações. O impulso para a realização reflete-se nas pessoas ambiciosas que iniciam novas organizações e orientam o seu crescimento.
2. *Disposição para assumir riscos:* O empreendedor assume riscos ao defender ideias inovadoras e partir para projetos novos e diferentes. São responsabilidades adicionais que incorpora ao seu trabalho. Contudo, as pessoas com alta necessidade de realização preferem situações arriscadas até o ponto em que podem exercer certo controle pessoal sobre o resultado, em contraste com situações de jogo em que o resultado depende apenas da sorte. A preferência pelo risco moderado e limitado reflete a autoconfiança do empreendedor.
3. *Autoconfiança:* Quem possui autoconfiança sente que pode enfrentar os desafios que existem ao seu redor e tem domínio sobre os problemas que enfrenta. As pesquisas mostram que os empreendedores de sucesso são pessoas independentes que enxergam os problemas inerentes a um novo projeto, mas acreditam em suas habilidades pessoais para superar tais problemas. Há dois tipos de crença no sucesso:
   - Pessoas que sentem que seu sucesso depende de seus próprios esforços e habilidades têm um foco interno de controle.
   - Pessoas que sentem que sua vida é controlada muito mais pela sorte ou pelo acaso têm um foco externo de controle. As pesquisas revelam que os empreendedores têm um foco interno de controle mais elevado do que aquele que se verifica na população em geral.

INFORMAÇÃO PRIVILEGIADA

O PROCESSO EMPREENDEDOR[22]

O processo empreendedor envolve atividades, funções e ações relacionadas com a criação de novos produtos, serviços, processos, negócios ou a introdução de novos conceitos e ideias. Para tanto:

1. **O empreendedorismo envolve o processo de criação de algo novo que tenha valor e seja valorizado pelo mercado.**

■ FIGURA 12.6 *As características básicas do espírito empreendedor.*[21]

2. O empreendedorismo exige devoção, comprometimento de tempo e esforço para que o novo negócio possa transformar-se em realidade e crescer.
3. O empreendedorismo requer ousadia, assunção de riscos calculados e decisões críticas, além de tolerância com possíveis tropeços, erros ou insucessos.

O empreendedor conservador é aquele que consegue melhorias excepcionais e desenvolvimento prodigioso daquilo que já existe, enquanto o empreendedor revolucionário é aquele que cria novos mercados por meio de algo único e singular. Entretanto, a maioria dos empreendedores cria negócios em mercados já existentes apesar do sucesso na atuação de segmentos já estabelecidos. Qualquer que seja o tipo de empreendedor – revolucionário ou conservador –, qualquer que seja o caminho escolhido para entrar e sobreviver no mercado, o processo empreendedor requer os seguintes passos:

1. Identificação e desenvolvimento de uma oportunidade na forma de visão. Isso significa faro para localizar novidades e senso de antecipação.
2. Validação e criação de um conceito de negócio e estratégias que ajudem a alcançar essa visão por meio de criação, aquisição, franquia etc.
3. Captação dos recursos necessários para implementar o conceito, ou seja, aglutinando talentos, conhecimento, tecnologias, capital e crédito, equipamentos etc.
4. Implementação do conceito empresarial ou do empreendimento para fazê-lo começar a trabalhar e produzir efeitos.
5. Captura da oportunidade por meio do início e crescimento do negócio.
6. Extensão do crescimento do negócio por meio da atividade empreendedora sustentada.

Todas essas atividades levam tempo e não obedecem a regras definidas, fazendo com que o empreendedor volte atrás ou recue à medida que entram obstáculos no processo ou ainda mude os caminhos para ajustar seu negócio às novas oportunidades que surgem. As pessoas que "fazem acontecer" possuem o talento empreendedor, uma combinação feliz de percepção, direção, dedicação e muito trabalho. Se há esse talento, tem-se a oportunidade de fazer crescer, diversificar e desenvolver novos negócios. Mas o talento sem ideias é como uma semente sem água. Quando o talento é somado à tecnologia e ao capital e o empreendedor tem ideias viáveis, a formulação química está pronta para proporcionar resultados favoráveis.

Há empreendedores em todos os níveis e áreas da organização que apresentam enorme variação em seus estilos de fazer negócios. De fato, pode-se identificar um *continuum* em que dois padrões básicos estão nas extremidades: empreendedores artesãos e empreendedores oportunistas.[23]

1. *Empreendedor artesão:* Em um extremo do *continuum*, é uma pessoa cujos projetos de inovação se iniciam basicamente com habilidades técnicas e um pequeno conhecimento da gestão de negócios. Sua formação educacional limita-se ao treinamento técnico e, com isso, tem experiência técnica no trabalho, mas não dispõe de capacidade para se comunicar bem, avaliar o mercado, tomar decisões e gerir o negócio. O empreendedor artesão, em geral, é o mecânico que trabalha na oficina ou o profissional que trabalha com o produto ou serviço da organização. Seus horizontes são relativamente limitados. Se não puder se desenvolver profissional e culturalmente, será sempre um fornecedor de trabalho especializado.

   Sua abordagem quanto ao processo decisório se caracteriza por:

- Orientação de tempo de curto prazo, com pouco planejamento para futura mudança.
- É paternalista, ou seja, dirige o projeto da maneira como dirigiria sua própria família.
- É centralizador e reluta em delegar autoridade.
- Define seu projeto em função de seus conhecimentos técnicos.

2. *Empreendedor oportunista:* No outro extremo do *continuum*, é aquele que tem educação técnica suplementada por estudo de assuntos mais amplos, como administração, economia, legislação ou línguas. Procura sempre estudar e aprender. Características:
   - Evita o paternalismo na condução da equipe.
   - É descentralizador. Delega autoridade às pessoas.
   - Tem orientação de médio e longo prazos. Seu horizonte de visão é mais amplo.
   - Tem foco em registros e controles.
   - Planeja o crescimento futuro do projeto.
   - Faz pesquisa sistemática de produtos, mercados e processos.

Os estilos empreendedores constituem dois extremos de abordagem da inovação. Em um polo está o artesão, que dá asas à imaginação e que conhece o produto, mas não conhece o entorno. No outro está o oportunista experiente e com visão ampla, que utiliza procedimentos sistemáticos e que, embora não conheça bem o produto, conhece o entorno. O primeiro tem foco estreito, enquanto o segundo tem uma visão panorâmica. Um tem pensamento concreto e o outro faz abstrações. O ideal está em proporcionar oportunidades para que todos os tipos de empreendedores possam contribuir para o sucesso da organização através da inovação que provocam.

EMPREENDEDORISMO CORPORATIVO

Qual a organização que não quer ter em seus quadros pessoas com ambição, independência e autodeterminação? Os empreendedores são pessoas que agem de maneira independente ou como os componentes de uma organização que criam um novo empreendimento ou desenvolvem uma inovação relevante e assumem riscos ao introduzi-los no negócio. São importantes agentes do desenvolvimento e do crescimento econômico graças a novos produtos, serviços, processos, soluções inovadoras e que levam a organização a um novo patamar de excelência e competitividade. As organizações que conseguem essa proeza fazem o que chamamos de empreendedorismo corporativo: é o processo de incentivar que pessoas ou grupos de uma organização criem novos empreendimentos ou projetos para desenvolver e incentivar inovação. No fundo, o empreendimento corporativo funciona como um conjunto de esforços de inovação, renovação e empreendimento de uma organização.

Em geral, as práticas utilizadas para facilitar e incentivar o empreendedorismo corporativo, aproveitar a criatividade e engenhosidade dos funcionários e recompensá-los a toda hora por isso estão focadas no processo de gestão estratégica. As organizações estão atuando decisivamente para impulsionar o espírito empreendedor em seus quadros, criando um empreendimento corporativo interno, que é um conjunto de atividades utilizadas pela organização para criar invenções e inovações através de meios internos. É o caso dos investimentos focados em pesquisa e desenvolvimento (P&D). Mas, embora necessário, essa centralização e concentração da inovação em um único órgão não é mais suficiente. As organizações estão olhando para aquilo que precisam ser nos próximos cinco a dez anos para permanecerem competitivas. E arregimentar o maior número possível de empreendedores internos.

CLIPPING COMPETITIVO

CAMPEÃ DA INOVAÇÃO[24]

A 3M sempre foi uma das campeãs da inovação. A cada três dias, em média, a organização lança um produto novo. Três quartos de seu faturamento decorrem de produtos com menos de dois anos de ciclo de vida. Para alcançar essa façanha, a 3M cultiva o empreendedorismo interno há décadas. A organização inova pela mesma razão que as vacas comem capim. A inovação faz parte do seu DNA. A 3M promove uma cultura de inovação entre seus funcionários. Os executivos de nível médio e de primeiro nível são promotores e vigias da eficiência organizacional: seu trabalho se torna importante na medida que uma ideia de um produto tiver sido comercializada e a organização necessária para sustentar e promover o produto tiver sido formada. Diante do seu contato íntimo com clientes, fornecedores e outras fontes de informação externa, os executivos de primeiro nível são fundamentais para os esforços de absorver e avaliar informações de fora da organização que sinalizem os *insights* sobre inovações que podem ser bem-sucedidas. O pessoal do *staff* ajuda a promover a inovação oferecendo o conhecimento necessário para desenvolver processos inovadores que aumentam a eficiência organizacional.

Ao mesmo tempo, todas as pessoas que produzem um bem ou serviço recebem a experiência e retaguarda necessária para facilitar os esforços da organização, projetar e produzir inovações. Como resultado, inovação e empreendedorismo estão intimamente relacionados na organização para o alcance da competitividade estratégica e retornos acima da média.

CULTURA EMPREENDEDORA

O empreendedorismo corporativo não surge do nada. Ele não brota naturalmente nem é espontâneo. A cultura empreendedora precisa ser semeada e colhida adequadamente. A organização precisa criar uma cultura que desenvolva e incentive o espírito empreendedor em seus funcionários. E isso leva tempo, esforços e dedicação. E deve partir da liderança estratégica. O líder principal deve ser – ele mesmo – um empreendedor e cultivar essa característica em toda a sua organização. Não somente dando o exemplo pessoal, mas criando todas as condições para que haja uma cultura empreendedora em seus quadros. As cinco principais dimensões-chave de uma orientação empreendedora são:[25]

1. *Autonomia:* Para que as pessoas pratiquem ações de iniciativa pessoal sem restrições ou limitações e que, tanto elas como as equipes, sejam autodirigidas com plena independência. Isso requer confiança e apoio intensivo por parte da cúpula da organização.
2. *Capacidade de inovação:* Para que as pessoas possam envolver-se e apoiar novas ideias, novidades, experimentação e processos criativos. Isso requer capacitação e conhecimento, muito investimento em treinamento e desenvolvimento das pessoas.
3. *Assumir riscos:* para que as pessoas possam aceitar riscos na busca de oportunidades de mercado. Isso requer, de um lado, liberdade de ação para as pessoas escolherem novos meios e soluções para suas atividades e, de outro lado, metas e objetivos a serem alcançados.
4. *Proatividade:* Para que as pessoas sejam parte de uma organização-líder e não seguidora de outras. Culturas organizacionais proativas utilizam processos para antecipar necessidades futuras do mercado e satisfazê-las antes que a concorrência aprenda a fazê-lo. Isso requer que a visão organizacional seja clara e límpida, bem como amplamente discutida e comunicada a todos os membros da organização.
5. *Agressividade competitiva:* É a propensão que a organização tem para praticar ações que permitam que ela supere suas rivais de maneira consistente e substancial. Isso requer conhecimento do mercado e das ações dos concorrentes, bem como o uso de *benchmarks*, seja como processo pedagógico de aprendizagem do que os outros estão fazendo, seja como saber congregar e utilizar de maneira sistêmica e sinérgica todos os recursos organizacionais disponíveis.

Assim, a cultura empreendedora é uma cultura de desafios continuados. Mas não basta atuar somente sobre as pessoas. É preciso também saber criar todas as condições organizacionais para que as pessoas possam ter as oportunidades efetivas para desempenhar como empreendedoras. Assim, não basta apenas focalizar os aspectos comportamentais – a consequência imediata do espírito empreendedor –, mas principalmente proporcionar abertura e meios para que as pessoas possam se desempenhar como empreendedoras corporativas. Isso implica preparar as pessoas, dar-lhes todos os recursos necessários, orientá-las, guiá-las, apontar-lhes os objetivos a serem alcançados e estimulá-las e premiá-las pelo alcance desses objetivos. E, se possível, em conjunto: trabalho em equipe é essencial para incentivar a colaboração irrestrita e fomentar a propriedade grupal da inovação, se é que se pretende que ela seja implementada de maneira bem-sucedida. O coletivismo ajuda muito.

Mais ainda: é preciso ajustar sistematicamente a arquitetura organizacional e forjá-la para fazer tudo isso acontecer. Ela deve constituir uma rede de apoio e suporte para que as pessoas se relacionem e inovem em conjunto. Arquitetura e cultura juntas devem ser os dois pilares fundamentais da infraestrutura adequada para que as pessoas possam enveredar pela via do empreendedorismo corporativo. O terceiro pilar são os incentivos e recompensas para que a iniciativa pessoal venha à tona. As pessoas precisam ser premiadas – com recompensas financeiras e socialmente simbólicas – em função do resultado de suas inovações. A recompensa funciona como poderoso reforço. Esse é o caminho das pedras.

CLIPPING COMPETITIVO

A REINVENÇÃO DO SERVIÇO DE FRETES EXPRESSOS[26]

Frederick W. Smith era estudante da Yale University, em 1965, quando fez um trabalho de economia sobre um

novo tipo de serviço de frete aéreo. Sua tese era de que as organizações de entrega de encomenda deveriam ter aviões próprios dedicados à distribuição de frete, para serem mais bem-sucedidas em relação aos fornecedores de frete já existentes, que eram limitados por alterações nas programações das linhas aéreas de passageiros. Além do mais, o serviço de *courier* deveria ser realizado à noite para que, no dia seguinte, o destinatário – em qualquer parte do mundo – tivesse a encomenda em mãos. O professor de Smith apontou a falácia do raciocínio e deu uma deplorável nota C no seu currículo acadêmico. Depois de servir no Vietnã em missão militar, Smith tirou a ideia do *overnight* do baú e convenceu muita gente de seu valor potencial, conseguindo suporte financeiro de vários grupos patrimoniais e fundou a FeDex (Federal Express). O conceito de Smith foi implementado com tanto sucesso que mudou a maneira pela qual os negócios na América se comunicam e enviam suas encomendas. A habilidade de um empreendedor potencial é fundamental para idealizar uma nova concepção de negócio, estudando métodos de trabalho e outras tendências.

O empreendedorismo tem muito a ver com o comportamento estratégico. Muitas organizações estão tentando incentivar o espírito empreendedor através de duas maneiras diferentes: comportamento estratégico autônomo e comportamento estratégico induzido.

1. *Comportamento estratégico autônomo:* É uma forma de empreendimento corporativo interno que constitui um processo que vem de baixo para cima, no qual os campeões de produto perseguem novas ideias, muitas vezes mediante um processo político, por meio do qual eles desenvolvem e coordenam a comercialização de um novo produto ou serviço até alcançarem sucesso no mercado. O campeão de produto é um membro da organização com uma visão empreendedora de um novo produto ou serviço, que procura criar apoio para sua comercialização. A organização dá asas aos empreendedores: condições e oportunidades para se sobressaírem. A organização cria mananciais de conhecimento e competências – que são suas fontes de inovação – para que as pessoas compartilhem novos conhecimentos e aumentem gradativamente suas competências pessoais.

CLIPPING COMPETITIVO

O EXEMPLO DA GE

A GE é uma organização onde o comportamento estratégico autônomo funciona regularmente. Cada unidade operacional – dentre os incontáveis negócios da GE – procura a tecnologia apropriada para fazer melhor aquilo que já faz. Ao dominar a tecnologia, a GE a incorpora em um serviço que possa ser vendido a outras organizações. E isso acontece em todas as suas unidades de negócios.

2. *Comportamento estratégico induzido:* é outra forma de empreendimento corporativo interno que constitui um processo de cima para baixo em que a estratégia e a estrutura da organização fomentam e incentivam inovações de produto, serviços, processos e atividades que estão intimamente relacionadas com essa estratégia e estrutura. Induzir tal comportamento passa a ser o papel fundamental de todos os executivos, a começar pelo líder principal da organização.

INFORMAÇÃO PRIVILEGIADA

FOMENTANDO O ESPÍRITO EMPREENDEDOR NA ORGANIZAÇÃO[27]

Partindo do pressuposto de que a motivação para a realização – ou o impulso para melhorar – é fundamental para os empreendedores, procurou-se definir um modelo de treinamento de motivação para a realização, no sentido de desenvolver essa característica e fazê-la aplicável nas situações típicas das organizações. O segundo passo foi desenvolver um projeto de seleção e desenvolvimento de empreendedores (baseado em um estudo realizado em 34 países) para criar os instrumentos adequados de seleção e treinamento. O programa foi lançado por meio de um convênio entre a Organização das Nações Unidas (ONU) e o Serviço Brasileiro de Apoio às Micro e Pequenas Empresas (Sebrae). Segundo o modelo, as principais características que um empreendedor bem-sucedido deve possuir ou desenvolver são as seguintes:

- Iniciativa e busca incessante de oportunidades.
- Perseverança.
- Comprometimento.
- Busca de qualidade e eficiência.
- Coragem para assumir riscos, mas calculados.
- Fixação de metas objetivas.
- Busca e coleta de informações.
- Planejamento e monitoração sistemáticos, isto é, detalhamento de planos e controles.
- Capacidade de persuasão e de estabelecer redes de contatos pessoais.
- Independência, autonomia e autocontrole.

Tais características devem ser equilibradas, aplicadas com bom senso e, se possível, distribuídas tam-

■ TABELA 12.1 *Um pequeno instrumento de autoavaliação do empreendedor*[28]

CARACTERÍSTICA DESEJÁVEL	*MUITO BAIXA*	BAIXA	MÉDIA	ALTA	MUITO ALTA	ELEVADÍSSIMA
Iniciativa pessoal						
Busca de oportunidades						
Perseverança						
Comprometimento						
Qualidade do trabalho						
Eficiência						
Coragem de assumir riscos						
Fixação de metas objetivas						
Busca de informações						
Planejamento e monitoração (controle)						
Capacidade de persuasão						
Capacidade de fazer contatos						
Autonomia						
Autocontrole						

bém entre os parceiros ou colaboradores do empreendedor, para assim constituir um todo harmonioso. Não basta oferecer oportunidades se o empreendedor não se aprofundar na tomada de informações. Também não adianta estabelecer metas objetivas se o empreendedor não for persistente e perseverante na sua conquista. De nada vale ser independente e autoconfiante se o empreendedor não tiver profundo comprometimento emocional com o negócio da organização. O segredo está em desenvolver todas essas características no seu conjunto, pois elas constituem a matéria-prima básica do espírito empreendedor. A Tabela 12.1 oferece um modelo de autoavaliação das características pessoais como empreendedor. Experimente utilizá-la em seu caso particular.

EMPREENDEDORISMO E INOVAÇÃO

Para Peter Drucker, o empreendedorismo está associado caracteristicamente à inovação, seja em um negócio já existente, em uma instituição pública de serviços ou em um novo empreendimento iniciado por um único indivíduo na cozinha da família. Em outras palavras, o empreendedorismo, juntamente com a inovação que ele gera, é um aspecto importante para grandes e pequenas organizações, tanto para investimentos iniciais como para a manutenção da posição competitiva no mundo dos negócios. Além disso, a inovação é o meio pelo qual o empreendedor cria novos recursos produtivos de riqueza ou dota recursos existentes com um maior potencial para criar riqueza.[29]

É muito comum a afirmação de que empreendedorismo e inovação são aspectos essenciais para o processo criativo no sentido de promover crescimento, aumentar a produtividade e gerar empregos.[30]

A inovação está no centro das vantagens competitivas em setores como saúde, telecomunicações, computação, transportes, serviços financeiros etc. A Internet está oferecendo condições incomuns para impulsionar a inovação. Para Michael Dell, o fundador e presidente da Dell Computer, a Internet é como uma arma que repousa sobre uma mesa, pronta para ser pega por você ou por seus competidores, dependendo de quem sacar primeiro.[31]

INFORMAÇÃO PRIVILEGIADA

POR QUE É TÃO NECESSÁRIO O ESPÍRITO EMPREENDEDOR

Em seu livro *O monge e o executivo*, Hunter[32] cita uma analogia do filme *Ben-Hur*, onde Charlton Heston é acor-

rentado ao remo no porão de um navio, ouvindo os sons dos furacões e dos navios colidindo, mas sem permissão para subir ao convés. Tinha de ouvir a incessante batida do tambor do sujeito grande e suar para manter o ritmo das remadas. Muitas vezes, as pessoas se sentem do mesmo jeito em seu trabalho. Hunter lembra ainda a caneca de café onde está escrito:

> Não é meu trabalho pilotar o navio;
> Nunca soprarei a corneta.
> Não é meu lugar dizer até onde o navio irá.
> Não tenho licença para ir ao convés
> Ou mesmo tocar o sino.
> Mas se esta coisa começar a afundar
> Olhe quem vai para o inferno!

É exatamente esse sentimento que precisa ser banido das organizações. É por essa razão que o espírito empreendedor deve ser fomentado. Principalmente para que a estratégia organizacional possa ser implementada e executada de modo eficiente e eficaz.

Paradoxalmente, a inovação envolve oportunidades e riscos. Ela pode levar uma organização ao sucesso ou ao fracasso, dependendo dos resultados que é capaz de proporcionar ou da maneira como é utilizada. Mas, se inovar é arriscado, muito mais perigoso é deixar de inovar. Como afirmava o velho Henry Ford, o fundador da Ford, "a competição, cujo motivo é meramente competir, empurrar outra organização para fora, jamais vai muito longe. O concorrente a ser temido é aquele que não se preocupa absolutamente com você, mas continua tornando seu próprio negócio melhor o tempo todo. Negócios que crescem através do desenvolvimento e melhoria não morrem. Mas, quando um negócio deixa de ser criativo, quando acredita que atingiu sua perfeição e nada precisa fazer a não ser produzir – sem aperfeiçoamento e sem desenvolvimento – está acabado".[33]

Vencer nos negócios atualmente requer inovação. As organizações que inovam colhem todas as vantagens de quem chega primeiro.[34] O importante é disparar na frente da corrida antes que outros o façam. Pesquisas acadêmicas realçam a enorme importância da inovação no aumento da competitividade estratégica e no desempenho financeiro das organizações.[35]

JANELA CONCEITUAL

AS CONTRIBUIÇÕES DE SCHUMPETER[36]

Joseph A. Schumpeter foi um dos mais relevantes economistas do século XX, nascido em 1883, por coincidência o ano da morte de Karl Marx e do nascimento de John Maynard Keynes, outros dois economistas que ajudaram a compreender as profundas mudanças tecnológicas, econômicas e sociais por que passa o capitalismo. Para Schumpeter, o desenvolvimento econômico está fundamentado em três fatores principais: as inovações tecnológicas, o crédito bancário e o empresário inovador. Esse empresário inovador é capaz de empreender um novo negócio, mesmo sem ser dono do capital. Assim, o desenvolvimento econômico no sistema capitalista seria função da realização de inovações, cujo efeitos são amplos e levam à reorganização da atividade econômica, garantindo o aspecto instável e evolutivo do sistema capitalista. As inovações caracterizam-se pela introdução de cinco novas combinações produtivas ou mudanças nas funções de produção:

1. Introdução de um novo bem ou de uma nova qualidade de um bem.
2. Introdução de um novo método de produção, ou seja, um método ainda não verificado pela experiência naquele ramo produtivo em que tal introdução é realizada e que não decorre necessariamente de qualquer descoberta científica, mas que pode simplesmente consistir em um novo método de tratar comercialmente uma mercadoria.
3. Abertura de um novo mercado, ou seja, de um mercado em que o ramo particular da indústria de transformação do país em questão não tenha ainda entrado, quer tenha esse mercado existido antes ou não.
4. Conquista de uma nova fonte de oferta de matérias-primas ou de bens semimanufaturados, mais uma vez independentemente do fato de que essa fonte já existisse ou tivesse de ser criada.
5. Estabelecimento de uma nova organização de qualquer setor, como a criação ou a ruptura de uma posição de monopólio.

Para Schumpeter, empreender é introduzir uma inovação no sistema econômico, e empreendedor é o indivíduo que empreende tal iniciativa, o empresário. Ou seja, o empresário é definido por sua função no ambiente produtivo, e não pela posse do capital. Ao não dispor de capital, o empresário tem de obter crédito para adquirir os bens de produção requeridos para a inovação. O resultado da atividade empreendedora é a inovação, que, sendo valiosa, gerará lucro. Existem três tipos de atividades inovadoras de valor:

- Invenção: É o ato de criar ou desenvolver um novo produto, processo ou serviço. A invenção traz a existência de algo novo.
- *Inovação:* É o processo de criar um produto comercial a partir de uma invenção. A inovação coloca em uso o resultado de uma invenção.
- *Imitação:* É a adoção de uma inovação feita por organizações similares. A imitação conduz à padro-

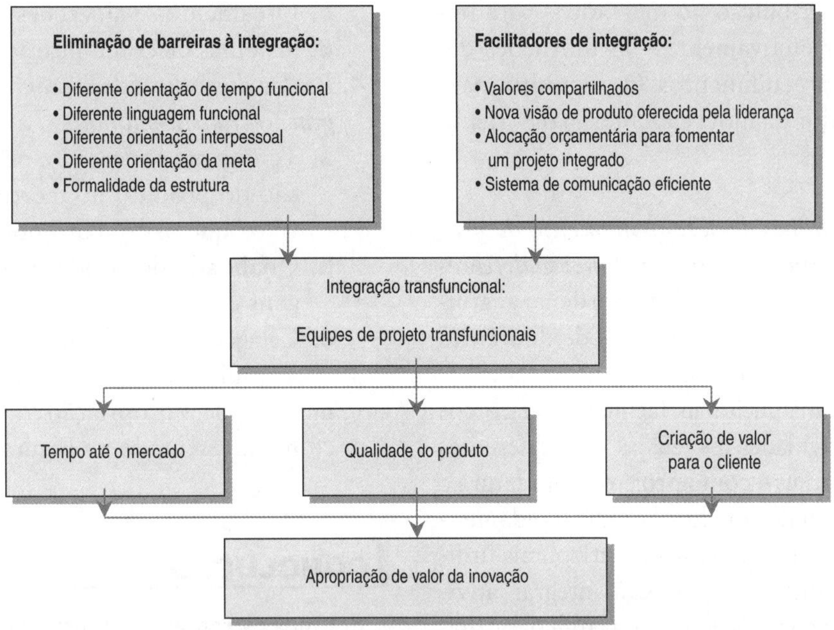

■ **FIGURA 12.7** *Modelo de apropriação do valor da inovação interna da organização.*[37]

nização de produtos ou processos. Ela faz com que produtos imitados sejam oferecidos a preços inferiores, mas sem recursos diferenciados.

Através da invenção e da inovação são introduzidos continuamente novos produtos, serviços, métodos, processos e conceitos. Inventar e inovar são os mecanismos que as organizações utilizam para competir e alcançar vantagens competitivas, enquanto imitar é o mecanismo que as organizações que não conseguem inventar ou inovar utilizam para não ficarem para trás na corrida da competitividade.

O outro legado de Schumpeter foi o conceito de destruição criativa, segundo o qual as tecnologias realmente destroem, ao mesmo tempo que criam. Cada nova tecnologia destrói ou pelo menos diminui o valor de velhas técnicas e posições mercadológicas. O novo produto ocupa o espaço do velho produto, e novas estruturas de produção destroem antigas estruturas. O progresso é consequência desse processo destruidor e criativo. O processo de destruição criativa promove as empresas inovadoras, que respondem às novas solicitações do mercado e fecha as empresas sem agilidade para acompanhar as mudanças. Ao mesmo tempo, orienta os agentes econômicos para as novas tecnologias e novas preferências dos clientes. Elimina postos de trabalho ao mesmo tempo que cria novas oportunidades de trabalho e possibilita a criação de novos negócios.[38]

Implementação de empreendimentos corporativos internos

Para alcançar sucesso competitivo, a inovação é necessária, mas não suficiente. Processos e estruturas capazes de implementar com sucesso os resultados dos empreendimentos corporativos internos são tão fundamentais quanto as próprias inovações. Implementar é necessário, mais do que inovar. Os empreendimentos corporativos internos requerem processos – que são padrões de interação, coordenação, comunicação e tomada de decisão – que os funcionários utilizam para converter as inovações resultantes de comportamentos estratégicos autônomos ou induzidos em lançamentos de mercado bem-sucedidos. Também requerem estruturas organizacionais, que são conjuntos de relações formais que apoiam os processos organizacionais.

CLIPPING COMPETITIVO

O EXEMPLO DA IBM

A IBM está criando uma rede de centros de inovação para facilitar a implementação de inovações de produto e identificar oportunidades para envolver-se em inovações que possam criar valor para o cliente. Esses centros são lugares onde os clientes comerciais podem visitar e seu propósito é fomentar relações de cooperação entre o pessoal da IBM, tecnólogos, especialistas comerciais e clientes para desenvolver e implementar inovações de produto.[39]

A implementação de empreendimentos corporativos internos, que asseguram e apropriam o valor da inovação, requer uma profunda integração entre todas as várias funções envolvidas – desde a engenharia à manufatura e a distribuição no mercado – para implementar – utilizar efetivamente – as inovações decorrentes desses empreendimentos. Os requisitos para a apropriação do valor da inovação interna da organização são os seguintes:[40]

1. *Utilização de equipes de desenvolvimento de produto para obter integração transfuncional:* Integração transfuncional significa coordenar e aplicar os conhecimentos e habilidades de diferentes áreas funcionais para maximizar a inovação.

   As equipes transfuncionais facilitam os esforços para integrar atividades associadas com diferentes funções empresariais – como projeto, manufatura e marketing –, além de concluí-los mais rapidamente. As estruturas organizacionais horizontais utilizam equipes transfuncionais para integrar atividades baseadas na inovação entre as funções organizacionais. Em vez de ser construída em torno de funções ou departamentos hierárquicos verticais, a organização horizontal é construída em torno de processos horizontais centrais que são utilizados para produzir e gerenciar inovações.
2. *Eliminação das barreiras à integração:* As duas principais barreiras à inovação são:
   a. *Estruturas independentes de referência:* Quando a organização é departamentalizada, cada departamento tem a sua própria estrutura e dimensões próprias e exclusivas, como orientação de tempo, orientação interpessoal, orientação para meta e formalidade da estrutura. Isso faz com que pessoas de diferentes departamentos funcionais tenham orientações divergentes quanto a essas dimensões e darão ênfase a características diferentes no desenvolvimento do produto. Essas orientações divergentes podem criar barreiras para a efetiva comunicação entre as funções ou pode trazer os benefícios da diversidade.
   b. *Política organizacional:* É a segunda barreira à integração das funções. A política é vital para ganhar decisões sobre alocação de recursos a diferentes funções, resultando em possíveis disputas e conflitos. Daí a necessidade de encontrar meios para a integração transfuncional sem atritos.
3. *Inclusão de facilitadores de integração:* Os quatro principais facilitadores de integração são:
   a. Valores compartilhados.
   b. Liderança visionária.
   c. Orçamentos e alocações encorajadores.
   d. Sistemas de comunicação eficientes.
4. *Realce dos resultados desejáveis para se obter integração transfuncional:*
   a. Tempo até o mercado, ou seja, rápida introdução do produto no mercado de maneira mais veloz que os concorrentes.
   b. Qualidade do produto como uma das vantagens competitivas.
   c. Criação de valor para o cliente.

   A resultante da aplicação desses requisitos é o modelo de apropriação do valor da inovação como apresentado na Figura 12.7.

CONCLUSÃO

Liderança estratégica significa a capacidade de antecipar, vislumbrar e manter flexibilidade e saber delegar poderes para criar mudança estratégica sempre que necessário for. A liderança estratégica implica em administrar por meio das pessoas os recursos da organização, administrar a organização inteira e não apenas uma unidade funcional e lidar com a mudança cada vez mais rápida e profunda que caracteriza o atual cenário competitivo. A liderança estratégica é hoje considerada a competência essencial para o elevado desempenho da organização.

Basicamente, o líder estratégico enfrenta os seguintes imperativos: conduzir as pessoas para resultados, impulsionar o desempenho, fazer parcerias dentro e entre as equipes, gerenciar o trabalho cotidiano, influenciar através do poder pessoal, ter um faro para localizar e desenvolver talentos, inspirar lealdade e confiança. Porém, em um nível mais elevado, caberá ao líder estratégico ser impulsionador das mudanças e de sua execução, ser o desenvolvedor das ações de longo prazo ou um conjunto de objetivos para alinhar dentro da visão organizacional. Finalmente, ser mobilizador, cativador, defensor dos talentos e guardião do negócio. O que, caracterizam o espírito empreendedor. Esse mesmo espírito empreendedor que se encontra nos pequenos negócios também pode ser localizado dentro das médias e grandes organizações. Recebe o nome de intraempreendedorismo, que viceja quando há uma cultura empreendedora.

A cultura empreendedora precisa ser semeada e colhida adequadamente. A organização precisa criar uma cultura que desenvolva e incentive o espírito empreendedor em seus funcionários. E isso leva tempo, esforços e dedicação. E deve partir da liderança estratégica. O líder principal deve ser – ele mesmo – um empreendedor e cultivar essa característica em toda a sua organização. Não somente dando o exemplo pessoal, mas criando todas as condições para que haja uma cultura empreendedora em seus quadros. E, o empreendedorismo juntamente com a inovação que ele gera são aspectos essenciais para grandes e pequenas organizações, tanto para investimentos iniciais, como para a manutenção da posição competitiva no mundo dos negócios, pois a inovação é o meio pelo qual o empreendedor cria novos recursos produtivos de riqueza ou dota recursos existentes com um maior potencial para criar riqueza.

NOTAS

1. Adaptado de HITT, M.A., IRELAND, R.D. & HOSKISSON, R.E. *Strategic management: competitiveness and globalization*. South-Western College Publ., 2001, p. 497-513.

2. Adaptado de MISCHE, M.A. *Strategic renewal: becoming a high performance organization*. Upper Saddle River, NJ: Prentice Hall, 2001, p. 195.

3. Ver: www.ddi.com. Acessado em 20 de abril de 2009.

4. MAXWELL, John C. *The 21 irrefutable laws of leadership*. Nashville, Tenn.: Nelson Business, 1998.

5. Ver: www.ddi.com. Acessado em 20 de abril de 2009.

6. Hunter, James. *O monge e o executivo: uma história sobre a essência da liderança*. Rio de Janeiro: Sextante, 2004.

7. Ver: www.sandiego.edu

8. Baseado em análise da Schoonover Associates, Inc. Ver: www.schoonover.com

9. HITT, M. A., IRELAND, R. D. e HOSKISSON, R. E. *Strategic management: competitiveness and globalization*, South Western College Pup., 2001, p. 497-513.

10. HENDERSON, B.D. "As origens da estratégia", in MONTGOMERY, C.A., PORTER, M. (orgs.). *Estratégia: a busca da vantagem competitiva*. Rio de Janeiro: Campus, 1998, p. 3-9.

11. Extraído de Fundação Nacional da Qualidade (FNQ). *Critérios de excelência: avaliação e diagnóstico da gestão organizacional*. São Paulo, 2008, p. 21.

12. ADIZES, Ichak. *Managing Corporate Lifecycles*. Nova York: Prentice Hall Press, edição revisada, 1999.

13. LONGENECKER, J.G., MOORE, C.W. & PETTY, J.W. *Administração de pequenas empresas*. São Paulo: Makron Books, 1998.

14. GARTNER, W.B. "What are we talking when we talk about entrepreneurship?" *Journal of Business Venturing*, v. 5, n. 1, p. 15-28, Jan. 1990.

15. LONGENECKER, J.G. & SCHOEN, J.E. "The essence of entrepreneuring." *Journal of Small Business Management*, v. 13, p. 26-32, July 1975.

16. CHIAVENATO, Idalberto. *Empreendedorismo: dando asas ao espírito empreendedor*. São Paulo: Saraiva, 2007.

17. SCHUMPETER, J.A. "The creative response in economic history." *Journal of Economic History*, nov. 1947, p. 149-159.

18. SHANE, S. & VENKATARAMAN, S. "The promise of entrepreneurship as a field of research." *Academy* of *Management Review*, v. 25, 2000, p. 217-226.

19. LAMBRUNHO, N. "O brilho da ousadia." *Empreendedor*, n. 93, jul. 2002.

20. Este texto sobre espírito empreendedor tem a seguine referência bibliográfica:
LONGENECKER, J.G., MOORE, C. W. & PETTY, J.W. *Administração de pequenas empresas*, op. cit., p. 9-11.
McCLELLAND, D.C. *The achieving society*. New York: The Free Press, 1961.
BROCKHAUSS Jr. R.H. & HORWITZ, P.S. "The psychology of the entrepreneur", in SEXTON, D.L. & SMILOR, R.H. (eds.). *The art and science of entrepreneurship*. Cambridge, Mass.: Ballinger Publ. Co., 1986, p. 27.
BROCKHAUSS Jr., R.H. & HORWITZ, P.S. *The psychology of the entrepreneur*, op. cit., cap. 6.
ROTTER, J.B. *Generalized expectancies for internal versus external control of reinforcement*. Storrs, CT: University of Connecticut, Psychological Monographs, 80; 1-28, 1966.

21. CHIAVENATO, Idalberto. *Empreendedorismo,* op. cit.

22. Extraído de DORNELAS, J.C. *Empreendedorismo*. Rio de Janeiro: Campus, 2001.

23. SMITH, N.R. The *Entrepreneur and his firm: the relationship between type of man and type of company*. East Lansing, Michigan: Bureau of Business and Economic Research, Michigan State University, 1967.

24. BOWLES, J. "Best practices: driving growth through innovation, alliances and stakeholder symbiosis." *Fortune*, Nov. 14, 1997, p. S3-S24.

25. Adaptado de HITT, M.A., IRELAND, R.D., HOSKISSON, R.E. *Strategic management: competitiveness and globalization*. South-Western College Publ., 2001, p. 497-513.

26. Extraído de CHIAVENATO, Idalberto. *Empreendedorismo: dando asas ao espírito empreendedor*, op. cit.

27. Extraído de 'Os desafios do empreendedorismo". São Paulo: *Qualimetria*, n. 135, nov. 2002, p. 35.
Ver: www.qualimetria.com.br

28. Extraído de "Os desafios do empreendedorismo". São Paulo: *Qualimetria*, op. cit.

29. DRUCKER, Peter F. "The discipline of innovation." Boston, Mass.: *Harvard Business Review*, 76 (6), 1998, p. 149-157.

30 . REYNOLDS, P.D., HAY, M.S., CAM, M. *Global entrepeneurship monitor* – executiverReport. Babson Park, MA: Babson College, 1999.

31. ROTH, D. "Dell's big new act." New York: *Fortune*, dez. 6, 1999, p. 152-155.

32. Extraído de HUNTER, James C. *O monge e o executivo: uma história sobre a essência da liderança*, op. cit., p. 107.

33. FORD, H. "Noteworthy Quotes." New York: *Strategy & Business*, v. 18, 2000, p. 154.
Ver: www.strategy-business.com e www.exed.hbs.edu

34. KANTER, R.M. "From spare change to real change: the social sector as beta site for business innovation." *Harvard Business Review*, v. 77(3), 1999, p. 122-132.

35. FRANKO, L.G. "Global corporate competition: who's winning, who's losing and the R&D factor as once reason why." *Strategic Management Journal*, v. 10, 1996, p. 449-474.

36. SCHUMPETER, J.A. *The theory of economic development*. Cambridge, MA: Harvard University Press, 1934.

37. Adaptado de HITT, M.A., HOSKISSON, R.E. & NIXON, R.D. "A mid-range theory of interfunctional integration, its antecedents and outcomes." *Journal of Engineering and Technology Management*, v. 10, 1993, p. 161-185.

38. MENEZES, Robert K. *Destruição criativa ? a contribuição de Schumpeter para o empreendedorismo.*
Disponível em http://www.cdvhs.org.br/oktiva.net/1029/nota/450/

39. CHRISTENSEN, M. & OVERDORF, M. "Meeting the challenge of disruptive change." *Harvard Business Review*, v. 78(2), 2000, p. 66-77.

Esse texto sobre apropriação de valor da inovção interna da organização tem a seguine referência bibliográfica:

40. HITT, M. A., IRELAND, R. D. & HOSKISSON, R. E. *Strategic management: competitiveness and globalization*, op. cit., p. 534-540.

ADLER, P.S. "Interdepartamental interdependence and coordination: the case of the design/manufacturing interface." *Organization Science*, v. 6, 1995, p. 147-167.

LAWRENCE, P. R. & LORSCH, J. W. *Organization and environment*. Homewood, Ill: Richard D. Irwin, 1969.

DOUGHERTY, D., BORRELLI L., MUNCIR, K. & O'SULLIVAN, A. "Systems of organizational sensemaking for sustained product innovational." *Journal of Engineering and Technology Management*, v. 94, 2000.

CAPÍTULO 13

GOVERNANÇA CORPORATIVA, RESPONSABILIDADE SOCIAL E DESENVOLVIMENTO SUSTENTÁVEL

Princípios de conduta além da maximização do lucro

O que você verá pela frente:

- Governança corporativa.
- Relacionamento com os *stakeholders*.
- Ética empresarial.
- Responsabilidade social.
- Desenvolvimento sustentável.
- Conclusão.

Objetivos de aprendizagem:

- Mostrar a importância da governança corporativa nos assuntos estratégicos.
- Indicar os mecanismos de governança corporativa mais utilizados.
- Mostrar os tipos de relacionamentos com os *stakeholders* no processo estratégico.
- Ressaltar a importância da ética empresarial.
- Mostrar como incrementar e impulsionar a responsabilidade social da organização.

A estratégia empresarial deve conduzir a organização para uma posição única e singular de destaque na qual possa se distanciar das demais organizações em termos de competitividade, excelência, liderança em inovação e preparação para o futuro. A estratégia não deve resultar apenas em uma organização a mais no mercado entre as demais, mas sobretudo em um exemplo a ser seguido pelas outras. Este é o propósito primordial da estratégia: criar a individualidade da organização e dotá-la de personalidade própria. Para tanto, a estratégia precisa contar com uma adequada governança corporativa.

GOVERNANÇA CORPORATIVA

A governança corporativa significa o relacionamento que a organização pretende ter com seus acionistas e investidores para determinar e controlar a direção estratégica e o seu desempenho diante de suas expectativas.[1] A governança corporativa é utilizada pelas organizações como um meio para estabelecer uma ordem entre as partes – os proprietários da organização e seus executivos de alto nível – cujos interesses possam eventualmente estar em conflito.[2] O seu objetivo é garantir que os interesses dos gerentes e executivos de alto nível estejam alinhados com os dos acionistas. Assim, a governança corporativa envolve uma supervisão em áreas em que os proprietários, executivos e membros do conselho de administração possam ter possíveis conflitos de interesse. Essas áreas incluem a eleição do presidente e diretores, supervisão geral de pagamentos de presidentes e diretores, além da estrutura organizacional e direção estratégica da organização,[3] quase sempre, os investidores e acionistas são colocados em primeiro lugar.[4]

CLIPPING COMPETITIVO

A ASCENSÃO DA GOVERNANÇA CORPORATIVA

A governança corporativa está ganhando força total porque se acredita que seus mecanismos fracassaram no sentido de monitorar e controlar adequadamente as decisões estratégicas dos executivos de alto nível. Trata-se de melhorar o desempenho do quadro de dirigentes. Casos recentes de escândalos em grandes corporações americanas – como a Enron, e posteriormente por empresas americanas de financiamento imobiliário, por exemplo – mostram que uma governança corporativa e um sistema de controle podem resultar em uma poderosa vantagem competitiva. Por essa razão, um dos mecanismos de governança corporativa – o conselho de administração – está se desenvolvendo como uma importante força estratégica nas organizações. Daí a necessidade de ações projetadas para implementar estratégias que estejam concentradas em monitorar e controlar mecanismos. A governança corporativa reflete os padrões da organização, os quais, por sua vez, refletem os padrões da sociedade. No fundo, os acionistas estão forçando no sentido de responsabilizar cada vez mais os executivos de alto nível pelas suas decisões e pelos resultados que eles geram. Mas não se trata apenas de maximizar o valor do acionista, já que sua riqueza está nas veias da organização. Existem outros grupos de interesse a zelar. Tradicionalmente, os acionistas eram tratados como os *stakeholders*-chave da organização pelo fato de serem os proprietários.

Contudo, esse foco mais estreito da governança corporativa – limitado apenas ao relacionamento com acionistas e proprietários (*shareholders*), de um lado, e executivos da organização de outro lado – está sendo gradativamente ampliado para envolver também todos os demais *stakeholders* da organização. Nesse sentido, a governança corporativa trata das relações entre a organização e todos os *stakeholders* envolvidos na sua administração e sobre como construir uma imagem sólida com base nas pessoas que fazem as organizações funcionarem. O ponto de partida da governança corporativa é o conselho de administração.

Em um sentido mais específico, a governança corporativa envolve as práticas e os relacionamentos entre acionistas, conselho de administração, diretoria, auditoria independente e conselho fiscal com a finalidade de otimizar o desempenho da organização e facilitar o acesso ao capital. Visto sob outro ângulo, a governança corporativa envolve um conjunto de relações entre a administração da organização, seu conselho de administração, seus acionistas e outras partes interessadas. A governança corporativa também proporciona a estrutura que define os objetivos da organização e a maneira de atingir esses objetivos e fiscalizar o desempenho. A governança corporativa é apenas parte do contexto econômico geral em que as organizações operam, e que inclui, por exemplo, políticas macroeconômicas e o nível de concorrência em mercados de produtos e fatores de produção. A estrutura da governança corporativa também depende do ambiente jurídico, regulamentar e institucional.[5] A adoção de mecanismos de governança está crescendo por várias razões, entre as quais os efeitos da globalização, segundo a qual o mercado aceita pagar mais por ações de empresas que adotem os princípios de governança corporativa, tal como ocorre no "Novo Mercado" criado pela Bovespa (Bolsa de Valores do Estado de São Paulo), ou como nos processos regulatórios da Basileia e da lei Sarbanes-Oxley, que levam as empresas a adotarem melhores práticas de governança para assegurar a conformidade aos regulamentos. Em geral, as empresas que adotam práticas de governança possuem processos definidos em termos de alinhamento estratégico, entrega de valor, gerenciamento de risco, gerenciamento de recursos e mensuração do desempenho. Nelas há uma transparência nas atividades, os dirigentes estão no controle da estratégia e as atividades são direcionadas de acordo com a prioridade do negócio. O valor que a organização está entregando pode ser medido periodicamente, o que permite a rápida correção de desvios e problemas. E a cultura de melhoria contínua sobre as práticas adotadas permite um melhor gerenciamento de riscos.

O conceito de governança corporativa está relacionado com um conjunto de regras sobre como as empresas devem ser administradas e controladas. É o resultado de normas, tradições e padrões de comportamento desenvolvidos por cada empresa e não apenas um modelo genérico que possa ser exportado ou imitado. O conceito de governança corporativa surgiu a partir da separação entre a propriedade e a gestão da empresa. Seu foco reside na definição de uma estrutura de governo que maximize a relação entre o retorno dos acionistas e os benefícios auferidos pelos seus executivos. Assim, a governança corporativa costuma envolver a estratégia do negócio, operações, geração de valor e a destinação dos resultados.

Como a governança corporativa constitui o campo da administração que trata do conjunto de relações entre a direção das empresas, seu conselho de administração, seus acionistas e outras partes interessadas, como mostrado na Figura 13.1, ela precisa definir os caminhos pelos quais os fornecedores de capital das organizações possam se assegurar do retorno de seu investimento.[6] Especificamente, a governança corporativa trata dos meios utilizados pelas organizações para definir processos que ajustem os interesses em conflito entre os acionistas e seus dirigentes de cúpula.[7, 8]

Variedade de conceitos sobre governança corporativa

A governança corporativa é conceituada de várias maneiras. Contudo, Andrade e Rossetti observam que as definições de governança corporativa em geral envolvem basicamente os seguintes aspectos:

- Direitos dos acionistas (*shareholders*).
- Direitos de outras partes interessadas (*stakeholders*).
- Conflitos de agência (diretores e executivos como agentes dos acionistas).
- Sistema de relações.
- Sistema de valores.
- Sistema de governo.
- Estrutura de poder.
- Estrutura de regulação.
- Padrões de comportamento.

■ **FIGURA 13.1** *O esquema abrangente de governança corporativa.*[9]

Assim, pode-se salientar as seguintes conceituações de governança corporativa apontadas por Andrade e Rossetti:[10]

- "A governança corporativa nasceu do divórcio entre a propriedade e a gestão das empresas. Seu foco é a definição de uma estrutura de governo que maximize a relação entre o retorno dos acionistas e os benefícios auferidos pelos executivos. Nesse sentido, envolve a estratégia da corporação, as operações, a geração de valor e a destinação dos resultados".
- "A governança corporativa é o sistema segundo o qual as corporações de negócio são dirigidas e controladas. A estrutura da governança corporativa especifica a distribuição dos direitos e responsabilidades entre os diferentes participantes da corporação, tais como o conselho de administração, os diretores executivos, os acionistas e outros interessados, além de definir as regras e os procedimentos para a tomada de decisão em relação a questões corporativas. E oferece também bases através das quais os objetivos da empresa são estabelecidos, definindo os meios para se alcançarem tais objetivos e os instrumentos para se acompanhar o desempenho".[11]
- "Governança corporativa é o sistema pelo qual as sociedades são dirigidas e monitoradas, envolvendo os relacionamentos entre acionistas/cotistas, conselho de administração, diretoria, auditoria independente e conselho fiscal. As boas práticas de governança corporativa têm a finalidade de aumentar o valor da sociedade, facilitar seu acesso ao capital e contribuir para sua perenidade".[12]
- "A governança corporativa trata da justiça, da transparência e da responsabilidade das empresas no trato de questões que envolvem os interesses do negócio e os da sociedade como um todo".
- "A governança corporativa é expressa por um sistema de valores que rege as organizações, em sua rede de relações internas e externas. Ela, então, reflete os padrões da companhia, os quais, por sua vez, refletem os padrões de comportamento da sociedade".[13]

A governança corporativa trata do conjunto de leis e regulamentos que visam:

- Assegurar os direitos dos acionistas da empresas, controladores ou minoritários.
- Disponibilizar informações que permitam aos acionistas acompanhar decisões empresariais impactantes, avaliando o quanto elas interferem em seus direitos.
- Possibilitar aos diferentes públicos alcançados pelos atos das empresas o emprego de instrumentos que assegurem a observância de seus direitos.
- Promover a interação dos acionistas, dos conselhos de administração e da direção executiva das empresas".[14]

Tais conceituações mostram que a governança corporativa reúne direitos e sistemas de relações, sistemas de governo e estruturas de poder, sistemas de valores e padrões de comportamento e sistemas normativos para com eles compor uma estrutura, conforme a Figura 13.2.

PASSEIO VIRTUAL

IBGC: GOVERNANÇA CORPORATIVA[15]

O Instituto Brasileiro de Governança Corporativa (IBGC) define governança corporativa como "o sistema pelo qual as sociedades são dirigidas e monitoradas, envolvendo os relacionamentos entre acionistas/cotistas, conselho de administração, diretoria, auditoria independente e conselho fiscal.

O IBGC publicou um código com as melhores práticas de gestão empresarial com base na comparação de 15 códigos internacionais. As linhas-mestras são a transparência, a prestação de contas e a equidade entre os acionistas. O objetivo é ajudar as organizações a melhorarem o desempenho, equilibrarem o poder entre o principal executivo e o conselho de administração e pautarem seu comportamento pela ética e pela transparência.

- Os agentes da governança corporativa são o conselho de administração, o principal executivo e a diretoria, a auditoria independente e o conselho fiscal.
- Igualdade entre os sócios: uma ação é igual a um voto. Esse princípio deve ser obedecido por todos os tipos de sociedade.
- O conselho de administração deve ter de cinco a nove membros e sua missão é proteger o patrimônio e maximizar o retorno do investimento dos acionistas.
- O executivo-chefe tem o dever de prestar contas e fornecer todas as informações para os controladores e todas as partes interessadas.
- Toda organização deve ter uma auditoria independente para verificar as demonstrações contábeis. O conselho fiscal vigia o conselho de administra-

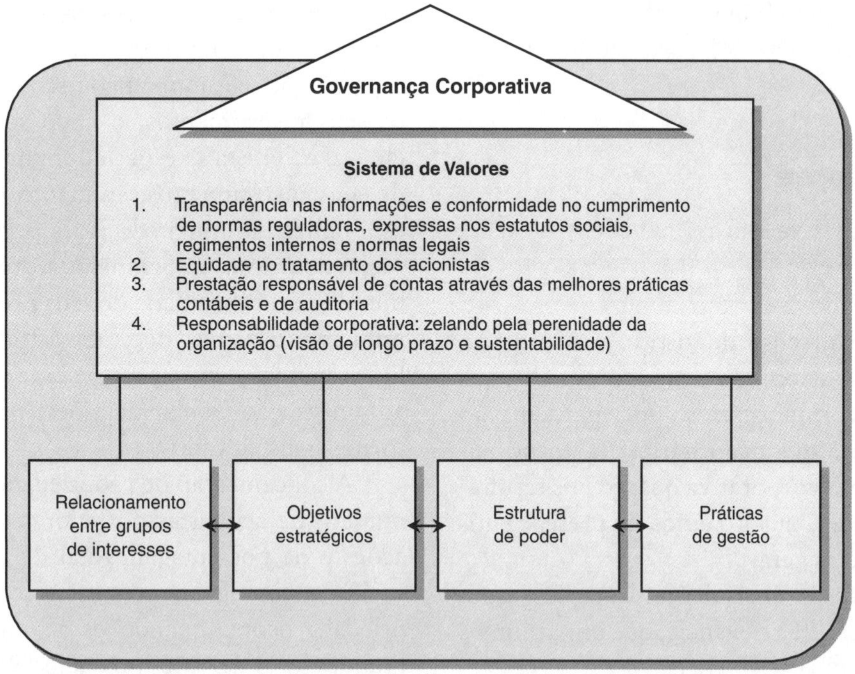

■ **FIGURA 13.2** *Elementos básicos do processo de governança corporativa.*[16]

ção e serve como um controle independente para os proprietários.

- A organização deve ter um código de ética que comprometa a administração e os funcionários e abranja as relações entre funcionários, fornecedores e acionistas.
- O código de ética deve tratar das seguintes questões:
  - direito à privacidade
  - conflito de interesses
  - recebimento de presentes
  - doações
  - assédio sexual
  - atividades políticas
  - uso de álcool e drogas
  - propinas
  - trabalho infantil
  - pagamentos impróprios
  - informações privilegiadas
  - discriminação de oportunidades
  - meio ambiente
  - segurança no trabalho
  - relações com a comunidade
  - confidencialidade pessoal
  - nepotismo

Código de conduta corporativa

A governança corporativa envolve um amplo sistema de autorregulações que varia enormemente em função do grau de maturidade de cada empresa. Quase sempre ela é impulsionada por um código de ética ou código de conduta que define como a organização e seus participantes deverão se comportar.

BANCO DE IDEIAS

IBGC: CÓDIGO DE ÉTICA

Em geral, o código de ética ou de conduta da governança corporativa costuma definir claramente:

1. O *board* de diretores (diretoria).
2. O presidente (*chairman* ou CEO – *Chief Executive Officer*).
3. Relações com e direitos dos acionistas (*shareholders*).
4. Relações com e direitos dos grupos de interesses (*stakeholders*).
5. Sistemas de valores.
6. Sistemas de relações.
7. Estrutura de regulação.
8. Padrões de comportamento.
9. Conselho de administração.
10. Conselho fiscal.
11. Auditoria externa independente.
12. Comissões (comitês) do *board*:
    a. Comissão nominativa.
    b. Comissão de remuneração dos executivos.
    c. Controle interno e comitê de controle interno.
13. Relações com acionistas (*shareholders*).
14. Membros do *board* de auditores.

Consulte os sites a seguir para conhecer dois códigos de ética na prática:

www.uas.mx/cegc/codigoTelmex.pdf
www.walmartmexico.com.mx/informe2004/informe_esp/gobierno/html

Sistema de valores

A governança corporativa está assentada em um sistema de valores que prevê:[17]

1. *Fairness*, ou seja, senso de justiça, equidade no tratamento dos acionistas, respeito aos direitos dos acionistas minoritários por participação equânime com a dos majoritários, tanto no aumento da riqueza corporativa quanto nos resultados das operações, quanto ainda na presença ativa em assembleias gerais.
2. *Disclosure*: Transparência das informações, especialmente das de alta relevância, que impactam os negócios e que envolvem riscos.
3. *Accountability*: Prestação responsável de contas, fundamentada nas melhores práticas contábeis e de auditoria.
4. *Compliance*: Conformidade no cumprimento de normas reguladoras, expressas nos estatutos sociais, nos regimentos internos e nas instituições legais do país.

A governança corporativa envolve mecanismos internos como concentração da propriedade, conselho de administração, remuneração dos executivos e estrutura multidivisional, que são explicados a seguir

Concentração da propriedade

No passado, as organizações eram administradas diretamente pelos seus proprietários fundadores e seus descendentes de modo pessoal, deliberado e com total independência. Assim, a propriedade e a administração ficavam centralizadas nas mesmas mãos. Com o crescimento das organizações, a administração dos negócios escapou das mãos dos empreendedores para administradores profissionais, ao mesmo tempo que a propriedade se tornou dispersa entre milhares de acionistas não-organizados e totalmente afastados da gestão diária da organização. Essas mudanças levaram à organização moderna, que se baseia na completa separação entre propriedade e administração e no objetivo de aumentar o lucro da organização e, por consequência, os retornos financeiros aos proprietários ou acionistas. Assim, o valor que o acionista possui é refletido no preço das ações da organização. Quando o acionista concentra seus investimentos em uma única organização, ele aumenta o risco, e quando diversifica os seus investimentos, o risco se pulveriza. De um lado, o acionista se especializa em administrar o risco de seus investimentos, enquanto o administrador se especializa em tomar decisões para proporcionar retorno ao acionista. Sem isso, a organização ficaria limitada pela capacidade de seus proprietários para administrar e tomar decisões estratégicas adequadas. Essa separação entre propriedade (enfrentar o risco) e administração (tomar decisões) permite produzir retornos mais elevados.

A concentração de propriedade depende agora do número de acionistas portadores de grandes lotes de ações e da porcentagem total de ações que eles possuem ou conseguem reunir. A concentração de propriedade ocorre quando os acionistas portadores de grandes lotes de ações possuem 5% ou mais das ações da organização. Quanto maior a concentração, tanto maior a pressão para que a organização adote mecanismos de governança para controlar as decisões administrativas. Ao contrário, a propriedade difusa ocorre quando um grande número de acionistas possui um número pequeno de ações e quando há poucos acionistas portadores de grandes lotes. A propriedade difusa leva a uma fraca monitoração das decisões administrativas. E os acionistas perdem totalmente a condição de monitorar e avaliar o desempenho organizacional.

Além disso, há de se levar em conta os proprietários institucionais. São instituições financeiras – como fundos mútuos de ações e fundos de pensão – que controlam posições de acionistas portadores de grandes lotes de ações. Em função de sua forte posição, os proprietários institucionais e os acionistas portadores de grandes lotes de ações constituem um poderoso mecanismo de governança. Nos Estados Unidos, os fundos de pensão controlam quase a metade do capital social corporativo americano. Com toda essa força, os proprietários institucionais têm o tamanho e o poder para responsabilizar executivos ineficientes, como também influenciar a escolha das estratégias da empresa.

Conselho de administração

O conselho de administração é um grupo de pessoas que são eleitas e cuja principal responsabilidade é agir no interesse dos proprietários monitorando e controlando formalmente os executivos de alto nível da organização. Sua função principal é proteger os proprietários do oportunismo administrativo.

A formação de um conselho de administração envolve três tipos de grupos:[18]

1. *Insiders:* São os executivos de alto nível, ativos na organização, eleitos para o quadro de diretoria por constituírem uma fonte de informação sobre as operações diárias da organização.
2. *Outsiders* relacionados: São pessoas que têm alguma relação – contratual ou não – com a organização e que não estão envolvidas nas suas atividades diárias e que podem contribuir com algo.
3. *Outsiders:* São pessoas eleitas para o conselho de administração para prover consultoria independente e que podem ocupar postos administrativos de alto nível em outra organização ou terem sido eleitas para o quadro da diretoria antes do início do mandato atual.

Em geral, o presidente e a diretoria da organização seguem as diretrizes e decisões tomadas pelos conselheiros componentes do conselho de administração. Estes se reúnem periodicamente para analisar os resultados organizacionais e definir as decisões globais a serem tomadas pela presidência e diretoria da organização. No fundo, o conselho de administração fornece o balizamento necessário para que os dirigentes da organização possam trabalhar da maneira estratégica e global.

INFORMAÇÃO PRIVILEGIADA

A FORÇA DO CONSELHO DE ADMINISTRAÇÃO

Cada vez mais fica comprovado o fortalecimento dos conselhos diretores de organizações e corporações. Esse é um caminho definitivo e sem volta. Contudo, os conselhos precisam oferecer uma concepção clara e aceitável do seu papel na formulação, ratificação, modificação ou avaliação de uma estratégia empresarial. Trata-se de um item que precisa ser mais amplamente discutido. Muitos dirigentes de organizações ainda rejeitam a praticidade de uma estratégia consciente e dirigem seus negócios com base em estratégias nãoformuladas, intuitivas ou incrementais, que raramente são articuladas ou analisadas em profundidade e que não passaram pelo crivo do conselho de administração. Outros dirigentes restringem discussões estratégicas no nível gerencial para evitar que o conselho ingresse no campo estratégico e reduzem ainda mais o poder dos executivos de moldar por conta própria o futuro da organização.

Quase sempre, a estratégia se revela um campo sensível e cheio de armadilhas que provoca uma forte tensão entre o conselho, a presidência e os demais diretores das organizações. Mas não é o conselho de administração que define a estratégia empresarial. O conselho de administração deve exigir da presidência e da diretoria da organização uma estratégia corporativa única e viável para que ele possa avaliar sua validade, utilizá-la como ponto de referência para todas as demais decisões do conselho e dividir com a presidência e diretoria os riscos associados com a adoção dessa estratégia.[19]

BANCO DE IDEIAS

IBGC: NATUREZA E CARACTERÍSTICAS DO CONSELHO DE ADMINISTRAÇÃO[20]

O Instituto Brasileiro de Governança Corporativa (IBGC) propõe as seguintes práticas na criação do conselho de administração (CA):

1. *Criação do conselho de administração:* o conselho de administração não pode consistir em uma só pessoa, pois não é sensato que uma só pessoa tome decisões importantes em nome de uma instituição. O objetivo básico do conselho de administração é o de representar o interesse dos acionistas através da orientação e fiscalização dos negócios da empresa.
2. *Competências do conselho de administração:* a Lei 6.404, de 15 de dezembro de 1976, define as competências do CA. No artigo 138, § 2º, determina que todas as companhias abertas e as de capital autorizado deverão ter obrigatoriamente um conselho de administração. "A administração da companhia competirá, conforme dispuser o estatuto, ao conselho de administração e à diretoria, ou somente à diretoria." Assim, o CA é um órgão de deliberação colegiada e suas atribuições e poderes conferidos por lei não podem ser outorgados a outro órgão.
3. *Composição do conselho de administração:* o artigo 140 da Lei 6.404/76 determina que o CA deve ser composto por, no mínimo, três membros eleitos pela assembleia geral e por ela destituíveis a qualquer tempo de acordo com aquilo que o estatuto estabelecer, a saber:

   I – O número de conselheiros, ou o máximo e mínimo permitidos, e o processo de escolha e substituição do presidente do conselho pela assembleia ou pelo próprio conselho.

   II – Modo de substituição dos conselheiros;

   III – O prazo de gestão, que não poderá ser superior a três anos, permitida a reeleição.

IV – As normas sobre convocação, instalação e funcionamento do conselho que deliberará.

O estatuto deve definir quórum qualificado para certas deliberações, desde que especifique as matérias e por maioria de votos.

4. *Independência do conselho de administração:* conforme o *Código das melhores práticas de governança corporativa* 2º, a maioria dos CA deve ser formada por conselheiros independentes. A definição de independência é:

   I – não ter qualquer vínculo com a empresa.

   II – não ter sido empregado da empresa ou de alguma subsidiária.

   III – não estar oferecendo algum serviço ou produto à empresa.

   IV – não ser empregado de alguma entidade que esteja oferecendo algum serviço ou produto à empresa.

   V – não ser cônjuge ou parente até segundo grau de algum diretor, gerente da empresa ou pessoa física controladora direta ou indireta da empresa.

   VI – não receber outra remuneração da empresa além dos honorários de conselheiro ou eventuais dividendos (se for também acionista).

5. *Atributos do conselho de administração:* o CA tem como principais atribuições formular, acompanhar e avaliar a política institucional de administração, envolvendo recursos humanos, financeiros, infraestrutura e desenvolvimento físico. Deve também deliberar sobre atividades no seu âmbito, com base nas atribuições específicas que lhe forem conferidas.

6. *Missão do conselho de administração:* proteger o patrimônio e maximizar o retorno do investimento dos proprietários, agregando valor ao empreendimento. Para tanto:

   - O CA deve discutir, aprovar, rever e zelar pela manutenção dos valores da empresa, crença e propósitos da organização.
   - É o órgão mais importante da empresa, exercendo a representação dos acionistas. É a última instância deliberativa.
   - Só há uma função que não se substitui na empresa: a figura do dono.
   - A sessão executiva é a parte do CA da qual o executivo principal ou integrante da diretoria não participa.
   - Convidados para reuniões do CA: assessores ou consultores em assuntos de sua especialidade.

7. *Competência do conselho de administração:* o artigo 142 define as seguintes competências do CA:

   I – fixar a orientação geral dos negócios da companhia.

   II – eleger e destituir os diretores da companhia e fixar-lhes as atribuições, observado o que a respeito dispuser o estatuto.

   III – fiscalizar a gestão dos diretores, examinar, a qualquer tempo, os livros e papéis da companhia, solicitar informações sobre contratos celebrados ou em via de celebração, e quaisquer outros atos.

   IV – convocar a assembleia geral quando julgar conveniente ou no caso do art. 132.

   V – manifestar-se sobre o relatório da administração e as contas da diretoria.

   VI – manifestar-se previamente sobre os atos ou contratos, quando o estatuto assim o exigir.

   VII – deliberar, quando autorizado pelo estatuto, sobre a emissão de ações ou de bônus de subscrição.

   VIII – autorizar, se o estatuto não dispuser em contrário, a alienação de bens do ativo permanente, a constituição de ônus reais e a prestação de garantias a obrigações de terceiros.

   IX – escolher e destituir os auditores independentes, se houver.

8. *Eleição do conselho de administração:* o número de conselheiros varia conforme a empresa, não inferior a cinco membros e não superior a dez membros.

   A forma tradicional de eleição de conselheiros é através de maioria simples na assembleia geral de acionistas, que detém o poder de eleger e destituir os conselheiros. A porcentagem necessária do capital votante para que acionistas minoritários elejam representantes no conselho de administração é de 20%. Se o número de conselheiros é igual ou maior que seis, esta porcentagem se reduz proporcionalmente. Na prática, esse instrumento tem sido mais utilizado em função da diluição societária que naturalmente acontece com a complexidade crescente do mundo dos negócios e com a sucessão nas empresas familiares.

   O CA deve ter um presidente e definir os deveres e responsabilidades legais de cada conselheiro, expectativas de desempenho, dedicação requerida, sistema de avaliação e sistema de remuneração dos conselheiros.

9. *Prazo de gestão do conselho de administração:* não pode ser superior a três anos, sendo permitida a reeleição.

10. *Destituição do conselho de administração:* os CA têm normalmente um sistema de avaliação de desempenho de seus membros que funciona sob a responsabilidade do presidente do CA e, quando for o caso, com o auxílio de mais um membro. Deve constar de entrevista-convite e avaliação periódica anual do desempenho de cada conselheiro para avaliar as qualificações do candidato diante das qualificações requeridas pela organização.

11. *Mecanismos de controle da organização pelo conselho administrativo:* a boa governança corporativa proporciona aos proprietários (acionistas ou cotistas) a gestão estratégica da empresa e efetiva monitoração da direção executiva. As principais ferramentas que asseguram o controle da propriedade sobre a gestão são o conselho de administração, a auditoria independente e o conselho fiscal. O CA é o representante dos proprietários do capital (acionistas ou cotistas) e seu papel na organização consiste em estabelecer estratégias para a empresa, eleger a diretoria, fiscalizar e avaliar o desempenho da gestão e escolher a auditoria independente.

INFORMAÇÃO PRIVILEGIADA

FNQ: CRITÉRIOS DE GOVERNANÇA CORPORATIVA[21]

A Fundação Nacional da Qualidade (FNQ) define os seguintes critérios de avaliação da governança corporativa:

> "Este item examina a implementação de processos gerenciais que contribuem diretamente para o objetivo de gerar transparência e aprimorar o nível de confiança entre as partes interessadas e que geram impacto no valor, na sustentabilidade financeira, social e ambiental e na imagem da organização (ver Figura 13.3):

a) Como a organização assegura a equidade entre sócios, mantenedores ou instituidores e protege os direitos das partes interessadas.
   I. Citar os métodos utilizados para controlar os atos da direção.

b) Como são estabelecidos e atualizados os valores e princípios organizacionais necessários à promoção da excelência, à criação de valor para todas as partes interessadas e ao desenvolvimento sustentável.
   I. Apresentar os valores e os princípios organizacionais.

c) Como a organização estabelece regras de conduta para os integrantes da sua administração e para a força de trabalho e trata as questões éticas buscando assegurar um relacionamento ético com concorrentes e com as partes interessadas.
   I. Citar os códigos de conduta emitidos.
   II. Apresentar os canais de comunicação colocados à disposição da força de trabalho, da sociedade e demais partes interessadas para receber reclamações, denúncias e sugestões.
   III. Destacar o tratamento dado para estas manifestações.

d) Como são identificados, classificados, analisados e tratados os riscos empresariais mais significativos que possam afetar a imagem e a capacidade da organização de alcançar os objetivos estratégicos e do negócio.
   I. Apresentar os principais riscos empresariais assumidos pela organização diante das incertezas inerentes ao negócio e às estratégias.

e) Como as principais decisões são tomadas, comunicadas e implementadas assegurando a transparência e considerando o envolvimento de todos os interessados nos temas tratados.

■ FIGURA 13.3 *Modelos de governança corporativa e seus públicos de interesse* (stakeholders).[22]

I. Destacar o papel dos integrantes da administração inclusive no que se refere à aprovação das estratégias e objetivos da organização e do seu modelo de negócio.

f) Como os fatos relevantes são prontamente comunicados à sociedade e às partes interessadas.

g) Como a direção presta conta das suas ações e resultados alcançados a quem a elegeu, nomeou ou designou."

CLIPPING COMPETITIVO

ENVOLVIMENTO DOS GESTORES NO PROCESSO DE PLANEJAMENTO ESTRATÉGICO

Na prática, nem sempre a cúpula da organização participa ativa e diretamente da gestão estratégica da organização. A Figura 13.4 mostra os graus de envolvimento da alta direção em um *continuum* que vai desde uma atitude passiva e reativa até uma posição ativa e catalisadora.

Por outro lado os executivos brasileiros já gastam boa parte de seu tempo com a liturgia dos conselhos de administração. Na interação com os conselhos, a dedicação dos executivos brasileiros para municiá-los com informações está aumentando gradativamente. Pesquisa da Fundação Dom Cabral aponta o seguinte:[23]

- Cerca de 31horas por mês é a média de tempo que os executivos dedicam a conselhos e comitês, e pode chegar a 35 horas no caso de empresas com reuniões mensais do conselho.
- 68% dos presidentes e 87% dos diretores financeiros acham que gastam mais tempo do que deveriam no levantamento de informações.
- 38% dos executivos acreditam na eficiência do conselho de administração da empresa.

A função do conselho de administração não é formular a estratégia, mas analisá-la, aprová-la ou refutá-la. Se o conselho faz uma recomendação ou aprova uma estratégia, isso implica divisão dos riscos com o presidente e a diretoria. O processo de análise se repete toda vez que houver uma apropriação de capital, algo inesperado ou questões de natureza estratégica submetidas ao conselho. Em outras palavras, queremos dizer que o papel do conselho administrativo não deve vir a reboque das decisões e ações da presidência e da diretoria para confirmá-las ou validá-las depois de realizadas. Pelo contrário, o papel do conselho é participar – antes, durante e depois – daquelas decisões e ações no sentido de funcionar como um coadjuvante ativo e proativo na gestão estratégica da organização.

BANCO DE IDEIAS

COMO MELHORAR A EFICIÊNCIA DOS CONSELHOS DE ADMINISTRAÇÃO

Para fazer frente à crescente maior responsabilidade, os conselhos de administração precisam melhorar seu desempenho através de:

■ **FIGURA 13.4** *O* continuum *de participação da cúpula no planejamento estratégico.*[24]

- Aumento da diversidade dos seus membros: como dirigentes de organizações excelentes, de serviços públicos, acadêmicos, cientistas, minorias étnicas e de diferentes países.
- Fortalecimento e melhora dos sistemas internos de controle administrativo e contábil.
- Definição dos processos formais para avaliar o desempenho do conselho administrativo.

A McKinsey & Co. verificou que as organizações nas quais os *outsiders* do conselho de administração possuíam grandes lotes de ações e não estavam ligados à administração, elas estavam mais sujeitas à avaliação formal e os acionistas institucionais se dispunham a pagar até 11% a mais por suas ações.[25]

Remuneração dos executivos

É outro mecanismo de governança corporativa claramente visível. A remuneração do presidente e dos executivos mexe com muitos interesses e desperta opiniões variadas. A remuneração dos executivos é um mecanismo de governança corporativa que procura alinhar os interesses de executivos e de proprietários através de salários, bonificações e recompensas de incentivo de longo prazo, como opções de compra de ações. Cada vez mais, os planos de incentivo de longo prazo estão se transformando em uma parte crítica nos pacotes de remuneração das organizações. A utilização de pagamento de prazo mais longo se baseia na convicção de que os executivos agirão no melhor interesse dos acionistas – agora e sempre. Contudo, muitos *stakeholders*, inclusive acionistas, têm mostrado descontentamento com a remuneração recebida por alguns executivos de alto nível, especialmente presidentes de organizações.

Estrutura multidivisional

A estrutura organizacional multidivisional (forma M) também constitui um mecanismo interno de governança para controlar o oportunismo administrativo.[26] É que o escritório corporativo que integra juntamente com o conselho de administração a estrutura M monitora as decisões estratégicas dos gerentes responsáveis pelo desempenho das várias unidades de negócios da organização. A intensa monitoração do desempenho de uma unidade de negócio conduz a um forte interesse administrativo em tomar decisões que maximizem a riqueza dos acionistas. Contudo, essa estrutura não elimina a possibilidade de limitar ações em proveito próprio dos gerentes.

INFORMAÇÃO PRIVILEGIADA

GERENCIANDO VALOR E DESEMPENHO[27]

Maximizar os retornos para os acionistas (*shareholders*) através do aumento do valor intrínseco do negócio ou atender aos interesses dos outros *stakeholders* – diretores, funcionários, clientes, sociedade – no processo decisório? No passado, o argumento em favor da maximização de retornos passou por problemas devido aos excessos das empresas ponto.com, a obsessão do mercado a respeito de ganhos de curto prazo e os escândalos corporativos em nome da maximização do valor do *shareholder*.

O recente passado tumultuado reforçou duas crenças fundamentais. A primeira é que o negócio do negócio é exatamente maximizar o valor do acionista através do aumento do valor intrínseco. A segunda é que maximizar valores envolve gestão, tanto do desempenho no curto prazo como da saúde da empresa no longo prazo. O fato é que, na medida em que a companhia cria mais valor ao acionista, ela cria eficazmente um mercado regulado e serve melhor a todos os *stakeholders*. A pesquisa da McKinsey sobre desempenho corporativo demonstra que as companhias que criaram mais valor ao acionista nos últimos 15 anos também criaram mais emprego e investiram mais em P&D. Em outros termos, ao criar valor para o *shareholders* elas também beneficiaram os *stakeholders*.

Além disso, ao entregar mais valor ao acionista, a empresa não somente oferece desempenho de curto prazo, mas também saúde no longo prazo – sua capacidade de sustentar desempenho ao longo do tempo. Saúde corporativa envolve muitos componentes: estratégia robusta, ativos bem aplicados, produtos e serviços inovadores, boa reputação com clientes, reguladores, governos e outros *stakeholders*, e a capacidade de atrair, reter e desenvolver talentos de alto desempenho.

Quando muitas empresas pensam em desempenho de longo prazo, elas pensam sobre crescimento. Mas uma empresa saudável não é necessariamente aquela que tem planos de elevado crescimento. Muitas empresas foram destruídas pela sua ambição, particularmente quando sobrepagaram suas aquisições. Crescimento pode fazer parte do desempenho sustentável, mas outro componente-chave é um decente retorno do capital investido. Em indústrias que enfrentam crescimento baixo ou declinante, administrar a saúde pode ser mais importante do que sustentar retornos imediatos.

Relacionamento com os *Stakeholders*

Todos os mecanismos internos de governança corporativa estudados são utilizados para garantir que os agentes dos proprietários da organização – os altos executivos da organização – tomem decisões estratégicas que atendam melhor aos interesses dos acionistas. O foco desses mecanismos de governança é o controle das decisões administrativas para assegurar que os interesses dos acionistas sejam atendidos. Mas a organização também precisa privilegiar os seus vários públicos estratégicos – os *stakeholders*. Ocorre que os *stakeholders* de produtos – como clientes e fornecedores – e os *stakeholders* organizacionais – como executivos e funcionários – são também importantes. Isso significa que a organização deve atender aos mínimos interesses ou necessidades de todos os *stakeholders*, os quais devem ser atendidos através das suas ações. Caso contrário, eles podem decidir retirar seu apoio da organização e oferecê-lo a outra. Funcionários podem migrar para outras organizações mais atenciosas. Clientes podem comprar produtos de um fornecedor que ofereça um substituto aceitável.

BANCO DE IDEIAS

GOVERNANÇA CORPORATIVA 360°

Afinal, uma organização é um empreendimento humano, vivo, dinâmico e não apenas um punhado de ativos ou de recursos inertes. O lucro é importante, mas a organização precisa preocupar-se com metas mais elevadas. A obrigação da administração é perpetuar a corporação e servir à sociedade, e isso vem antes das obrigações com os acionistas. O argumento fundamental reside no fato de que a competitividade estratégica da organização é aumentada quando seus mecanismos de governança são elaborados e aplicados de maneira que atendam aos interesses de todos os *stakeholders* envolvidos e não apenas de alguns deles. Esse é o desafio da governança corporativa: atuar em 360°.

O MUNDO DA CLASSIFICAÇÃO DE GOVERNANÇA CORPORATIVA[28]

Os serviços de governança corporativa são classificados através de várias entidades, a saber:

- *Institutional Shareholders Services*: Adota 61 fatores na classificação da governança corporativa, divididos em nove grupos de variáveis, incluindo estrutura e composição do CA, disposições de contrato/estatuto, remuneração de executivos e conselheiros, direito de voto do acionista etc. Ver: www.iss.gov.
- *Governance Metrics International*: Classifica as empresas com base em cerca de 600 atributos em sete categorias: responsabilidade do conselho, controles de divulgação e finanças, direitos dos acionistas, remuneração, titularidade, mercado para controle e comportamento corporativo. Ver: www.gmi.org.
- *Standard & Poor Corp.*: Somente classifica uma empresa quando esta solicita uma avaliação. Ver: www.spc.com.
- *Moody's Investors Service*: Faz uma análise abrangente da plataforma e práticas de governança de uma empresa com o único propósito de oferecer subsídio vital para sua análise de crédito. Ver: www.mis.com.

ÉTICA EMPRESARIAL

A mídia e a intensa circulação da informação no mundo moderno estão fazendo com que as organizações se tornem verdadeiras vitrines de vidro para a opinião pública. Em outras palavras, as organizações estão se tornando demasiado visíveis e vulneráveis e precisam definir um comportamento irrefutável diante de seus *stakeholders* no sentido de manter sua imagem e conceito. Desde o final do século passado, a questão ética tornou-se um imperativo para as organizações, sejam públicas ou privadas. Já existe uma consciência social que impõe a prática da ética empresarial, bem como da responsabilidade social, pois a sociedade quer que as organizações realizem seus negócios e alcancem o lucro por meio de procedimentos corretos e transparentes que respeitem os princípios éticos e a comunidade dentro da qual elas estão inseridas.

PASSEIO VIRTUAL

INICIATIVAS ÉTICAS

Em nosso país existem muitas organizações não-governamentais que lidam com ética e responsabilidade social. O Instituto Ethos de Empresas e Responsabilidade Social (ver www.ethos.org.br) é uma associação de organizações interessadas em desenvolver suas atividades de maneira socialmente responsável em um permanente processo de avaliação e aperfeiçoamento. A sua missão é disseminar a prática da responsabilidade social empresarial. O Instituto Ethos tem um Manual de Primeiros Passos de Responsabilidade Social que está disponível em seu *site*. Também o Instituto Brasileiro de Análises Sociais e Econômicas – Ibase (http://www.ibase.br/) e Fundação Instituto de Desenvolvimento Empresarial e Social – Fides (http://www.fides.org.br) são entidades privadas, sem fins lucrativos, visando www apoiar a humanização das organizações e sua integração na sociedade, com base nos princípios éticos envolvidos nas relações entre a organização e seus diferentes públicos internos e externos. No exterior, o The Conference Board (http://conference-board.org/) é uma entidade internacional na área de pesquisas e negócios, fundada em 1916 com a finalidade de aperfeiçoar empreendimentos e negócios com representação em sessenta e cinco países. Além disso, o conceito e a prática da ética empresarial e responsabilidade social têm legislação a respeito, como a BS 8800 e SA 8000 (*Social Accountability* 8000) que correspondem à ISO para a área social (http://www.sa-intl.org/).

As definições de ética variam enormemente. Ela pode ser definida como:

- Ética é o código de princípios morais que estabelecem padrões de bom ou mau, certo ou errado, na conduta de uma pessoa e, desse modo, guia o comportamento da pessoa ou de um grupo.[29]
- Ética é o estudo das avaliações do ser humano em relação às suas condutas ou às dos outros. Essas avaliações são feitas sob a ótica do bem e do mal, de acordo com um critério que geralmente é ditado pela moral.[30]
- Ética empresarial é o comportamento da organização – entidade lucrativa – quando ela age de conformidade com os princípios morais e as regras do bem proceder aceitas pela coletividade.[31]
- Ética empresarial é o estudo da forma pela qual as normas morais pessoais se aplicam às atividades e aos objetivos da organização. Não se trata de um padrão moral separado, mas do estudo de como o contexto dos negócios cria seus problemas próprios e exclusivos à pessoal que moralmente atua como um agente desse sistema. A ética dos negócios reflete os hábitos e as decisões que os administradores fazem no que diz respeito às suas próprias atividades e às do restante da organização. Essas atividades são alimentadas pelo sistema moral de valores pessoais próprios, mas este com frequência sofre uma transformação em suas prioridades ou sensibilidades quando operado dentro de um contexto institucional de severas restrições econômicas e pressões, assim como pela possibilidade de adquirir poder.[32]

Na prática, as questões éticas e morais se escondem em muitas decisões e ações do cotidiano empresarial, ainda que os dirigentes não tenham plena consciência disso.[33] A mídia e a opinião pública mostram extremo desejo de transparência, probidade, decência, retidão, idoneidade, respeito pelos outros nas questões empresariais. Cada vez mais, as organizações estão procurando passar aos seus *stakeholders* a imagem de organizações éticas. Afinal, organizações éticas são organizações moralmente inatacáveis porque subordinam suas atividades e estratégias a uma prévia reflexão ética e agem de forma socialmente responsável. Contudo, nem sempre as organizações se dedicam a tal tipo de reflexão e adotam posições que levam em conta apenas interesses imediatos que estão em jogo. E aí está o perigo. Sua reputação pode sofrer com tais deslizes.

CLIPPING COMPETITIVO

CORRUPÇÃO[34]

A ONG Transparência Internacional (ver o *site* www.transparency.org), sediada em Berlim, publica anualmente um *ranking* sobre a corrupção no mundo. O levantamento é feito em 102 países com base em pesquisa de opinião de investidores, funcionários de organizações multinacionais e analistas, e utiliza uma escala de zero (o máximo de corrupção) a dez (o máximo de transparência) para medir o Índice de Percepção da Corrupção. Quanto menor a nota, maior a percepção da corrupção. A corrupção está relacionada com o uso do poder público para obtenção de ganhos privados. Envolve propinas, negociatas, negócios escusos, subornos, corrupção ativa ou passiva, desonestidade, comportamentos arbitrários etc. Significa o inverso da responsabilidade social. Os países que apresentam nota sete ou maior são considerados pouco corruptos. Dos 21 países da América Latina incluídos no levantamento, apenas o Chile (nota 7,5) está nesse patamar. A nota 5 representa a média.

Setenta por cento dos países pesquisados – Brasil no meio – tiveram nota abaixo de 5, ou seja, apresentam imagem deteriorada pela corrupção. Esse contingente é representado por países pobres – que estão menos estruturados para combater a corrupção – nos quais as causas da corrupção estão diretamente ligadas a fatores relacionados com a pobreza e onde se nota incapacidade do Estado de controlar seus próprios quadros e a falta de mecanismos de controle entre os três poderes. A corrupção impõe custos elevados sobre países, organizações e indivíduos. Nesse aspecto, estamos mal. Muito mal (ver Quadro 13.1).

RESPONSABILIDADE SOCIAL

As organizações sofrem múltiplas pressões externas e de seus *stakeholders* no sentido de adotar posturas e políticas que deixam de lado a velha e antiga introversão administrativa para levar em consideração aspectos externos e localizados fora de suas tradicionais fronteiras organizacionais ou geográficas.

CLIPPING COMPETITIVO

NOVAS FRONTEIRAS DA COMPETIÇÃO[35]

Primeiro foi a febre do meio ambiente e da ecologia. Depois veio a febre da governança corporativa. Agora é a febre da responsabilidade social. Felizmente – como nos casos da pressão pelo cuidado ambiental e pelo respeito aos acionistas minoritários –, a crescente obsessão pela responsabilidade social das organizações não é uma febre passageira, mas uma moda que chegou para ficar. Ela faz parte do mesmo grupo dos dois fenômenos anteriores; o respeito pelo meio ambiente, pelos acionistas e pela sociedade com a qual a organização interage é parte da sustentação dos negócios. Por trás desse fenômeno está a globalização – demonizada paradoxalmente pelos ambientalistas e grupos defensores dos pobres. Graças à globalização, as organizações estão hoje muito mais integradas e as políticas das maiores e mais responsáveis são transmitidas às organizações menores com muito mais eficiência. Os números mostram que em meados dos anos 1970 existiam no mundo cerca de 7 mil organizações transnacionais. Hoje, são cerca de 60 mil as organizações que funcionam além de suas fronteiras nacionais. A porção do mercado mundial que está aberta à concorrência global somava US$4 trilhões em meados dos anos 1990. Espera-se que essa cifra chegue a mais de US$21 trilhões. O que dizem esses números? Que hoje a maior parte das organizações em todo o mundo tem alguma relação – direta ou indireta – com a rede global de abastecimento e tem de se comportar segundo as tendências globais.

O desafio é grande para as organizações latino-americanas. Muitas delas – de têxteis e confecções a gigantes do varejo – devem sua competitividade e seu próprio sucesso a salários baixos ou condições de trabalho deficientes. Mas isso será cada vez mais difícil de sustentar. Há pouco tempo o grupo holandês C&A, após auditar as condições de trabalho oferecidas por seus fornecedores em todo o mundo, eliminou cerca de 100 deles. Mais tarde, 40 tomaram medidas de correção para serem reincorporados. O mesmo acontece com temas como trabalho infantil, respeito às minorias, responsabilidade com a comunidade ou a contaminação ambiental.

Não se trata de simples filantropia. O comportamento dos consumidores mudou radicalmente nos últimos anos. As pessoas reconhecem com facilidade os logotipos de uma organização. As ONGs – importantes formadoras de opinião – têm mais credibilidade que organizações e governos. Segundo um estudo realizado em 2001 pelo Instituto Ethos (ver www.ethos.org.br), 60% dos consumidores consultados disseram que as grandes organizações devem ajudar ativamente na construção de uma sociedade melhor para todos.

Hoje, há várias organizações que trabalham arduamente na definição de um sistema padronizado que permita auditar o comportamento social e ambiental das organizações. Algumas – a multinacional Grupo Nueva, do México e a indústria de cosméticos Natura – já publicaram seus informes auditados. Organizações como a PricewaterhouseCoopers também criaram divisões para fazer auditorias desse tipo (ver www.pwc.com).

É provável que muitos empresários considerem isso mais uma dor de cabeça. Seria um grande erro. Ser responsável junto com consumidores, funcionários, acionistas e a comunidade e seu ambiente está se transformando em atitude imprescindível para sobreviver no mundo atual dos negócios hoje em dia. Ainda bem.

Conceito de responsabilidade social

A responsabilidade social significa o grau de obrigações que uma organização assume através de ações que protejam e melhorem o bem-estar da sociedade à medida que procura atingir seus próprios interesses. A responsabilidade social representa a obrigação da organização de adotar políticas e assumir decisões e ações que beneficiem a sociedade. Em outras palavras, representa a obrigação gerencial de tomar ações que protejam e melhorem o bem-estar da sociedade como um todo e os interesses organizacionais especificamente. Os dirigentes de uma organização devem buscar alcançar simultaneamente objetivos organizacionais e objetivos societários. Uma organização socialmente responsável é aquela que desempenha as seguintes obrigações:[36]

- Incorpora objetivos sociais em seus processos de planejamento estratégico.
- Aplica normas comparativas de outras organizações em seus programas sociais.
- Apresenta relatórios aos membros organizacionais e aos parceiros sobre os progressos na sua responsabilidade social.
- Experimenta diferentes abordagens para medir o seu desempenho social.
- Procura avaliar os custos dos programas sociais e o retorno dos investimentos em programas sociais.

O papel social das organizações

Nos países desenvolvidos – e também no nosso – aumenta gradativamente o papel das organizações como agentes sociais no processo de desenvolvimento. Além de produtoras de bens e serviços, as organizações estão assumindo também o papel de responsáveis pelo bem-estar de seus *stakeholders*. Mas, além dos colaboradores e parceiros, esse papel também está se estendendo cada vez mais a outros aspectos que vão além

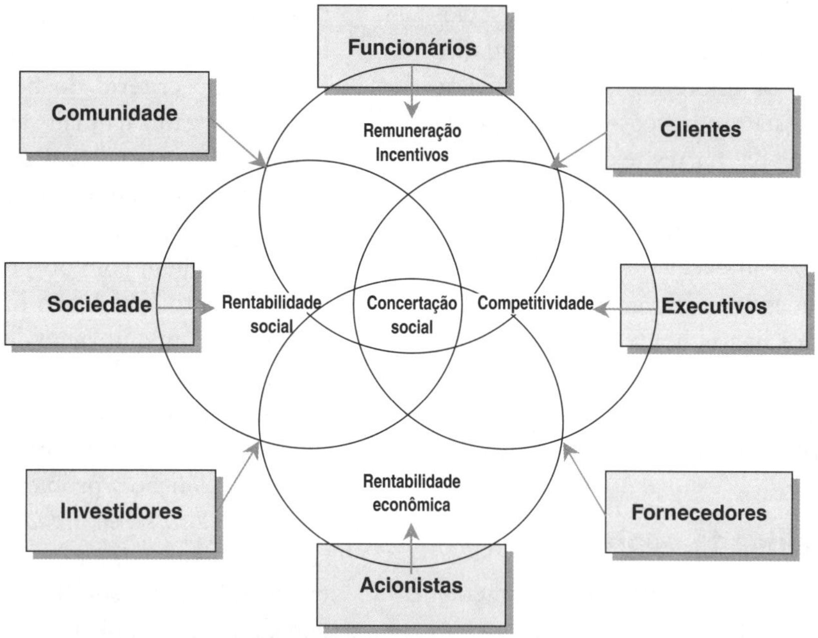

■ **FIGURA 13.5** *O jogo das pressões externas.*[37]

1º	Finlândia	9,7	27º	Eslovênia	6,0	53º	Letônia	3,7	79º	Romênia	2,6
2º	Dinamarca	9,5	28º	Namíbia	5,7	54º	Marrocos	3,7	80º	Zâmbia	2,6
3º	Nova Zelândia	9,5	29º	Estônia	5,6	55º	Eslováquia	3,7	81º	Albânia	2,5
4º	Islândia	9,4	30º	Taiwan	5,6	56º	Sri Lanka	3,7	82º	Guatemala	2,5
5º	Cingapura	9,3	31º	Itália	5,2	57º	Colômbia	3,6	83º	Nicarágua	2,5
6º	Suécia	9,3	32º	Uruguai	5,1	58º	México	3,6	84º	Venezuela	2,5
7º	Canadá	9,0	33º	Hungria	4,9	59º	China	3,5	85º	Geórgia	2,4
8º	Luxemburgo	9,0	34º	Malásia	4,9	60º	Rep. Dominicana	3,5	86º	Ucrânia	2,4
9º	Holanda	9,0	35º	Trinidad e Tobago	4,9	61º	Etiópia	3,5	87º	Vietnã	2,4
10º	Reino Unido	8,7	36º	Belarus	8,7	62º	Egito	3,4	88º	Casaquistão	2,3
11º	Austrália	8,6	37º	Lituânia	4,8	63º	El Salvador	3,4	89º	Bolívia	2,2
12º	Noruega	8,5	38º	África do Sul	4,8	64º	Tailândia	3,2	90º	Camarões	2,2
13º	Suíça	8,5	39º	Tunísia	4,8	65º	Turquia	3,2	91º	Equador	2,2
14º	Hong Kong	8,2	40º	Costa Rica	4,5	66º	Senegal	3,1	92º	Haiti	2,2
15º	Áustria	7,8	41º	Jordânia	4,5	67º	Panamá	3,0	93º	Moldova	2,1
16º	Estados Unidos	7,7	42º	Maurício	4,5	68º	Maláui	2,9	94º	Uganda	2,1
17º	Chile	7,5	43º	Coreia do Sul	4,5	69º	Uzbequistão	2,9	95º	Azerbaijão	2,0
18º	Alemanha	7,3	44º	Grécia	4,2	70º	Argentina	2,8	96º	Indonésia	1,9
19º	Israel	7,3	**45º**	**BRASIL**	**4,0**	71º	Costa Marfim	2,7	97º	Quênia	1,9
20º	Bélgica	7,1	46º	Bulgária	4,0	72º	Honduras	2,7	98º	Angola	1,7
21º	Japão	7,1	47º	Jamaica	4,0	73º	Índia	2,7	99º	Madagascar	1,7
22º	Espanha	7,1	48º	Peru	4,0	74º	Rússia	2,7	100º	Paraguai	1,7
23º	Irlanda	6,9	49º	Polônia	4,0	75º	Tanzânia	2,7	101º	Nigéria	1,6
24º	Botsuana	6,4	50º	Gana	3,9	76º	Zimbábue	2,7	102º	Bangladesh	1,2
25º	França	6,3	51º	Croácia	3,8	77º	Paquistão	2,6			
26º	Portugal	6,3	52º	Rep. Tcheca	3,7	78º	Filipinas	2,6			

■ **QUADRO 13.1** *O ranking da corrupção.*

de suas tradicionais fronteiras, como a própria sociedade, envolvendo comunidades carentes e atividades assistenciais. Todavia, os diferentes *stakeholders* se manifestam por interesses específicos em um jogo de forças em que nenhuma das partes se considera totalmente satisfeita com os ganhos que retira nos objetivos que persegue. Mas não é o que deveria acontecer. Na verdade, a organização excelente deve dar conta de todas essas satisfações no maior grau possível. Isso exige uma visão extraordinariamente ampla e circular de todos os parceiros envolvidos no negócio da organização. A Figura 13.5 dá uma ideia das diferentes forças externas que pressionam uma organização.

Níveis de sensibilidade social

Pode-se apontar três diferentes graus de envolvimento organizacional em atividades e obras sociais:[38]

1. *Abordagem da obrigação social e legal:* Parte do pressuposto de que as principais metas de uma organização são de natureza econômica e focadas na otimização dos lucros e do patrimônio líquido dos acionistas. Portanto, a organização deve apenas satisfazer as obrigações mínimas impostas pela lei sem assumir nenhum esforço adicional voluntário. As decisões organizacionais estão focadas apenas em ganhos econômicos projetados.
2. *Abordagem da responsabilidade social:* Parte do pressuposto de que a organização não tem apenas metas econômicas, mas também certas responsabilidades sociais. As decisões organizacionais são tomadas com base não apenas nos ganhos econômicos projetados e na conformidade legal, mas também no critério do benefício social. Alguns recursos organizacionais são usados para projetos de bem-estar social sem trazer dano econômico para a organização. Existe a preocupação em otimizar os lucros e o patrimônio líquido dos acionistas e também com programas de ação social e envolvimento social. São organizações que desejam manter uma imagem de politicamente corretas com grande esforço na área de relações públicas. Em geral, são organizações que praticam uma adaptação reativa, pois agem para providenciar uma solução a problemas já existentes.
3. *Abordagem da sensibilidade social:* Parte do pressuposto de que a organização não tem apenas metas econômicas e sociais, mas também precisa se antecipar aos problemas sociais do futuro e agir agora em resposta a esses futuros problemas. Essa é a abordagem que mais exige das organizações, pois impõe que estas devem antecipar-se aos problemas sociais lidando com eles antes que se tornem evidentes e críticos. Impõe também a utilização de recursos organizacionais agora, o que cria um impacto negativo na otimização de lucros no presente. Essa abordagem é típica de cidadania corporativa e representa um papel proativo na sociedade, isto é, fazer uso do poder que lhe é dado para melhorá-la. Os programas educativos financiados por organizações nas escolas públicas sobre drogas são um exemplo. O ganho futuro significa

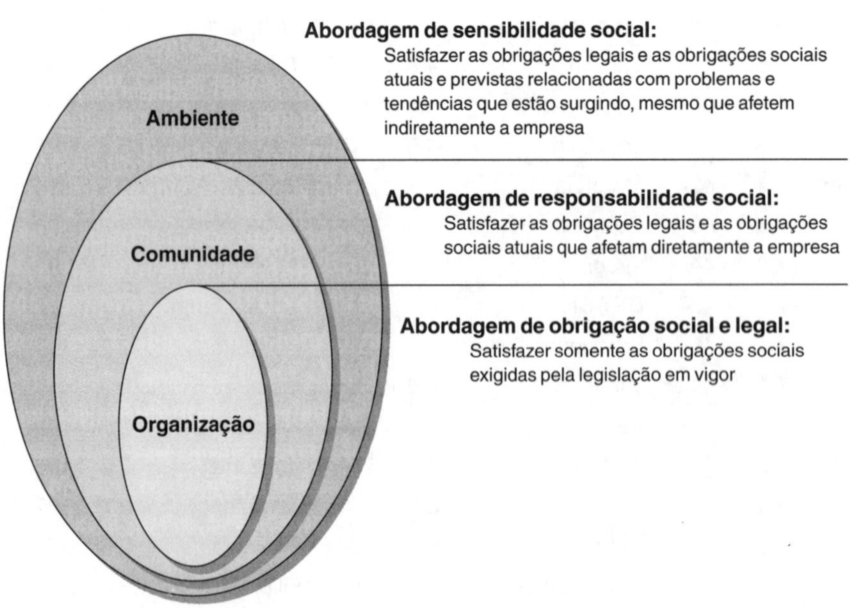

■ FIGURA 13.6 *Níveis de sensibilidade social das organizações.*[40]

uma força de trabalho saudável, mesmo que no momento a organização não tenha nenhum problema relacionado com drogas no local de trabalho. Organizações com sensibilidade social procuram o envolvimento na comunidade e encorajam seus membros a fazerem o mesmo através de esforços de conscientização social, especialmente em áreas emergenciais. Os programas comunitários baseados no voluntariado espontâneo dos funcionários em áreas carentes da comunidade são um exemplo a ser imitado.[39]

Os três níveis de sensibilização social provocam diferentes comportamentos nas organizações nas relações entre suas atividades e obras sociais. Em função desses níveis, cada organização define uma filosofia de responsabilização social que produz categorias de responsabilidades sociais que podem variar de simples reação às carências e necessidades da comunidade, acomodação, adoção de mecanismos de defesa ou até comportamento proativo e antecipatório.

Novos padrões em responsabilidade social

Na prática, a responsabilidade social está deixando de se limitar aos velhos conceitos de proteção passiva e paternalista ou de fiel cumprimento às regras legais para avançar na direção da proteção ativa e da promoção humana, em função de um sistema definido e explicitado de valores éticos. Existem seis razões para essa mudança:[41]

1. A gradativa afirmação do conceito de cidadania.
2. As condições atuais de distribuição da riqueza gerada.
3. A forte ampliação das aspirações sociais.
4. A fragilização orçamentária do governo e a consequente convergência das esferas pública e privada para a adoção de ações de interesse social.
5. A postura socialmente responsável como atributo estratégico para a sobrevivência, o crescimento e a perpetuação das organizações.
6. A busca por referenciais éticos, como pontos de sustentação de políticas, processos e ações.

PASSEIO VIRTUAL

SITES DE PROJETOS DE RESPONSABILIDADE SOCIAL

Por outro lado, a responsabilidade social das organizações deve ser intensamente enfatizada, cobrada e avaliada na organização. Além dos balanços contábeis convencionais, levantam-se balanços de alcance externo, como o social e o ambiental. Assim, relações transparentes com a sociedade, responsabilidade diante de gerações futuras, autorregulação da conduta, compreensão das dimensões sociais dos atos econômicos (produção, geração de renda, consumo e acumulação), seleção de agentes e de parceiros inseridos em cadeias produtivas e gerenciamento dos impactos internos e externos de suas atividades são alguns dos novos atributos a que as organizações devem corresponder. Atributos como esses não são apenas modismos passageiros e deverão resistir indefinidamente ao tempo. Veja, por exemplo, os *sites*:

www.voluntarios.com.br
www.uol.com.br/voluntarios
www.amigosdaescola.com.br
www.gife.org.br
www.campanhadoagasalho.com.br
www.aacd.org.br
www.fcc-brasil.org.br
www.theunger-site.com
www.clickfome.com.br
www.redpuentes.org[42]

FNQ: CRITÉRIOS DE RESPONSABILIDADE SOCIOAMBIENTAL[43]

A Fundação Nacional da Qualidade (FNQ) define os seguintes critérios de avaliação da responsabilidade socioambiental das empresas:

"Este item examina a implementação de processos gerenciais que contribuem diretamente para o objetivo da realização de produtos, processos e instalações seguros aos usuários e à população e assegurar um desenvolvimento sustentável.

a) Como a organização identifica os aspectos e trata os impactos sociais e ambientais de seus produtos, processos e instalações, desde o projeto até a disposição final, sobre os quais tenha influência.
   I. Citar as principais ações e metas para eliminar, minimizar ou compensar os impactos sociais e ambientais negativos incluindo o tratamento aos passivos sociais e ambientais.
b) Como a organização se mantém preparada e estabelece procedimentos para responder às eventuais situações de emergência e potenciais acidentes visando prevenir ou mitigar os seus impactos adversos.
   II. Destacar de que forma os acidentes e incidentes são analisados, investigados e documentados para evitar a sua repetição.
c) Como os impactos sociais e ambientais dos produtos, processos e instalações assim como as po-

líticas, ações e resultados relativos à responsabilidade socioambiental são comunicados à sociedade, incluindo as comunidades vizinhas.

I. Apresentar os critérios adotados para definir as informações divulgadas e os canais utilizados.

d) Como são identificados e analisados os requisitos legais, regulamentares e contratuais aplicáveis a questões socioambientais e implementadas ações de melhoria visando seu pleno atendimento.

I. Destacar de que forma são tratadas as pendências ou eventuais sanções.

e) Como a organização seleciona e promove, de forma voluntária, ações com vistas ao desenvolvimento sustentável.

I. Citar as principais ações implementadas como forma de contribuição para a solução dos grandes temas mundiais e para a preservação ou recuperação de ecossistemas.

II. Citar as ações efetuadas para a minimização do consumo de recursos renováveis e para conservação de recursos nãorenováveis.

f) Como é propiciada a acessibilidade aos produtos e instalações da organização.

g) Como as pessoas da força de trabalho, fornecedores e demais partes interessadas são conscientizadas e envolvidas nas questões relativas à responsabilidade socioambiental."

Modelo de responsabilidade social

Davis propõe um modelo de responsabilidade social corporativa a partir de cinco proposições – por que e como as organizações devem aderir à obrigação de tomar ações que protejam e melhorem o bem-estar da sociedade e da organização –, a saber:[44]

1. *A responsabilidade social emerge do poder social.* Toda organização tem significativa influência ou poder sobre a sociedade e esta deve exigir condições que resultam do exercício desse poder.
2. *As organizações devem operar em um sistema aberto de duas vias*, com recepção aberta de insumos da sociedade e expedição aberta de suas operações para o público. As organizações devem ser ouvidas pelos representantes da sociedade quanto ao que devem manter ou melhorar em termos de bem-estar geral. Por outro lado, a sociedade deve ouvir os relatórios das organizações em termos de atendimento das responsabilidades sociais. As comunicações entre representantes das organizações e da sociedade devem ser abertas e honestas.
3. *Os custos e benefícios sociais de uma atividade*, produto ou serviço devem ser calculados e considerados nas decisões prévias sobre eles. A viabilidade técnica e a lucratividade econômica não são os únicos fatores que devem pesar nas decisões sobre as organizações. Estas devem considerar também as consequências de curto ou longo prazo sobre todas as atividades de negócios.
4. *Os custos sociais relacionados a cada atividade, produto ou serviço devem ser repassados ao consumidor.* Os negócios não devem ser financiados somente pela organização. O custo de manter atividades socialmente desejáveis dentro dos negócios deve ser transferido para o consumidor através de preços mais elevados dos bens ou serviços relacionados com as atividades socialmente desejáveis.
5. *Como cidadãs, as organizações de negócios devem ser envolvidas na responsabilidade em certos problemas sociais que estão fora de suas áreas normais de operação.* Toda organização que possui a *expertise* de resolver um problema social com o qual não está diretamente associada deve ser suficientemente responsável para ajudar a sociedade a resolver esse problema.

BANCO DE IDEIAS

AVALIAÇÃO DA RESPONSABILIDADE SOCIAL DAS ORGANIZAÇÕES[45]

O Instituto Ethos avalia a responsabilidade social das organizações através de uma sistemática de autoavaliação dividida em sete temas que são desdobrados da seguinte maneira:

1. Valores organizacionais e transparência
   - *Auto-regulação da conduta organizacional*: compromissos éticos e enraizamento da cultura organizacional.
   - *Relações transparentes com a sociedade*: diálogo com partes interessadas (*stakeholders*), relações com a concorrência e balanço social.

2. Público interno
   - *Diálogo e participação*: relações com os sindicatos, gestão participativa e participação nos lucros ou resultados.
   - *Respeito ao indivíduo*: compromisso com o futuro das crianças e valorização da diversidade.
   - *Respeito ao trabalhador*: comportamento diante de demissões, compromisso com o desenvolvimento profissional e empregabilidade, cuidado com a saúde, segurança e condições de trabalho e preparação para a aposentadoria.

3. Meio ambiente
   - *Gerenciamento do impacto ambiental*: conhecimento sobre o impacto no meio ambiente (somente para indústrias), processo produtivo (indústrias), responsabilidade sobre o ciclo de vida dos produtos e serviços (indústrias).
   - *Responsabilidade diante das gerações futuras*: compensação da natureza pelo uso de recursos e impactos ambientais (indústrias) e educação ambiental.
4. Fornecedores
   - *Seleção e parceria com fornecedores*: critérios de seleção de fornecedores, relações com trabalhadores terceirizados e apoio ao desenvolvimento de fornecedores.
5. Consumidores
   - *Dimensão social do consumo*: política de marketing e comunicação, excelência do atendimento, conhecimentos dos danos potenciais dos produtos e serviços.
6. Comunidade
   - *Relações com a comunidade local*: gerenciamento do impacto da atividade produtiva na comunidade e relações com organizações atuantes na comunidade.
   - *Filantropia/investimentos sociais*: mecanismos de apoio a projetos sociais, estratégias de atuação na área social e mobilização de recursos para o investimento social.
   - *Trabalho voluntário*: reconhecimento e apoio ao trabalho voluntário dos empregados.
7. Governo e sociedade
   - *Transparência política*: contribuições para campanhas políticas e práticas anticorrupção à propina.
   - *Liderança social*: liderança e influência social e participação em projetos governamentais.

DESENVOLVIMENTO SUSTENTÁVEL

Por muito tempo, as estratégias das empresas tinham como único objetivo a maximização do retorno para acionistas e investidores. Não havia qualquer expectativa de atender objetivos de preservação ambiental ou de responsabilidade social. Pelo contrário, a exploração indiscriminada dos recursos disponíveis era a regra, tanto quanto a despreocupação com relação ao bem-estar dos trabalhadores e das comunidades em torno das operações das empresas, em muitos setores da economia. Era a empresa destinada a atender às demandas, única e exclusivamente, de seus proprietários.

Hoje, porém, o cenário é bem diferente, pois as organizações competem num contexto bem mais complexo e num ambiente regulamentado. Não só os interesses dos *stakeholders* contam, no presente, como passam a fazer parte das preocupações dos gestores das organizações os interesses das futuras gerações, que ainda nem nasceram.

Fica cada vez mais evidente que é de interesse estratégico das organizações operar em ambientes saudáveis, tanto considerando o meio ambiente, como o ambiente econômico social, até porque só nessas condições é que os mercados encontraram oportunidade de crescer e prosperar. Assim, o desenvolvimento sustentável, que atenda às demandas de todas as partes interessadas, passa a fazer parte da agenda de qualquer processo de planejamento estratégico de qualquer organização que considere alcançar seus resultados de modo sustentável, no longo prazo.

Por outro lado, fica evidente, também, que o desenvolvimento sustentável não será tarefa de uma organização tomada isoladamente. O desenvolvimento sustentável é na verdade um conceito que extrapola os limites tradicionais da organização e para o qual é necessária a participação de todos (de governo a consumidores, de distribuidores a ONGs). Assim, identificar e harmonizar os interesses diferentes de seus *stakeholders* é uma premissa do conceito de desenvolvimento sustentável, que promoverá a credibilidade e o valor a longo prazo das organizações.

Conceito de desenvolvimento sustentável

Desenvolvimento sustentável corresponde a um padrão de uso de recursos que ao mesmo tempo que atenda às demandas humanas e organizacionais, preserva o ambiente de uma maneira que não comprometa os recursos e a habilidade das futuras gerações de atender suas próprias demandas e necessidades.[46]

A noção de capital na perspectiva do desenvolvimento sustentável

A discussão sobre o desenvolvimento sustentável embasa-se na concepção de que há três tipos de capitais – econômico, social e natural – que devem ser gerenciados, considerando que talvez eles não sejam substituíveis ou renováveis, dependendo da maneira como serão utilizados e consumidos.

Daily[47] adverte que o capital natural não será necessariamente substituído pelo capital econômico. Na verdade, algum capital natural pode ser reposto, mas isso não garante a sustentação do ecossistema onde houve a reposição, como no caso da função estabilizadora do clima desenvolvida pela floresta tropical da Amazônia. Muitos cientistas afirmam que essa função estabilizadora do clima pode ter se perdido pela devastação daquele ecossistema, de maneira insistente e muitas vezes incontrolável. Uma verdadeira devastação de ímpeto destruidor.

DESENVOLVIMENTO SUSTENTÁVEL CORPORATIVO

Dentro da perspectiva organizacional, o desenvolvimento sustentável significa executar estratégias e iniciativas que atendam, hoje, às suas demandas e de seus *stakeholders* ao mesmo tempo que protege e aprimora de modo sustentável os recursos naturais e humanos que serão necessários no futuro. Essa definição destaca a dependência das organizações por tais recursos – humanos e naturais –, tanto quanto por capitais financeiros. Torna-se extremamente importante que seja evitada a qualquer custo a degradação irreparável daqueles recursos. A natureza precisa ser preservada, pois o planeta está correndo perigo.

O conceito de desenvolvimento sustentável corporativo tem sido cada vez mais reconhecido e entendido, porém para muitos gestores e empresários trata-se de uma ideia um tanto abstrata. Usualmente, para as organizações, desenvolvimento sustentável refere-se ao uso eficiente do capital natural, calculado pelo valor adicionado pela atividade de uma organização em relação ao impacto ecológico agregado provocado por aquela atividade.[48]

Mas há, também, o conceito de uso eficiente do capital social, que se refere à relação entre o valor adicionado pela atividade da organização em relação ao impacto social e ecológico provocado por aquela atividade. As duas concepções de uso eficiente do capital se conectam diretamente ao aumento do capital econômico.

INFORMAÇÃO PRIVILEGIADA

ESCOLHAS DECISÓRIAS EXCLUDENTES

Na verdade não há consenso entre os gestores sobre o melhor balanceamento entre o autointeresse organizacional e as ações tomadas em favor do bem social. Muitas vezes, é preciso escolher entre o que se gostaria de fazer e o que deve ser feito para assegurar os resultados esperados pelos investidores da organização. De fato, privilegiar práticas sustentáveis nem sempre é uma decisão tranquila. Analise a decisão de uma empresa química cujas instalações despejam produtos tóxicos no ambiente. Seus gestores resolveram remodelar as instalações para que se torne mais efetiva no tratamento de poluentes. Qual deveria ser sua decisão: parar a instalação existente até que fiquem prontas as novas instalações e perder grandes parcelas de mercado ou continuar a operar as instalações atuais mesmo correndo riscos de sanções públicas e legais? Qual seria a melhor decisão em termos econômicos, sociais e ambientais?

Princípios para a elaboração de estratégias sustentáveis – são sete as etapas para se elaborar um plano estratégico sustentável:

1. *Analisar as demandas dos* stakeholders: Para identificar os impactos diretos e indiretos sobre os *stakeholders* afetados pelas atividades e operações da organização.
2. *Estabelecer políticas e objetivos de sustentabilidade:* Articulando os valores corporativos às expectativas sobre as atitudes dos colaboradores com respeito às questões de sustentabilidade e os objetivos operacionais por área, equipe e colaborador. Formalizar tais políticas inspira e influencia o comportamento da força de trabalho, porém é bem desafiador, mas seus benefícios justificam o esforço.
3. *Elaborar e executar um plano de ações:* Traduzir a política de desenvolvimento sustentável em termos operacionais é uma iniciativa básica para efetivar aquela política. É necessário mudar, ainda, a cultura corporativa e as atitudes dos empregados, definindo as responsabilidades e a estrutura organizacional e estabelecendo sistemas de relatórios e práticas operacionais.
4. *Patrocinar a cultura corporativa para a sustentabilidade:* Assegurando que a organização e seus colaboradores se esforcem na execução das estratégias de sustentabilidade.
5. *Desenvolver indicadores e padrões de desempenho:* Necessários para que os gestores possam comparar o desempenho da organização em relação com indicadores externos e promovendo melhorias.
6. *Preparar relatórios:* A próxima etapa consiste em publicar os resultados obtidos internamente e entre os *stakeholders*, para destacar as vi-

tórias obtidas e os próximos desafios a serem vencidos.

7. *Aprimorar o monitoramento:* Será sempre muito importante desenvolver os mecanismos de acompanhamento das políticas de sustentabilidade para assegurar aos seus responsáveis que os resultados sejam obtidos. O monitoramento pode assumir várias formas:

- Relatórios de desempenho.
- Observação direta das atividades dos colaboradores.
- Reuniões regulares com os colaboradores buscando aprimoramentos nos instrumentos de acompanhamento.
- Implementar uma auditoria para avaliar os resultados de sustentabilidade.

INFORMAÇÃO PRIVILEGIADA

POLÍTICA DE SUSTENTABILIDADE DA DOW CHEMICAL

A seguinte declaração da política foi formulada pela Dow Chemical Company:[49]

"As unidades de operação da Dow Chemical Company estão comprometidas com a excelência, liderança e zelo continuado na proteção e conservação do ambiente para as futuras gerações. Esta é a principal responsabilidade gerencial de todo empregado, no mundo inteiro. Somos sensíveis às preocupações do público e damos atenção a elas em nossas decisões e ações. Acreditamos na integração responsável das considerações ambientais e econômicas em todas as decisões afetando nossas operações. Estamos, continuamente, reduzindo nossas emissões para proteger a saúde humana e ambiental. Nosso objetivo final é a eliminação dos desperdícios e das emissões."

CONCLUSÃO

A governança corporativa significa o relacionamento com os investidores (*shareholders*) para determinar e controlar a direção estratégica e o desempenho da organização. Quase sempre, ela é utilizada pelas organizações como um meio para estabelecer uma ordem entre as partes – os proprietários da organização e seus executivos de alto nível –, cujos interesses possam eventualmente estar em conflito. Seu objetivo primordial é garantir que os interesses dos gerentes e executivos de alto nível estejam alinhados com os interesses dos acionistas e proprietários.

Os mecanismos internos de governança corporativa são utilizados para garantir que os agentes dos proprietários da organização – os altos executivos – tomem decisões estratégicas que atendam melhor aos interesses dos acionistas. O foco desses mecanismos é o controle das decisões administrativas para assegurar que os interesses dos acionistas sejam plenamente atendidos. Ocorre que os interesses dos *stakeholders* são igualmente importantes. Assim, os interesses dos *stakeholders* também devem ser atendidos através das ações que a organização pratica.

Além disso, existem outras expectativas que pesam sobre a organização. Ela precisa atender aos requisitos impostos pelos padrões de responsabilidade social empresarial e garantir um desenvolvimento sustentável que privilegie não somente a perenidade da organização, mas igualmente do seu entorno social e ecológico.

Todas essas múltiplas pressões e compromissos estão fazendo com que as organizações adotem certas posturas e políticas que deixam de lado a velha e antiga introversão administrativa para levar em conta aspectos externos e existentes fora de suas tradicionais fronteiras organizacionais ou geográficas.

NOTAS

1. MITCHELL, R.K., AGLE, B.R., WOOD, D.J. "Toward a theory of stakeholder identification and salience: defining the principle of who and what really counts." *Academy of Management Review*, v. 22, 1997, p. 853-886.

2. DAVIS, J.H., SCHOORMAN, F.D., DONALDSON, L. "Toward a stewardship theory of management." *Academy of Management Review*, v. 22, 1997, p. 20-47.

3. FAMA, E.F., JENSEN, M.C. "Separation of ownership and control." *Journal of Law and Economics*, v. 26, 1983, p. 301-325. CADBURY, A. "The future of governance: the rules of the game." *Journal of General Management*, v. 24, 1999, p. 1-14.

4. NEWQUIST, S.C., RUSSELL, M.B. *Putting investors first: real solutions for better corporate governance.* New York: Bloomberg Press, 2003.

5. IBGC, Instituto Brasileiro de Governança Corporativa. São Paulo. Ver: www.ibgc.org.br.

6. SHLEIFER, Andrei & VISHNY, Robert W. "A survey of corporate governance." New York: *Journal of Finance*, v. 52, 1997.

7. BLAIR, M.M. "For whom should corporations be run? An economic rationale for stakeholder management." *Long Range Planning*, v. 31, 199.

8. ANDRADE, Adriana & ROSSETTI, José Paschoal. *Governança corporativa: fundamentos, desenvolvimento e tendências*. São Paulo: Atlas, 2004, p. 23.

9. CHIAVENATO, Idalberto. *Administração: teoria, processo e prática*. Rio de Janeiro: Elsevier/Campus, 2005.

10. ANDRADE, Adriana & ROSSETTI, José Paschoal. *Governança corporativa: fundamentos, desenvolvimento e tendências*, op. cit.

11. Organization for Economic Co-Operation and Development, OECD, OECD Principles of Corporate Governance, Paris, OECD, 1999.

12. IBGC – Instituo de Governança Corporativo. São Paulo, 2004.

13. CADBURY, Adrian. "The future of governance: the rules and the game." *Journal of General Management*, v. 24, 1999.

14. MONKS, Robert A.G. & MINOW, Nell. *Corporate governance*. Oxford: Blackwell, 1995.

15. Extraído de IBGC (Instituto Brasileiro de Governança Corporativa), São Paulo. Ver www.ibgc.org.br.

16. Adaptado de ANDRADE, Adriana e ROSSETTI, José Paschoal. *Governança corporativa*, op. cit., p. 27, e *Código das melhores práticas de governança corporativa*. São Paulo: IBGC (Instituto Brasileiro de Governança Corporativa), www.ibgc.org.br

17. ANDRADE, Adriana & ROSSETTI, José Paschoal. *Governança corporativa: fundamentos, desenvolvimento e tendências*, op. cit., p. 26-27.

18. BYRNE, J.A. "The CEO and the board." *Business Week*, September 15, 1997, p. 107-116.

19. Extraído de: "Mais que um bom coração", editorial. *América Economia*, n. 261, 29 de agosto a 11 de setembro de 2003, p. 13.

20. Extraído de IBGC (Instituto Brasileiro de Governança Corporativa). São Paulo. Ver www.ibgc.org.br

21. Extraído de Fundação Nacional da Qualidade (FNQ). *Critérios de excelência: avaliação e diagnóstico da gestão empresarial*. São Paulo, 2008, p. 20-21.

22. Adaptado de ANDRADE, Adriana & ROSSETTI, José Paschoal. *Governança corporativa: fundamentos, desenvolvimento e tendências*, op. cit., p. 37-38.

23. Ver http://www.fac.org.br/pt/conhecimento/paginas/relatorio.

24. Extraído de WHEELEN, .L. & HUNGER, D.J. "Board of directors continuum", 26th. *Annual Board of Directors Study*, Korn/Ferry International 1999, p. 7.

25.Ver: www.mckinseyquarterly.com

26. WILLIAMSON, O. E. The economic institution of capitalism firms, markets and relational contracting. New York: Macmillan Free Press, 1985.

27. Ver: www.mckinseyquarterly.com

28. Extraído de MAHONEY, William F. "Afinal, o que é governança corporativa?" Instituto Brasileiro de Relações com Investidores (IBRI), *Revista RI – Relações com Investidores* n. 125, agosto/setembro de 2008, São Paulo, p. 7-18. Ver: www.revistari.com.br.

29. SCHERMERHORN Jr. *Administração*. Rio de Janeiro: LTC, 1999, p. 72.

30. SOUZA, B. Luiz de. "A ética empresarial e a responsabilidade social: variáveis que contribuem para a vantagem de uma empresa cidadã", in *Revista de Pós-Graduação*, Centro Universitário Monte Serrat, Unimonte, Santos, v. I, n. 3, 2002, p. 16-33.

31. MOREIRA, J. Manhães. *A ética empresarial no Brasil*. São Paulo: Pioneira, 1999, p. 28.

32. NASH, L.L. *Ética nas empresas*. São Paulo: Makron Books, 2001, p. 6-7.

33. SROUR, R.H. *Ética empresarial: posturas responsáveis nos negócios, na política e nas relações pessoais*. Rio de Janeiro: Campus, 2000.

34. Extraído do artigo "Corrupção piora na América Latina, diz ONG" in *Folha de S. Paulo*, Caderno Mundo, 29 de agosto de 2002, p. A11.

35. Extraído de IBGC. São Paulo. Ver www.ibgc.org.br.

36. LIPSON, H.A. "Do corporate executives plan for social responsability." *Business and Society Review*, Winter 1974, p. 80-81.

37. Adaptado de CARVALHO, J.E. *Rating social: análise do valor econômico-laboral nas organizações empresariais*. Lisboa: Colecção Teses, Edições da Universidade Lusíada, 1999, p. 83.

38. KOTTER, J. & HESKETT, J. *Corporate culture and performance*. New York: The Free Press, 1992, p. 141.

39. Adaptado de BEAUCHAMP, T. & BOWE, N. *Ethical theory and business*. Englewood Cliffs, NJ: Prentice Hall, 1993, p. 1-19.

40. CHIAVENATO, Idalberto. *Comportamento organizacional: a dinâmica do sucesso das organizações*. Rio de Janeiro: Elsevier/Campus, 2006.

41. DAVIS, K. & BLOOSTROM, R.L. *Business and society: environment and responsibility*. New York: McGraw-Hill, 1975.

42. La Red Puentes é uma aliança internacional constituída em 2003 por organizações sociais da América Latina e Europa que se uniram para promover o desenvolvimento de

conceitos e instrumentos de responsabilidade social empresarial (RSE) na América Latina a partir da perspectiva da sociedade civil.

43. Extraído de Fundação Nacional da Qualidade (FNQ). *Critérios de excelência: avaliação e diagnóstico da gestão organizacional*. São Paulo, 2008, p. 27-28.

44. DAVIS, K. "Five propositions for social responsability." *Business Horizons*, June 1975, p. 19-24.

45. Ver: www.ethos.org.br

46. United Nations, Nova York.*Report of the World Commission on Environment and Development*. General Assembly Resolution 42/187, 11 de dezembro de 1987.

47. DAILY, H. E. *Tomada a Steady state economy*. San Francisco: Freeman, 1977.

48. Essa concepção foi elaborada pelo WBCSD (World Business Council for Sustainable Development,) nos seguintes termos: "Desenvolvimento sustentável significa produzir produtos e serviços a preços competitivos que satisfaçam as necessidades humanas, ao mesmo tempo que promovam a qualidade de vida, reduzindo progressivamente o uso de recursos e os impactos ecológicos."

49. Ver: www.dow.com

PARTE VI

Avaliação Estratégica

Como as Empresas Monitoram e Avaliam os Resultados Estratégicos

Esta é a sexta e última parte do livro. Trata da avaliação da estratégia organizacional e de seus resultados e é constituída por um único capítulo.

O Capítulo 14 *Avaliação da estratégica* – traz as abordagens e os critérios de mensuração de desempenho através de indicadores.

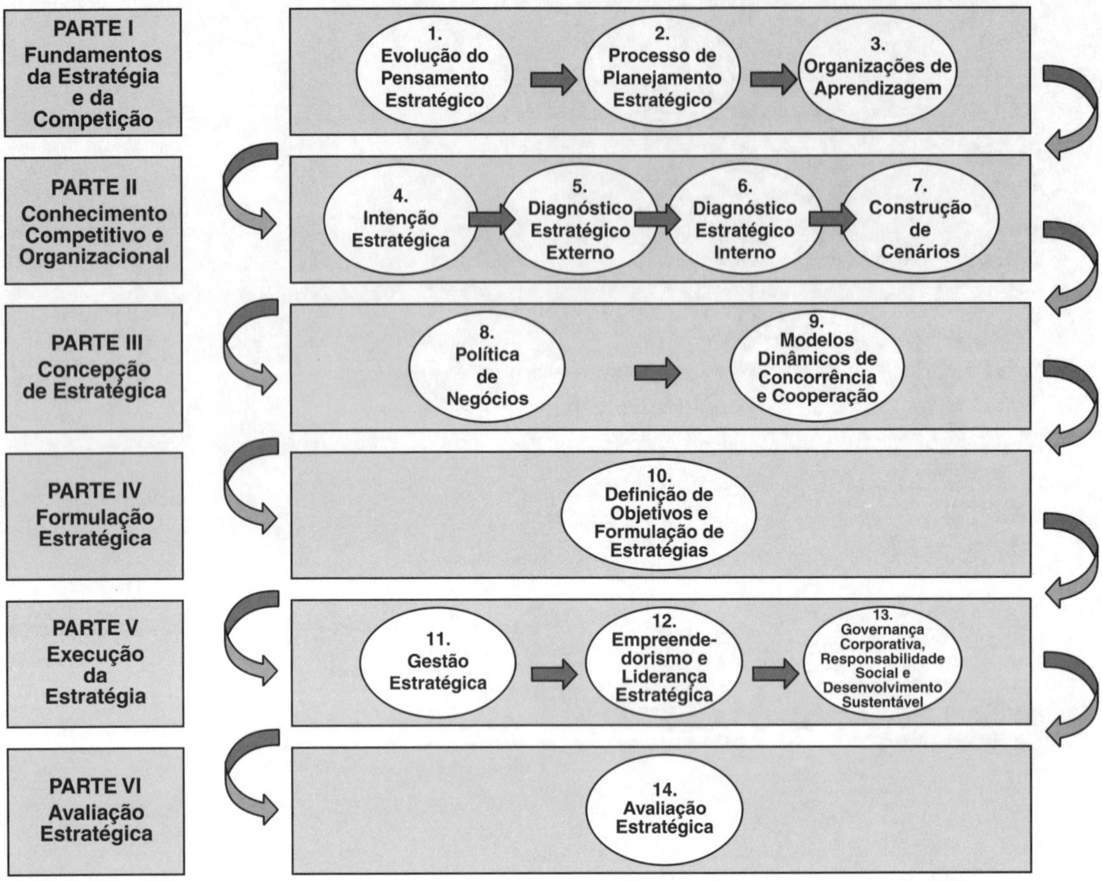

■ **FIGURA VI.1** *Conexão entre todas as partes do livro.*

CAPÍTULO 14

AVALIAÇÃO DA ESTRATÉGIA

Revendo desempenho e resultados e assegurando o rumo do plano estratégico

O que você verá pela frente:

- Avaliação da estratégia organizacional.
- Controle estratégico.
- Auditoria de recursos e competências.
- Eficácia organizacional.
- Indicadores da eficácia organizacional.
- Os fundamentos da excelência.
- Conclusão.

Objetivos de aprendizagem:

- Mostrar a importância da avaliação do desempenho e resultados da estratégia.
- Mostrar os diversos tipos de controle organizacional.
- Apontar indicadores de desempenho e de resultados organizacionais.
- Explicar os fundamentos da excelência e da eficácia organizacional e seus indicadores.
- Esclarecer a complexidade do jogo estratégico.

A avaliação da estratégia refere-se à fase do processo de gestão estratégica na qual os executivos de topo acompanham e avaliam se a escolha estratégica, tal como foi implementada e executada, está alcançando os objetivos propostos e trazendo os resultados esperados. É o processo pelo qual se comparam os objetivos pretendidos – meios – com os resultados alcançados pela estratégia – fins. Quando se formula a estratégia, também se cuida dos critérios, indicadores e métricas para avaliar os resultados da estratégia. O importante é monitorar desempenho e resultados para adotar medidas corretivas necessárias para que a estratégia alcance os objetivos desejados.

Como foi visto nos capítulos anteriores, a execução da estratégia requer uma inteligente e envolvente gestão do talento humano para que as pessoas envolvidas estejam sempre prontas e preparadas para aplicar conhecimentos, habilidades e competências da melhor maneira possível. Contudo, nem sempre a execução corresponderá ao que o planejamento definira com antecipação. Quase sempre ocorrerão mudanças, desvios, gargalos, manobras, recuos acelerações.

Avaliar o desempenho ao longo de sua execução e aferir os resultados da estratégia organizacional deve constituir uma tarefa sumamente agradável quando o sucesso está garantido e os objetivos esperados são plenamente alcançados. Ou pode constituir uma tarefa corretiva e indispensável quando não se está conseguindo chegar lá, o que na prática ocorre com uma frequência preocupante.

Na verdade, a avaliação estratégica deve estar presente em todas as etapas gradativas ao longo do processo de planejamento estratégico, a saber:

1. *Atitude estratégica:* A partir da nova natureza da competitividade e da intenção estratégica como base de todo o processo estratégico.
2. *Gestão do conhecimento competitivo e organizacional:* A partir do diagnóstico estratégico externo do ambiente e interno da organização, bem como da construção de cenários a respeito do futuro para a construção de uma organização capaz de aprender continuamente.
3. *Concepção da estratégia:* A partir da política de negócios da organização e da avaliação dos possíveis modelos dinâmicos de cooperação e concorrência.
4. *Formulação da estratégia:* A partir da definição dos objetivos organizacionais pretendidos e da formulação das estratégias no sentido de alcançá-los adequadamente. A inclusão de métricas e indicadores é sempre bem-vinda nessa etapa, deixando perfeitamente claros os objetivos que devem ser alcançados.
5. *Execução da estratégia:* A partir da gestão estratégica liderada pelo executivo principal e sua equipe estratégica monitorada pela governança corporativa, envolvendo os princípios de responsabilidade social e desenvolvimento sustentável. Nessa etapa, os objetivos a alcançar devem sempre estar presentes e intensamente declarados.
6. *Avaliação da estratégia:* Envolve os processos de controle e avaliação, no sentido de garantir o sucesso da organização no alcance de seus objetivos. Nessa etapa, a medição do alcance dos objetivos é fundamental.

Entre outras palavras, a estratégia não deve ser avaliada apenas após a sua completa implementação, mas de maneira contínua e sucessivamente no decorrer de todas as suas etapas. O planejamento estratégico deve ser desenhado e montado de tal forma que possa ser avaliado não somente em termos de resultados finais, mas igualmente em termos de comportamento organizacional, na medida em que a organização se desloca e se movimenta para alcançar os objetivos e resultados pretendidos, como pode também para focar os resultados alcançados, o que requer um amplo e dinâmico sistema de informação para abastecer o processo decisório da organização.[1] A Figura 14.1 esquematiza os quatro focos de avaliação estratégica.

AVALIAÇÃO DA ESTRATÉGIA ORGANIZACIONAL

O processo de avaliação estratégica começa com a própria avaliação sistemática da consistência do plano estratégico que vai transparecendo ao longo do processo de planejamento estratégico. Para efetuar a análise dessa consistência deve-se considerar alguns aspectos, entre os quais:[2]

1. *Consistência interna:* Garantir que as condições internas da organização estejam perfeitamente adequadas ao planejamento estratégico. Nesse sentido, é preciso obter interação quanto aos seguintes aspectos internos:
   - Intensa capacitação e desenvolvimento das pessoas da organização.

■ **FIGURA 14.1** *Foros de avaliação estratégica.*

- Disponibilidade dos recursos da organização.
- Estrutura organizacional flexível e orgânica para permitir integração e conectibilidade entre todas as áreas, níveis e pessoas envolvidas.
- Escala de valores dos gestores e funcionários para avaliar seu desempenho e alcance de objetivos, conforme aqueles valores.
- Cultura organizacional envolvente e dinâmica no sentido de assegurar comprometimento, responsabilidade individual e grupal, motivação e entusiasmo.
- Estilo de gestão participativo, apoiador, estimulador e orientador baseado no *empowerment* das pessoas e das equipes.
- Governança corporativa capaz de assegurar boas relações com investidores no sentido de transparência e sustentabilidade do negócio no longo prazo.

2. *Consistência externa:* Garantir a interação do plano estratégico quanto aos seguintes aspectos externos:
   - Foco no cliente ou consumidor.
   - Orientação para o mercado.
   - Garantia de obtenção de recursos externos (financeiros, materiais, tecnológicos etc.).
   - Atendimento à legislação vigente.
   - Atenção aos concorrentes e às suas estratégias.
   - Atenção à conjuntura econômica e política.
   - Atendimento às expectativas dos *stakeholders*.

3. *Oportunidades e riscos envolvidos:* Garantir condições organizacionais para aproveitar oportunidades que surgem e neutralizar/evitar ameaças e riscos quanto aos seguintes aspectos:
   - Financeiros.
   - Econômicos.
   - Sociais.
   - Políticos.
   - Ambientais.

4. *Horizonte de tempo:* Considerar a execução da estratégia basicamente:
   - Impactos recebidos e exercidos no curto prazo quanto à execução da estratégia.
   - No médio prazo quanto a metas a serem alcançadas.
   - No longo prazo quanto ao alcance dos objetivos globais e resultados oferecidos.

5. *Aplicabilidade do planejamento estratégico:* Em termos de resultados de longo prazo:
   - Resultados financeiros do negócio e retorno do investimento.
   - Resultado de criação de valor para os *stakeholders*.
   - Resultados para a sociedade.
   - Resultados ambientais e sutstentabilidade.

Entretanto, deve-se lembrar que a avaliação do processo de planejamento estratégico nas organizações não é um processo fácil, devido a alguns aspectos que complicam o processo, entre os quais:[3]

1. É necessário um período de tempo relativamente longo para a implantação e execução do plano estratégico.
2. O nível de incerteza é elevado, pois envolve uma ampla série de fatores ou variáveis internas e externas (gestão, competências reunidas, mercado, condições econômicas e sociais, disponibilidade de recursos etc.) que podem provocar desvios ou interrupções do curso de ação previsto ou desejado.
3. O próprio planejamento estratégico pode ser alterado ou modificado no decurso de sua implantação e execução. A organização pode necessitar alterar seu rumo para usufruir oportunidades eventualmente surgidas ou evitar possíveis ameaças ou riscos.

INFORMAÇÃO PRIVILEGIADA

AS LINHAS GERAIS DE UMA ESTRATÉGIA EFICAZ

A estratégia organizacional lida com aspectos quase sempre intangíveis. E sempre voltados para o futuro que deverá acontecer. Quais os fatores que se devem considerar na sua avaliação? Como cada situação estratégica é singular e única, quais seriam os critérios que podem definir uma boa estratégia? O fato é que olhar a estratégia no retrovisor como um retrospecto do que aconteceu não é um critério de julgamento suficiente para julgá-la. Seria o mesmo que perguntar se a estratégia de Xerxes foi melhor que a de Leônidas, nos antigos tempos gregos, ou se a estratégia de Napoleão foi melhor que a de Wellington. Muitos fatores como sorte, recursos excepcionais, execução espetacular, casos fortuitos ou erros da concorrência podem determinar os resultados. Também na fase de formulação da estratégia não se pode preestabelecer o critério do sucesso final porque os resultados e consequências ainda são duvidosos ou nebulosos, já que estão colocados no futuro remoto. Mas todas essas dificuldades não significam que não se possa definir as linhas gerais de uma estratégia eficaz. O que você pensa a respeito?

Quase sempre se esbarra nas pessoas quando se tenta avaliar uma estratégia. Elas podem ser a vantagem competitiva – e isso representa a excelência do seu capital humano –, como também podem ser o obstáculo à sua efetiva realização – e isso significa que a organização não investe adequadamente nas pessoas a quem entrega a execução de suas estratégias. Não se formula ou executa uma estratégia sem pessoas. E a avaliação da estratégia deve também ser do conhecimento das pessoas ou feita através delas. Elas constituem o público de interesse essencial nessa enorme tarefa.

A flexibilidade e a agilidade organizacional constituem outros aspectos importantes na condução e avaliação da estratégia organizacional. A flexibilidade organizacional envolve vários aspectos do comportamento, seja para desenhar processos e estruturas capazes de redefinir e realocar recursos e buscar a integração seletiva de processos enquanto a agilidade envolve a rapidez e velocidade nessas manobras. Uma organização somente consegue ser flexível e ágil quando seu capital humano dispõe de uma elevada propensão para:[4]

1. Ler e interpretar o ambiente.
2. Antecipar mudanças no ambiente.
3. Trabalhar sob condições de incerteza.
4. Reagir favoravelmente às mudanças.
5. Dispor de flexibilidade e de ajustamento pessoal.
6. Ser capaz de contínua aprendizagem e adaptabilidade.

BANCO DE IDEIAS

A CONDIÇÃO DE SUPERIORIDADE DE UMA ESTRATÉGIA

Na maioria das vezes, é mais fácil dar a resposta depois de acompanhar os resultados da aplicação de qualquer estratégia, pois cada caso é um caso. Mas esta, na prática, não é a melhor resposta para a questão apresentada. Por várias razões:

1. **Não é possível testar se outras diferentes estratégias aplicadas em uma dada situação apresentariam resultados superiores ou inferiores aos efetivamente conseguidos.**
2. **O histórico de sucessos anteriores não é um critério seguro de avaliação, pois não é certo que uma estratégia vencedora numa situação repita o sucesso outra vez, como é verdade que muitas estratégias que representaram fracasso uma vez apresentarão resultados positivos outras vezes.**
3. **Muitas estratégias aplicadas em momentos diferentes apresentam resultados completamente diferentes e desafiam as iniciativas de avaliação.**
4. **Muitos outros fatores podem estar agindo contra ou a favor dos objetivos pretendidos. Assim, fatores como sorte, recursos em abundância, qualida-**

de na implementação e execução e mesmo o erro dos adversários podem determinar o sucesso ou o insucesso de qualquer estratégia.

Mesmo assim, Mintzberg & Quinn[5] defendem a observância de algumas características genéricas que indicam a condição de superioridade de uma estratégia em relação a outra, tais como:

1. *Clareza e entendimento por todos os envolvidos na aplicação das estratégias:* Trata-se de conseguir que todos os esforços sejam dirigidos a objetivos globais claramente entendidos, decisivos e atingíveis. Objetivos específicos de unidades subordinadas podem mudar no calor da competição, mas os objetivos amplos da estratégia para todas as unidades devem permanecer claros para proporcionar continuidade e coesão das escolhas táticas durante o horizonte de tempo da estratégia. Todos os objetivos devem ser escritos em números para que sejam entendidos e sejam asseguradas a viabilidade e a vitalidade da organização diante de seus oponentes.
2. *Condição desafiadora causando impacto motivacional nas pessoas:* A estratégia deve preservar a liberdade e incentivar a iniciativa e o compromisso de todas as pessoas envolvidas. Deve determinar o curso das ações e não apenas reagir a elas. A estratégia deve alavancar a iniciativa individual e grupal.
3. *Consistência interna, adequação em relação à disponibilidade de recursos organizacionais e concentração dos esforços:* A estratégia transforma uma organização superior quando consegue ser a melhor em todas as dimensões críticas em relação aos seus oponentes. A competência organizacional reside em alcançar sucesso com poucos recursos graças à concentração de esforços alcançando melhores ganhos que os concorrentes.
4. *Balanço entre o grau do risco associado e a oportunidade (ousadia):* Trata-se de alcançar compatibilidade com o ambiente. A estratégia deve assegurar recursos em todos os pontos vitais de operação para a organização. Ela deve assegurar um sistema eficaz de inteligência suficiente para prevenir surpresas por parte dos oponentes. Ela deve desenvolver a logística para apoiar todas as ações estratégicas, coalizões e permitir zonas de aceitação amigável para os oponentes.
5. *Consistência com os valores dos idealizadores do plano estratégico:* Trata-se de obter liderança coordenada e comprometida. A estratégia deve envolver uma liderança responsável, comprometida com ações e resultados, motivada e incentivadora. Estratégias bem-sucedidas requerem comprometimento e não apenas aceitação.
6. *Condição de manejo e flexibilidade na execução:* A flexibilidade deve contemplar situações inesperadas ou adversas no horizonte de tempo de execução. A estratégia precisa permitir manobras diferentes e reutilizar os mesmos recursos que os oponentes de maneira mais ágil, flexível, rápida e com maior comprometimento das pessoas. Isso faz com que os concorrentes tenham de utilizar mais recursos para defender ou alcançar determinadas posições.
7. *Fator surpresa representado pela criatividade e originalidade:* A estratégia deve utilizar velocidade, agilidade, segredo e inteligência para atacar oponentes despreparados em épocas inesperadas. Com surpresa, velocidade e energia, o sucesso pode ser muito maior.

INFORMAÇÃO PRIVILEGIADA

FNQ: CRITÉRIOS DE ANÁLISE DO DESEMPENHO DA ORGANIZAÇÃO[6]

A Fundação Nacional da Qualidade (FNQ) define os seguintes critérios de avaliação da análise do desempenho da organização:

"Este item examina a implementação de processos gerenciais que contribuem diretamente para o objetivo de assegurar o cumprimento do desempenho operacional planejado e o alcance dos objetivos estratégicos da organização.

a) Como são identificadas as necessidades de informações comparativas para analisar o desempenho operacional e estratégico da organização.
   I. Apresentar os critérios utilizados para determinar quais são os resultados mais importantes a serem comparados.
   II. Apresentar os critérios utilizados para identificar as organizações consideradas como referenciais comparativos pertinentes.
b) Como a direção avalia o desempenho operacional e estratégico da organização, considerando as informações comparativas, o atendimento aos principais requisitos das partes interessadas e o seu grau de satisfação visando ao desenvolvimento sustentável da organização.
   a. Destacar as técnicas de análise utilizadas para agregação e análise dos resultados.
c) Como são consideradas na análise do desempenho da organização as variáveis dos ambientes interno e externo que são relevantes para o êxito das estratégias.
d) Como é avaliado o êxito das estratégias e o alcance dos respectivos objetivos da organização a partir das conclusões da análise do seu desempenho.

e) Como as decisões decorrentes da análise do desempenho da organização são comunicadas à força de trabalho, em todos os níveis da organização e a outras partes interessadas, quando pertinentes.
f) Como é acompanhada a implementação das decisões decorrentes da análise do desempenho da organização.

CONTROLE ESTRATÉGICO

O controle é algo universal: todas as atividades humanas – quaisquer que sejam – sempre utilizam alguma forma de controle, consciente ou inconscientemente. O controle consiste basicamente em um processo que guia a atividade exercida para um fim previamente determinado. A essência do controle reside em verificar se a atividade controlada está ou não alcançando os resultados desejados. A função controle como etapa do processo de planejamento estratégico é assegurar que o desempenho real alcance os resultados previamente desejados e planejados.

Quando se fala em resultados desejados, pressupõe-se que eles sejam conhecidos e previstos. Isso significa que o conceito de controle não pode existir sem o conceito de planejamento. Aliás, os controles requerem planos. Assim, o controle é a função administrativa que monitora e avalia as atividades e resultados alcançados para assegurar que o planejamento, a organização e a direção sejam bem-sucedidos.

O controle verifica se a execução está de acordo com o que foi planejado: quanto mais completos, definidos e coordenados forem os planos, tanto mais fácil será o controle. Quanto mais complexo o planejamento e quanto maior for o seu horizonte de tempo, tanto mais complexo será o controle. Quase todos os esquemas de planejamento trazem em seu bojo o seu próprio sistema de controle. Através da função de controle, o administrador assegura que a organização e seus planos estejam na sua trilha certa.

O controle estratégico funciona em nível corporativo, os controles táticos funcionam no nível intermediário e os controles operacionais funcionam na base da organização, cada qual dentro de sua área de competência. Os três níveis se interligam e se entrelaçam intimamente. Contudo, o processo é exatamente o mesmo para todos os níveis: monitorar e avaliar incessantemente as atividades e operações contidas no planejamento da organização.

Antes de iniciar o controle e avaliação dos itens do planejamento estratégico deve-se estar atento a determinados aspectos de motivação, capacidade, informação e tempo. Com referência à motivação, deve-se verificar se seu nível está adequado para o desenvolvimento do processo. Para tanto, verificam-se, entre outros, os seguintes aspectos:

- Se os objetivos e desafios foram, devidamente, entendidos e aceitos.
- Se o sistema de premiação e punição está baseado no desempenho.

Quanto à capacidade deve-se verificar se a organização, e, consequentemente, seus funcionários estão habilitados para realizar o processo de controle e avaliação. Com referência à informação, deve-se verificar se há todos os dados necessários ao controle e se foram, devidamente, comunicados a todos os interessados. Quanto ao tempo, é necessário verificar se todos os funcionários da organização, em seus diferentes níveis, têm o tempo adequado para se dedicarem à função de controle e avaliação do planejamento estratégico.

Entretanto, deve-se estar ciente de que existe dificuldade natural na avaliação dos resultados efetivos do planejamento estratégico, ou seja, o que, realmente, mudou e em que a organização, efetivamente, melhorou a partir da adoção do planejamento estratégico.

INFORMAÇÃO PRIVILEGIADA

MOMENTOS DE CONTROLE[7]

Um sistema eficaz de controle precisa estabelecer os momentos de controle, pois há três momentos específicos quando esse controle deve ocorrer:

a) Controle preliminar ou prévio: refere-se às atividades de controle efetuadas antes da ocorrência do evento ou fato que se pretende controlar. Portanto, procura evitar ou minimizar a ocorrência de problemas.
b) Controle em tempo real: refere-se às atividades de controle e avaliação efetuadas ao mesmo tempo da ocorrência do evento ou fato que se pretende controlar. Procura corrigir o desempenho durante sua execução.
c) Pós-controle: refere-se às atividades de controle e avaliação efetuadas após a ocorrência do evento ou fato que se pretende controlar. Portanto, avalia os desvios ocorridos, determina as causas dos mesmos, bem como corrige o desempenho programado.

O processo de controle

O processo de controle se caracteriza pelo seu aspecto cíclico e repetitivo. Na verdade, o controle deve ser visualizado como um processo sistêmico em que cada etapa influencia e é influenciada pelas demais.

O processo de controle apresenta quatro etapas ou fases, como mostrado na Figura 14.2.

1. *Estabelecimento de objetivos ou padrões de desempenho:* O primeiro passo do processo de controle é estabelecer previamente os objetivos ou padrões que se desejam alcançar ou manter. Os objetivos já foram estudados anteriormente e servem de pontos de referência para o desempenho ou resultados de uma organização, unidade de negócios ou atividade individual. Um padrão significa um nível de realização ou de desempenho que se pretende tomar como referência. Os padrões dependem diretamente dos objetivos e fornecem os parâmetros que deverão balizar o funcionamento do sistema. Os padrões são a base para a comparação dos resultados desejados e podem ser tangíveis ou intangíveis, mas sempre têm como unidade representativa a quantidade, a qualidade e o tempo.

   Existem vários tipos de padrões utilizados para avaliar e controlar os diferentes recursos da organização, como mostrado na Figura 14.3.

   a. *Padrões de quantidade:* Número de empregados, volume de produção, total de vendas, porcentagem de rotação de estoque, índice de acidentes, índice de absenteísmo etc.
   b. *Padrões de qualidade:* Padrões de qualidade de produção, índice de manutenção de máquinas e equipamentos, qualidade dos produtos ou serviços oferecidos pela organização, assistência técnica, atendimento ao cliente etc.
   c. *Padrões de tempo:* Permanência média do empregado na organização, tempo padrão de produção, tempo de processamento dos pedidos de clientes, ciclo operacional financeiro etc.
   d. *Padrões de custo:* Custo de estocagem de matérias-primas, custo do processamento de um pedido, custo de uma requisição de material, custo de uma ordem de serviço, relação custo-benefício de um equipamento, custos diretos e indiretos de produção etc.

   Os padrões definem o que deve ser medido em termos de quantidade, qualidade, tempo e custos dentro de uma organização e quais os instrumentos de medida adequados. Uma organização pode decidir, por exemplo, que é necessário medir a qualidade de seus produtos e que a medida de boa qualidade é o baixo número de rejei-

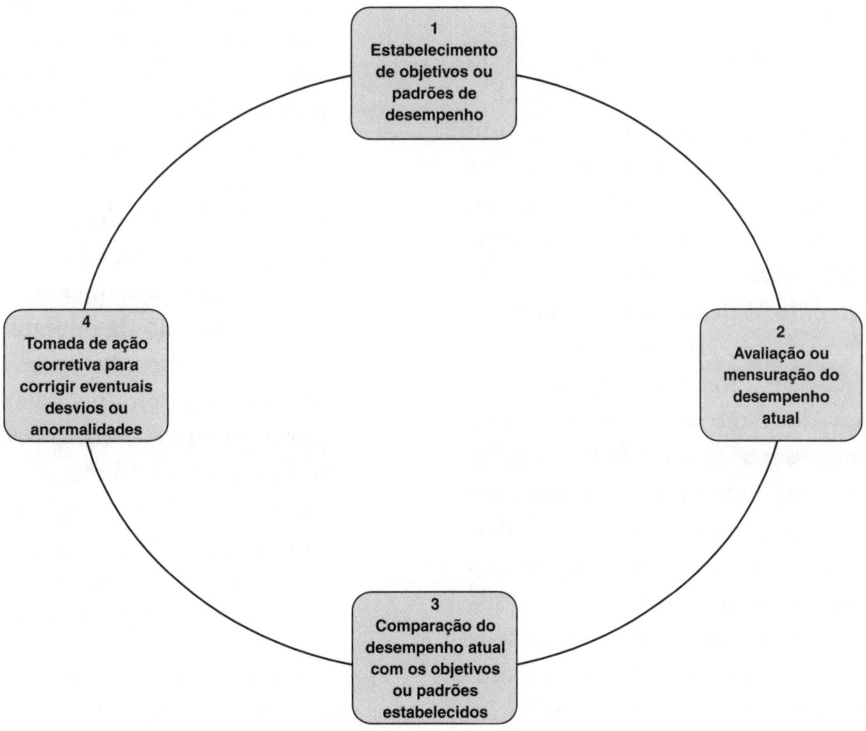

■ **FIGURA 14.2** *O processo básico de controle.*[8]

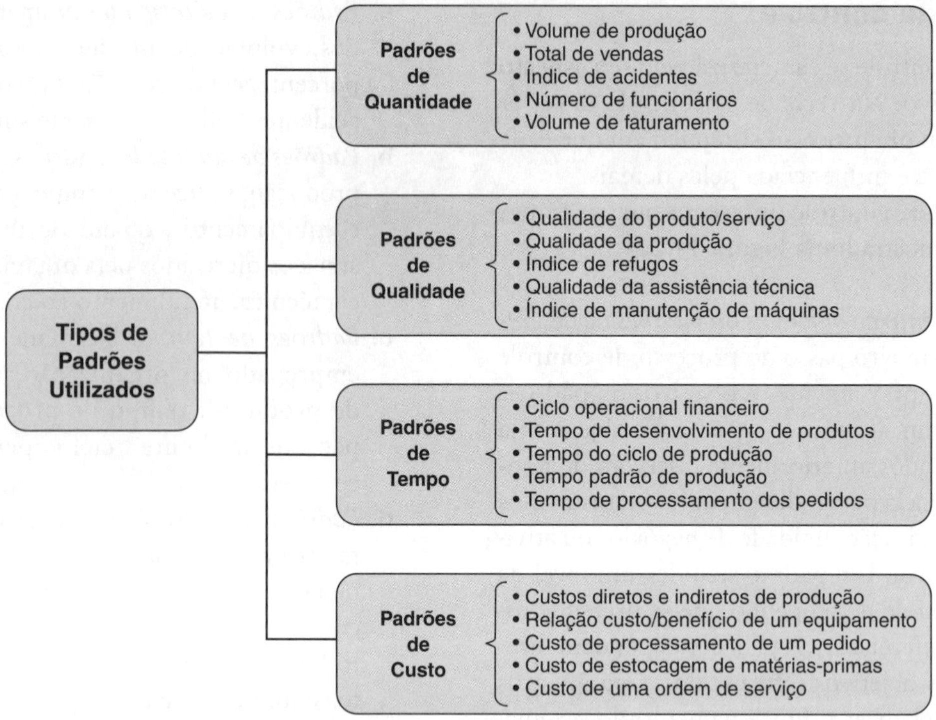

■ **FIGURA 14.3** *Os tipos básicos de padrões utilizados.*

ção na produção. Mas qual é a porcentagem aceitável de rejeições: 1%, 5% ou 10%? É realista esperar zero de rejeição? Essas perguntas são feitas dentro das organizações e suas respostas são obtidas através de muita pesquisa e trabalho de melhoria constante. E cada organização tem a sua própria resposta.

2. *Avaliação do desempenho:* É a segunda etapa do processo de controle. Para avaliar o desempenho, deve-se conhecer algo a respeito dele e do seu passado. Todo sistema de controle depende da informação imediata a respeito do desempenho, bem como da unidade de mensuração a ser utilizada. Esta deve ser expressa de maneira a facilitar uma comparação entre o desempenho e o objetivo ou padrão previamente estabelecido.

   O propósito da avaliação do desempenho é verificar se os resultados estão sendo obtidos e quais as correções necessárias a serem feitas. A mensuração pode ser tanto um motivador como uma ameaça às pessoas. Quando focalizada nas falhas e erros, ela impede de ver o sucesso. As pessoas prestam atenção naquilo que é mensurado. O sistema de medição do desempenho deve atuar mais como reforço do bom desempenho e não simplesmente como uma tentativa de correção do mau desempenho.

3. *Comparação do desempenho com o objetivo ou padrão:* A comparação pode acontecer em duas situações:

   a. *Resultados:* Quando a comparação entre o padrão e a variável é feita após terminar a operação. A mensuração é utilizada em algo pronto e acabado no fim da linha e apresenta o inconveniente de mostrar os acertos e falhas de uma operação já terminada. Uma espécie de atestado de óbito de algo que já ocorreu. É o controle sobre os fins.

   b. *Desempenho:* Quando a comparação entre o padrão e a variável é feita em paralelo com a operação, ou seja, quando acompanha e monitora a execução da operação. A mensuração é concomitante com o processamento da operação. Embora feita paralelamente ao tempo e, portanto, atual, a mensuração é realizada sobre uma operação em processamento e ainda não terminada. Corresponde a uma espécie de monitoração do desempenho, podendo interferir em seu resultado ou em sua consecução. É o controle sobre os meios.

Toda atividade provoca algum tipo de variação e torna-se importante determinar os limites dentro dos quais essa variação pode ser vista como normal ou aceitável. Assim, as variações que ocorrem dentro desses limites de normalidade não exigem correções. Apenas as variações que ultrapassam os limites dos padrões é que são denominadas erros, desvios, afastamentos ou anormalidades. O controle procura separar o que é normal e o que é excepcional para que a correção se concentre nas exceções segundo os seguintes critérios:

a. *Conformidade ou aceitação:* O resultado ou desempenho está plenamente de acordo com o padrão e, portanto, é aceito.
b. *Região de aceitação:* O resultado ou desempenho apresenta um leve desvio quanto ao padrão, mas dentro da região de aceitação, ou seja, dentro da tolerância permitida e é, portanto, aceito, embora a conformidade não seja total.
c. *Rejeição ou não-aceitação:* O resultado ou desempenho apresenta desvio, afastamento ou discrepância para mais ou para menos em relação ao padrão, além da tolerância permitida e é, portanto, rejeitado e está sujeito à ação corretiva.

A comparação dos resultados ou do desempenho com os resultados ou desempenhos planejados é geralmente feita através de meios de apresentação, como gráficos, relatórios, índices, porcentagens, medidas e estatísticas etc. Esses meios de apresentação pressupõem técnicas à disposição do controle para que este possa ter acesso ao maior volume de informações sobre aquilo que deseja controlar.

4. *Ação corretiva:* O objetivo do controle é manter as operações dentro dos padrões estabelecidos a fim de que os objetivos sejam alcançados da melhor maneira. Assim, variações, erros ou desvios devem ser corrigidos para que as operações sejam normalizadas. A ação corretiva é a ação administrativa que visa manter o desempenho dentro do nível dos padrões estabelecidos. Ela visa assegurar que tudo seja feito exatamente de acordo com o que se pretendia fazer.

O controle eficaz deve indicar quando o desempenho ou resultados não estão de acordo com os objetivos e padrões estabelecidos e qual a medida corretiva a ser adotada. O objetivo do controle é exatamente indicar quando, quanto, onde e como se deve executar a correção necessária. Na realidade, o controle visa alcançar duas finalidades principais:

a. *Correção de falhas ou erros existentes:* O controle serve para detectar falhas, desvios ou erros – seja no planejamento ou na execução – e apontar as medidas corretivas adequadas para saná-los ou corrigi-los.
b. *Prevenção de novas falhas ou erros:* Ao corrigir as falhas ou erros existentes, o controle aponta os meios necessários para evitá-los no futuro.

As medidas corretivas são ferramentas para ajudar a melhorar o desempenho. Nesse sentido, é importante saber o que medir e como medir e, principalmente, o que fazer com os resultados. A ação corretiva é tomada a partir dos dados quantitativos gerados nas três fases anteriores do processo de controle. As decisões quanto às correções necessárias representam a conclusão do processo de controle. Assim, a partir dos resultados ou do desempenho, os passos seguintes são:

a. Determinar as variações que ocorrem, isto é, quais os resultados que estão muito acima ou muito abaixo dos padrões esperados.
b. Comunicar a informação às pessoas que produzem os resultados.
c. Utilizar a informação para reforçar o bom desempenho e corrigir o desempenho precário.

Se os resultados excedem as expectativas, é altamente desejável comunicar o sucesso às pessoas e motivá-las a mantê-lo. Se os resultados não atingem as expectativas, deve-se verificar o motivo, focalizando o problema em si e não atribuindo culpa às pessoas. O objetivo do controle não é punir as pessoas, mas resolver os problemas dentro da organização.

O controle administrativo é basicamente um processo cibernético encontrado também em sistemas físicos, biológicos e sociais. Os sistemas cibernéticos controlam a si próprios por meio de um "recontrole" de informações (retroinformação) que revela erros ou desvios no alcance dos objetivos e efetua as correções para eliminá-los. Dessa forma, os sistemas utilizam uma parte de sua energia para "recontrolar" informações que são confrontadas com algum padrão de desempenho. Todos os sistemas cibernéticos são dotados de retroação e homeostase. Por essa razão, a teoria do controle se fundamenta nesses dois conceitos importantes:

a. *Retroação* ou retroinformação ou, ainda, realimentação. É o mecanismo que fornece informações relativas ao desempenho passado ou presente, capaz de influenciar as atividades futuras ou os objetivos futuros do sistema. A retroação é um ingrediente essencial a qualquer processo controlador e fornece as informações necessárias às decisões para promover o ajustamento do sistema.

INFORMAÇÃO PRIVILEGIADA

A IMPORTÂNCIA DA RETROAÇÃO[9]

A retroação é um mecanismo segundo o qual uma parte da energia de saída de um sistema ou de uma máquina volta à entrada. A retroação – também chamada de servomecanismo, retroalimentação ou realimentação (do inglês *feedback*) – é basicamente um sistema de comunicação de retorno proporcionado pela saída do sistema à sua entrada, no sentido de alterá-la de alguma maneira.

A retroação serve para comparar a maneira como um sistema funciona em relação ao padrão estabelecido para ele funcionar. Quando ocorre alguma diferença (desvio ou discrepância) entre ambos, a retroação incumbe-se de regular a entrada para que a saída se aproxime do padrão estabelecido.

Na verdade, o sistema nervoso do homem e dos animais obedece a um mecanismo de retroação: quando se pretende pegar algum objeto com as mãos, o cérebro transmite a ordem aos músculos e, durante o movimento destes, os órgãos sensoriais (visão, tato, coordenação visual-motora etc.) informam continuamente o cérebro sobre a posição da mão e do objeto; o cérebro vai repetindo a ordem para corrigir eventuais desvios até que o objeto seja alcançado. O sistema nervoso funciona através de processos circulares de ida e de retorno (retroação) de comunicação que partem dele para os músculos e retornam através dos órgãos dos sentidos. A retroação confirma se o objetivo foi cumprido, o que é fundamental para o equilíbrio do sistema. Assim, a retroação impõe correções no sistema para adequar suas entradas e saídas e reduzir os desvios ou discrepâncias no sentido de regular seu funcionamento.

4. *Homeostase:* É a tendência que todos os organismos e organizações têm para autorregular-se, isto é, para retornar a um estado de equilíbrio estável toda vez que forem submetidos a alguma perturbação por força de algum estímulo externo. Desde que o estímulo não seja forte demais, os organismos tendem a voltar ao seu estado normal quando se desviam dele. É a chamada autorregulação, que garante um equilíbrio dinâmico em todo processo vivo. Embora não haja uma analogia exata com os organismos vivos, as organizações possuem padrões de comportamento relativamente programáveis que lhes permitem estabilidade no decorrer do tempo, sem que haja intervenção dos níveis organizacionais mais elevados.

INFORMAÇÃO PRIVILEGIADA

O SISTEMA DE CONTROLE DEVE REUNIR OS SEGUINTES ASPECTOS[10]

1. *Orientação estratégica para resultados:* O controle deve apoiar planos estratégicos e focalizar as atividades essenciais que fazem a real diferença para a organização.
2. *Compreensão:* O controle deve apoiar o processo de tomada de decisões apresentando dados em termos compreensíveis. O controle deve evitar relatórios complicados e estatísticas enganosas.
3. *Orientação rápida para as exceções:* O controle deve indicar os desvios rapidamente, através de uma visão panorâmica sobre o local em que as variações estão ocorrendo e o que deve ser feito para corrigi-los adequadamente.
4. *Flexibilidade:* O controle deve proporcionar um julgamento individual e que possa ser modificado para adaptar-se a novas circunstâncias e situações.
5. *Autocontrole:* O controle deve proporcionar confiabilidade, boa comunicação e participação entre as pessoas envolvidas.
6. *Natureza positiva:* O controle deve enfatizar desenvolvimento, mudança e melhoria. Deve alavancar a iniciativa das pessoas e minimizar o papel da penalidade e das punições.
7. *Clareza e objetividade:* O controle deve ser imparcial e acurado para todos. Deve ser respeitado como um propósito fundamental: a melhoria do desempenho.

Tipos de controle

Cada organização requer um sistema básico de controles para aplicar seus recursos financeiros, desenvolver pessoas, analisar o desempenho financeiro e avaliar a produtividade operacional, em níveis estratégicos, táticos e operacionais.[11]

1. *Controles estratégicos:* São denominados controles organizacionais e constituem o sistema de decisões de cúpula que controla o desempenho e os

■ **FIGURA 14.4** *Tipos básicos de controle.*

resultados da organização como um todo, tendo por base as informações externas – que chegam do ambiente externo – e as informações internas – que sobem internamente através dos vários níveis organizacionais. Existem vários tipos de controles estratégicos, como os balanços contábeis, relatórios financeiros, como o demonstrativo de lucros e perdas, e quase sempre permitem a transposição de previsões de vendas e previsão de despesas a serem incorridas, para proporcionar o balanço projetado ou uma espécie de projeção de lucros e perdas como importante ferramenta para o processo decisório da organização.

2. *Controles táticos:* São feitos no nível intermediário e referem-se a cada uma das unidades organizacionais – sejam departamentos, divisões ou equipes. Geralmente, estão orientados para o médio prazo, isto é, para o exercício anual. Os tipos de controles táticos mais importantes são o controle orçamentário e a contabilidade de custos.
3. *Controles operacionais:* São realizados no nível operacional da organização e projetados no curto prazo. Boa parte das ações corretivas de controle no nível operacional é realizada sobre pessoas ou desempenho das pessoas.

Desempenho global da empresa

As organizações utilizam vários sistemas de controle para medir e avaliar o seu desempenho global. Quase sempre, são necessários sistemas de controle para medir o desempenho de uma ou de todas as unidades organizacionais – departamentos ou divisões – ou de unidades estratégicas de negócios ou de projetos considerados prioritários.

Existem três razões básicas para a existência de alguma forma de controle sobre o desempenho global da organização:[12]

1. *Adequação ao planejamento estratégico:* O planejamento estratégico é aplicável à empresa como uma totalidade no sentido de alcançar objetivos empresariais globais. Para acompanhá-lo e medi-lo, tornam-se necessários controles igualmente globais e amplos, para permitir ações corretivas por parte da direção da empresa.
2. *Autonomia:* Na medida em que ocorre delegação ou descentralização da autoridade – especialmente nos departamentos por produto ou por localização geográfica –, as unidades passam a ser semi- ou totalmente autônomas em suas operações e em suas decisões locais, exigindo controles globais capazes de medir seus resultados e avaliar seu desempenho. A descentralização das operações quase sempre é acompanhada de uma forte centralização dos controles. Ocorre autonomia e relativa liberdade nas operações mas intensa cobrança de resultados e alcance de objetivos previamente fixados.
3. *Controles globais:* Permitem medir o esforço total da organização como um todo ou de uma área integrada, em vez de medir simplesmente partes dela. O importante é medir o sistema e não cada um de seus subsistemas.

Na maior parte dos casos – e isso representa um reducionismo –, os controles globais são predominantemente de caráter financeiro. Embora a existência dos negócios seja justificada em termos de geração de lucro e o dinheiro seja cada vez mais um recurso importante, escasso e caro, a avaliação do desempenho global da organização, quando medida apenas pelo dinheiro, nem sempre é completa e adequada. Existem outros aspectos igualmente importantes na avaliação do desempenho global da empresa: o atendimento às necessidades de clientes e dos *stakeholders*, imagem no mercado, competências e talentos, ética e responsabilidade social, potencial de desenvolvimento e inovação etc., que não são adequadamente medidos por meio de índices financeiros.

Apesar disso, os controles financeiros constituem os mais importantes controles do desempenho global das empresas. As medidas financeiras permitem um denominador comum – o dinheiro – capaz de indicar os gastos totais incorridos no alcance dos objetivos da empresa. Sua ênfase, todavia, recai exclusivamente sobre recursos financeiros e trata os demais recursos e competências da empresa – humanos, materiais, mercadológicos, tecnológicos etc. – dentro de uma abordagem estritamente financeira. A razão disso está no atendimento privilegiado dado aos interesses dos proprietários ou acionistas do negócio – os *shareholders*.

Balanço contábil e relatórios financeiros

Em geral, o controle do desempenho global da empresa assume a forma de relatórios contábeis que relacionam os principais fatos da empresa, como volume de vendas, volume de produção, volume de despesas em geral, custos, lucros, utilização do capital, retorno sobre o investimento, dentro de um relatório que varia de empresa para empresa. Através do balanço contábil e dos relatórios financeiros é possível saber como a empresa está sendo bem ou malsucedida em relação ao desempenho financeiro. Muitas vezes, são incluídas as previsões de vendas e sua translação em termos de despesas a serem incorridas, para dar uma ideia dos custos, possibilitando uma espécie de balanço projetado ou uma espécie de projeção de lucros e perdas para que a administração possa ponderar o efeito das atividades departamentais sobre a empresa como um todo ou tomar as ações corretivas com antecedência.

A contabilidade é um sistema de linguagem especializada utilizada para medir as consequências das ações empresariais e comunicar essa informação aos executivos e outros interessados. A informação que entra inicialmente no processo contábil sofre uma série de registros e lançamentos, de acordo com a codificação estabelecida no plano de contas da empresa. Mudanças e alterações no ativo, passivo e na renda líquida – como resultados dos negócios da empresa – são registradas nas contas de débitos e créditos. Cada entrada envolve tantos débitos e créditos em quantidades iguais, de forma que os dois lados de uma conta ou um plano de contas devem estar sempre balanceados. As informações são apresentadas à administração e a outros interessados na forma de balanços financeiros e outros relatórios, utilizando o plano de contas que estabelece a forma de tabulação das informações que decorrem dos lançamentos relacionados às operações, permitindo demonstrar os custos e lucros. Assim, o problema básico do planejamento – dentro da contabilidade – é obter um equilíbrio favorável entre receitas e custos envolvidos.

No entanto, a contabilidade aborda apenas os ativos tangíveis da empresa, ou seja, prédios, máquinas, dinheiro etc. Ativos intangíveis como conhecimento, talentos, capital humano, competências e capital intelectual ainda são ignorados. Em plena era do capital intelectual, na qual o recurso mais importante é o conhecimento, ainda não se inventou um sistema adequado para contabilizá-lo. Os balanços e relatórios financeiros – como mensagens em qualquer outra linguagem – retratam um quadro abstrato e incompleto da realidade das operações financeiras. O significado da informação contábil somente pode ser determinado relacionando-o com fatores conjunturais e organizacionais que afetam a dinâmica empresarial. Os relatórios contábeis devem ser acompanhados de algum material explicativo a fim de permitir um retrato completo dos planos da empresa.

A ADOÇÃO DO PADRÃO CONTÁBIL INTERNACIONAL

As empresas estão se preparando para migrar para o novo padrão contábil – o IFRS (International Financial Reporting Standards) – aprovado pela SEC (Securities and Exchange Commission) americana – a fim de proteger investidores, facilitar a formação de capital das empresas, melhorar o fluxo de informações financeiras, permitir a convergência para reduzir os custos na prepa-

ração dos balanços e eliminar reconciliações do padrão brasileiro (BR GAAP) para o norte-americano (US GAAP). E isso não é apenas uma mera opção, embora a migração exija muito esforço para se ajustar à nova regulamentação. Com isso, os padrões de contabilidade para a apresentação das demonstrações financeiras se tornam legíveis para todo o mundo e a governança corporativa muda radicalmente.[13]

Demonstrativo de lucros e perdas

O demonstrativo de lucros e perdas (L&P) oferece uma visão resumida da posição de lucro ou perda da empresa em um determinado período de tempo. Comparando os demonstrativos dos períodos anteriores é possível verificar as variações e detectar as áreas (como despesas de vendas ou lucro bruto sobre vendas etc.) que necessitam de maior atenção e cuidado. Como a sobrevivência do negócio depende basicamente da lucratividade, o lucro passa a ser um importante padrão para a medida do sucesso, seja da organização como um todo, seja de suas unidades, como departamentos ou divisões. O controle de lucros e perdas, quando aplicável a departamentos ou divisões da empresa, se baseia na premissa de que o objetivo do negócio como um todo é gerar lucros, e cada parte da empresa deve contribuir para esse objetivo. A capacidade de cada parte em atingir um determinado lucro esperado passa a ser um padrão para medir seu desempenho.

A análise de lucros e perdas pode ser feita recorrendo-se a métodos diferentes. Um deles é comparar a demonstração de lucros e perdas orçada (da empresa como um todo ou uma unidade em particular) para um determinado período e com os dados reais do mesmo período anterior. As diferenças entre o que foi orçado e a realidade são determinadas, identificadas e explicadas. E, se necessário, corrige-se o desvio ocorrido. Outro método para analisar os lucros e perdas é a análise porcentual que utiliza porcentagens ou índices contábeis ou financeiros, para comparar o planejado (orçado) e o real.

Análise do retorno do investimento (ROI)

É uma técnica de controle global utilizada para medir o sucesso absoluto ou relativo da empresa ou de uma unidade departamental em razão dos ganhos em relação ao investimento de capital. Essa abordagem foi desenvolvida pela Du Pont Company como uma importante parte de seu sistema de controle estratégico global.[14] O sistema da Du Pont se assenta na ideia de que a melhor medida do esforço e do desempenho de uma empresa com grande investimento de capital é a taxa de retorno sobre o investimento efetuado (*return on investment* – ROI). O sistema utilizado pela Du Pont envolve a consideração simultânea de muitos fatores. O retorno sobre o investimento (RSI) é computado na base do capital de giro multiplicado pela porcentagem dos lucros em relação às vendas. Esse cálculo reconhece que um departamento com elevado giro de capital e baixa porcentagem de lucro sobre vendas pode ser mais lucrativo em termos de retorno sobre o investimento do que outro departamento com elevada porcentagem de lucro sobre vendas mas com baixo giro de capital. O giro é computado na base do total de vendas dividido pelo investimento total (que inclui não somente o investimento permanente, mas também o ativo circulante da unidade).

A avaliação por meio do ROI utiliza o tradicional gráfico da Du Pont conforme a Figura 14.5.

A análise do ROI permite avaliar suas diferentes linhas de produtos e verificar onde o capital está sendo mais eficientemente empregado, além de poder definir uma aplicação balanceada do capital para alcançar um lucro global maior. Isso lhe permite identificar os produtos mais rentáveis, bem como melhorar outros que estão pesando negativamente na balança dos lucros. Além disso, permite analisar como os objetivos departamentais podem colaborar com o alcance dos objetivos organizacionais, como mostra a Figura 14.6.

Atitudes de resistências aos processos de controle

Muitas vezes, surgem resistências aos processos de controle, quando são desnecessários ou impossíveis de serem aplicados ou podm motivar uma atitude favorável de cooperação quando são entendidos e aceitos. Os gestores devem estar cientes dessas possíveis reações.

Quando existe resistência cria-se uma situação na qual as pessoas começam a sentir-se vulneráveis e passam a apresentar, na maior parte das vezes, atitude agressiva para com os gestores ou total apatia e indiferença quanto aos resultados apresentados pelos sistemas de controle.Os principais motivos de resistência são:

- Padrões de controle inadequados;
- Ações corretivas com críticas pessoais;
- Avaliações incorretas ou mesmo equivocadas;
- Falta de conhecimento sobre os propósitos dos controles praticados.

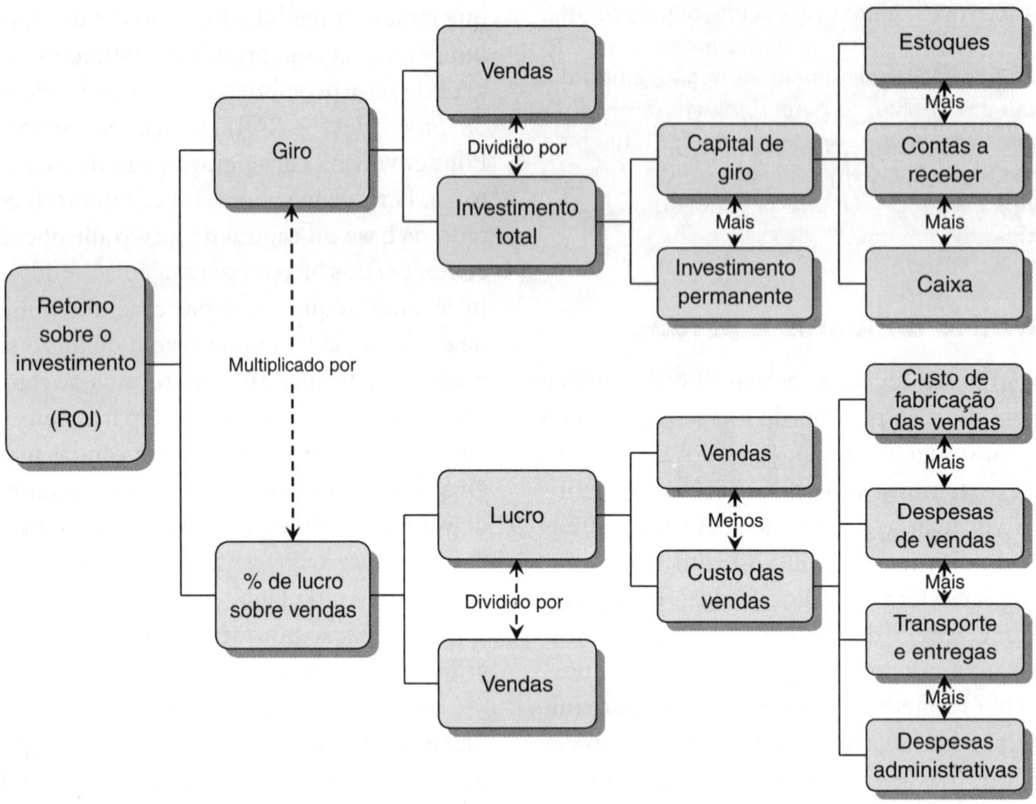

■ **FIGURA 14.5** *Fatores que afetam o retorno sobre o investimento (RSI).*[15]

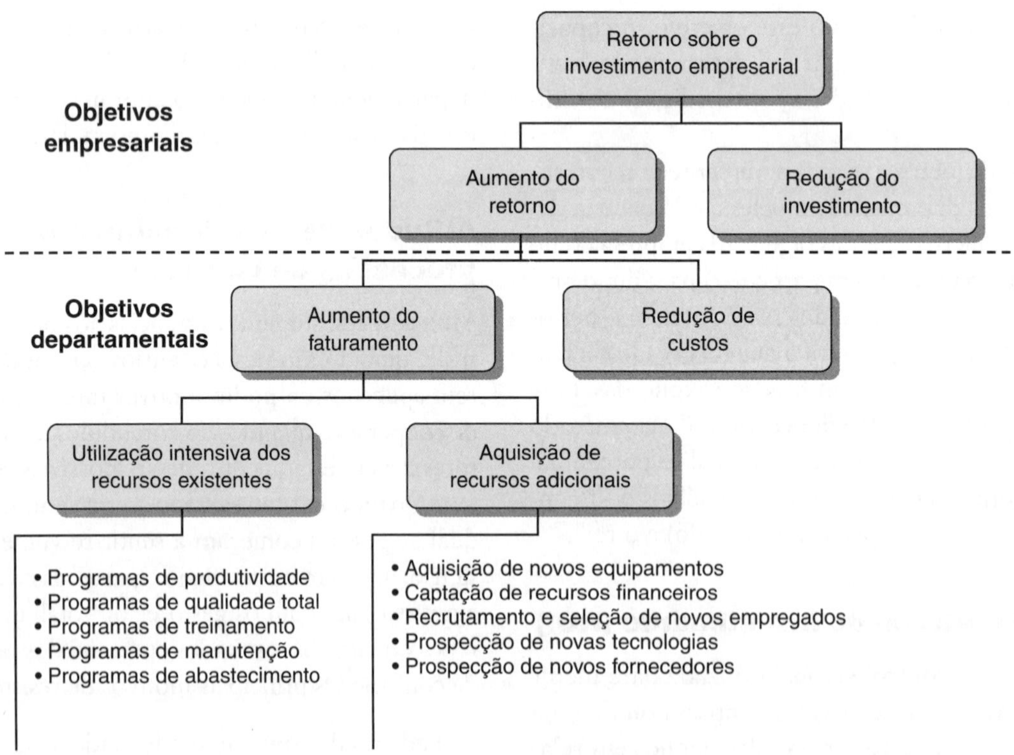

■ **FIGURA 14.6** *Hierarquia de objetivos a partir de um determinado objetivo organizacional.*[16]

AUDITORIA DE RECURSOS E COMPETÊNCIAS

Outra área de aplicação do processo de controle e avaliação refere-se à auditoria dos recursos disponíveis para a implementação do plano estratégico. A auditoria de recursos se decompõe em auditoria de recursos e auditoria de marketing. Pode-se, ainda, fazer uma avaliação da efetiva aplicação dos recursos disponíveis, da aplicação dos recursos de marketing e uma avaliação da operacionalidade do canal de valor da organização.

Auditoria de recursos disponíveis

No sentido de entender as competências corporativas e a visão baseada em recursos da organização, uma alternativa válida é avaliar os seus pontos fortes e pontos fracos. Avaliar as capacidades organizacionais em termos de seus pontos fortes e pontos fracos específicos começa com uma auditoria completa dos recursos da organizaçao que podem ser usados para se sustentar no mercado. A avaliação precisa ir além de uma mera lista de recursos para identificar quais os recursos que fazem com que a organização seja estrategicamente distinta de seus competidores. Por isso, a auditoria de recursos tem sido sugerida como um enfoque sistemático para avaliar recursos e seus usos dentro da organização. Existem pontos fracos e pontos fortes, entretanto, somente em relação às tarefas que a organização está procurando alcançar, às prioridades dos clientes e às capacidades dos competidores. Os tipos de recursos e capacidades citados antes podem ser assim simplificados:

1. *Competências organizacionais:* A partir da aprendizagem organizacional e do conhecimento corporativo, envolvem as competências construídas pela organização, sejam elas globais ou competitivas *lato sensu*, ou mais específicas, como competências funcionais, de gestão ou individuais.
2. *Recursos tecnológicos organizacionais:* Envolvendo a tecnologia que evolui de forma cada vez mais rápida e a aptidão técnica que envolve a capacidade de inovar e desenvolver novos processos e produtos através da pesquisa e desenvolvimento (P&D). Os recursos organizacionais envolvem também instalações, equipamentos, processos e métodos de trabalho.
3. *Situação financeira:* Um recurso importante da organização é a sua força financeira, que permitirá o escopo para a ação e a capacidade de pôr suas estratégias em ação. Uma situação financeira sólida permite a obtenção mais fácil de capital externo para financiar seus projetos. Ao formular a estratégia é importante determinar o volume de recursos financeiros que deve ser orçado e alocado nos planos de ação.
4. *Capacidade gerencial:* A capacidade gerencial, em seu sentido mais amplo – envolvendo liderança, *coaching* e *mentoring* – é um poderoso recurso da organização. A *expertise*, a experiência dos administradores e a maneira pela qual eles desempenham suas atribuições e motivam suas equipes têm um impacto importante no desempenho da organização.
5. *Organização:* A estrutura organizacional é um ativo ou recurso valioso quando permite arranjar inteligentemente, integrar, articular e conectar a ação de múltiplas áreas e pessoas na convergência necessária para o alcance de objetivos organizacionais complexos. Para tanto, a estrutura deve servir de plataforma, base, apoio e suporte para a estratégia organizacional. Isso significa flexibilidade, maleabilidade, agilidade e prontidão para facilitar a aplicação das competências organizacionais.
6. *Cultura organizacional:* A cultura corporativa define o clima organizacional e o ambiente de trabalho necessário à condução da estratégia da organização. O *empowerment* está por trás dela. Quase sempre ela identifica as melhores empresas para se trabalhar e produz motivação, engajamento, compromisso, entusiasmo, vibração e emoção tão necessários à condução da estratégia da empresa.
7. *Sistemas de informação:* As organizações que dispõem de bons sistemas informacionais que servem de apoio e suporte ao processo decisório são aquelas que demonstram maior rapidez na investigação e no diagnóstico de situações, agilidade e adequação nas decisões e prontidão nas respostas organizacionais às oportunidades ou ameaças externas, bem como no melhor aproveitamento possível de suas habilidades e competências em relação aos concorrentes.

A auditoria de recursos pode assumir uma variedade incrível de formatos. O Quadro 14.1 mostra uma dessas alternativas.

▪ QUADRO 14.1 *Perfil de uma análise organizacional*[17]

Recursos físicos	Número, localização das fábricas. Grau de automação e de integração	Número, localização dos escritórios de vendas, das lojas e serviços ao cliente	Número de acionistas ou crediaristas principais	Localização dos escritórios centrais
Recursos humanos	Características do pessoal técnico e de supervisão	Características do pessoal de vendas	Características do pessoal de finanças e contabilidade	Características dos gerentes e pessoal de *staff*
Sistemas organizacionais	Sistemas de programação da produção, de compras e controle de qualidade	Sistemas de distribuição, de serviços, de crédito, de propaganda	Sistemas de fluxo de caixa, de planejamento e controle orçamentários de contabilidade	Sistemas de valores sociais, de planejamento e controle, de recompensas, de autoridade

Auditoria de marketing

A auditoria de marketing identifica e avalia as mudanças tanto nos aspectos mais amplos do ambiente econômico, técnico, social e cultural como no ambiente mais imediato de atuação, analisando os mercados, os clientes, concorrentes, fornecedores e distribuidores. Além disso, uma auditoria de estratégia examina a adequação e a clareza dos objetivos da organização e de marketing e assegura a disponibilidade e a alocação dos recursos necessários para implementar a estratégia da melhor forma possível.

Há, ainda, a auditoria de produtividade de marketing que implica na análise de lucratividade e contribuição dos diversos produtos ou serviços oferecidos pela organização, juntamente com uma análise de eficácia de custo para identificar áreas onde os custos possam ser excessivos em relação ao retorno.

E, finalmente, há a auditoria das funções de marketing examina com mais detalhe os elementos do mix de marketing: produtos e serviços em oferta, os preços cobrados, o sistema de distribuição utilizado, o esforço de vendas, a propaganda, a promoção e a publicidade.

INFORMAÇÃO PRIVILEGIADA

ESFORÇO DE MARKETING EQUIVOCADO

Um dos benefícios da auditoria de marketing é que a mesma ajuda a corrigir um esforço de Marketing equivocado (ou mal direcionado).

O Principio 80-20: Em muitas empresas, uma grande proporção de todos pedidos, clientes, territoriais ou produtos contam para uma pequena parcela das vendas ou lucros totais. Por outro lado, uma pequena proporção dos mesmos produz uma grande parcela das vendas ou lucros. Essa relação é chamada de princípio 80-20. Isto é, 80% dos pedidos, clientes, territórios e produtos contribuem somente para 20% das vendas ou lucros. Por outro lado, 20% daqueles fatores contribuem para 80% do volume de vendas e lucros. Usa-se essa relação, somente para enfatizar a mal colocação do esforço de Marketing. Na realidade, claro, a porcentagem exata varia caso a caso. A relação 80-20 explica que quase todos os programas de Marketing incluem algum esforço equivocado. Esforços de Marketing e seus custos são proporcionais ao número de territórios, clientes ou produtos, ao invés de seu real volume de vendas ou lucros.

Razões para o esforço de marketing equivocado: Às vezes, os executivos de Marketing não podem evitar o erro porque lhes faltam informações.

O princípio do iceberg é uma boa analogia para ilustrar a situação. Somente uma pequena parte do iceberg é visível acima da superfície da água e os 90% submersos são a parte mais perigosa. Os números mostrando o volume de vendas sobre custos totais num demonstrativo operacional são como parte visível do iceberg. Os números detalhados representando as vendas, custos e outras medidas de desempenho para cada território ou produto correspondem à parte submersa perigosa do iceberg.

Os números de vendas ou custos são muito gerais para serem úteis numa avaliação; de fato, eles, muitas vezes, mais confundem. Uma empresa pode mostrar uma venda total e lucros satisfatórios. Mas ao serem divididos por território ou produto, muitas fraquezas sérias são reveladas.

Outra causa do esforço de Marketing mal direcionado é que os executivos devem tomar decisões baseadas num conhecimento inadequado da verdadeira natureza dos custos de Marketing. Em outras palavras, à gerência, frequentemente, faltam conhecimentos (1) do escopo desproporcional do esforço de Marketing; (2) de padrões confiáveis para a determinação do que deveria ser gasto em Marketing e (3) que resultados deveriam ser esperados desses gastos.

Reavaliação estratégica

A reavaliação estratégica procura rever o que foi implementado e executado para decidir os novos rumos do processo, mantendo o que foi bem-sucedido e revendo o que não está funcionando. Na verdade, o processo estratégico funciona como um ciclo no qual se reveem e se reavaliam as questões residuais não resolvidas nas primeiras etapas do ciclo ou surgidas durante a implementação.

Bryson[18] apresenta um roteiro de orientação para as três situações de reavaliação das estratégias: a de manutenção, a de mudança e a de conclusão. Em todas elas, a reavaliação de estratégias aparece como resultado de um processo de mediação dos *stakeholders* associados a cada estratégia.

1. *Reavaliação de manutenção:* A participação dos *stakeholders* leva a um reforço e fortalecimento da missão e da visão de negócios que alimenta a estratégia que deve ser mantida.
2. *Reavaliação de mudança:* Trata-se de atender a aspirações dos *stakeholders* que não foram contempladas ou a revisão da missão pela inclusão de novas ideias ou conceitos, o que exige novos direcionamentos nas estratégias implementadas.
3. *Reavaliação de conclusão:* É um caso extremo do anterior, pois já não se trata de corrigir a direção dos esforços, mas de eliminar tal direção devido à sua não-sustentabilidade diante do insucesso em sua implementação.

CLIPPING COMPETITIVO

A FÁBULA DO CÃO DE CAÇA[19]

"Um cão caçador atento, de orelha em pé, observa o contexto e percebe uma oportunidade: há uma lebre na proximidade, o que imediatamente lhe aguça os sentidos. Mantendo o olho fixo no alvo móvel, o cão avalia rapidamente suas possibilidades de sucesso e toma uma decisão: vai caçá-la. Parte em sua direção. Ao perceber a movimentação do cão em sua direção e cada vez mais perto, a lebre começa imediatamente a correr para fugir da perseguição. Busca escapar da perigosa situação. Ziguezagueia para enganá-lo na direção, avança, salta, roda malandramente tentando ludibriá-lo a todo custo. O cão – mesmo sem entender absolutamente nada de cálculo vetorial, probabilidade, estatística, teoria disto ou daquilo – segue em sua corrida sinuosa, refazendo rumos a cada momento, coerente com o foco e a sua estratégia, em perfeita sintonia com o contexto. Assim, a cada manobra mais arrojada da lebre ele vê, minuto a minuto, seus objetivos se afastarem. A perseguição continua e agora a lebre já demonstra cansaço e parece estar perdendo o rumo em sua fuga. O cão decide então utilizar todo seu arsenal de recursos. Corre e se esforça mais e mais para alcançar seu objetivo, sincronizando seus movimentos com o alvo móvel, até que, finalmente, consegue capturar sua presa."[20]

Em uma breve interpretação dessa fábula, pode-se perceber que o cão – metáfora da organização – avaliou suas possibilidades, estabeleceu um "objetivo" a alcançar (planejamento), "mudou sua estratégia" nos momentos certos e de acordo com cada situação alternativa que se apresentava (controle) até que alcançou seu objetivo, antes que seus recursos de força física, percepção e determinação se esgotassem (direção). Agora, imaginemos que o cão solicitasse através de um ofício assinado e protocolado a outro cachorro subordinado que o avisasse quando houvesse alguma lebre passando por ali. E, na ocasião oportuna, o cachorro subordinado tivesse de marcar com a secretária uma audiência com o chefe para explicar-lhe que a lebre estava passando por ali. Provavelmente, a lebre na fábula ou na vida não ficaria ali aguardando pacientemente o momento de ser destroçada ou já teria sido caçada por outro concorrente mais rápido e, portanto, mais competente. Para não passar a vida lamentando oportunidades perdidas, as organizações dependerão cada vez mais de condutores capazes de gerenciar a transição e a mudança. Agilidade, prontidão e resposta rápida com qualidade e produtividade traduzem a organização adequada para os tempos atuais.

EFICÁCIA ORGANIZACIONAL

As organizações constituem entidades complexas e intrincadas dotadas de indivíduos e grupos que desempenham tarefas e são auxiliados por vários esquemas organizacionais. A eficácia de uma organização é, em última instância, afetada pelos padrões de comportamento que se desenvolve e emergem à medida que o tempo passa e a experiência melhora. A maneira como pessoas e grupos se comportam tem um impacto significativo e profundo sobre o quanto a organização consegue atingir seus objetivos e ser bem-sucedida. As pessoas estão no centro disso tudo. A eficácia organizacional é função dependente das pessoas. Assim, Fitz-Enz assinala que as oito práticas utilizadas por organizações excepcionais na busca da eficácia são:[21]

1. Fixação de valor balanceado.
2. Compromisso com uma estratégia básica e essencial.
3. Intensa ligação da estratégia com seu sistema cultural.
4. Comunicação massiva em duas vias.
5. Intensa parceria com *stakeholders.*
6. Colaboração funcional.
7. Foco na inovação e no risco para aproveitar oportunidades.
8. Essas organizações nunca estão satisfeitas.

Enfim, as organizações de elevado desempenho possuem certos atributos comportamentais e qualidades operacionais que formam um conjunto harmonioso e integrado.

INDICADORES DA EFICÁCIA ORGANIZACIONAL

Como avaliar o desempenho de uma organização? Para avaliar o desempenho da organização torna-se necessário adotar indicadores adequados em função dos objetivos visados. Veja uma relação de indicadores básicos de eficácia organizacional:[22]

1. Desempenho financeiro e criação de valor para o *stakeholder*:
   a. A organização alcança e sustém 25% de crescimento nos retornos ou lucros e/ou valor de mercado por um período superior a cinco anos.
   b. A organização gera e sustém um retorno anual médio para os acionistas 1,5 vez maior do que as organizações *benchmarks.*
   c. A organização proporciona consistentemente dividendos sem grandes surpresas ou variações.
   d. Administra eficazmente as relações com investidores, expectativas e investe em comunicação.
   e. Os ativos são totalmente aplicados de maneira que otimizam seu uso e proporcionam retorno para os investidores.
   f. A organização demonstra consistentemente que as decisões sobre investimentos e a alocação de ativos são feitos com claro propósito, com proposição de valor econômico e com os melhores interesses dos investidores em mente.
2. Posicionamento estratégico:
   a. A organização demonstra um compromisso impulsionado por um conjunto integrado de visões estratégicas, direções ou imperativos.
   b. Alcança e sustém uma penetração superior nos mercados globais.
   c. Estende e expande sua influência através de alianças seletivas e eficazes.
   d. A TI alavanca a presença no mercado e na busca e no relacionamento com clientes.
   e. Cria consistentemente novos mercados e oportunidades através de novos negócios, produtos e desenhos organizacionais.
   f. Define consistentemente padrões e regras aos quais os concorrentes precisam reagir ou gastar recursos para compensar.
3. Liderança e inovação:
   a. A organização demonstra continuamente e oferece características de liderança estratégica no mercado.
   b. A organização cultiva o pluralismo como fonte de liderança e de vantagem competitiva.
   c. Cria oportunidades de desenvolvimento de lideranças através da rotação no trabalho e programas de enriquecimento e investimento nas pessoas.
   d. Demonstra e promove uma cultura orientada para o consumidor e foco no cliente e excelência no serviço.
   e. Pratica o planejamento de sucessão de longo prazo e desenvolvimento de novas gerações de líderes.
   f. Cultiva consistentemente um ambiente de criatividade e inovação.
   g. Administra o conhecimento ativamente através do uso de uma arquitetura de conhecimento e de processos de gestão do conhecimento.
   h. Fomenta e encoraja o aprendizado, a experimentação e a descoberta, e é tolerante com erros.
   i. Admite e nutre funcionários altamente talentosos.
   j. Gera uma porcentagem maior de retornos através da introdução de novos produtos.
   k. Cria e sustém um ambiente colaborativo e agradável de trabalho.
4. Governança e responsabilidade social:
   a. A organização cultiva um conselho administrativo com envolvimento ativo e engajado.
   b. O conselho administrativo tem interesse econômico e moral no comportamento financeiro e social da organização.
   c. O conselho administrativo demonstra um forte compromisso com o posicionamento estratégico e com a vantagem competitiva de longo prazo.

d. O conselho administrativo é relativamente aberto e seus membros são acessíveis aos investidores.
e. O presidente reporta-se ao conselho administrativo, que avalia ativamente seu desempenho em relação aos objetivos estratégicos e resultados operacionais.
f. O conselho administrativo participa ativamente da formulação da estratégia organizacional.
g. O conselho administrativo atua em respeito aos interesses dos acionistas.
h. O conselho administrativo demonstra compromisso significativo com as economias locais onde são realizados os negócios da organização.
i. A organização investe na estrutura social das comunidades locais.
j. A organização administra suas relações com as comunidades locais.
k. A organização define e sustém um alto nível de comportamento ético e moral.
l. A organização define um padrão de comunicação com clientes e com a comunidade em assuntos importantes.
m. Práticas e programas de remuneração refletem precisamente o desempenho organizacional e os resultados financeiros.

5. Reconhecimento da marca e qualidade dos produtos:
   a. A organização tem marca e imagem altamente positivas.
   b. A organização racionaliza sua identidade e imagem em um nível corporativo.
   c. A organização gera uma elevada confiança a respeito de sua marca.
   d. Gera elevado interesse do cliente a respeito de sua marca.
   e. Define consistentemente *benchmarks* e padrões de alta qualidade em relação aos seus concorrentes.
   f. A organização cria consistentemente uma imagem e aceitação entre os clientes quanto ao preço e desempenho.
   g. A organização pratica métodos de qualidade total que são desenhados para melhorar continuamente valor, qualidade e desempenho.

OS FUNDAMENTOS DA EXCELÊNCIA

A Fundação Nacional da Qualidade (FNQ) publica a cada ano uma edição dos Critérios de Excelência: Avaliação e Diagnóstico da Gestão Organizacional,[23] na qual explica o seu Modelo de Excelência da Gestão (MEG), disponível para *download* gratuito (www.tnq.org.br). Os fundamentos em que se baseiam os critérios de excelência são os seguintes:

1. *Pensamento sistêmico:* Compreensão das relações de interdependência entre os diversos componentes da organização, bem como entre a organização e o ambiente externo.
2. *Aprendizado organizacional:* Envolve a busca e o alcance de um novo patamar de conhecimento para a organização por meio de percepção, reflexão, avaliação e compartilhamento de experiências.
3. *Cultura de inovação:* Significa a promoção de um ambiente favorável à criatividade, experimentação e implementação de novas ideias que possam gerar um diferencial competitivo para a organização.
4. *Liderança e constância de propósitos:* Significa a atuação de forma aberta, democrática e motivadora das pessoas, visando ao desenvolvimento da cultura de excelência, à promoção de relações de qualidade e à proteção dos interesses das partes.
5. *Orientação por processos e informações:* Envolve a compreensão e a segmentação do conjunto das atividades e processos da organização que agreguem valor para as partes interessadas, sendo que a tomada de decisões e execução de ações deve ter como base a medição e a análise do desempenho, levando-se em consideração as informações disponíveis, além de incluir os riscos identificados.
6. *Visão de futuro:* Representa a compreensão dos fatores que afetam a organização, seu ecossistema e o ambiente externo no curto e no longo prazo, visando à sua perenização.
7. *Geração de valor:* Significa o alcance de resultados consistentes, assegurando a perenidade da organização pelo aumento de valor tangível e intangível de forma sustentada para todas as partes integrantes.
8. *Valorização das pessoas:* Envolve o estabelecimento de relações com as pessoas, criando condições para que elas se realizem profissional e humanamente, maximizando seu desempenho por meio do comprometimento, desenvolvimento de competências e espaço para empreender.

9. *Conhecimento sobre o cliente e o mercado:* Envolve o conhecimento e o entendimento do cliente e do mercado, visando à criação de valor de forma sustentada para o cliente e, consequentemente, gerando maior competitividade nos mercados.
10. *Desenvolvimento de parcerias:* Significa o desenvolvimento de atividades em conjunto com outras organizações, a partir da plena utilização das competências essenciais de cada uma, objetivando benefícios para as partes.
11. *Responsabilidade social:* É a atuação que se define pela relação ética e transparente da organização com todos os públicos com os quais se relaciona, estando voltada para o desenvolvimento sustentável da sociedade, preservando recursos ambientais e culturais para gerações futuras, respeitando a diversidade e promovendo a redução das desigualdades sociais como parte integrante da estratégia da organização.

Além do aspecto pedagógico e didático, a contribuição da FNQ é imprescindível e fundamental para a adoção das melhores práticas de gestão estratégica. Vale a pena manter contato com essa importante instituição para a incorporação de conceitos fundamentais da excelência em gestão.

CONCLUSÃO

Finalmente, o planejamento estratégico deve ser visualizado de maneira molar e sistêmica em toda a sua totalidade. Não basta apenas caprichar na concepção da estratégia e na sua formulação bem sintonizada. O importante é que a estratégia seja plenamente executada e monitorada em toda a sua extensão. Isso conduz a um aparente e complicado paradoxo: o estrategista deve simultaneamente focar intensamente a estratégia e, ao mesmo tempo, focar sua execução; e, por outro lado, deve focar os processos internos da organização, mas, ao mesmo tempo, focar o cliente e o mercado para avaliar seus resultados. Além disso, avaliar o que ocorreu no passado histórico, entender o que está acontecendo no presente e, sobretudo, antecipar-se àquilo que poderá ocorrer no futuro. Em outras palavras, o estrategista deve pensar grande e de maneira sistêmica em uma abordagem estratégica, mas, sem deixar de pensar nos pequenos detalhes que se sucedem ao longo das atividades. Além disso, deve olhar para dentro da organização a fim de acompanhar as táticas e operações, sem deixar de olhar para fora no mercado exercendo sua visão periférica. E também aproveitar a experiência passada, acompanhar e impulsionar as táticas e operações atuais e preparar-se para as consequências que decorrerão no futuro. Daí a complexidade do jogo estratégico: mirar holisticamente no todo para compreender o jogo dos detalhes, focalizar o que ocorre dentro e fora da organização, pensar no presente e nas decorrências futuras. Isso nem sempre é fácil.

Assim, o estrategista – ao contrário do especialista – precisa desenvolver visão sistêmica e visão periférica ao mesmo tempo, a fim de visualizar o todo (foco na estratégia) e o entorno (foco no cliente e no mercado) em que se encontra, mas sem se desligar do foco nos processos internos e do foco na operação cotidiana. É difícil, sem dúvida alguma. Mas perfeitamente possível para aqueles que desenvolverem a mentalidade estratégica.

NOTAS

1. OLIVEIRA, D.P. Rebouças. *Planejamento estratégico. Conceitos, metodologia, práticas*. São Paulo: Atlas, 2006.

2. Baseado em CHIAVENATO, Idalberto. *Administração nos novos tempos*. Rio de Janeiro: Elsevier/Campus, 2006.

3. CHIAVENATO, Idalberto. *Introdução à teoria geral da administração*. Rio de Janeiro: Elsevier/Campus, 2004.

4. MISCHE, A. *Strategic renewal: becoming a high performance organization*. Upper Saddle River, NJ: Prentice Hall, 2001, p. 237-238.

5. MINTZBERG, H. & QUINN, J. B. *The strategy process: concepts, contexts, cases*. Upper Saddle River: Prentice Hall, 1996, p. 9-10.

6. Extraído de Fundação Nacional da Qualidade (FNQ). *Critérios de excelência: avaliação e diagnóstico da gestão organizacional*. São Paulo, 2008, p. 22.

7. OLIVEIRA, D. P. Rebouças. *Planejameno Estratégico*, op. cit., 2006.

8. CHIAVENATO, Idalberto. *Administração nos novos tempos*, op. cit.

9. CHIAVENATO, Idalberto. *Introdução a Forma Geral da Administração*, op. cit., 2004.

10. CHIAVENATO, Idalberto. *Introdução a Teoria Geral da Administração*, op. cit., 2004.

11. CHIAVENATO, Idalberto. *Administração nos Novos Tempos*, op. cit.

12. CHIAVENATO, Idalberto. *Administração: teoria, processo e prática*, op. cit.

13. Ver: RAMON, Jander. "Razões para ter pressa", in *Mundo Corporativo* n. 22, 4. trimestre de 2008. São Paulo: Deloitte, p. 19-21.

Ver também: Deloitte-IBRI. *Difusores da convergência contábil: a visão e o papel dos Ris na propagação do IFRS no Brasil*. São Paulo: Deloitte e IBRI (Instituto Brasileiro de Relações com Investidores), outubro de 2008.
Ver também: www.deloitte.com.br
www.ibri.org.br

14. KLINE Jr., C.A. e HESSLER, Howard L. "The Du Pont chart system for appraising operating performance." *N.A.C.A, Bulletin* n. 33, 1952, p. 1595-1619.

15. American Management Association. "How the Du Pont appraises its perfomance." *Financial Management Series* n. 94, New York, American Management Association, 1950. Ver também: KLINE Jr., C.A. e HESSLER, Howard L. The Du Pont chart system for appraising operating performance. *N.A.C.A., Bulletin* n. 33, ago. 1952, p. 1595-1619.

16. CHIAVENATO, Idalberto. *Administração: teoria, processo e prática*, op. cit.

17. Adaptado de GLUECK, William F. *Business policy and strategic management*. New York: McGraw-Hill, 1980, p. 174-175.

18. BRYSON, J.M. *Strategic planning for public and nonprofit organizations*. San Francisco: Jossey-Bass, 1988, p. 175-180.

19. Extraído e adaptado de FERNANDES, A. *Administração inteligente: novos caminhos para as organizações do século XXI*. São Paulo: Futura, 2001, p. 160.

20. Relatado por MARINI, C. Serviço Federal de Processamento de Dados, Serpro.

21. FITZ-ENZ, Jac. *The eight practices of exceptional companies: how great organizations make the most of their human assets*. New York: AMA, 1997.

22. Adaptado de MISCHE, M.A. *Strategic renewal: becoming a high-performance organization*. Upper Saddle River: NJ, Prentice-Hall, 2001, p. 42-43.

23. Fundação Nacional da Qualidade, Critérios de Excelência. *Avaliação e diagnóstico da gestão organizacional*. São Paulo, 2008.

Acreditamos que sua resposta nos ajuda a aperfeiçoar continuamente nosso trabalho para atendê-lo(la) melhor e aos outros leitores. Por favor, preencha o formulário abaixo e envie pelos correios. Agradecemos sua colaboração.

Seu Nome: ______________________

Sexo: ☐ Feminino ☐ Masculino CPF: ______________

Endereço: ______________________

E-mail: ______________________

Curso ou Profissão: ______________________

Ano/Período em que estuda: ______________________

Livro adquirido e autor: ______________________

Como ficou conhecendo este livro?

☐ Mala direta
☐ E-mail da Elsevier
☐ Recomendação de amigo
☐ Anúncio (onde?) ______________
☐ Recomendação de seu professor?
☐ Site (qual?) ______________
☐ Resenha jornal ou revista
☐ Evento (qual?) ______________
☐ Outro (qual?) ______________

Onde costuma comprar livros?

☐ Internet (qual site?) ______________
☐ Livrarias ☐ Feiras e eventos ☐ Mala direta

☐ Quero receber informações e ofertas especiais sobre livros da Elsevier e Parceiros

ELSEVIER

SAC ELSEVIER | 0800 026 53 40 | sac@elsevier.com.br

Cartão Resposta
050120048-7/2003-DR/RJ
Elsevier Editora Ltda
CORREIOS

CARTÃO RESPOSTA

Não é necessário selar

O SELO SERÁ PAGO POR

Elsevier Editora Ltda

20299-999 - Rio de Janeiro - RJ

Este livro foi impresso nas oficinas gráficas da Editora Vozes Ltda.,
Rua Frei Luís, 100 – Petrópolis, RJ,